인간의 동기심리

한 덕 웅 저

傳 英 社

머·리·말

인간의 동기에 관한 연구는 사람이 무엇인가에 집중하여 착수하고, 열성 있게 임하며, 끈기 있게 지속하는 마음과 행동을 이해하고 예측하는 데 중요하다. 이 때문에 심리학 분야에서 동기에 관한 연구가 계속해서 주목을 받아왔다. 실제로 어느 나라를 막론하고 심리학이 발전된 나라에서는 동기심리의 연구 결과를 일상생활에도 응용하여 개인, 집단, 조직, 사회에서 인간이 영위하는 삶의 질을 높이고 사회환경을 개선하는 데 활용하고 있다. 그러므로 인간의 생활에서 학업, 성취, 적응, 건강, 구매, 판매, 운동, 친교, 작업, 창조 등은 물론이고 심지어 공격, 다이어트, 금연에 이르기까지 동기라는 용어를 붙일 수 있는 모든 중요한 영역에서 연구가 활발하게 이루어지고 있다. 그리고 다른 한편으로 일상생활을 통해서 동기이론을 적용해 본 결과에 근거를 두고 현실 세계에서 타당성이 높은 동기심리 이론들을 제안하고 있다.

이와 대조되게 한국의 심리학 분야에서는 인간의 동기에 관한 연구가 중요하고 유용함에도 불구하고 지금까지 학술이나 응용에서 한국인의 동기심리를 연구하는 데 충분하게 주의를 기울이지 못했다. 한국에서 장차 동기심리에 관한 연구가 인간생활의 다양한 측면에서 이루어져서 심리학 분야에서 학술을 발전시키고 사회에서 유용하게 활용되어야 한다.

이 책은 주로 사회심리와 성격심리 분야에서 발전된 사회적 동기이론들을 중심으로 삼고 임상심리, 상담심리, 조직심리, 교육심리, 건강심리를 포함해서 심리학의 여러 응용분야에서 제안된 이론과 연구의 결과들도 함께 다루고 있다. 다시 말해서 동기이론들 가운데 심리학의 관점에서 이론의 기본 요소들을 갖추면서 동시에 실제로 사회에서 쓸모가 있는 이론이라면 어떤 분야에서 발전되었는지 구애받지 않고 싣기로 하였다. 그러므로 한국사회에서 한국인의 동기심리를 이해하고, 연구하고, 실제로 사회생활에 응용하는 데 유용한 이론들을 다루고 있다. 특히 한국의 현실을 염두에 두고 주로 사회적 동기의 관점에서 이루어진 국외의 연구들뿐만 아니라 국내에서 이루어진 최근 연구 성과들을 함께 소개하였다. 그리고 일상의 여러 사회생활 영역에서 동기심리의 실제 예들을 가능한 대로 많이 제시하여 독자가 흥미를 살려서 새로운 응용을 모색해 보도록 하였다. 이 책의 간행을 계기로 장차 대학이나 기관들에서 동기심리에 관한 관심이 높아지고 연구가 활발해진다면 저자로서는 더 바랄 바가 없다.

저자는 20여 년 전에 국내에서 처음으로 동기심리에 관한 책을 저술한 바 있다. 이제 이 책을 간행하면서 다른 한편으로 산업이나 여러 조직에서 조직행동을 연구하고 응용하는 사람들이 사용할 수 있도록 **조직행동의 동기이론**을 장차 별도의 개정판으로 출간하여 이 책과 짝을 이루도록 만들 생각이다.

이 책을 출판하는 과정에서 여러 사람들의 도움을 받았다. 먼저 이 책의 초안이 되는 강의록을 만든 바 있는데, 이 과정에서 장은영 박사와 석사과정의 이선우, 장보현, 김희정이 원고를 정리하는 일로 수고를 많이 했다. 이 강의록으로 동기심리를 공부한 학생들도 유익한 의견들을 많이 제공하였다. 또한 이 책을 만드는 과정에서 성균관대학교 대학원 심리학과 박사과정의 신용균, 표승연, 박준호, 이경순, 류준범 그리고 석사과정의 김수민, 이희란, 이선우, 장보현, 김희정, 김비아는 교정, 참고문헌 및 색인 작업으로 고생이 많았다. 한편 이 책을 간행하는 박영사의 심성보 차장은 편집과정에서 수고가 많으셨다.

앞에 적은 분들의 노고에 감사하는 뜻을 여기에 적어서 남긴다. 그러나 이 책에 실린 내용에 대한 책임은 전적으로 저자의 몫이다. 이 뜻에서 저자는 앞으로도 이 책으로 가르치고, 연구하고, 응용하고, 배우는 사람들의 의견을 널리 들어서 수정과 보완을 계속하려고 한다. 여러분의 기탄없는 비판과 좋은 의견을 기대한다.

2004년 2월

북한산 우이동 자락 홍우서재에서

옥천(玉泉) 한 덕 웅 적다

차 • • 례

제 1 장 동기란 무엇인가

제 2 장 욕구이론들

제 1 절 Murray의 욕구이론

제 2 절 Maslow의 욕구위계이론

제 3 절 Alderfer의 생존 · 관계 · 성장의 욕구이론

제3장 성취동기이론

제4장 귀인적 동기이론

제5장 형평이론

제6장 사회인지행동이론

제7장 기대×가치이론

제8장 목표설정이론

제 9 장 내적동기이론

제 10 장 제어이론

제 *11* 장 행위 실행의 이론들

제 1 절 행위제어이론

제 2 절 성격체계상호작용이론

제 3 절 Heckhausen과 Gollwitzer의 동기의 의사결정단계이론

제 *12* 장 자기조절이론들

제 13 장 집단수행과 조직창의성의 동기이론

제1장
동기란 무엇인가

개 관

이 장에서는 먼저 심리학에서 동기가 어떤 뜻을 지니는 개념으로 사용되는지 알아보고, 현재까지 동기에 관한 연구에서 중요한 위치를 차지하는 이론들이 역사적으로 어떤 형태로 전개되었는지 간략히 정리하기로 한다.

동기의 의미와 정의

동기의 의미

동기의 뜻을 쉽게 이해하기 위해서 먼저 당신 자신이나 주위의 가까운 사람들이 최근 무슨 일들에 각자 열중하여 노력하고 있는지 생각해 보자. 어떤 사람들은 인터넷에서 채팅이나 게임에 몰두해서 밤을 지새우기도 한다. 어떤 사람은 최근 생명공학에 관심이 생겨서 인간이나 다른 동물의 복제에 관해서 열심히 공부한다. 어떤 학생은 전공 공부를 집어치우고 취직에 필요한 자격을 얻기 위하여 도서관에서 시험 공부에 열중하고 있다. 또 다른 이들은 새로 사귄 이성에게 인정받고 잘 사귀려고 시간과 노력을 아끼지 않는다. 최근에 자동차의 판매사원으로 입사한 한 친구는 구매자를 설득하여 자동차를 한 대라도 더 팔려고 동분서주하고 있다. 이 예들을 보면 내용은 서로 다르지만 현재 관심을 갖고 있는 행동에 열중해서 많은 시간과 노력을 들이고 있는 점에서 모두 공통됨을 알 수 있다. 다시 간단히 말하면 이 사람들은 무엇인가 개인이 관심을 갖는 일에 높은 동기를 지니고 열심히 노력하고 있다.

그렇다면 이들은 무엇 때문에 현재 하고 있는 일에 열중하게 되었을까? 다른 사람들은 어째서 위에서 본 사람들과 달리 자신이 하고 싶어하는 일을 정하지 못하거나 혹은 정해 놓고도 계속 다음 날로 미루면서 귀중한 시간을 낭비하게 되는가? 이 질문에 대해서 이 사람들의 마음이 어째서 이처럼 열중하고 노력하는 정도가 서로 달라지는지 설명하려는 분야가 동기심리의 영역이다.

그러므로 인간의 동기심리에 관해서 공부하게 되면 사람들이 무엇 때문에 서로 다른 일에 열중하는지 동기심리의 관점에서 이해하고 설명할 수 있게 된다. 그뿐만 아니라 동기 연구로 얻은 지식을 활용하면 사람들이 학습, 구매, 광고, 설득, 사회활동, 사업 등 많은 행동에서 시간과 노력을 쏟도록 변화시킬 수 있다. 사실 개인, 가정, 회사, 국가가 모두 무엇인가에 열중하여 노력하지 않는다면 어떤 일이든지 바라는 목표는 이루기 어렵게 된다. 다시 말해서 개인, 집단, 조직, 국가가 발전하거나 퇴보하는 과정에서 인간의 동기가 큰 영향을 미치게 된다. 그러므로 심리학에서 동기심리는 인간의 삶을 연구하고 개선하는 데 기여하는 매우 중요한 분야이다.

다음으로 심리학에서 동기란 용어를 어떤 개념으로 사용하는지 알아보자. 앞에서 동기가 높은 사람들의 행동이 어떤 특징을 지니는지 예를 들어서 살펴보았다. 사실 사람의 행동을 보고 동기가 높다고 말하려면 그렇게 말할만한 근거를 찾을 수 있어야 한다. 동기심리학에서는 동기 수준을 추론하는 경우에 주로 사회상황에서 발생한 행동에 근거를 둔다.

예를 들어서 다른 사람들은 대체로 명품을 구매하는 데 관심을 보이지 않는 상황에서 어떤 사람이 그 명품을 사려고 한다면 그 상품에 대해서 그의 구매동기가 높다고 추론할 수 있다. 이처럼 상품의 구매행동은 실제로 구입한 물품이나 어떤 물건을 사고 싶어한다는 말을 통해서 누구나 객관성 있게 관찰할 수 있다. 그러나 구매동기는 이와 달리 관찰한 사람이 구매행동을 근거로 구매동기 수준을 추론해야만 알 수 있다. 이처럼 동기는 사회상황에서 외부로 표출된 사회행동처럼 직접 관찰할 수 없기 때문에 사회행동을 관찰하여 이를 근거로 자기 나름대로 추론하여 동기 수준을 알아내게 된다. 이 때문에 [그림 1-1]에서 보는 바와 같이 동기는 사회상황과 사회행동을 연결짓는 위치에 암상자와 유사하게 네모 안에 그려 넣었다.

그러므로 동기는 사회상황에서 직접 관찰할 수는 없으나 이미 표출된 행동을

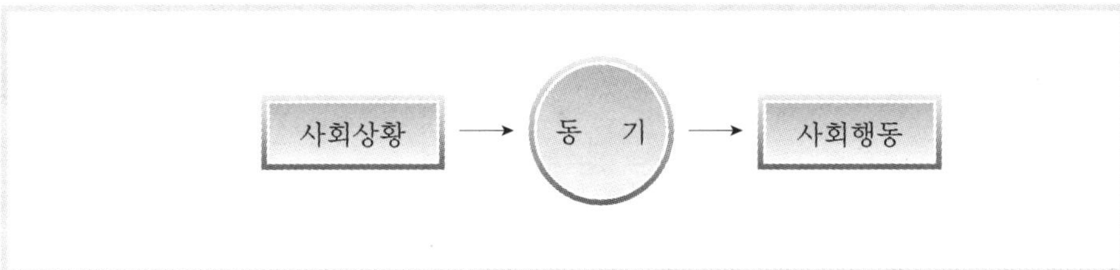

[그림 1-1] 동기의 개념

설명하는 데 유용하게 사용되는 이른바 심리학의 구성개념이다. 여기서 구성개념이란 심리학자들이 이 개념을 사용하면 행동을 설명하기 좋다고 가정하여 만들어 낸 학술용어를 말한다. 동기란 개념도 인지나 정서처럼 심리학자들이 만든 여러 구성개념들 가운데 하나이다.

사회행동에서 동기를 추론하기 어려운 이유

동기는 직접 관찰되는 대상이 아니므로 사회행동이 어떤 형태로든지 표출된 다음에야 추론할 수 있다. 그런데 동기의 추론과정은 매우 복잡하므로 이 과정에서 나타나는 다음 이유들 때문에 동기의 영향인지 판단하기 어려워진다:

(1) 여러 동기의 갈등이나 조화: 한 행동이 실제로는 여러 동기들이 함께 갈등을 유발하거나 조화롭게 작용하여 나타난 결과일 수 있다. 그러므로 실제로 이 가운데 어떤 동기가 행동에 영향을 미쳤는지 가려내기가 쉽지 않다(상호작용).

(2) 동기를 감추거나 위장: 동기는 감추어지거나 위장된 형태로 행동으로 표출되기도 한다. 특히 사회에서 바람직하게 여기지 않는 욕구들 가운데 예를 들어서 공격욕구 등이 사회에서 용인되는 운동 등을 통해서 표출되기도 한다.

(3) 행동표출의 개인차: 동일한 동기들이라도 사람에 따라서 행동에서는 동일하거나 서로 달리 표출되므로 개인마다 행동의 원인이 된 동기를 정확하게 추론하기 어렵다.

(4) 상황에 따른 행동표출의 차이: 동일하거나 유사한 동기라도 사회상황에 따라서 서로 다른 행동으로 표출되기도 한다. 그러므로 특정한 사회상황을 떠나서 행동에 영향을 미친 동기를 일반적으로 추론하기가 어렵다.

(5) 동기의 문화차: 동일한 동기라도 문화에 따라서 행동으로 표출되는 양식

이 달라진다. 그러므로 개인이 속한 문화에서 우세한 동기를 이해하고 이 배경에서 개인이 지니는 독특한 동기와 행동의 표출양식을 이해하여야 한다. 예를 들면 한국을 포함하는 동양문화에서는 대체로 사람들간에 친밀한 관계를 유지하려는 동기가 높다. 그리고 자본주의와 아울러 개인의 독립성 가치를 존중하는 미국에서는 경쟁과 성취의 욕구가 높다.

(6) 동기가 충족된 후 행동에 미치는 영향: 목표의 달성을 통해서 동기가 충족된 후에도 이 충족된 욕구가 다음 행동에 미치는 영향이 일정하지 않다. 예를 들어서 굶주림이나 갈증은 충족된 다음에 다시 갈증이 유발되는 시점까지 동기로서 행동에 영향을 덜 미친다. 그러나 자존심이나 성장의 동기는 충족된 후 동기의 강도가 더 높아지기도 한다. 그러므로 어떤 동기가 충족되면 동기의 강도가 낮아지는지 사전에 알 수 없으면 행동에서 동기의 영향을 추론하기 어렵다.

동기의 정의

동기가 어떤 성질을 지니는지에 대해서 학자마다 견해가 다르다. 그러므로 동기의 기본 속성들에 따라서 정의하는 경우에도 학자마다 강조하는 단면이 서로 다르다. 그러나 동기심리학자들은 대부분 다음 세 가지를 동기의 기본 속성들이라고 보는 데 동의한다.

(1) 인간의 행동을 활성화시키는 요소: 이 요소는 동기의 속성들 가운데 행동을 촉발시키고 활성화시키는 힘 혹은 강도를 말한다. 이 요소는 동기의 추동(drive) 또는 흥분유발(arousal)의 차원을 의미한다.

(2) 인간의 행동 방향을 설정하거나 또는 일정한 목표를 지향하도록 통로화(channels)시키는 요소: 이 요소는 행동에서 어떤 목표를 지향하여 선택이 이루어지는 현상을 가리킨다. 이 요소는 동기의 방향(direction) 또는 목표(goal)의 차원을 뜻한다.

(3) 인간의 행동을 유지시키거나 또는 지속시키는 요소: 행동이 오랜 시간에 걸쳐서 지속해서 나타나도록 유지시키는 힘을 의미한다. 이 요소는 동기가 지니는 지속성 또는 행동의 차원을 말한다.

앞에서 설명한 동기의 세 기본 요소들로 보면 높은 동기에 의해서 유발된 행동이란 (1) 행동이 유발된 강도 혹은 활성화된 수준이 높으며, (2) 일정한 목표를 지향하여 이 목표에 몰입한 수준이 높으며, (3) 외부환경의 요인들로 인해서 이 행동을 지속하기 어려운 조건에서도 꾸준하게 노력을 유지시키는 행동을 말한다.

학자마다 이 세 요소들 가운데 동기의 핵심 요소를 달리 보기 때문에 연구자의 관심에 따라서 한두 요소만 연구하는 경우도 있다. 예를 들면 이 책에서 다루는 기대×유인가이론에서는 동기의 기본 속성들 가운데 행동의 목표지향 혹은 선택 요소에 초점을 맞춘다. 그러나 Atkinson의 성취동기이론에서는 행동의 유지 혹은 지속의 요소에 초점을 두고 연구하기도 한다. 제어이론도 행동의 지속이나 중단과정을 중심으로 다룬다. 그러나 동기심리 연구자들은 대부분 동기의 세 요소들에 영향을 미치는 개인이나 환경의 요인들을 알아내려 하고, 또한 이 세 요소들이 행동에 미치는 효과를 연구한다.

동기 연구의 역사적 흐름

인간의 행동이 발생되는 원인을 알아내려는 호기심은 인류의 역사에서 오래 전부터 지속되었다. 그러므로 인간의 동기를 설명하는 관점들도 오래 전부터 다양하게 제안되었다. 여기서는 이 견해나 이론들 가운데 현대 동기이론을 형성하는 데 영향을 미친 중요한 주장들을 간추려서 요점을 간략히 살펴보기로 한다. 이 절을 통해서 이 책에서 다루고 있는 여러 동기이론들이 역사적으로 어떻게 서로 연결되어 있는지 이해할 수 있다.

쾌락주의(快樂主義, hedonism)

동기에 관한 최근 이론들도 비록 정도의 차이는 있지만 대부분 어떤 형태로든지 쾌락주의의 원리를 배경으로 지니고 있다(Vroom, 1964; Lawler, 1973; Higgins, 1996). 쾌락주의의 원리를 간략히 정의하면 사람은 쾌락을 추구하고 고통을 회피하려는 경향이 있다고 정리할 수 있다. 쾌락주의의 관점에서 보면 인간은 미래와 관련해서 의식에 따라서 의도적으로 쾌락을 추구하는 행동을 결정하고 선택할 수 있다고 가정한다. 따라서 인간은 장차 쾌락을 얻을 수 있는 성과들은 추구하고 고통을 일으킬 성과들을 회피하는 방향으로 행동하게 된다. 이 때 인간은 자신이 선택할 행동들을 이성에 따라서 선별함으로써 쾌락을 극대화하고 고통을 극소화하는 방향으로 행동한다고 가정한다.

쾌락주의의 기원은 희랍의 초기 철학자들까지 거슬러 올라간다. 그 후 18C와 19C에 이르러 특히 영국의 공리주의자(功利主義者)들에 의해서 쾌락주의가 인간의 행동을 설명하는 원리로 다시 대두되었다. 이러한 개념은 그 당시 철학자 Locke, Bentham, Mill 등의 학설에서 볼 수 있다. Bentham은 1789년 행동을 이루는 여러 활동들이 지니고 있는 쾌락과 고용의 측면을 계산하는 과정을 설명하기 위하여 "쾌락계산법(hedonic calculus)"이라는 용어를 만들어내기도 했다.

19C말경 심리학 전반과 마찬가지로 동기이론도 철학의 영역에서 점차 경험과학을 지향하는 심리학 영역으로 바뀌게 되었다. 이에 따라서 철학의 배경에서 성립된 쾌락의 개념에 대해서 심리학의 관점에서 비판이 대두되었다. Vroom (1964)은 쾌락주의에 대한 비판점을 다음과 같이 설명한다.

"이 학설은 어떤 유형의 사건이 쾌락이나 고통을 일으키는지 명료하고 구체적으로 제시하지 못했다. 또한 이 사건들이 개인에게서 어떻게 일어나게 되는지에 대해서도 명확한 언급이 없다. 그뿐만 아니라 인간이 쾌락을 얻거나 고통을 받게 되는 방법에 관해서 그 나름대로 개념화하는 과정도 밝히지 못했고, 경험에 의해서 쾌락과 고통의 출처가 변화되는 과정에 대해서도 명확한 견해를 제시하지 못했다. 간단히 말해서 쾌락주의의 가정에는 ① 경험적 내용이 결여되어 있고 ② 검증될 수 없었다. 즉, 어떤 형태의 행동이든 그 행동이 일어난 후 쾌락이나 고통을 경험하게 되면, 그 행동이 고통의 원인이 되었다고 가정함으로써 사후에 설명을 할 수 있을 뿐이지, 장차 어떤 형태의 행동이 어떤 쾌락을 추구하기 위하여 일어날지 사전에 예언할 수 없었다."(1964, 10쪽)

쾌락주의가 행동의 원인을 다루기보다 사후 설명에 해당하고 쾌락과 행동의 관계를 설명할 때 순환 논법에 따르고 있음에도 불구하고 이 관점은 동기이론에 막대한 영향을 미치게 된다. Vroom(1964, 10~11쪽)의 해석에 따르면 쾌락주의 이후 심리학자들에 의해서 다루어진 동기의 연구는 대부분 쾌락주의에서 설명하지 못한 쾌락의 유발요인들을 알아내는데 초점을 두었다. 따라서 쾌락주의 학설이 지니는 결점을 보완하려는 노력으로 몇몇 동기이론이 나타났다. 이 이론들은 행동의 예언에 사용될 수 있는 변인들 상호간의 관계를 이론으로 제안하고 실증연구를 통해서 입증할 수 있도록 공식화하려고 하였다.

쾌락주의가 지니는 한계점을 해결하려는 경향을 잘 보여 주는 이론들이 1930년대 및 1940년대에 다음 두 방향으로 나타났다:

(1) 하나는 행동주의 관점에서 학습현상을 밝히기 위한 심리학자들의 노력에서 얻은 동기이론이다. 여기에는 Thorndike, Hull, Spence, Miller와 Dollard 등이 포함된다. 이 이론들 가운데 Hull과 Spence의 이론에 관해서는 다음 절의 추동이론(趨動理論)에서 다룬다.

(2) 다른 하나는 인지이론(認知理論)들이다. 인지이론가들은 행동주의자들이 쾌락주의에 근거를 두고 주장하는 효과의 법칙(law of effect)이 실증연구의 증거가 있음은 인정한다. 그러나 자극-반응-강화(刺戟-反應-强化, stimulus-response-reinforcemenct)의 연결관계를 주장하는 이론만으로 인간의 복잡한 동기과정을 설명할 수 없다고 비판한다. 이 관점에서 비판하는 학자는 Tolman(1932)과 Lewin(1938)이다. 이들은 동기과정의 학습이란 자극과 반응, 또는 반응과 강화의 변화가 아니라 신념들간의 변화라고 본다. 다시 말해서 학습이란 자극-자극, 또는 자극-반응-자극의 연결관계에 관한 신념이 변화되었음을 의미한다.

앞에서는 쾌락주의의 기본 관점이 동기에 관한 현대이론이 성립되는 초기에 어떻게 나타났는지 보기 위해서 극단적으로 두 가지 이론을 대립시켜 보았다. 그러나 현대 동기이론들은 두 이론들에 모두 수렴되지 않는다. 쾌락주의의 관점을 토대로 가장 최근에 개발된 이론 가운데 쾌락을 추구하기 위한 유형을 향상초점과 예방초점으로 나누어서 설명하는 Higgins의 조절초점이론도 제안되었다. 이 이론에 관해서는 이 책의 제11장에서 다루게 된다.

한편 현대에 이르기 이전에 쾌락주의 가운데 어떠한 관점이나 이론들이 동기이론의 전개에 영향을 미쳤는지 살펴보기로 한다.

본능설(本能說, instinct theory)

본능이라는 개념은 태어날 때부터 지니면서 모든 종류의 행동을 일으키는 생래적인 에너지의 출처를 의미한다. 인간의 행동이 본능 때문에 발생한다고 보는 본능설은 역사가 오래되었다. 과학적 관점에서 동물이나 인간의 행동이 본능들에 의해서 결정될 가능성이 있다고 생각한 학자는 Darwin(1985)이 최초일 것이다. 그는 지능적 행동이 본능에 의해서 영향을 받는 경우가 많다고 생각하고 이를 입증하는 예를 동물연구의 결과에서 제시하였다.

한편 James, Freud 및 McDougall 등은 이 다윈학파의 본능설을 기반으로 하고, 다른 한편으로는 쾌락주의의 개념을 거부하지 않은 채로 인간의 동기를 이해하기 위한 이론을 제시하였다. 이들의 이론에는 공통되는 측면이 있다: 인간이란 단순히 개인의 최고 관심사를 추구하는 이성적 존재가 아니기 때문에 행동을 이해하려면 이성보다 포괄적인 개념이 필요하다고 보았다. 간단히 말해서 앞서 말한대로 본능과 무의식적 동기라는 두 요인들이 인간행동을 이해하는 데 가장 중요하다고 주장한다. 이 두 측면에 대해서 이들이 주장하는 내용을 간략히 살펴보자.

① 이들은 행동이 매우 이성적이라고 보는 대신에 행동이 본능의 결과라고 본다. McDougall(1908, 25쪽)은 본능의 개념을 "본능을 지닌 사람으로 하여금 일정한 대상을 지각하거나 주의하도록 하고, 사물을 지각할 때 특수한 정서자극을 경험하도록 하고, 특수한 방식으로 활동하게 하거나, 그렇지 않더라도 적어도 이러한 활동을 하려는 충동을 경험하도록 만드는 유전적이거나 생래적인 정신물리학적 경향성"이라고 정의한다.

McDougall이 본능을 목적적이며 목표지향적으로 본 반면에, James(1890)는 이 개념을 맹목적이며 기계적인 활동이라고 정의한다. 그리고 수많은 본능의 목록에 다음의 예에서 보는 바와 같은 내용을 포함시켰다. 즉, 운동(locomotion), 호기심(curiosity), 사회성(sociability), 애정(love), 공포(fear), 질투(jealousy) 및 동정(sympathy) 등이다.

James와 McDougall에 따르면 인간은 본능들을 갖고 있으며 이러한 본능들이 행동의 일차적 결정요인이라고 생각했다. 다시 말해서 인간은 개인의 내부나 외부의 단서들에 의해서 일정한 방식으로 행동하게 하는 선천적이며 자동적인 성향을 갖고 있는 것으로 보았다. 따라서 학습되지 않고도 고정되고 틀에 박힌 듯한 행동양상을 취하게 되는 본능적 행동은 종(種)마다 같은 유형을 지니기 때문에 모든 사람들이 같은 형태를 취한다고 주장한다.

이들의 본능설은 이전의 본능설과는 구별되는데, 이들에 의하면 동물이나 인간에게는 본능적이라고 부르는 비교적 고정된 행동들이 있다고 가정한다. 이 고정된 행동들이나 또는 다른 행동의 실행에 에너지를 방출하도록 만드는 요인을 밝히려는 것이 이들의 연구목표이다. 즉, 본능이라는 개념이 학습되지 않은 행동과 에너지(또는 충동)라는 두 가지 의미를 지닌다고 생각한다.

② 본능설과 관련있는 두 번째 중요한 특징은 무의식적 동기의 개념이다. James의 저술에도 무의식적 동기라는 개념이 포함되어 있기는 하지만, 무의식적 현상을 가장 중요시한 사람은 Freud(1915/1949)이다. Freud는 정신질환자를 치료한 임상적 관찰을 토대로 해서, 행동의 결정적인 성향이란 인간이 가장 중요하다고 의식해서 관심을 갖고 있는 것과는 반드시 일치하지 않는다고 주장한다. 다시 말해서 인간은 자신의 가장 중요한 욕망이나 욕구를 항상 알고 있지는 못하다. Freud에 의하면, 꿈, 실언 및 신경증적 증상 등은 쾌락원리(快樂原理, pleasure principle)에 지배되는 본능들이 무의식적 수준에서 나타난 것이라고 한다. 따라서 인간의 행동의 주된 동기는 개인 자신에게도 알려지지 않은 무의식적인 힘이다.

본능설들도 여러 가지 유형으로 구분될 수 있어서 본능의 내용에 대한 견해만을 살펴보더라도 지배적인 하나의 동기가 행동을 결정짓는다는 주장이 있는가 하면 다양한 본능의 목록을 정리하고자 하는 입장도 볼 수 있다.

본능설은 20C 초기 20년간 상당히 광범위하게 받아들였으나 문화인류학이나 사회학의 연구결과와 심리학 내에서 과학의 대상으로 부적절하다는 공격을 받게 되었다. 이 공격의 핵심은 대체로 다음 4가지로 정리해 볼 수 있다(Morgan & King, 1966; Hilgard & Atkinson, 1967).

첫째, 인간의 중요한 본능이 하나라고 주장하는 입장을 떠나서 인간행동을 설명하는 데 필요한 본능의 목록을 작성하면 거의 6,000여개에 달했다. 이 결과는 본능에 의해서 인간행동의 동기를 체계 있고 짜임새 있게 설명할 수 없도록 만든다.

둘째, 인간의 동기적 힘 또는 강도에 개인차가 크다는 생각이 광범하게 인정되었다. 동일한 자극에 대해서도 인간이 모두 동일한 본능 행동을 보인다는 가정이 연구에서 지지되지 못했다.

셋째, 어떤 경우에는 동기의 강도와 행동 사이에 일관성 있는 상관관계가 없다는 연구결과도 발표되었다. 본능의 강도와 행동이 일차 함수관계를 지닌다는 주장이 지지되지 못한 경우도 있었다.

넷째, Freud가 말하는 무의식적 동기들이 참으로 본능인지 아니면 학습된 행동인지 의문이 제기되었다. 만일 본능이 생래적이라고 주장하려면 이를 입명해야 하는데 증명할 방도가 없다. 이 비판은 본능설을 비판하는 학자들의 주장 가운데 가장 강력하다. 이 비판을 토대로 새 관점에서 앞으로 다룰 추동이론이 성립되었다.

이상에서 동물이나 인간행동의 동기를 본능으로 설명하려는 학설들이 비판받는 근거들을 살펴보았다. 그 후 1950년대에 본능설의 핵심 개념을 발전시킨 이론이 새로운 형식으로 제안되었다. 이 이론은 Lorenz(1958, 1966, 1973)나 Tinbergen(1951) 등에 의해서 대표되는 동물행동학(ethology)의 견해이다. 동물행동학이란 주로 자연관찰법을 사용해서 대체로 영장류 이하의 동물행동을 비교연구하는 학문이다.

이들에 의하면 동물이나 인간은 모두 종(種)에 따라서 특유한 행동양식(species-specific behavior patterns)을 태어날 때부터 지닌다고 가정한다. 이 본능적 행동양식은 환경에서 볼 수 있는 특수한 신호자극(specific sign stimuli)에 의해서 촉발된다. 그러므로 모든 동물은 본능으로 지니는 행동양식을 작동시키는 생래적 해발기제(生來的 解發機制, innate releasing mechanism)를 지니고 있다고 가정한다.

동물행동학에서는 행동의 결정요인으로 본능만 주장하지 않고 학습 요소가 상호작용한다고 가정한다. 그러므로 종마다 본능으로 지니고 태어나는 중요한 행동양식을 학습하는 시기가 미리 결정되어 있다고 주장한다. 예를 들어서 사회환경에서 유아의 언어행동이 학습되도록 결정적 시기에 적절한 자극을 제공하지 못하면 언어 발달이 제대로 이루어지지 못한다고 주장한다. 그러나 이 이론에서 환경의 영향을 무시하면 동물행동학의 본능설도 가설을 검증할 방도가 없는 점에서 비판의 대상이 된다.

추동이론(趨動理論, drive theory)

추동이론은 동기이론의 발전에 큰 영향을 미쳤다. 이 추동이론은 자극에 대해서 일정한 행동이 형성되고, 형성된 행동이 계속 유지되는 기제에 대해서 기계론적으로 설명할 수 있다고 보는 관점에서 제안되었다. 이 이론에서는 동물이나 인간이 행동을 하도록 만드는 힘이 무엇인지 알아내면 동물이나 인간의 행동 역시 무생물처럼 연구할 수 있다고 보았다. 이 이론에서는 만약 동물이나 인간이 어떤 장래 목적을 지니고 행동하더라도 장래 목적이 행동을 결정하는 데 영향을 미치지 못하기 때문에 행동의 목적에 관한 이론은 심리학에서 연구할 필요가 없다고 주장한다. 왜냐하면 심리학이란 마치 물리학자가 원자를 다루듯이 동물이나 인간의 행동을 결정하는 요인을 밝힘으로써 장래 행동을 예언하는 데 목적이 있기 때문이다.

추동이론에서는 동물과 마찬가지로 인간의 행동은 과거 개인의 역사에 의해서 결정된다고 주장한다. 그러므로 장래 목적이나 장차 당면할 결과를 예견함으로써 행동이 달라지지 않는다고 본다. 다시 말해서 추동이론에서는 과거에 경험한 보상획득의 쾌감이 다음의 행동에 영향을 미친다고 주장한다. Troland(1928)가 이 이론을 "과거의 쾌락주의"라고 부른 데서도 볼 수 있듯이 과거 경험으로 이루어진 역사의 측면을 강조한다(Troland, 1928; Boring, 1950; Allport, 1954).

과거에 어떤 활동이 좋은 결과를 가져왔으면 인간은 그 활동을 반복하는 경향이 있다. 이와 반대로 과거 행동으로 인해서 좋지 못한 결과나 처벌을 받았으면 인간은 그 활동을 반복하지 않고 피하게 된다. 이 견해는 Thorndike(1911)가 "효과의 법칙(law of effect)"이라는 용어로 처음 제시하였다. Thorndike(1911, 244쪽)의 설명을 인용해 보자.

> "동일한 상황에서 일어난 여러 반응들 가운데 동물에게 직접 만족을 일으켰거나 만족을 가져다 주었던 반응은, 다른 조건들이 동일하다면, 그 상황과 강하게 연결된다. 그래서 이러한 상황에 다시 당면하게 되면 만족을 경험하도록 했던 이 반응들이 다시 나타난다. 반면에 동물에게 불편을 일으켰거나 불쾌감을 초래했던 반응들은, 다른 조건들이 동일하면, 이러한 상황과 연결이 약화된다. 그래서 이와 같은 상황에 다시 당면하게 되면 이 반응들이 나타나지 않게 된다. 이 때 만족이나 불편이 크면 클수록 상황과 반응의 이 연결은 각각 더욱 강화되거나 약화된다."

요약해 보면, 과거에 자극에 대해서 반응함으로써 유쾌한 경험을 얻은 경우에는 자극과 반응이 연결된다고 본 이 "효과의 법칙"만으로는 어떤 행동이 왜 유쾌하고 만족스러우며 다른 행동은 왜 그렇지 못한지 설명할 수는 없다. 그러나 이 가설을 토대로 추동이론에서는 실증적으로 증명할 수 있는 동기이론을 제안하였다. 이 가설이 Hull의 추동이론에서 추동과 습관강도라는 두 개념들 중 습관강도를 설명하는 데 쓰이게 된다.

추동이론에서 추동(趨動, drive)이란 개념은 "유기체가 일정한 방식으로 행동하게 만드는 에너지의 보급처"라는 뜻으로 심리학자 Woodworth(1918)가 처음으로 소개했다. 그 뒤 다른 학자들은 일정한 목표를 지향하거나 회피하도록 하는 특수한 활성화 요인(예: 굶주림, 갈증, 성욕)들을 나타내는 용어로 수정하였다. 동기이론에서 추동의 개념이 소개되면서 이전과 달리 심리학자들이 인간이 추구하는 목표뿐만 아니라 목표지향의 동기 강도를 실험으로 조작하고 행동의 예측도 가능하게 되었다.

Hull이 제안한 추동이론의 또 다른 배경은 1930년대 초기 Cannon(1939)의 주장과 깊은 연관이 있다. Cannon은 유기체의 내적 조건이 정상인 상태에서 벗어났을 때 유기체 내부에서 불평형(不平衡, disequilibrium) 상태를 벗어나서 평형을 추구하는 운동을 나타내기 위해서 동질정체(同質停滯, homeostasis)"라는 개념을 제시했다. 예를 들어서 굶주림과 같은 신체의 불평형 상태가 일어나면 유기체는 이 불평형을 감소시키려는 내적 충동에 의해서 동기화되어서 다시 정상상태로 되돌아 가려고 한다. 동물이나 인간은 항상 변하는 역동적 환경에 존재하므로 행동을 결정짓는 동기들도 변한다. 그러나 Cannon은 어떤 추동이나 동기들은 중요한 의미를 띠고 계속 우세하게 나타나기도 하고 어떤 동기들은 우세했다가 충족되면 후퇴하기도 한다. 동기에 관한 이러한 관점은 Maslow나 Murray를 포함해서 많은 욕구이론가들의 주장에서 공통으로 발견된다.

추동이론으로 Hull(1943)의 이론은 가장 포괄적이고 실험에서 자주 다루었다. 그는 「행동의 원리」라는 대표 저술에서 유기체가 지니는 동기의 측면을 설명하기 위해서 "반응원동력(impetus to respond)"이라는 용어를 사용했다. Hull에 의하면 추동이 행동의 강도를 결정짓게 되는데, 추동이란 생리적 결핍 수준이 높아짐에 따라서 증가되는 활성적 영향력으로 정의했다. 이 때의 생리적 결핍상태 또는 욕구들이 유기체로 하여금 이 욕구들을 충족시키는 행동을 하도록 충동하게 된다. 따라서 추동이란 동기의 성질을 띠는 생리적 욕구 상태를 의미한다.

생리적 불평형 상태에서 추동이 생기면 이 추동이 유기체로 하여금 평형상태를 회복하도록 행동을 유발한다. 간단히 말해서 추동이란 생존에 요구되는 에너지를 산출하게 된다. Hull(1943, 57쪽)은 이 점을 다음과 같이 설명한다.

> "유기체의 욕구가 행동에 앞서 존재하거나 행동을 수반하기 때문에 욕구가 이와 관련되는 활동을 동기화시키거나 충동한다고 본다. 욕구가 이와 같은 동기의 특징을 지니기 때문에 동물의 일차 추동들을 낳는다."

Hull의 설명에 의하면 어떤 생리적 결핍상태가 생기면 욕구를 유발하고, 욕구가 유발되면 활동을 활성화시키는 추동이 생기게 된다. 그런데 추동이란 욕구로 인해서 행동하도록 만드는 힘이기는 하지만, 한두 가지 불평형 상태를 회복하려는 특수하고 구체적인 욕구에 의해서만 활성화되지 않고 어떤 욕구에 의해서도 영향을 받을 수 있다. 추동이란 여러 가지 결핍된 욕구에 의해서 행동으로 활성화될 수 있는 축적된 에너지의 출처이다.

추동이론에서는 추동에 의해서 유발된 긴장의 경감이 행동의 목표라고 본다. 이 주장을 추동경감설(趨動輕減說, drive reduction theory)이라고 부른다.

또한 Hull은 행동경향성을 활성화시키는 추동만으로는 행동의 방향이 정해지지 않는다고 보았다. 그는 행동의 방향을 결정짓는 요인으로는 과거에 행동을 통해서 얻은 유쾌하거나 불쾌한 경험이 중요하다고 주장했다. 앞에서 설명한 바와 같이 일정한 자극에 대해서 유쾌한 경험을 얻었던 반응이 습득되면 이 반응은 그 상황에서 제시되었던 자극과 연결된다. 자극-반응의 이 연결관계 수준을 Hull은 습관강도(習慣强度, habit strength)라고 불렀다.

여기서 말하는 자극과 반응의 습관강도란 과거에 추동에 의해서 발생한 긴장을 경감시킬 수 있었던 경험으로부터 학습된다. 상세하게 말하면 습관강도는 다음 네 요인들에 의해서 연결의 강도가 달라진다: ① 학습기간 동안에 경험한 자극과 반응의 근접성, 자극과 반응이 가까운 시간 동안에 발생했거나 동일한 조건에서 경험하면 습관강도가 높아진다. ② 긍정적 보상과 자극-반응 사건의 밀접성, ③ 정적강화(正的强化, positive reinforcement)를 받은 빈도, ④ 학습기간 동안에 경험한 정적 강화의 강도가 큰 보상이면 습관강도가 높아진다.

이상에서 동기를 추동과 습관강도에 의해서 설명하는 추동이론을 살펴보았다. Hull은 이 두 개의 개념을 토대로 결과적으로 나타나는 노력 또는 동기적 힘이 추동과 습관강도의 두 변인들을 곱한 값과 함수관계를 이룬다고 주장했다. 이 Hull의 주장을 공식으로 나타내면 다음과 같다.

동 기 = 추 동 × 습관강도
(motivation) (drive) (habit strength)

이 공식에서 추동과 습관강도의 두 기본 요소들이 형성되어서 동기와 행동에 연결되는 과정을 정리해 보면 다음처럼 설명할 수 있다.

(생리의) 결핍요인 작용—욕구—추동 ↓
× = 행동
학습요인 작용—습관—방향 ↑

앞에서 추동이론이 실증연구를 통해서 가설을 검증할 수 있는 장점을 지닌다고 지적했다. 위의 모형에 따라서 동기화된 행동을 예측하는 예를 들어보자. 만일 명품을 구입하려는 습관강도와 추동수준이 서로 다른 김씨와 이씨 두 사람을 예로 들어 비교하면 다음과 같이 각각의 명품의 구매 동기 수준이 예측될 수 있다.

김씨; $5 \times 4 = 20$
이씨; $2 \times 5 = 10$

이 때 김씨와 이씨가 각각 명품을 구입하려고 노력한 동기 수준을 측정하게 되면 이 공식으로 산출한 동기 수준의 측정치가 실제 동기 수준을 잘 예측하는지 상관관계를 계산하여 추동이론의 동기모형이 적절한지 어느 정도 실증연구의 방법으로 검증할 수 있게 된다.

뒤에 Hull(1952)은 이 두 요인들 이외에 개인의 외부요인들 가운데 가치 혹은 매력 수준을 나타내는 유인요인(誘引要因)이 작용한다고 보고 앞의 공식을 다음과 같이 수정했다.

동기 = 추동 × 습관강도 × 유인
(motivation) (drive) (habit strength) (incentive)

여기서 유인요인은 인지이론(認知理論)에서 추동이론에 대한 비판으로 제안된 바 있다. 그러나 추동이론의 수정모형에서도 이 요인을 수용하게 되었다. 여기서 유인(誘引)이란 장차 개인이 얻을 수 있다고 보는 보상 혹은 매력의 크기라고 정의할 수 있다. 그리고 유인이 지니는 보상의 크기 또는 매력의 수준을 유인가(誘引價, valence)라고 부른다.

한편 Hull의 제자인 Spence(1956)는 Hull의 공식에서 추동과 유인이 각각 독립되게 동기에 영향을 미친다고 보지 않고 추동과 유인이 합쳐져서 하나의 단위를 이룬다고 보았다. 이것이 Hull-Spence 모형인데 공식은 다음과 같다.

동 기 = 습관강도 × (추동 + 유인)
(motivation)(habit strength) (drive) (incentive)

추동이론을 대표하는 Hull의 수정공식과 Spence의 공식에서 볼 수 있는 유인요인은 뒤에 살펴볼 인지이론들에서도 공통으로 발견된다. 그러나 추동이론에서 유인의 개념을 동기모형에 포함시킴으로써 실제로 추동이론이 인지이론과 구별되는 독특한 주장이 약화되었다고 볼 수 있다. 또한 추동이론은 주로 실험실에서 동물의 행동을 대상으로 연구되었기 때문에 기계론적으로 설명하기 어려운 인간의 동기화된 행동을 설명하기에는 적합하지 못한 이론이라고 비판받기도 했다.

그러나 추동이론은 실험에서 일정한 기간 동안 생리적 욕구를 충족시키지 않음으로써 추동 수준을 조작하고 이 수준에 따른 행동의 효과를 실제로 검증한 점에서 그 이전의 다른 동기이론들과 구별된다. 즉 동기화된 행동에 영향을 미치는 결정요인을 가설로서 제시하고 실험방법으로 이 가설을 검증하는 본보기를 제시하여 이전의 다른 이론들보다 동기이론의 발전에 크게 공헌하였다. 추동이론은 이 이론이 제안된 1940년대부터 1960년대까지 “기계론적 동기이론”(Weiner, 1972)으로서 동기이론의 지배적 세력으로 큰 영향력을 발휘했다(Atkinson & Birch, 1978, 16쪽).

강화이론(强化理論, reinforcement theory)

강화이론이 추동이론과 같이 행동주의에서 발전되었다고 보고 같은 흐름 속에서 파악하려는 학자들도 있다. 그러나 이 두 이론에 공통점이 있다고 하더라도 강화이론은 앞에서 살펴본 Hull의 이론이나 뒤에 살펴볼 Tolman의 관점과 다른 이론이다. 이 세 이론을 구별짓지 못하면 과오가 된다고 Skinner는 주장한다(Skinner, 1966, 서문 XIV). 특히 Skinner 학파는 행동의 동기 측면에서 강화이론이 Hull이나 Tolman의 이론과 서로 구별된다고 주장한다.

Skinner의 주장은 엄격한 의미에서 동기이론으로 보기 어려운 면이 있다. 왜냐하면 Skinner 이론에는 앞절에서 살펴본 동기의 3가지 속성으로 활성화, 지향성 및 지속성의 요소들 가운데 행동을 일으키는 추동 요소를 포함하지 않음으로써 개인 내부의 활성화 요인을 다루지 않기 때문이다. 다시 말해서 추동이론(趨動理論)에서는 유기체 내부의 활성화 요인으로 추동(趨動, drive)을 가정하지만 Skinner의 강화원리에서는 유기체의 내부 상태를 문제삼지 않는다. 이처럼 동일한 행동주의이면서도 내부과정을 다루는 이론과 아울러 다루지 않는 이론들이 공존한다. 그 가운데 Skinner의 강화이론은 내부과정을 문제삼지 않는 이론들 가운데서도 가장 극단의 관점을 제안한다.

내부과정을 다루지 않는다는 점에서 Skinner의 강화이론과 유사성을 지니고 있는 자극-반응이론(刺戟-反應理論, stimulus-response theory)에서는 반응을 일으킨 자극과 반응의 연결관계를 다룬다. 그런데 어떤 경우에는 행동을 유발한 자극을 관찰할 수 있어서 자극과 행동의 연결관계를 관찰하기 쉬운 경우도 있다. 그러나 명확한 자극에 의존하지 않고 유기체가 행동을 방출한 경우가 대부분이다. 따라서 인간의 행동을 자극-반응의 연결관계로 연구하기 부적절한 경우가 많다.

Skinner의 주장에 의하면 인간이 방출한 행동(放出行動, emitted behavior)들은 관찰자가 행동이 유발된 원인이 되었던 자극을 밝히지 않더라도 연구할 수 있다. 다시 말해서 강화이론(强化理論)에서는 행동을 일으킨 자극을 밝히는 데는 관심이 없고, 인간이 실행한 행동이 어떤 결과를 초래했는지만 연구한다. 비록 행동을 일으킨 원인 자극은 모르더라도 관찰자가 행동을 확인할 수 있는 이 유형의 행동들을 Skinner는 조작적 행동(操作的 行動, operant behavior)이라고 불렀다. 이와 달리 관찰을 통해서 알아볼 수 있는 원인 자극에 의해서 유발된 행동은 자극에 대한 대응반응으로 나타난 행동이기 때문에 반응행동(反應行動, respondent behavior)이라고 부른다.

Skinner가 주장하는 행동의 결과에 의해서 형성되는 학습은 조작적 행동을 다룬다는 의미에서 조작적 조건형성(操作的 條件形成, operant conditioning)이라고도 한다. 그런데 조작적 행동은 행동 후에 좋은 결과가 발생되는 빈도에 따라서 형성된다. 다시 말해서 조작적 행동의 강도는 이 행동의 발생빈도와 정비례하므로 좋은 결과가 자주 발생하는 조작적 행동은 강도가 높아지게 된다. 그러므로 강화이론에서는 여러 조작적 행동들의 발생확률을 변화시키는 법칙을 찾으려고 한다.

이 조작적 행동의 발생확률에 영향을 주는 요인이 강화(强化)이다. Skinner는 강화란 일정한 조작적 행동의 발생빈도를 증가시키는 요인이라고 정의한다. 그러므로 강화이론이란 조작적 행동의 발생비율에 영향을 미치는 강화요인들을 밝히려는 이론이다.

조작적 조건형성이 이루어지는 과정을 예로 들어서 이 현상을 쉽게 설명해 보자. 처음에는 우발적으로 여러 행동들이 발생했다고 보자. 이 가운데 어떤 행동에 강화가 주어지면 바로 그 보강받은 행동이 다음에 다시 나타날 확률은 높아지게 된다. 따라서 이 과정이 일정하게 반복되면 강화받은 행동이 우세하게 나타난다.

이 예에서 개인이 어떤 결과를 얻기 위해서 실행한 행동들이 조작적 행동이다. 강화이론에서는 이 조작적 행동을 일으킨 선행의 원인이 무엇인지 문제삼지 않고 이 조작적 행동을 통해서 나타난 결과만을 문제삼는다. 다시 말해서 강화이론은 조작적 행동과 그 행동의 결과라는 두 요소들 사이의 연계관계(contingency relationship)를 다룬다. 이를 Skinner는 강화상황 연계성(reinforcement contingency)이라고 불렀다. 이 강화상황 연계성이란 행동을 일으킨 상황, 행동 자체, 그리고 행동에 뒤따르는 결과가 연결되는 양식을 나타내는 말이다. 강화이론에서는 조작적 행동과 행동의 결과의 연계성을 결정짓는 여러 종류의 강화계획(强化計劃, reinforcement schedule)에 따라서 조작행동의 발생빈도가 어떻게 달라지는지 집중적으로 연구하였다.

Skinner(1953)는 행동의 강화 효과를 연구하는 데 있어서 행동이 발생하는 원인을 설명하는 동기이론은 필요가 없다고 주장한다. 다만 특정한 행동이 선택되어서 학습되고 지속되는 지속성에만 관심을 보인다. 그러므로 강화이론이 행동의 활성화의 측면을 다루지 않으므로 동기이론은 아니라고 평가받기도 한다. 그러나 강화이론이 행동의 방향과 지속을 연구하는 유용한 수단을 제공하기 때문에 동기의 개념과는 부분적으로 관련된다. 이러한 의미에서 동기를 다루면서 강화이론을 포함시키기도 한다.

사회인지행동이론: Skinner의 강화이론은 원래 개인의 외부에서 타인들에 의해서 제공되는 보상들이 미치는 강화효과를 설명하려고 제안되었다. 이른바 외적 강화원(强化源, extrinsic reinforcer)이 인간의 행동에 미치는 효과를 연구하고 그

원리를 응용하려고 한다. 그러나 최근에 Bandura(1986)는 행동주의 관점에서 자기강화나 인지과정을 포함해서 사회인지이론을 제안하였다. 이 이론들에 관해서는 이 책 제6장 사회인지행동이론(社會認知行動理論)에서 상세히 다루게 된다.

인지관점의 동기이론들

동기과정을 다루는 인지이론에서는 자극과 반응의 객관적 관계나 또는 반응과 강화의 관계를 연구하면 행동의 동기과정을 이해할 수 있다는 주장에 반대한다. 인지이론에 의하면 동기는 행동을 일으키는 인간의 인지요인에 의해서 영향을 받는다. 이를 그림으로 나타내면 다음과 같다.

주어진 자극 ⟶ 인지적 매개(媒介) 사건 ⟶ 행동

이 그림에서 행동의 분석은 두 단계로 나누어서 생각할 수 있다. 먼저 자극에 대한 인지표상이 나타나게 된다. 둘째, 표상으로 나타난 인지가 최종 행동반응에 어떤 영향을 미쳤는지 다루게 된다. 동기에 관한 인지이론에서는 인지과정을 결정짓는 요인에 대한 해명이 없이는 행동의 동기과정을 이해할 수 없다. 예를 들어서 한 자극에 대한 지각이 사람마다 다를 수 있다. 그리고 일정하게 반응할 경우에도 그 반응에 의해서 초래될 결과에 대해서 사람마다 서로 다른 기대를 지닐 수 있다. 그러므로 개인이 자극을 어떻게 지각했으며, 또한 일정하게 행동하면 어떤 결과가 나타난다고 기대했는지 설명할 수 없다면 동기를 이해할 수 없게 된다. 그러므로 인지이론에서는 행동을 결정짓는 요인은 실제 자극이 아니라 그 자극에 대한 지각 내용과 행동에 의해서 초래될 결과에 대한 예견이 중요하다. 인지이론의 관점에서 보면 인간의 동기화된 행동이란 장래 초래될 목표를 염두에 두고 행해지는 목적적 행동이다.

앞에서 살펴본 바와 같이 추동이론이나 보강이론에서는 과거에 경험했던 만족과 함수관계로 동기가 형성된다고 주장한다. 반면에 동기에 관한 인지이론들은 동기를 "미래의 쾌락주의"의 한 종류로 본다(Troland, 1928; Boring, 1950; Allport, 1954). 이 주장에 의하면 인간 행동의 주된 결정 요인은 과거의 경험이 아니라 미래에 당면하게 될 사건에 대한 신념, 기대 및 예기(豫期)이다. 따라서 행동이란 목적적이고 목표지향적이며 의식적인 의도에 기반을 두고 이루어지는 활동이다.

동기이론에서 인지관점의 기본 가정을 발전시키는 데 공헌한 학자들은 매우 많다. 이 관점이 성립되는 단계에서 크게 영향을 미친 학자들 가운데 잘 알려진 사람들로는 Lewin(1935, 1938, 1951)과 Tolman(1932, 1951)을 들 수 있다. Tolman은 동물행동을 그리고 Lewin은 인간행동을 많이 다루었다는 점에서 차이가 있지만, 두 사람은 모두 인간이나 동물이 환경에서 자극단서들에 관한 인지를 기반으로 행동을 결정한다는 입장을 취한다.

Tolman은 Hull과 마찬가지로 행동주의 전통을 유지하지만 자극과 반응의 관계를 미시단위가 아니라 의미 있는 거시단위로 연구해야 한다고 주장했다. 즉, 행동을 세부의 활동들로 나누어서 분석하지 않고 거시단위로 구분해야 한다고 보았다. 이 관점에서 보면 행동이란 지각, 기억, 사고 등을 포함하는 인지요인과 목표를 지니는 목적에 의해서 결정된다고 보게 된다. 따라서 과거의 실제 경험보다 현재 지니고 있는 인지나 목적이 더욱 중요하다. 다시 말해서 추동이론은 과거 학습경험을 강조함으로써 행동의 역사를 강조하지만, 인지관점에서 제안된 동기이론에서는 이와 대조적으로 대체로 과거에 행동이 형성된 역사를 문제삼지 않는다. Tolman(1932)의 말을 빌리면 행동의 학습은 과거에 습득한 습관강도의 변화에 의해서가 아니라 환경에 대해서 지니고 있는 신념의 변화로부터 초래된다고 주장한다.

인간의 동기를 설명하기 위하여 과거에 행동이 학습된 역사를 문제삼지 않는 점에서는 Lewin(1938)도 같다. 그러나 인지이론가들이 과거의 사건이 현재 행동에 영향을 미쳤다는 사실마저 부인하지는 않는다. 과거의 사건은 현재의 조건을 변화시킬 수 있는 정도로만 현재의 행동에 영향을 미치게 된다. 일반적으로 현재의 사건이 행동에 크게 영향을 미친다. 다시 말해서 과거의 사건은 현재나 미래의 신념과 기대에 영향을 미치는 한도 내에서만 중요하다.

기대×유인가이론: 일반적으로 인지관점을 취하는 동기이론들 가운데 기대×가치이론(期待×價値理論, expectancy×value theory) 또는 기대×유인가이론(期待×誘引價理論, expectancy×valence theory)이 핵심이 된다. 이 이론에서 동기적 힘이란 기대와 유인가의 두 값을 곱해서 얻은 값들을 총화한 크기와 일차 함수관계를 갖는다고 가정한다. Lewin과 Tolman에 의하면 여기서 기대란 특수한 행동이 일정한 성과(成果)를 가져온다고 믿는 신념의 강도를 말한다. 일정한 행동이 바라는 성과를 가져온다고 믿는 신념강도인 기대는 확률로서 p=.00부터 p=1.00까지 값을 지닌다. 한편 유인가(誘引價)란 이 결과에 대해서 개인이 부여하고 있는 긍정적이거나 부정적 가치의 총화를 뜻한다. 행동의 결과로 얻게 되는 성과에 부여한 가치가 최대로 좋은 성과의 경우 유인가가 +1.00이 되며 나쁜 성과면 −1.00에 이른다. 대부분의 결과들은 +1.00부터 −1.00까지 사이에 놓이는 어떤 값으로 나타낼 수 있다.

기대×유인가이론의 관점에서 본다면 인간의 행동이란, 먼저 행동이 초래하게 될 성과들을 결정하고, 또한 이 성과들 각각에 부여할 가치를 결정하는 일종의 선택행동에 참여하는 행위이다. Tolman(1959)은 이를 "신념-가치의 행렬식"이라고 불렀는데, 이를 등식으로 바꾸면,

동 기 = 기 대 × 유 인 가
(motivation)(expectancy) (valence)

로 나타낸다. 이 등식을 보면 개인의 입장에서 여러 가지 선택이 가능한 행동들 각각에 대한 동기가 기대와 유인가를 곱한 값들의 총화에 의해서 산출된다. 그리고 선택이 가능한 여러 대안들 중에서 기대와 유인가를 곱한 동기의 값이 제일 큰 행동이 선택되어서 실행된다.

인지관점에서 기대×가치이론에 포함시킬 수 있는 이론을 제안한 학자들로는 Lewin(1944)과 Tolman(1932, 1955)을 필두로 해서 Edwards(1954), Atkinson(1957), Rotter(1954), Peak(1955), Vroom(1964), Porter & Lawler(1968) 등이 포함된다. 이들 기대×가치이론 가운데 Atkinson의 성취동기이론은 이 책의 제3장에서 다룬다. 그리고 Vroom이나 Porte과 Lawler의 이론은 제7장 기대×유인가이론에서 다룬다.

인지일관성이론들: 인지 관점의 동기이론들 가운데 기대×유인가이론이 중요하지만 이 외에도 많다. 이 이론들 가운데 Heider(1958), Abelson(1958), Festinger(1957), Osgood(1955) 등에 의해서 대표되는 인지일관성이론들(認知一貫性理論, cognitive consistency theories)은 동기이론으로 큰 주목을 받았다. 이 이론

들은 각각 다른 이름으로 부를 만큼 서로 구별되는 차이를 지니며 각 이론이 적용되는 영역도 서로 다르다.

그러나 이 이론들의 배경을 이루는 기본 가정은 공통된다: 인간은 하나의 심리적 대상에 대해서 여러 인지들을 지니는데 이 인지들이 서로 일관성을 지니기를 추구한다. 만일 하나의 심리적 대상에 대한 가치나 신념을 포함해서 인지 요소들이 서로 일관되지 않게 되면 인간은 긴장을 경험하게 된다. 이 경우에 인간은 이 긴장을 제거하기 위해서 인지들 사이에 일관성이 형성되도록 노력하게 된다. 인지일관성을 해칠 만큼 일관되지 않는 새로운 인지에 당면하게 되면 인간은 비일관성을 극소화하려고 노력하게 된다. 다시 말해서 인지들의 일관성이 깨지면 일관성을 되찾으려고 동기화된다는 가정이 인지일관성이론들에서 공통된다.

형평이론: 인지일관성이론들에 기반을 둔 동기이론으로 대인 간의 교환관계에서 타인과 비교함으로써 경험하는 공평성으로 동기를 설명하는 이론이 형평이론(衡平理論, equity theory)이다. 이 이론에 관해서는 이 책의 제5장에서 다룬다.

귀인적 동기이론: 인지관점에서 제안된 동기이론들 가운데 동기 연구에 큰 영향을 미친 귀인이론(歸因理論, attribution theory)도 중요하다. 귀인이론은 Heider(1944)에 의해서 기반이 마련되고, Jones와 Davis(1965), Kelley(1967, 1971), Weiner(1972, 1980) 등에 의해서 더욱 발전되었다. 귀인이론에서는 인간이 환경에서 일어나는 사건을 있는대로 보고, 이에 대해서 수동적으로 반응하는 존재가 아니라고 본다. 오히려 인간은 환경에서 일어난 사건들의 원인을 추론하여 자신이 처한 세계에서 비교적 안정되고 지속적인 측면을 이해하고 이를 토대로 능동적으로 환경을 통제하려 한다고 가정한다.

무엇보다도 인간은 환경에서 일어난 사건의 인과구조를 알려는 동기를 지닌다(Kelley, 1967, 193쪽). 왜냐하면 사건이 발생한 원인을 모르면 환경을 통제할 수 없기 때문이다. 다시 말해서 인간은 어떤 행동이 일어나게 되면 행동의 원인을 추론하여 불변하는 원리를 발견하려고 한다. 원인의 추론과정을 귀인(歸因, attribution)이라고 한다. 따라서 귀인이론에서는 타인이나 자신의 행동이 일어나게 된 원인을 추론하는 원리를 다룬다.

Heider의 주장에 따르면 귀인의 가장 기본 차원으로 행위자 개인요인에 의해서 행동이 일어나는지 혹은 개인 이외의 환경요인에 의해서 일어났는지 추론하게 된다. 이를 각각 내부귀인(內部歸因, internal attribution)과 외부귀인(外部歸因, external attribution)이라고 한다. 그런데 Heider는 일반적으로 행동에 의해서 초래된 결과가 개인적인 내부요인과 환경적인 외적요인의 양자와 모두 함수관계를 지닌다고 보았다. 그러나 행동이 일어난 원인을 능력이나 노력과 같이 개인요인의 탓이라고 내부귀인하게 되면 환경요인에 의해서 일어났다고 추론한 경우와 다른 동기가 유발된다.

예를 들어서 자신이 과제의 수행에서 성공했거나 혹은 실패한 경우를 생각해 보자. 성공을 경험했을 때 그 원인이 자신의 능력이 좋았기 때문이라고 귀인하게 되면 과제가 쉬웠기 때문이라고 귀인했을 때보다 다음에 그 과제를 수행하려는 동기가 더 높아질 수 있다. 그러나 성공하더라도 운 때문이라고 보거나 처벌 때문에 마지 못해서 했다고 귀인하게 되면 과제를 수행하려는 동기는 낮아진다. 이 예에서 보는대로 동일한 성공의 경험이더라도 원인이 어디에 있다고 보는가에 따라서 다음 동기에 서로 다른 영향을 미치게 된다. 귀인이론의 접근은 이 책의 제4장 성취귀인이론과 제9장 내적동기이론에서 다룬다.

자기관점의 동기이론들

동기이론들 가운데 최근에 자기(self)를 중심으로 동기를 설명하는 이론들이 중요하게 다루어지고 있다. 이 이론은 자기 자신에 대해서 지니고 있는 여러 유형의 도식이나 기준들이 동기를 유발하는 근원이라고 가정한다.

이 자기이론에는 여러 이론들이 있는데 Markus(1977; Markus & Nurius, 1986)는 자기에 관한 도식(schema) 가운데 장래 실현될 **가능한 자기**(possible self)의 모습에 대한 심상에 따라서 현재 동기가 달라진다고 주장한다. 다시 말해서 장래 자기를 좋은 모습으로 생각하게 되면 현재 생활에서 이 상태를 추구하기 위한 행동의 동기 수준을 높인다고 보았다.

한편 **자기주의이론**(self attention theory)에서는 환경보다 자기에 주의가 집중되면 자신이 추구하는 기준에 도달하려는 동기가 높아진다고 주장한다. 이와 유사한 관점은 **자기차이이론**(self-discrepancy theory)에서도 볼 수 있다. 이 자기차이 이론에서는 자기에 대한 인식 수준이 높아지면 자신이 추구하는 목표와 현재 자기 상태의 차이가 인식되기 때문에 이 차이를 줄여서 자신의 목표에 가까워지려는 동기가 유발된다고 주장한다.

그리고 Higgins의 자기차이이론에서는 자기가 추구하는 행동의 지침이 사람에 따라서 달라진다고 가정한다. 이 가정에 따르면 사람마다 이상적 자기상을 기준으로 삼기도 하고 혹은 당위적 자기상을 기준으로 삼기도 한다. 그리고 이 자기상의 성질에 따라서 동기와 아울러 정서경험도 달라진다고 주장한다.

구체적으로 살펴보면 이상자기와 현재 실제자기의 차이는 개인이 바라는 이상적 상태를 추구하려는 동기를 높여 준다. 반면에 당위자기와 현재 실제자기의 차이는 자기가 해서는 안된다고 생각하는 기준으로부터 회피하려는 동기를 높여준다고 주장한다.

한편 Higgins 등(1994)은 자기차이이론을 확장한 **조절초점이론**(regulatory focus theory)을 제안했다. 이 이론에서는 인간의 동기를 두 종류로 구분했다. 그 가운데 하나는 자기가 바라는 바를 추구하려는 향상초점(promotion focus)의 동기이고, 다른 하나는 자신이 피하고 싶은 상태를 회피하려는 예방초점(prevention focus)의 동기이다. Higgins는 개인차나 사회상황의 영향에 의해서 이 두 조절초점들 가운데 하나가 우세해지면 동기는 물론이고 정서경험, 문제해결, 선택행동, 창의성 등도 달라진다고 주장한다.

Carver와 Scheier(1981, 1998)가 수정한 자기이론들은 다른 여러 동기이론들에 도입되어서 이론을 확장하는 데도 기여했다. 그 가운데 제어이론(control theory)에서는 자기차이이론을 도입하여 이론을 확장했다. 제어이론은 원래 자동 온도조절 기계의 작동에서 보는 바와 같이 자동제어 과정을 설명하는 관점으로 제안되었다. 이 이론에서는 인간도 기계와 마찬가지로 일정하게 정해 놓은 기준이 있기 때문에 현재 상태에 관한 정보를 환류(feedback)하여 이 기준과 비교하게 되면 이 기준에 못 미친 차이의 크기만큼 동기가 유발된다고 가정했다. 그런데 자기차이이론을 수용하여 수정된 제어이론에서는 자기에 대한 인식이 높아지게 되면 이 차이가 동기를 유발하는 강도가 더 강해진다고 주장했다.

한편 인간의 의지과정을 동기이론에 접목시킨 Kuhl(1984, 2000)의 행위제어이론에서는 목표를 추구하려는 행위가 장애에 당면한 상황에서도 지속되는 제어과정을 설명하려고 하였다.

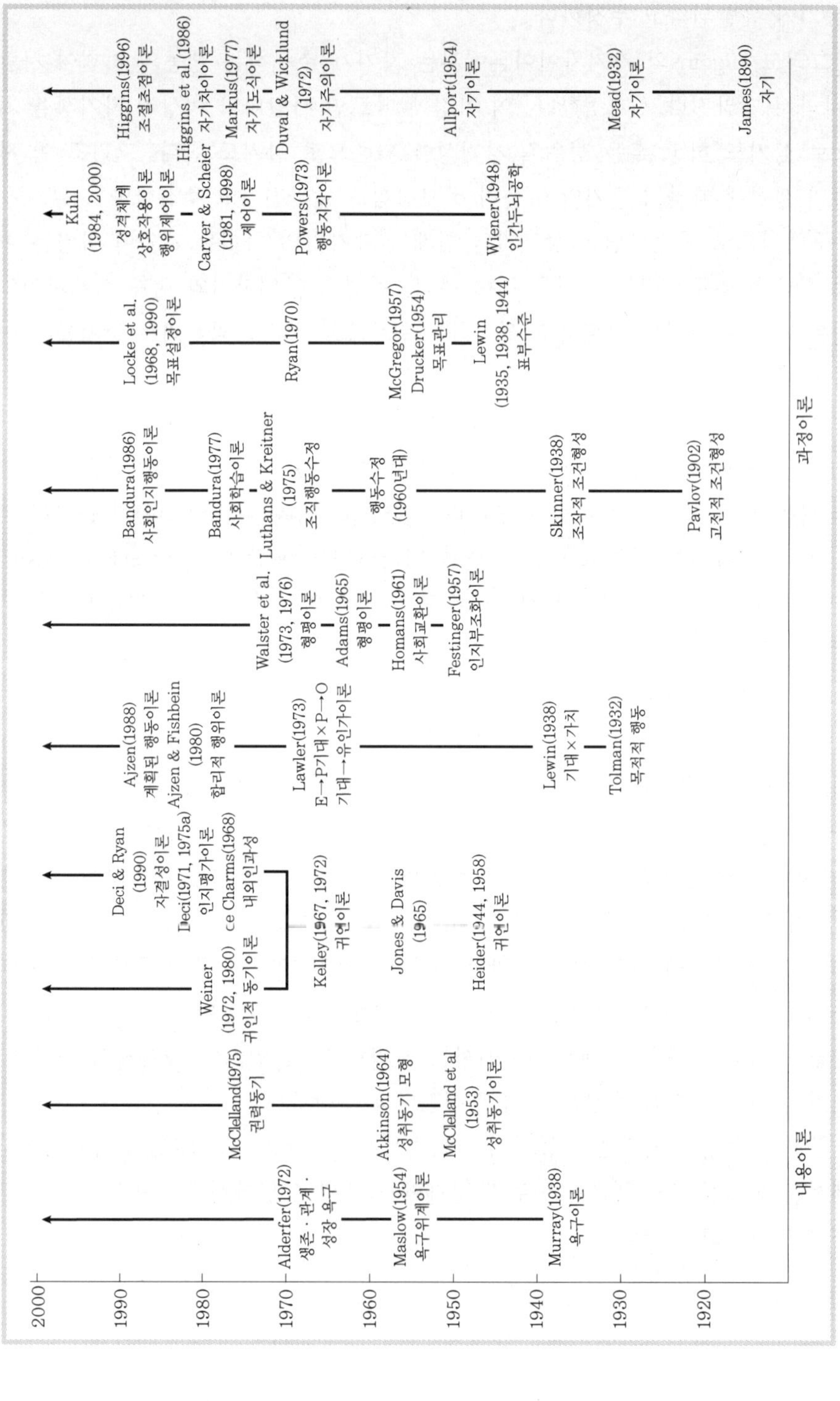

[그림 1-2] 동기이론들의 역사적 전개

제2장
욕구이론들

개　관

이 장에서는 인간의 동기심리를 개인이 지니는 욕구의 개인차에 따라서 설명하는 이론들을 살펴보기로 한다. 동기에 관한 욕구이론들은 최근 사회상황 요인이나 혹은 사회상황과 개인의 상호작용에 의해서 동기를 설명하는 이론들보다는 덜 연구된다. 그러나 인간이 사람마다 달리 지니고 있는 동기의 개인차를 설명하는 데는 욕구이론들이 아직도 유용하다. 이 장에서는 중요한 욕구이론들 가운데 Murray의 욕구이론, Maslow의 욕구위계이론, 그리고 Alderfer의 생존 · 관계 · 성장의 욕구이론을 차례대로 다루기로 한다.

제1절　Murray의 욕구이론

개　관

Murray(1938)는 인간의 성격을 연구하기 위해서 욕구이론을 제안하였다. Murray는 인간의 성격을 이해하려면 동기과정이 중요하다고 보았다. 이 동기과정은 개인에게 인식될 수도 있지만 무의식적 근원이 더욱 중요하다고 생각했다. 그는 인간 행동이 복잡한 내부동기에 의해서 이루어지지만 환경과 상호작용하는 과정을 통해서 학습된다고 가정했다. 그에 따르면 "인간은 일정한 물리적 · 사회적 · 문화적 환경으로부터 영향을 받는 존재이므로 그의 지위, 그가 속해 있는 조직 또는 그 조직 내에서 부여받은 역할 등으로부터 영향을 받게 된다. 기본적으로 모든 사람은 사회적 존재이며 인간간의 상호작용 체계에 속하는 상호의존적인 한 부분이다"(Murray & Kluckholn, 1953, 6쪽). 이 관점에서 Murray는 인간의 성격을 이해하려면 개인의 동기과정은 물론이고 행동에 영향을 미치는 환경요인도 고려해야 한다고 주장한다.

Murray는 이론뿐만 아니라 동기를 측정하는 도구를 개발하는 데도 중요한 공헌을 하였다. 그는 정상 성인의 욕구를 측정하기 위하여 현재 투사법(投射法, projective technique) 가운데 하나로 알려진 주제 통각검사기법을 고안하였다. Morgan과 Murray(1935)가 제작한 이 투사법을 T.A.T.(主題統覺檢査, Thematic Apperception Test)라고 부른다. 투사법이란 검사받는 사람에게 일정한 반응의 틀을 미리 제시하지 않은 채 모호한 자극을 제시하고 의식의 검열이나 체계와 과정을 거치지 않고 반응할 수 있도록 고안한 검사기법을 말한다. 이 기법은 반응한 내용의 분석이나 해석에 따르는 신뢰도가 문제로 지적된다. 그러나 훈련받은 전문가의 해석을 통해서 욕구를 중심으로 의식되지 않은 성격의 요소들을 알아내는 장점이 있다. T.A.T.를 사용한 욕구의 측정기법은 후에 특히 McClelland나 Atkinson 등에 의해서 성취동기나 권력동기 등을 측정하는 도구로도 활용되었다.

이 절에서는 Murray 욕구이론의 핵심을 이해하기 위해서 먼저 Murray의 욕구 개념을 다루고, 개인요인인 욕구와 환경요인인 압력의 상호작용 과정을 살펴본 뒤에, 끝으로 중요한 욕구와 압력의 목록을 제시하기로 한다.

욕구의 성질

욕구의 정의: Murray는 인간의 성격을 이해하기 위한 기본 단위로서 욕구를 중요시한다. 그는 욕구(欲求, need)를 다음과 같이 정의한다. "욕구란 뇌 속에 있는 힘을 나타내는 구성개념(構成槪念, constructed concept; 설명의 편의를 얻기 위하여 만든 가공 혹은 가설의 개념)인데, 현존하는 불만스런 상황을 바꾸기 위하여 지각 · 통각 · 지적 작용 · 의욕 · 행위 등을 어떤 특정한 방향으로 조직하는 힘을 말한다. 준비태세가 갖추어진 상황에서는 욕구가 ① 어떤 내부과정에 의해서 일어나기도 하지만, 대개는 ② 일반성 있는 소수의 효과있는 압력(壓力, press; 환경의 힘)들 가운데 하나의 압력이 작용해서 발생하는 경우가 많다. 욕구는 인간이 압력에 직면하거나 피하도록 하기도 하며, 또는 어떤 종류의 압력에 당면하여 이에 주목해서 반응하도록 함으로써 표출된다. 모든 욕구는 특징 있는 특정한 감정이나 정서를 수반하며, 행동경향을 일으키는 특수한 양식을 취하게 된다. 그런데 이 욕구에는 약한 것도 있고, 강한 것도 있으며, 일시적인 것도 있고, 지속적인

것도 있다. 그러나 욕구는 대체로 지속적이며, 외부로 표출되는 어떤 행동(혹은 공상)과정을 유발시키는데, 이 유발과정을 거쳐서 당면한 상황을 변화시킴으로써 인간의 욕구 상태가 진정되는(달래거나 충족시킴으로써) 최종 상황에 이르게 만든다(Murray, 1938, 123~124쪽).

욕구 분류의 기준

Murray는 여러 분류의 기준이나 목적에 따라서 욕구를 서로 다르게 나눌 수 있다고 보았다. 그 가운데 중요한 기준들을 두 가지만 소개하면 다음과 같다.

일차욕구와 이차욕구

일차욕구: 일차욕구 혹은 기본욕구는 장기발생의 욕구(臟器發生欲求, viscerogenic needs)라고도 부른다. 이 욕구의 전형으로는 신체의 만족에 관련되는 욕구들을 들 수 있다. 예를 들면, 공기, 물, 음식, 성, 수유(授乳), 대변(大便), 소변(小便) 등의 욕구를 들 수 있다.

이차욕구: 이 욕구는 심리발생의 욕구(心理發生欲求, psychogenic needs)라고도 부르는데, 취득, 건설, 성취, 인지, 현시(顯示), 지배, 자율, 경의(敬意)의 욕구 등을 예로 들 수 있다.

외현욕구와 잠재욕구

외현욕구(外顯欲求, overt needs): 행동으로 표현된 욕구를 말하며, 동작을 수반하여 직접 행동으로 나타나는 욕구가 전형이 된다. 이 욕구는 대부분 사회에서 적절하거나 용인될 수 있는 행위를 규정하는 초자아(超自我)의 발달과 관련이 깊다. 즉, 이 욕구는 보통 사회의 표준이나 관습에 맞게 외부로 나타난다.

잠재욕구(潛在欲求, covert needs): 표면에 드러나지 않은 욕구를 말하는데, 공상이나 꿈의 세계에 속하는 욕망들이다. 이 욕구들은 사회의 관습이나 규범에 의해서 제약을 받기 때문에 자유스럽게 표현될 수 없다.

욕구와 압력의 상호작용

욕구는 언제나 단독으로 작동되는 일은 없으므로 욕구들은 서로 영향을 주고 받는 상호작용 과정을 통해서 행동에 영향을 미친다. 그러나 Murray는 여러 욕구들 가운데서 다른 욕구들을 지배하는 경향을 지니는 욕구들이 있다고 보았다. 상위 위계에 있는 이 욕구들은 우세성을 지닌다. 여기서 우세한 욕구란 "만약 충족되지 못하면 최대로 절박성을 띠며 우세하게 되는 욕구"를 말한다(1938, 452쪽). 다시 말해서 둘 이상의 욕구들이 동시에 작용하여 서로 양립할 수 없는 반응을 일으킬 경우에는 욕구의 충족을 지체시킬 수 없는 우세한 욕구가 행동으로 옮겨지게 된다. 이 우세한 욕구들이 최소한으로나마 충족되어야 다른 욕구들이 작용하게 된다.

그런데 어떤 상황에서는 여러 욕구들이 하나의 행동에 의해서 동시에 충족되는 경우도 있다. 이처럼 서로 다른 욕구들에 의해서 일정한 행동이 나타나는 경우를 욕구의 융합(融合, fusion)이라고 한다. 그뿐만 아니라 욕구들간에는 종속(從屬, subsidiation)관계를 형성하는 욕구들도 있다. 여기서 종속되는 욕구란 다른 욕구의 충족에 기여하는 욕구를 말한다. 예컨대 어떤 사람의 경우에는 공격욕구가 실제로는 지배욕구를 충족시키기 위해서 종속된 욕구일 수도 있다.

앞에서는 Murray가 제시한 욕구의 성질과 아울러 욕구들의 작용에 관해서 살펴보았다. 그런데 인간의 동기는 개인의 외부에서 발생하는 사건들과 밀접하게 관련된다. 따라서 행동을 이해하려면 개인이 지니는 욕구와 상호작용하는 환경요인을 고려해야 한다. Murray는 환경에 존재하는 이 요인들을 압력(壓力, press)이라고 불렀다. Murray는 다음과 같이 정의한다.

"한 사건이나 사물이 지니는 압력이란 그것이 주체에 대하여 또는 주체를 위해서 무엇을 할 수 있는가를 의미하는데, 주체의 안녕에 특정한 방식으로 영향을 미치는 환경의 힘을 말한다"(1938, 121쪽).

Murray의 관점에서 보면 인간의 행동은 개인의 욕구와 환경의 세력이 매우 밀접하게 혼합되어 나타나기 때문에 이 두 요소를 분리시켜서 행동을 이해하려는 관점은 무모하다. 그런데 환경의 압력요인들은 개인이 지닌 목표에 도달하는데 도움을 주는 요인들과 방해하는 요인들로 구분할 수도 있다. 대체로 압력은 개인이 욕구를 충족시키려고 노력하고 있는 사물이나 인물과 연결되어서 나타난다.

Murray는 인간의 환경을 압력의 관점에서 이해함으로써 개인이 살고 있는 환경이 여러 압력의 부분들로 분류될 수 있다고 보았다. 그리고 이 관점에서 여러 가지 압력들을 추출하였다.

욕구와 압력의 목록

앞에서 욕구와 압력의 성질을 각각 살펴보았는데 여기서는 문명사회에서 흔히 볼 수 있는 욕구와 압력의 목록을 각각 살펴보기로 한다.

욕구의 목록(1938, 152~226쪽)

Murray가 정리한 중요한 욕구들과 아울러 욕구들에 대한 간략한 정의를 제시하면 다음과 같다.

① 굴종(屈從)욕구(n. abasement): 외부의 힘에 수동적으로 굴복하려고 한다. 상해, 비난, 비판, 처벌을 받아들인다. 열등함, 과오, 패배를 인정한다. 고백하고, 속죄한다. 자신을 비난하고, 비하하고, 무참하게 만든다. 고통, 처벌, 질병 및 불행을 추구하고 즐긴다.

② 성취욕구(n. achievement): 어려운 일을 완성하려고 한다. 사물, 인간 또는 사상을 정복하려고 한다. 가능한 한 신속하고 혼자서 이처럼 행동하려고 한다. 장애를 극복하고, 높은 표준에 도달하려고 한다. 자신을 탁월한 존재로 만들려고 한다. 경쟁에서 타인을 능가하려고 한다. 자신의 재능을 잘 발휘하여 자존심을 증진시키려고 한다.

③ 친화(親和)욕구(n. affiliation): 자신과 비슷하거나 자신을 좋아하는 사람들과 가까이 있으려 하고, 즐겁게 협동하거나 교류하고자 한다. 자신이 친해지고 싶어하는 사람을 즐겁게 해 주려 하고, 그 사람으로부터 애정을 얻으려고 한다. 친구를 지지하며, 그에게 성실하려고 한다.

④ 공격욕구(n. aggression): 반대에 당면해서 강력히 극복하려고 한다. 투쟁하려고 한다. 타인을 공격하거나, 상해를 입히거나, 심지어 죽이려고 한다. 타인에

대해서 강력히 반대하고, 처벌하려고 한다.

⑤ 자율욕구(n. autonomy): 자유를 얻고, 구속에서 벗어나고, 제약을 타파하려고 한다. 강압이나 제약에 저항하려고 한다. 지배적 지위의 권위자들이 명령한 활동들을 회피하거나 중지한다. 자립하려고 하며, 자신의 충동에 따라서 자유스럽게 행동하려고 한다.

⑥ 만회욕구(n. counteraction): 실패를 극복하고 이를 만회하려고 한다. 행동을 다시 취하여 모욕을 씻어내려고 한다. 약점을 극복하고 공포를 억제한다. 행동을 통해서 불명예를 씻는다. 자존심과 자부심을 높이 유지한다.

⑦ 방어욕구(n. defendance): 공격, 비판, 비난으로부터 자신을 방어한다. 과오, 실패 또는 치욕을 은폐하거나, 정당화 혹은 합리화한다. 자신을 옹호하려고 한다.

⑧ 공경(恭敬)욕구(n. deference): 우월한 사람에 대해서 경탄하고 지지한다. 타인을 칭찬하고, 칭송하고, 높이 평가하려고 한다. 가까운 사람들의 영향에 열심히 따른다. 관습에 동조한다.

⑨ 지배욕구(n. dominance): 자신의 인간환경을 통제한다. 암시, 유혹, 설득, 명령 등을 통해서 타인의 행동에 영향을 주거나 지시한다. 타인이 단념하도록 하거나, 그에게 제약을 가하거나 금지한다.

⑩ 현시(顯示)욕구(n. exhibition): 타인에게 자신의 인상을 좋게 만들려고 한다. 타인이 자신을 주목하고 자신의 말을 듣도록 한다. 타인을 흥분시키고, 놀라게 하고, 매혹시키고, 기쁘게 하고, 충격을 주고, 흥미를 느끼게 하거나 혹은 선동하려고 한다.

⑪ 상해회피욕구(n. harmavoidance): 고통, 신체의 상해, 질병, 사망을 피하려고 한다. 위험스런 상황에서 도피하려고 한다. 이러한 상황들에 대비해서 미리 방비하는 예비 방편을 취하려고 한다.

⑫ 굴욕회피(屈辱廻避)욕구(n. infavoidance): 굴욕을 피하려고 한다. 곤란한 상황을 종식시킨다. 다른 이들이 자신을 조소하거나, 경멸하거나, 또는 무관심을 보이는 등 체면 깎이는 상황을 피하려고 한다. 실패의 두려움 때문에 행동을 자제한다.

⑬ 양호(養護)욕구(n. nurturance): 약하고, 무능하고, 지치고, 경험 없고, 허약하고, 좌절되고, 욕보고, 쓸쓸하고, 낙담하고, 아프고, 정신이 혼란되는 등으로

인해서 무력한 사람들이나 유아를 동정하고, 이들의 욕구를 충족시켜 주려고 한다.

⑭ 질서(秩序)욕구(n. order): 사물을 질서 있게 배치한다. 청결하고, 정돈되고, 조직되고, 균형있고, 단정하고, 정연하며, 정확하게 되려고 한다.

⑮ 유희(遊戲)욕구(n. play): 다른 목적 없이 재미를 위해서 행동한다. 웃고 농담하기를 좋아한다. 긴장되지 않는 이완상태를 즐기려고 한다. 게임, 운동, 춤, 음주, 파티, 카드놀이 등에 참여하려고 한다.

⑯ 배척(排斥)욕구(n. rejection): 싫어하는 대상들로부터 자신을 격리시킨다. 열등한 대상을 제거하거나, 버리거나, 추방하거나, 무관심하게 대하려고 한다. 상대방을 냉대하거나 놀려주려고 한다.

⑰ 관능(官能)욕구(n. sentience): 관능적 인상을 추구하고 즐긴다.

⑱ 성의 욕구(n. sex): 성적 관계를 발전시키려 한다. 성교를 가지려고 한다.

⑲ 구호(救護)욕구(n. succorance): 자신과 관련 있는 사람들이 베푸는 도움을 받아서 욕구를 충족시키려고 한다. 간호받고, 부양받고, 지원받고, 옹호받고, 보호받고, 사랑받고, 충고를 들으며, 지도받고, 편애받고, 용서받고, 위안받으려고 한다. 언제나 충실한 지원자를 가까이 두려고 한다.

⑳ 이해(인지)욕구(n. understanding): 일반적 질문을 하거나 응답하려고 한다. 이론에 관심을 갖는다. 사색하고, 공식을 만들고, 분석하고, 일반화하려고 한다.

㉑ 인내욕구(n. endurance): 오랜 시간 일을 하려고 한다. 문제를 해결하기 위하여 쉽게 포기하지 않는다. 큰 어려움에 당면하더라도 지구력을 보인다. 작업 습관이 끈기 있고 엄격하다.

㉒ 충동(衝動)욕구(n. impulsivity): 순간적 자극에 대해서 생각 없이 반응하는 경향을 보인다. 감정을 곧바로 나타낸다. 멋대로 말하고 정서표현에서 폭발적이다.

압력의 간추린 목록

여기에 제시되는 압력의 목록은 특히 아동기에 크게 영향을 미치는 요인들을 중심으로 Murray가 정리한 것이다(Murray, 1938, 291~292쪽).

1. p. 가족의 지원 결여(無支援, family insupport)
   - ① 문화의 갈등(cultural discord)
   - ② 가족의 불화(family discord)

③ 일관성 없는 훈련(capricious discipline)

④ 양친의 별거(parental separation)

⑤ 양친의 부재: 부·모(absence of parent: father, mother)

⑥ 부모의 질병(parental illness: father, mother)

⑦ 부모의 사망(death of parent: father, mother)

⑧ 열등한 부모(inferior parent: father, mother)

2. p. 위험 또는 불행(danger or misfortune)

① 신체의 부조화 · 키(身長)(physical insupport, height)

② 물(water)

③ 고독, 어둠(aloneness, darkness)

④ 험악한 날씨 · 번개(inclement weather, lightening)

⑤ 화재(fire)

⑥ 사고(accident)

⑦ 동물(animal)

3. p. 결핍 또는 상실(lack or loss)

① 영양(lack or loss of nourishment)

② 소유(lack or loss of possessions)

③ 친구관계(lack or loss of companionship)

④ 다양성(lack or loss of variety)

4. p. 보유(保有, retention), 물체에 손을 대지 못하게 함

5. p. 배척(rejection), 무관심, 모욕

6. p. 경쟁자(rival), 경쟁하는 동년배(competing contemporary)

7. p. 동생의 출생(birth of sibling)

8. p. 공격(aggression), 나이 많은 남성이나 여성에 의한 학대, 또래에 의한 학대, 싸움 잘하는 또래

9. p. 지배, 강압, 금지(dominance, coercion and prohibition)

① 훈련(discipline)

② 종교 훈련(religious training)

10. p. 양육(養育, nurturance), 지나친 사랑(indulgence)

11. p. 구호(救護, succorance), 다정함의 요구

12. p. 공경(恭敬, deference), 칭찬, 인정
13. p. 친화(親和, affiliation), 우정(友情, friendships)
14. p. 성(性, sex)
    ① 노출(露出, exposure)
    ② 유혹(誘惑, seduction): 동성 유혹, 이성 유혹
    ③ 부모의 성교(性交, parental intercourse)
15. p. 속임 또는 배반(deception or betrayal)
16. p. 열등감(劣等感, inferiority)
    ① 신체
    ② 사교
    ③ 지적(知的)

제2절 Maslow의 욕구위계이론

개 관

Maslow의 이론은 두 가지 기본 전제들로 구성되어 있다. 첫째, 인간은 충족되지 못한 욕구들을 만족시키기 위해서 동기화되어 있는 동물이다. 임상적 관찰을 토대로 Maslow(1943, 1954)는 대부분의 인간들이 다음과 같은 욕구의 충족을 추구한다고 가정한다; ① 생리적 욕구, ② 안전의 욕구, ③ 소속 및 애정의 욕구, ④ 존경의 욕구, ⑤ 자기실현의 욕구이다.

이 욕구들 가운데 개인에게 충분히 충족되지 못한 욕구들이 긴장을 유발한다. 긴장이 유발되면 인간은 긴장을 감소시켜서 내적 평형상태를 회복하려고 행동하게 된다. 그러나 욕구가 충족되면 더 이상 동기로서 영향력을 상실하게 된다. 예를 들어 배가 부르게 되면 다시 배가 고플 때까지 먹으려는 행동을 하지 않는다. Maslow의 용어로 표현하면 한번 충족된 욕구는 다음에 그 욕구가 발생할 때까지 행동을 동기화시키지 못한다. 이 경우는 다른 욕구들에 의해서 동기화된다.

Maslow 이론의 두 번째 전제에서 사람들이 추구하는 욕구들이 사람마다 서로 다르기는 하지만 이를 분류하면 몇 가지 공통된 범주로 나눌 수 있다고 본다. 그리고 보편성이 있는 이 욕구들은 우선 충족되어야 할 순서대로 위계로 구성되어 있다고

주장한다. 다시 말해서 인간에게 공통으로 존재하는 낮은 수준의 욕구가 일단 충족되면 한 번에 하나의 계층씩 상승하여 바로 다음 수준의 욕구를 충족시키려고 동기화된다고 가정한다.

다음 절에서는 이 이론에서 인간이 보편으로 지니는 욕구들이 무엇이며, 어떤 순서로 위계를 이루는지 살펴보기로 한다.

욕구의 위계(位階)

욕구의 위계에서 높은 층에 속하는 욕구들이 동기로서 영향을 미치려면 먼저 이 욕구보다 낮은 욕구들이 충족되어야 한다. 그러나 만일 낮은 수준의 욕구가 충족되지 않으면 이 충족되지 못한 욕구가 인간을 지배하게 된다. 낮은 수준의 욕구가 충분히 충족되면, 특수한 상황이 아니라면, 충족된 욕구는 동기에 영향을 미치지 않는다.

이와 같은 성질을 띠는 욕구들은 정상 성인에게서 일정한 위계(位階)를 이루고 있다. Maslow는 인간의 욕구가 다섯 위계로 구성된다고 주장한다. Maslow의 초기 저술에서 다섯 욕구들 이외에 두 욕구들을 추가로 지적하고 있다. 두 욕구란 인지욕구(認知欲求, cognitive needs)와 심미욕구(審美欲求, aesthetic needs)이다. 인지욕구란 알고 이해하려는 욕구를 말한다. 심미욕구는 아름다움에 끌리고 추함을 피하려는 열망이다. 이 인지욕구와 심미욕구는 각각 5개 욕구들의 위계에서 밑에서 넷째인 존경욕구와 다섯 번째 자기실현욕구 사이에 위치하는 상위 욕구라고 제안되었다. 그러나 두 욕구들은 다섯 욕구들로 간략히 분류할 때 포함되지 않고 생략되었다. 욕구의 다섯 위계들을 하위 욕구부터 차례대로 각각 설명하면 다음과 같다.

1. 생리욕구(生理欲求, physiological needs)

인간이 태어나서 동기의 최초 시발점이 되는 욕구가 생리욕구이다. 생리욕구는 모든 욕구들 중에서 가장 강력하다. 생리욕구들을 충족시키지 못한 사람은 다른 어떤 욕구들보다도 이 욕구가 행동의 중요한 원동력이 된다. 생리욕구에는 굶주림, 갈증, 성, 수면 등이 포함된다. 예를 들어서 굶주린 상태에서는 먹으려는 욕구가 안전, 애정, 존경 등의 어느 욕구보다 기본이 되어서 강한 동기가 된다. 만약 굶주림의 욕구가 충족되지 않는다면 인간은 생리욕구에 지배되어서 다른 모든 욕구들은 행동에 영향을 미치지 못한다. 이 경우 모든 심리와 생리 기능들이 먹으려는 목적에 따라서 조직화된다. 이렇게 되면 모든 감각기관이나 운동기관, 지능, 기억 등은 단지 배고픔을 충족시키려는 도구에 불과하다.

그러나 생리욕구들이 일단 충족되면 인간은 이보다 높은 위계의 욕구에 의해서 지배받게 된다. 이는 다섯 가지 인간의 기본 욕구들이 생활에 영향을 미치는 강도에서 서로 다른 계층으로 조직되어 있음을 의미한다. 이 이론에서는 욕구의 결핍만 아니라 욕구의 충족 역시 중요하다. 만족은 인간이 생리욕구의 지배로부터 벗어나도록 함으로써 사회적 욕구들이 나타날 수 있게 한다. 그러므로 생리욕구는 충족에 방해를 받을 때만 다시 나타나서 인간을 지배하게 되며, 충족되면 잠복 형태로 존재하게 된다.

2. 안전욕구(安全欲求, safety needs)

생리욕구가 충족되면 다음으로 안전욕구로 분류되는 새로운 욕구가 나타난다. 이 욕구들은 일반적으로 안전을 추구하는 도구로서 기능하기 위해서 행동을 조직하는 역할을 한다. 이 욕구에 극단적으로 지배되는 경우에는 안전 자체만을 위해서 살게 된다. 그러나 대부분의 문명화된 사회에서는 이 욕구들이 아동들에게서 흔히 나타나고, 또한 적절히 충족된다.

건강한 정상 성인은 대부분 안전욕구에 만족을 느낀다. Maslow의 이론에서 보면 안정된 사회에서는 인간이 맹수, 극히 춥거나 더운 기온, 범죄, 폭행, 살해, 학대 등의 위협으로부터 안전함을 느끼도록 되어 있다. 따라서 실생활에서 안전욕구가 중요한 동기요인이 되지 않는 경우가 많다. 욕구의 지배를 받고 있는 사람들이 신경증적이나 신경증에 가까운 사람들, 또는 경제나 사회의 패배자들에서만 볼 수 있다고 생각했다.

그러나 산업사회나 정보사회에서도 심각한 안전사고들이 대규모로 발생하는 경우가 많다. 그러므로 Maslow의 주장은 타당성에 한계가 있다. 또한 전쟁, 질병, 자연재해 등의 경우도 안전의 욕구에 큰 영향을 미치게 된다. 이런 극단의 상황들을 제외하면 안전욕구는 보통 안전성 높은 직업에 대한 선호, 저축열, 생명보험을 포함하여 여러 종류의 보험에 대한 선호 등으로 표현된다.

3. 애정욕구(愛情欲求, love needs)

생리욕구와 안전욕구가 충족되면 이어서 애정, 사랑 및 소속의 욕구(love, affection, and belongingness needs)들이 나타나게 된다. 이전에는 이 욕구들이 나타나지 않다가 생리욕구와 안전욕구가 충족된 후에 친구, 애인, 아내, 혹은 자녀들이 없는 상황을 바꾸려고 한다. 일반적으로 사람들은 타인들과 다정한 관계를 형성하여 유지하려고 갈망한다. Maslow는 사회가 발전되면 정상 성인들이 이 욕구를 적절히 충족할 수 있다고 보았다. 그러므로 이 욕구가 충족되지 못한 경우란 사회상황에 적응하지 못하는 사람이거나 심한 정신병리학적 사례에서나 볼 수 있다. Maslow의 주장과 달리 실제로는 산업화된 사회에서 다정한 대인관계가 오히려 악화되어서 관계욕구가 높아진다는 주장도 많기 때문에 이 주장의 타당성은 의심스럽다.

사랑이나 애정은 일반적으로 사랑과 증오의 양가감정(兩價感情, ambivalence)을 지닌다고 간주된다. 여러 정신병리 이론들에서 애정의 결핍이 부적응의 기반이 된다고 강조하고 있다. 실제로 이 욕구는 사회에서 자주 좌절되기 쉽다. 그런데 사랑의 욕구에는 사랑을 주기와 받기가 모두 포함된다. Maslow는 사랑의 욕구가 발전되는 과정을 다시 두 가지로 구분해서 설명했다: 그 가운데 자기중심적 혹은 자신이 사랑을 받아야 되는 결핍된 사랑(D-love)이 먼저 우세하기 때문에 이 사랑이 어느 정도 충족된 다음에 다음 단계로서 타인에 대한 사랑(B-love)이 성립된다고 본다.

4. 존경욕구(尊敬欲求, esteem needs)

사람들은 대부분 사회생활을 통해서 지속해서 자신을 높이 평가하고, 자신을 존중하며, 자존심을 지니며, 타인으로부터 존경받기 바라는 욕구를 지니고 있다. 자존심이란 실제로 개인이 지니는 역량이나 성취를 나타내기도 하고, 때로는 타인으로부터 받는 존경을 의미하기도 하다. 이 자존심의 욕구들은 두 종류로 나누어 볼 수 있다: 첫째는 자신이 강하다는 느낌, 성취감, 적당감, 실생활에서 느끼는 자신감, 그리고 독립과 자유에 대한 갈망을 들 수 있다. 둘째로는 타인들이 자신에게 부여하는 명성 혹은 위엄, 인정, 타인의 주의끌기, 중요한 인물로 대우받기, 높은 평가를 받으려는 욕망 등이 포함된다.

자존심이 충족되면 자신감, 가치감, 강자라는 느낌, 효능감, 적당감, 그리고 사회에서 유능하고 필요한 존재라는 느낌을 얻게 된다. 그러나 욕구들이 충족되지 못하면 열등감, 무력감 등이 유발된다. 이 감정들은 다시 기본적 무기력이나 심리적 보상(報償, compensation) 경향 혹은 신경증적 경향을 일으킨다.

5. 자기실현욕구(自己實現欲求, self-actualization needs)

앞에서 말한 모든 욕구들이 충족되더라도 자신에게 적합한 일을 하지 못하고 있는 한 새로운 불만과 불안이 생기게 된다. 음악가는 음악을, 미술가는 그림을, 시인은 시를 써서 자신이 바라던 바를 이루어야 최상의 행복을 느끼게 된다. 이는 한 인간으로서 실현할 수 있는 최상의 인간이 되어야 함을 뜻한다. 이러한 욕구를 자기실현의 욕구라고 부른다. 그런데 이 욕구는 외부 보상요인이 아니라 내적 만족요인들이 있을 경우에만 적절히 충족될 수 있다.

Maslow는 자기실현이 자기완성(自己完成, self-fulfillment)에 대한 갈망을 뜻하며, 인간이 잠재력을 지닌 존재로부터 그 잠재력을 실제로 발휘하는 존재로 실현되려는 경향이라고 본다. 이 경향은 자기 자신다운 존재로 되어가면서 실현할 수 있는 최선의 존재가 되려는 욕구를 말한다. 물론 이 욕구들은 사람에 따라서 여러 형태로 나타난다. 어떤 사람에게는 이상이 되는 아버지 역할을 하려는 욕망에서 부성애 행동으로 나타나기도 하고, 다른 사람에게는 운동이나 심미 활동으로 나타날 수도 있다. 자기실현욕구는 생리욕구, 안전욕구, 애정욕구, 존경욕구들이 충족된 사람에서만 나타난다. 한번 자기실현욕구에 지배되면 이 욕구가 충족되더라도 계속해서 이 욕구의 지배를 받는다. 이 점이 다른 욕구와 구별되는 중요한 측면이다.

비록 발전된 사회라고 하더라도 자기실현 이하의 기본 욕구들이 모두 충족된 사람은 극히 적다. 그러므로 자기실현욕구가 높은 사람들의 특징에 관해서 실증적으로 연구하기 어렵다. 그러나 Maslow(1954)는 자기실현욕구에 지배받은 역사의 저명인사들을 연구하고, 이어서 대학생에도 적용하여 연구하였다(1970). 대학생을 대상으로 이루어진 연구에서 3,000여명의 대학생을 조사했으나 자기실현욕구를 지닌 학생은 단지 1%에 불과했다. 1954년의 연구에서는 대중에게 잘 알려졌거나 역사에서 위대하다고 평가된 인물 13명을 가려내어서 자기실현을 이룬 사람들의 특징을 가려내었다. 이 연구 결과로부터 자기실현을 이룬 인물들이 지니는 다음 15가지 특성을 추출할 수가 있었다.

① 현실을 효율적으로 지각할 수 있고, 현실과 안정된 관계를 유지할 수 있다. 가식이나 거짓 등을 빨리 간파할 수 있고, 타인을 정확히 지각한다. 불명료하고 모호한 것에 대해서도 관용성이 매우 높다.

② 자신과 타인을 있는 그대로 받아들인다.

③ 사고 및 행동에서 자발성이 크다.

④ 자기중심적이 아니라, 문제중심적이며, 중요한 문제의 파악이 정확하다.

⑤ 적당한 정도로 초연성을 지니며, 사생활의 욕구가 높다. 타인들로부터 고립되어 있지는 않으나 객관성을 표현하고자 하며 여러 사람들의 동조행동에 저항해서 때로는 고립도 감수한다.

⑥ 자율성이 크다. 문화와 환경에 의존하지 않고 독립성을 유지하는 수준이 높다.

⑦ 타인이나 사물을 평가할 때 새로운 관점으로 볼 수 있어서 생활 속에서 기쁨, 희망, 힘 등을 찾아낸다.

⑧ 꼭 종교적인 것은 아니더라도 신비하고 독특한 경험을 지니고 있다. 또한 사물을 이해하는 데 폭넓은 관점에서 큰 지평감(地平感)을 지닌다.

⑨ 인류와 동일시하는 경향이 높다. 인류의 복지나 사회관계에서 동정적 관심이 높다.

⑩ 소수이기는 하지만 친밀한 관계를 유지하는 친구가 있다. 적대감은 일시적으로 나타날 수도 있지만 지속되지는 않는다.

⑪ 타인을 존중하며, 타인에게서 배우는 민주주의 성격을 지니고 있다.

⑫ 목적을 추구하는 수단에서도 만족을 얻을 수는 있지만 목적과 수단을 구별한다.

⑬ 유머 감각이 있다. 유머의 성격이 적대적이거나 풍자적이기보다 철학적인 면이 있다.

⑭ 자신이 관련을 맺고 있는 분야에서 독창성이 있다.

⑮ 극단적 대립을 해소할 수 있는 능력이 있다.

자기실현의 욕구에 지배되는 인물들이 지니는 특징으로 위에 제시한 내용들은 지금까지 연구가 극히 적기 때문에 자기실현욕구에 지배되는 사람들이 지니는 공통 특징인지 결론짓기 어려워서 앞으로 검증할 과제라고 볼 수 있다.

욕구의 역동성

여기서는 여러 욕구들 가운데 어떤 욕구가 어떻게 우세하게 작용하는지 결정되는 과정을 이해하기 위해서 Maslow가 제안한 가정을 다음 4가지로 나누어서 살펴보기로 한다.

첫째, Maslow의 욕구위계모형에서 5가지 욕구위계들 가운데 우세하게 출현하는 욕구만 나타나고 나머지에 욕구들은 작용하지 않는 실무율(悉無律, all-or-none law)의 관계를 지닌다고 생각하기 쉽다. 다시 말해서 하나의 욕구가 충족되면 이보다 높은 위계의 다른 욕구가 나타난다는 원리를 해석할 때 하나의 욕구가 100% 충족되어야만 다음 욕구가 100% 강도로 나타난다고 오해하기 쉽다. 그러나 실제로는 다음 상위 욕구로 이행될 때마다 욕구의 충족에서 하위위계에 속하는 욕구들일수록 영향력의 상대적 비율이 감소한다. 따라서 위의 위계로 욕구가 이동하는 과정은 다음 [그림 2-1]의 형태로 이루어진다.

[그림 2-1]에서 보는 바와 같이 새로운 욕구의 출현이 갑작스럽게 발생하는 현상이기보다 느리고 점진적으로 나타난다. 또한 지배적으로 우세한 욕구가 일정한 행동을 유발할 때 다른 욕구들의 영향이 없이 유일한 결정요인으로 행동에

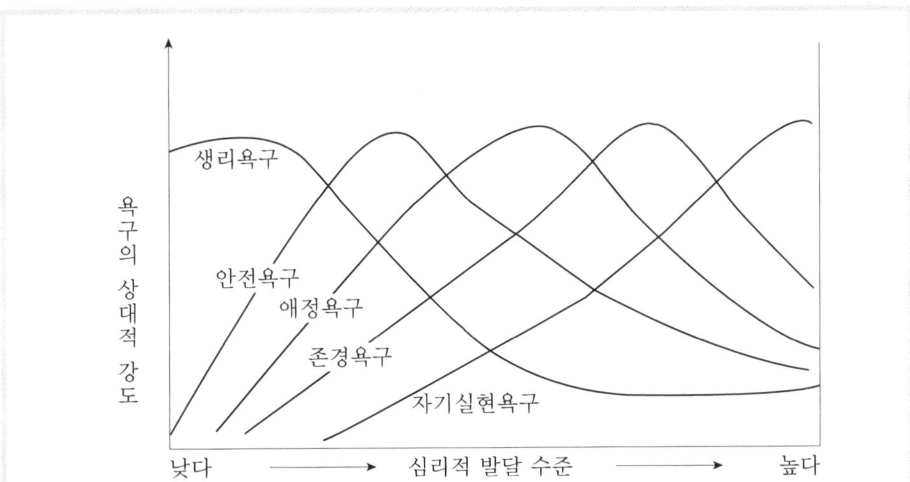

[그림 2-1] 심리적 발달 수준에 따른 욕구의 상대적 강도

영향을 미치는 것도 아니다. 대부분의 행동들은 상대적으로 작용의 강도가 서로 다른 여러 욕구들에 의해서 이루어지게 된다.

둘째, 욕구들이 반드시 의식적이라거나 혹은 항상 무의식적이라고 말할 수는 없다. 그러나 전체로 보면 이 욕구들은 의식되는 경우보다 무의식적인 경우가 많다. 이처럼 Maslow는 의식되는 동기보다 무의식적 동기들이 중요하다고 보았다. 그런데 이러한 견해는 의식을 강조하는 Aldefer의 주장과는 다르다.

셋째, 기본적으로 욕구위계와 각 욕구의 범주는 문화에 따라서 차이가 크지 않고 보편성이 있다고 주장한다. 즉, Maslow는 욕구의 위계가 인류에게 공통된다고 생각했다. 그러나 의식되어서 밖으로 드러나는 동기들은 문화에 따라서 상당한 차이를 보일 수 있다.

넷째, 인간의 모든 행동이 다섯 가지 기본 욕구들에 의해서만 일어난다고 볼 수 없다. 행동을 이해하기 위해서는 동기 이외에 다른 요인들의 영향을 고려하여야 한다. 예를 들면, 행동하는 상황에서 보는 현장 요인들이 역시 영향을 미치게 된다. 따라서 행동을 이해하기 위해서는 인간의 동기만 고려해서는 안 되므로 환경요인들도 함께 고려하여야 한다.

Maslow 욕구이론에 관한 국내 연구의 동향

김경동(1990, 75쪽에서 재인용)은 1967년 실시된 조사에서 한국 근로자들에게 Maslow의 욕구들과 유사한 명칭을 제시하여 욕구로서 중요한 순위를 알아보았다. 그 결과 물리·물질적 욕구, 사회적 욕구, 안전욕구, 존경욕구 및 자기실현욕구의 순서로 중요도가 점차 낮았다. 또한 직장과 직무에 대한 만족수준이 임금과 직접적으로 관련되었다. 1980년대 한상진과 김경동(1985, 186쪽)의 연구에서 상관이 보고되었다. 또한 이 연구에서 직장동료들의 인간관계도 직장만족 수준과 유의한 정적 상관을 보였다.

허남영(1974)은 8개 제조업체 기술직 및 사무직 근로자 268명에게 Hall과 Williams(1967)의 작업동기척도(Work Motivation Inventory)를 실시하였다. 이 연구에서 기술직이나 사무직에 상관없이 직위가 높은 사람들은 낮은 사람들에 비해서 생리욕구와 안전욕구의 낮은 욕구위계에서 만족도가 높았으나, 소속·애정욕구와 자기실현욕구의 만족도는 낮았다. 이희자(1976)는 생리욕구를 제외하고 자율성욕구를 추가한 질문지를 한국 경영자들에게 실시했다. 이 연구에서 한국 경영자들이 가장 불만족하다고 응답한 욕구는 자기실현욕구였으며, 그 다음 차례대로 자율성 욕구, 사회적 욕구, 안전욕구, 자존심욕구의 불만족 수준이 높았다.

현재 이 이론을 다루는 실증연구는 거의 이루어지지 않는다. 그 이유들 가운데 중요한 점들은 대체로 욕구이론들에서 공통되는 특징에 따라서 이를 정리해 보면 다음과 같다. ① 이론에 사용된 개념들이 잘 정의된 형태로 사용되지 않았다. ② 이론적 가설 명제들이 검증 가능한 형식으로 진술되어 있지 않다. ③ 특히 상위의 자기실현욕구를 포함해서 욕구의 중요도, 결핍수준 및 충족 수준을 측정할 때 조작적으로 정의하기가 어렵다. ④ 실증연구들에서 이 이론의 기본 가정들을 지지하는 일관된 자료들을 얻지 못했다. 저자가 보는 바로는 욕구결핍이나 충족 수준을 적절히 측정할 수 있다고 하더라도 조직에서 욕구를 충족시키는 이외에 다양한 경로로 욕구충족이 이루어지는 점에 유의할 필요가 있다. 조직 내에서 욕구를 충족하는 수준과 전체 생활에서 욕구를 충족시키는 수준이 항상 동일하거나 정적 상관관계를 이룬다고 가정할 수 없다. 따라서 전체 생활과 조직 생활에서 욕구의 성질, 충족, 혹은 결핍을 서로 구별하여 다룰 필요가 있다.

Maslow의 욕구위계이론은 인간의 성장 가능성을 의미하는 자기실현의 욕구를 강조함으로써 산업 및 조직 심리학이 인본주의적 지향을 갖도록 만드는데 큰 영향을 미쳤다(Blackler & Brown, 1978). 특히 그의 이론이 발표된 시점을 고려한다면, 인간의 다양한 욕구 체제를 강조함으로써 조직 내에서 긍정적 유인이나 생물학적 욕구에 의존된 동기화 전략이 제한점이 있음을 각성시킨 계기가 되었다. 즉, 생리적 욕구나 안정의 욕구가 일정한 수준 이상으로 충족된 조건에서 사회적 욕구, 자존심 욕구 및 자기실현욕구와 같은 상위 욕구를 충족시킬 수 있는 동기화 방략이 중요함을 일깨웠다. 이 공헌에는 Maslow(1965) 자신이 산업조직의 변화를 촉구한 활동을 통해서도 기여했지만 McGregor(1960)가 Maslow의 욕구이론을 부분적으로 수정하여 산업조직의 경영자들에게 소개한 데 힘입은 바도 크다.

그러나 이른바 집합주의 문화권의 아시아 학자들은 자기실현의 의미가 개인주의 문화권과 다르다고 주장한다(예: 한덕웅, 1994b). 집합주의 문화권에서 자기실현이란 개인적 자기가 아니라 가족이나 집단과 같은 상호의존적 사회 단위의 성장과 실현을 목표로 삼는다고 보아야 한다. 이와 같은 관점에서도 실증연구가 요청된다.

그러나 이 이론은 특히 한국 실정으로 보면, 최근 20-30년 동안 상위 욕구의 중요성이 부각되는 방향으로 근로자들의 욕구가 변화된 점에서 이 이론이 동기화 전략에 시사하는 바가 크다. 역사적으로 보면 이 이론은 이상 심리학적 통찰에 근거를 두고 발전되었지만 작업동기에 적용할 수 있는 초기 동기이론으로서 큰 영향력을 미쳤다.

결론 및 평가

(1) Maslow의 이론은 자기실현욕구를 강조하여 동기심리학에서 인본주의를 형성하는 데 큰 영향을 미쳤다. 이 이론에서 정상 성인들의 행동을 결정짓는 동기요인으로 다양한 욕구위계를 제시함으로써 인간 행동이 동기의 측면에서 사람마다 다름을 이해하는 데 공헌하였다. 특히 산업구조가 급속히 변화되고 발전하는 사회에서 이 이론이 인간의 욕구가 달라지는 현상을 이해하는데 유용한 기반을 제공했다.

(2) 이 이론을 지지하는 실증연구는 외국에서는 Porter(1961, 1964)와 Mitchell(1970) 등에 의해서 이루어졌다. 욕구만족질문지(NSQ, need satisfaction questionnaire)를 사용한 이 연구의 결과를 보면 조직에서 근무하는 사람의 직위수준과 욕구위계간에 유의한 상관관계가 있었다. 다시 말해서 회사에서 직위가 높을수록 높은 위계의 욕구에 지배된다고 보고했다. 전체적으로 보면 이 이론을 지지하는 연구들은 대부분 이처럼 연구통계변인과 의식된 욕구의 관계를 다룬 상관연구들이다.

(3) Porter(1961)가 사용한 질문지 유형을 사용하여 욕구의 범주를 알아내려는 초기 연구들에서 Maslow의 욕구범주와 다른 결과들을 얻었다(Wahba & Bridwell, 1976). 요인분석기법을 사용한 이러한 종류의 연구들에서 "알려고 하는 욕구"가 자주 나타났다(Roberts, Walter, & Miles, 1971). 이 결과로 볼 때 Maslow가 초기에 제시한 인지욕구가 의미있는 범주라고 볼 수 있다. 최근에 인지욕구를 측정하는 도구들이 국내외에서 개발되었다.

(4) 이 이론을 지지하는 실증연구의 결과는 대개 요인분석기법을 사용한 연구

들이 많은데 요인분석은 투입한 욕구 문항들의 성질에 따라서 최종적으로 얻는 요인이 결정되므로 이 방법으로는 Maslow이론을 직접 검증했는지 알 수 없다. 그러나 Porter의 연구 이후 최근 조사 결과에 따르면 Maslow의 모형과 동일한 공통 요인들을 지닌 요인구조가 보고된 바 있다(Beer, 1966; Huizinga, 1970; Mitchell & Moudgill, 1976).

(5) 욕구위계이론을 지지하는 이러한 연구결과가 있기는 하지만 현재까지 이루어진 실증연구의 결과로 볼 때 Maslow이론은 충분한 지지를 받지 못했다(Miner, 1980). 그 이유는 다음 두 측면에서 찾을 수 있다. ① 이론 자체가 모호해서 검증하기 어렵게 구성된 점이다. 이 이론이 이론의 구성에서 형이상학적이고 검증할 수 없는 약점을 지니고 있다고 비판받는다. 특히 자기실현욕구는 개념의 정의가 불명확해서 과학적으로 검증이 불가능할 뿐만 아니라(Huizinga, 1970), 모든 인간이 지니고 있지도 않으므로 보편성 있는 욕구라고 보기 어렵다는 비판도 받는다. ② 이론을 검증하려는 실증연구가 폭넓게 이루어지지 못한 데에도 원인이 있다.

(6) 실증연구와 관련해서 욕구를 측정하는 방법의 문제가 지금까지 만족할 만큼 해결되지 못했다. 대체로 질문지를 사용한 자기보고 방법으로 욕구를 측정했다(예: Porter, 1961). 이 기법은 무의식의 동기과정을 중요하게 보는 Maslow의 이론과 합치되지 않는 측정기법이다. 특히 언어로 자기보고하는 경우에도 자기실현욕구의 개념이 모호해서 이를 측정하는 데 따르는 문제가 해결되지 못했다.

(7) 낮은 위계의 욕구가 충족되면 그 욕구는 다시 동기요인으로 작용하지 않는다는 가설을 기각하는 주장이나 연구 결과들이 많다(Yinon, Bizman, & Goldberg, 1976). 예를 들어서 생리욕구들은 충족되더라도 일정한 시간이 지나면 다시 강력한 욕구로 작용한다는 사실을 누구나 알고 있다. 또한 충족된 욕구보다 상위 위계의 욕구가 우세하다는 가설을 다룬 연구 결과도 일치되지 않는다. Wahba와 Bridwell(1976)의 연구에서 욕구의 충족과 욕구의 중요도 수준간에 일관성 있는 상관을 발견할 수 없었다. 이와 달리 Hall과 Nougaim(1968)은 5년간의 종단연구에서 일정한 욕구의 만족 수준과 그보다 상위 욕구 강도의 상관관계에서 비록 낮지만 유의한 상관계수를 얻었다. 이처럼 일치되지 않는 결과들은 이 이론에 관한 연구가 아직 부족함을 드러낸다.

(8) 한편 다섯 단계로 제안된 욕구위계가 지나치게 세분되었다는 비판을 받는

다(Alderfer, 1972; Porter, Lawler, & Hackman, 1975). Maslow 자신도 다섯 위계의 욕구들을 크게 두 가지로 구분하여 결핍욕구(deficiency)와 성장욕구(growth)로 나눈 바 있다. 그러나 Maslow는 이 양분법을 일관되게 사용하지 않았다. 또한 욕구들을 이처럼 양분하면서 성장욕구 또는 자기실현욕구만을 포함시켰으므로 지나치게 상위 욕구를 중심으로 양분했다는 비평을 받았다. 그러나 욕구들을 두 범주로 나누는 이론은 Herzberg의 동기-위생이론 등에서 활용되었다.

한편 문화 비교의 측면에서 Maslow의 욕구이론이 지니는 타당성에 비판적 태도를 보이는 학자도 있다. Slocum, Topichak 및 Kuhn(1971)의 연구에서는 미국과 멕시코에서 동일한 모회사에 근무하는 근로자들을 조사해서 문화에 따라서 욕구의 위계와 충족 수준이 다름을 보고했다. 미국인 근로자들은 자기실현욕구가 크게 충족되지 못한 반면에 멕시코인 근로자들에서는 2위로 높게 충족된 욕구였다. 이들은 이 결과를 문화 차이를 의미한다고 해석했으나 연구방법에 따르는 한계가 있기 때문에 이 해석을 그대로 받아들이기는 어렵다. 그러나 문화에 따르는 욕구의 차이는 최근 연구되기 시작했으므로 앞으로도 다루어야 할 과제이다.

전체로 볼 때 한국에서 Maslow의 욕구위계를 측정하는 적절한 도구를 사용한 실증연구가 극히 적다. 그러므로 한국에서 Maslow의 욕구위계이론을 다룬다고 주장하는 연구들이 많았음에도 불구하고 이 이론을 검증한 연구의 성과는 적다(한덕웅, 1994). 최근에는 이 이론을 다루는 연구들이 더욱 감소되었다. 이 적은 연구들을 살펴보더라도 Maslow의 이론을 지지한다고 결론짓기 어렵다(Schneider & Alderfer, 1973).

제 3 절 Alderfer의 생존 · 관계 · 성장의 욕구이론

개 관

Alderfer(1969, 1972)의 이론은 Maslow(1954)의 욕구위계이론에서 큰 영향을 받았다. 이론의 핵심을 보면 욕구의 위계는 Maslow 이론의 수정 제안이라고 볼 수도 있으나 욕구의 작용과정에 대해서 다른 관점을 제안했다. 그리고 이 이론의 기반을 조직의 현장연구에서 얻었으므로 독특하고 중요한 의미를 지닌다. Alderfer는 주로 질문지법을 사용하는 상관연구방법으로 욕구체계를 실증적으로 연구했다. 연구결과를 토대로 Alderfer는 Maslow의 5단계 욕구위계를 3단계로 축소하여 수정한 욕구위계이론(欲求位階理論)을 제시했다. 이 3단계 욕구란 차례대로 생존욕구(生存欲求, existence needs), 관계욕구(關係欲求, relatedness needs), 성장욕구(成長欲求, growth needs)를 말한다. 이 욕구들의 첫 글자들을 따서 Alderfer의 이론을 E · R · G이론이라고 부르기도 한다.

이미 Maslow 이론에 관해서 다룬 바가 있으므로 여기서는 Maslow 이론과 비교하여 Alderfer 이론의 특징을 설명하기로 한다. 이 두 이론들은 욕구위계의 구분도 다르지만 다음 세 가지 점에도 서로 다르다.

첫째, Alderfer는 욕구위계에서 고등한 욕구로 진전되는 과정뿐만 아니라 낮은 욕구로 퇴행하는 과정도 있다고 가정한다. Maslow의 욕구위계이론에서는 한 욕구가 충족되어서 다음 위계로 진전이 이루어지려면 낮은 수준의 욕구에 대한 충족이 먼저 이루어져야 한다고 주장한다. 즉, 낮은 수준 욕구의 충족에 의해서 다음 위계로 진전이 이루어진다고 보았다. 그러므로 낮은 수준의 욕구로부터 고등한 수준의 욕구까지 욕구충족-진전과정이 핵심이었다. 그러나 Alderfer는 이와 달리 욕구만족-진전과정에 덧붙여서 욕구충족의 좌절-퇴행과정도 역시 있다고 본다.

둘째, Maslow의 이론에서는 다섯 욕구들 중에서 우세한 욕구가 지배적으로 작동한다고 주장한다. 물론 다른 욕구들이 전혀 영향을 미치지 못하지는 않지만 우세한 욕구의 강력한 기능을 강조했다. 그러나 Alderfer는 일정한 시점에서 세 욕구들의 강도가 서로 다르지만 하나 이상의 욕구가 동시에 작용하여 활성화될 수 있다고 주장한다(1972, 12쪽). 이 가정은 Maslow의 동기과정이론보다 융통성이 있는 관점인데, Alderfer보다 시기적으로 앞서서 Murray가 여러 욕구의 작용과정으로 제안한 설명과 유사하다.

셋째, Alderfer 이론에서 욕구는 의식되어서 인식될 수 있다고 가정한다. 특히 우세한 욕구는 자신이 잘 인식한다. 이 가정이 있기 때문에 Alderfer는 질문지나 면접 등의 연구기법을 사용하여 욕구를 연구하였다.

지금부터 Alderfer의 이론을 다루기 위해서 먼저 욕구위계를 소개한 다음에, 욕구과정을 다루면서 이 이론의 기본 명제들을 살펴보기로 한다. 그리고 끝으로 이 이 이론의 결론과 평가를 다룬다.

Alderfer모형의 욕구위계

Alderfer(1972, 31쪽)에 의하면 인간 및 동물의 동기(動機, motive)에 관한 연구, 조직변화 계획의 적용에 관한 연구, 그리고 조직 성원의 근무태도에 관한 요인분석 연구 등을 정리하면 인간의 욕구들은 세 범주들로 분류될 수 있다. Alderfer의 욕구위계를 하나씩 설명하기에 앞서 Maslow의 욕구위계와 비교해서 제시하면 다음 [표 2-1]과 같다(Alderfer, 1972, 25쪽). 이 표에 따라서 세 욕구들을 설명하면 다음과 같다.

생존욕구(existence needs)

생존욕구는 구체성이 높아서 인간이 지니는 가장 덜 모호한 욕망들이다. 이 생존욕구에는 여러 유형의 물질적 및 생리적 욕망들이 포함된다: 굶주림, 갈증, 봉급, 특별부가급(特別附加給), 물리적 작업환경 등이 이 욕구와 관련된다. 이 욕구의 충족에 영향이 큰 물질을 예로 들면, 음식, 주거지, 돈 등이 이에 속한다. 이와 같이 이 욕구는 인간이 생존을 유지하기 위해서 필요로 하는 욕구들이다. 그러므로 이 욕구들이 충족되지 못하면 인간의 생존이 위협받게 된다. 이 욕구에는 Maslow의 욕구위계로 보면 생리욕구들과 안전욕구들이 포함된다. 이 욕구들은

[표 2-1] Maslow와 Alderfer의 욕구위계 비교(Alderfer 1972, 25쪽)

Maslow	Alderfer
생리적 욕구	생 존 (Existence; E)
물리적 안전	
대인관계의 안전	관 계 (Relatedness; R)
애정(소속감)	
대인관계의 자존심	
자기확신의 자존심	성 장 (Growth; G)
자기실현	

주로 공급이 한정된 물질에 대한 갈망으로 구성되어 있다(Campbell & Pritchard, 1976).

생존욕구가 충족되는 과정에서 대부분 한 사람의 획득이 다른 한 사람의 손실을 의미한다. 즉, 두 사람의 득실을 합쳐보면 영(零)이 되는 합영(合零)게임(zero-sum game)과 같다. 그러나 생존욕구의 충족과정이 항상 합영게임 상황에서만 일어나지는 않는다. 예를 들면, 산소의 공급은 모두에게 만족스럽게 충족될 수도 있다. 그러므로 생존욕구의 충족은 환경에서 필요한 만큼 다양한 물질을 얻을 수 있는지에 따라서 수준이 결정된다.

관계욕구(relatedness needs)

모든 사람은 인간답게 살기 위하여 타인들과 관계를 맺으려고 한다. 인간은 타인과 맺은 인간관계에서 자신의 정서나 지각을 드러내 놓고 검토함으로써 사회현실에 대한 일체감을 타인들과 공유할 수 있게 된다. 이 기반이 있기 때문에 타인과 관계를 유지하려고 하며, 이를 통해서 자신의 생각이나 감정을 타인과 서로 나누려고 한다. 타인과 상호교류는 합영상황이 아니라 오히려 한 사람의 만족이 상대방의 만족과 높은 상관을 보이게 된다. 또한 타인과 교류하면서 개방적이고 정확한 정보소통이 중요하지 정보소통을 통해서 얻는 만족이나 불만족은 부차적이다(Campbell & Pritchard, 1976).

이 범주에 속하는 욕구는 자신을 둘러싸고 있는 사회환경과 인간관계에 초점을 두므로 사회관계 및 대인관계 등이 이에 포함된다(Porter et al., 1975). 특히 자신에게 중요한 타인과 형성한 인간관계가 이 욕구의 핵심을 이룬다. 중요한 타인이란 부모, 상사, 사장, 동료 근무자, 형제처럼 자신이 큰 가치를 부여하고 있는 타인들을 말한다. 따라서 이 욕구의 충족은 서로 생각과 감정을 공유할 수 있는 인간관계를 맺을 수 있는지에 따라서 달라진다.

Alderfer의 관계욕구를 Maslow의 욕구위계와 비교해 보자. [표 2-1]에서 보는 바와 같이 Maslow의 안전욕구 가운데 대인관계의 안전, 사회욕구 가운데 애정 및 소속감, 그리고 존경욕구 가운데 대인관계의 자존심 등이 모두 관계욕구에 포함된다. 이는 Alderfer의 관계욕구가 Maslow의 욕구 범주들 가운데 애정의 욕구를 중심으로, 그 아래 및 그 윗 위계의 욕구 가운데 일부를 포함하여, 세 범주에 걸쳐 있음을 의미한다.

성장욕구(growth needs)

성장욕구는 Alderfer 자신이 개념의 중요한 특성을 제시하지 못해서 개념이 명확히 정의되지 않았다. 그렇지만 개인이 가장 중요하게 생각하는 능력이나 잠재능력을 발전시키는 방향으로 환경과 상호작용하는 욕구들이 이에 포함된다. 따라서 성장욕구가 충족된다면 이는 개인의 능력이 근본적으로 변화됨을 의미한다(Campbell & Pritchard, 1976).

이 욕구의 범주에는 대인관계에서 타인과 비교를 통해서 얻는 자존심이 아니라 스스로 얻는 자신감의 욕구 등이 포함된다(Porter et al., 1975). 이 욕구의 만족수준은 개인의 잠재능력을 활용하고 새로운 재능을 개발할 수 있는지에 달려 있다. 그런데 개인의 잠재능력을 충분히 활용하도록 허용하는 조건으로는 환경이 매우 중요하다. 따라서 개인이 환경에서 능동적 자세를 취하는 데 따라서 성장욕구의 만족수준이 결정된다. 그러나 성장욕구를 충족시킬 수 없는 환경이 불가피하다면 개인의 역량이 좋더라도 성장욕구의 충족에 영향을 미치지 못할 수도 있다. 환경이 개인의 성장욕구를 촉진시켜 주는 조절요인으로 작용하는 경우란 도전과 선택의 기회를 제공해 주는 경우를 말한다.

[표 2-1]에서 보는 바와 같이 성장욕구는 Maslow의 자기실현욕구와 비교하면 능동적으로 자신감을 획득하는 과정이 더 포함되어 있기 때문에 자기실현욕구 뿐만 아니라 자존심욕구 가운데 일부도 포함하고 있다.

욕구의 작용과정: 욕망과 만족의 상호 영향과정

Alderfer가 제안한 모형은 욕구를 세 범주들로 분류한 점에서도 Maslow의 모형과 다르지만, 동기의 작용과정에 관한 설명에서도 차이를 보인다. Alderfer의 동기과정이론에서는 행동의 방향이나 강도 등도 설명하지 않고, 행동의 학습, 선택 및 행동수정 과정도 설명하려고 하지 않는다. Alderfer의 이론은 이 과정의 원리를 알아내려는 과정이론(process theories)과 달리 동기화된 행동에 영향을 미치는 중요한 변인들을 알아내려는 내용이론(content theories)에 속한다.

Alderfer(1972, 1쪽, 7쪽)는 인간이 주관적으로 경험하는 욕망(慾望)과 만족(滿足)이 인간욕구를 이해하는 데 중요하다고 보았다. 그는 이 관점에서 욕망과 만족을 중심으로 동기과정을 해명하고자 하였다. 그의 이론을 이해하려면 그가 알아내려고 시도한 문제들과 아울러 욕망과 만족을 포함하는 몇 가지 기본 개념들을 알아둘 필요가 있다.

그가 관심을 갖고 해명하고자 한 문제들은 다음 두 가지로 요약된다. 첫째, 개인의 만족이 욕망과 어떤 관계가 있는가? 둘째, 개인의 욕망이 만족을 얻으려는 행동 경향과 어떤 관계가 있는가? 이 문제들을 해명하기 위하여 그가 설정한 가설은 다음과 같다: 개인의 욕망은 자신이 노력한 대가로 외부세계에서 얻은 보상의 지각에 의해서 부분적으로 결정된다. 그러나 다른 한편으로 개인의 욕망이 현실세계에서 지각할 수 있는 보상을 부분적으로 결정짓기도 한다. 다시 말해서 욕망은 외부세계에서 얻을 수 있는 보상의 영향을 받아서 형성되기도 한다. 그리고 일단 욕망이 형성된 다음에는 외부세계에서 얻을 수 있는 보상을 선택적으로 지각하게 만들기도 한다.

앞에서 설명한 욕구위계에서 생존, 관계, 성장의 세 기본 욕구들도 만족과 욕망을 분류하는 기반으로 사용된다. 만족과 욕망이 모두 개인의 주관적 상태지만 주관적인 정도에서 이 양자가 서로 다르다. 만족은 개인과 환경 사이에서 일어난 사건으로부터 초래된 결과를 나타낸다. 만족은 자신이 찾던 바를 얻었을 때 경험하는 내적 상태를 나타내기 때문에 획득이나 충족과 같은 뜻을 지닌다. 이처럼 만족은 개인과 환경의 상호작용 과정에서 발생하므로 개인이 당면하고 있는 외부세계의 객관적 현실을 측정하면 일부 파악할 수 있다. 그러나 전체적으로 만족은 개인환경이 지니는 객관적 실상과 아울러 이 실상에 대한 주관적 지각도 포함한다.

한편, 만족에 반대되는 조건에 대해서도 살펴보자. Alderfer 이론에서 만족에 반대되는 조건이 좌절(frustration)이다. 만족과 좌절의 두 개념을 구별하면서 충족감을 증가시키면 만족이라고 보고, 반면에 충족감을 감소시키면 좌절이라고 보았다.

욕망이란 개념은 만족의 개념보다 더 주관적인 의미를 지닌다. 욕망을 판단하려면 자기 이외에 다른 외부 기준이 필요하지 않다. 욕망이라는 개념은 전적으로 개인의 내적 상태를 의미하므로 요구, 선호, 욕구강도, 동기 등과 동의어로 쓰고 있다.

욕망도 세분하면 두 가지로 구분된다: 그 가운데 하나는 만성적 욕망(chronic desire)이고, 다른 하나는 산발적 욕망(episodic desire)이다. 만성적 욕망이란 비교적 지속되는 개인의 상태를 나타낸다. 반면에 산발적 욕망이란 특정한 상황에서만 나타나서 상황이 변화되면 반응도 달라지는 욕망이다. 실제로 Alderfer는 욕구를 측정하면서 만성적 욕망과 산발적 욕망을 구분하였다. 만성적 욕망은 산발적 욕망과 학습이라는 두 요인들에 의해서 생겨난다고 보았다. 만성적 욕망과 산발적 욕망이 각각 현재 지니는 욕망에 미친 영향을 알아내려면 개인의 과거를 다루는 종단연구(縱斷研究, longitudinal study)가 필요하다.

지금까지 Alderfer 이론의 기반이 되는 기본 개념들을 살펴보았다. 이제부터 이 기본 개념들을 사용해서 Alderfer 이론의 기본 명제를 ① 만족이 욕망에 미치는 영향, ② 욕망이 만족에 미치는 영향으로 구분하여 각각 살펴봄으로써 만족과 욕망의 상호 영향관계를 알아보기로 한다.

만족이 욕망에 미치는 영향에 관한 기본명제

Alderfer가 정의한 바에 따르면 욕구란 욕망과 만족(혹은 좌절)을 모두 포함하는 개념이다(1972, 8쪽). 예를 들어서 생존욕구는 생존의 욕망과 만족(혹은 좌절)을 모두 포함한다. 앞에서 언급한 욕구의 위계와 욕망의 만족이라는 측면에서 E · R · G이론은 욕구위계간의 관계를 다음 7가지 명제들로 제시하고 있다. 먼저 여러 조직의 현장연구 결과를 토대로 수정한 명제들을 제시하고(Alderfer, 1972, 149~150쪽), 각 명제들을 수정하기 전의 기본명제도 살펴봄으로써 수정의 방향도 파악하기로 한다.

제1명제: 생존욕구가 덜 충족될수록 이 욕구에 대한 욕망이 더욱 강력해진다(1972, 13쪽, 103쪽, 149쪽).

제2명제: 생존욕구와 관계욕구가 모두 상대적으로 충족되지 못하면, 관계욕구가 덜 충족된 수준이 심할수록, 생존욕구에 대한 욕망이 더 강력하게 일어난다(149쪽).

이 명제는 현장연구 결과에 의해서 수정되었다. 이 명제의 원형에서는 관계욕구가 덜 충족될수록 생존욕구가 더 강력하게 일어난다고 정리했다(13쪽, 108쪽). 이 명제는 욕구가 좌절되면 그보다 아래 수준의 욕구로 퇴행하는 퇴행과정을 가정하기 때문에 Maslow 이론과 대조된다.

제3명제: 생존욕구가 충족될수록 관계욕구에 대한 욕망이 더 강력해진다(13쪽, 115쪽)

제4명제: 관계욕구가 상대적으로 충족되지 못하면, 관계욕구가 충족되지 못한 수준이 심할수록, 관계욕구에 대한 욕망은 더욱 강력해진다. 또한 관계욕구가 상대적으로 충족된 경우에는, 관계욕구가 충족된 수준이 높을수록, 관계욕구에 대한 욕망이 더 강력하게 된다(149쪽).

이 명제의 원형에서는 관계욕구가 덜 충족될수록 관계욕구에 대한 욕망은 더 강력하게 일어난다고 정리되었다(13쪽, 116쪽, 149쪽).

제5명제: 성장욕구가 덜 충족될수록 관계욕구에 대한 욕망이 더 강력하게 일어난다(13쪽, 123쪽).

제6명제: 관계욕구와 성장욕구 두 가지 모두 비교적 충족되면, 관계의 욕구가 충족된 수준이 높을수록, 성장욕구에 대한 욕망이 강력하게 된다(149쪽).

이 명제의 원형은 관계욕구가 충족될수록 성장욕구에 대한 욕망이 더 강력하게 일어난다고 되어 있다(13쪽, 134쪽, 147쪽).

제7명제: 성장욕구가 상대적으로 충족되지 못하면, 성장욕구가 덜 충족된

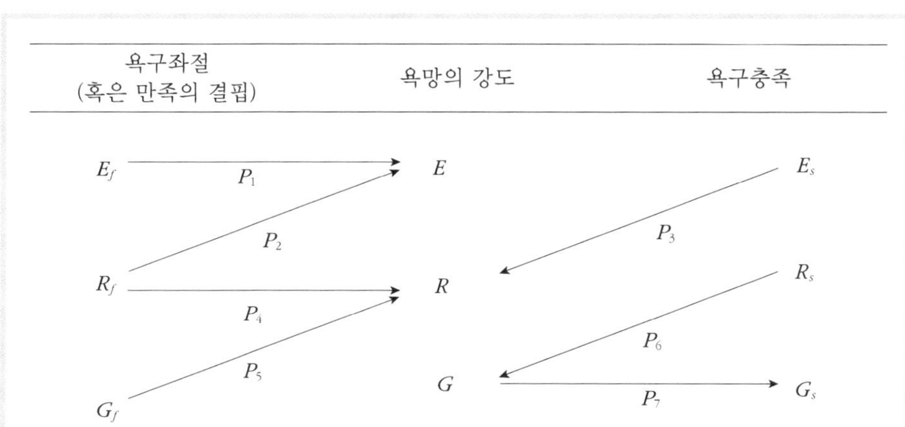

[그림 2-2] E · R · G이론에서 욕망과 충족간의 관계(Alderfer, 1972, 14쪽)

수준이 심할수록, 이 욕구에 대한 욕망이 더 강력하게 일어난다. 또한 성장욕구가 상대적으로 충족되면, 성장욕구가 충족된 수준이 높을수록, 이 욕구에 대한 욕망이 더욱 강력하게 된다(149쪽).

이 명제의 원형은 성장욕구가 충족될수록 성장욕구에 대한 욕망이 더욱 강력해진다고 진술되었다(13쪽, 136쪽).

이상으로 만족이 욕망에 어떻게 관련되는지 설명하였는데, 수정되기 이전의 모형에 따라서 Alderfer(1972, 14쪽)는 이 관계들을 [그림 2-2]와 같이 도식으로 나타냈다.

위의 도표에서 숫자는 가설명제의 번호를 나타내며(예: P_1은 제1명제), f는 좌절, s는 만족의 첫 글자를 의미한다(예: E_f; 생존욕구의 좌절, R_S; 관계욕구의 만족).

이 도표를 다시 간략히 설명하면 다음과 같다. 맨 위의 좌측은 생존욕구가 좌절되었을 때(E_f) 생존욕구에 대한 욕망(E)이 강력해진다는 제1명제를 나타내고 있다. 그 바로 밑의 관계욕구의 좌절 (R_F)로 생존욕구에 대한 욕망(E)이 강력해지는 퇴행과정(P_2)과, 관계욕구가 덜 충족되었을 때 이 관계욕구에 대한 욕망(R)이 강해질 수 있는 두 가능성을 나타내고 있다. 한편, 우측의 맨 윗편에는 생존욕구가 충족되었을때(E_S) 관계욕구에 대한 욕망(R)이 강력해진다는 제3명제가 표시되어 있다. 또한 우측 중앙에는 관계욕구가 충족되었을 때(R_S) 성장욕구에 대한 욕망(G)이 커진다는 제6명제를 나타내고 있다. 좌측 최하단에는 성장욕구가 좌절될 때(G_f) 관계욕구에 대한 욕망(R)으로 퇴행한다는 제5명제를 표시해 놓았다. 끝으로 성장욕구가 충족될 때(G_S)는 성장욕구에 대한 욕망(G)이 더욱 강력해지기 때문에 이 성장욕구의 충족으로 욕구의 욕망을 일으키지 못할 만큼 충족되는 경우가 없음을 설명한 제6명제를 나타내고 있다.

이 그림에서 우측의 제3명제와 제6명제는 하위 욕구의 충족에 의해서 그보다 상위의 욕구가 촉발되는 만족-진전과정을 나타내고 있다. 그리고 좌측의 제2명제와 제5명제는 욕구가 충족되지 못하는 욕구좌절에 당면하여 그보다 하위의 욕구로 퇴행하는 좌절-퇴행과정을 나타내고 있다.

욕망이 만족에 미치는 영향에 관한 기본명제

E · R · G이론에서 모든 사람들이 생존, 관계 및 성장의 욕구를 지닌다고 가

정한다. 그러나 이 가정은 모든 사람들이 세 욕구들을 모두 같은 정도로 지니고 있음을 의미하지는 않는다. 다시 말해서 이 세 욕구들에 대한 만성적 욕망의 강도가 사람마다 같지 않다. 이처럼 E · R · G이론에서는 모든 사람들이 이 세 욕구들을 선천적으로 모두 지닌다고 가정하지만 만성적 욕망과 만족과의 관계는 사람마다 서로 다르다. 이 관계는 ① 개인이 지니고 있는 욕구와 ② 개인이 당면하고 있는 물질, 대인관계 및 생태학적 조건이라는 두 요인들에 의해서 결정된다. 이 가정을 토대로 욕망과 만족의 관계에 관한 다음 7개 기본명제가 성립된다.

제 8 명제(a): 생존의 욕구를 충족시킬 물질이 부족한 경우에는 만성적으로 높은 수준의 생존욕망이 지속되며, 생존욕구의 충족은 낮은 수준에 머문다(18쪽, 149쪽).

제 8 명제(b): 생존의 욕구를 충족시킨 물질이 부족하지 않은 조건에서는 만성적 생존의 욕망이 커진다고 하더라도 생존욕구의 만족이 각별히 더 높아지지는 않는다(18쪽, 150쪽).

제 9 명제(a): 매우 만족스런 대인관계에서는 만성적 관계의 욕망이 높은 수준

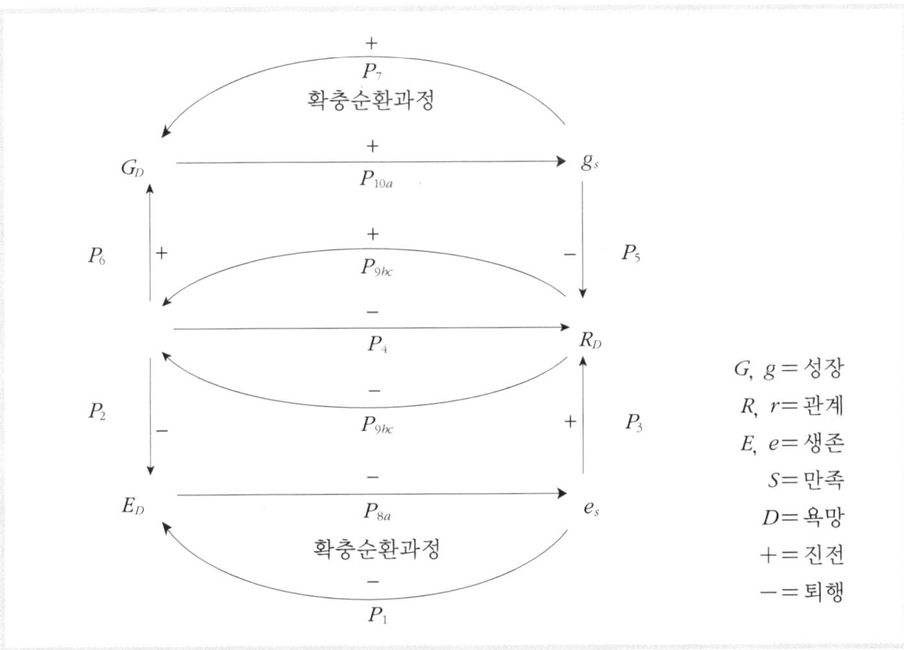

[그림 2-3] E · R · G 기본명제들의 순환관계(Alderfer, 1972, 22쪽)

이더라도 이에 따라서 관계욕구의 만족이 더 높아지지는 않을 것이다.

제9명제(b): 보통의 대인관계에서는 만성적 관계의 욕망이 극히 높거나 낮은 사람들이 중간수준으로 관계의 욕망을 지닌 사람들보다 관계욕구에서 만족을 얻으려는 경향이 낮다(19쪽, 127쪽, 150쪽).

제9명제(c): 매우 불만족스런 대인관계에서는, 만성적 관계의 욕망이 높을수록 이 욕망이 실현되면 관계욕구의 충족도 클 것이다(20쪽, 127쪽, 150쪽).

제10명제(a): 도전할 만하며 행동의 재량권이 인정되는 상황에서는 만성적 성장의 욕망이 높을수록 성장욕구의 만족이 클 것이다(20쪽, 40쪽, 150쪽).

제10명제(b): 도전할 만한 가치도 없고 행동의 재량권도 없는 상황에서는 만성적 성장의 욕망이 높아지더라도 이에 따라서 성장욕구의 만족이 높아지지는 못할 것이다(20쪽, 150쪽).

지금까지 E · R · G이론의 10가지 기본명제를 14개 내용별로 살펴보았다. 이 14개 세부명제들은 만족이 욕망에 관련되는 형태나 만성적 욕망이 만족에 연결되는 경로를 나타내고 있다.

이상에서 설명한 Alderfer의 이론에 따라서 제안된 욕구의 상호작용 경로들을 모두 포함하여 하나의 그림으로 나타내면 [그림 2-3]과 같다. 여기서 S, D는 각각 만족과 욕망을 의미하며, $P_1 \sim P_{10}$은 본문의 명제 번호를, → 표시는 양자관계에서 영향을 미치는 방향을, −는 퇴행, +는 진전을 각각 의미한다.

위에서 제시한 명제들의 핵심은 다음과 같이 요약할 수 있다.

① 욕구가 덜 충족될수록 그 욕구에 대한 갈망은 더욱 높아진다.

② 상위 욕구의 충족이 좌절되면 하위 욕구가 일어난다.

③ 한 욕구가 충족되면 상위 욕구가 일어난다.

이 가운데 ②, ③에서 말하는 상위 욕구의 개념은 Maslow이론에서 사용하는 상위 욕구의 개념과 다르다. Alderfer이론에서 상위나 하위 욕구란 단지 욕구를 충족시켜 주는 대상이 지니고 있는 구체성 수준을 나타낸다. 그러므로 구체성 수준이 낮을수록 상위 욕구이다. 다시 말해서 생존욕구는 관계욕구보다 더 구체적이어서 관계욕구를 충족시키는 대상이 성장욕구가 지향하는 대상보다 덜 모호함을 나타낸다.

결론 및 평가

Alderfer의 E · R · G이론은 Maslow의 욕구이론과 마찬가지로 욕구위계이론의 장단점을 모두 지닌다. 이 점에 관해서는 Maslow의 이론을 다루면서 지적했으므로 생략하고 Alderfer 이론의 특징점과 평가를 다루기로 한다.

(1) 1972년 이 이론의 기본 골격이 완성되기 전에 1965년부터 1969년까지 8회 이상 현장연구를 배경으로 E · R · G이론을 구성했다. 그러므로 같은 위계이론인 Maslow 이론이 임상 관찰을 토대로 제안된 바와 대조를 이룬다. 이 이론은 실제 조직을 대상으로 경험적 자료를 얻었다는 점에서 독특한 위치를 차지한다. Alderfer가 질문지법을 사용해서 조사연구를 실시한 조직들을 보면 중간 규모의 생산회사, 중간 규모의 은행, 미국 동부 대학교의 기숙사, 대학입학 예비학교, 감수성훈련에 참가중인 청년, 그리고 임시직 및 직업에 응모한 자 등으로서 모두 814명이 포함된다.

(2) Alderfer 이론에서 욕구위계를 세 범주들로 나누었는데 5개 범주로 세분했을 때와 비교해서 특히 산업조직에서 인간의 욕구를 설명하는 데 더 적절하다고 긍정적으로 평가하는 학자들도 있다(예: Scott & Mitchell, 1976, 118쪽). 그러나 다른 한편으로 인간의 욕구를 Herzberg처럼 두 개 범주로 나누면 더 적절하다고 주장하는 학자들도 있다(예: Lawler & Suttle, 1972; Porter, Lawler, & Hackman, 1975, 43쪽). 대체로 Alderfer의 E · R · G 이론이 오늘날에는 욕구이론들 가운데 가장 주목받는 이론이라고 보는 학자들이 많다(Miner & Dachler, 1973; McCormick & Ilgen, 1980, 267쪽).

(3) 한편 1972년에 수정한 명제에 대해서도 비판이 제기되었다. 최초 가설들이 지니고 있던 논리의 일관성이 수정명제들에서 오히려 약화되었다는 평가를 받기도 한다(Miner, 1980, 40쪽). 또한 수정명제에 대해서 지금까지 철저한 실증연구가 수행되지도 못했다. Alderfer가 기본명제들을 모두 검증하지도 않았으며, 또한 검증한 명제들이 모두 지지되지도 못했다. 특히 명제들 가운데 8(a), 8(b) 및 10(b)는 검증도 시도되지 못했다. 그 나머지 명제들 가운데도 명제3은 전혀 지지되지 못했으며, 명제 5, 9(a), 9(b), 9(c)는 극히 일부 자료에서만 지지되었다. 일관되게 확증된 명제는 명제 1, 2, 4, 10(a)였다. 최근의 연구를 보면 Alderfer,

[표 2-2] E · R · G 이론의 기본명제들에 관한 검증결과

명제번호	표본연구의 수	결 과
1	6	모든 표본에서 일관되게 지지
2	6	다섯표본에서 지지
3	6	전혀 지지 안됨
4	8	여섯표본에서 지지
5	6	한 표본에서 지지
6	8	세 표본에서 지지
7	8	세 표본에서 지지
8(a)	검증이 안 되었음	
8(b)	검증이 안 되었음	
9(a)	2	한 표본에서 지지
9(b)	3	한 표본에서 지지
9(c)	2	한 표본에서 지지
10(a)	2	두 표본에서 일관되게 지지
10(b)	검증이 안 되었음	

Kaplan, 그리고 Smith(1974)가 실험실 연구에서 수정명제 4에 대한 지지 증거를 제시하였다.

(4) 다음 [표 2-2]에 제시된 자료들을 살펴보더라도 E · R · G이론은 충분한 검증을 거치지 못했으므로 아직은 각 명제들의 적절성을 평가하기에 이르다고 볼 수 있다.

(5) 최근 인간의 동기를 설명하기 위하여 욕구위계를 다루는 이론뿐만 아니라 욕구에 기반을 둔 이론들이 잘 다루어지지 않는 경향을 보이기 때문에(Mitchell, 1979 참조) E · R · G이론을 다룬 연구들 역시 많지 않은 형편이다. 최근에 욕구이론들에 관한 연구가 줄어든 배경과 최근에 많이 연구되는 여러 과정이론들에서 욕구들이 어떻게 이론으로 연결되는지에 관해서는 이 책에 소개되는 과정이론들에서 볼 수 있다.

제3장
성취동기이론

개　　관

성취동기는 다른 어떤 동기들보다 최근까지 계속해서 오랜 동안 연구되었다. 성취동기란 우수한 수행을 달성하기 위한 개인의 포부, 노력 및 지구력이라고 정의된다. 그러므로 성취동기가 개인의 생활은 물론이고 집단이나 조직의 성공과 밀접히 관련됨을 알 수 있다. 따라서 성취동기에 관한 연구가 많이 이루어지는 배경을 이해할 수 있다.

성취동기이론에 공헌한 학자들은 많지만 McClelland의 이론이 공식으로 발표된 1948년부터 집중적으로 연구가 진행되었다. 그 당시 McClelland는 인간이 먹고자 하는 욕구수준이 높아짐에 따라서 사고과정에서 음식에 대한 상상이 우세하게 됨을 알아내고 욕구와 사고과정의 관계를 해명하려고 하였다. 이 연구를 통해서 McClelland와 공동연구자들은 오랫동안 음식을 먹지 못한 사람이 음식과 관련된 단어를 많이 연상한다는 사실을 알았다. 배고픔이라는 생리적 욕구를 다루기 시작한 이후에는 친화(親和, affiliation), 세력(勢力, power), 공격, 성취(成就) 등의 연구까지 적용시켰다. 그 가운데 성취동기(McClelland, Atkinson, Clark, & Lowell, 1953)와 세력동기(McClelland, 1975)에 관한 이론은 가장 체계 있게 발전되었다.

성취동기이론이 발표된 지 50년이 지났지만 동기에 관한 연구는 지금까지 계속해서 상당한 영향력을 미치고 있다. 성취동기에 대한 연구가 이와 같이 오랫동안 지속되는 이유를 살펴보면 성취가 사회생활에서 중요하기 때문이기도 하지만 학계에서 인정받는 이론과 연구방법을 개발하고 연구의 성과도 풍부했기 때문이라고 볼 수 있다. 성취동기에 관한 연구들이 최근까지 동기이론의 발전에 공헌하였는데 기여한 점들은 대체로 다음 다섯 측면에서 찾을 수 있다.

① 성취동기를 측정하는 도구를 마련한 점

② 성취동기에 영향을 미치는 발달요인을 제안하고 성취동기를 육성하는 데 중요한 요인들을 연구한 점

③ 성공의 추구뿐만 아니라 실패를 두려워하여 성공을 회피하려는 동기도 있다는

이론이 제시되어서 성취에 관한 관심을 확장시킨 점. 이 확장된 이론을 사용해서 성별에 따른 성취행동의 차이를 연구할 수 있도록 공헌한 점
④ 성취욕구와 행동, 성공 이외에 여러 인구통계변인과 상관관계를 분석할 수 있도록 조사연구를 자극한 점
⑤ 성취욕구의 관점을 떠나서 성공과 실패의 원인 지각에 따라서 성취동기가 달라진다고 가정하는 성취귀인이론(attribution theory)이 제안되어서 성취동기 연구의 연구를 계승한 점.

이 장에서는 먼저 McClelland가 제안한 성취동기이론과 연구결과를 살펴본다.
둘째, Atkinson의 성취동기이론을 소개한다.
셋째, Horner의 성공의 두려움 이론을 다룬다.

McClelland(1953, 1961)의 성취동기이론

성취동기의 성질

성취동기를 설명하기에 앞서 먼저 동기에 대한 McClelland의 이론을 간략히 설명하기로 한다. McClelland는 모든 동기(動機, motives)가 학습된다고 가정했다. 동기는 장래 얻으려고 하는 목표에 의해서 설명할 수도 있지만 그는 동기가 과거의 쾌락이나 고통과 연결되어 있는 일정한 단서들에 의해서 발생하는 강한 감정의 연합체(affective association)라고 보았다. 예를 들어서 성취동기가 높은 사람에게는 성취를 일으키는 상황이 과거 경험 때문에 유쾌한 감정을 유발시키는 단서가 된다. 개인의 모든 동기들이 이와 같이 유쾌하거나 불쾌한 단서들과 연결되도록 학습되어 있기 때문에 성취동기가 높은 사람은 성취로 인해서 유쾌한 감정을 느낄 수 있는 상황을 만들려고 한다.

이와 같은 성질을 지니고 있어서 성취동기나 그 밖의 여러 동기들이 행동에 미치는 잠재적 영향력이 서로 달라지게 된다. 그런데 개인마다 여러 동기들이 행동을 유발하는 영향력은 서로 다르므로 동기들이 여러 위계로 배열되어 있다. 그러므로 동기들이 위계로 배열되어 있는 모습은 사람마다 서로 다르다. 이 동기들의 위계로 보면 성취동기가 높은 사람이란 개인이 지니는 여러 동기들 가운데 성취동기가 상위위계에 놓여 있는 사람을 말한다.

McClelland는 개인마다 다른 욕구위계구조가 모두 과거의 정서경험과 연결되어서 학습된다고 주장한다. 그러므로 그의 관점은 Maslow가 욕구위계를 생태적이며 모든 인간에 공통된다고 보는 이론과 대조된다.

McClelland, Atkinson 및 공동연구자들은 현장 및 실험실 연구에서 높은 성취동기를 지닌 사람들이 성취과제에서 노력 수준이 높아서 수행이 높다는 가설을 지지하는 결과들을 보고하였다(Cummin, 1967; Weiner & Kukla, 1970; Hundal, 1971; Steers, 1973).

McClelland가 성취동기를 연구한 결과를 살펴보기에 앞서 먼저 성취동기가 어떤 성질을 지니는지 알아보자. McClelland와 공동연구자들(1953)은 성취동기를 성공을 추구하려는 비교적 안정된 경향성이라고 본다. 구체적으로 정의하면 성취욕구란 우수한 결과를 얻기 위해서 탁월성의 기준(standard of excellence)을 설정하고 이를 달성하려는 욕구이다. 성취욕구가 행동을 일으키는 이유는 행동을 통해서 이 목표의 달성에 성공하면 유쾌하였다는 이전의 경험이 있었기 때문이다. 다시 말해서 성취와 연결되어 있는 긍정적 감정이 있기 때문에 행동에 영향을 미치게 된다. 그런데 개인마다 과거에 성취를 통해서 유쾌한 경험을 얻은 수준이 다르므로 성취동기가 행동에 영향을 미치는 강도도 사람마다 서로 다르게 된다.

성취지향성이 높은 사람들의 행동 특징

McClelland(1962)는 성취동기를 측정하여 성취욕구가 높은 사람들과 낮은 사람들을 비교해 보면 성취상황에서 서로 다른 독특한 행동 특징을 보인다고 주장했다. 성취동기가 높은 사람들이 성취상황에서 보이는 행동 특징들을 제시하면 다음과 같다.

① 과업지향성: 높은 수행이나 도전적으로 자기 능력을 시험하는 데 흥미를 느낀다. 성취를 통해서 결과로 얻게 되는 외적보상보다 성취 자체를 목적으로 추구하는 경향이 있다

② 모험성: 과제를 수행해서 성공확률이 중간수준이 되는 모험스런 과제의 해결에 흥미를 느낀다. 모험수준이 아주 낮거나 이와 반대로 지나치게 모험적인 과제에 대해서는 흥미를 느끼지 못한다. 다시 말해서 문제해결이 극히 어려워서 성공의 확률이 극히 낮은 경우뿐만 아니라 문제해결이 너무 쉬워서 성공확률이

극히 높은 과제에 대해서도 도전하려 하지 않고, 과제의 난이도가 중간수준인 과제를 선택하려는 경향이 있다.

③ 성취 가능성에 대한 자신감: 성취동기가 높은 사람은 대체로 자신이 수행하는 과제에서 성취 가능성이 높다고 믿는다. 특히 자기 행동의 성공 가능성을 객관적으로 판단할 현실적 근거가 없더라도 자기 나름대로 자신감을 갖고 과업수행을 열심히 추진한다.

④ 정력적 · 혁신적 활동: 새로운 변화를 통해서 혁신해야 할 필요가 있거나 새로운 문제해결 방법을 요구하는 상황에서 성취동기가 잘 유발되는 경향이 있다.

⑤ 책임감: 자신의 책임을 회피하려는 경향이 낮다. 행동의 결과를 타인이나 환경이 원인이라고 보지 않고 자기 책임으로 보려는 경향이 높다. 또한 지시나 명령에 따르기보다 자발성이 높다.

⑥ 과업수행 혹은 행동결과에 대한 지식을 중요시: 과제수행을 위해서 자신이 쏟은 노력이 성공을 가져왔는지 아닌지 결과를 알려는 경향이 높다. 또한 자신의 행동 결과가 나쁘더라도 이를 알게 되었을 때 느끼는 두려움을 극복할 수 있다. 그뿐만 아니라 자신이 노력해서 얻은 결과가 좋든 나쁘든 간에 이 결과를 토대로 새로운 문제해결에 활용한다.

⑦ 미래지향성: 과거 경험이나 현재 시점에서 자신이 받은 평가를 행동의 기준으로 삼기보다 장래에 있을 상황을 예견하여 이에 따라서 현재 행동을 이끌어 가는 경향이 있다. 그리고 미래지향적인 문제해결 상황에서 성취욕구가 쉽게 촉발된다.

위에서 성취동기가 높은 사람들의 행동특징들로서 설명한 내용을 종합해서 McClelland는 다음과 같이 제시하고 있다(1961, 238쪽).

> "성취동기는 개인으로 하여금 능력에 비추어 도전할 만한 가치가 있는 일을 탐색하도록 하며, 그러한 일을 더 능률적으로 수행하도록 하며, 성취할 수 있다는 자신감을 갖게 한다. 성취동기가 높은 사람은 자신의 능력으로는 도저히 감당할 수 없는 일이거나 순전히 우연이나 요행만으로 가능한 일에는 별 흥미를 갖지 못하며, 자신의 능력으로 해낼 수 있는 일에 더 도전적으로 흥미를 갖는다. 그리고 그는 성취의 결과를 구체적으로 예견함으로써 성취활동을 더욱 강화한다. 그러나 성취를 통해서 얻게 되는 결과를 목표로 삼으려고 하지 않고 이 결과는 단지 성공의 척도 내지 수단으로 간주한다. 성취인은 이기적이 아니며, 개인을 위해서나 또는 집단을 위해서나 똑같이

작업에 열중하며, 과업 자체의 성취에 높은 흥미를 갖는다. 따라서 과업수행의 잘못을 타인에게 전가시키려고 하지 않고 모든 책임은 자신에게 있다고 여긴다. 끝으로, 그는 장기 안목으로 미래에 성취를 통해서 얻게 될 만족을 기대하면서 현재의 작업에 열중한다."

McClelland는 위에서 제시한 성취행동 특징들이 개인행동만이 아니라 최고경영자의 역할에도 적합하다고 생각했다. 그리고 개인의 성취동기를 다룬 연구 가운데 최고경영자의 성취동기와 직무수행 결과의 관계를 다룬 연구도 많다.

성취동기와 국가발전

위에서는 성취동기를 개인의 욕구라는 관점에서 살펴보았다. 그런데 McClelland(1961)는 성취동기가 국가나 사회의 경제발전과 관련된다고 봄으로써 이 이론을 국가의 발전과 연결되도록 확장시켰다. McClelland가 성취동기이론을 확대시켜서 국가에서 국민의 성취수준으로 설명하는 데는 사회학자 Weber(1904)의 견해에서 많은 영향을 받았다. Weber는 유럽사회에서 개신교의 윤리가 현대 자본주의 발달의 초석이 되었다고 주장한다. 다시 말해서 개신교와 이에 따르는 서구문화의 가치가 서구사회에서 경제발전을 이루는 원동력이 되었다고 주장한다. McClelland는 Weber의 이 주장을 가설로 받아들이고, 이에 심리학적 설명개념을 도입해서 다음 [그림 3-1]과 같이 도식화했다(1961, 47쪽).

그리고 이 그림에서 보는 변인들을 성취동기를 높여주는 요인, 이에 따라서 초래되는 심리요인, 그리고 이 심리요인에 의해서 나타나는 결과로 구분해서 McClelland의 주장대로 설명하면 다음과 같다: 개신교의 중요한 가치들이 지배하는 환경에서는 특히 부모들로보터 독립심 훈련이나 목표달성 훈련을 받게 된다. 이 훈련의 결과로 자녀들의 성취동기가 높아지고 이들이 사회의 성원이 되면 성취동기가 국가 경제의 발전에 원동력이 된다. 이 모형을 토대로 해서 McClelland 등(1961)은 국민의 성취동기 수준과 국가발전의 관계를 연구하였다. 이 국가간의 비교연구에서 각국 국민의 성취동기 수준이 국가 발전에 영향을 미친다는 가설을 검증하였다. 구체적으로 설명하면 성취동기가 높은 국민들이 구성하는 국가는 성취동기가 낮은 국민들로 구성되어 있는 국가보다 더 좋은 국가발전을 이룩한다는 가설을 설정했다. 이 가설을 검증하기 위해서 국민의 성취동기 수준은 국

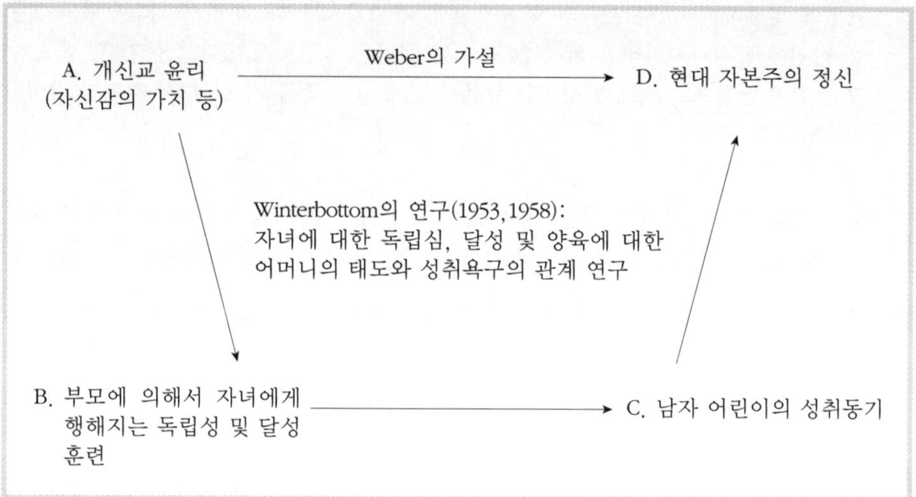

[그림 3-1] Weber의 가설과 성취동기의 관계(McClelland, 1961, 47쪽)

민이나 어린이들이 사용한 저술이나 교과서에 실린 내용 가운데 성취에 연결되는 요소들을 분석해서 측정하였다. 그리고 국가의 경제발전 수준은 국가수입, 전력생산량, 석탄반입량 등으로 측정하였다. 그는 이 요인들이 국가의 경제수준을 나타내는 중요한 지표라고 가정했다. 이 연구의 결과에서 이 가설을 지지되었다. 이 연구에서 1950년에 각 국가에서 사용된 아동용 교과서를 사용하여 측정한 성취동기 수준의 순위와 1952년부터 1958년 사이에 각 국가별 경제성장률의 순위간의 순위상관은 $r_S = .43$이었다. 이 값은 McClelland(1961)의 연구에서 얻은 원자료를 Miner(1980)가 정리하여 산출한 값이다.

성취동기의 측정방법

이 절에서는 McClelland와 Atkinson이 성취동기를 측정하기 위하여 개발한 기법을 알아보기로 한다. 이 장의 앞에서 성취동기에 관해서 연구가 활발하게 이루어진 이유들 가운데 성취욕구를 측정하는 기법의 개발이 중요했던 점을 지적하였다. 그러나 성취욕구를 측정하는 기법이 만족할 만한 타당도와 신뢰도를 지니지 못한다는 점도 지적했다. 그러나 이 기법들을 개발하여 성취동기를 측정하고 실증연구를 수행하는 데 큰 자극을 주었다.

성취욕구를 측정하는 기법으로는 투사법(投射法, projective technique)을 비롯해서 질문지 조사법도 있다. 그러나 여기서는 성취욕구이론을 제안한 McClelland나 Atkinson의 주장에 따라서 Murray와 Morgan이 제작한 T.A.T.(主題統覺檢査, thematic apperception test)를 사용하는 투사적 측정기법을 소개하기로 한다.

투사법이란 모호한 자극을 제시함으로써 반응하는 사람이 의식의 검열을 거치지 않고 자신의 심리를 드러낼 수 있도록 반응을 이끌어내는 검사법을 말한다. 이론적으로 보면 자극이 모호하면 특수하고 국한된 반응을 요구하지 않기 때문에 개인의 욕구를 포함하여 성격의 여러 단면을 그 애매한 자극에 투사하게 되어서 의식으로 검열하지 않고 반응하게 된다고 가정한다.

McClelland와 공동연구자들(1953, 107쪽)은 성취욕구를 언어로 보고하는 방법이 성취지향의 행동을 예언하는 데 적합하지 않다고 보고, 동기 효과를 공상에서 찾을 수 있다고 주장하는 Freud의 가설을 채택했다. McClelland와 그의 공동 연구자들(1953)은 T.A.T.를 사용해서 무의식에 근거를 두고 성취욕구를 측정할 수 있는 구체적 기법을 제안하였다. 이 측정기법은 성취동기에 관한 연구가 활발히 진행되는 동안에도 크게 변하지 않았다(Weiner, 1980, 183쪽). McClelland와 공동연구자들은 공상을 활용하는 이 욕구의 측정기법이 높은 타당도를 지닌다는 연구결과도 제시하였다(McClelland et al., 1953; Atkinson, 1978, 368쪽).

측정절차: T.A.T.를 사용한 욕구의 측정기법은 원칙적으로 개인을 대상으로 한 사람씩 측정하도록 되어있다. 그러나 그 후 환등기 등을 사용해서 집단으로 측정하는 방법도 쓰게 되었다. 환등기를 사용해서 집단을 대상으로 성취욕구를 측정할 경우에는 먼저 사람이 포함되어 있는 그림을 스크린에 보인 다음에 이 그림에 관해서 이야기를 만들어서 적도록 하는 방법을 흔히 쓴다. 이 때 사용하는 그림은 Murray가 원래 사용한대로 쓰기도 하고 때로는 성취동기를 측정하기 좋은 다른 그림이나 사진들을 활용하기도 한다. 대체로 각 그림이나 사진을 20초쯤 보여준 뒤에 4분 정도에 걸쳐서 이야기를 만들어서 적도록 한다. 이야기를 만들어 내는 과정에서 사용하는 그림으로 이 측정방법을 처음 사용한 당시에는 여러 장을 썼으나, McClelland 등은 8.5×14인치로 된 카드 4~6장을 사용하였다. 성취동기를 측정하기 위하여 이야기를 얻을 때 검사자는 검사를 받는 사람에게 다음과 같은 내용을 지시한다: 검사가 창조적으로 상상하는 과제라고 소개하고, 그림

을 본 후에 이 그림에 관해서 이야기를 만들어서 적도록 한다. 이야기를 쓰는 지침을 다음과 같이 제시하여 이 내용들이 이야기에 포함되도록 주의를 환기시킨다(McClelland et al., 1953, 98쪽).

① 이 그림에서 현재 무슨 일이 일어나고 있는가? 이 그림에 있는 사람들은 누구인가?

② 무엇 때문에 이 상황이 초래되었는가? 즉, 과거에는 어떤 일이 일어났는가?

③ 이 그림의 인물이 무슨 생각을 하는가? 무엇이 필요한가? 또한 그 일은 누가 해야 하는가?

④ 앞으로는 어떤 일이 일어날 것인가? 어떤 결과가 초래될 것인가?

이 절차를 거쳐서 얻어낸 이야기를 다음에 살펴볼 채점 기준에 따라서 내용을 분석하여 성취동기를 측정하게 된다.

채점방안: T.A.T. 각 카드에서 피험자들이 만든 이야기를 분석해서 성취동기를 채점할 때 성취와 관련 있는 내용들을 가려내서 득점으로 계산하게 된다. 성취에 관련되어서 득점으로 계산하게 되는 여러 범주들을 알아보기 쉽게 그리면 [그림 3-2]와 같이 나타낼 수 있다. 그림에 표시된 부호들은 각각 다음과 같은 내용을 의미한다(McClelland et al., 1953, 109~138쪽).

① 성취상념(成就想念, *AI*: achievement imagery): 지어낸 이야기 가운데 성취와 관련된 내용이 있는지 없는지 구분한다. 성취상념이 전혀 없을 경우에는 다른

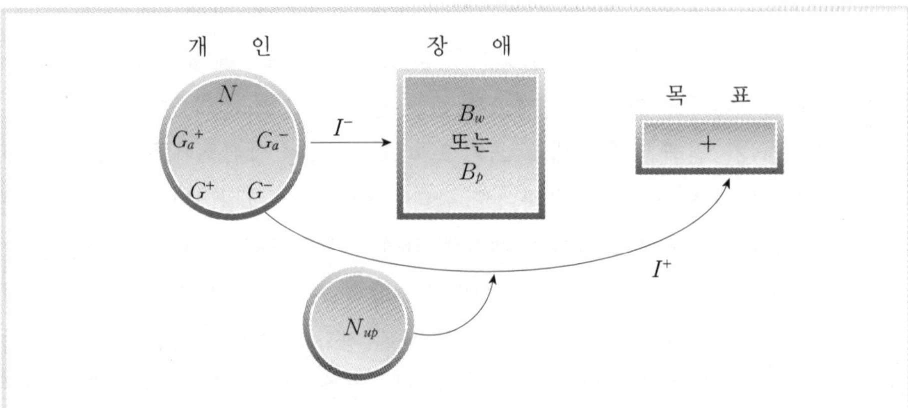

[그림 3-2] 성취동기의 측정에서 각 채점 요소들의 위치(McClelland et al., 1953, 109쪽)

범주에 대한 채점이 필요없다. 성취상념과 관련있는 내용을 가려내는 기준들로는 다음 세 가지가 쓰인다.

㉠ 경쟁을 포함해서 우수성을 나타낼 수 있는 특출한 기준에 도달하려는 활동

㉡ 독특한 업적

㉢ 장기 목표에 관여

② 성취와 관련 없는 상념(*UI*: unrelated imagery): *UI*와 다음에 소개될 *TI*는 *AI*를 채점할 때 함께 고려하여 채점하게 된다. *UI*는 이야기가 목표의 성취와 관련이 전혀 없는 내용으로만 되어 있을 경우를 말하는데, 이 때는 −1점을 주게 된다. 성취와 관련되는지 판별하는 기준은 앞의 성취상념을 설명할 때 제시한 바와 동일하다.

③ 성취상념인지 의심스러운 내용(*TI*: doubtful achievement imagery): 성취동기와 관련 있는 내용이 포함되기는 하지만 앞에서 말한 성취상념(*AI*)의 세 판단 기준에는 포함되지 않는 내용을 말한다.

④ 성취욕구(成就欲求, *N*: need or motive): 성취하려는 목표에 도달하려고 하는 의욕 또는 희망.

⑤ 목표달성의 예견-긍정적 결과(G^+: positive affect in goal attainment): 목표가 성취된다고 보는 예견.

⑥ 목표달성의 예견-부정적 결과(G^-: negative affect when his goal-directed activity is thwarted or failed): 목표지향 활동이 좌절되거나 실패해서 목표성취가 불가능하다고 보는 예견 혹은 좌절의 예상.

⑦ 목표를 달성하기 위한 수단적 활동(*I*: instrumental activity to the attainment of his goal): 목표달성을 위해서 수단적 활동을 사용하는 내용. 여기에는 목표의 획득에 도움이 되는 수단적 활동(I^+)과 목표의 성취를 가져오지 못하게 만드는 수단적 활동(I^-)이 포함된다.

⑧ 환경장애(B_w: obstacle or block located in the world): 목표의 성취를 방해하는 환경요인. 예를 들면, 타인의 방해 혹은 여건의 제약 등.

⑨ 자기결함(B_p: personal deficiency in himself): 목표의 달성을 방해하는 개인요인. 예를 들면, 능력, 질병 등.

⑩ 외부지원(N_{up}: nurturant press): 목표달성을 위해서 외부로부터 받는 도움.

예를 들면, 동정, 격려, 지원 등.

⑪ 목표달성의 만족(G_a^+: attainment of goal): 실제의 목표달성과 관련해서 긍정적 감정을 경험하는 상태.

⑫ 목표달성 좌절의 불만(G_a^-: frustration and failure of his goal): 실제의 목표달성이 좌절되어서 부정적 감정을 경험하는 상태.

⑬ 성취목표일관(*Ach Th*: achievement thema): 성취와 관련된 주제나 줄거리가 이야기의 핵심 부분이며 목표달성에 일관성 있게 관련되는 경우.

위에 제시된 여러 범주에 속하는 내용들을 분석할 때 먼저 *AI*를 채점하게 되는데, 이야기 가운데 성취상념이 있으면 +1, 불확실하면 0, 무관한 내용이면 −1점을 주게 된다. 나머지 채점의 영역들에서는 관련되는 내용이 있을 때만 +1점을 주면 된다. 따라서 각 그림을 보고 만들어낸 이야기에서 나올 수 있는 득점은 한 장의 카드마다 성취상념이 전혀 없을 때의 −1점부터 최고 +11점까지가 될 수 있다. 만약 4개의 카드만을 사용한 경우를 예로 들어서 개인의 득점을 가상으로 채점한 표로 나타내면 다음 [표 3-1]과 같다.

위에서 제시한 성취욕구의 측정기법에 대해서 성취이론가들은 타당도가 높다고 주장하고 있다. 그러나 타당도보다는 신뢰도에 대해서 많은 논쟁이 있었고, 현재도 문제로 남아 있다(Atkinson, 1978, 369쪽; Weiner, 1980, 185~186쪽). 또한 성취동기의 측정기법에 대해서 전문적 훈련을 받지 않은 채점자들에게서 높은 신뢰도를 기대하기 어렵다는 한계도 있다.

[표 3-1] 성취동기 채점의 예

피험자 번호	이야기 번호	*UI* −1	*TI* 0	*AI* +1	*N* +1	+	*I* ? +1	−	G_a^+ +1	G_a^- +1	G^+ +1	G^- +1	N_{up} +1	B_p +1	B_w +1	*Ach Th* +1	성취욕구 점수
2	1			○	○			○	○			○				○	+6
	2			○	○			○	○			○			○	○	+7
	3			○	○	○				○	○					○	+6
	4			○	○												+2
전체성취 요구득점				+4	+4	+1		+2	+2	+1	+1	+2			+1	+3	+21

Atkinson의 성취동기이론

초기에 McClelland의 성취동기이론이 제안된 이후 최근까지 Atkinson(1964, 1966, 1978)의 성취동기이론에 관해서 계속해서 연구되고 있다. 그는 성취동기를 설명하기 위해서 성격심리학과 실험심리학에서 얻은 여러 연구 결과들을 이론의 기반으로 삼았다. 그리고 이 두 방면으로 성취동기 연구를 확대시키려고 했다: (1) 개인이 지니고 있는 지배적이고 지속적인 동기 수준을 측정하여 성격의 중요한 부분을 밝히고, (2) 다른 한편으로 이 성취동기 수준에 따라서 달라지는 행동을 실험연구를 통해서 알아내려고 하였다.

이론의 배경

Atkinson(1964, 1966)의 성취동기이론에서도 개인의 욕구와 외부 환경요인이 상호작용하여 행동에 영향을 미친다고 가정하였다. Atkinson(1978, 74쪽)은 개인의 성취동기가 행동에 영향을 미치지만 개인이 당면하고 있는 환경 혹은 상황요인도 행동을 촉진하거나 제지하는 힘을 지닌다고 보았다.

Atkinson이 제안한 성취동기 이론은 초기모형과 최근모형 사이에 차이가 있다. 여기서는 먼저 이 이론의 핵심을 살펴보기 좋은 초기모형(1959~1968)을 제시하고, 이어서 수정모형(1969 이후)을 살펴보기로 한다.

초기모형(1969년 이전)

Atkinson의 모형(1959~1968)은 Edwards(1954), Tolman(1938, 1951, 1955), Lewin(1944, 1951) 및 Rotter(1954) 등이 제안한 기대×가치이론을 참고로 제안되었다. Atkinson은 이 이론들 가운데 Edwards(1954)의 모형에서 자극을 받았다(Atkinson, 1978, 92쪽).

Atkinson(1964, 1966)에 의하면 최종성취행동경향성은 갈등상태에서 결정된다. 다시 말해서 개인이 어떤 목표를 성취하려고 하는 최종적 행동경향성을 밝히려면 개인이 지니고 있는 성공을 성취하려는 동기(motive to achieve success, M_S)의 강도뿐만 아니라 실패를 피하려는 동기(motive to avoid failure, M_f)의 강도도 고려하여야 한다. 왜냐하면 최종성취행동경향성이란 이 두 요소의 상대적 강도에 따라서 결정되기 때문이다. 먼저 두 요소를 구분해서 각각 설명한 다음에 최종으로 결정되는 성취행동경향성(the resultant tendency, T_{res})에 대해서 설명하기로 한다.

1. 성공성취행동경향성(T_s)

성공을 성취하려는 행동경향성에 영향을 미치는 요인은 세 가지다. 즉 개인의 성취동기, 성공의 기대, 그리고 성공으로 인해서 얻게 되는 유인(誘引, incentive)이 지니는 가치이다.

이 세 요인들 가운데 첫번째 요인은 성취 상황에 직면해서 개인이 안정되게 지니고 있는 성공하고자 하는 성공동기(M_s: motive to success)를 말한다. 성공성취행동경향성에서 개인의 성공동기만이 아니라 환경요인 역시 중요한데, 이 상황요인은 다시 두 가지로 분할된다. 그 중 하나가 성공의 기대이다. 성공기대는 과제를 수행하기 이전에 자신이 수행하면 목표 혹은 성공에 도달할 수 있다고 예견하는 기대수준을 말한다. 또 다른 환경요인 가운데 하나는 목표달성 혹은 성공으로 얻게 되는 결과가 개인에게 얼마나 중요한지를 의미한다. 다시 말해서 목표달성 혹은 성공으로 얼마나 값진 유인물(誘引物, incentive)을 제공하는지가 중요하다. 이는 성공으로 얻게 될 유인물의 가치를 말한다.

이 세 요인들 각각에 대해서 간략히 설명하고, 그 다음으로 이 요인들이 성취하려는 행동경향을 결정하는 방식을 알아보기로 하자.

개인은 과거 학습을 통해서 일정한 수준으로 성취하려는 동기를 지니게 된다. 이 요인이 성취동기의 수준 M_s로 표시한다.

또한, 개인이 성취 상황에 당면하게 되면 현재와 유사한 상황을 이전에 경험해 보았기 때문에 이전 경험에 따라서 자신이 성공할 확률에 대해서 주관적인 기대를 지니게 된다. 성공에 대해서 개인이 지니는 기대를 성공기대(成功期待, P_s: expectancy of success)라고 한다. 이 성공기대는 주관적 확률을 의미하므로 0.00부터 1.00까지 값을 지닌다.

반면 성공하지 못하고 실패할 확률의 지각은 실패기대(失敗期待, P_f: expectancy of failure)인데 역시 주관적 확률로 표시된다. 어떤 행동이든지 성취에 성공하거나 실패할 수밖에 없으므로 성공한다고 주관적으로 지각하는 확률(P_s)과 실패할 확률(P_f)의 합은 항상 1.00이 된다. 따라서 성공에 대한 주관적 확률을 P_s라고 할 때 실패하리라고 보는 확률은 $1-P_s$가 된다. 이처럼 주관적 성공확률이 높으면 주관적 실패의 확률은 상대적으로 낮아진다.

한편, 성취라는 유인물(誘引物)이 지니고 있는 가치(In_s: value of incentive) 역시 성취행동경향을 결정짓는 데 중요하다. 여기서 유인물의 가치란 좋아해서 접근하고자 할 때 지니는 최대 +1.00의 값으로부터 싫어해서 피하려고 할 때 최소값 −1.00까지 범위에 해당하는 값을 지닌다.

지금까지 성공을 성취하려는 경향이 어떤 요소들로 구성되는지 살펴보았다. 그런데 이 세 요소는 성공성취경향과 어떤 함수관계를 이루는가? Atkinson과 Feather(1966)의 주장에 따르면, 성공을 성취하려는 동기(M_s), 성공할 주관적 확률(P_s) 및 성공이 지니는 유인물의 가치(In_s)들의 상호작용에 의해서 성공을 성취하려는 행동경향의 강도가 결정된다. 즉 일정한 활동을 통해서 성공을 얻으려는 성취경향의 강도(成就傾向强度, T_s: strength of tendency to achieve success)는 다음 공식으로 나타낼 수 있다(1978, 94쪽).

$$T_s = M_s \times P_s \times In_s, \qquad \text{여기서 } P_s = 1.00 - P_f$$
$$In_s = 1.00 - P_s$$

여기서 M_s란 일정한 상황에서 개인이 지니고 있는 비교적 일반적이고 안정된 성취동기를 말한다. 연구에서는 대체로 이 성취동기를 다음 절에서 다루는 기법으로 측정한다. 그러나 나머지 두 변인 P_s와 In_s의 값은 과거에 개인이 현재 당면하고 있는 상황과 유사한 상황에서 경험했던 내용에 의해서 결정된다.

이 공식을 적용하는 예를 들어보자. 한 개인이 여러 과제에 대해서 각각 다른 성취경향성을 지닐 수 있다. 이 과제들에 대해서 각각 어느 정도 성취경향강도를 지니는지 예측해 보면 다음과 같다. [표 3-2]에는 성공에 대한 기대(P_s)나 성공이 지니는 유인가(In_s)가 서로 다른 값을 지니는 여러 과제들에서 성취하려는 동기(M_s)가 서로 다른 수준이면 성공성취경향(T_s)이 각각 어떻게 결정되는지 알기 쉽게 예로써 제시하였다.

이 표에서 보는대로 이 모형에 따르면 성취동기(M_s)에 따라서 최종행동경향성의 값이 달라져서 성취동기(M_s)가 1인 경우에는 P_s가 .50이고 In_s도 .50인 과

[표 3-2] 성공을 성취하려는 행동경향성($T_s=M_s \times P_s \times In_s$)을 예측한 예

과 제	P_s	In_s	M_s=1일 때	M_s=8일 때
1	.90	.10	.09	.72
2	.70	.30	.21	1.68
3	.50	.50	.25	2.00
4	.30	.70	.21	1.68
5	.10	.90	.09	.72

제3조건에서 .25의 값을 보였다. 그리고 M_s가 8인 경우에도 과제 3에서 2.00으로 성공성취행동경향성이 가장 높다고 예언된다.

2. 실패회피행동경향성(T_{-f})

앞에서는 성공을 성취하려는 경향을 살펴보았다. 그런데 Atkinson의 이론에서 인간은 성공을 성취하려는 경향뿐만 아니라 실패를 회피하려는 동기(M_f: motive to avoid failure)도 지닌다고 본다. 이 실패를 회피하려는 경향은 성취행동을 가로막는 금지 기능을 지닌다. 이 금지 경향이 강하면 인간은 실패를 초래할 행동을 회피하려는 방향으로 동기화된다. 전체로 보면 Atkinson(1978, 97쪽)의 이론에서는 성취동기와 성공에 대한 기대가 성공에 대해서 적극적 관심을 보이도록 하여 성공을 추구하도록 만들지만, 다른 한편으로 실패를 회피하려는 동기요인들이 실패하게 될 행동을 피하도록 만든다고 가정한다.

이 때 실패를 회피하려는 행동경향을 결정짓는 요인들도 성공을 성취하려는 행동경향의 결정요인들과 대응되는 세 요인들로 구성된다: 즉, 실패를 회피하려는 동기(M_f), 실패할 확률지각(P_f), 그리고 실패가 지니는 유인물의 가치(In_f)로 구성된다. 그러므로 실패를 회피하려는 경향을 T_{-f}(tendency to avoid failure)라고 한다면 T_{-f}의 값은 다음 공식으로 정리할 수 있다.

$$T_{-f} = M_f \times P_f \times In_f$$

위의 [표 8-2]처럼 한 개인이 여러 과제들에 대해서 지니는 실패회피경향을 다음 [표 3-3]에 보기로서 계산하였다.

[표 3-3] 실패를 회피하려는 행동경향성을 예측한 예($T_{-f}=M_f \times P_f \times In_f$)

과 제	P_f	In_f	$M_f=1$일 때	$M_f=8$일 때
1	.10	−.90	−.09	−.72
2	.30	−.70	−.21	−1.68
3	.50	−.50	−.25	−2.00
4	.70	−.30	−.21	−1.68
5	.90	−.10	−.09	−.72

3. 최종성취행동경향성(T_{res})

지금까지는 성공을 성취하려는 행동경향과 실패를 회피하려는 행동경향을 살펴보았다. Atkinson은 모든 사람이 성공을 성취하려는 동기(M_s)와 실패를 회피하려는 동기(M_f)를 모두 지니고 있다고 가정한다. 그렇기 때문에 성취상황에 당면한 인간은 접근-회피 갈등(接近-回避葛藤, approach-avoidance conflict) 혹은 흥분-억제 갈등(興奮-抑制 葛藤, excitation-inhibition conflict)의 상태에 놓이게 된다. 이 때 행동하기 위한 의사결정은 성취에서 얻을 좋은 결과에 대한 관심과 실패에 대한 불안의 갈등에 의해서 결정된다. 이른바 최종성취행동경향성(T_{res}: the resultant tendency)은 이 추정치들을 합한 값에 의해서 결정된다. 이를 공식으로 표현하면 다음과 같다.

$$T_{res} = T_s + T_{-f}$$

최종으로 결정된 성취행동경향성을 계산하는 보기를 다음의 [표 3-4]에 제시하였다. 이 예에서 성취동기와 회피동기의 강도가 각자 서로 다른 네 사람들이 성공이나 실패의 확률과 아울러 유인물의 가치가 서로 다른 과제들 가운데 어떤 과제를 선택하고 어느 정도 최종성취행동경향성을 보이는지 알 수 있다.

이 표에서 보는대로 동일한 과제 1에서도 $M_s=3$이며 $M_f=1$인 사람은 .18 값의 최종성취행동경향을 보이지만, $M_s=3$이며 $M_f=2$인 사람은 .09로서 최종성취행동경향이 위의 사람보다 낮음을 알 수 있다. 또한 동일한 $M_s=3$인 사람이라고 하더라도 M_f 역시 3이라면 이 사람은 최종성취행동경향이 0으로 성취활동을 보이지 않는다고 예언된다. 그뿐만 아니라 이 모형에 따르면 $M_s=1$이고 $M_f=3$로서 실패에 대한 회피경향이 더 높은 사람은 동일 과제 1에 대한 최종행동경향

[표 3-4] 최종성취행동경향성 예언의 예

	P_s	In_s	T_s	P_f	In_f	T_{-f}	$T_{res}(T_s+T_{-f})$
과 제			$M_s=3$,	$M_f=1$인 사람			
1	.90	.10	.27	.10	−.90	−.09	.18
2	.70	.30	.63	.30	−.70	−.21	.42
3	.50	.50	.75	.50	−.50	−.25	.50
4	.30	.70	.63	.70	−.30	−.21	.42
5	.10	.90	.27	.90	−.10	−.09	.18
과 제			$M_s=3$,	$M_f=2$인 사람			
1	.90	.10	.27	.10	−.90	−.18	.09
2	.70	.30	.63	.30	−.70	−.42	.21
3	.50	.50	.75	.50	−.50	−.50	.25
4	.30	.70	.63	.70	−.30	−.42	.21
5	.10	.90	.27	.90	−.10	−.18	.09
과 제			$M_s=3$,	$M_f=3$인 사람			
1	.90	.10	.27	.10	−.90	−.27	0
2	.70	.30	.63	.30	−.70	−.63	0
3	.50	.50	.75	.50	−.50	−.75	0
4	.30	.70	.63	.70	−.30	−.63	0
5	.10	.90	.27	.90	−.10	−.27	0
과 제			$M_s=1$,	$M_f=3$인 사람			
1	.90	.10	.09	.10	−.90	−.27	−.18
2	.70	.30	.21	.30	−.70	−.63	−.42
3	.50	.50	.25	.50	−.50	−.75	−.50
4	.30	.70	.21	.70	−.30	−.63	−.42
5	.10	.90	.09	.90	−.10	−.27	−.18

성이 −.18로서 회피행동경향을 보인다고 예언된다.

4. 전체성취경향강도(T_x)

Atkinson의 이론에서는 성공을 성취하려는 경향과 실패를 회피하려는 경향 이외에도 개인마다 지니는 위험에 대한 선호도(risk preference), 포부수준(level of aspiration), 성취 과업이 압력 요인으로 요구되는 정도(level of task demands) 등이 작용하여 전체성취경향의 수준이 결정된다고 주장하였다. Atkinson은 성취 활동을 수행하려는 동기에 좋은 방향으로 작용하는 외부요인들을 외적동기(外的動機, extrinsic motivation)라 부르고, T_{ext}로 표시했다. 여기서 말하는 외적동기란 성공을 성취하려고 하거나 실패를 회피하려고 하는 내적동기들 이외의 요인으로서, 성공을 성취하려는 최종행동강도에 좋은 방향으로 영향을 미치는 경향성을 말한다. 따라서 성취 활동을 지원하는 외적요인들을 포함하면 최종성취행동경향성은 다음 공식으로 나타낼 수 있다. 이는 성공을 달성하려는 전체성취강도(全體成就强度, overall strength of the tendency; T_x)가 된다.

$$T_x=(T_s+T_{-f})+T_{ext} \quad \text{(Atkinson, 1978, 100쪽)}$$

최근의 수정모형(1969~1978)

Atkinson의 초기 성취동기 모형에서는 성공을 성취하려는 강도나 실패를 회피하려는 강도를 결정짓는 배경으로 과거 경험을 중요시하였다. 따라서 과거 경험을 토대로 현재 성취할 가능성이나 성취에서 얻게 될 효과를 어떻게 지각하는지 문제삼았다. 그러나 최근 모형에서는 성취를 통해서 얻을 수 있는 현재의 결과뿐만 아니라, 인간이 장래에 얻을 수 있다고 기대하는 성과에 대한 주관적 예견도 동기과정에 영향을 미친다고 주장한다. 다시 말해서 인간행동의 미래지향적 측면을 이론에 포함시켰다. 그러므로 현재 활동을 통해서 성공함으로써 장차 성공의 기회가 더 커진다고 지각하게 되면 현재 시점에서 성취동기나 외적동기를 강화시키게 된다. 그러므로 수정모형에서는 성공이나 실패로 인해서 즉각적으로 얻을 수 있는 결과와 장차 얻게 될 결과를 함께 반영하여 성공을 추구하는 동기가 결정된다.

1. 성취행동경향성(T_s)

다른 사람에 비해서 더 열심히 공부하려는 학생을 예로 들어서 성취하려는 행동경향성을 설명해 보자. 이 학생이 현재 열심히 공부해서 학업동기가 높은 이유는 현재 시점에서 즉각적 활동(i, immediate activity)을 다른 사람보다 잘 하여 목표달성에 성공을 바라기 때문이다. 그런데 공부에서 성공이 그 후 좋은 회사의 취직과 관련된다면 이 요인은 장래 먼 목표(d, distant future goal)가 된다. 그러므로 학업에서 성공하려는 경향의 강도는 다음 두 가지의 서로 구별되는 요소들에 의해서 값이 결정된다; 즉, 성공을 성취하려는 경향의 강도는 현재 과제(i, immediate task)에서 성공하려는 경향의 강도에 장차 얻으려는 먼 목표(d, distant goal)를 성취하려는 경향의 강도를 더한 값이다. 따라서 현재 활동을 통해서 성공을 성취하려는 경향강도는 다음과 같이 나타낼 수 있다.

$$T_s = T_{si} + T_{sd} \quad \text{(Atkinson, 1978, 117쪽)}$$

그리고 이 등식 가운데 현재 즉각적인 목표를 성취하고자 하는 경향(T_{si})과 장래 목표를 달성하려고 하는 경향(T_{sd})은 각각 다음 등식으로 쓸 수 있다.

$$T_{si} = M_s \times P_{si} \times In_{si}$$
$$T_{sd} = M_s \times P_{sd} \times In_{sd}$$

따라서 현재와 미래를 모두 고려하여 성공에 대한 전체 성취경향의 강도는 다음 등식이 된다.

$$T_s = (M_s \cdot P_{si} \cdot In_{si}) + (M_s \cdot P_{sd} \cdot In_{sd})$$

이를 간략히 정리하면 다음과 같다.

$$T_s = M_s(P_{si} \cdot In_{si} + P_{sd} \cdot In_{sd})$$

그러므로 최신 모형에서는 초기 모형과 달리 공식에서 뒷부분으로 $P_{sd} \cdot In_{sd}$가 포함되어 있다. 이는 현재 성취활동을 통해서 달성할 수 있다고 기대하는 장래 목표의 동기를 의미한다.

2. 실패회피행동경향성(T_{-f})

성공을 달성하려는 동기와 마찬가지로 실패를 회피하려는 동기도 역시 현재 상황에서 즉각적 실패를 회피하려는 행동경향 강도와 아울러 장래 당면할 실패를 회피하려는 경향 강도에 따라서 영향을 받는다. 그러므로 실패를 회피하려는 경향은 다음 식으로 나타낼 수 있다.

$$T_{-f}=(M_f \cdot P_{f_i} \cdot In_{f_i})+(M_f \cdot P_{f_d} \cdot In_{f_d})$$

역시 이를 간단히 정리하면,

$$T_{-f}=M_f(P_{f_i} \cdot In_{f_i}+P_{f_d} \cdot In_{f_d})$$

3. 최종성취행동경향성(T_{res})

그렇다면 최종성취행동경향은 어떻게 나타낼 수 있는가? 성공에 대한 접근경향(T_s)과 실패에 대한 회피경향(T_{-f})을 합친 값이 최종성취경향(T_{res})이 된다는 가정은 최근 모형에서도 역시 같다. 초기 모형에서 최종성취경향의 강도는 $T_{res}=T_s+T_{-f}$이었다. 그러므로 수정모형은 먼 장래의 성취경향강도를 포함해서 다음 공식으로 나타낼 수 있다.

$$T_{res}=M_s(P_{s_i} \cdot In_{s_i}+P_{s_d} \cdot In_{s_d})+M_f(P_{f_i} \cdot In_{f_i}+P_{f_d} \cdot In_{f_d})$$

이를 풀면,

$$T_{res}=M_s \cdot P_{s_i} \cdot In_{s_i}+M_s \cdot P_{s_d} \cdot In_{s_d}+M_f \cdot P_{f_i} \cdot In_{f_i}+M_f \cdot P_{f_d} \cdot In_{f_d}$$

그런데 앞에서 설명한 바와 같이 여기서 $In_{si}=1-P_{si}$, $In_{sd}=1-P_{sd}$이며, 이와 마찬가지로 $In_{f_i}=-P_{s_i}$, $In_{f_d}=-P_{s_d}$이므로, 이를 각각 대입하면 최종성취경향(T_{res}, resultant achievement tendency)의 강도는 다음 등식으로 표현된다.

$$T_{res}=(M_s-M_f)[P_{s_i} \cdot (1-P_{s_i})+P_{s_d} \cdot (1-P_{s_d})]$$

4. 전체성취경향강도(T_x)

최신 모형에 따르면 성취상황에서 현재 얻을 수 있는 즉각적인 유인과 먼 장래에 얻을 외부유인이 모두 영향을 미치게 되면 외적동기가 상당히 강화된다. 외적동기를 T_{ext}라고 한다면 즉각적으로 바라는 유인과 장래 바라는 외부유인들을 합쳐서 $T_{ext}=T_{exti}+T_{extd}$로 나타낼 수 있다. 따라서 외부유인들에 대한 동기 강도, 이 외부유인을 얻을 수 있다고 기대하는 주관적 확률, 그리고 이 외부유인이 지니는 유인가를 모두 곱하면 외적동기의 총화가 된다. 이 외적동기의 총화는 다음 등식으로 나타낼 수 있다.

$$T_{ext}=M_{ext}(P_{exti}\cdot In_{exti}+P_{extd}\cdot In_{extd})$$

이와 같이 생각하면 전체성취경향의 강도를 T_x라 하면 $T_x=(T_s+T_{-f})+T_{ext}$이다. 따라서 위의 T_{ext}를 $T_{res}=T_s+T_{-f}$와 함께 대입해서 T_x를 풀면,

$$T_x=(M_s-M_f)[P_{si}\cdot(1-P_{si})+P_{sd}(1-P_{sd})]+M_{ext}(P_{exti}\cdot In_{exti}+P_{extd}\cdot In_{extd})$$

가 된다. 이 공식에서 보는 바와 같이 미래 목표와 관련된 $P_{sd}(1-P_{sd})$와 $P_{extd}\cdot In_{extd}$를 제외하면 초기 이론과 같아진다. 수정이론은 장래 얻을 수 있다고 기대하는 목표들이 지니는 유인강도(誘引强度, incentive strength)를 포함시킨 점이 다르다. 즉, 수정모형에서는 개인이 현재 당면한 목표뿐만 아니라 장래 목표도 달성하려는 동기가 합쳐져서 최종성취동기 수준을 결정한다고 주장한다.

앞에서 현재 즉각적인 목표와 장래의 목표라는 두 측면으로 나누어 설명했다. 그러나 상세히 살펴보면 장래의 목표들이 여러 위계로 구성되어 있음을 알 수 있다. 인간 행동의 경우에서는 최종목표에 이르는 경로가 시간에 따라서 이어지기 때문에 여러 단계들로 구성되는 경우가 많다. 이 때 각 단계는 한 가지의 활동과 이 활동으로 얻기를 바라는 결과들로 이루어진다. 이 경로에서 일정한 단계에 얻을 수도 있다고 기대하는 결과가 긍정적 유인가를 지닐 경우에는 이 값을 모두 목표의 유인가에 포함시켜서 생각할 수 있다.

이 때 각 단계마다 설정되는 목표들은 현재 목표의 달성을 통해서 얻는 결과로부터 멀리 떨어진 단계일수록 현재의 성취행동에는 작은 영향을 미칠 수밖에 없다. 그러므로 최초 목표에서 n단계만큼 떨어진 목표를 얻을 확률 P_{1sn}의 값은 $P_{1s1}\times P_{2s2}\times P_{3s3}\times\cdots\cdots\times Pn_{sn}$에서 보는대로 극히 작은 유인가치를 지니게 된다.

그렇지만 현재 즉각적인 성공을 성취하려는 활동강도는 n단계의 P_{1sn}에 의해서 곱한 작은 성공강도 값을 포함하여 각 단계에서 얻으리라고 기대하는 성공강도를 모두 합친 값으로 결정된다. 예를 들어서, P_3가 .90이라면 첫번째 목표를

추구하는 행동에 연관되는 목표들 가운데 7번째 목표를 성취할 가능성은 .9×.9×.9×.9×.9×.9×.9=.48이 된다. 즉, 첫번째 목표로부터 도달하기 어려울 만큼 멀리 떨어진 목표일수록 기대확률은 낮아진다.

또한 [표 3-5]에서 최초의 목표(1)로부터 멀어질수록(2, 3, 4, ……, 7) 현재 당면한 목표의 달성확률에 비해서 n번째 목표의 달성확률(P_{1sn})은 점점 낮아짐을 알 수 있다. 그러나 학습동기를 예로 든 이 표에서 보는 바와 같이 3번째 목표까지 목표달성이 모두 현재 당면한 첫번째 목표의 달성에 달려 있는 경우에는 첫번째 목표 하나만 있는 경우보다 우수한 성적을 얻으려는 학습 목표를 성취하려는 행동의 경향이 높음을 알 수 있다(T_{s1}은 M_s=1에서 .09, T_{s2}는 M_s=1에서 .20).

[표 3-5] 장래 성취 목표에 이르는 통로에서 단계별 성취동기 산출의 예

성공에 이르는 통로 중에서 각 목표가 중요시되는 단계	P_{1s_i}	In_{s_i}	T_{s_i}		
			M_s=1일 때	M_s=2일 때	M_s=3일 때
1. 학 점	.90	.10	.09	.18	.27
2. 타인 인정	.81	.19	.15	.30	.45
3. 졸 업	.73	.27	.20	.40	.60
4. 취 직	.66	.34	.22	.44	.66
5. 승 진	.59	.41	.24	.48	.72
6. 직장내 성공	.53	.47	.25	.50	.75
7. 사회적 인정	.48	.52	.25	.50	.75
T_s			1.40	2.80	4.20

Horner의 성취회피동기이론

이론의 배경

Horner(1968, 1972, 1974, 1978)의 이론은 성공의 두려움(fear of success)이론 또는 성공회피동기(success avoidance motive)이론이라고 부른다. 이 이론은 앞에서 살펴본 Atkinson의 성취동기이론을 일부 확장한 이론이다. Atkinson-McClelland 성취동기 모형을 사용한 연구들에서 이 모형으로는 여성의 성취동기를 적절히 설명할 수 없다는 결과들이 보고되었다. Horner(1974)의 연구에서 특히 여성들이 남성과 경쟁해야 하는 성취상황에서 성공을 회피하려는 경향을 보였다. 또한 여성들은 지적 능력이나 지도력을 강조하는 성취상황에서 남성과 달리 T.A.T.반응에서 성취상념의 증가를 보이지 않았다. 이 연구들 이외에도 성취동기에서 성별 차이가 있음을 시사하는 결과들이 많이 발표되었다. 그 가운데 몇 가지만 살펴보자.

미국의 여성들이 남성과 비교할 때 지적 우수성을 나타내는 성취보다는 사회적 수용감에 더 관심을 보인다는 연구결과도 있다(Lesser, Krawitz, & Packard, 1963). 또한 이 연구에서 학업성적이 우수했던 학생들은 지적 성취목표들이 여성의 역할로서 적절하다고 지각한 반면에, 성적이 나빴던 학생들은 지적 성취목표가 여성의 역할이 아니라 남성의 역할에 적합하다고 지각했다.

여성의 성취동기가 남성과 다르기 때문에 이 둘을 구별해서 별개로 다룰 필요가 있다는 시사는 성취동기와 수행의 관계를 다룬 연구에서도 볼 수 있다. 남성의 경우에는 성취동기의 측정치로 몇 가지 과제의 수행을 예언할 수 있었다. 그러나 여성의 경우에는 결과가 다양해서 성취동기 측정치가 일관성 있는 예언력을 보이지 않았다(Horner, 1978). 또한 성취불안검사를 사용한 연구의 결과를 보면 여성의 검사불안 점수가 남성보다 높다는 보고가 많았다. Horner(1978, 47쪽)는 이 결과가 여성이 지니는 성공에 대한 두려움과 관련이 있다고 해석한다. 즉, 여성의 경우에는 실패할 경우에 받게 되는 좋지 못한 결과뿐 아니라 성공하더라도 여성으로서 겪는 나쁜 결과가 크다고 미리 예견하기 때문에 성취불안이 높다고 해석했다.

이 연구들은 성취동기의 성별 차이를 연구하도록 만드는 자극제가 되었는데, Horner의 이론은 그 결과로 나타난 하나의 결실이라고 볼 수 있다. Horner의 초기 연구는 성취동기에서 나타나는 성차를 이론으로 해명하기 위해서 시도되었다. 그러나 이 이론이 주목을 받게 된 배경에는 미국사회에서 이 시기에 여성운동이 활발하게 이루어진 역사의 배경이 있음을 이해할 필요가 있다.

성취행동에서 성별 차이를 연구한 바에 따르면 특히 경쟁상황에서 유능한 여성들이 수행에 대해서 불안감을 보이며, 이에 따라서 수행도 저하됨이 밝혀졌다. Horner의 주장에 의하면 이러한 현상은 유능한 여성들이 성취에 대해서 사회로부터 제약을 받기 때문에 나타난다. 다시 말하면 성취상황에서 성공한 후에 여성은 특히 주위에서 여성스럽지 못하다고 배척받게 되는 좋지 못한 결과를 경험하기도 한다. 여성답지 않다고 평가받기 쉬워서 여성성의 상실을 걱정하므로 여성들은 성공한 다음에 성취활동에 제약을 받게 된다.

여성의 성취가 혐오적 결과와 아울러 여성다움의 상실과 연결된다고 지각하기 때문에 Horner는 여성들이 성공을 피하려는 경향을 지닌다고 주장했는데, 이것이 성공의 두려움이다. 이 성공의 두려움은 유능한 여성 자신으로 보면 자기성장을 저해하는 요인이 되며, 사회의 측면에서는 유능한 여성 인력을 활용하지 못하는 인적 자원의 손실을 의미한다. 이러한 인식은 여성운동과 맥을 같이하므로 여성운동이 활발한 미국사회에서 특히 주목을 끌게 되었다.

Horner의 이론이 성취동기에서 나타나는 성별 차이를 연구하려는 시도에서 출발하였지만, 최근에는 성공의 두려움이 여성에게만 국한되지 않고 남성도 지니는 욕구의 개인차 요인이라고 본다(1978, 68쪽). 초기이론에서 성공회피동기를 여성과 관련시켰던 점에 비추어 보면 이 변화로 일반이론으로 발전되었다고 평가할 수 있다. Horner가 성차를 떠나서 성공회피동기를 일반동기로 설명하는 배경은 다음과 같다:

성공의 두려움을 나타내는 성공회피동기는 성공접근동기, 실패회피동기, 친화동기 혹은 배척회피동기 등과 마찬가지로 하나의 동기이다. 성공회피동기에서 성별차이가 발견되고, 또한 이 이론으로 성별에 따른 성취행동의 차이를 예언할 수도 있다. 그러나 이 성차는 사회문화의 조건, 학습, 혹은 특수한 상황이나 맥락 요인들의 영향에 의해서 나타난 결과이다. 따라서 성공회피경향은 인종이나 연령에 따라서도 다를 수 있다. 실제로 흑인 남녀의 차이가 백인 남녀의 차이와 다르며(Fleming, 1974), 또한 일본사회에서 연구된 바와 같이 남녀 모두가 자기보다 나이 많은 사람과 경쟁해서 성공해야 하는 상황에서는 성공의 두려움이 일어날 수도 있다(Lewis, 1972; Horner, 1978에서 재인용). 저자는 연령에 따른 차이가 한국사회에서도 발견될 수 있다고 생각한다.

Horner(1978, 68쪽)는 성공회피동기를 성차와 직접 관련시키지 않는 배경에는 그간의 연구결과가 반영되었다고 볼 수 있다. Horner의 이론을 다룬 연구에서 여성뿐만 아니라 남성들도 성공회피동기가 높다는 결과나, 성공회피경향에서 성차가 없다는 결과들도 보고된 바 있었다(Canavan-Gumpert, Garner, & Gumpert, 1978; Sadd, Lenauer, Shaver & Dunivant, 1978). 물론 이 연구결과들에 대해서는 성공회피동기의 측정방법이 적절하지 못했다는 비판도 있지만 이러한 결과를 보고

한 연구의 수로 보아서 가볍게 보아 넘길 형편은 아니다.

기본 가정과 가설

Horner의 성공의 두려움이론은 Atkinson 이론의 연장선에서 다음과 같이 설명할 수 있다. Atkinson에 의하면 인간은 성취와 관련 있는 두 동기를 지닌다고 주장한다. 이 두 동기란 각각 성공성취동기(成功成就動機, M_s)와 실패회피동기(失敗回避動機, M_f)이다. 이 장의 앞 절에서 설명한 바와 같이 성공성취동기란 성공으로 인해서 얻게 되는 자기만족이나 자부심과 같은 좋은 감정적 결과를 추구하려는 경향을 말한다. 반면에 실패회피동기란 성취에서 실패해서 생기는 수치, 배척감, 혹은 창피와 같은 나쁜 감정적 결과를 회피하려는 경향을 말한다. 모든 사람들은 각자가 서로 다른 수준으로 이 두 동기를 지닌다. 그러므로 이 이론으로 보면 이 두 동기가 모두 높거나 모두 낮은 사람도 있을 수 있다. 그러나 이 두 동기의 상대적 크기에 따라서 성취상황에 접근하는 양상이 서로 달라진다. $M_s > M_f$인 사람은 성공달성으로 얻게 될 이득을 극대화하려고 하며, $M_s < M_f$인 사람은 실패로 초래된 혐오적 결과를 극소화하려고 한다.

Atkinson은 성공에 대해서 사람마다 일정한 크기의 긍정적 가치만 부여한다고 보는데 Horner의 주장은 이와 다르다. 사람은 성공에 접근하려는 동기는 단일하게 긍정적 감정만을 지니지 않고, 성공에 대해서 양가감정(兩價感情, ambivalence)을 지니기 때문에 접근하려는 감정과 아울러 회피하려는 감정도 동시에 지닌다. 그러므로 성취행동을 이해하려면 Atkinson의 기대×가치모형에서는 다루지 않았던 성공에 대한 회피경향을 다루어야 한다. Horner는 이 제3의 성취욕구를 성공회피동기라고 부르고, 성공을 회피하려는 강도를 성공회피경향이라고 부른다.

Horner는 초기 이론에서 성공회피동기를 고려하지 않고 여성의 성취동기를 이해할 수 없다고 주장했다. 그러므로 성공성취동기와 실패회피동기 이외에 성공회피동기를 첨가함으로써, 이 세 요소들에 의해서 최종성취동기를 이해하려고 한다. 만약 어떤 상황에서 성공으로 좋지 못한 결과가 초래되리라는 기대가 높아서 성공회피동기가 유발되면 이 동기는 그 상황에서 유발된 성공성취동기의 표출을 억제하게 된다. 이처럼 이 세 요소를 모두 고려해야 개인의 성공성취경향

(T_a)을 예언할 수 있다고 Horner는 주장한다.

이제부터 이 세 요소 가운데 성공회피 경향에 초점을 맞추어서 Horner의 성공회피동기(成功回避動機, success avoidance motive)와 성공회피경향(成功回避傾向, success avoidance tendency)의 기본 가정과 아울러 이 가정을 근거로 제안된 가설을 종합하여 살펴보면 다음과 같다(Horner, 1978, 49~50쪽).

① 성공회피경향은 성역할 기준과 관련을 갖고 발달 초기에 획득된 안정된 성격 특징이다. 성공회피경향은 a) 경쟁적(공격적) 성취상황이 자신의 내적 표준인 여성성(女性性, femininity)과 일치되지 않기 때문에 성공한 경우에 불편감을 느끼도록 하며, b) 경쟁적 성취상황에서 성공에 따르는 사회적 배척과 같은 좋지 못한 결과들을 예견하거나 관심을 갖도록 만드는 성향(性向, disposition)이라고 생각할 수 있다.

② 성공회피동기는 남성보다 여성에게서 더 흔히 발견된다. 이 가정은 경쟁적 성취상황에서 성공하는 일이 일반적으로 남성의 정체성(正體性, identity) 및 남성의 목표들과 일치하며, 여성의 경우처럼 상반되지는 않음을 뜻한다. 즉, 남성은 성공을 추구하면서 동시에 성공을 회피한다고 보기 어렵다.

③ 성공회피동기가 모든 여성에게 똑같이 중요하지는 않다. 성공의 두려움은 성취동기가 강하거나 유능한 여성에게서 더 강하게 유발된다. 이처럼 유능한 여성이 특히 경쟁적 성취과제에서 성공불안을 강하게 느끼게 되므로, 이에 따라서 성취 추구에 방해를 받고, 수행은 능력 수준 이하로 떨어지게 된다. 성취동기나 능력이 낮은 여성에게는 성공이 중요한 목표도 아니고, 또한 성공에 쉽게 도달할 수도 없으므로, 성공에 대해서 불안을 느낄 이유가 없다.

④ 인간 이외의 기준을 근거로 비교하게 되는 비경쟁적 상황보다, 지적 능력이나 리더로서 능력을 나타내어서 타인의 수행과 비교하여 평가받는 상황에서 성공회피동기가 더욱 강하게 일어난다. 다시 말하면 성공의 두려움은 성공으로 초래되는 나쁜 결과가 강조되는 환경에서 최대가 된다.

⑤ 성공회피경향(T_{-s})이 유발되면, a) 성취지향의 상황에서 일어나는 긍정적 성공성취경향의 유발을 방해함으로써 금지 기능을 하거나, b) 성공성취경향의 유발을 방해함으로써 금지기능을 하거나, c) 성공성취경향(T_s)을 표현해야 할 외적 이유가 있는 경우에는 이미 유발된 불안을 제거하려는 방어반응이 나타나도록 만든다. 이 관계를 Atkinson의 모형과 관련지어서 등식으로 나타내면,

$$T_a=(T_s-T_{-f})-T_{-s}+T_{ext}$$

로 표현할 수 있다.

⑥ 위의 제5가정에서 제시된 등식 가운데 성공회피경향의 강도(T_{-s})는 Atkinson 모형에서 T_s와 T_{-f}를 산출할 때 사용되는 계산법과 같은 원리에 위해서 계산할 수 있다. 즉, 성공회피경향의 강도는 성공회피동기강도(成功回避動機强度, M_{as}), 성공이 가져올 좋지 못한 유인가치(誘引價値, I_{as}) 및 성공확률(成功確率, P_s)을 곱한 값과 함수관계를 이룬다. 이를 수식으로 나타내면 다음과 같다.

$$T_{-s} = M_{as} \times P_s \times I_{as}$$

여기서 성공이 지니는 부정적 유인가치의 강도(I_{as})는 －값을 갖는다. 부정적 유인가치의 크기를 앞의 2, 3 가정과 연결시켜 보면 다음과 같은 예언이 가능하다: 여성의 경우에 성공이 지니는 부정적 유인가치는 비경쟁적 상황에서보다 경쟁적 상황에서 더 크며, 여성이라도 경쟁 대상이 같은 여성일 경우보다 남성일 때 더 크다. 특히 경쟁 대상인 남성이 중요한 인물이며, 수행해야 할 과제가 수학, 논리, 공간지각 능력 등 일반적으로 남성적 과제로 생각되는 조건에서 여성에게는 성공이 지니는 부정적 유인가치가 크다.

Atkinson 모형에서 T_s와 T_{-f}는 각각 다음 공식으로 산출된다.

$$T_s = M_s \times P_s \times In_s$$
$$T_{-f} = M_f \times P_f \times In_f$$

이와 아울러 Horner의 T_{-s}모형은

$$T_{-s} = M_{AS} \times P_f \times I_{as}$$

였다. 이를 제5가정인

$$T_A=(T_s-T_{-f})-T_{-s}+T_{ext}$$

에 대입하면 전체 성취강도가 결정된다.

그런데 이 모형은 먼 장래의 목표를 공식에 포함시킨 Atkinson(1978)의 수정 모형이 아니라 이전 모형에 근거하고 있다. 따라서 이 장래요인을 첨가하려면 이 장에 제시되어 있는 수정된 전체성취경향강도 모형에 도입하면 된다.

⑦ 성공회피경향(T_{-s})의 측정치로 행동을 예언할 때 당면하는 문제는 성공이 지니는 부정적 유인가치(I_{as})를 과제의 난이도와 어떻게 관련시켜서 이해하는가 하는 점이다. 성공의 긍정적 유인가치(In_s)는 주관적 성공확률(P_s)이 낮을 때 더 크다는 점을 Atkinson이론에서 이미 살펴보았다. 따라서 Horner는 성공의 부정적 유인가치(I_{as})와 주관적 성공확률(P_s) 사이에도 상관이 있을 수 있다고 주장한다. 그러나 이 상관관계는 해명되지 못했다.

성공회피동기의 측정방법

이 장의 앞 절에서 McClelland와 동료 학자들이 제안한 성취동기의 측정기법을 다루었다. Horner도 성공회피동기가 무의식적이라고 생각하기 때문에 이를 측정할 때 질문지법 등을 사용하는 의식의 보고 방법에 반대한다. Horner(1978)는 이들이 제안한 방법을 기초로 T.A.T.와 같은 투사법을 사용해서 그림을 보고 이야기를 만들도록 하고, 성공에 관해서 부정적 상념이 나타나면 이를 성공에 대한 두려움의 단서로서 채점하는 방법을 제안했다. 이 때 성공에 대한 부정적 내용은 다음 기준에 의해서 가려냈다(1978, 57쪽).

① 성공으로 인한 부정적 결과

② 성공 후에 생긴다고 예견하는 부정적 결과

③ 성공으로 인해서 경험한 나쁜 감정

④ 간호, 학교 교사, 사회사업 등 전형적 여성 직업에 종사하기 위해서 자신이 처한 현재 상황에서 떠나는 내용을 포함하여 현재나 미래의 성공을 회피하려는 수단적 활동

⑤ 성공에 관한 갈등을 직접 표현한 모든 내용

이상에서 언급한 다섯 가지 내용 이외에 다음의 두 가지 단서도 필요에 따라서 성공 상황을 회피하는 반응으로 해석해서 채점에 포함시켰다.

⑥ 그림의 단서로 제시한 상황을 부정한 내용

⑦ 그림의 단서로 제시한 상황에 대해서 기피하고, 부적절하고, 비현실적이

고, 부적응적으로 반응한 내용

Horner는 이 내용들을 기준으로 채점하는 연구를 거쳐서 성공회피동기를 측정하는 채점체계를 마련했다. 6개 범주와 각 범주의 가중치를 계산하도록 한 채점방법은 다음 [표 3-6]과 같다.

[표 3-6] Horner의 성공회피동기 채점방법(Horner, 1978, 69쪽)

채 점 범 주	배 점
(1) 성공으로 나타난 나쁜 결과	+2
(2) 성공으로 생기지는 않았으나 성취활동과 관련되는 나쁜 결과	+2
(3) 대인 간의 제휴	+2
(4) 긴장완화	+1
(5) 성공성취를 위한 수단적 활동이 없는 내용	+1
(6) 타인들이 없는 내용	−1

성공회피동기이론의 연구경향과 한계

1. 중요한 연구결과와 비판점

Horner 이론을 다룬 중요한 연구 결과를 제시하고 비판점도 다루기로 한다.

첫째, 성공의 두려움을 나타내는 상념의 수가 남성보다 여성에서 많았다. Horner(1978)의 연구를 보더라도 전체 성취상념 가운데 성공의 두려움을 나타내는 상념의 백분율은 남성의 경우 9%인 데 비해서 여성은 62%나 되었다. 이 결과는 여성이 남성보다 실패회피경향이 높음을 지지한다고 볼 수 있다. 더구나 성공의 두려움을 나타내는 상념들은 우수하지 못한 여성들보다 우수한 여성에게서 더 많았다. 그러나 Tresemer(1974)나 Zuckerman과 Wheeler(1975)의 반복검증 연구에서는 동일한 투사법을 사용하였지만 남성보다 여성이 성공의 두려움을 느낀 사례가 더 많지 않아서 성차를 발견할 수 없었다.

둘째, 여성들이 동성인 여성과 경쟁할 때보다 남성과 경쟁하게 되면 수행이 낮아지는 경향이 보고되었다. 이와 유사한 결과는 Bedell과 Sistrunk(1973), Benton(1973), Hottes와 Kahn(1974), 그리고 Morgan과 Mausner(1973)의 연구에서 보고되었다. 이 연구들에서 동성만으로 구성되거나 이성과 함께 있는 상황, 그리고 경쟁과 협동의 동기가 복합되는 죄수궁지게임(prisoner's dilemma game) 등에서 수행되었다.

또한 게임상황에서는 여성들이 남성들보다 성취와 직접 관련이 없는 실험자의 성별이나 경쟁하는 상대의 매력 수준과 같은 사회요인들에 따라 수행에 더 큰 영향을 받는 경향이 있었다. 이 결과들은 경쟁상황에서 여성의 수행이 남성보다 나쁘다는 Horner의 가설을 지지한다. 그러나 이 결과만으로 성공을 두려워하는 여성의 무의식적 동기가 수행의 저하에 영향을 미쳤다는 증거가 될 수는 없다. 왜냐하면 경쟁상황에서 여성의 수행이 저하되는 현상과 사전에 측정한 성공의 회피경향을 관련지어서 이 두 요인들의 상호관련성을 밝히지 못했기 때문이다.

셋째, 비경쟁상황과 비교하면 성공회피경향이 높은 여성들이 이성과 경쟁하는 상황에서 낮은 경향을 지닌 사람들보다 수행이 저하된다는 결과도 보고되었다(예: Horner, 1978). 유능하면서 성공회피경향이 높은 사람들은 이성의 타인과 경쟁할 때보다 경쟁이 없이 개인적 이유 때문에 일하는 비경쟁상황에서 더 좋은 수행을 보였다.

넷째, 성공회피동기가 높은 사람들은 비경쟁상황에서보다 경쟁상황에서 좋은 수행을 보이는 일이 덜 중요하다고 지각했다. 그러나 성공회피동기가 낮은 사람들은 좋은 수행이 중요하다고 지각하는 정도에서 경쟁상황과 비경쟁상황 사이에서 유의한 차이가 없었다.

앞에서 제시한 연구 결과들 이외에도 비록 통계적으로 지지되지 못했지만 Horner의 이론과 관련 있는 가설로서 Horner(1978)의 연구에서 지지추세를 보인 두 가지 점을 들면 다음과 같다.

첫째, 우수한 여성들은 우수하지 않은 여성들보다 성공을 두려워하는 상념이 많은 경향을 보였다. Horner는 이 추세가 자신의 이론을 지지하는 결과라고 보지만 이 해석에 관해서 오해와 논란이 제기되었다. Tresemer(1974)는 유능성이 확인된 여성이라면 이미 성공한 일이 많았으므로 성공회피경향으로 인해서 성취에 방해되는 상념들이 성공에 영향을 미쳤다는 주장이 논리에서 모순된다고 비판한다. 그러나 이 비판은 적절하지 못하다. 왜냐하면 최종전체성취경향이란 성공회피경향 이외에도 성공성취경향과 실패회피경향에 의해서 결정되기 때문에 유능한 여성에게 성공추구경향이 높을 수도 있음을 생각해야 한다. 이 비판은 Horner의 이론이 Atkinson의 이론을 확장하여 세 동기들을 가정하여 수립되었으므로 성취에 영향을 미치는 이 동기들을 모두 고려해야 함을 이해하지 못한 데 기인된다.

둘째, 능력수준이 수행에 미치는 효과를 통계기법으로 제거해도 성공회피경향이 낮은 여성은 남성과 마찬가지로 외부요인들이 동기에 영향을 미치면 비경쟁상황보다 경쟁상황에서 수행이 좋아지는 경향을 보였다.

Horner는 성공회피동기를 다룬 연구들로부터 성공회피동기가 높은 여성들이 대부분 비경쟁적 성취상황에서 일할 때만 최고 수행을 보인다고 결론지었다. 왜냐하면 대인간에 경쟁이 없는 비공격적 상황에서는 성공회피경향이 높다고 하더라도 최소한으로 유발되기 때문이다. Horner는 이 근거에서 남성과 경쟁하지 않는 상황에서는 유능하고 성공회피경향이 높은 여성이 수행에서 자신이 지니는 지적 잠재력을 충분히 발휘할 수 있다고 주장했다.

2. 여성 성취동기에 대한 다른 이론적 접근

여성이 성취상황에서 남성과 다른 동기나 행동을 보이는 현상을 해명하기 위해서 Horner 이론 이외에 다른 이론들도 제안되었다. 여기서는 주목할 만한 두 이론을 간략히 소개하기로 한다.

성역할 갈등이론: 남성과 경쟁하는 상황에서 여성의 수행이 떨어지는 현상이 실제로는 남성과 달리 여성의 경우에는 성역할에서 의식의 갈등 때문에 나타난 결과라는 주장도 있다. 이 의식적 역할갈등을 강조하는 관점에서는 Horner가 제안한 무의식적 성공회피동기이론에 반대한다. 여성들은 경쟁상황에서 남성들보다 대인간 사회관계를 중요하다고 보기 때문에 성취와 대인관계라는 두 요인이 갈등상황을 이루게 된다고 해서한다. 성취와 사회성의 요구가 일치되지도 않고 조화될 수도 없는 상황이기 때문에 수행에서 이 두 요소를 모두 의식하여 고려해야 한다. 여성은 이 의식의 갈등상황에서 좋은 대인관계를 유지하여 자신의 여성다운 인상을 관리하기 위해서 전략적이며 의도적으로 수행을 저하시키는 경우가 흔하다고 주장한다(Kahn, Hottes, & Davis, 1971; Bedell & Sistrunk, 1973; Morgan & Mausner, 1973). 그러나 이 이론도 대다수의 사회에서 성역할의 사회화 과정을 통하여 여성이 성취상황에서 어려움을 경험하게 된다고 보는 점에서 Honer의 견해와 유사하다.

여성성취동기의 귀인이론: 성별에 따라서 성취상황에서 주관적으로 자신이 성공할 수 있다고 지각하는 기대 수준에 성별 차이가 있어서 여성이 남성보다 성취동기가 낮다는 이론이 Deaux(1976)에 의해서 제안되었다. 귀인이론을 여성의 성취행동에 적용한 Deaux(1976)는 사회화과정의 영향 때문에 성취행동에서 여성이 남성보다 성취에 대한 자신감 수준이 낮다고 주장한다. 또한 여성은 이 기대에 맞추어서 노력하기 때문에 비록 성공한 경우에도 노력이나 운과 같은 불안정한 요인들이 성공의 원인이었다고 귀인시킨다. 그러나 이와 달리 남성은 성취에 대한 자신감이 높고 성공의 원인도 능력과 같은 안정된 요인으로 귀인시킨다.

결과적으로 여성의 경우에는 성공에 대한 자신감이 낮고, 이에 따라서 성공에 대해서도 불안정요인 때문이라고 귀인하기 때문에 성공하더라도 다음 성취과제에 대한 기대가 높아지지 못하고 계속해서 낮은 기대를 지니고 성취활동에 임하게 된다. 이처럼 되풀이되는 과정 때문에 여성들은 좋은 성취를 이룰 만한 잠재력을 지닌 경우에도 낮은 자신감을 지속해서 유지하게 된다. 이 과정을 보면 여성이 성공가능성에 대해서 낮은 기대를 지니기 때문에 이 기대만큼만 노력하게 되는 자성예언(自成豫言, self-fulfilling prophecy)의 기능을 하게 된다고 볼 수 있다. 그러므로 이에 따라서 수행을 방해하게 됨을 의미한다. Deaux의 여성성취동기에 관한 접근은 성취동기의 성차에 귀인이론적 접근법을 적용했다는 점에서 주목받았다.

국내에서 수행된 성취동기 연구의 동향

한국에서도 한국인의 성취동기 수준과 경제성장의 관계를 다룬 연구가 보고되었다. 안신호, 김진 및 이상희(1991)는 1945년부터 1988년까지 초등학교 3, 4학년 교과서에 실린 동화를 분석하여 McClelland와 동일한 방식으로 국민의 성취동기 수준을 측정하였다. 그리고 한국의 매 연도 경제성장지표는 ① GNP, ② 수도, 가스, 전기 및 건설업 총생산량, 그리고 ③ 총수출량으로 측정하였다. 동일연도의 두 측정치를 사용했을 때 국민의 성취동기 수준과 이 경제지표들의 상관은 Pearson의 적률상관계수로 각각 r=.910, r=.886 및 r=.915로서 p<.05 수준에서 통계적으로 유의했다.

성취동기 측정 점수를 얻은 시기보다 10년 후의 경제성장지표들을 사용하여 위의 두 변인 간 상관계수를 구했을 때는 각각 r=.981, r=.972 및 r=.983으로서

$p<.001$ 수준에서 통계적으로 유의했다. 이 결과로부터 이 연구자들은 국민의 성취동기 수준이 국가경제성수준을 결정짓는다는 McClelland의 가설이 국내에서도 지지되었다고 해석했다. 그리고 이들은 경제학자들의 주장처럼 경제성장이 이루어진 후 국민의 성취동기 수준에 따라서 국가의 경제성장이 달라진다고 주장했다.

저자가 생각하기에 이 연구에서 국민의 성취동기와 국가의 경제성장 수준이 극히 높은 상관을 보인 이유는 1940년대에 두 득점이 모두 낮았으나, 1980년대에는 국민의 성취동기가 높으면서 수출 주도로 경제성장 역시 매우 높아서 두 측정치들이 공변한 범위가 그 사이에 매우 컸던 데 기인한 듯하다. 다시 말해서 1940년대에는 한국인의 성취동기와 경제성장이 모두 낮았으나 1980년대에는 함께 높아진 데서 높은 상관이 나타났다고 본다.

결론 및 평가

이 장에서는 여러 성취동기이론들을 다루었기 때문에 각 이론별로 결론과 평가를 내리기는 어렵고 종합해서 결론과 평가를 다루기로 한다.

(1) 성취동기이론들은 이론으로나 실무 훈련기법으로 대체로 활발하게 연구되고 응용되었다. 이 이론들 가운데 Atkinson의 성취동기이론은 최근까지 자주 연구되고 있다.

(2) 성취동기이론이 큰 영향을 미치고 또한 지지를 받을 수 있었던 배경에는 이 이론이 발표될 당시부터 성취동기의 형성에 관해서 제안한 학습이론의 배경이 설득력이 있었고 성취동기를 측정하는 기법도 개발되었기 때문으로 볼 수 있다. 또한 성취동기는 사회에서 가치 있게 여기는 중요한 영역이므로 집중적으로 연구가 이루어질 수 있었다.

(3) McClelland(1961)의 성취동기이론 가운데 성취동기가 국가의 경제성장과 관련된다는 가설 역시 동기를 개인 수준이 아니라 국가 수준에서 설명하기 때문에 큰 관심을 받았고 국내외의 여러 실증연구를 통해서 지지되기도 했다. 그러나 성취동기에 의해서 국가의 경제 발전을 설명하려는 주장은 하나의 시도이고 완결된 이론이라고 보기 어렵다. 또한 Weber가 주장하는 청교도 윤리는 동양문화권에서 적용될 수 있는 인류 공통의 가치를 담고 있지 못하다. 그리고 이 이론은

사회를 이해하는 데도 이 개념이 이미 설득력을 지니지 못하는 형편이다.

또한 최근 반세기로 보면 동양에서 일본, 대만, 말레이시아, 한국에서 경제발전이 급속하게 이루어졌는데 이 결과를 청교도 윤리로 설명하기에는 무리가 따른다. 국내와 국외에서 동양의 이 국가들이 이룩한 경제 성장을 유교의 가치들에 의해서 설명하는 이론들도 제안되었다. 그러나 이론들은 대부분 유교가치가 성취동기에 영향을 미치는 이유를 잘 설명하지 못한다. 또한 가설을 검증한 실증연구의 결과들도 드물고 일관되게 지지되지도 못했다. 그러므로 장차 이에 관한 연구가 필요하다.

(4) 성취동기이론에서 T.A.T.나 다른 그림들을 사용하여 성취욕구를 측정하는 기법이 개발되었는데 이 측정기법이 무의식을 가정하고 있으며 신뢰도와 타당도가 낮아서 약점으로 지적되기도 한다. 의식수준에서 질문지법을 사용하여 성취동기를 측정하는 방법이 최근 사용되기도 한다.

(5) 지금까지 제안된 성취동기이론들이 여성들의 성취행동을 예언하는 데는 적합성이 낮았다.

(6) 최근에는 성취동기에 관한 연구에서 욕구이론에 근거를 두는 성취동기이론들보다 Weiner(1972, 1980)의 귀인이론적 접근(歸因理論的 接近)이 주목을 받고 있다. 그러나 성취동기이론들 가운데 Atkinson모형에 관해서는 지금까지도 연구가 이루어지고 있다.

제4장
귀인적 동기이론

개　관

Weiner(1972, 1980)의 귀인적 동기이론(attributional theory of motivation)은 최근에도 많이 연구되고 있다. 그는 귀인이론(歸因理論, attribution theory)의 관점을 귀인 후 과정이론으로 확장하여 행동의 원인을 추론하는 과정을 연구하였다. 귀인이론은 Heider(1958)와 Kelley(1967, 1972) 등에 의해서 발전되었다. 이와 달리 Weiner가 제안한 귀인 후 과정이론에서는 귀인한 결과로 동기의 두 요소들인 기대와 감정에 영향을 미쳐서 이 두 요소들이 동기 수준을 결정한다고 주장한다. 이 이론은 여러 영역에서 연구되고 있는데 이 장에서는 성취동기에 초점을 맞추어서 다루기로 한다.

이 귀인과정이론의 배경이 되는 귀인이론은 현재 사회심리학에서 가장 영향력 있는 이론들 가운데 하나이다. 귀인이론에서는 인간이 환경에 수동적으로 반응하는 존재가 아니라 인간의 고유한 인지능력을 활용해서 행동의 원인을 추론하여 환경에 능동적으로 대처한다고 가정한다. 인간은 환경에서 발생한 사건의 원인을 이해하기 위하여 정보를 수집하고, 정보를 해석하며, 이를 근거로 사건이 나타난 원인에 대해서 인과추론하는데, 이 추론의 결과에 따라서 환경에 대한 대처 방향이 결정된다.

Weiner는 귀인이론을 적용해서 귀인에 따라서 동기가 달라진다는 동기이론을 제안했다. 이 귀인이론적 동기이론을 성취동기라는 국한된 영역에 적용하여 다루게 된다. 이 귀인적 이론도 성취상황에서 성공이나 실패하게 된 원인을 인과적으로 추론하는 데 초점을 둔다.

성취에 관한 귀인적 이론은 성취상황에서 볼 수 있는 여러 자극 단서나 정보로부터 어떠한 인과추론이 이루어지며, 또한 이 추론의 결과가 성취동기 및 성취행동에 어떤 영향을 미치는지 알아내려고 한다. 다시 말하면 성취상황에서 볼 수 있는 여러 단서, 성취의 결과에 관한 귀인, 성취동기 및 성취행동의 상호관계를 밝히려고 한다. 이 이론은 성취 상황에서 인과추론의 결과에 의해서 성취행동이 결정된다고 보기 때문에 Weiner는 먼저 인과귀인 요인들을 알아내려고 했다. 그는 지각된 귀인요인들의 분석을 통해서 사람들이 성공이나 실패와 같은 성취활동 결과를 여러 요인들 가운데 대체로 능력, 노력, 과제의 난이도 및 운이라는 네 요인들에 의해서 결정된다고 지각함을 알아내었다.

Weiner는 이 네 귀인요인들이 가장 중요하다고 보고, 성취상황에서 이 각각의 귀인요인들을 성공이나 실패의 원인이라고 지각하게 만드는 여러 정보나 단서들도 알아냈다. 또한 능력, 노력, 과제난이도 및 운이라는 네 귀인요인들이 세 귀인차원으로 분류될 수 있다고 주장했다. 이 세 귀인차원이란 내외인과성(內外因果性, locus of causality), 안정성-불안정성(安定性-不安定性, stability-unstability) 및 통제가능성(統制可能性, controllability)의 차원이다.

이세 귀인차원들로 분석하면 귀인에 따라서 동기에 가장 큰 영향을 미치는 차원은 안정성-불안정성 차원이다. Weiner의 이 주장은 Rotter(1954, 1966)가 내외귀인 차원이 중요하다고 본 견해와는 다르다. 세 귀인차원의 분류에서 안정성-불안정성 차원의 양 극단 가운데 안정요인들에는 자신의 능력이나 안정된 노력이 포함되고, 불안정요인들에는 자신의 피로, 기분 및 기술의 변동이나 불안정한 노력 등이 해당된다.

Weiner의 이론에 의하면 동일한 성공이나 동일한 실패라도 그 성취결과에 대한 귀인이 다르면 동기에 서로 달리 영향을 미친다. 구체적으로 말하면 성취결과의 귀인에 의해서 동기의 두 기본 요소들인 기대와 감정이 달라진다. 이 두 요소들 가운데 기대는 성공에 대한 지각된 확률을 의미하며, 감정은 성취활동의 결과로 경험하는 정서를 의미한다. 성취의 귀인이론은 기대와 감정이라는 두 요소에 의해서 성취동기가 달라진다고 보기 때문에, 성취결과에 대한 귀인 결과는 기대와 감정에 영향을 미치고, 성취상황에서 과제의 선택, 성취활동의 강도와 지구력 등 동기 요소들에 영향을 미쳐서, 성취행동에 영향을 미치게 된다. 한편, Atkinson은 귀인이라는 인지과정의 매개가 없이도 성취동기가 성취행동에 영향을 미친다고 주장하였다. 그러므로 이 성취동기이론은 성취의 귀인이론과 이론의 배경이 서로 다르다. 그러나 성취행동의 예언에서는 두 이론들 사이에 공통점이 많다. 두 이론에서 공통으로 성취욕구가 높은 사람들이 성취활동에 접근하려 하고, 실패에 당면하더라도 성취를 이루고자 활동을 지속하며, 중간난이도의 과제를 선호한다고 예언한다.

Weiner의 귀인이론적 동기이론은 발표 당시부터 큰 주목을 받았으며 성취상황에 적용한 귀인적 이론도 최근까지 많이 연구되고 있다. Weiner의 귀인적 이론은 성취동기 과정을 연속되는 단계로 구분하여 동기를 짜임새 있게 설명하는 특징을 지니고 있다.

이 장에서는 Weiner가 성취 상황에 적용한 귀인적 이론을 다음 순서로 다루게 된다. (1) 이 귀인적 이론의 배경을 이루는 귀인이론을 간략히 설명하고, (2) Weiner의 이론을 다루면서 전반적 특징을 Atkinson 이론과 비교하고, 성취동기 과정을 분석하면서 귀인요인들과 귀인차원, 귀인요인별 추론에 영향을 미치는 자극단서, 귀인이 기대와 감정이라는 동기의 두 요소들과 성취행동에 미치는 효과를 다룬다. (3) 귀인적 이론을 응용하는 데 따르는 시사점을 간략히 제시하고, 끝으로 (4) 결론 및 평가를 다룬다.

Weiner의 귀인적 동기이론의 기초

Weiner(1972, 1980, 327쪽)가 제안한 귀인이론적 성취동기이론은 귀인이론에 토대를 두고 있지만 다른 한편으로 Atkinson의 성취동기이론과 마찬가지로 기대×가치이론과 밀접하게 관련되어 있다. 이 이론은 과제수행에서 성공하거나 실패한 성취의 결과에 대한 인과추론이 그 후 성취정서, 성취동기 및 성취행동에 미치는 영향을 다룬다. 즉, 성취결과의 귀인에 따라서 다음 수행에서 목표 달성에 대한 주관적 기대, 감정반응, 대인평가, 성취행동 등에 미치는 영향을 해명하려고 한다.

이 이론에서는 귀인과정이 성취행동에 영향을 미치는 가장 중요한 요인이라고 보기 때문에 인과추론의 내용을 분류하는 체계를 알아내고, 인과요인을 추론하도록 하는 선행요인들을 알아내며, 인과추론의 결과로 나타나는 인지와 정서를 해명하며, 또한 이 인지과정과 정서과정을 통해서 초래되는 성취행동의 특징을 밝히려고 한다. 이 이론의 핵심은 귀인이론(歸因理論, attribution theory)을 떠나서는 생각할 수 없기 때문에 먼저 성취귀인이론이 성립된 배경을 Heider의 이론을 중심으로 살펴본 다음, Weiner의 성취귀인이론(1972, 1980)을 다루기로 한다.

귀인이론의 배경

귀인이론의 기초를 마련한 Heider(1958)는 보통 사람들이 행동의 원인이라고 생각하는 내용들을 토대로 대인행동의 분석 체계를 마련했다. 보통 사람들의 심리학이란 뜻에서 Heider의 심리학을 흔히 상식심리학(常識心理學, common-sense(naive) psychology)이라고도 부른다. 여기서 말하는 행동의 원인이란 실제로 행동을 일으킨 객관적 요인들이 아니라 행동 원인의 지각을 의미한다. 이 이론에서는 행동의 기본 원인을 개인요인들과 환경요인들로 구분한다.

행동의 원인을 개인요인과 환경요인으로 구분하는 Heider의 분석체계는 성공이나 실패를 초래한 성취행동의 분석에도 적용된다. 어떤 목표를 달성하거나 실패한 행동의 결과는 자신이나 환경이 원인이 되어서 초래된 결과라고 지각된다. 이 때 행동의 결과는 원칙으로 보면 개인요인들과 환경요인들을 모두 합한 결과라고 보았다. 이른바 이 내외귀인에 의해서 행동의 원인지각이 형성되면, 이에 따라서 감정경험과 미래 수행에 대한 기대가 형성되고, 이에 의해서 성취행동들이 나타나게 된다. 그런데 Heider는 내외귀인을 나타내는 개인과 환경의 영향을 각각 개인적 힘(personal force)과 환경적 힘(environmental force)이라고 불렀다. 이 두 가지 힘 가운데 개인적 힘은 다시 세력(勢力, power)과 시도(試圖, trying)로 구분되었다. 그러므로 Heider의 설명으로 보면 행동결과란 다음과 같은 등식으로 표현될 수 있다.

$$\text{행동결과} = f(\text{시도, 세력, 효과적 환경})$$

여기서 세력에는 비교적 안정된 힘의 강도도 포함되지만 무엇보다도 능력(能力, ability)이 중요하다.

행동분석과 마찬가지로 성취활동의 귀인분석은 지각된 행동의 원인들에 관한 정보를 수집하는 단계부터 시작된다. 성취행동의 분석에 Heider의 귀인분석을 도입하면 인간이 상식적으로 성공이나 실패의 원인을 능력, 노력과 같은 개인요인이나 과제의 난이도와 같은 환경요인으로 구분함을 알 수 있다

Frieze(1976)도 실증연구를 통해서 성공과 실패의 원인을 분석해 본 결과에서 능력, 단기적 노력 투입이 가장 중요한 원인이라고 보며, 또한 과제의 난이도, 운(運), 타인, 기분, 장기적 노력도 원인으로 자주 지적되었다. 그 이외에도 피로, 질병, 약물복용, 그리고 여러 구체적 상황에서만 볼 수 있는 독특한 원인들이 보고되었다. 그 가운데서 능력(A), 노력(E), 과제난이도(T) 및 운(L)이 성공이나 실패의 원인으로 가장 자주 사용되었다. 이와 유사하게 Weiner(1980, 328쪽)도 성공이나 실패와 같은 성취행동의 결과를 다음 등식으로 표현하였다.

$$O = f(\mathrm{A, E, T, L})$$

이 등식에 의해서 A, E, T, L 요소들의 상대적 비중을 알면 성취활동에서 성공하거나 실패한 결과가 나타난 원인을 추론하는 것이 가능하다. 물론 이 네 요소들에 가중치로 각각 부여하는 일반적 가치가 서로 다를 수 있다. 또한 Kelley(1972)가 주장하는 바와 같이 원인요인들을 추론하는 인과도식들이 인과추론에 영향을 미친다. 그러나 원칙으로 보면 각 원인 요인들이 상대적 비중을 어떻게 추론하는지에 따라서 귀인의 결과가 달라지게 된다.

성취의 귀인적 이론의 전반적 특징: Atkinson 이론과의 비교

Weiner의 성취귀인이론에서 성취상황에서 성공하거나 실패했을 때 사람들이 원인을 어떻게 귀인시키는지 알아내려고 한다고 설명한 바 있다. 이처럼 이 이론에서 성취동기를 귀인으로 설명하기 때문에 성취동기의 정의부터 Atkinson의 이론과 다르다. Weiner(1980, 388쪽)에 의하면 성취동기란 "성공이 내부요인들에 의해서 일어났다고 지각하고 실패는 불안정한 요인들 때문에 나타났다고 지각하는 능력"(Weiner, 1980, 388쪽)이라고 정의한다. 여기서 말하는 내부요인이란 개인이 지니는 능력이나 노력을 뜻한다. 한편 불안정요인이란 노력과 운을 말한다.

성취동기에 관한 Weiner의 정의로 보면 성취상황에서 경험하는 성취동기는 감정적 성향이 아니라 귀인하는 인지적 성향이라는 점이 중요하다. 다시 말하면 이 이론에서 귀인에 근거를 두는 감정이란 귀인에 따라서 이루어지는 인지적 평가의 결과로서 발생한다.

이 정의에 따르면 성취동기가 높은 사람들이 성공이나 실패의 원인을 추론하게 되면 성취동기가 낮은 다른 사람들과 구별되는 독특한 신념을 지닌다. 이들은 성공했을 때 내부요인이 원인이라고 귀인하므로 자존심에 관련되는 유능성이나 자부심 등의 감정을 경험한다. 또한 성취동기가 높은 사람들은 실패한 상황에서는 실패한 원인이 노력의 부족 때문이라고 귀인한다. 반면에 성취동기가 낮은 사람들이 성공에 대해서 어떤 특정한 요인으로 귀인시키는 경향이 있는지 아직 잘 밝혀지지는 않았지만, 실패는 대체로 자신의 능력이 낮은 데 원인이 있다고 귀인하는 경향이 높다. 그러므로 Weiner(1980, 389쪽)의 귀인적 이론으로 보면 성취동기 수준의 개인차란 성공하거나 혹은 실패를 경험한 상황에서 그 결과가 초래된 원인을 서로 달리 지각하는 차이 때문에 생긴다.

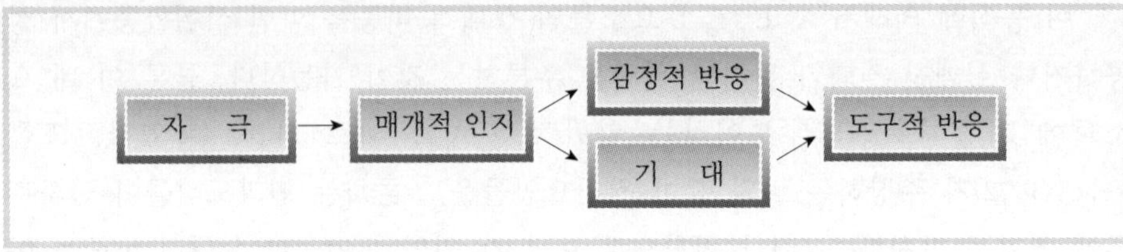

[그림 4-1] Weiner 성취귀인모형의 동기과정(Weiner, 1980, 388쪽)

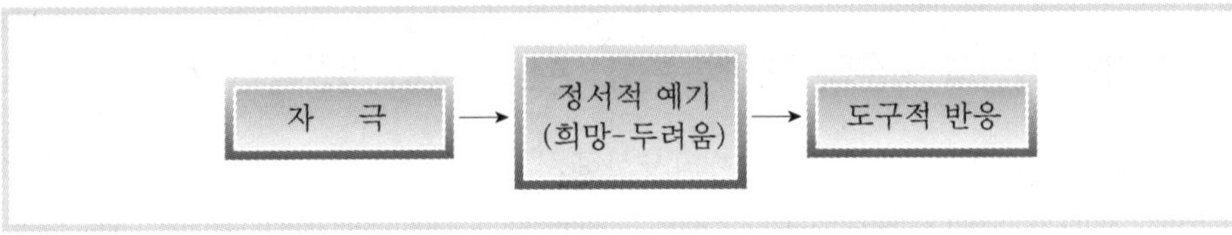

[그림 4-2] Atkinson 성취동기모형의 동기과정(Weiner, 1980, 388쪽)

그러나 Weiner의 정의와 달리 Atkinson-McClelland 모형에서는 성취동기란 "성취로부터 자부심을 경험하는 능력"이라고 정의한다(Atkinson, 1964, 214쪽). 이 정의에 따르면 이전에 성취로 인해서 유쾌한 정서를 얻었던 경험을 지니면 다시 유쾌한 정서를 추구하기 위해서 성취활동에 참가하게 된다. 이와 마찬가지로 실패로 초래된 불유쾌한 경험 때문에 실패를 회피하기 위한 동기가 형성된다. 그러므로 성공이나 실패가 예견되는 성취단서에 의해서 성취동기가 높거나 혹은 낮은 사람들은 각기 희망이나 두려움을 예견하게 되고, 이에 따라서 성취목표를 추구하거나 혹은 회피하는 행동이 나타나서 서로 달라지게 된다.

Weiner가 귀인적 이론에서 설명하는 성취동기의 과정과 Atkinson이 설명하는 성취동기의 과정을 대비시켜서 그림으로 나타내면 각각 [그림 4-1]과 [그림 4-2]가 된다.

이 두 모형의 핵심적 차이는 성공하기 위해서 도구반응으로 수행한 성취행동이 귀인이라는 인지의 매개를 통해서 일어나는가 그렇지 않으면 정서의 예기를 통해서 나타났는가에 있다. 이처럼 Weiner의 성취귀인이론에서는 정서반응이 인지의 매개과정을 통해서 경험된다고 주장하는 점에서 Atkinson의 모형과 다르다. 따라서 Weiner의 이론에서 개인의 성취동기 수준이란 감정적 성향이 아니라 귀인과정으로 이루어지는 인지적 성향의 개인차를 뜻한다.

성취귀인과정의 분석

원래 Weiner의 이론은 [그림 4-1]에서 보는 자극 → 매개인지 → 감정반응 및 기대 → 도구반응이라는 성취동기의 전체 연결과정을 찾으려는 데서 특징을 찾을 수 있다. 따라서 성취상황에서 어떤 요인이나 자극에 따라서 어떤 범주의 귀인이 형성되며, 이러한 귀인의 결과에 따라서 감정반응이나 기대가 어떻게 달라지며, 또한 감정반응이나 기대에 따라서 성취추구의 동기, 행동 및 그 결과가 어떻게 나타나는지 알아내려고 한다. 이 과정을 Weiner(1972, 335쪽)가 분석한대로 제시하면 이 귀인적 성취동기이론에서는 세 단계로 구분되는 전체 과정을 다룬다.

앞으로 이 이론의 이 세 단계에 유의하여, (1) 먼저 성취과제에서 여러 원인 인지들을 구분하여 요약하는 귀인차원의 분석체계를 다룬다. 이 때 여러 귀인요인들 가운데 Weiner가 성취상황에서 중요하다고 생각하는 능력, 노력, 과제난이

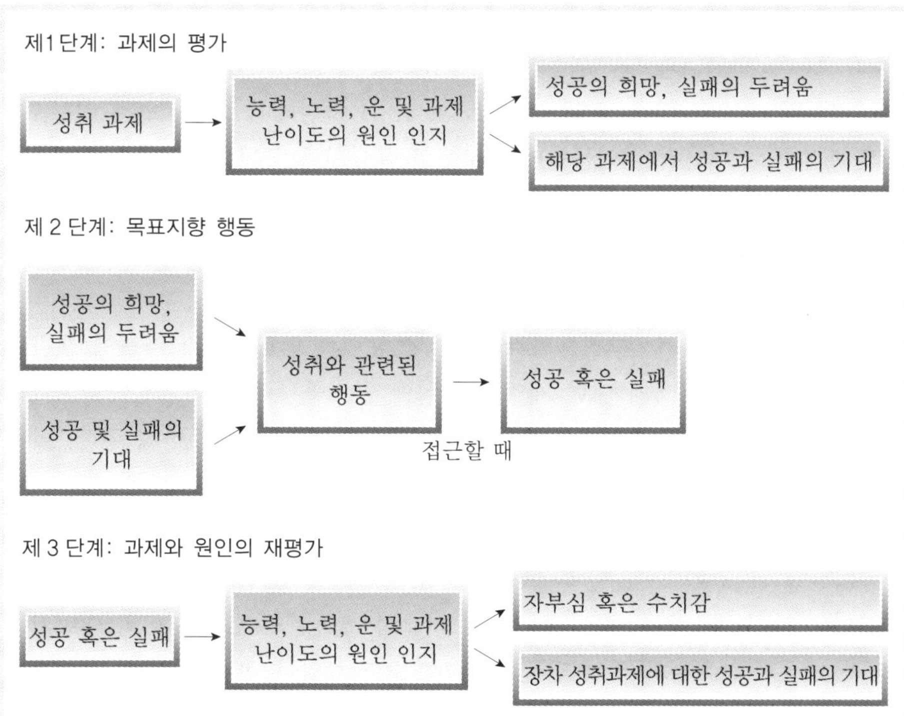

[그림 4-3] 성취귀인이론에서 인지와 행동의 연결단계(Weiner, 1972, 355쪽)

도 및 운의 네 가지 귀인요인들을 중심으로 다룬다. (2) 이와 아울러 각 귀인요인이 원인이라고 추론하게 만드는 중요한 자극들이 어떤 특징들을 지니는지도 함께 알아본다(위의 제1단계). (3) 성취활동에서 성공하거나 혹은 실패한 결과로부터 추론에 의해서 원인에 관한 귀인이 이루어진 다음에 그 귀인이 기대와 정서에 각각 어떤 영향을 미치는지 살펴본다(위의 제3단계). (4) 자극상황 → 인과추론 → 기대와 정서과정을 거쳐서 최종적으로 귀인이 다음 성취행동에 미치는 영향을 다룬다. 아울러 성취동기가 높은 사람들의 행동특징도 알아본다. (5) 이와 같이 성취귀인 과정을 각 단계별로 나누어서 다루지만 이 전체가 일련의 연속되는 과정을 이루기 때문에 끝으로 성취귀인의 전체 과정을 종합해서 정리한다.

1. 성취단서나 성취결과의 원인요인들과 이의 차원별 분석

성공이나 실패의 원인으로 지각하는 요인들은 수없이 많기 때문에 이 원인들을 간략하게 정리하기 위하여 분류하는 체계가 필요하다. Weiner(1980)는 기본 차원들을 고안했다. 우선 단일차원의 구분으로 널리 알려진 Heider(1958)와 Rotter(1966)의 내외인과 구분법을 받아들여서 이 차원의 이름으로 내외인과성(內外因果性, locus of causality)이라는 용어를 썼다. 이 차원에서 능력, 노력, 기분, 피로 및 질병들은 개인적 원인들인데 내부인과성 요인들이 된다. 그리고 과제난이도, 운이나 타인들의 영향은 개인의 외부요인이라는 의미에서 외부인과성의 출처들이 된다. 이 내외인과성의 귀인요인들을 보면 시간의 경과나 사람에 따라서 항상 일정하고 불변적이 아니라는 점에 유의할 필요가 있다.

또한 귀인이론에서 말하는 인과성이란 현상학적 인과성이기 때문에 객관적 인과관계보다 인과관계에 대한 개인의 해석에 근거를 둔다. 따라서 내외인과를 추론할 경우라도 내외원인은 개인이 지니는 주관적 의미에 의존하게 된다. 이처럼 주관적 의미에서 내외인과의 해석에 개인차가 있지만 Weiner는 원인을 내외원인으로 분류하는 데 대하여 일반적으로 합의가 이루어질 수 있다고 본다.

내외인과 차원의 분류 이외에 다른 인과성 차원이 있다. Heider(1958)는 능력과 같이 성향적(性向的, dispositional)이며 비교적 고정된 특징들은 이와 대비되는 노력이나 운과 같은 유동적 요인들과 구별된다고 보았다. Weiner는 이 구분법을 안정요인 혹은 불변요인(安定要因 혹은 不變要因, stable, invariant factor)과 불안정요인 혹은 가변요인(不安定要因 혹은 可變要因, unstable, variant factor)으로 구별했

[표 4-1] 성취행동의 지각된 결정 요인을 분류하는 2차원 체계(Weiner, 1980, 346쪽)

안 정 성	내 외 통 제	
	내 적	외 적
안 정	능 력	과제난이도
불 안 정	노 력 (기분, 피로, 질병)	운

다. 물론 이 두 원인들이 한 연속선을 구성하므로 안정성의 정도는 양극 가운데 어느 점으로 구분된다.

이상에서 성취행동의 원인들을 내외귀인 차원과 안정 · 불안정귀인 차원의 두 차원들로 구분하였다. 이 두 차원들에 속하는 귀인요인들을 각각의 해당되는 표에 나타내면 다음 [표 4-1]과 같다. [표 4-1]에서 보는 바와 같이 능력은 내부이며 안정귀인 요인으로 분류된다. 노력은 내부요인이며 불안정요인으로 분류된다. 과제난이도는 외부이며 안정요인이지만, 운은 외부이며 불안정요인이다.

이처럼 분류되지만 이들 중 어떤 요인도 상황에 따라서 달리 분류될 수 있다. 예를 들면, 능력은 대체로 내부이며 안정적이지만 특히 어떤 일에서만 능력이 잘 나타나서 수행에 성공했다고 귀인시킨다면 내부이면서 불안정적 요인이 될 수 있다. 또한 노력도 일시적으로 노력을 쏟을 경우에는 내부이면서 불안정적이지만 근면성과 같이 내부이며 안정적인 성격특성일 수도 있다. [표 4-1]에서는 내외원인과 안정 · 불안정이라는 2차원의 귀인차원 분류를 살펴보았으나, Rosenbaum은 행동의도의 유무에 따라서 의도성(意圖性, intentionality) 차원을 포함하는 3차원의 인과성차원 분류법을 제안했다. Weiner는 이 의도성 차원을 통제가능성(統制可能性, controllability)이라고 불렀다. 통제가능성 차원이란 행위자가 스스로 통제할 수 있었던 행동인지 아닌지를 구별하는 차원을 뜻한다. Weiner가 의도성이라는 용어를 쓰지 않고 이를 통제가능성이라고 부르는 이유가 있다. 의도성이란 용어는 욕망이나 바램을 나타내기 때문에 이 용어와 구별해서 자신의 의지에 의해서 통제가 가능했는지 원인을 추론하는 차원을 알아보려고 했기 때문이다. 그러나 이 양자가 항상 잘 구분될 수 있는 개념은 아니다. 이 통제가능성차원을 포함하여 3차원 인과분석 모형을 Rosenbaum(1972, 21쪽)의 분류표에 맞추어 제시하면 [표 4-2]와 같다.

[표 4-2] 성공과 실패 원인들의 3차원 분류(Weiner, 1980, 347쪽)

	통 제		비 통 제	
	안 정	불 안 정	안 정	불 안 정
내 부	자신의 안정된 노력	자신의 불안정한 노력	자신의 능력	피로, 기분 및 자신이 지닌 기술의 변동
외 부	타인의 안정된 노력	타인의 불안정한 노력	타인의 능력 과제난이도	타인의 피로, 기분 및 기술의 변동, 운

이와 같이 Rosenbaum은 3차원의 인과분석 모형을 제안하기는 했으나 Weiner는 귀인요인의 분석체계로 앞에서 제시한 내외귀인과 안정귀인 두 차원의 인과분석 모형을 자주 사용했다. 그리고 2차원의 인과분석 모형에 포함되는 여러 요인들 가운데 능력, 노력, 과제난이도 및 운의 네 요인들을 가장 중요하게 다루었다.

2. 성공과 실패의 원인 추론에 사용되는 정보나 단서

성공과 실패의 원인을 추론할 때 사용하는 요인들은 여러 범주들로 나누어서 묶을 수 있다. Weiner는 그 가운데 능력, 노력, 과제난이도 및 운이 가장 중요하다고 본다. 그런데 이 네 요인들이 각각 성공이나 실패의 원인이라고 귀인하도록 만드는 단서들도 여러 가지가 있다. 이 단서들 가운데 이 이론을 다룬 연구에서

[표 4-3] 원인의 추론에 사용되는 자극 단서들(Weiner, 1980, 332쪽)

원인추론 차원	추론에 사용되는 중요 단서들
능 력	성공횟수, 성공백분율, 성공패턴(양상), 최고 수행수준, 과제난이도
노 력	수행결과(성공-실패), 수행패턴, 과제 수행에서 근육 긴장도 땀 흘린 정도 및 지구력 정도, 목표가 지닌 유인가치와 수행 수준이 공변한 정도
과제 난이도	과제의 객관적 특성, 사회적 규준들
운	과제의 객관적 특성, 수행결과(성공-실패)의 독립성, 수행결과의 무선성(無選性), 사건의 독특성

가장 주목받는 단서들을 정리하면 다음 [표 4-3]과 같다.

이 표에 제시된 원인추론의 단서들 이외에도 인과추론에 영향을 미치는 요인들은 많다. 먼저 능력, 노력, 과제난이도 및 운이라는 귀인요인별로 중요한 귀인단서들을 [표 4-3]에 따라서 설명한 다음에, 인과추론 전반에 영향을 미치는 그 밖의 선행요인들을 모아서 설명하기로 한다.

(1) **능력 추론을 하게 만드는 정보나 단서**

과거에 성공이나 실패한 적이 있으면 이 성공이나 실패 정보가 자신의 능력에 관한 추론을 할 수 있는 단서가 된다. 과거에 성공이 잦았다면 자신이 유능하다고 추론할 수 있으며, 반대로 실패가 많았으면 자신이 무능하다고 추론할 수 있다. 성공이나 실패의 수준을 표준화된 규준 정보로 얻으면, 능력 수준의 추론이 더 용이하다. 예를 들면 다른 사람들이 모두 실패하는 과제에서 자신이 성공했다면 자신이 매우 유능하다고 추론하게 된다. 반면에 다른 사람들이 대체로 성공하는 과제에서 자신이 실패했다면 자신이 무능하다고 추론하게 된다.

위에서 말한 과거의 성공이나 실패의 역사나 사회규준 이외에도 능력의 추론에 영향을 미치는 요인이 적어도 두 가지 더 있다. 동일한 수준의 수행이더라도 여러 시행에서 얻은 수행의 양상이나 최대의 수행 수준도 능력에 관한 추론이 가능하도록 한다. 이 가운데 수행의 양상이란 후반에 수행이 저하되더라도 처음에 높은 수행을 보였다면, 수행 수준이 무선적이거나 점차 증가된 경우보다, 능력이 있다고 추론하는 단서가 된다(Jones, Rock, Shaver, Goethal, & Ward, 1968). 이 현상은 첫번째 받은 정보가 기억과 판단에 더 영향을 미친다는 초두효과(初頭效果, primacy effect)가 능력의 추론에서도 나타남을 의미한다.

수행수준이 점차 증가될 때 능력으로 추론하지 않는 현상은 수행의 증가를 노력의 탓으로 추론하는 경향 때문에 나타난다고 해석할 수 있다. 또한 여러 차례 시행하는 과제의 수행에서는 평균이 유사하더라도 최고로 높은 수행을 보였던 사람이 유능하다고 판단한다(Rosenbaum, 1971). 일반적으로 수행 수준은 인과추론에서 개인의 잠재능력을 나타내는 단서로 사용된다.

(2) **노력 추론을 하게 만드는 정보나 단서**

자신이 일정한 과제에서 열심히 노력하여 수행한 수준은 보통 수행한 사람이 몸으로 느끼거나 내성방법으로 누구나 판단할 수 있다고 생각하기 쉽다. 그러나 실제는 이와 달라서 사람들은 자신의 노력 수준을 추론하기 위하여 수행 결과에 관한 실제 정보를 사용하는 경우가 많다.

Weiner와 Kukla(1970), 그리고 Kukla(1972)의 연구에서 실제로는 동일한 수준의 노력으로 우연히 성공하거나 실패했음에도 불구하고 성공한 사람들은 성공하지 못한 사람들에 비해서 자신이 더 열심히 노력했다고 지각함을 알았다. 이와 같이 일종의 잘못된 지각이 일어나는 이유는 대체로 사람들이 노력에 의해서 성공이나 실패가 결정되는 경험을 많이 했기 때문에 노력과 수행의 결과가 공변한다고 믿기 때문이다. 그 결과로 성공한 결과는 노력 때문이라고 추론하고 실패한 결과는 능력의 부족이 원인이라고 추론하게 된다.

또한, 능력 추론과 마찬가지로 여러 차례 수행하여 얻은 점수의 분포로 본 수행의 양상이 노력 귀인하게 만드는 단서도 된다. Jones와 공동연구자들(1968)의 연구에 의하면, 성공률도 통제하고 노력량과 관계 없이 수행결과가 나타나도록 조작했음에도 불구하고, 여러 차례의 시행에서 수행 수준이 점차 증가되는 조건에서는 수행자들이 자신이 더 열심히 노력했다고 믿었다.

노력을 쏟고 있음을 외면적으로 볼 수 있는 근육의 긴장, 땀 흘리기, 가빠진 호흡, 행동으로 나타난 지구력 등도 노력으로 귀인하는 단서들이 될 수 있다. 목표가 지니는 유인가가 커지면 이에 따라서 수행도 증가되고 이와는 반대로 유인가가 작을 때 수행이 낮아져서 이 양자가 공변관계에 있다면, 이 공변관계는 노력으로 귀인하는 단서가 될 수 있다. 즉, 수행이 높을 때는 좋은 결과를 많이 얻을 수 있으나 수행이 낮을 때는 좋은 결과를 얻을 수 없는 상황이라면, 좋은 수행의 원인을 노력으로 귀인시키게 된다. 일반적으로 과제가 기술을 필요로 한다고 지각하고, 환경요인은 일정하다면, 동일한 사람이 보인 수행의 변화는 동기 요인인 노력량에 의해서 결정되었다고 추론하게 된다.

(3) 과제난이도로 귀인하게 만드는 정보나 단서

지각된 과제난이도는 자신과 동일한 과제를 수행한 타인들이 보인 수행 수준의 지각에 의해서 부분적으로 결정된다. 다른 사람들이 대부분 성공하는 과제라면 난이도가 쉽다고 평가되고, 극소수만 성공한다면 어려운 과제라고 평가된다.

물론 수행의 초기 단계에서는 과제의 길이, 복잡성, 생소성과 같이 과제가 지니는 객관적 속성들 역시 과제난이도를 판단하는 데 영향을 미친다. 과제의 객관적 속성은 매우 어려운 과제에서 실패한 원인을 판단하는 데 사용하는 가장 중요한 귀인 단서이다. 그러나 일반적으로 수행에서 성공하거나 실패한 결과의 정보에 비해서 과제의 객관적 속성들은 과제난이도 귀인에 미치는 영향이 상대적으로 작다.

(4) 운으로 귀인하게 만드는 정보나 단서

과제의 구조가 수행의 결과를 운으로 귀인시키는 가장 강력한 단서이다. 우연에 의해서 성공이 결정되는 과제에서는 성공이나 실패를 운으로 귀인시키게 만든다. 그리고 수행의 결과로 성공이나 실패가 나타나는 양상도 운으로 귀인시키는 타당한 단서가 된다. 예를 들어 성공이나 실패의 확률이 일정하게 정해진 경우에 확률 이상으로 성공이나 실패가 계속되면 운이 원인이라고 추론하게 된다. 또한 독특한 사건도 운으로 귀인하게 한다. 예를 들면 계속해서 성공하다가 실패했거나, 마지막에 일어난 사건이 이전 사건들에 비해서 독특한 사건이라고 지각하고, 이 사건이 발생한 원인은 운이라고 귀인시키게 된다(Feather, 1969; Feather & Simon, 1971).

운으로 귀인할 때 나타나는 흥미 있는 현상을 한 가지 더 설명하기로 한다. 타인의 성공을 귀인하는데 자기와 타인의 관계가 영향을 미칠 수 있다. Mann(1974)은 미식축구 시합을 본 관중들의 귀인을 연구하여 흥미 있는 연구결과를 보고했다. 이긴 팀을 지지했던 사람들 가운데 93%가 성공의 원인을 이긴 팀의 실력이 우세하기 때문이라고 평가했다. 그러나 진 팀을 지지했던 사람들 가운데 50%나 되는 사람들이 자신이 지지한 팀이 운이 나빠서 졌다고 귀인시켰다. 이 결과는 자신과 좋거나 나쁜 관계에 있는 대상이 경험한 성공이나 실패에 대해서 서로 다른 원인으로 귀인함을 보여 준다.

(5) 능력, 노력, 과제난이도 및 운으로 귀인시킬 단서들을 어떻게 사용하는가?

사건의 원인을 추론할 때 어떤 경우에는 능력과 노력의 단서가 모두 유용해서 두 요인들로 귀인시키는 경우도 있다. 그러나 어떤 경우에는 능력이나 노력의 단서들 가운데 귀인에서 하나만 적절한 단서일 경우도 있다. 귀인에서 여러 단서들을 사용하는 방식은 여러 가지이다. 귀인에서 이 귀인도식(歸因圖式, attributional schema)이 중요하다는 주장은 Kelley(1972)에 의해서 제안되었다. Kelley는 다음 두 도식들을 중요하게 보았다. 먼저 귀인에서 사용할 수 있는 두 귀인 단서들 가운데 어느 하나만으로도 귀인이 가능한 경우에 사용하는 원인의 추론도식을 중다충분원인도식(重多充分原因圖式, multiple sufficient causal schema)이라고 부른다. 이 원인의 추론도식을 사용할 때 나타나는 흥미로운 현상은 두 원인요인들 가운데 하나의 원인만으로 인과추론을 하는 경우이다. 이 경우에는 실제로는 두 요인들이 모두 원인요인으로 중요하지만 한 요인의 영향이 없거나 낮다고 추론하는 귀인의 절감현상(節減現象, discounting phenomenon)이 생긴다. 대체로 이 과정에서 외부요인들보다 내부요인들의 영향을 절감하게 된다. 이 현상에 관해서는 이 책의 내적동기이론에서 다루게 된다. 그리고 두 귀인단서들이 모두 사용되는 원인의 추론도식은 중다필요원인도식(重多必要原因圖式 multiple necessary causal schema)이라고 부른다. 이 귀인도식들이 있기 때문에 귀인 단서의 사용이 달라져서 최종 귀인에 영향을 미치게 된다.

이제는 귀인도식과 직접 연관시키지 않고 귀인단서들의 사용을 연구해서 얻은 결과를 간략히 제시하기로 한다. Frieze와 Weiner(1971)의 연구에서는 성공의 백분율, 유사한 과제에서 성공한 백분율 및 타인들의 성공백분율 등의 귀인단서들이 자기 수행의 결과를 능력, 노력, 과제난이도, 운으로 귀인시키는 데 영향을 미친다는 결과를 보고했다. 현재 수행과 이전 수행이 일치된다는 정보만 제공해도 능력요인으로 귀인하거나 혹은 능력과 과제난이도 모두가 원인이라고 귀인했다. 반면에 과거와 현재 수행의 차이가 크면 운으로 귀인하거나 운과 노력으로 동시에 귀인시켰다. 과거에 계속 실패하다가 다시 실패하면 과제가 어렵다고 귀인시키거나 그렇지 않으면 과제도 어렵지만 또한 능력도 없다고 귀인시켰다. 반면에 계속 실패하다가 성공한 경우에는 운이 좋았거나, 특별히 노력을 많이 했거나, 그렇지 않으면 운과 노력 모두가 원인이었다고 귀인함을 알아냈다.

사회적 규준에 관한 정보도 귀인에 영향을 미친다는 연구의 결과가 Frieze와 Weiner(1971)에 의해서 보고되었다. 이들은 개인의 수행결과와 타인의 수행결과가 일치되지 않으면 능력과 노력으로 귀인시키지만, 반면에 일치되면 과제난이도로 귀인시킴을 알았다. 즉, 자신도 성공하고 다른 사람들도 모두 성공한 경우거나 타인들과 마찬가지로 자신도 실패하게 되면 이 수행결과들은 과제가 각각 쉽거나 어려웠기 때문이라고 귀인시켰다.

전체로 보면 미국이나 서양에서 성공은 능력이나 노력과 같은 내부요인들이 원인이었다고 추론하지만 실패는 과제난이도나 운처럼 외부요인들이 원인이라고 추론했다. 그러나 한국이나 일본에서는 성공을 타인의 지원이나 노력으로 귀인하는 겸양귀인 현상이 보고되었다. 성공에 대해서 내부귀인을 하는 경향은 보통 자기의 자존심을 높이는 효과가 있다는 의미에서 자기고양귀인(自己高揚歸因,

self-enhancing attribution)이라고 부른다. 그리고 실패에 대해서 외부귀인을 하는 경향은 자기의 자존심을 지켜 주는 효과가 있기 때문에 자기방어귀인(自己防禦歸因, self-defensive attribution)이라고 부른다. 귀인에서 나타나는 자기고양이나 자기방어 경향을 보면 귀인과정이 단지 합리적으로만 정보처리하는 인지과정이 아니라 문화의 영향도 크고, 사람들이 지니는 개인차나 혹은 상황에서 유발된 동기와 정서에 따라서 여러 방향으로 편파되게 추론할 수 있는 과정임을 알 수 있다.

(6) 인과차원의 추론에 영향을 미치는 다른 선행요인들

앞에서 성취결과를 추론할 때 사용하는 귀인단서들을 구체적으로 살펴보았다. 또한 인간이 성취결과가 초래된 원인을 추론할 때 합리적이고 기계적으로 처리하지 않고 귀인도식을 사용하며, 원인추론에 문화의 영향도 나타나고, 동기와

[표 4-4] 성공과 실패 귀인의 선행요인과 귀인차원

	선행요인	원인범주
특수한 단서들	과거 성공/실패의 역사 사회적 규준 최고 수행수준 수행의 시행별 양상 행동의 지속 과제의 특징 수행결과의 무선성 유인가와 수행의 공변성	능 력 노 력 과제난이도 운 기 분 피 로 질 병 타 인 지 구 력 약 물 책 략 단 결 요 령
원인 추론 도식	중다필요도식 중다충분도식	
개인적 요인	성취욕구 성 별	
강화계획	100% 대 50% 비율계획 대 간격계획	
타 인	타인으로부터 얻은 정보 고정관념(사회범주기대)	

정서가 영향을 미침을 알았다. Weiner는 이 요인들 이외에도 성공이나 실패의 원인추론에 영향을 미치는 선행요인들을 더 지적하였다. 그 가운데 개인이 지니는 성취욕구나 성별과 같은 개인차요인, 연속강화(連續强化)나 부분강화(部分强化)에서 보는대로 보상받는 비율, 강화를 제공할 때 간격계획(間隔計劃, interval schedule)이나 비율계획(比率計劃, ration schedule)을 포함하는 강화계획(强化計劃. reinforcement schedule) 등도 포함된다. 또한 인과추론에는 타인들의 영향도 무시할 수 없는데, 이 가운데 타인과 정보소통하는 것이나 타인들에 대해서 지니는 고정관념(固定觀念, stereotype) 등도 원인을 추론하는 데 영향을 미친다. 예를 들면 남들에게서 들은 원인의 설명도 영향을 미친다. 그리고 장애인의 집단범주에 대해서 지니고 있는 고정관념 때문에 능력의 부족 때문에 실패했다고 귀인하기도 한다.

Weiner는 이상에서 열거한 성취귀인의 여러 선행요인들로 원인범주를 구분하고 이 요인들에 따라서 귀인차원으로 원인추론이 이루어진다고 보았다. 이를 표로 나타내면 다음 [표 9-4]와 같다.

3. 귀인의 결과: 기대와 정서에 미치는 영향

성공이나 실패로서 나타나는 성취결과는 원인의 추론과정에 의해서 대개 네 가지 원인요인들로 귀인시킨다는 Weiner의 주장을 앞에서 살펴보았다. Weiner의 이론에 의하면 이 원인추론의 결과에 따라서 다음 성취행동이 달라지는 이유는 원인추론에 따라서 동기의 두 결정요인들인 기대와 감정에 영향을 미치기 때문이다. 여기서는 성공이나 실패한 결과에 대한 원인 귀인이 성취동기의 두 결정요인들인 장래 성공에 대한 기대와 아울러 성공이나 실패로 인해서 경험하는 감정에 어떻게 영향을 미치는지 나누어서 설명하기로 한다.

(1) 귀인이 성공의 기대에 미치는 영향

기대란 성공에 대해서 개인이 지각하는 주관적 확률을 의미한다. 귀인적 이론에서는 귀인에 따라서 성공에 대한 주관적 확률이 달라진다고 주장한다. 이해를 돕기 위해서 먼저 귀인이 기대에 미치는 영향을 예를 들어서 설명해 보자. 성취활동을 통해서 목표달성에 실패한 경우라도 이 실패가 자신의 능력이 낮거나 과제가 어려웠기 때문이라고 귀인하게 되면, 운이 나빴거나 노력의 부족 때문에 실패했다고 귀인한 경우보다 다음에 그와 유사한 과제에서 자신이 목표를 달성하여 성공할 확률이 낮다고 지각하게 된다. 이 경우는 성공에 도달하리라는 기대가 낮아진 예이다. 또한 비록 성공하더라고 운이 좋았거나 보통으로는 할 수 없는 혼신의 노력을 들인 결과라고 귀인하게 되면 장차 그 과제에서 성공할 수 있다는 주관적 기대는 크게 증가되지 않는다. 위의 두 예 가운데 실패한 후에 기대를 저하시킨 능력이나 과제난이도는 안정귀인 요인들이며, 성공한 후에 기대에 영향을 미치지 못한 운이나 노력은 불안정귀인 요인들이다.

이 예에서 보는 바와 같이, Weiner(1980, 341쪽)는 성취에 성공하거나 실패한 원인이 안정요인으로 귀인되는가 그렇지 않으면 불안정요인으로 귀인되는가에 따라서 기대 변화의 크기가 결정된다고 주장한다. 이 관점은 기대에 관한 Rotter의 사회학습이론과 Weiner의 성취귀인이론의 차이를 보여 준다. Rotter는 내외귀인 차원에서 성공의 기대가 크게 달라진다고 주장하지만, Weiner(1980, 356쪽)는 안정-불안정귀인 차원에서 성공의 기대가 크게 달라진다고 주장한다.

Weiner는 성공이나 실패의 원인을 노력이나 운과 같은 불안정한 요인보다 능력이나 과제난이도와 같은 안정한 요인으로 귀인하면 기대가 크게 변한다고 가정한다. 이 가정을 포함해서 귀인에 따른 기대 변화의 크기를 Weiner는 다음 [그림 4-4]와 같이 나타냈다. 이 그림에서 기대 변화의 크기란 성공 후에 상승되거나 실패 후에 저하된 기대의 크기를 의미한다. 이 모형에서 다음 사항들이 중요하다.

① 우선 안정요인들이 불안정요인보다 기대의 변화를 크게 초래한다.

② 안정차원과 불안정차원의 귀인 차이를 보면, 성공하거나 실패한 조건 모두 불안정요인인 노력보다 안정요인인 능력이 원인이라고 귀인하면 기대의 변화가 더 커진다고 예언된다. 다시 말해서 성공이 능력 때문이라고 귀인되면 노력으로 귀인했을 때보다 성공의 기대는 더 높아진다. 실패의 경우에도 노력 부족으로 귀인했을 때보다 능력 부족으로 귀인하게 되면 기대는 더 낮아져서 기대의 변화가 크다.

③ 내외귀인이 성공에 대한 기대의 변화에 미치는 영향은 다음과 같다: 능력과 과제난이도는 모두 안정귀인인데 이 귀인차원에서는 내외귀인에 따라서 기대 변화가 모두 크게 나타나지만 크기에는 차이가 없다. 이는 [그림 4-4]에서 위의 실선으로 나타냈다. 그러나 불안정귀인 차원에서는 운으로 귀인했을 때보다 노력으로 귀인하면 기대의 변화가 크다고 예언된다. 다시 말하면 노력 때문에 성공했다고 보면 운으로 성공했다고 귀인한 경우보다 성공의 기대가 더 높아지지만,

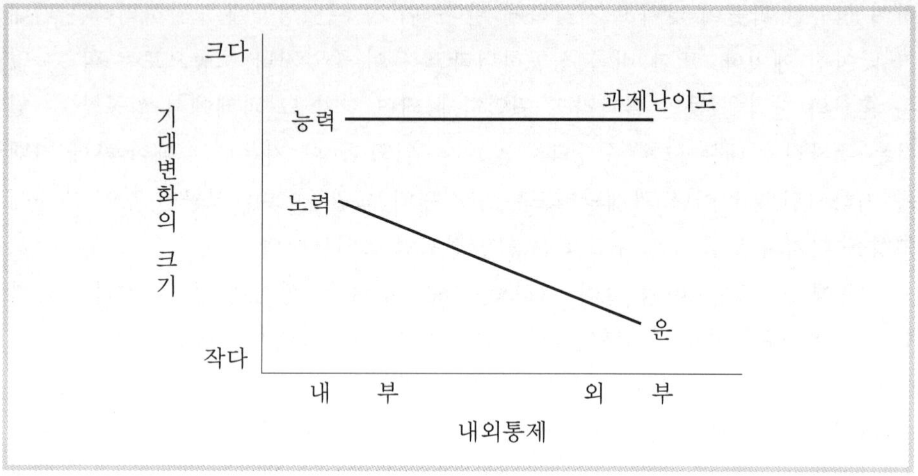

[그림 4-4] 성공 · 실패 후 귀인에 따른 기대 변화의 크기(Weiner, 1980, 352쪽)

노력의 부족으로 실패했다고 보면 운으로 실패한 경우보다 기대는 낮아져서 기대의 변화가 크다고 예언된다.

이와 같은 Weiner의 예언들은 내부귀인이 외부귀인보다 큰 변화를 초래한다는 Rotter의 예언과는 다르다. Weiner는 안정차원에서는 내외귀인에 따라서 기대의 변화에 차이가 없고, 불안정 차원에서만 노력 때문이라고 내부귀인하면 운으로 외부귀인할 때보다 기대의 변화가 커서 차이가 난다고 주장한다. Weiner(1980, 352쪽)는 노력과 운으로 귀인했을 때 기대에 서로 다른 영향을 미쳐서 차이의 크기가 달라지는 이유 역시 이 두 귀인요인들의 안정성이 상대적으로 다르기 때문이라고 설명한다. 왜냐하면 특히 성공한 경우에는 성공한 후에도 다음에 성공하려는 의도가 지속되므로 노력이 안정된 요인으로 지각되기 때문이다.

(2) 귀인이 정서에 미치는 영향

Weiner의 주장에 의하면 성공이나 실패에 대한 귀인은 감정을 부분적으로 결정짓게 된다. 지각된 인과성이 정서반응에 영향을 미친다는 이 가설을 지지하는 연구 결과는 두 방향에서 찾아볼 수 있다. 그 중 하나는 동일한 생리적 흥분상태지만 각각 다른 정서의 단서를 제공하여 명칭을 부여하도록 하면 다른 정서를 경험할 수 있다는 오귀인(誤歸因, misattribution) 연구이며, 다른 하나는 성공과 실패의 원인 지각에서 초래되는 감정들을 직접 분석한 Weiner의 연구들이다. 이 두 연구 방향을 간략하게 설명하기로 한다.

㉠ 오귀인(誤歸因, misattribution) 연구: 오귀인에 관한 연구는 Schachter와 Singer(1962)가 정서의 두 요소설을 검증하는 데서 비롯되었다. 이들에 의하면 정서란 생리적 흥분(生理的 興奮)과 인지적 명명(認知的 命名)이라는 두 요소로 이루어진다. 이 두 요소들 가운데 신체적 흥분에 대해서 정서 명칭을 부여할 만한 신체 내부의 단서가 불분명한 경우에는 상황에서 보는 외부단서에 의해서 정서의 명칭을 부여하는 인지적 명명과정으로 이어지게 된다. 이 경우에는 대체로 자신과 유사한 상황에 당면해서 타인이 경험하는 정서에 따라서 자신의 신체적 흥분에 대해서 정서 명칭을 부여하게 된다. 또한 Valins의 연구(1966)에서 이성을 보는 중에 자신의 심장박동이 빨라진다는 생리반응 측정치를 거짓환류정보로 직접 제공하면 자기 정서를 호감이라고 보고했다.

㉡ 성취결과의 원인추론이 정서에 미치는 영향의 연구: 성취과제에서 성공이나 실패 경험을 한 후 이 결과를 초래한 원인을 네 가지로 각각 달리 지각하도록 조작하고 각 귀인 요인에 따라서 어떤 정서를 경험하는지 직접 알아본 연구들도 있다.

Weiner, Russell 및 Lerman(1978)은 성취상황에서 성공이나 실패하게 된 원인의 지각과 정서의 관계를 알아내려고 했다. 이들은 성취상황에서 성공과 실패에 대한 정서반응을 나타내는 용어들을 사전에서 250여 개 가려냈다. 그리고 성공이나 실패의 원인을 나타낼 수 있는 대표적 귀인요인을 분석하는 연구도 수행했다. 이 자료들을 사용해서 Weiner 등(1978)은 성공이나 실패의 원인을 설명한 간단한 이야기를 제시하고, 또한 정서반응들도 무선으로 나열한 다음, 각 귀인요인 때문에 성공하거나 혹은 실패했을 때 경험하는 정서의 강도를 보고하도록 하였다. 이 연구에서 성공이나 실패의 원인요인별로 나타나는 대표적 감정들을 알아낼 수 있었다. 다음의 [표 4-5]에 각 귀인요인별로 경험하는 감정들을 제시하였다 (Weiner, 1980, 366쪽).

Weiner는 이 연구 결과가 인과추론에 의해서 감정의 경험이 달라진다는 가설을 지지하는 자료라고 해석한다. 그러나 이 연구는 시나리오를 사용한 가상조건의 연구이므로 Plutchik(1977)는 방법의 제한이 많아서 결과가 가설의 지지 자료는 못된다고 보았다. Weiner도 이 비판에 동의해서 이 정서경험이 귀인으로 인한 흥분유발을 경험한 후에 생기는지, 각성촉발과 정서의 경험이 동시에 발생하는지, 정서의 경험 후에 각성촉발이 생기는지, 그렇지 않으면 이상의 모든 설명들이 상

[표 4-5] 성공 · 실패에서 귀인 요인별로 경험하는 주된 감정들

성취결과	귀인요인	감 정
성 공	능 력 불안정적 노력 안정적 노력 자신의 성격 타인의 노력과 성격 운	자신감(유능감) 활 성 화 이 완 자기고양(自己高揚) 감 사 놀 람
실 패	능 력 불안정적 노력; 안정적 노력 성격; 내적 동기 타인의 노력; 타인의 동기 및 성격 운	무 능 감 죄 책 감(수치) 체 념 공 격 놀 람

황에 따라서 각기 달리 적용되는지 알 수 없다고 본다.

그러나 Weiner는 원인추론이 정서를 유발하는 데 필요하고도 충분한 원인이라고 본다. 이 근거에서 귀인차원이 감정의 차이를 유발하는 데 기본 역할을 한다고 본다. Weiner는 귀인과 정서의 인과관계를 주장하면서 성공이나 실패의 원인추론에 의해서 경험하는 정서들이 다음과 같은 세 출처에서 나온다고 분류한다.

첫째는 성공이나 실패와 같이 성취결과와 직접 연결되어서 나타나는 정서이다. 이는 결과의존 정서라고 부르는데, 성공에 대해서 좋게 느끼고 실패에 대해서 나쁘게 느끼는 일반적 감정들이다. 이 정서들은 성취결과에 대한 최초의 반응이고 가장 강렬한 반응이기도 한다.

둘째는 성공이나 실패에 대한 일반적 감정에 수반해서 나타나는 정서이다. 이에는 타인 때문에 성공했을 때 경험하는 감사, 타인 때문에 실패했을 때 느끼는 적대감, 그리고 운에 의해서 성공하거나 실패했을 때 느끼는 놀람 등이 포함된다.

셋째는 자존심과 관련된 감정이다. 여기에는 자기가 원인이 되어서 성공했을 때 느끼는 유능감과 자부심, 그리고 자신이 원인이 되어서 실패했을 때 느끼는 수치나 죄책감 등이 포함된다.

4. 성취귀인이 성취행동에 미치는 효과

앞에서는 귀인에 의해서 기대와 감정의 두 요소들이 달라짐을 살펴보았다. 이처럼 귀인에 의해서 동기에 영향을 미치는 이 두 요소들이 달라지기 때문에, 이에 따라서 동기의 세 기본 속성인 행동의 방향, 강도 및 지속이라는 측면에도 영향을 미친다. 이 세 속성들을 (1) 행동의 방향을 나타내는 선택행동과 (2) 행동의 강도와 지속에 미치는 영향으로 나누어서 살펴본다. 그리고 성취귀인이론에서 설명하는 행동효과를 Atkinson-McClelland 이론은 어떻게 설명하는지 검토하기로 한다.

(1) 과제 선택행동에 미치는 효과

성취귀인이론에서는 귀인이론의 가정대로 인간이 합리적 존재로서 성취 결과가 초래된 원인을 추론하기 위하여 정보의 수집을 통해서 인과구조를 이해하려고 한다고 가정한다. 사람들이 이 인지욕구를 충족시키려고 하기 때문에 과제의 선택 행동에서도 중간 난도의 과제를 선택한다고 주장한다. 왜냐하면 너무 쉽거나 너무 어려운 과제를 선택하게 되면 수행의 결과로부터 자신의 능력이나 자신이 투입한 노력을 평가하는 데 유용한 정보를 얻을 수 없다. 그러므로 이 경우에는 성취과제에서 성공하거나 실패한 원인을 추론하기 어려워진다. 그러나 과제의 난도가 중간 수준이면 성공하거나 실패했을 때 원인을 추론하기가 쉬워진다. 그러므로 사람들은 중간 난도의 과제를 선택하는데, 이는 자신의 수행 결과에 관해서 원인을 추론할 때 사용할 정보를 가장 많이 얻을 수 있기 때문이다.

(2) 행동의 강도와 지속성

행동의 강도와 지속성에 관한 귀인이론의 연구는 다음 세 가정들을 근거로 수행되었다(Weiner, 1980, 381쪽).

첫째, 행동이란 성공의 기대와 아울러 성취의 결과로 인해서 나타난다고 예견되는 정서반응이라는 두 요소들에 의해서 매개된다.

둘째, 기대란 인과성 차원 가운데 안정성 차원의 귀인에 의해서 영향을 받는다. 실패에 대해서 노력의 부족이나 불운이 원인이라고 보는 불안정귀인을 하게 되면 능력이나 과제난이도로 안정귀인을 시킨 경우보다 행동의 강도도 증가되며 더 오랜 동안 지속된다. 실패의 원인이 노력의 부족 때문이라고 귀인하게 되면 노력은 의도하는대로 통제가 가능하기 때문에 행동의 강도가 증가되고 더 오래 지속된다.

셋째, 감정도 지각된 인과성에 의해서 영향을 받는다. 성취의 결과로 경험하는 유능감이나 무능감은 행동의 중요한 결정요인이 된다. 실패의 원인을 능력 부족 때문이라고 귀인하게 되면, 운이 나쁘다거나 노력 부족이라고 귀인한 때에 비해서 무능감의 경험이 높아서 그 후 수행의 강도나 지속에 나쁜 영향을 미친다.

위에서 행동의 강도와 지속성에 영향을 미치는 요인들을 세 가정을 통해서 살펴보았다. 그런데 실패와 달리 성공에 대한 원인추론이 행동의 강도와 지속에 미치는 영향은 분명하지 못하다. 그러나 성공한 원인을 능력으로 귀인시키면 자기효능성(自己效能性, self-efficacy)을 증진시키고, 노력으로 귀인하면 의도한대로 할 수 있다는 통제감을 일으키기 때문에, 이 두 귀인이 행동을 활성화시킬 수 있다. 비록 이러한 추론이 가능하지만 귀인이론에 근거를 두는 동기 연구에서 현재까지 실패의 귀인을 많이 다루기 때문에 성공의 귀인 효과에 관해서도 심층 연구가 필요하다.

(3) 최종 성취행동의 예언

성취의 결과에 대한 귀인이 성취행동의 동기에 미치는 영향을 행동의 선택, 강도 및 지속의 세 요소별로 살펴보았다. 이제는 이 특징들로 인해서 성취 상황에서 귀인이 이루어지면 결과적으로 어떤 행동을 초래하게 되는지 알아본다. 또한 이 가설들을 설명하면서 Atkinson의 성취동기이론과 비교하여 Weiner 이론의 특징을 부각시키고자 한다.

① 성취욕구가 높은 사람이 성취욕구가 낮은 사람들보다 성취활동에 더욱 접근하려 한다. 성취욕구가 높은 사람들이 성취활동에 적극 참가한다는 가설은 Atkinson의 성취동기이론과 동일하지만 이와 같이 예언하게 되는 배경은 두 이론에서 서로 다르다. Atkinson-McClelland의 모형에서는 이전에 성취활동에서 유쾌한 경험을 했기 때문에 성취욕구가 높아진다고 주장한다. 그리고 성취동기가 높은 사람들은 과거에 경험한 유쾌한 성취의 경험이 원인으로 작용하기 때문에 성취활동을 시도한다고 주장한다.

성취귀인이론에서도 성취활동의 시도가 부분적으로 과거의 강화의 역사에 의해서 결정된다는 점에는 동의한다. 그러나 이 이론에서는 성취욕구가 높은 사람들이 과거의 성공 경험을 통해서 성공을 능력이나 노력과 같이 내부원인 때문이라고 귀인시키기 때문에 성취활동에 접근한다고 설명한다. 성취귀인이라고 설

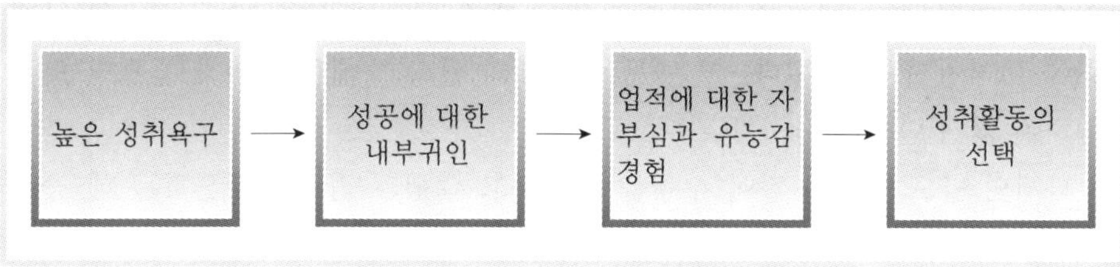

[그림 4-5] 성취동기가 높은 사람의 성취활동 선택과정

명하면 성취욕구가 높은 사람들이 성취귀인을 통해서 자신이 유능하다는 유능감(有能感, feeling of competence)을 경험하게 되고, 이 경험은 성취활동을 보상해 주는 기능을 하기 때문에, 결과적으로 성취활동에 접근하는 행동경향이 생긴다. 성취동기가 높은 사람들에서 성취추구 활동이 강하게 형성되는 과정을 성취귀인이론으로 보면 다음의 [그림 4-5]로 나타낼 수 있다.

② 성취욕구가 높은 사람들은 노력의 중요성을 강조한다. 이들은 성공의 원인이 노력을 많이 했기 때문이라고 귀인한다. 이들에게는 이처럼 노력에 의해서 성공이 결정된다는 신념이 있기 때문에 성취과제에서 열심히 노력한다. 성취욕구가 높은 사람들은 실패에 당면하더라고 실패한 원인이 노력 부족에 있다고 귀인한다. 이 귀인이 이루어지면 노력에 의해서 성공할 수 있다는 희망을 계속 지니고 지속해서 노력을 쏟을 수 있게 된다. 더구나 노력은 개인이 통제할 수 있기 때문에 실패에 당면하더라도 노력으로 귀인시키면 더 노력을 쏟을 수가 있다.

반면에 성취동기가 낮은 사람들은 성공이나 실패가 노력에 의해서 결정된다고 보지 않기 때문에 노력의 중요성을 믿지 않는다. 그러므로 성취욕구가 낮은 사람들은 성공하더라도 더 노력하려고 생각하지 않는다. 더구나 성취동기가 낮은 사람들이 실패한 경우에는 실패의 원인을 노력의 부족이 아니라 대체로 자신의 능력 부족 때문이라고 귀인하기 때문에 자신이 무능하다고 느끼고 그 후에는 성취과제에서 노력을 기울이지 않고 체념하는 경향이 있다.

③ Weiner의 이론에서는 모든 사람들이 중간 난도의 과제를 선호한다고 주장한다. 왜냐하면 중간 난도를 지닌 과제에서 수행한 결과는 자신의 수행을 평가하고 성공하거나 실패한 원인을 추론하는 데 가장 효과적인 환류기능을 하기 때문이다. 또한 과제난이도는 노력이 성취에 미치는 효과에 대해서 서로 다른 신념을 일으키는 단서의 기능도 지닌다. 쉬운 과제에서는 노력이 성공하는 데 불필요한

요인으로 지각된다. 반면에 극히 어려운 과제에서는 노력하더라도 정력의 낭비로밖에 여겨지지 않게 된다. 이 때문에 과제의 난도가 매우 낮거나 높으면 모두 노력하지 않게 만드는 단서가 된다.

과제의 난도가 이와 같이 수행을 평가하고 수행의 원인을 추론하는 데 중요한 기능을 지니고 능력과 노력에 관한 신념을 유발하는 단서의 기능을 지니기 때문에 사람들은 난도가 매우 높거나 낮은 과제보다 중간 난도의 과제를 선호하게 된다. Weiner의 이론에서는 인간이 일반적으로 중간 난도의 과제를 선호한다고 주장하지만 Atkinson-Mcclelland이론에서는 성취욕구가 높은 사람들만 중간 수준의 난도를 지닌 과제를 선호한다고 주장한다.

5. Weiner 이론의 전체 동기과정 종합

Weiner의 성취귀인이론에서 동기과정은 다음의 단계들로 구성된다: (1) 성취상황의 여러 자극단서와 아울러 성취행동의 결과로 나타난 성공이나 실패의 원인을 추론하여 귀인이 이루어지는 과정, (2) 귀인의 범주화와 차원화 과정, (3) 귀인의 결과가 기대와 정서에 영향을 미치는 과정, 그리고 (4) 기대 및 정서의 경험을 토대로 성취행동의 동기 특징이 나타나는 과정으로 나누어 볼 수 있다. 이 과정들은 연결되어 있으므로 단절된 과정들이 아니다.

Weiner(1980, 392쪽)는 전 과정이 연속되는 과정으로 이어짐을 쉽게 이해하도록 각 과정별로 특징을 적어 넣어서 성취귀인이론을 [표 4-6]처럼 제시했다.

[표 4-6] 성취귀인이론의 전 과정(Weiner, 1980, 392쪽)

선행 조건 →	지각된 원인 →	원인차원 →	일치효과 →	다른 행동 결과
구체적 정보 인과 도식	능 력	안 정 성 →	기대 변화	수행강도 지 속 선 택 기 타
개 인 차	노력(전형적 및 즉각적)	내외인과성 →	자존심과 관련된 감정들	
강화계획 타 인	타인(학생, 가족, 교사) 동기(주의, 흥미)	통제가능성 →	대인판단, 개인 내부의 감정상태	

Weiner의 귀인적 동기이론에 관한 연구동향

국내에서도 Weiner의 이론에서 제안된 기대 효과를 리더십 상황에 적용한 실험 연구가 발표되었다. Weiner의 귀인적 동기이론을 리더행동에 적용한 이론은 Green과 Mitchell(1979)에 의해서도 발표된 바 있다. 서용원(1985)은 부하의 수행이 성공하거나 실패한 조건에서 그 원인을 능력, 노력, 과제난이도 및 운으로 조작한 정보를 상사에게 제공하였다. 이 연구의 결과 내외귀인이나 안정-불안정귀인 차원 모두에서 상사가 귀인을 달리하면 부하의 수행수준에 대한 기대가 서로 달라짐을 알았다. 그러나 그의 연구에서 성공이나 실패의 모든 조건에서 내외귀인보다 안정-불안정귀인이 기대에 큰 영향을 미친다는 Weiner의 가설은 지지되지 않았다. 또한 부하의 성공 실패와 내외귀인 차원의 상호작용 효과나 부하의 성공-실패와 안정-불안정귀인의 상호작용 효과가 모두 유의했다. 세부적으로 보면 부하가 수행에서 성공했을 때에만, 성공을 외적으로 귀인할 때보다 내부로 귀인할 때 부하의 성공에 대한 기대가 높았다. 반면 부하가 수행에 실패했을 때 상사가 이 실패를 안정요인으로 귀인하게 되면 불안정요인으로 귀인했을 때보다 부하가 성공하리라는 기대가 높았다.

간단히 말해서 Weiner 이론에서 안정-불안정귀인 차이에 따라서 기대가 달리 나타난다는 가설은 부하의 실패 조건에서만 나타났다. 이 결과를 보면 귀인이 기대하지 않던 뜻밖의 나쁜 조건에서 자주 나타나기는 하지만 Weiner의 이론이 이에 해당되는 실패 조건에 비중을 두고 안정-불안정 차원의 중요성을 강조했다고 생각할 수 있다. 그러나 이 연구에서는 ① 자신의 성공이나 실패 귀인을 직접 다루지 않고 타인인 부하의 행동에 대한 귀인을 다루었기 때문에 행위자-관찰자 귀인의 차이에 따르는 귀인편향(attribution bias)이 기대에 영향을 미쳤을 수 있다. ② 부하의 불안정귀인 요인인 노력을 극대화하여야 하는 감독 상황을 다루었기 때문에 이 연구가 직접 Weiner 이론의 검증했다고 보기는 어렵다. 위의 ②항의 추론을 밑받침하는 근거는 이 실험에서 부하의 노력 때문에 성공이나 실패한 조건에서 상사의 감독 행동이 현저하게 엄격했던 데서도 볼 수 있다.

한편, 문화에 따른 성취귀인의 차이는 최근에 주목받은 연구 주제 가운데 하나이다. 우선 성취 상황에서 자주 사용되는 귀인 범주에서 문화에 따른 중요한 차이가 있을 수 있다. 한덕웅과 서용원(1985, 미발표)의 자료에서도 사업, 학업, 승진 등에서 경험하는 성공과 실패를 귀인할 때, 능력, 노력, 과제난이도, 운 이외에 가족이나 친척을 중심으로 하는 타인 지원이 중요한 요인이었다. 이 자료는 문화에 따라서 중요한 귀인 요인이 달라짐을 보이는 예가 될 수 있다. 성취에 실패한 상황에서 동양인들이 미국인들에 비해서 능력귀인보다 노력귀인을 우세하게 보인다는 연구 결과도 있다(Markus & Kitayama, 1991에서 재인용). 이 결과를 보면 서용원의 실험 결과는 한국인의 우세한 노력귀인 추세를 반영하는 데 따른 결과일 수 있다.

성취동기이론과 성취귀인이론에 대한 논의를 마치기 전에 성취동기의 문화차이에 관해서도 검토하기로 한다. 성취동기 연구가 자주 수행되었던 북미대륙에서는 성취동기란 개인이 달성하고자 추구하는 개인 목표를 중심으로 정의되었다. McClelland가 국가의 경제적 발전 수준과 성취동기의 관계를 다룬 연구 역시 개인 목표와 관련된 성취동기였다. 그러나 Ramirez와 Price-Williams(1976)는 개인목표 중심의 성취동기와 가족목표 중심의 성취동기를 구분하였다. 그는 McClelland나 Atkinson과 마찬가지로 주제통각검사(TAT)를 사용하여 이 두 성취동기의 측정치들을 얻었다. 이들은 가설로 제시한 바와 같이 개인 목표 중심의 성취동기 득점에서는 문화적으로 개인의 성취를 강조하는 백인 어린이들이 흑인이나 멕시코계 미국 어린이들보다 높았다. 그러나 가족중심의 집단목표 중심의 성취동기 득점은 가족들로부터 이익과 안정을 얻을 수 있는 흑인 및 멕시코계 미국 어린이들이 백인 어린이들보다 높았다. 한국이나 동양 문화권에서 개인이 아니라 가족과 같은 내집단 중심의 성취가 중요시됨은 이미 밝혀졌다(Spence, 1985 참고). 한국문화에서도 개인에 대해서 가족처럼 친밀하게 대하는 내집단으로부터 받는 사회지원이 성취동기와 성취의 결과에 큰 영향을 미친다고 볼 수 있다(한덕웅, 1994b, 262쪽, 2003).

또한 성취귀인에 있어서도 미국인들이 자존심을 높이는 방향으로 귀인편향을 보이는 데 비해서 일본인들은 노력 귀인이 우세하고 겸양의 편향이나 혹은 타인 고양의 편향을 보인다는 보고도 있다(Shikanai, 1978; Takata, 1987; 이에 관해서는 한덕웅, 1994, 263~268쪽 참조). 또한 대인관계에서 한국인들이 행위자나 상대방이 행동사건의 원인이라고 귀인하는 이외에 공동귀인이 자주 나타나는 현상도 보고되었다(한덕웅, 이상욱, 1988; 이경성, 한덕웅, 강혜자, 1995; 이경성, 한덕웅,

2000). 또한 한국의 부부관계에서 이루어지는 귀인의 차원들이 내외, 안정 및 통제 가능성의 세 차원과 달리 행위자 개인-행위자 이외 요인, 부부요인-부부외 요인, 그리고 안정-불안정 요인들로 구분된다는 결과도 보고되었다(이경성, 한덕웅, 2000; 한덕웅, 2003). 이 결과들 역시 한국에서 행위의 주체별로 나누면 성취와 관련된 네 요인들로 각각 귀인한 후 기대 수준이나 정서의 내용이 달리 경험되어서 Weiner의 가설과 다른 현상을 보일 수 있음을 시사한다. 앞으로 성취동기이론이 한국에서도 타당한지 알아보려면 성취동기를 측정할 때 개인적 측면과 사회적 측면을 모두 다루는 연구가 필요하다.

결론 및 평가

(1) 성취귀인이론은 현재 사회심리학은 물론 성취동기, 리더십, 법정심리학, 부부치료, 여성의 동기, 우울증을 비롯해서 여러 응용심리 분야에서 계속해서 많이 연구되고 있다. 이 이론은 매우 영향력 있는 귀인이론을 기반으로 성립되었기 때문에 이론의 기초가 확립되어 있다. 이 이론에서 성취활동의 결과에 대한 귀인에 따라서 성공에 대한 기대와 감정이 달라지며, 이에 따라서 성취행동도 달라진다고 주장한다. 귀인에 의해서 초래되는 기대와 감정은 기대×가치이론의 두 핵심요소들과 유사하기 때문에 성취귀인이론은 기대×가치이론의 틀에서 해석할 수도 있다. 그러나 기대나 가치를 결정하는 매개요인으로 귀인을 강조하므로 성취욕구의 강도와 함께 기대나 가치의 영향을 강조하는 Atkinson이론과 구별된다. Atkinson이론과 Weiner이론은 차이가 있음에도 불구하고 성취동기와 성취행동의 관계에 관한 과제난이도 가설에는 부분적인 공통점도 있다. Weiner는 중간 난도 과제에 대한 선호가 모든 사람들에서 나타난다고 주장하고 Atkinson은 성취동기가 높은 사람들만 중간 난도의 과제를 선호한다고 주장한다.

(2) Weiner의 귀인이론적 동기이론은 초기 제안된 시점부터 일반동기이론으로 크게 주목을 받았다. 이 이론이 제안된 지 30년 가량이 경과되면서 이 이론을 지지하는 연구결과와 이 이론에 대한 비판이 여러 측면에서 제기되었다. 최근에는 많은 비판도 받았으나 전반적으로는 이 이론을 지지하는 연구들도 많고 이 이론이 아직도 발전할 가능성이 있는 이론이다.

(3) 성취귀인이론은 귀인이론이 지니는 장점들을 그대로 지닌다. 귀인이론은 인간이 환경에 수동적으로 적응하지 않고, 인간 고유의 인지능력을 활용하여 능동적으로 환경을 해석하고, 추론하며, 대처한다고 주장한다. 이 관점은 인간을 환경의 단순한 산물로 보려는 동기이론들과 대비시켜서 인간에 관한 이해의 폭을 넓혔다는 평가를 받는다.

(4) 동기이론으로서 성취와 관련된 인지, 감정 및 행동의 설명에 폭넓게 적용될 수 있는 이론이다. 그리고 이 세 요소들의 상호영향 관계를 연구할 수 있는 개념들을 제시했다. 또한 이론의 구성에서 조작적 정의가 가능한 용어들을 사용하고 있으며, 제안된 가설들은 실험이나 조사연구를 통해서 실증적으로 검증이 가능하도록 진술되었다.

(5) 귀인에 의해서 성취행동이 영향을 받는다는 성취귀인이론의 기본 가설은 Weiner(예: Weiner, Russel, & Lerman, 1978) 등에 의해서 반복해서 지지되었다. 성공이나 실패와 같은 성취활동의 결과를 능력, 노력, 과제난이도 및 운의 네 요인들로 귀인시키면 장차 성공의 기대, 과제 수행의 지속, 그리고 수행 수준이 달라짐이 보고되었다. 이 과정에 관한 국내 연구에서 서용원(1985)도 귀인에 따라서 기대가 달라진다는 가설을 지지하는 결과를 보고했다. 최근에는 성취과제에서 수행의 결과에 대한 귀인에 의해서 감정이 달라진다는 가설을 지지하는 결과도 다수 보고되었다.

(6) 귀인요인의 분류법으로 Weiner가 제안한 능력, 노력, 과제난이도 및 운의 네 요인의 분류체계가 부적절하다는 비판이 제기되었다. Falbo와 Beck(1979)은 여러 활동에서 성공이나 실패한 원인을 자유스럽게 기술하도록 하였다. 이 연구에서 위의 네 범주를 귀인요인으로 사용한 백분율은 23%에 불과했다. 이 결과는 이 네 요인들 이외에도 다른 요인들이 상황별로 중요한 원인요인이 될 수 있음을 의미한다. 또한 귀인요인의 측정과 관련된 문제도 주목을 받는다. 연구자가 네 귀인범주를 주고 반응하도록 하면 상황에 적합한 귀인보다 일반적 귀인편향이 작용할 여지가 크며, 자유반응으로 원인요인을 적도록 하면 분류 범주의 선정에 어려움이 따른다.

(7) 귀인요인 범주의 사용과 관련해서 문화에 따라서 중요한 귀인범주가 다르다는 비교문화적 비판도 제기되었다. Triandis(1972)의 연구에서 일본인이나 희랍인들은 성공의 원인으로 인내가 중요하다고 지각하고, 인도인들은 요령과 단결

이 성공의 중요한 원인이라고 지각함을 보고했다. 한국인은 성취상황에서 귀인하면서 독특한 요인으로 타인의 지원을 지적하였다(한덕웅, 서용원, 1985, 미발표).

(8) 성취귀인이론에서는 귀인이 기대와 감정에 영향을 미치고, 이 두 요소에 의해서 성취행동이 결정된다고 주장한다. 이 가운데 감정이 성취행동에 영향을 미친다는 가설에 대해서 비판이 제기되었다. Wilson과 Linville(1982)은 여러 기분 측정치들과 행동의 변화 사이에 유의한 상관관계가 없다는 연구결과를 제시했다. 또한 귀인으로 인해서 기대와 감정이 결정된다고 보면 귀인의 결과로 이 두 과정이 동시에 항상 함께 일어나는지 혹은 선택적으로 일어나는지 설명해야 하는데 해명하지 못했다.

(9) 성취귀인이론에 대한 비판은 여러 모습으로 나타났다. 그 가운데 몇 가지 비판들을 살펴본다. 성취귀인이론의 성취욕구 → 인과귀인 → 수행이라는 과정에 대해서 근본적인 비판이 Patten과 White(1977)에 의해서 제기되었다. 이들은 인과귀인이 수행에 영향을 미치지만 성취동기도 역시 수행에 직접 영향을 미침으로써 성취동기가 귀인과 무관하다는 연구결과를 얻었다.

또한 성취귀인이론에서는 성취욕구가 높은 사람들은 실패에 당면해서 실패의 원인을 노력 부족으로 귀인한다고 주장한다. 그러나 Covington과 Omelich(1979)의 연구에서는 성취욕구가 높거나 낮은 사람들 사이에 노력으로 귀인하는 정도에서는 차이가 발견되지 않고, 성취욕구가 능력귀인과 관련된다는 연구결과를 얻었다. Covington과 Omelich는 이 결과를 근거로 성취동기가 자기능력의 지각(자존심) 및 장래 기대(자신감)와 관련된다는 자존심/자신감 이론을 제안했다. 위의 두 연구 결과들은 성취욕구가 수행에 영향을 미치지만 반드시 귀인을 매개로 하여 수행에 영향을 미치지 않음을 보였다.

(10) Nisbett과 Wilson(1977)은 성취귀인이론에서 주장하는 행동의 원인에 대한 자각이 항상 일어나는지에 대해서 의문을 제기했다. 그는 귀인연구에서 흔히 볼 수 있는 행동의 원인에 관한 자각된 언어보고와 성취행동이 각각 별개 요인들에 의해서 결정된다고 주장한다.

(11) 귀인이론의 비판으로 인간이 성취행동의 결과로부터 원인을 추론할 때 항상 합리적이며 논리적인 정보처리자가 아니라는 점이 지적된다. 성취상황에서 성공에 대해서는 내부귀인하는 자기고양(自己高揚)의 편향이 작용하며, 실패에 대해서는 외부귀인하는 자기방어(自己防禦)의 편향이 작용함이 밝혀졌다(Miller,

1976). 특히 성취과제나 성취상황에서 자아관여나 개입의 수준이 높으면 이러한 편향이 작용할 가능성은 커진다. 또한 이른바 이 귀인편향(歸因偏向)들 가운데 문화에 따라서 귀인이 달라지는 현상들도 밝혀졌다. 미국이나 서양 사람들에 비해서 한국이나 일본 사람들은 성공의 원인을 노력, 외부지원 등으로 귀인하여 자기겸양귀인하는 현상을 알아냈다.

제5장
형평이론

개 관

형평이론(衡平理論, equity theory)은 Adams(1965)에 의해서 조직심리의 이론으로 발표된 이후 활발히 연구가 진행되었다. 그 후 Walster, Berscheid와 Walster (1973, 1976)는 이 이론을 일반성이 높은 사회심리이론으로 수정하여 제안하였다.

형평이론의 핵심은 자신이 타인과 비교해서 형평의 원리에 어긋나게 대우를 받으면 동기가 유발된다는 데 있다. 다시 말해서 개인이 대가를 얻으려고 기대하여 투입한 수준에 비해서 실제로 얻게 된 결과의 비율을 산출할 수 있다. 형평이론에서는 이 비율을 같은 방식으로 산출한 타인의 비율과 비교하여 형평의 원칙에 어긋나면 동기가 유발된다고 가정한다. 이러한 의미로 보면 형평보다 불형평(不衡平, inequity)이 핵심이므로 불형평의 이론이라고 생각할 수 있다.

한편, 이 이론의 기반을 보면 각각 독립해서 발표되어서 이미 잘 알려진 이론들을 배경으로 삼고 있다. 이처럼 배경을 이루는 이론들 가운데는 인지일관성이론들(認知一貫性理論, cognitive consistency theories) 가운데 인지부조화이론(認知不調和理論, cognitive dissonance theory; Festinger, 1957) 그리고 분배공정성이론(分配公正性理論, distributive justice theory; Jaques, 1961; Patchen, 1961)과 교환이론(交換理論, exchange theory; Homans, 1961) 등이 포함된다. 먼저 이 이론들이 형평이론을 구성하는 데 기여한 요소들을 간략하게 살펴보자.

인지일관성이론들 가운데 하나인 인지부조화이론에서는 인간이 지니고 있는 여러 인지들이 서로 일관되어서 모순되지 않을 경우에는 안정되게 조화된 상태를 가정한다. 그러나 만약 두 개 이상의 인지들이 서로 조화되지 못하는 경우에는 내부의 긴장을 유발하기 때문에 이 긴장을 해소하려는 경향이 생긴다고 주장한다. 형평이론에서는 이 이론에서 형평에 관련되는 인지들이 부조화를 이루면 긴장이 유발된다는 가정을 도입하였다.

한편, 분배공정성이론은 경제행동을 모형으로 성립되었다. 이 이론에서는 개인이 받는 보상에서 지출한 비용을 뺀 성과의 값이 개인의 투자와 비례하지 않는 조건에서 불쾌를 경험하며 분노나 죄악감과 같은 정서를 보이게 된다고 주장한다. 형평이론에서는 이 이론 가운데 성과와 투자가 비례하지 않는 조건과 이 때 경험하는 정서를 이론에 도입했다.

교환이론이란 대인관계에서 상대방과 교류하면서 부담과 보상이 동등한 수준으로 서로 교환된다고 가정한다. 이 과정에서 쌍방이 유사한 수준으로 부담과 보상을 교환하게 되면 관계가 지속된다고 주장한다. 교환이론은 경제에서 교환의 관점과 학습이론을 배경이론으로 삼고 행동주의의 인간모형을 수립하여 성립되었다. 형평이론에서는 이 교환이론을 활용하여 교환관계에 있는 사람들이 자신과 상대방의 부담과 보상에 대해서 공정성을 어떻게 지각하는지 이론으로 설명하였다.

앞에서 간략히 살펴본 바와 같이 형평이론의 배경을 이루는 이론들이 구체적 내용에서는 서로 다르다. 그러나 인간관계에서 동기와 행동을 설명하기 위하여 공평의 원칙을 설명의 단위로 설정하기 때문에 기본가정에서 공통점을 발견할 수 있다. 그리고 형평이론에서는 사회관계에서 다른 사람들과 비교함으로써 경험한 불형평이 동기에 영향을 미친다고 주장한다.

여기서 말하는 형평이란 대인관계에서 개인이 얻은 성과(成果, outcomes, 예: 선물, 봉급)에 비해서 소비한 투입(投入, input, 예: 노력, 능력)의 비율을 자기와 관련 있는 타인(他人, relevant other)의 성과-투입의 비율과 비교했을 때 두 비율이 동일한 경우로 정의된다. 개인이 지각하고 있는 자신의 투입-성과 비율과 타인의 투입-성과 비율이 같다고 생각하면 이는 형평을 이루는 공평한 관계이다. 이와 달리 만약에 불형평한 관계가 존재하면 이 불형평상태가 긴장을 일으키기 때문에 불형평을 제거하려는 동기를 유발하는 원인이 된다. 동기의 유발과정은 이와 같이 타인과 비교하는 측면을 지닌다. 인간이 타인과 비교하는 과정이 행동에 중요한 영향을 미친다는 주장은 형평이론보다 앞서 Festinger(1954)가 제안했다. 이를 사회비교이론(社會比較理論, social comparison theory)이라고 부른다. 이 이론 역시 형평이론에 암묵적으로 연결되어 있다.

형평이론에서는 개인의 관점에서 볼 때 형평의 원칙에 맞는다고 지각하는 데 따라서 동기와 만족이 결정된다고 주장한다. 예를 들어서 자신과 동일하게 일한 동료와 비교해서 자신이 받은 급여가 적다고 지각하게 되면 불형평을 경험한다. 이 경우 불만족을 느끼게 되고, 이 불편감을 벗어나기 위하여 여러 수단을 써서 활동하게 된다고 설명한다.

불형평에 의해서 유발되는 긴장을 제거하려는 동기과정을 Mowday(1979, 128쪽)가 요약해서 제시한 바가 있다. 이에 따르면 형평이론의 동기과정은 다음 요소들로 구분해서 설명할 수 있다.

① 불형평의 지각이 개인에게 긴장을 유발한다.
② 개인이 경험하는 긴장의 총량은 불형평의 크기와 비례한다.

③ 개인 내에서 유발된 긴장은 이를 감소시키기 위한 방향으로 개인을 동기화시킨다.
④ 불형평을 경감시키려는 동기의 강도 역시 지각한 불형평의 크기에 비례한다.

한 마디로 말해서 불형평이 있으면 긴장이 유발되므로 행동이나 인지의 수단을 사용하여 긴장을 감소시켜서 형평의 조건이 회복되도록 개인을 동기화시키게 된다.

이상에서 형평이론의 개요를 살펴보았다. 이 장에서는 먼저 Adams의 이론을 소개한 다음, Walster 등의 수정이론을 제시하고, 이 이론에 관한 연구 경향을 논의하고, 이 이론에 대해서 전반적으로 평가하기로 한다.

Adams의 이론

Adams(1965)는 불공평(不公平, injustice)이라는 용어 대신에 불형평(不衡平, inequity)이라는 용어를 사용하는데 그 이유를 다음과 같이 설명한다.

첫째, Adams 외에도 여러 사람들이 불공평이란 용어를 이전부터 사용해 왔으므로 형평과 구분할 필요가 있다(Adams & Rosenbaum, 1962; Adams, 1963a, b, 1965; Adams & Jacobsen, 1964).

둘째, 불공평이라는 개념의 의미가 광범하기 때문에 혼동을 피하기 위해서 불형평이라는 용어를 사용한다.

셋째, 형평이론은 인간이 교환관계에서 형평관계를 이루지 못하는 원인이나 불형평으로 초래되는 결과에 관심을 갖기 때문에 이 용어를 사용함으로써 이 점을 강조하기에 적절하다.

Adams는 넓은 의미의 불공평 경험이 불만족과 관련된다는 연구 결과들에 주목해서 이 이론을 마련하였다(1965, 296쪽). 그러나 여러 연구에서 불만족을 경험하는 경우에 불공평감이 자주 보고되기는 했으나(Herzberg, Mausner, & Snyderman, 1959; Vroom, 1964), 불공평에 관련되는 행동의 분석은 이루어지지 못했다. 예를 들어서 고전적인 Hawthorne 연구(Roethlisberger & Dickson, 1939)에서도 서부전기회사(Western Elec-tric Company)에 근무하는 사람들에게서 볼 수 있었던 불만족이 대부분 불공평감에 의해서 촉진되었다는 증거가 있다. 즉, 작업자들의 불평 가운데 봉급이 연령의 순서에 따르지 않았다거나, 기본임금의 기준율이 너무 낮거나, 능력과 보수가 적절하게 연결되지 않는다는 등으로 불만이 많았다. 이 내용들은 작업설비가 나쁘다거나 작업장이 너무 덥다는 등 물리요인과는 성질이 다르다.

Roethlisberger와 Dickson(1939, 295쪽)은 "불평불만을 정의하는 데 필요한 적절한 물리적 여건이나 논리적 조작단위를 설정할 수 없었다"고 진술했다. 따라서 이들은 불평불만을 요약해서 설명해 줄 수 있는 "개인적이거나 사회적인 상황들"을 찾아내려고 하였다. 그렇지만 지금도 불공평의 내용에 대한 개념 규정은 개괄적 설명을 넘어서지 못한다.

또한 형평이론에서는 불만족이나 낮은 사기가 모두 사회교환(社會交換)상황에서 발생하는 불형평 경험 때문에 나타난다고 주장하지도 않는다. 그러나 형평이론에 근거해서 이루어진 연구결과를 보면 불만족한 사례들 가운데 상당 부분을 불형평의 개념으로 잘 설명할 수 있다. 그리고 불형평이라는 개념을 사용하게 되면 불만족이 형성되는 과정을 이론적으로 잘 분석할 수 있어서 유용하다.

Adams의 형평이론은 조직행동에 초점을 두고 있어서 이 장에서 근로자와 고용자의 교환관계를 예로 드는 경우가 많게 된다. 그 이유는 종업원과 고용자의 노사관계는 조직 성원 상호간에 형평성을 조성하는 데 중요한 영향력을 미치기 때문이다. 실제로 실험실 연구를 제외하면 불형평에 관한 실증연구 가운데 기업에서 보수를 중심으로 노사 간의 불형평을 다룬 경우가 많다.

비록 조직에서 형평이론을 다룬 연구들이 많이 수행되었다고는 하지만 이 이론은 대인관계에서 교환이 일어날 수 있는 어떠한 사회상황에서도 적용된다. 예를 들면, 계층에 따른 수입과 세금의 관계, 지역에 따른 차별, 같은 팀의 동료관계, 교사와 학생, 노사관계, 우정관계, 애인관계, 아동과 부모, 환자와 치료자 등을 포함해서 공평한 교환이 기대되는 상황에는 어디나 이 이론이 적용될 수 있다.

불형평을 결정짓는 요인

불형평에 영향을 미치는 요인들은 투입과 성과, 그리고 개인과 타인으로 구별하여 설명할 수 있다.

투입요인: 두 사람 사이에 교환이 이루어지는 곳에서는 어디서든 일방 혹은 쌍방 모두가 교환이 불공평하다고 느낄 소지가 있다. 이 현상은 자신이 일에서 노력한 대가로 보수를 받는 경우에도 해당된다. 일하는 사람의 입장에서 보면 자신의 교육수준, 지능, 경험, 훈련, 기술, 근무연한, 연령, 성별, 종족, 사회적 지

위, 그 직무에 투입한 노력 등이 모두 적당한 보수와 교환받기 위해서 투입되었다고 생각할 수 있다. 특수한 상황에서는 위에서 언급한 요인들과는 다른 속성들을 투입요인으로 생각할 수도 있다. 예를 들면 상황에 따라서 외모나 매력, 건강, 특수한 도구의 소유 여부, 배우자의 특성 등이 투입요인으로 관련을 가질 수도 있게 된다.

이처럼 투입요인(投入要因, input)이란 상대방으로부터 보답이 오기를 기대하면서 자신이 먼저 상대방에게 주었다고 지각하는 요인들로 정의할 수 있다. 투입요인이란 Homans(1961)가 말하는 투자(投資, investment)와 같은 의미를 지닌다. 인간은 사회관계에서 장차 교환이 이루어진다고 보고 상대방에게 이 요인들을 제공하고 자신의 투입으로 간주한다.

이 투입요인들은 교환을 받으려는 이들이 지각한 요인을 의미하므로 이 투입요인은 자신과 교환관계에 있는 상대방이 지각하는 투입요인과 반드시 같지 않을 수도 있다. 이 말은 투입이라는 개념이 서로 구별되는 두 가지의 주관적 특징을 지니고 있음을 의미한다. 두 측면이란 인정(認定, recognition)과 관련성(關聯性, relevance)을 말한다. 이 두 가지에 관해서 각각 설명해 보자.

인정이란 무엇인가? 상호 교환관계를 형성하고 있는 두 사람 사이에서 특정한 속성(예: 매력, 돈, 지위, 작업기술, 교육수준, 지능)을 지닌 개인이거나, 교환관계에 있는 상대방이거나, 혹은 두 사람 모두가 한 사람이 지니고 있는 투입요인을 인정할 수 있다. 이 투입요인을 지닌 사람이거나 혹은 상호 교환하는 쌍방이 모두 이 요인이 존재함을 인정하면 이 요인은 투입으로써 잠재적 기능을 지니게 된다. 그러나 만약 사회관계에서 이 요인을 지니지 못한 사람은 투입요인으로 인정하지 않고 다만 상대방만 자기가 지니는 요인을 인정하게 된다면 이 요인을 지니지 못한 사람은 이 요인이 심리적으로 투입요인이라고 생각하지 않게 된다.

무엇이 투입요인인지 결정하는 두 특징들 가운데 다른 하나는 어떤 요인을 지니고 있는 사람이 이 요인을 교환과 관련된다고 지각하는지 여부이다. 만약 일정한 요인을 지닌 사람이 이 요인을 교환과 관련성이 있다고 지각하고 이 요인의 투입에 따라서 정당한 대가가 돌아오기를 기대하게 되면 이 요인은 투입요인이 된다. 따라서 만약 어떤 요인을 지닌 사람만 교환과 관련이 있다고 생각하고 교환관계에 있는 상대방은 이 속성이 관련이 없다고 판단한다면 개인에게는 불형평이 유발될 수 있다.

예를 들면 계약에 명확한 규정이 없으면 고용주는 근무연한이 승진과 관련이 없다고 보는 반면에 근로자는 관련된다고 볼 수 있다. 그러므로 이 경우 오래 근무한 사람이 승진하지 못해서 불형평을 느낄 수도 있다. 다른 예로 대도시 출신과 지방 출신의 은행원이 동일한 일을 하고 같은 봉급을 받는다면 대도시 출신의 은행원이 불형평으로 불만족을 더 경험할 수도 있다. 대도시 출신자들이 출신지역을 봉급과 관련이 있는 투입요인으로 볼 수 있기 때문이다(Crozier, 1960).

그런데 교환관계에서 주요 투입요인은 두 사람이 형성하는 상호관계의 유형과 친밀도에 따라서 서로 달라질 수 있다. 연령 요인은 대체로 어떤 관계에서나 명백한 영향을 미친다. 그러나 성별이나 인종 등의 요인들은 그렇지 않다. 또한 어떤 요인들은 서로 깊은 상관관계를 지닌다. 근무연한과 연령의 관련성이 좋은 예가 된다.

반면에 성별은 한국사회에서 교육수준이나 다른 몇 가지 투입요인들과 매우 높은 상관을 지닐 수 있지만 다른 변인들과는 대체로 상관없이 작용하는 요인이다. 비록 요인들 상호간에 상관관계가 있거나 혹은 없는 경우가 있지만 당사자는 이 모든 투입요인들이 각각 별개라고 생각하여 모두 중요하다고 할 수도 있다. 그러므로 이 경우에는 개인이 투입한 총계를 산출할 때 연령과 근무연한처럼 서로 상관이 높은 요인을 별개 요인으로 계산할 수도 있다.

성과요인: 투입요인들의 비중이 서로 다르다는 사실을 밝힌 연구도 있다. Zaleznik와 공동연구자들(1958)은 산업체에서 조직행동을 예측하기 위하여 연령, 근무연한, 교육수준, 인종, 성별 등의 다섯 투입요인들에 동일한 가중치를 적용하였을 때 분배공정이론에서 유도된 가설은 지지되지 못했다. 이들은 투입요인들을 동등한 가중치로 다루면 투입의 총화를 계산하는 데 적절한 방법이 아님을 알아냈다.

교환에서 투입(投入, inputs)에 대비되는 측면은 투입에 대한 대가로서 개인이 받게 되는 수익(收益, receipts)이다. 이를 Adams는 성과(成果, outcomes)라고 불렀다. 여기에는 감독에 대한 만족, 봉급, 직무에 대한 내적 보상, 근무연한에 따른 우대급여, 부가급부, 직무상의 지위나 지위를 상징하는 대우, 공식적이거나 비공식적 특혜 등 여러 가지가 포함된다. 이 성과들은 모두 긍정적 유인가(誘引價, valence)를 지니는 성과의 예이다. 긍정적 유인가를 지니는 성과들이란 접근하고 갖고 싶어하는 성과들을 의미한다.

한편, 성과에는 부정적 유인가를 지니는 성과들도 있다. 형편없는 작업조건, 일의 단조로움을 비롯해서 Herzberg(1958)가 불만족요인(不滿足要因, dissatisfier)이라고 부른 요인들 가운데 대다수가 이에 포함된다. 부정적 유인가를 지닌 성과들이란 접근하고 싶은 대상이 아니라 가능한 대로 피하고 싶은 요인들이다.

투입요인들과 마찬가지로 성과요인들도 상호 관련되는 경우가 흔하다. 예를 들면, 높은 보수와 직무상의 높은 지위는 함께 따르게 되므로 상관이 높다.

고용주와 종업원의 직접 교환을 떠나서 얻을 수 있는 긍정적 성과들도 있다. 이에는 애정, 사랑, 공식예우, 우의의 표현, 공정한 대우, 신뢰 등이 포함된다. 반면 경멸, 무례, 배척 등은 부정적 성과들이다.

대인관계에서는 일반적으로 양자간에 동일한 수준으로 성과가 상호교환되는 상호성(reciprocity)이 대인관계를 지속시키는 기본 요소가 된다. 여기서 말하는 동일한 보상 수준의 상호교환이란 원칙으로 보면 상호교환한 수준의 동등성(equality of exchange)을 의미한다. 즉, 자신이 상대방으로부터 받은 성과에 대한 보답으로 이와 동등한 수준의 긍정적 성과를 주게 된다.

한편, 투입과 마찬가지로 성과에서도 객관적 성과가 아니라 성과에 대한 지각이 형평에 영향을 미친다. 그러므로 성과도 역시 인정(認定)이나 관련성(關聯性)이라는 두 개념적 특징을 지닌다. 성과를 받는 사람이나 혹은 성과를 주고받는 두 사람 모두가 어떤 성과의 존재를 인정하게 되면 심리적인 의미에서 성과가 될 잠재력을 갖는다. 만약에 받는 사람이 어떤 성과요인을 교환과 관련이 있다고 생각하고, 자신에게 유익하거나 혹은 불이익이 된다고 보게 되면 이것이 곧 성과이다.

그러나 받는 사람의 입장에서 보면 성과와 무관하거나 혹은 쓸모가 없음에도 불구하고 주는 사람은 성과라고 보는 경우도 드물지 않다. 예를 들면, 봉급인상을 원하는 사람에게 사무실에 카페트를 깔아주는 경우를 들 수 있다. 이 경우에는 받는 사람의 입장에서 보면 성과와 아무런 관련이 없기 때문에 불만족을 느낄 수 있다.

교환당사자들이 모두 적절하고 관련이 있는 성과들이라고 일치되게 인정하는 상호교환의 상황이란 생각보다 많지 않다. 이러한 사실을 드러내 주는 연구결과가 Atkinson과 Belcher(1971, 34쪽)에 의해서 보고되었다. 이 연구에서 사용자와 근로자가 노사관계에서 중요한 성과변인으로 지각하는 내용들이 서로 다르다는 사실을 알아냈다. 이 사실은 관련이 있는 성과에 대해서 노사간에 견해가 서로 달라서 불형평의 경험이나 인식에서 큰 차이를 보일 경우가 많음을 시사한다.

투입과 성과의 관계: 투입요인과 성과요인에 관련이 있는 내용들을 개념적 수준을 떠나서 구체적으로 분류하려고 하면 실제로 성과와 투입요인들이 서로 별개라고 생각할 수는 없는 경우가 많다. 예를 들면 어린이가 노력하면 칭찬을 받는다고 생각하면 노력과 칭찬이 서로 관련된다. 사실 투입과 성과는 상호관련되어 있으나 단지 불완전한 형태로 관련되어 있다. 불형평에 관심을 두어야 할 필요성도 사실은 투입과 성과요인들이 불완전하게 상호 상관되어 있기 때문에 생긴다고 볼 수 있다.

투입과 성과요인들이 복잡한 관계를 이루기는 하지만 투입과 성과가 일관성이 없이 항상 혼란스런 관계를 이루지는 않는다. 각 사회나 문화마다 투입과 성과의 관계가 공정한 관계인지를 판단할 수 있는 규범적 기대(規範的 期待)가 존재한다. 개인의 성장과정으로 보면 이 규범적 기대가 학교, 가정, 직장 등에서 사회화과정(社會化過程)을 통해서 학습되어 형성된다. 즉, 준거대상인물(準據對象人物; 예로서 부모, 교사 등)이나 준거집단(準據集團; 예로서 공동작업자, 동료, 친척이나 이웃 등)에서 투입-성과의 상호관련성을 관찰하게 되는데 이 경험이 이 두 요인의 연결관계를 정하는 근거가 된다. 이 과정을 거치면 사회비교하는 사람의 규범적 기대가 침해되거나 혹은 자신의 성과 대 투입의 비율이 다른 사람의 성과 대 투입의 비율과 비교해서 작다고 알게 될 때 불형평을 경험하게 된다.

개인과 타인: 형평이론을 이해하려면 개인(個人, person)과 타인(他人, other)의 개념을 설명할 필요가 있다. 개인이란 형평이나 불형평을 경험하는 사람을 말한다. 그리고 타인이란 다음 세 기준들 가운데 하나에 해당하는 사람을 말한다.

① 개인이 직접 교환관계를 갖고 있는 사람일 수 있다.

② 개인이 타인과 동등한 입장에서 제3자 혹은 제3자들과 교환관계를 이루고 있을 때, 자신과 유사한 처지에 있는 사람들 가운데 비교할 만한 사람일 수 있다. 여기서 말하는 제3자의 예로는 개인이 속한 회사의 사장을 들 수 있다. 그리고 한 사람 이상의 제3자들의 예로는 자신이 종사하는 업계나 지역의 여러 회사의 사장들을 들 수 있다. 다시 말해서 자신이 속해 있는 회사의 동료가 타인이 될

수도 있으며, 동일한 산업의 다른 회사 사장들 밑에서 일하는 사람들 가운데 자신과 비슷한 처지의 사람이 타인일 수도 있다.

③ 타인은 자기 이외의 다른 사람인 경우가 보통이지만 다른 직무에 종사하는 자신이거나 혹은 현재와 다른 사회역할을 맡은 자신일 수도 있다. 따라서 이전 직장에 다니던 자신이 타인이 될 수도 있으므로 이 경우에는 현재와 과거에 자신이 받은 성과를 서로 비교하여 형평 여부가 결정된다. 또한 현재와 과거를 비교해서 자신과 고용자의 교환관계가 형평인지 불형평인지 판단할 수도 있다.

또한 개인과 타인이 모두 한 사람일 경우도 있지만 집단을 의미할 수도 있다. 예를 들면, 일정한 직업에 종사하는 사람들(예: 도구 제작자들)과 다른 직업에 종사하는 사람들(예: 선반공)이 각각 개인과 타인이 되는 경우도 있을 수 있다. 그리고 이보다 더 나아가서 개인이나 작은 집단 이외에 개인이 속하지 않는 사회계층 전체를 타인으로 볼 수도 있다.

불형평의 정의(定義)

불형평은 개인이 보기에 자신의 투입에 대한 성과의 비율이 타인의 투입에 대한 성과의 비율과 동등하지 않다고 지각할 경우에는 언제나 존재한다. 물론 이때 성과나 투입의 가치는 개인의 지각에 의해서 결정된다.

불형평에는 다음과 같은 두 가지 형태가 존재한다.

$$\frac{O_p}{I_p} < \frac{O_a}{I_a} \text{ (과소지급의 불형평) 또는 } \frac{O_p}{I_p} > \frac{O_a}{I_a} \text{ (과다지급의 불형평)}$$

여기서 $O=\Sigma o_i$로서 성과의 총화, $I=\Sigma o_i$로서 투입의 총화, 그리고 p는 개인, a는 타인을 각각 의미한다. 따라서 형평이 존재하는 조건은

$$\frac{O_p}{I_p} = \frac{O_a}{I_a} \text{ (형평)}$$

이다.

형평이론에서 불형평이란 개인이 타인보다 투입에 비해서 성과를 덜 받아야만 발생하는 것이 아니다. 이 상황은 비율로 보면 타인보다 개인에게 과소지급

(underpay)된 조건이다. 이와 반대로 타인의 투입에 대한 성과의 비율에 비해서 자신이 받은 이 비율이 높은 경우에도 불형평이 초래된다. 이 상황은 비율로 볼 때 타인보다 개인에게 과다지급(overpay)된 조건이다. 이 과다지급의 조건에서도 불형평을 느낀다는 가설은 Adams와 Rosenbaum(1962), Adams(1963b) 및 Adams와 Jacobsen(1964)이 피험자들에게 불공평하게 봉급을 받도록 만든 실험에서 지지되었다. 또한 이 가설은 Thibaut(1950)의 연구에서도 지지되었다.

한편 불형평 상황에서 개인이 경험하게 되는 불형평의 크기는 투입에 대한 성과의 비율을 개인과 타인별로 각각 계산한 값들에 의해서 결정된다. 이 두 비율 사이에 차이가 크면 클수록 불형평도 커진다. 따라서 개인과 타인별로 각각 산출한 투입대 성과의 두 비율들이 보이는 차이와 불형평의 크기 사이에는 정적 일차함수관계가 성립된다.

이상에서는 불형평 관계를 설명했는데 이 경우를 제외하면 다음과 같은 두 종류의 상황에서는 형평관계가 성립된다:

첫째로, 개인과 타인의 성과가 동등하고 투입도 동등한 경우이다. 이 경우에 해당되는 예를 들면 개인이 지각하기에 타인의 봉급, 직무, 작업조건 등 성과요인들이 자신의 경우와 같고, 또한 타인의 숙련도, 근무연한, 교육수준, 연령, 노력량, 신체 적합성, 위험부담 등 투입요인들에서도 자신과 동등하다고 생각하는 경우를 들 수 있다.

둘째로, 개인의 관점에서 타인의 성과가 자신의 성과보다 크다고 지각하지만(혹은 작다고 지각) 타인의 투입 역시 자신의 투입보다 성과의 차이를 반영할 만큼 역시 높다고(혹은 작다고) 생각하면 두 사람간 투입-성과 비율은 형평을 이루게 된다.

또한 Homans(1961)가 주장한 대로 보수가 적거나 혹은 많은 경우에 불형평의 식역(識閾, threshold)이 서로 다르다는 가정은 불형평의 수준이 성과의 크기에 따라서 민감하게 달라질 수 있음을 시사한다. 식역이 높아지면 작은 차이에는 민감하게 반응하지 않게 된다. 이 불형평의 식역은 개인의 투입에 비해서 보상의 비율이 상대보다 높은 과다보상(過多報償, overreward)의 조건에서 더욱 높을 수 있다. 다시 말해서 개인이 투입에 비해서 타인보다 많이 받는 경우에는 그 차이를 민감하게 알아차리지 못하게 된다. 왜냐하면 이 경우에는 자신이 다소 과다지급 받은 불형평에 대해서 불편감을 느끼기보다 운이 좋았기 때문이라고 생각할 수도 있기 때문이다. 따라서 개인에게 유리한 성과는 불형평으로 지각되지 않는 경우가 많다.

이와 관련해서 봉급의 차이에 대한 변별지각 연구가 Jaques(1961)에 의해서 수행되었다. 영국인 작업자들이 보수를 덜 받게 된 조건에서는 형평 수준에서 10%만 낮아도 불편감을 강하게 느꼈다. 그리고 직접 불평을 하거나 불평할 의사를 갖게 되며, 이에 대한 시정이 따르지 않으면 직무를 바꿀 의도를 갖거나 이를 행동으로 표시하려고 한다는 사실을 발견하였다. 그러나 다른 사람보다 보수를 많이 받는 조건에서는 보수의 크기가 형평 수준보다 15% 이상에 이르러야만 자신이 타인보다 호의적이며 편파적 대우를 받았다고 생각해서 불편감을 느꼈다. 이 연구결과는 불형평의 조건에 따라서 불형평 경험의 민감도가 달라진다는 사실을 보여 준다.

불형평에서 초래되는 긴장의 해소방법

불형평이 불만족, 불유쾌한 정서, 분노 혹은 죄악감을 초래한다는 사실에는 의심할 여지가 없다. 그러나 불형평을 해소하려는 동기 외에도 큰 영향을 미친다. 여기서는 불형평이 동기에 미치는 효과들을 살펴보기로 한다.

먼저 인지부조화이론(Festinger, 1957)의 명제들을 기반으로 두 가지 일반 가정들을 제시한다.

첫째, 개인에게 불형평이 존재하면 긴장을 일으킨다고 가정한다. 이 때 긴장의 크기는 불형평의 크기에 비례한다.

둘째, 개인에게 불형평의 긴장이 생기면 그 긴장을 제거하거나 감소하도록 동기화된다. 이 때 동기의 강도는 긴장의 크기에 비례한다.

간단히 말해서 불형평이 생기면 불형평을 감소시켜서 형평을 달성하려고 동기화되는데, 이 동기의 강도는 불형평 경험의 크기와 비례한다.

이 두 가설과 인지부조화이론(Festinger, 1957; Brehm & Cohen, 1962)으로부터 불형평을 경감시키기 위해서 사용하는 여러 방법들을 추론해 낼 수 있다. 개인의 입장에서 볼 때 불형평을 경감시키는 방법들을 다음 여섯 유형들로 나누어 생각할 수 있다.

1. 투입의 변경

개인이 불형평으로 이익을 얻는 과다지급이거나 혹은 손해가 되는 과소지급 조건에 당면하게 되면 이 조건들에서 투입을 늘리거나 혹은 감소시키는 방법으로 형평을 회복하려고 한다. $\frac{O_p}{I_p} > \frac{O_a}{I_a}$인 경우로서 개인이 타인보다 유리한 과다지급 조건에서는 투입을 증가시키면 불형평감이 경감될 수 있다. 그러나 $\frac{O_p}{I_p} > \frac{O_a}{I_a}$ 인 과소지급 조건에서는 반대로 투입을 감소시키면 형평을 얻는 데 효과적인 방법이 된다. 그러므로 개인의 투입과 성과의 비율이 타인의 비율보다 높은 앞의 조건에서는 가능하다면 개인의 생산성을 높이거나 작업의 질을 높이는 방법을 쓸 수 있다. 후자의 경우에는 투입을 감소시키려는 목적에서 자신의 수행을 낮추려고 할 수도 있다.

개인이 투입을 변경시켜서 불형평을 경감시킬 수 있는지는 투입요인을 변화시키기가 얼마나 용이한지에 따라서 달라진다. 투입요인들 가운데 성별, 연령, 근무연한, 인종 등은 사실이므로 변경이 불가능하다. 교육수준 및 기술은 이보다는 더 쉽게 변화되지만 변화시키려면 시간을 필요로 한다. 따라서 개인의 의도에 따라서 변경시키기 쉬운 생산량 등이 투입요인이 될 가능성이 크다.

투입의 변경은 불형평의 원인을 개인이 어떻게 지각하는가에 따라서도 달라진다. 만약 투입과 성과의 비율 차이가 개인의 투입 요인에 의해서 크게 결정된다고 보면, 성과의 차이에서 유래되었다고 보는 경우보다, 투입을 변경하려는 경향이 더욱 높다. 또한, 만약 투입과 성과를 변경시킬 수 있는 가능성이 같다고 지각한다면, 개인은 $\frac{O_p}{I_p} > \frac{O_a}{I_a}$일 때 자신의 투입을 증가시키려는 경향보다 $\frac{O_p}{I_p} < \frac{O_a}{I_a}$ 일 때 자신의 투입을 낮추려는 경향이 더 높다.

이 예언 방향은 이 이론의 두 가정들로부터 나온다: 첫째, 개인이 보상을 덜 받았을 때보다 지나치게 보상을 받은 경우에 불형평 지각에 대한 식역(識閾)이 더욱 높아진다. 그러므로 과다지급 조건에서도 투입의 증가될 확률이 낮게 된다. 둘째, 개인이 투입을 극소화하고 성과를 극대화하려고 한다. 이 두 번째 가정으로 보면 가능하다면 최대한의 성과를 얻는 방향으로 개인이 불형평을 경감시키려고 시도한다. 따라서 이 두 가정들로부터 앞에서 제시한 예언이 가능해진다.

2. 성과의 변경

불형평이 개인에게 유리한가 혹은 불리한가에 따라서 성과를 감소시키거나 증가시킴으로써 불형평을 경감시킬 수 있다. 개인의 성과를 증가시킴으로써 불형평을 감소시키는 방법은 $\frac{O_p}{I_p} < \frac{O_a}{I_a}$인 경우에 나타나게 된다. 이와 반대로 $\frac{O_p}{I_p} > \frac{O_a}{I_a}$인 경우에는 개인의 성과를 감소시키면 불형평을 경감시키게 된다. 두 가지 성과의 변경방법들을 모두 사용할 수 있다면 자신이 받을 몫을 줄이는 두 번째 방법이 첫번째 방법보다 채택될 가능성은 훨씬 낮다.

3. 개인의 투입과 성과를 인지적으로 왜곡(歪曲)하여 지각하는 방법

개인이 자신의 투입이나 성과를 실제로 변경시키지 않고 단지 투입과 성과를 인지적으로 왜곡해서 지각할 수도 있다. 이 때 왜곡이 일어나는 방향은 실제로 개인의 투입과 성과를 변경시키는 경우와 같다. 인간은 대부분 현실에 의해서 큰 영향을 받기 때문에 일반적으로 이 인지적 방식으로 근본적인 변화를 꾀하기는 어렵다. 더구나 투입이나 성과에는 왜곡해서 지각하기 곤란한 요인들도 많다. 예를 들면, 대학을 졸업했다든가, 월급이 1,200,000원이라는 사실 등은 인지적 왜곡이 어렵다. 따라서 이 인지적 왜곡방법은 제한된 요인에서만 일어날 수 있다.

투입이나 성과를 인지적으로 변경시키는 방법은 아니지만 개인이 불형평을 경감시키려고 자신의 투입이나 성과의 중요도(重要度)와 관련도(關聯度)를 변경시키는 방법도 쓸 수 있다. 예를 들어서 연령이 투입요인으로 관련성이 있다면 조건에 따라서 불형평을 감소하는 방향으로 이의 중요도를 높이거나 혹은 낮출 수도 있다. 중요도와 관련도를 왜곡하는 방법은 투입이나 성과 자체를 왜곡하는 방법보다 사용되는 경우가 많다.

4. 현장을 떠나는 방법

불형평이 심한 경우 교환이 이루어지는 사회상황을 벗어나려고 할 수 있다. 현장을 떠나는 경우에는 사회관계를 끊을 때 사용하는 몇 가지 방식들 가운데 한 가지를 취하게 된다. 직장에서는 직무수행을 포기하거나, 직장을 옮기거나, 결근하는 행동들이 현장에서 이탈하는 흔한 방법이다. 이 방법은 불형평에 대처하는 극단적 행동이다. 따라서 이 수단은 불형평의 크기가 증가하면서 사용할 가능성이 커지기는 하지만, 이 수단 이외에 다른 수단을 선택할 수만 있다면 현장을 떠나는 방법은 사용하지 않게 된다.

이 불형평 경감방법이 사용된다는 주장을 밑받침하는 연구 결과는 Thibaut(1950)과 Patchen(1961)에 의해서 보고되었다. Thibaut는 실험상황에서 낮은 지위의 역할을 계속하도록 했을 때 실험게임을 그만두는 사례가 있었음을 보고했다. 또한 Patchen은 공평한 봉급을 받는 경우보다 불공평한 봉급을 받는 경우에 결근이 많다는 사실을 알아냈는데, 이 때 결근이 봉급의 수준과는 무관하다는 사실을 보고했다. 국내에서 강방현(1980)은 직장에서 불형평 수준이 높을수록 이직의도가 높다는 연구의 결과를 보고했다. 이와 같은 지지 자료들이 있지만 불형평의 경감방법으로 실제로 현장을 떠나는 일이 발생한다는 실증연구의 결과는 많지 않다.

5. 타인에게 영향을 미치는 방법

개인이 불형평에 당면해서 타인의 투입이나 성과를 변경시키도록 영향을 미칠 수 있다. 또한 타인에게 투입과 성과에 관한 인지들을 바꾸도록 할 수도 있다. 또한 극단의 경우에는 타인으로 하여금 현장을 떠나도록 압력을 넣을 수도 있다.

불형평을 경감시키는 이 방법들 가운데 사용하기 쉽거나 어려운 것이 있다. 타인으로 하여금 더 많은 성과를 받도록 영향을 미치기가(Leventhal et al., 1964) 성과를 줄이도록 하기보다 분명히 더 쉽다. 마찬가지로 타인으로 하여금 그의 투입을 증가시키도록 만들기보다 투입을 낮추도록 영향을 미치기가 더 쉽다. 예를 들어서 작업집단에서 개인들의 욕구와 능력이 모두 유사하다면 기준을 초과하여 일을 많이 하는 작업자(rate buster)들에게 투입을 감소시키도록 영향을 미치기가 작업 수행이 떨어지는 작업지체자(laggard)들에게 투입을 증가시키도록 하기보다 쉽다.

타인에게 영향을 미쳐서 투입이나 성과를 바꾸도록 시도하는 방향은 자신의 투입이나 성과를 바꾸는 방향과는 반대가 된다. 한편 타인으로 하여금 회사를 떠나도록 강요하는 방법은 이론으로는 가능하지만 그 결과로 초래될 수 있는 불안도 높고 이 방법이 불유쾌하기 때문에 실제로 사용하기 어렵다. 다시 말해서 타인에게 회사를 떠나도록 강요하려면 개인에게 지나친 투입을 초래하게 되어서 최종적으로 개인이 받게 되는 투입과 성과의 비율이 낮아지게 된다. 그렇지만 고용주와 근로자의 관계에서 종업원의 해고는 고용주가 개인의 입장에서 이 불형평의 해결방법을 사용하는 대표적 예가 된다.

6. 개인의 비교대상을 바꾸는 방법

개인과 타인이 같은 입장에서 불형평을 경험하면서 제3자와 교환관계를 유지하면 개인은 자신과 비교할 타인을 바꿀 수도 있다. 이 현상은 특수한 경우에 한정해서 나타난다. 그러므로 개인과 타인이 직접 교환관계를 형성한 경우에는 적용할 수 없게 된다.

불형평을 해결하기 위하여 비교대상을 바꾸는 방법은 실제로는 매우 사용하기 어렵다. 특히 여러 차례 개인이 비교한 경험이 있는 타인의 경우에는 더욱 그렇다. 이전에 비교하던 타인이라면 중요한 변화가 생겨서 자신과 비교하기 어려울 정도로 타인이나 자신의 처지가 바뀐 경우에만 비교할 대상을 바꿀 수 있게 된다.

불형평 해소전략의 선택에 관한 기본가정

위에서는 불형평을 경감시키는 여섯 가지 방법에 관해서 설명했다. 개인은 이 여섯 가지 불형평의 경감방법들 중에서 하나 이상의 방법을 채택하게 된다. 이 때 최종으로 한 가지 방법을 선택하게 되는 조건을 일반명제로 설명해 보자. 불형평을 경감시키기 위해서 개인이 어느 한 방법을 선택하는 과정은 다음 명제들로 정리할 수 있다. 그런데 이 명제들은 서로 함께 작용할 수도 있다.

① 개인은 가치 있는 성과들을 극대화하려고 하며, 성과들이 지니는 유인가(誘引價)를 극대화하려고 한다.

② 개인이 투입요인을 변경해야 한다면 노력이나 지출이 많이 드는 투입요인들의 증가는 극소화하려고 한다.

③ 개인은 자기개념과 자존심의 핵심을 이루는 투입요인들을 실제로 변경하는데 저항하려고 한다. 또한 성과에서도 개인의 자기개념이나 자존심과 관련되는 요인을 실제로 인지적으로 변경시키는 데 저항한다.

④ 개인은 타인의 성과와 투입에 대한 인지들을 변경시키기보다 자신의 성과와 투입에 대한 인지들을 변경시키는 데 더욱 저항한다. 즉, 타인의 투입이나 성

과는 자신의 투입이나 성과보다 쉽게 왜곡할 수 있다.

⑤ 현장을 떠나는 방법은 불형평의 크기가 매우 크면서 불형평을 경감시킬 다른 방도가 없는 경우에만 의존하는 방식이다. 대체로 불형평이 크지 않은 조건에서는 결근처럼 일시 후퇴행동이 더 자주 나타난다.

⑥ 오랜 시간에 걸쳐서 비교대상이 안정되면 이 타인이 비교의 기준이 되기 때문에 개인은 비교대상이 되는 타인을 변경하는 데 큰 저항을 보이게 된다.

앞에서는 이 이론의 골자를 Adams(1965)의 제안에 따라서 살펴보았다. 이 이론을 토대로 불형평에 따른 행동을 잘 예언하려면 적어도 다음의 두 영역에서 이론이나 방법에 관한 연구가 요구된다.

첫째, 사회비교과정(社會比較過程)에 관해서 더 깊은 고려가 필요하다. 개인이 교환관계를 이루면서 비교할 타인을 선택하는 과정에 대해서 더 적절한 설명과 예언을 할 수 있어야 한다. 다시 말해서 어떤 경우에 어떤 요인이 비교의 핵심이 되며 비교대상의 선정을 지배하는 규칙이 무엇인지 해명하여야 한다. 이 과정에 관해서는 이 이론에 관한 최근 연구동향을 다루는 절에서 살펴보기로 한다.

둘째, 개인의 성과와 투입 혹은 타인의 성과와 투입을 각각 총계로 산출하는 데 사용하는 원리에 대해서 연구가 필요하다. 예를 들어서 성과의 전체 값을 계산할 때 각 성과들의 중요성에 따라서 가중치를 가산하여 총화를 계산하면 타당한지 밝혀야 한다.

전체로 보면 Adams가 제안한 형평이론은 사회관계에서 경험하는 불형평을 사회관계에서 유발되는 사회동기에 의해서 설명함으로써 사회동기이론을 확장하는 데 기여했다.

Walster, Berscheid와 Walster(1973, 1976)의 수정이론

Walster와 공동연구자들(1976)은 Adams(1965)의 이론이 지니는 한계들을 보완하여 수정이론을 제시하였다. Walster 등은 Adams가 조직상황에 맞추어서 형평이론을 제안한 바와 달리 사회행동을 설명하기 위한 일반이론으로 제안하였다. 이 수정이론에서도 인간이 자기중심적이라는 가정에 기초하고 있는데, Adams(1965,

295~296쪽) 이론에서 제안된 기본 명제들을 다음 네 가지로 수정해서 제시한다(Walster, Berscheid, & Walster, 1976, 2~7쪽). 이들이 수정한 핵심은 형평규범이 받아들여지는 배경을 기본 명제로서 명료하게 제시한 데서 찾을 수 있다.

기본명제

제1명제: 개인은 자신이 얻게 될 성과를 극대화하려고 노력한다. 여기서는 성과란 보상(報償, rewards)에서 지출(支出, costs)을 뺀 값을 말한다.

이 제1명제를 형평의 원칙에 적용하면 다음과 같이 나타낼 수 있다. 개인들이 형평의 원칙에 맞게 행동함으로써 자신의 성과를 극대화할 수 있다고 지각하면 형평의 원칙에 따라서 행동한다. 만약 형평의 원칙에 맞지 않게 행동해야 자신의 성과를 극대화할 수 있다고 지각하면 사람들은 형평의 원칙에 맞지 않게 행동하게 된다(방계가설 1.1).

만약에 성과를 극대화하려는 개인의 노력에 아무런 제약도 없다면 사람들은 서로 경쟁하게 되어서 고통받게 된다. 다시 말해서 누구나 구할 수 있는 자원을 독점하려는 상황이 발생하게 된다. 따라서 사람들이 서로 절충해야만 분쟁상태를 피하고 집단의 보상을 극대화할 수 있다. 이 내용이 제2명제(ㄱ)의 핵심이다.

제2명제(ㄱ): 집단은 구성원들의 보상과 지출을 형평의 원칙에 맞게 분배할 수 있는 납득할 만한 체계를 마련함으로써 집단의 보상을 극대화할 수 있다.

이 명제로 보면 집단의 성원들이 형평의 체계를 만들게 되고 서로 이 체계를 받아들이도록 하게 된다. 집단의 성원들이 형평의 원칙에 맞게 행동할 수 있게 되면 형평의 원칙에 맞지 않을 때보다 개인들이 이익을 더 많이 얻게 된다. 형평의 원칙에 맞는 행동이 이익을 가져온다는 확신에 근거하여 제2명제(ㄴ)이 성립된다.

제2명제(ㄴ): 집단은 일반적으로 타인들에게 형평의 원칙에 맞게 행동하는 성원들을 보상하려고 하고, 불공정하게 대우하는 구성원들을 처벌하거나 혹은 지출을 늘리게 만들려고 한다.

제3명제: 인간은 자신이 불형평한 관계에 처해 있음을 알게 되면 긴장하게 된다. 불형평이 크면 클수록 개인은 더 큰 긴장을 느낀다. 이 때 긴장은 주로 분노와 죄책감의 형태로 나타난다.

이 명제를 지지하는 실험에서 Walster 등(1970), Leventhal 등(1969), Jaques

(1961), Thibaut(1950) 등은 과소지급의 불형평 조건에서 분노를 느낀다는 사실을 보고하였다. 또한 여러 학자들이 과다지급을 받은 사람이 죄책감을 느낀다는 현상도 보고하였다(Jaques, 1961; Adams & Rosenbaum, 1962; Adams, 1963a, b; Leventhal et al., 1969).

제4명제: 자신이 불형평한 관계에 처해 있음을 알게 되면 형평을 회복하여 자신의 긴장을 제거하려고 한다. 불형평이 크면 클수록 느끼는 긴장도 더 크고, 형평을 회복하려고 더욱 열심히 노력하게 된다.

그런데 개인이 불형평관계에서 형평을 회복하는 데에는 두 가지 방법이 있다. 첫째는 자신의 성과나 투입 또는 타인의 성과나 투입을 변경시킴으로써 실제로 형평관계를 회복하는 방법이다. 둘째는 심리적으로 형평관계를 회복하는 방법이다. 형평관계의 심리적 회복은 자신이나 상대방의 성과 및 투입요인들의 지각을 왜곡함으로써 얻게 된다. 이 형평의 회복방법은 Adams의 주장과 같다.

형평관계를 구성하는 요소들

위의 제2명제(ㄱ)에서 집단마다 보상과 지출을 공평하게 배분하기 위해서 구축하는 체계에 대해서 언급했다. 그런데 각 문화마다 집단의 성원들에게 자원을 공평하게 배분하는 독특한 제도적 체계가 있다. 따라서 각 문화에 따라서 어떤 관계를 형평된 관계라고 지각하는지 상당한 차이를 보인다. 각 사회마다 투입이나 성과의 배분에 따르는 형평성 지각의 결정요인은 서로 다르지만 넓은 의미에서 일반 원리로서 형평의 원리가 자주 사용된다.

형평의 관계란 한 마디로 교환관계에 있는 쌍방이 상대적으로 공평한 성과를 받고 있다고 지각하는 경우를 말한다. 이를 Walster와 공동연구자들은 다음 공식으로 표현했다(1976, 4쪽).

$$\frac{\text{성과}_A - \text{투입}_A}{(|\text{투입}_A|)^{kA}} = \frac{\text{성과}_B - \text{투입}_B}{(|\text{투입}_B|)^{kB}}$$

이를 간단히 표시하면 다음과 같다.

$$\frac{O_A - I_A}{(|I_A|)^{kA}} = \frac{O_B - I_B}{(|I_B|)^{kB}}$$

이 공식에서 성과(O)란 일방이 상대방과 형성한 관계에서 얻는 긍정적이거나 부정적인 결과라고 정의할 수 있다. Homans(1961)의 정의대로 긍정적인 성과는 보상(報償)을 의미하며, 부정적 성과는 지출(支出)을 의미한다. 따라서 교환관계에서 일방의 성과들을 모두 더한 값은 전체 보상의 총계에서 지출의 총계를 뺀 값이 된다. 또한 투입(I)이란 교환관계에서 일방이 공헌한 내용을 의미하는데 상황에 따라서 이 투입요인이 달라질 수 있다. 위의 공식에서 $|I|$는 투입의 절대값을 말한다. 또 ^kA, ^kB는 각각 $+1$이나 -1의 값을 갖는다.

$$^kA = I_A\text{값의 부호} \times (O_A - I_A)\text{값의 부호}$$
$$^kB = I_B\text{값의 부호} \times (O_B - I_B)\text{값의 부호}$$

이 장의 앞부분에서 언급한 Adams의 원래 공식과 Walster와 동료들이 제안한 수정공식을 적용하는 예를 들어서 두 공식의 차이를 비교해 보면 다음과 같다.

예: $I_A=5,\ O_A=-10,\ I_B=-5,\ O_B=10$일 때

Adams 공식에 따르면 $\frac{O_A}{I_A}=\frac{-10}{5}=-2,\ \frac{O_B}{I_B}=\frac{10}{-5}=-2$이 되어서 이 조건은 형평을 이루는 관계라고 예측된다. 그러나 실제로는 이 조건이 형평을 이루는 관계가 아니다. 즉, Adams의 공식은 양방이 모두 긍정적인 투입요인의 값을 지니는 경우에만 적절하다. 위의 예와 같이 투입요인이 긍정적인 값도 있고 부정적인 값도 있는 사회관계에서는 이 공식이 적절하지 못하다.

반면에 Walster 등의 공식에 위의 값을 대입해 보면,

$$\frac{O_A - I_A}{(|I_A|)^{kA}} = -15 \times 5 = -75$$
$$\frac{O_B - I_B}{(|I_B|)^{kB}} = 15 \times 5 = +75$$

로서 -75와 $+75$를 비교할 때 이 사회관계는 불형평관계가 된다. 따라서 Adams의 공식에서는 투입이나 성과의 부호에 따라서 나타날 수도 있는 예언의 오류를 개선하였다.

이 이론의 배경을 토대로 Walster 등은 형평이론을 ① 경영 및 관리에서 보는

인간관계, ② 착취하는 사람과 착취당하는 사람 사이의 인간관계, ③ 타인을 도와주는 행동, ④ 친밀한 인간관계, 그리고 ⑤ 국제관계 등에 응용했다. 이 수정이론은 형평이론이 적용의 범위가 넓은 일반이론임을 잘 보여주고 있다.

형평이론에 관한 연구경향과 문제점

지금부터 이 이론에 관한 연구경향과 문제점을 다루기로 한다. 형평이론의 타당성에 대해서는 여러 학자들이 여러 측면에서 문제를 제기하였다. 여기서는 현재 형평이론이 지니는 개념의 제한들을 Adams 자신(1965, 1976), Berkowitz와 Walster(1976), 그리고 Mowday(1979) 등의 비평을 중심으로 다음 두 측면에서 살펴보기로 한다: ① 이론에 관련되는 과제, ② 지금까지 보고된 실증연구의 결과에서 발견되는 과제들로 나누어서 다루기로 한다.

이론에 관한 연구경향

1. 형평(equity) 개념에 관련된 문제점

형평의 개념과 관련되는 과제들은 다음 두 가지로 나누어 볼 수 있다. 첫째, 형평 혹은 불형평이 긴장을 유발한다고 가정하는데 이 긴장의 개념이 불명료하다. 긴장의 존재나 긴장의 성질을 밝힐 수 있게 되면 형평이론을 검증하는 데 유용한 수단이 생긴다. 지금까지 발표된 연구를 보면 대체로 불형평 조건에 따라서 질적으로 서로 다른 긴장상태를 유발한다고 가정한다. 그러므로 불형평의 종류에 따라서 두 가지 긴장상태를 예측할 수 있다: 자신에게 손해가 되는 불형평 관계는 분노를 유발시키고 자신에게 이익이 되는 불형평 관계는 죄책감을 일으킨다.

실제로 불형평이나 이로 인해서 유발된 긴장 정서의 특징을 다룬 연구는 몇 편에 불과하다. 그 가운데 자신에게 손해가 되는 불형평 관계에서 분노가 일어난다는 사실은 확인된 바가 있다(Ross, Thibaut, & Evenbeck, 1971). 한편, 자신에게 이익이 되는 불형평 관계에서 죄책감이 유발된다는 가설을 다룬 연구가 있기는 하지만 이를 지지하려면 더 많은 연구가 필요하다(Adams & Freedman, 1976).

아직 불형평으로 인한 긴장이 분노와 죄책감에 국한된다고 확신할 수 없다.

유사한 불형평 조건이더라도 질적으로 서로 다른 여러 종류의 주관적 정서 경험이 일어날 수 있다. 그러므로 각 정서에 따라서 형평을 회복하려는 행동도 다양하게 나타날 수 있다. 따라서 이 과제의 해명이 형평의 개념을 명료하게 하는 데 중요한 관건이 된다(Adams & Freedman, 1976, 44~47쪽).

형평의 개념과 관련되는 두 번째 한계는 어떻게 해서 형평의 규칙이 인간의 교환행동을 설명하는 중요한 원리가 되었는지 해명하는 일이다. 생산조직에서는 형평이라는 개념을 직무에 대한 노력이나 수행수준에 대한 대가로서 개인이 받는 보수의 크기간 정적 연합이라는 뜻으로 사용한다(Goodman, 1977). 다시 말해서 조직에 더 많이 공헌한 사람이 다른 사람보다 조직이 제공하는 보수를 더 받아야 한다는 신념을 의미한다. 이 신념을 흔히 형평규범(衡平規範, equity norm)이라고 한다. 사회관계에서 형평규범의 존재에 의심을 갖는 사람은 거의 없지만(Gouldner, 1960) 이 규범의 형성과정과 아울러 이 규범이 인간의 심리와 행동에 미치는 효과에 관해서는 불명료한 점이 있다.

Adams(1965)도 이 과정을 설명하기 위한 이론을 제시하지 못했다. 다만 투입과 성과의 균형이거나 공정한 관계를 바라는 개인의 기대에 따라서 타인의 투입과 성과를 비교함으로써 사회화과정을 통해서 학습된다고 본다. 그렇지만 이 규범의 학습과정에 대해서는 상세하게 이론을 제시하지 못했다.

Walster와 동료학자들(1976)은 형평규범이란 집단 전체가 받는 보상의 양을 극대화하려는 집합적 시도에서 유래되었다고 생각한다. 다시 말해서 집단의 성원들에게 보상과 지출을 형평의 원칙에 맞게 분배하는 규칙을 사용함으로써 집단 혹은 조직이 얻을 수 있는 보상의 총량을 극대화할 수 있다고 가정한다. 이에 따라서 집단은 성원들이 형평의 원칙에 맞게 행동하도록 유도하며, 이 형평규범이 사회관계에서 유지되도록 하기 위해서 형평의 원칙에 맞게 행동하는 사람을 보상하는 강화체계(强化體系)를 확립한다.

그러나 형평규범이란 사회관계에서 보상을 분배하는 여러 규칙들 가운데 하나에 불과하다. 따라서 다른 여러 보상분배 원리들 가운데 형평의 원칙에 따른 보상분배 방식을 선택하도록 만드는 요인들을 밝힐 필요가 있다. 이 과제와 관련해서 소집단에서 보상분배의 과정을 분석한 연구에서 Leventhal(1976)은 분배법칙이 보상체계의 목표와 배당자의 특성이라는 두 측면에 관련된다는 주장을 제시했다. 그는 보상을 배당하는 분배원리를 세 가지로 구분하고 각 분배법칙이 가장

[표 5-1] 상황에 알맞는 보상분배의 원칙들

분배법칙	분배법칙이 활용될 수 있는 상황	분배법칙의 활용에 영향을 주는 요인
기여도에 따른 형평분배 (성과와 기여도가 맞아야 한다)	1. 집단 생산성의 극대화가 목표 2. 과제수행에서 작업자간의 협력이 크게 요구되지 않을 때	1. 보상받는 사람의 활동에 대한 기대 2. 타인이 받는 보상 3. 보상을 배당하는 사람의 성과 와 기여도 4. 과제의 난이도와 자신의 능력 수준에 대한 지각 5. 보상을 배당하는 사람과 행동 을 수행하는 이의 개인적 특성
사회적 책임과 욕구에 따른 분배 (욕구를 기반으로 성과를 분배)	1. 보상을 배당하는 사람이 보상을 받는 사람과 가까운 사이이고, 보상받을 사람의 안녕에 책임을 느끼며, 자신이 성공적이라고 느끼거나 능력 있다고 느낄 때	1. 욕구가 합법적이라고 지각하는 정도 2. 욕구의 기원(예: 개인의 통제 를 받지 않는 욕구도 있다)
동일한 분배 (동일한 성과를 모든 참여자에게 주는 방법)	1. 조화를 극대화하고 갈등을 극소화하는 목표일 때 2. 행동 수행자의 욕구나 기여도를 판단하는 일이 어려울 때 3. 보상을 배당하는 사람의 지적 능력이 낮을 때 4. 과제 수행에서 높은 수준으로 협력이 요구될 때 5. 배당자가 낮은 투입을 보이는 성원과 장차 있을 상호교류를 예견할 때	1. 보상을 배당하는 사람의 성별 (예: 여성은 남성보다 보상을 동등하게 분배하려는 경향을 보인다) 2. 과제의 성질

적절하게 활용될 수 있는 조건을 제시하였다. 그는 세 보상분배의 규칙으로 형평분배(equity), 동등분배(equality) 및 개인욕구에 따른 분배(responsiveness to needs)를 구분했다. 이 구분에 따르면 집단의 생산성을 극대화하려는 목표로 보면 형평의 규범이 가장 적합하지만, 집단의 갈등을 극소화하는 데 목표를 두면 동등한 보상분배의 규칙이 가장 좋을 수 있다. 이와 같은 보상분배의 법칙과 상황의 관

련성을 제시하면 [표 5-1]과 같다(Leventhal, 1976).

분배규칙은 분배하기 위하여 평가해야 할 차원과 분배할 성과 수준의 관련성을 알려주기 때문에 보상체계를 이해하는 데 중요한 개념이다(Cook, 1975; Goodman, 1977). 그런데 분배법칙에 대해서 잘 이해하려면 문화마다 보상의 분배규칙이 서로 다르며, 또한 일정한 규칙을 사용해서 보상을 분배하더라도 여러 요인의 비중이 역시 서로 달라짐을 알아야 한다. 이와 마찬가지로 여러 보상 규칙에 대한 개인의 반응을 예언하려면 보상받는 사람이 원하는 분배규칙이 무엇인지 알아야 하고, 또한 보상의 배당에서 중요한 투입요인들이 무엇인지 알아내야 한다.

형평의 개념과 관련된 한계로 또 한 가지 지적해 두어야 할 점이 있다. 형평분배 규칙에 대한 반응이나 선호경향은 사회문화의 배경에 따라서 다를 수 있다(Weick, Bougon, & Maruyama, 1976). 그뿐만 아니라 사회문화의 배경에 따라서 형평수준을 결정짓는 투입요인이나 성과요인들 역시 다를 수 있다. 그러므로 한국문화에서 형평규범이 어떻게 받아들여지며 형평수준을 결정짓는 중요한 투입요인과 성과요인들이 무엇인지를 알아낼 필요가 있다.

2. 불형평 해결방법의 선택

Adams(1965)는 불형평 해소방법을 선택할 때 고려하는 요인들을 여러 가지 제시했지만 상황에 따라서 어떤 방식을 선택할지 예언하기 어렵게 되어 있다(Wicklund & Brehm, 1976). 그러므로 여러 상황에서 불형평을 회복하는 데 적절한 방법을 선택하여 불형평 문제를 해소할 수 있다. 그러나 동일한 불형평의 해결방법이 다른 측면에서는 새로운 문제를 일으키는 경우도 볼 수 있다. 예를 들어서 인지적으로 투입을 왜곡해서 지각하는 불형평의 해소방법은 긍정적인 가치를 지닌 성과들의 지각을 극대화시킬 수 있지만 자기개념의 핵심을 이루는 부분을 위협하는 부담을 낳을 수 있다.

이처럼 한 차원에서 불형평을 해결하지만 다른 차원에서 문제를 유발하게 된다면 불형평으로 인한 긴장상태에서 개인이 어떻게 반응할지 예언하기가 어렵다. 이와 같은 이유에서 Opsahl과 Dunnette(1966)는 형평이론에는 불형평에 당면하여 개인의 반응을 예언할 수 있는 확실한 기준이 없기 때문에 이론을 평가하기 어렵다고 지적한다. 예를 들어서, 과다지급(過多支給)조건에서 투입요인을 증가시키는 방법을 사용하지 않은 경우에도 이 이론이 안 맞는지 그렇지 않으면 다른 불형평의 경감방법(예를 들면, 인지적 왜곡 등)을 사용했는지 알 수 없다. 이 모호성으로 인해서 실제로는 형평이론으로는 정확한 예언이 불가능함에도 불구하고 이 이론에서 이 상황을 설명한다고 오해할 수 있게 된다.

그뿐만 아니라 형평이론을 연구하는 대부분의 연구자들이 불형평의 해결과정에서 나타나는 복잡성을 제대로 파악하지 못했다(Adams & Freedman, 1976). 노사의 불형평 해결과정을 예로 들어보자. 근로자들은 과다지급 조건에서 직무에 노력을 증가시킴으로써 불형평을 경감시키려고 할 수 있다. 한편 조직은 근로자들을 교육하여 기술 및 능력을 증대시키려고 투입을 늘릴 수도 있다. 따라서 일방이든 쌍방이든 불형평을 경험하면 긴장상태가 유발되므로 규범적 분배규칙에 의존하거나 혹은 협상과정에서 조정을 통해서 양자 상호간에 형평을 추구하게 된다. 이 조정과정이 없다면 형평 대책을 적용하더라도 새로운 불형평이 조성될 수 있다.

그러나 실제로 이 조정과정은 매우 복잡하고 불안정한 과정을 거쳐서 이루어진다. 이 점에서 보면 형평이론을 검증하는 실증연구들이 형평이 회복과정에 관해서 지나치게 단순한 실험전략을 사용했다고 비판할 수 있다. 대부분의 연구들에서 일방이 상대방과 협상과정에 임하지 않고 자신의 투입이나 성과를 변경하여 불형평을 해결하는 과정만을 다루었다(Adams & Freedman, 1976, 51쪽).

또한 불형평을 경감시키는 전략들이 매우 역동적으로 결정되기 때문에 시간이나 상황에 따라서 변할 수 있는 점에 유의해야 한다. 그뿐만 아니라 불형평을 경감시키는 전략 자체가 불형평의 지속기간에 따라서 변경된다는 연구결과도 있다. Lawler(1968)는 과다지급을 경험한 조건에서 사람들이 초기에는 작업의 질을 높이는 불형평의 경감방법을 쓰지만 시간이 지날수록 자신이 수행한 작업의 질이 좋다고 지각함으로써 불형평을 경감시킨다는 사실을 알아냈다. 다시 말해서 초반에는 실제로 투입을 증가시키지만 후반에는 투입요인에 대한 인지를 변화시켰다. 이와 비슷한 결과를 Gergen, Morse와 Bode(1974)도 얻었다. 이들은 과다지급으로 인한 불형평이 장기화되면 직무수행에 미치는 효과가 감소되는 현상을 알아냈다. 이들은 이 현상이 과제가 어렵다고 보거나 그렇지 않으면 보수가 공정하다고 지각하는 방향으로 불형평에 대한 태도를 바꾸어서 인지 변화가 일어나기 때문에 초래되었다고 해석했다.

그렇지만 Pritchard, Dunnette와 Jorgenson(1972)은 시간경과에 따르는 이와 같은 효과를 발견하지 못했다. 이 연구에서 과다지급으로 인한 불형평감이 인지적 왜곡방법으로는 사라지지 않고, 장기적으로 과다지급의 불형평이 지속되더라도 투입을 늘리는 현실적 전략을 사용했다. 그러나 이 연구들에서 장시간이라고는 하지만 최고 하루 4시간씩 6일 동안에 나타난 변화를 다룬 데 불과하다. 그러므로 과다지급으로 인한 불형평이 오랜 동안 지속되면 어떤 결과가 나타나는지 아직 결론지을 만큼 연구가 진행되지 못했다.

3. 비교할 타인의 종류와 선정과정

Adams이론이 발표된 후 최근까지 개인의 투입과 성과를 비교하는 기준의 설정과정에 대해서는 연구가 이루어지지 못하고 애매한 채로 남았다(Adams, 1965). 형평이론에서 이 기준은 타인이 된다. 그러나 최근 사회비교의 기준이 되는 타인의 개념을 재분류하고 타인의 선정과정을 해명하는 연구가 발표되고 있다. 여기서는 이에 관해서 설명하기로 한다.

(1) 타인의 분류

Goodman(1974, 1977, 108~110쪽)은 타인의 분류 방법으로 세 종류의 대상을 구별한다: ① 타인들(他人들, others), ② 자기기준(自己基準, self-standard) 및 ③ 체계기준(體系基準, system referents). 여기서 타인들(others)이란 자신이 처한 상황과 유사한 교환관계에 있는 사람을 말한다

이 세 가지 기준들 가운데 자기기준(self-standard)이란 개인마다 독특한데, 현재 사람들이 현실에서 자신이 실제로 경험한 바에 따라서 산출한 성과-투입의 비율이 아니라 이와 비교되는 자신의 표준을 의미한다. 예를 들면, 자신이 이전에 다니던 회사에서 경험했던 자신의 성과-투입 비율이나 자신이 다른 회사에 다닌다면 경험했을 성과-투입의 비율 따위이다. 그리고 체계기준(system referents)이란 교환관계를 이루는 사람들이 투입에 비해서 받을 성과를 계약으로 정해서 기대를 명확하게 설정한 경우도 있고 암묵적으로 이행되는 경우도 있다. 체계기준의 예를 들면 회사에 입사하면서 장차 받을 보수를 약속한 경우인데 이 때는 약속한 보수가 체계기준으로서 교환관계를 평가하는 기준이 된다.

Goodman(1974)은 217명의 관리자들을 대상으로 봉급에 대한 만족수준이 결정되는 과정을 연구하여 사람들이 형평을 지각할 때 이 세 기준들을 사용한다는

사실을 밝혔다. 그의 연구에서는 대다수 관리자들이 자신의 만족을 추정할 때 하나 이상의 비교대상(multiple referents)을 사용한다는 사실도 알아냈다. 관리자들 가운데 28%가 타인과 자기기준의 두 기준을 함께 사용하였다. 또한 교육수준이 높을수록 자신이 속해 있는 조직의 밖에서 비교대상을 선택한다는 사실도 밝혀냈다.

(2) 비교대상의 선정과정

또한 Goodman(1977, 110~119쪽)은 비교대상의 선정과정을 설명하기 위해서 비교대상이 되는 인물이나 표준의 선정에 영향을 미치는 요인들을 가려냈다. 그리고 이 요인들로 구성되는 비교대상의 선정모형을 제안하였다. 이 모형의 핵심은 비교대상의 선택이 ① 대상에 대한 정보의 이용가능성과 ② 비교대상의 관련성(關聯性, relevance) 혹은 매력 정도(魅力程度, attractiveness)라는 두 요인과 함수관계에 있다고 가정한 데 있다. 이를 도표로 제시하면 [그림 5-1]과 같다.

이 그림에서 대상인물에 관한 정보의 이용가능성이란 우선 개인이 타인과 비

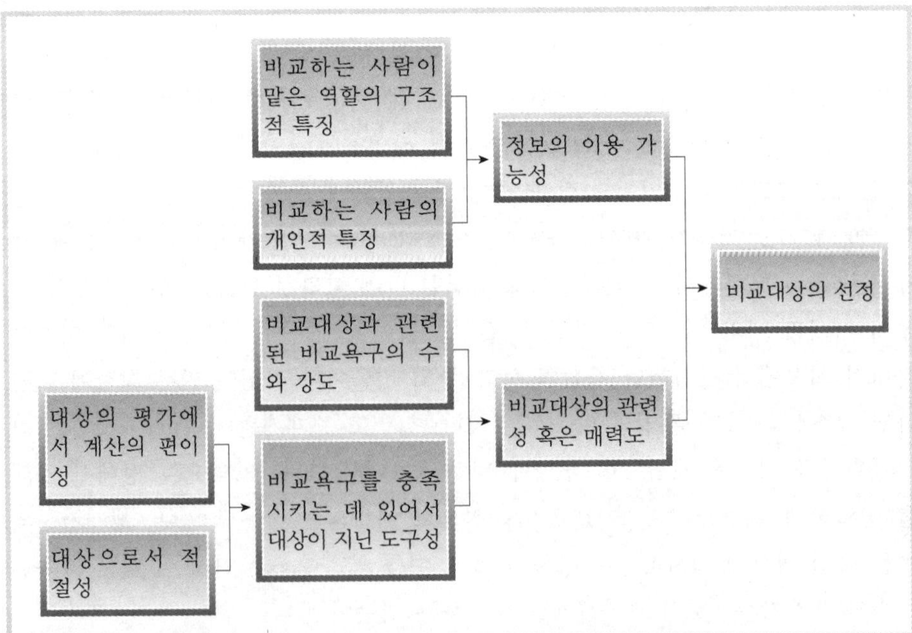

[그림 5-1] 사회비교 과정에서 비교대상의 선정에 영향을 미치는 요인들
(Goodman, 1977, 110~115쪽 및 Mowday, 1979, 139쪽 참조)

교하면서 정보를 추구하는 성향과 아울러 조직 내에서 개인이 차지하는 직위에 따라서 결정된다. 여기서 직위란 이를 통해서 정보를 활용할 수 있는 권한을 말한다. 그러므로 타인과 비교하려는 개인이 비교 정보를 추구하려는 성향이 높으면서 이에 관한 정보를 활용할 수 있는 직위라면 사회비교는 그만큼 쉬워진다. 또한 관련성 혹은 매력 정도란 비교대상이 지니는 성질이다. 이 요인은 개인의 비교욕구를 충족시키는 수단으로서 비교대상이 지니는 중요성과 아울러 비교대상과 관련해서 개인이 지니는 욕구의 수 및 욕구강도라는 두 요인들이 영향을 미쳐서 결정된다. 그러므로 비교대상으로 관련성과 매력 수준이 높은 타인이 사회비교의 대상이 될 가능성이 높게 된다.

따라서 앞서 말한 정보의 이용가능성과 비교대상의 관련성 혹은 매력 수준을 연결시켜 보면 어떤 사회비교의 대상이 타인으로 선정될지 알 수 있다. 이 모형으로 보면 자신이 타인과 비교하면서 정보를 추구하는 성향이 높으면서 지위도 높으면 중요성 혹은 매력 수준이 높은 사람을 사회비교의 대상으로 선정한다고 볼 수 있다.

Goodman(1974, 1977)의 비교과정 연구는 비교의 대상으로 어떤 타인을 선정하게 되는지 과정을 이해하는 데 자극이 되었으나 검증되지 못한 모형인 점에 유의해야 한다.

4. 불형평에 대한 반응에서 개인차와 상황에 따른 차이

(1) 개인차 요인

지금까지 형평이론에 관한 연구에서 개인차 문제는 비교적 주목하지 않았다. 불형평의 해결과정에서 개인차가 중요함은 Tornow(1971)에 의해서 처음으로 지적되었다. 그는 직무요소들을 투입과 성과로 분류하는 경향이 사람마다 달라서 개인마다 안정된 경향성을 지닌다고 가정했다. Tornow(1971)는 Pritchard와 그의 공동연구자들(Pritchard et al., 1972)이 수집한 연구자료를 분석해서 투입지향(投入指向, input-oriented)의 사람과 성과지향(成果指向, outcome-oriented)의 사람으로 분류했다. 또한 이들은 이 두 범주로 사람들을 분류하면 불형평에 대한 반응에서 큰 차이가 있다는 사실도 보고했다. 예를 들면 성과지향의 사람들은 투입지향의 사람들보다 과다지급에 대하여 민감한 반응을 보였다. 이 사실로부터 지각된 불형평에 대한 반응에서 개인차 요인이 영향을 미침을 알 수 있었다.

이 예를 통해서 살펴본 바와 같이 불형평의 지각이나 불형평 해소과정에서 발견되는 여러 개인차 요인들을 연구하게 되면 형평이론을 발전시키는 데 공헌할 수 있다.

(2) 상황 요인

불형평에 대한 반응에서 상황 요인의 중요성은 Campbell과 Pritchard(1976)에 의해서 지적된 바가 있다. 규모가 큰 조직에서 조직과 개인이 교환관계를 형성하여 직접으로는 협상이 불가능하게 되면 집단규모가 작아서 대면의 교환관계에서 경험하는 불형평과 다른 경험을 하게 된다. 큰 조직에서는 교환 자체가 비인간적 성격을 지니기 때문에 과다지급 조건에서 지각하는 불형평에 대해서도 역시 작은 조직에서보다 강하게 반응하지 않을 수도 있다. 반면에 불형평의 유발에 대해서 책임을 느끼기 쉬운 상황에서는 불형평으로 인해서 유발되는 긴장이 더 크다는 연구결과도 있다(Walster et al., 1976). 자신이 타인에게 불형평을 유발하는 원인을 제공했다고 보면 긴장이 높았다는 이 사실로부터 불형평의 원인을 상황요인의 탓이라고 보면 긴장도 작고 불형평을 경감시키려는 반응도 크지 않다고 가정할 수 있다.

5. 불형평을 도구로 사용하는 현상

지금까지 거의 모든 연구들은 불형평이 있을 경우에 경험하는 긴장의 경감현상이 이 이론에서 예언한 방향으로 나타나는지 알아보는 데 관심을 보였다. 그런데 Jones(1964)의 아첨행동(ingratiation) 연구에서도 보는 바와 같이 인간은 상대방이 자신과 교환관계에서 과다지급을 받고 있다고 느끼게 만들 목적으로 불형평을 의도적으로 과시하는 경우도 있다. 이 경우에는 어떤 종류이든지 상대에게 좋은 성과를 제공하여 상대가 과다지급으로 지각하여 빚진 느낌을 갖도록 불형평 관계를 일부러 조성하여 타인의 행동에 영향을 미치려고 한다. 이처럼 불형평을 도구적으로 사용하는 사례는 일상생활에서도 흔하다. 예를 들면 이웃이나 친구에게 베푼 일들을 나열하고 불만을 의도적으로 표현하는 행위는 타인의 과다지급과 자신의 과소지급을 상대에게 알려서 의도적으로 불형평을 시정하려는 의도에서 보인 행동으로 흔히 볼 수 있다.

불형평을 의도적으로 나타내는 과정에 대한 연구 역시 이 이론 발전에 중요한 공헌을 할 수 있다(Adams & Freedman, 1976). Adams 등은 불형평을 형평의 회복 수단으로 사용하게 되면 다음과 같은 효과를 기대할 수 있다고 본다: 첫째, 불형평 관계를 의도적으로 만들어서 자신이 현재 교환관계를 불형평하다고 보고 있음을 상대방에게 알려줄 수 있다. 따라서 상대방에게서 형평을 추구하기 위한 행동을 기대할 수 있게 된다. 둘째, 상대방이 과다지급 받고 있다고 느끼도록 의도적으로 보상에 해당하는 성과들을 제공하면 상대방으로 하여금 보답하려는 의무감을 유발시킬 수 있다.

그러나 이 두 과정들이 항상 의도대로 진행되지는 않는다. 두 경우 모두 불형평을 유발시키려는 수단으로 보인 행동이 발생한 원인을 상대방이 어떻게 해석하는가에 따라서 불형평을 경험하는 수준도 달라지며 대응반응도 달라지게 된다(Jones, 1964). 그뿐만 아니라 상대방이 자신의 과다지급을 인정하더라도 보답할 수 없는 여건이라면 형평관계의 회복은 이루어질 수 없다(Walster et al., 1976, 28쪽). 이 경우에는 오히려 불형평을 유발하려는 수단으로 보인 행동에 대해서 행위자를 비난함으로써 불형평을 경감시키는 방법을 쓸 수도 있다. 그러므로 불형평을 도구로 사용하는 과정이 복잡하기 때문에 이 현상에 관해서도 연구할 필요가 있다.

6. 불형평 수준의 측정 문제

Adams와 Freedman(1976, 52~55쪽)이 지적한 바와 같이 형평이론이 정교한 이론으로 발전되지 못한 이유들 가운데 불형평의 측정에 관한 문제를 들 수 있다. 투입요인과 성과요인을 양적으로 측정하려는 연구들이 많지 않았다. 그러므로 여러 투입 및 성과요인을 공통되는 단위로 측정하는 기법도 개발되어야 한다. 이 측정 문제가 해결되면 형평관계에서 투입 및 성과요인들이 더하기규칙(加算規則)에 따르는지 혹은 서로 곱하는 곱하기규칙(乘算規則)에 따르는지 연구할 수 있다. 그러므로 형평 산출의 규칙도 해명할 수 있게 된다. 형평이론의 연구에서 측정방법을 개선하려는 노력 가운데 유망한 시도의 하나로는 Anderson(1976), Anderson과 Butzin(1978), Farkas와 Anderson(1979)이 정보통합이론(information integration theory)의 관점에서 수행한 연구를 들 수 있다.

형평이론에 관한 국내 연구

국내에서도 형평이론을 다룬 연구 결과들이 보고되었다. 강방현(1980)은 조사연구를 통해서 형평 수준과 직무만족 수준이 유의한 정적상관을 보였다는 결과를 보고하였다. 또한 형평과 직무수행 혹은 이직의도의 상관보다 형평과 직무만족의 정적상관이 다소 높다는 결과를 얻었다. 한덕웅(1980, 미발표)은 전자산업 생산직 근로자들을 대상으로 수행한 연구에서 형평지각과 직무동기가 $r=.22$의 비록 낮으나 유의한 정적상관을 얻었다.

박희랑과 박세영(1989)은 형평지급보다 과다지급 조건에서 만족수준이 낮았다고 보고했다. 그러나 박세영(1993, 66쪽)의 또 다른 연구에서는 형평지급이나 과다지급되면 과소지급보다 직무에 더 만족하지만, 과다지급과 형평지급 조건간에는 유의한 차이가 없었다.

또한 조직에서 개인이 위치한 위계에 따라서도 선호하는 분배규칙이 서로 다름을 보고했다(박세영, 1988). 즉, 감독자가 형평분배 규칙을 선호한 바와 달리 공동 수행한 작업자는 균등분배를 선호하였다. 그(1993)는 강방현의 논의와 유사하게, 형평지각에 의해서 직무만족 수준이 결정되고, 이 직무만족에 의해서 이직의도가 예측될 수 있다는 가설을 다루었다. Lisrel을 사용한 구조방정식모형의 검증 결과에서 이 모형은 실제로 얻은 자료와 $NFI=.961$, $NNFI=.906$, $GFI=.969$의 만족할 만한 적합도를 보였다. 이 연구에서 형평수준과 직무만족 $r=.23$, 그리고 직무만족과 이직의도는 $r=-.37$의 단순상관을 보였으나, 형평수준과 이직의도는 $r=-.70$의 상관계수를 보였다.

박희랑과 박세영(1985, 1989)은 실험을 통해서 형평, 과다지급, 그리고 과소지급의 순서로 만족 수준이 낮다는 결과를 제시했다. 그는 과소지급이나 과다지급에 따른 불만족 수준이 상대방과 친한 정도에 따라서 달라짐을 보고했다. 그의 연구에서 또 한 가지 흥미로운 사실은 실제로 조작된 투입과 성과의 비율로 볼 때 비록 불형평의 크기가 동일한 경우에도, 형평분배조건보다 균등분배조건에서 보수에 대한 만족수준이 높았던 점이다. 이 결과는 불형평 수준 자체에 못지 않게 분배규칙에 따라서 만족수준이 달라짐을 보인 점에서 주목할 만하다.

한편 보수를 분배하는 상대방이 보인 의도와 형평이 피험자의 분배에 미치는 영향을 다룬 연구도 있다. 박세영(1982)은 상대방이 보수의 배분권을 지닌 조건에서, 피험자가 과다지급 받거나 과소지급 받은 데 대한 반응으로, 피험자가 보너스를 상대에게 분배한 양을 측정하였다. 그 결과를 보면 형평이론의 예언과 유사하게 과다지급된 조건에서는 상대방에게 배분한 보수가 과소지급된 조건보다 많았다. 이 연구에서 주목할 점을 상대방이 보수를 배분한 의도가 고의적인지 혹은 우연인지에 따라서는 피험자가 상대에게 배분한 액수는 달라지지 않았지만, 불형평의 종류에 따라서 분배의도의 효과가 달리 나타난 점이다. 즉, 과소지급 받았을 때는 상대방의 의도에 따른 차이가 유의하지 않았으나, 상대방의 의도로 과다지급을 받은 피험자는 우연히 과다지급 받은 피험자들보다 상대에게 더 많은 액수의 보너스를 분배했다. 다시 말해서 상대방이 고의적으로 자신에게 과다지급을 제공하면 형평규범에 가깝게 상대에게 보답하려는 행동을 보였다. 이 결과는 적어도 과다지급 조건에서 단지 불형평 이외에 분배자의 의도가 불형평 경험의 크기에 영향을 미쳤을 수 있음을 시사한다.

앞에서 살펴본 장성수와 박세영의 연구에서는 불형평의 성질뿐만 아니라 분배에서 사용하는 규칙이나 분배의도에 따라서 경험되는 불형평의 수준이 달라질 수 있음을 보였다. 이는 분배된 결과의 형평만이 아니라 분배가 이루어진 과정이 만족이나 보상 재분배에 영향을 미침을 시사한다. 즉, 동일한 불형평 수준이더라도 분배가 이루어진 과정에 따라서 불형평에 대한 반응이 달라질 수 있다. 분배정의를 다루는 형평뿐만 아니라 사회의 다양한 의사결정 과정에서 나타나는 공정성 문제는 절차정의(procedural justice)를 다루는 학자들에 의해서 집중적으로 연구된다.

결론 및 평가

형평이론에서는 사회상황에서 개인이 타인과 비교함으로써 유발되는 불형평에 의해서 사회동기가 유발된다고 가정한다. 구체적으로 개인이 사회관계에서 부당한 투입과 결과로서 얻은 성과의 비율을 다른 사람의 비율과 비교해서 동일하게 만들려는 경향이 있다는 주장이 형평이론의 핵심이다. 형평이론과 실증연구의 결과를 중심으로 이 이론의 장단점과 연구과제를 요약해 보기로 한다.

(1) 형평이론은 여러 이론들을 배경으로 사용하여 구성되었기 때문에 특히 초

기에는 이론들의 통합에 따르는 일관된 체계의 미비점이 적지 않았다. 그러나 그 후 이 이론은 수정과정을 거쳐서 사회상황의 영향으로 유발되는 동기과정을 이해하는 데 크게 기여하였다. 특히 동기과정에서 타인과 비교하는 사회요인의 중요성을 주장하여 다른 동기 이론들과 구별되는 독특한 공헌을 하였다.

(2) 형평이론은 1960년대 Adams를 중심으로 조직행동의 연구에 도입되고 1970년대 말 Walster 등을 중심으로 일반 사회동기이론으로 발전되어서 다양한 주제를 연구하는 데 사용되었다.

(3) 전체적으로 보면 지금까지 형평이론을 검증하기 위하여 수행된 실증연구들에서는 이 이론에서 예언하는 행동을 지지하는 결과들이 많이 보고되었다. 특히 과소지급의 불형평으로 유발되는 긴장을 해소하려는 동기에 의해서 나타나는 행동이 잘 지지되었다. 그러나 이 이론은 과다지급 조건 등에서 아직도 치밀하게 체계화되지 못한 면이 있어서 불형평을 경감시키려는 행동의 방향을 구체적으로 예언하기 어려운 점이 많다.

(4) 지금까지 형평이론을 검증하기 위해서 사용된 연구의 전략이 매우 제한되고 동기이론으로 기대이론과 같은 포괄적 이론들이 큰 영향을 미치면서 형평이론을 적용하는 연구들이 1980년대 중반 이후 최근까지 감소되는 추세를 보인다. Walster 등(1976)은 형평이론이 교환이론과 함께 현존하는 몇 가지 인지이론(認知理論)들을 통합할 수 있는 일반성 있는 사회행동이론이라고 본다. 이들은 교환이론(交換理論), 인지일관성이론(認知一貫性理論) 등을 기반으로 형평이론을 새로운 형태로 재구성했다.

(5) 형평이론에서 사회화 과정에서 형성되는 분배규칙이 불형평에 대한 반응에 영향을 미친다고 주장한다. 그런데 각 사회마다 분배규칙으로 독특한 사회규범과 관습을 지닌다는 점에 유의해야 한다. 따라서 한국문화에서 형평규범이 사회동기와 사회행동에 미치는 영향을 이해하려면 한국문화에서 형평분배, 동등분배, 개인선호에 따른 분배 등 여러 분배규칙에 대해서 어떤 특징을 보이는지 연구하여야 한다. 국내에서 최근까지 이루어진 연구들에서는 한국인들이 미국인들과 달리 대체로 형평규범보다 동등분배를 선호한다는 결과를 보고했다(박세영, Harrison, 1998). 그러나 친밀한 관계가 아닐수록 형평규범에 대한 선호도가 높았다. 장차 한국에서 형평이론이 더 연구되기 위해서는 한국문화의 배경에서 최근 형평규범이 어떻게 받아들여지며 이에 대안이 되는 분배규범이 무엇인지도 연구

할 필요가 있다.

(6) 한국사회에서는 특히 지난 50여 년 동안 정치, 경제, 사회의 측면에서 변화가 극심했으므로 사회과정에 대한 이해를 강조하는 형평이론이 한국인의 변화되는 사회동기를 연구하는 데 크게 기여한다고 볼 수 있다. 특히 개인의 관점보다 사회관계를 중요하게 보는 한국에서는 집합주의 경향이 높기 때문에 사회관계를 핵심으로 사회동기를 설명하는 형평이론에 관한 연구가 더 많이 이루어져야 한다.

(7) 최근에는 분배의 결과를 중심으로 형평이론을 연구하는 데 한계가 있다고 보는 학자들이 분배가 이루어지는 과정에서 절차의 공정성을 다루는 방향으로 연구의 영역을 확장하고 있다. 장차 이 두 이론들을 연결시켜서 통합한 이론을 구성하는 일도 과제로 남아 있다.

(8) 개인이 바라는 성과를 얻기 위한 수단으로 투입한 요인들에 비해서 실제로 얻은 성과의 비율이 타인보다 낮은 과소지급 조건에서는 분노 이외에 상대박탈(relative deprivation)을 경험할 수도 있다. 상대박탈이론들에서는 이 과소지급 조건을 설명하는 데 기여하는 요인들을 여러 관점에서 설명한다. 그뿐만 아니라 상대박탈이론들에서는 개인 수준의 경험만이 아니라 집합 수준으로 경험하는 상대박탈도 다루고 있다. 이 이론들에 관한 국내 연구로는 한덕웅(2002)의 개관을 참고하기 바란다. 한국사회에서 개인이나 집합의 상대박탈은 이미 중요한 사회문제로 대두되었다. 장차 형평이론을 상대박탈이론이나 절차공정성이론과 비교하여 각 이론이 지니는 한계점을 극복하는 방향으로 연구할 필요가 있다.

제6장
사회인지행동이론

개 관

행동주의의 학습이론은 자극-반응 학습이론(刺戟-反應學習理論, stimulus-response learning theory)과 강화이론(强化理論, reinforcement theory)을 기초로 하여 성립되었다. 그러나 최근에는 사회인지의 관점에서 행동주의를 새롭게 제안한 Bandura (1986)의 사회인지행동이론(社會認知行動理論, a social cognitive theory)이 행동주의이론들 가운데 많이 연구되고 있다. 이 사회인지행동이론은 Bandura가 제안하면서 하나의 사회인지이론이라고 불렀으나 최종 종속변인으로 행동의 연구를 강조하는 행동주의의 정신을 나타내기 위해서 여기서는 사회인지행동이론이라고 부르기로 한다.

학습의 원리를 응용하는 행동수정(行動修正, behavior modification)은 행동요법(行動療法, behavior therapy), 혹은 인지행동수정이론(認知行動修正理論, cognitive behavior modification theory)이라는 이름으로 특히 임상장면에서 잘 알려져 있다. 이 기법은 정신병원, 학교, 교도소 등의 특수조직에서 행동장애를 수정하기 위해서 광범위하게 개발되었다. 그 중에서도 Skinner(1953) 학파에서는 강화이론을 토대로 정적강화(正的强化, positive reinforcement)의 중요성을 특히 강조하는데 행동수정은 지금까지 이 원리에 크게 의존하고 있다.

정적강화를 사용하는 행동수정의 기본 원리는 간단하다. 다양한 행동들 중에서 어떤 행동은 바람직한 행동으로 평가되는데, 이 바람직한 행동이 강화를 받을 수 있도록 보상 상황의 구조를 조직하면 인간의 행동은 새로 형성되거나 바뀌어질 수 있다고 본다. 행동을 형성하거나 변화시키는 과정에서 정적강화(正的强化)가 개입된다. 다시 말해서 수정하기를 바라는 행동을 정하고 이 행동이 어느 수준으로 나타나게 할지 행동수정의 목표를 명확하게 설정한 후, 바라는 행동이 나타나면 이 행동에 정적보상을 빈번히 제공하여 행동을 수정하게 된다.

이와 같이 일정한 행동을 유발하기 위한 원칙으로 정적보상을 사용하는 정적강화이론은 유인자극(誘引刺戟, incentive)을 사용한 동기전략에 속한다. 이 이론의 초기에는 개인 외부에서 타인이 정적보상을 사용하여 행동을 형성하거나 변화시키는 기법을 중요하게 사용했다. 그러나 최근에는 Bandura(1986)의 사회인지행동이론에서 보는대로 개인의 외부에서 타인이 관리하는 보상 이외에 다양한 접근이 가능하도록 이론이 확장되었다. 그러므로 그의 이론에서는 자기가 정적보상을 관리하여 자기행동을 변화시키는 과정이나 타인의 행동을 통해서 강화를 받는 과정을 관찰하여 학습을 일으키는 대리적 과정도 포괄하여 다룬다. Skinner의 주장대로 행동수정에서 처벌(處罰, punishment)이나 부적강화(負的强化, negative reinforcement)는 일반적으로 사용되지 않는다.

사회인지행동이론은 인간의 행동에 초점을 두지만 동기의 성질을 지니는 행동의 변화에도 유용하게 쓰인다. 특히 이 이론은 행동하려는 동기가 매우 낮은 조건에서 행동의 실행 수준을 높여 주는 효과를 다루기 때문에 명시적으로는 동기과정을 다루지 않는 경우에도 실제로는 동기를 유발하는 데 기여하기 때문에 중요하다.

그러나 Skinner의 강화이론을 과연 동기이론이라고 볼 수 있는지는 의문의 여지가 있다. 강화이론에서는 동기가 아니라 행동의 원리에만 관심을 보이기 때문에 동기과정에 관한 이론적 설명이 없다. 따라서 엄격한 의미에서 보면 강화이론은 행동이론이지 동기이론이 아니다. 그러나 강화가 행동의 학습을 일으킨다는 점에서 동기이론가들에게 관심을 끈다. 다시 말하면 강화이론은 동기이론이 아니라 단지 행동학습하기 위한 기법으로 활용되지만 동기과정과 관련지어서 강화원리의 기제를 설명할 수도 있다. 즉, 바라는 행동이 나타났을 때 정적보상이 따르게 되면 행위자가 보상을 받기 위해서 행동하려는 동기가 유발된다고 해석할 수도 있다.

강화이론에서 무시되고 있는 동기과정에 중요한 의미를 부여하려는 관점은 동일하게 행동주의에 속하는 Bandura의 사회학습이론(a social learning theory, Bandura, 1977, 161~165쪽)이나 이 이론을 확장한 사회인지이론(a social cognitive theory)에서 볼 수 있다. 이 이론에서는 Skinner에 의해서 대표되는 강화이론과 달리 행동의 학습이 이루어지는 현상은 인지과정으로 설명하고 행동의 유발에 영향을 미치는 동기과정은 강화에 의해서 설명함으로써 동기과정도 중요하게 보고 있다.

행동수정 기법을 유용하게 활용하려면 환경에서 강화상황의 연계성(强化狀況連繫性, reinforcement contingency)을 조정하는 일이 매우 중요하다. 그러므로 행동수정과정에서 운영하는 사람이 다음 사항에 유의하여야 한다.

첫째, 보상해 주어야 할 바람직한 행동과 보상을 받지 못할 행동들을 구분해서 이를 행동수정을 받는 사람에게 명확하게 알려주어야 한다.

둘째, 행동에서 변화된 수준에 관한 정보를 행동수정을 받는 사람에게 계속 환류(feedback)해 주어서 행동의 변화를 촉진해야 한다.

그런데 인간의 행동을 변화시키기 위하여 학습이론 특히 정적 강화원리를 사용하는 데 대해서 비판하는 의견도 많다. 이 비판들은 S-R 이론이나 강화원리를 행동수정이라는 이름으로 학교, 정신병원, 교도소, 재활원 등에 적용했던 시점부터 이미 대두되어서 논란의 대상이 되었다. 여러 비판들 가운데 강화원리의 사용이 개인의 자유를 무시하는 작위적 행동유발방법이기 때문에 유익함에 비해서 부작용이 크다는 비판이 핵심이 된다. Bandura의 사회인지행동이론에서는 개인의 선택과 인지과정을 수용함으로써 이 비판을 어느 정도 피할 수 있게 되었다.

이 장은 다음과 같은 내용으로 이루어져 있다. 먼저, 행동이론의 관점에서 동기화된 행동을 설명하는 이론의 배경과 아울러 기본 원리인 강화상황연계성에 대해서 알아보고, 행동수정의 실행단계를 다루고, 끝으로 행동수정에 대한 찬반 양론을 통해서 결론과 평가를 제시하고자 한다.

행동수정의 원리와 강화상황 연계성 관리

행동형성의 원리: 학습

학습이란 대체로 학습자가 인식하지 못하는 사이에 일어나는 현상이다. 강화이론의 기본 전제는 모든 행동이 학습된다고 보는 데 있다. 그렇다면 학습이란 무엇인가? 학파나 학자들의 견해에 따라서 학습에 대한 정의가 일정하지 않지만 여러 정의의 공통점을 정리하면, 학습이란 "보상을 받은 실행이나 경험에 의하여 생겨나서 비교적 영속적으로 지속되는 행동잠재력의 변화"라고 정의할 수 있다(Kimble & Garmezy, 1963).

학습의 개념을 이렇게 정의하면 이 정의에서 다음과 같은 특징들이 중요하다(Luthans, 1977, 281쪽).

첫째, 학습이 반드시 행동이 좋아졌음을 의미하지는 않지만 여하튼 행동의 변화를 의미한다. 일반적으로 학습이 행동수행의 개선을 의미하는 용어로 쓰이지만 학습의 정의에 따르면 나쁜 습관, 편견, 고정관념(固定觀念, stereotype) 등도 학습된다.

둘째, 행동의 변화가 비교적 영구적이어야 학습이라고 볼 수 있다. 따라서 피로나 일시적인 순응 등에서 생겨나는 변화들은 학습에 포함되지 않는다.

셋째, 학습이 일어나기 위해서는 어떤 형태의 실행이나 경험이 필요하다. 또한 학습될 때까지 기간이 오래 걸리는 경우에는 시행착오뿐만 아니라 행동의 반복도 따르게 마련이다.

넷째, 학습이 일어나기 위해서는 실행이나 경험이 보상을 받아야 한다. 실행이나 경험에 보상이 수반되지 않게 되면 이 행동은 지속되지 않고 마침내 소멸된다.

앞의 정의를 보면 학습이란 행동잠재력의 변화이기 때문에 지식을 실제 행동으로 전환시키는 실행과는 구별된다. 그리고 학습에서는 보상이 중요한데 보상받은 행동은 그 후에 다시 나타나도록 어떤 측면들을 강화시키거나 강도를 높게 만드는 효과를 지닌다. 이로 인해서 보상받은 행동은 다시 나타나게 된다. 그런데 이 때 여러 행동 가운데 바라는 행동에 가까운 반응이 나타났을 때만 보상해 줄 수가 있다. 이와 같은 방법을 사용해서 행동을 분화시키거나 바라는 행동을 만들어 낼 수 있다. 따라서 고도로 분화되거나 혹은 조성된 행동은 그 행동에 대한 보상의 역사를 알아야만 할 수 있다.

이처럼 보상을 사용하면 적절한 시기에 재생될 수 있는 행동을 만들어 낼 수 있게 된다. 반응이 나타나고 이에 강화원(强化源, reinforcer)을 주면 그 후에는 앞서 반응의 양상에 따라서 행동이 일어난다. 만약 어떤 반응에 대해서 보상을 주면 그 뒤에는 이 반응이 강화를 받기 전보다 빈번하게 나타난다. 따라서 강화는 어떤 특정한 행동이 특별히 다시 나타나도록 만드는 효과를 지닌다. 대개의 경우에는 강화는 강화받은 행동을 일으키고 더욱 강화시키게 된다(Skinner, 1938, 1953).

행동주의의 행동모형

앞에서는 인간의 행동이 학습과정에 의해서 이루어진다고 주장하는 행동주의의 관점과 학습의 성질이 무엇인지 살펴보았다. 그런데 학습의 성질을 해명하는 이론들은 다양하다. 여러 학습이론들 가운데 행동수정은 강화이론에 크게 의존하고 있지만 다른 행동주의의 여러 원리들도 폭넓게 받아들여서 성립되었다. 그러므로 행동주의 학습이론들의 배경을 살펴볼 필요가 있다. 여기서는 여러 행동주의 학습이론들의 요점과 함께 행동의 분석 단위들을 제시하여 행동이 학습되는 전체 과정을 이해하는 기초를 제공하려고 한다.

인간의 행동이란 일정한 계기를 시작으로 이루어지고, 다시 그 행동에 따라서 다음 행동을 유발하는 지속적 과정이다. 그러나 이 행동의 계열을 분석하면서 전통 행동주의자들은 행동(response, R or behavior, B)이 행동분석의 기본 단위가 된다고 주장한다. 이 관점이 이른바 자극-반응이론(刺戟-反應理論, S-R theory)이다.

그러나 다른 행동주의자들은 인간의 행동이 단지 자극과 반응의 관계로는 이해될 수 없으므로 행동하는 인간의 생리변인이나 인지변인이 자극과 반응의 관계를 매개한다고 주장하였다. 이것이 이른바 자극-유기체-반응이론(刺戟-有機體-反應理論, stimulus-organism-response theory, S-O-R theory)이다.

한편, 또 다른 행동주의 학자들은 자극이나 유기체의 상태를 문제삼지 않더라도 인간행동에 관하여 과학적 연구를 할 수 있다고 주장했다. Skinner가 대표하는 이 관점에서는 어떤 행동 반응이 나타난 후에 그 반응에 대해서 어떤 결과가 초래되는지 분석하면 인간의 행동을 과학적으로 해명할 수도 있고, 행동을 과학적으로 통제할 수도 있다고 주장한다. 따라서 이들은 행동이 발생한 후에 제공되면 다음에 그 행동의 발생확률을 높여 주는 강화의 성질을 해명하려고 한다. 그리고 이 원리를 사용하여 일정한 행동을 학습시키는 데 효과가 있는 강화관리기법을 알아내려고 한다. 이 접근을 강화이론(强化理論, reinforcement theory)이라고 부른다.

또한 앞에서 말한 접근법들과 달리 급진적 행동주의에서 전통으로 배척해 왔던 사회인지요인(社會認知要因)의 중요성을 받아들이는 인지행동주의이론이 Bandura(1986)에 의해서 제안되었다. 그는 개인, 행동, 그리고 환경이라는 세 결정요인들간의 상호인과적 영향을 강조하는 인지행동주의이론을 제안했다. 이 주장에 의하면 인간의 경우에는 인지의 매개 기능이 강력하기 때문에 자신이 직접 행동하여 보상을 경험해야만 학습이 이루어진다고 보지는 않는다. 이들은 타인의 행동을 관찰하는 인지과정을 통해서 대리학습(代理學習, vicarious learning)할 수도 있다고 주장한다. 이 이론에서 행동의 설명이 최종 목적이지만 인지과정을 특히 중요하게 보는데, Bandura의 사회인지행동이론은 사회학습이론(社會學習理論, social learning theory)에서 발전되었다.

지금까지 살펴본 주장들은 모두 행동주의의 범주에 포함되지만 행동의 학습에 대해서 각각 독특한 관점을 지닌다. 그러나 이 접근법들을 모두 포괄하는 통합된 행동주의 학습모형을 생각할 수 있다. 이러한 종합모형을 수립할 수 있다면 행동의 학습에 영향을 미치는 중요한 요인들을 포괄하여 정리할 수 있다.

이러한 종합의 관점에서 행동주의 접근법들을 포괄하는 행동의 학습과정 모

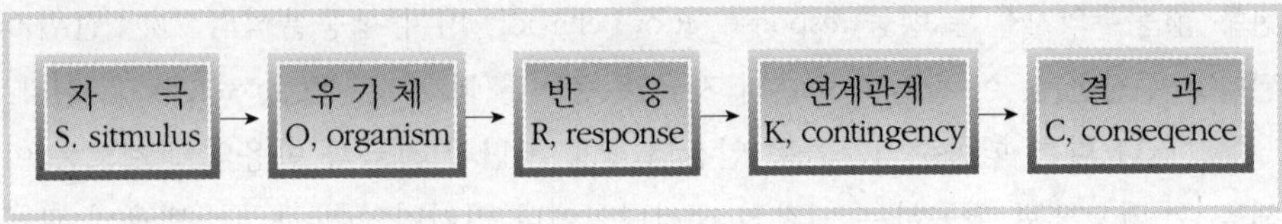

[그림 6-1] Kanfer와 Phillips의 행동방정식(1970, 54쪽)

형을 수립하려고 시도한 학자들도 있다. 이 가운데 Kanfer와 Philips(1970, 54~74쪽)는 임상장면에서 활용되는 행동주의이론들을 종합하여 행동방정식(行動方程式, the behavioral equation)을 제안했다. Kanfer와 Phillips에 다르면 행동방정식에는 [그림 6-1]에서 보는 바와 같이 다섯 요소가 모두 포함되는데, 이 방정식은 여러 행동주의의 접근법들을 포괄하는 일반 행동모형이 된다(1970, 54쪽).

이 방정식에서 보는 바와 같이 외부로부터 자극을 받게 되면 인간은 생리적이거나 인지적 요인들에 따라서 일정한 형태의 반응을 유발하게 된다. 이 때 반응으로 유발된 이 행동이 물리적이거나 사회적 환경에 존재하는 유쾌하거나 불쾌한 자극들과 연결되어 있으면 행동을 한 사람은 이 연계관계에 따라서 결과적으로 유쾌하거나 불쾌한 경험을 하게 된다. Kanfer와 Phillips의 주장에 따르면 어떤 상황에서 일어난 행동이든지 모든 행동이 이 방정식에 포함된 요소들에 의해서 설명될 수 있다.

이 [그림 6-1]에 포함된 각 요소들은 다음과 같이 설명할 수 있다.

(1) **자극변인**(刺戟變因, S): 자극요인을 의미하는데 넓은 뜻에서 환경의 상황요인이다. 이 변인의 영향에 대해서는 동일한 행동주의 안에서도 여러 주장이 있다.

고전적 행동주의인 S-R 이론에서는 자극이 행동을 이끌어내는 데 결정적 역할을 한다고 본다. 즉, 자극이 인간으로 하여금 행동하도록 만들기도 하고, 행하고 있던 행동을 중단시키기도 하며, 선택의 방향을 정해주기도 한다. 따라서 현재 상황에서 존재하는 자극들이 행동을 일으키는 일차적 원인이다.

그러나 Skinner의 행동이론에 의하면 자극이란 행동의 직접적인 원인이기보다 행동하기에 앞서 존재하는 단서로서 기능할 뿐이다. 그렇지만 이 강화이론에서도 최종적으로 나타내는 행동의 결과 자체가 일종의 환경자극의 영향을 반영한다. 조작적 행동주의에 의하면 행동을 통해서 얻은 결과에 따라서 행동의 학습이 이루어지기 때문에 이 결과가 다음 행동을 일으키는 자극으로 기능한다.

한편 Bandura가 사회학습이론을 계승한 사회인지이론에서는 이 자극요인이 밖으로 드러난 환경적 사건일 수도 있고, 목표일 수도 있으며, 혹은 별 영향을 미치지도 못하면서 밖으로 드러나지도 않은 단서일 수도 있다. 다시 말해서 이 이론에서는 실제로 존재하는 자극이라고 하더라도 이 자극에 대한 인지가 실제로 행동에 영향을 미친다.

넓은 의미에서 통합된 행동모형에서는 자극이 고전적 조건형성, 조작적 조건형성 및 사회인지이론에서 주장하는 세 가지 기능들을 모두 지닌다고 개념화된다.

(2) **유기체변인**(有機體變因, O): 이는 인간요인을 말하는데 구체적으로 개인의 생리적 과정과 인지적 매개과정(cognitive mediating process)을 나타낸다. 동기, 지각, 학습, 성격 등은 모두 유기체의 매개과정을 나타내기 위하여 고안된 개념들이다. 이 가운데 인지과정의 역할을 강조하는 행동이론이 최근에 가장 폭넓은 지지를 받고 있다.

(3) **행동변인**(行動變因, B): 행동주의자들은 행동을 두 종류로 구분하는 경우가 많다. 하나는 반응행동(反應行動, respondent responses or respondent)으로서 일정한 자극에 의해서 이루어지는 행동반응이다. 다른 한 가지는 조작행동(操作行動, operant responses or operants)이라고 부르는데, 이는 행동의 결과로 얻게 되는 강화에 의해서 조건화된 반응을 말한다. 조작반응은 행동이 나타난 후 보상이나 처벌이 뒤따르기 때문에 이러한 결과를 얻는 수단적 행동이라는 의미에서 도구적 행동(道具的 行動, instrumental responses)이라고도 부른다.

인간의 경우를 예로 들면 이 두 가지 종류의 반응을 구별하는 기준은 반응의 발생 이전이나 그 이후 가운데 어떤 시점에 환경의 통제가 이루어졌는가에 달려 있다. 반응행동(反應行動)은 반응 이전에 자극조건을 변경시키면 변화시킬 수 있는 반응을 말한다. 그리고 조작반응(操作反應)이란 반응 이후에 강화를 변경시키면 변화될 수 있는 반응을 말한다.

행동주의자들은 이 행동요인의 통제에 관심을 갖는다. 행동수정에서는 객관적으로 관찰할 수 있는 구체적 행동을 분석의 대상으로 삼는다. 따라서 외부에서 객관적으로 관찰할 수 없는 태도나 인지 등은 엄격한 의미에서 행동주의에서 관심을 갖는 대상이 아니다.

(4) **결과변인**(結果變因, C): 자극과 마찬가지로 결과변인 역시 본질적으로 환

경에서 초래된다. 조작행동의 예로 설명하면 사람은 어떤 결과를 얻기 위해서 환경에서 일정한 조작행동을 해야만 한다. 따라서 이 결과 변인을 행동주의 용어로 표현하면 행동과 연결되어 있는 강화에 의해서 결과변인이 결정된다. 그리고 행동의 결과의 연결관계는 강화계획(强化計劃, reinforcement schedules)에 의해서 설명된다.

(5) **변인들간의 상호작용**: 앞에서 언급한 자극, 유기체, 행동, 그리고 결과변인들은 상호영향을 미치는 인과관계를 구성한다. 이 변인들이 모두 유기적으로 관련되어서 서로 영향을 주고 받는다. Luthans가 사회학습이론의 견해를 폭넓게 받아들이고 있음을 이 변인들이 상호영향을 미치는 과정은 뒤에 Bandura의 이론을 살펴볼 때 설명하기로 한다.

행동주의의 세 학습과정

다음에는 행동이론들에서 주장하는 세 가지 기본 학습원리에 대해서 알아보기로 한다.

1. 고전적 조건형성(古典的 條件形成, classical conditioning)

반사행동 혹은 반응행동(反應行動)의 학습과정을 설명하는 고전적 조건형성은 Pavlov(1902)의 연구결과를 배경으로 삼고 있다. Pavlov는 음식물의 소화와 관련되는 반사를 연구하는 과정에서 실험실의 개가 음식(무조건자극, unconditioned stimulus, UCS)을 제공할 때만 침을 분비하지(무조건반응, unconditioned response, UCR) 않고, 음식을 주기 직전에 제시된 다른 자극(조건자극, conditioned stimulus, CS)에 대해서도 침을 분비함을(조건반응, conditioned response, CR) 알아냈다.

예를 들어서 음식을 주기 직전에 음식 이외에 중립적 자극(neutral stimulus, 예를 들면 벨소리)을 여러 차례 반복해서 제시하게 되면 일정한 횟수가 지난 다음부터 이 중립적 자극만을 제시하더라도 침을 분비하게 된다. 이 중립자극은 원래 반사관계를 이루던 자극이 아니었으나 원래 침의 분비반응을 일으키던 무조건자극과 짝지어서 반복하여 제시하면 침을 분비시키는 기능이 생겨서 조건자극이 된다.

자극과 반응의 이와 같은 새로운 관계가 조건반사(條件反射, conditioned

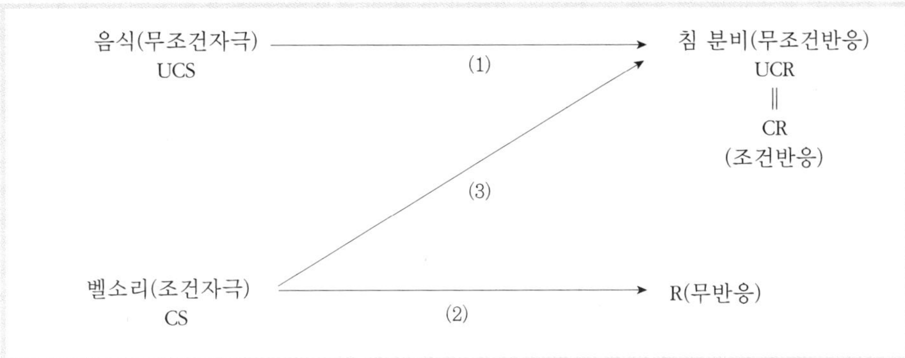

[그림 6-2] 고전적 조건형성과정

reflex)인데 새로운 자극과 반응의 연합이 바로 고전적 조건형성이다. 이 과정을 그림으로 나타내면 다음의 [그림 6-2]와 같다.

이 고전적 조건형성의 과정은 3단계로 설명할 수 있다. 첫 단계에서는 무조건자극이 무조건반응을 일으킨다. 예를 들면 음식이 타액분비를 일으킨다. 둘째 단계에서는 중립자극이 관련 반응을 일으키지 않는다. 예를 들면 벨을 울리더라도 이 자극에 대해서 타액분비가 일어나지 않는다. 그러나 벨을 울리고 바로 음식과 짝지워지도록 반복해서 여러 차례 제시하면 벨소리만으로도 타액분비를 일으키게 된다. 즉, 조건자극이 조건반응을 일으키는 셋째 단계에 이른다.

고전적 조건형성 과정에서는 인간이 무조건반응이나 조건반응을 조절할 수 없고 이 반응들이 단지 수동적으로 환경에 의존해서 나타나게 된다. 고전적 조건형성에서는 이처럼 무의식과정에 의해서 반사적 행동이 조건화되는 점이 중요하다.

그러나 고전적 조건형성의 원리는 행동이나 정서를 변화시키려는 목적으로 임상장면에서 행동수정의 한 기법으로 사용하지만 행동을 수정하는 데 많이 쓰지는 않는다.

2. 조작적 조건형성(操作的 條件形成, operant conditioning)

고전적 조건형성과 조작적 조건형성의 기본 차이는 조건화된 반응의 결과를 어떻게 보느냐에 있다. 고전적 조건형성에서는 사건의 연속적 과정이 인간의 행동과 관계없이 독립적으로 일어나기 때문에 반응의 결과가 피험자의 행동과는

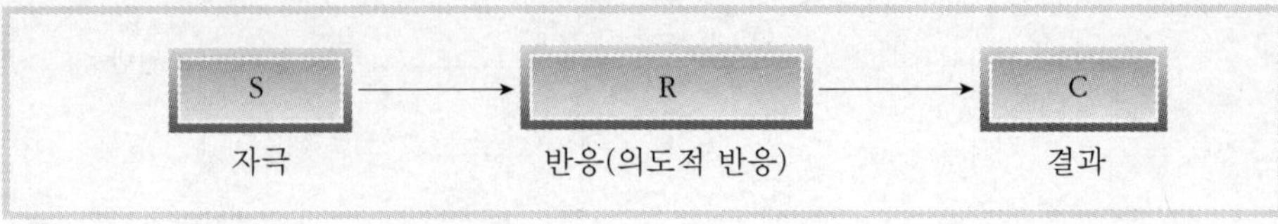

[그림 6-3] 조작적 조건형성과정

무관하다. 그러나 이와 달리 조작적 조건형성에서는 피험자가 적절한 반응을 하거나 실패하는 데 따라서 보상이나 혹은 처벌을 수반하는 결과가 초래된다. 이를 그림으로 나타내면 다음의 [그림 6-3]과 같다.

고전적 조건형성의 과정과 달리 의도적인 행동이 가능한 조작적 조건형성의 과정에서는 자극상황에서 개인이 행한 행동에 따라서 결과(보상 혹은 처벌)가 나타나게 된다. 이와 같은 행동은 이미 주어진 환경자극에 대한 반응행동과 대조적으로 환경을 "조작한다"(operate: Skinner, 1969)고 말할 수 있다. 다시 말해서 단순히 자극이 제시될 때마다 보상을 받지 않고 자극과 관계 없이 어떤 행동이 실행된 경우에만 보상을 받게 된다. 이 때 ① 자극 혹은 환경, ② 반응 혹은 수행, ③ 결과 혹은 강화라는 세 요소들의 상호관계를 "강화상황 연계성(强化狀況 連繫性, contingency)이라고 부른다.

Skinner(1969)는 "어떤 강화물(强化物, reinforcer)과 연결되어 있는 반응들을 조작행동(操作行動)이라고 부르는데, 조작행동이란 강화가 뒤따르는 환경에서 이루어지는 작용을 뜻한다"고 정의한다. 따라서 조작적 조건형성에서는 인간존재가 환경을 탐색하고 환경을 조작한다는 전제를 갖고 있다. 이 행동이 처음에는 우발적이고 무선적(無選的)으로 나타나지만 일정한 반응만을 선택적으로 강화해주고, 강화하는 정도를 달리하여 반응에 대한 강화의 연계성을 조절하면 이 행동을 지속시킬 수 있다.

어떤 조작행동이 강화될 때, 이 조작행동과 관련되는 환경의 보상자극은 그 존재만으로도 개인에게 동일한 반응을 보일 확률을 높여 주기 때문에 행동의 조절력을 지니게 된다. 그런데 조작적 조건형성에 의하면 이처럼 조절력을 갖는 환경의 보상자극이 목표로서 작용하지는 않는다. 다시 말해서 이 자극이 원인이 되어서 반응을 유발하도록 강요한다는 의미에서 반응을 유발하지는 않는다. 고전적 조건형성에서는 반사행동에서 보는대로 자극이 원인이 되어서 반응을 유발하는 기능을 지닌다고 본다.

강화학습의 본질은 어떤 반응을 하고 강화를 받느냐에 있다(Skinner, 1969, 7쪽). 다시 말해서 강화학습이란 환경자극에 대한 대응반응(對應反應)으로 학습이 이루어지는 것이 아니라, 반응해서 좋은 결과를 얻었기 때문에 학습이 이루어진다고 본다. 그러므로 개인과 환경의 상호작용을 공식화하려면, ① 반응이 일어난 시기, ② 반응 자체, ③ 강화에 따르는 결과라는 세 가지 사항을 항상 명백히 열거해야 한다.

이처럼 강화학습에서는 강화의 결과가 장차 그 조작행동이 다시 일어날 확률을 결정하기 때문에 행동을 변화시키려면 행동에 따라서 얻게 될 결과가 변화되어야 한다. 즉 강화조건이 행동과 연결되도록 환경을 재구성하여야 한다. 이 경우 조작적 조건형성의 원리에 의해서 행동의 통제가 효과적으로 이루어질 수 있다고 주장한다.

이처럼 Skinner는 강화상황 연계성에 의해서 학습된 인간의 행동들을 동기와 같은 내적 상태를 가정하지 않고도 설명할 수 있다고 본다. 이러한 조작적 조건형성의 원리는 인간의 부적응 행동을 수정하기 위해서 특히 임상장면에서도 효과적으로 도입되었다. 그리고 이 원리를 중시하는 이론가들은 조직행동을 통제하는 데에도 이 원리가 유용하게 적용될 수 있다고 주장한다.

3. 사회인지이론(social cognitive theory)

앞의 두 학습원리들은 인간의 행동을 지나치게 결정론적이며 기계론적으로 설명한다는 비판을 받았다. 특히 인간 행동이 인지요인에 의해서 영향을 받는데도 불구하고 이 원리들이 이 점을 무시하고 있다고 비판한다. 인간행동이 외부결정요인들에 의해서 외적으로 조절된다는 급진적 행동주의에 대해서 인지이론가들은 이 견해가 인간 행동의 수동적 측면만 강조한다고 비판한다.

이 두 원리들로 보면 환경의 상황요인만 행동을 결정하고 개인의 특성과 같은 성격요인들이나 인지요인들은 행동에 영향을 미치지 않는다는 뜻이 된다. 그런데 지금까지 인간의 행동을 다룬 연구결과들을 정리해보면 개인과 환경 가운데 어느 한 쪽만 일방적으로 영향을 미치지 않고 이 두 요인들이 상호작용한다는 결론을 얻을 수 있다(Bandura, 1977, 9쪽).

행동주의의 테두리에 속하는 점에서는 동일하면서도 Bandura(1986)가 제안한 사회인지이론에서는 개인과 환경이 상호작용한다는 관점을 이론의 기반으로 받아들이고 있다. 사회인지이론은 행동주의 전통에서 발전되어서 관찰이 가능한 외적 변인이 행동에 미치는 영향을 강조하면서도 개인의 유기체변인으로 특히 인지요인을 강조한다는 점에서 고전적 조건형성이나 조작적 조건형성의 원리와 차이를 보인다.

개인, 행동, 환경의 상호결정론: 사회인지이론에서 개인과 환경의 상호작용과정을 중요하게 보는데 이 이론보다 앞서 이 상호작용과정에 대해서 몇 가지 서로 다른 주장들이 제안된 바 있다. 사회인지이론에서 개인과 환경의 상호작용과정이 중요한 만큼 상호작용에 관한 여러 주장들을 비교하여 사회인지이론의 특징을 제시하면 다음과 같다.

첫번째 주장은 Lewin의 장이론(場理論, field theory)인데 개인요인과 환경요인의 상호작용을 $B=f(P, E)$로 나타내고 있다. 여기서 B는 행동, P는 개인, 그리고 E는 환경을 의미하므로, 행동이 개인과 환경이라는 독립되는 두 요인들의 상호작용에 의해서 결정된다는 주장이다. 이 견해는 다른 이론에서도 볼 수 있지만 개인과 환경요인들이 서로 독립해서 결정요인으로 기능하지 않고 상호영향을 미치는 과정이 있으므로 이는 잘못된 관점이다.

두 번째 개인요인과 환경요인의 상호작용에 관한 주장은 이 두 요인이 이 어느 한쪽으로만 영향을 미치지 않고 서로 양방향으로 상호 영향을 미친다는 생각이다. 그러므로 이 주장은 $B=f(P \rightleftarrows E)$로 나타낼 수 있다. 이 주장은 앞서 첫번째로 지적한 상호작용의 관점이 지니는 한계를 상당히 보완하고 있다. 개인과 환경의 상황이 작용하면서 상호의존적으로 행동에 영향을 미친다고 본다. 따라서 이 주장에 따르면 행동이란 각각 독립되는 개인과 환경이 상호작용한 산물이 아니라 상호작용하는 개인과 환경이 전체를 이루는 단위로서 행동을 결정짓는다.

세 번째 주장인 사회인지이론에 의하면 상호작용이란 행동, 개인, 환경의 세 요인들이 상호간에 서로 다른 요인들에게 상호결정 요인으로 작용하므로써 상호연관을 갖는 전체로서 행동에 영향을 미치게 된다고 본다. Bandura(1977, 1986)에 의해서 제안된 세 요소들의 상호결정론(reciprecal determinism)을 그림으로 나타내면 다음 [그림 6-4]와 같다. 이 그림에서 행동, 개인특성 및 환경의 상황요인들이 행동에 미치는 상대적인 영향력의 크기는 상황과 행동에 따라서 달라진다(Bandura, 1977, 10쪽, 1986, 24쪽).

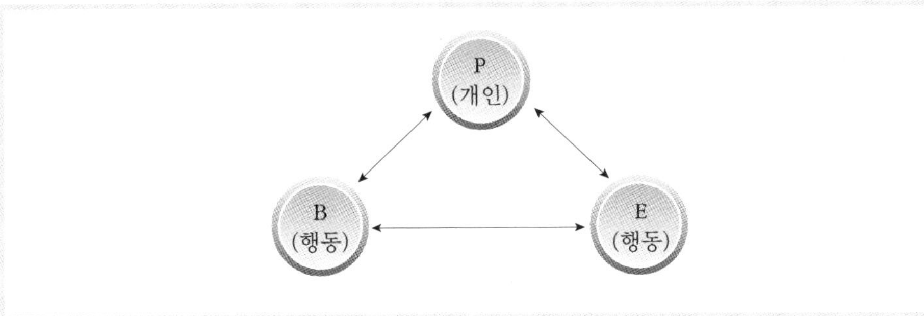

[그림 6-4] 사회인지이론의 상호결정(Bandura, 1977, 10쪽)

사회인지이론은 이와 같이 행동의 결정과정에 개인의 기능을 포함시키고 있으며 개인, 행동 및 환경이라는 세 요소간의 상호영향을 강조한다. 특히 개인요인 가운데 인간의 인지능력이 행동에 미치는 영향을 강조하므로 앞에서 살펴본 자극-반응이론이나 강화이론과 같이 극단적인 행동주의 관점에서 벗어나 있다.

사회인지이론에서는 사고를 포함하는 인간의 인지과정이 행동에 미치는 영향을 부정한다면 복잡한 인간행동을 설명할 수 없다고 주장한다. 다시 말해서 개인, 환경 및 행동이라는 세 요소간의 상호작용 과정에서 인간이 지니고 있는 인지능력으로 ① 대리과정(代理過程, vicarious process), ② 상징과정(象徵過程, symbolic process), ③ 장래예견과정(forethought process), ④ 자기반성과정(self reflective process), ⑤ 자기조절과정(自己調節過程, self-regulation process)의 다섯 가지 기능들이 매우 중요한 역할을 한다고 주장한다. 사회인지이론을 다른 행동이론과 구별지어 주는 개인의 인지능력인 이 다섯 가지 요인들에 대해서 각각 설명하면 다음과 같다(Bandura, 1986).

① **관찰을 통한 대리학습 능력**: 인간은 관찰을 통해서 다른 사람의 행동을 배울 수 있는 능력이 있기 때문에 자신이 직접 경험하지 않고도 타인의 행동과 그 행동의 결과를 관찰함으로써 학습할 수 있다. 이 대리적 학습과정이 있기 때문에 고전적 조건형성이나 조작적 조건형성과 달리 자신이 직접 경험하지 않고도 매우 광범하고 통합된 행동양식을 획득할 수 있다.

② **상징의 사용 능력**: 인간이 상징을 사용할 수 있는 능력은 환경을 다룰 수 있는 유일한 수단이다. 언어적 상징과 추상적 상징 능력이 있기 때문에 장차 행동의 길잡이가 되도록 경험을 표상 형태로 처리해서 지니게 된다. 인간의 의도적

행동능력도 이 상징적 활동에 근거하여 이루어진다. 즉, 장래 얻을 좋은 결과를 상징할 수 있기 때문에 이 상징과정을 통해서 먼 장래의 목표를 달성하기 위하여 행동할 수 있다. 또한 상징이라는 매개과정이 있기 때문에 실제로 여러 문제 해결의 방법들을 모두 적용해 보지 않고도 효과적으로 문제를 해결할 수 있다.

③ **장래의 예견능력**: 인간은 어떻게 행동하면 장차 어떤 결과가 초래될지 사전에 미리 예측해 볼 수 있는 능력을 지닌다. 그러므로 이 장래예견능력 때문에 나쁜 결과가 예상되는 행동은 회피하고 좋은 결과가 예상되는 행동을 실행할 수 있게 된다.

④ **자기반성능력**: 인간은 자기 행동을 평가하는 기준을 지니기 때문에 자기 행동에 대해서 외부에서 보상이나 처벌이 제공되지 않더라도 자기행동을 관찰하여 자기반성하는 과정을 거쳐서 이 기준에 따라서 만족이나 불만을 경험한다. 이 자기반성 능력 때문에 자기행동을 스스로 강화하거나 처벌하는 기능을 지니게 된다.

⑤ **자기조절능력**: 환경에 유인자극들을 배치하거나, 자신에게 인지적으로 지원하거나, 혹은 자기 행동 결과들이 결과로 보상이나 처벌을 받을 수 있도록 강화의 상황연계성을 스스로 배치함으로써 인간은 자기 자신의 행동을 조절할 수 있다. 그뿐만 아니라 자기의 행동을 규제하는 자기조절 기능은 타인과 같이 외부에서 영향을 미치도록 하거나 사회지원을 받기도 한다.

지금까지 행동주의 관점에서 학습의 과정을 ① 고전적 조건형성, ② 조작적 조건형성, ③ 사회인지이론으로 나누어서 살펴보았다. 그런데 이 세 과정들 가운데 고전적 조건형성 과정은 인간행동을 설명하는 데 한계가 많기 때문에 행동수정에서는 부분적으로 사용되고 있다.

사회인지이론의 학습과정: Bandura도 역시 사회행동의 학습과정에서 개인이 행동을 실행하고 그 결과로 사회환경에서 직접 강화를 받아서 행동을 형성하는 현상을 설명한다. 그러나 그는 개인이 사회행동이 학습되는 과정을 강조한 점에서 다른 행동주의 이론들과 구별된다. 그는 관찰학습(observational learning)에 관한 이론을 제안하여 타인들의 행동을 관찰하여 일종의 모방과 창조의 과정을 거쳐서 사회행동의 학습이 이루어진다고 설명했다. 이 이론에 따르면 흡연행동, 공격행동, 유행행동 등 우리가 흔히 보는 수많은 행동들이 개인이 직접 강화를 받지 않고도 단지 타인의 행동을 관찰한 학습의 결과로 습득된다.

관찰학습의 이론이 다른 학자들이 제시한 초기의 모방이론과 다른 점은 인간의 인지능력 가운데 앞서 설명한 바와 같이 관찰을 통한 인간의 대리학습능력을 가정하여 학습과정을 설명한 데 있다. 이 이론에서는 타인들로부터 관찰한 행동에 관한 정보를 부호화하고, 저장하여, 필요한 경우에 인출할 수 있게 되면 학습이 이루어진다고 가정한다. Bandura는 관찰학습이 이루어지는 이 과정을 다음 네 단계로 나누어서 설명했다.

(1) **주의집중과정**: 관찰학습이 이루어지는 첫 단계는 개인이 관심을 갖는 타인의 행동에 주목하여 주의를 집중하는 과정이다. 그렇다면 관찰학습이 이루어지는 타인들 가운데 어떤 사람들에게 주의가 집중되는가? 한 마디로 말하자면 개인이 닮고 싶어서 모형이 되는 타인에게 쉽게 주의가 집중된다. 그러므로 청소년들이 TV스타나 부모의 행동을 본뜨는 경우가 많이 나타난다. 주의집중에 영향을 미치는 요인들이 많지만 몇 가지를 들어보자. 먼저 자주 볼 수 있는 타인의 행동에 주의가 집중된다. 그러므로 거의 모르거나 자주 보지 못한 사람의 행동에 관해서는 관찰학습이 이루어지기 어렵다. 또한 지위, 세력, 가치가 높은 사람들, 매력이 있거나 인기 있는 사람들, 유능한 사람들이 특히 주의집중의 대상이 된다. 한국의 전통 문화로 말한다면 착하게 생활하고 효도 잘하는 사람이 주의집중의 대상이었다고 볼 수 있다. 주의집중의 수준이 낮으면 초기 단계부터 관찰학습이 순조롭게 이루어지지 못한다.

(2) **파지과정**: 이 단계는 주의집중하여 관찰한 행동에서 중요한 요소들을 기억하여 회상하는 과정이다. 이 과정에서 만약 관찰하는 타인의 행동에 관해서 상세하고 정확하게 심상(心像)을 형성하면 기억하고 인출하기가 쉽다. 또한 행동을 말로 기술하여 언어로 부호화하게 되어도 기억하기가 좋다.

(3) **운동재생과정**: 이 단계에서는 심상이나 언어로 부호화하여 기억한 단서들을 사용하여 개인이 타인으로부터 관찰한 행동을 운동으로 재생하는 과정이다. 운동재생은 행동의 복잡성과 기술의 다양성이 높을수록 시간, 노력, 연습에 드는 자원이 많이 요구된다. 예를 들면 자전거 타기나 춤추는 모습을 기억하더라도 행동으로 실행하는 데 시간이 걸리기 때문에 운동재생과정이 중요하다. 실제로 관찰학습은 운동재생이 완성되면 완료된다.

(4) **동기과정**: 운동재생과정에서 이미 관찰학습이 이루어지더라도 학습한 행동을 실제로 실행하려면 동기가 있어야 한다. 그러므로 예를 들어서 흡연행동을

학습하였더라도 담배를 피우려는 동기가 있는 조건에서만 흡연행동이 나타난다. 더구나 흡연행동을 배우려는 동기가 없다면 주의과정, 파지과정, 운동재생과정들이 제대로 작동하여 관찰학습이 이루어지기 어렵게 된다. 그러므로 동기는 타인의 행동을 관찰하여 사회행동을 습득하고 학습된 행동을 실행하는 과정에서 큰 영향을 미치는 요인이 된다. 실제로 큰 보상이 따르는 행동이 쉽게 학습되고 실행되며 처벌이 예상되는 행동을 학습하고 실행하기 어렵다. 이 현상은 보상이나 처벌이 동기과정에 영향을 미치기 때문에 나타난다.

동기, 학습, 행동실행의 자기조절: 동기과정에 영향을 미치는 보상이나 처벌은 타인들이 제공할 수도 있지만 자기 스스로 제공할 수도 있다. Bandura는 전통의 행동주의와 달리 이 자기강화(self-reinforcement)와 자기처벌(self-punishment)이 행동의 학습과 실행에서 중요하다고 보았다. 그는 이 현상을 인간이 지닌 자기조절(self-regulation) 기능으로 설명하였다. 다시 말해서 Bandura는 인간이 스스로 강화와 처벌을 사용하여 동기를 지니고 행동을 학습하고 실행하는 능력을 지니는 존재라고 파악했다.

이 자기조절과정에서 개인이 학습하거나 실행하려는 기준을 설정하고 학습되고 실행된 행동을 관찰한 정보를 얻어서(feedback) 이 기준에 따라서 스스로 보상이나 처벌을 가하는 자기반응(self-reaction)을 보이게 된다. 그러므로 만약 이 기준에 미치지 못하는 자기행동에 대해서 스스로 자기만족하여 자기강화하게 되면 기준에 도달하는 행동은 잘 학습되고 실행되지 못하게 된다.

자기효능성과 동기: 한편 Bandura(1977, 1982)는 사회인지이론으로 수정한 이론이 제안되기 이전 사회학습이론(social learning)부터 행동을 학습하고 실행하는 자기조절의 과정에서 자기효능성(self-efficacy)이 중요하다고 주장했다. 자기효능성이란 개인이 어떤 행동을 성공적으로 수행할 수 있다고 믿는 신념이다. 다시 말해서 개인이 어떤 행동을 실행할 수 있는 능력을 어느 정도 지닌다고 믿는 수준이다. 예를 들어서 체중을 줄이기 위하여 다이어트를 하는 경우에 자신이 음식의 섭취를 절제할 수 있다고 믿는 수준이 높은 사람은 자기효능성이 높다고 말한다. 이처럼 자기효능성은 어떤 행동을 수행하는 자기의 능력을 평가하여 수준이 결정된다. 그러므로 자기효능성을 측정할 때 흔히 개인이 어떤 행동을 수행하기가 쉽거나 혹은 어렵다고 믿는 수준으로 알아낸다.

Bandura(1982, 1992)의 인지사회이론에서 자기효능성은 동기, 학습, 행동수행은 물론이고 사고과정과 정서에도 큰 영향을 미치기 때문에 중요하게 다룬다. 여기서는 Bandura가 자기효능성이 동기, 행동수행, 인지 및 정서에 미치는 영향을 각각 어떻게 설명하는지 살펴보기로 한다. 먼저 자기효능성은 동기과정에서 과제나 행동의 선택, 노력, 지속에 영향을 미친다. 자기효능성이 높으면 행동을 선택하는 데 영향을 미친다. 다시 말해서 자기효능성이 높은 과제나 행동이 선택된다. 또한 어떤 과제나 행동에서 자기효능성이 높으면 낮을 때보다 노력을 많이 쏟게 된다. 그러므로 동일한 난이도의 강의를 수강한 대학생들 가운데 자기효능성이 높은 사람들이 학업에 노력한 수준이 자기효능성이 낮은 학생들보다 높아서 학업성적도 좋았다. 국내에서도 청소년의 학업성적에서 자기효능성이 성적이 좋았음을 보고했다(Park & Kim, 1999).

한편 자기효능성은 과제를 해결하기 위한 인지전략들을 개발하는 데 영향을 미치기도 한다. 자기효능성이 높은 사람들은 최선의 해결책을 찾기 위한 인지전략을 찾는 전략적 사고가 우세했다. 그러나 자기효능성이 낮은 사람들은 좋은 탐색적 전략을 찾지 못해서 산만하고 비효과적으로 노력하는 현상이 나타났다(Wood & Bandura, 1989). 또한 글쓰기에서 자기효능성이 높은 사람들은 글쓰는 활동과정에서 개인의 기준을 높게 세우고 인지기술을 습득하여 작문의 창의성이 높았다(Zimmerman & Bandura, 1994).

또한 교사가 학생들의 교육에서 자기효능성이 높으면 부모가 자녀의 공부를 돕는 능력을 향상시켜서 학생들의 학업성적이 높았다(Hoover-Dempsey, Bassler, & Brissie, 1992).

자기효능성은 정서에도 큰 영향을 미치는 현상이 여러 연구에서 보고되었다. 자기효능성이 높으면 불안과 우울 수준이 낮아지며 통증의 경험과 아울러 대처에도 효과가 있었다.

그뿐만 아니라 자기효능성은 여러 행동에 대한 자기조절력을 높여서 건강검진, 건강증진행동, 치료행동 등 여러 건강행동이나 조직행동 등 여러 행동들에서도 큰 영향을 미치는 현상들이 보고되었다.

Bandura(1997; 박영신, 김의철, 2001)는 자기효능성이 인간의 사고, 동기, 정서 및 행동에 큰 영향을 미치기 때문에 교육, 건강, 임상, 운동, 조직행동 등 다양한 분야에서 자기효능성에 관한 여러 연구들을 정리한 바 있다.

사회인지이론의 동기과정: Bandura의 사회인지이론에서 행동의 학습은 인지

과정에 의해서 설명하고 있음을 앞에서 살펴보았다. 그러나 그의 이론에서 동기과정의 중요성이 간과되지는 않는다. Pavlov, Watson 그리고 Skinner의 행동주의 이론에서는 객관적으로 관찰할 수 있는 행동만을 연구의 대상으로 삼는 바와 달리 Bandura는 인간의 사회행동에서 동기과정이 중요하다고 보고 이를 설명하는 이론을 제안하였다.

그는 인간의 동기과정에서 자기효능성(self-efficacy)과 결과기대(expectancy)의 두 가지 요소가 중요하다고 보았다. 앞에서 설명한대로 이 가운데 자기효능성이란 개인이 자기의 행동을 실행할 수 있다고 믿는 신념을 말한다. 이 신념이 강해서 자기의 행동을 실행할 능력이 높다고 믿는 사람들은 낮은 사람들보다 행동에 대한 동기가 높다.

한편 그는 이에 덧붙여서 결과기대(outcome expectancy)의 개념을 제안하였다. 결과기대란 개인이 어떤 행동을 수행함으로써 장차 얻을 수 있는 보상이나 처벌에 대한 신념을 말한다. 예를 들어서 남을 돕는 행동을 수행하게 되면 장차 여러 사람으로부터 칭찬이나 보상을 받을 수 있다고 믿으면 그렇지 않은 경우보다 보상의 기대가 높아서 그 행동에 대한 동기가 높아진다. 이와 마찬가지로 공격행동을 실행하게 되면 처벌을 예상할 수도 있다. 이 경우에는 행동에 대해서 처벌받는 결과기대가 높기 때문에 공격행동을 회피한다.

지금까지 Bandura가 동기과정을 자기효능성과 결과기대에 의해서 설명한 이론을 살펴보았다. 이 두 요소들을 연결지어서 사회인지이론의 동기과정을 정리해 보면 다음 [그림 6-5]로 나타낼 수 있다.

지금까지 앞에서 살펴본 사회인지이론은 복잡한 인간의 행동을 설명할 수 있는 가장 포괄적 모형으로 최근에 크게 주목을 받고 있다. 특히 자극-반응이론이나 강화이론에서 관찰될 수 있는 외부자극과 행동을 중요하게 봄으로써 인간의

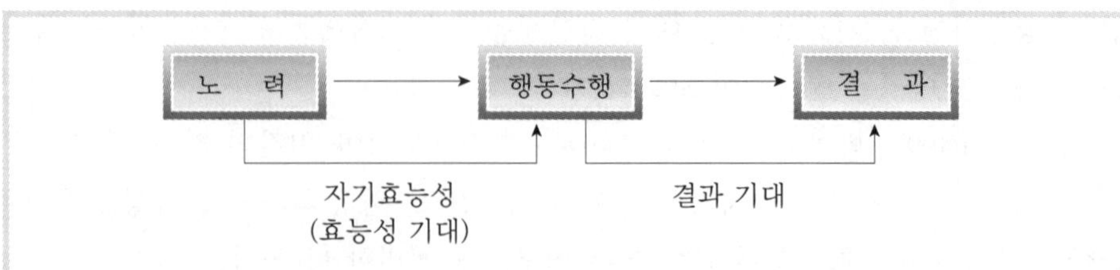

[그림 6-5] 사회인지이론의 동기과정

인지과정을 무시하는 바와 달리 사회인지이론에서는 인지의 매개과정을 중요하게 봄으로써 동기과정과 연결되는 이론을 제안하였다. 이 점으로 보면 극단적 자극-반응이론이나 강화이론은 본질적으로 동기이론이 될 수 없지만 사회인지이론은 동기이론과 연결되고 있음을 의미한다.

강화상황 연계성의 배열

조작적 조건형성의 원리 가운데 가장 중요한 핵심은 행동과 행동에 따르는 결과의 연결관계이다. 따라서 조작적 조건형성과정으로 행동을 이해하고 설명하려면 강화상황의 연계성에 포함되는 여러 요소들의 상호관계를 살펴보아야 한다. 또한 행동에 영향을 미쳐서 행동을 변화시키려고 해도 행동에 따라서 얻게 되는 결과를 조작할 수 있어야 한다(Skinner, 1969).

강화원리를 행동수정에 적용하려면 우선 안정된 반응을 유지시키기에 충분할 만한 크기의 유인가를 지니는 적절한 강화원(强化源)을 선택한 다음에 바라는 특정한 행동이 강화원과 연결되도록 강화상황의 연계성을 배열해야 한다.

또한 바라는 행동이 발생한 후 보상이 제공될 때까지 시간의 지체 기간이 길어지면 그 사이에 일어난 사건 때문에 강화연계성이 모호해지는 간섭효과가 나타나는 경우가 많다. 이처럼 특정한 보상이 실제로 행동이 일어난 때에 맞추어 제공되지 않고 일반적으로 고정간격계획(固定間隔計劃, fixed interval schedules)에 따라서 배열되는 경우가 많다.

또한 더욱 놀라운 현상은 실제로는 바라지 않는 행동이지만 보상과 연결되도록 상황이 배열되어 있는 경우도 많다는 사실이다(Bandura, 1969, 229~230쪽). 그러므로 행동수정에서 바라는 행동을 수행하도록 동기화시키는 데 실패하는 중요한 이유는 강화상황의 연계성이 인간에게 미치는 영향을 이해하지 못했거나, 이 연계성을 관리하는 사람의 역할이 중요하다는 사실을 이해하지 못하는 데 있다.

조작적 조건형성이란 행동과 강화의 연계성을 조작함으로써 행동을 수정하는 과정이기 때문에 행동수정 과정을 이해하기 위해서는 먼저 강화연계성의 다양한 배열방법을 살펴보고, 여러 종류의 정적 강화계획(正的 强化計劃)을 설명하기로 한다.

먼저 행동수정에서 사용할 수 있는 강화상황의 연계성 배열을 4가지로 정리

하기로 한다: ① 정적강화(正的强化, positive reinforcement), ② 회피학습(廻避學習, avoidance learing)과 도피학습(逃避學習, escape learning), ③ 소거(消去, extinction) 및 ④ 처벌(處罰, punishment)이다. 이 네 가지 유형의 강화연계성은 행동에 따라서 초래된 결과에 의해서 구별된다. 이 가운데 정적강화와 적극적 회피학습은 바라는 행동을 강화시키는 방법이며, 소거와 처벌은 바람직하지 않은 행동을 약화시키는 방법이다. 이들 각각을 간략히 설명하면 다음과 같다.

1. 정적강화(正的强化, positive reinforcement)

정적강화물(正的强化物, positive reinforcers)이란 행동상황에서 제공되면 조작적 반응의 발생확률을 강화시켜 주는 자극을 말한다(Skinner, 1953, 73쪽). 정적 강화가 반응을 강화시켜 주는 이유를 Thorndike(1911)는 효과의 법칙(效果의 法則, law of effect)에 의해서 설명한다. 이 법칙에 의하면 좋은 결과를 일으키는 행동은 반복되는 경향이 있으나 나쁜 결과를 일으키는 행동은 반복되지 않는 경향이 있다. 이 때 좋은 결과를 보상(報償, reward)이라고도 부른다. Thorndike와 달리 Skinner는 단지 다음에 행동이 발생될 확률을 높여 주는 자극을 정적강화라고 정의했다.

정적(正的)이든 부적(負的)이든 간에 강화원은 ① 무조건적 강화원(無條件的 强化源) 혹은 일차적 강화원(一次的 强化源, unconditioned or primary reinforcer)이거나 그렇지 않으면 ② 조건화된 강화원(條件化된 强化源) 혹은 이차적 강화원(二次的 强化源, conditioned or secondary reinforcer)으로 구별된다. 음식, 물, 성(性) 등의 일차적 강화원은 태어날 때부터 보상가(報償價)를 갖기 때문에 생리학적으로 중요하며, 과거의 경험과 관계 없이 영향력을 지닌다. 한편 칭찬, 인정, 금전적 보상 등은 이차적 강화원들이다. 이차적 강화원들은 다른 일차적 강화원들과 일관성있게 짝지어져서 조건화됨으로써 강화원으로 효력을 지니게 된다. 그러므로 이차적 강화원은 개인에 따라서 다른데, 개인이 과거에 강화를 받아온 개인사에 따라서 달라지게 된다. 그러므로 어떤 사람에게 보상효과를 갖는 강화물이 다른 사람에게는 보상효과를 지니지 못할 수도 있다. 따라서 행동수정을 관리하는 사람은 개인에게 강화의 효과를 가져오는 강화원과 강화체계를 찾아내야 한다.

앞에서 정적강화가 유용한 행동수정방법이 될 수 있다는 점을 살펴보았는데, 이 정적강화만을 사용할 것인지 그렇지 않으면 다른 방법과 함께 사용할 것인지에 관해서는 논란의 여지가 없지 않다. 여기서는 정적강화를 주장하는 입장들을 간략히 살펴본 뒤에 그 다음으로 정적강화효과를 높이기 위한 강화계획(强化計劃) 설정에 관해서 다루기로 한다.

정적강화(正的强化)**의 활용**: 행동을 수정하기 위한 수단으로 다른 원리를 제외하고 정적강화만을 강조하는 학자들도 많다(Skinner, 1969; Wiard, 1972). 정적강화계획은 바라는 행동과 직접 관련되어 있다. 정적강화계획에서는 해서는 안 될 행동이 아니라 수행할 필요가 있는 행동에 초점을 맞춘다. 정적강화계획이란 바라는 행동을 직접 이끌어내려는 기법이므로 과정보다 결과를 중요하게 보는 적극적 기법이다. 따라서 잘 계획된 정적강화계획은 개인의 성장과 자유를 고취하지만 뒤에 살펴볼 회피학습이나 처벌과 같은 소극적 접근기법은 오히려 개인의 미성숙을 고취시키기 쉽다.

특히 Skinner(1969)는 정적강화의 중요성을 주장하는데 그의 견해에 따르면 선진국의 어떤 조직에서도 인간행동에 영향을 미칠 수 있는 가장 강력한 수단인 정적강화를 효과적으로 사용하지 못한다고 비평한다.

정적강화의 배열방법: 이 부분에서는 정적강화계획의 배열방법을 알아보기로 한다. 학습의 효율성은 강화계획의 관리에 따라서 달라진다. 여기서 강화계획이란 조건형성시키려는 행동에 연결되도록 강화원(强化源)의 제공을 공식으로 설계해 놓은 계획을 말한다. 그런데 강화원의 효율성은 강화원의 성질이나 행동과 연결된 정도 등에 의해서도 영향을 받지만 무엇보다도 강화계획에 의해서 결정된다(Adam & Scott, 1971).

행동을 수정하려는 사람이 보상을 제공하기 위해서 활용할 수 있는 정적 강화계획의 배열방법에는 여러 가지가 있다(Ferster & Skinner, 1957). 행동의 동기를 높이기 위해서 활용할 수 있는 기본 강화계획은 두 가지 유형으로 구분할 수 있다. 이 두 가지란 ① 연속강화계획(連續强化計劃)과, ② 부분강화계획(部分强化計劃)이다. 이 두 가지는 각각 다음과 같은 성질을 지닌다.

① **연속강화계획**(連續强化計劃, continuous reinforcement schedules)

전체강화(全體强化, whole reinforcement)라고도 부르는 이 강화계획은 바라는 행동이 나타나면 매번 그 행동에 보상을 주는 방법이다. 이 강화계획을 사용하게 되면 바라는 행동의 발생빈도가 급속하게 증가되지만, 강화원이 제거되면 행동의 발생이 역시 급속히 감소된다. 이 이유 때문에 연속강화계획은 오랜 기간에 걸쳐서 사용할 방법으로 추천하기 어렵다. 그뿐만 아니라 바라고 있는 행동이 나타날 때마다 매번 계속해서 보상해 주기가 실제로는 거의 불가능하거나 매우 어려운 일이다.

② **부분강화계획**(部分强化計劃, partial reinforcement schedules)

부분강화란 바라던 행동이 나타나도 매번 연속해서 강화해 주지 않고 일부 행동에 대해서만 보상을 주는 방법이다. 바라던 행동이 나타나도 매번 보상해 주지 않기 때문에 부분강화에서는 학습이 느리지만 한번 학습된 행동이 지속되는 경향은 연속강화보다 강하다. 다시 말해서 부분강화로 학습된 행동은 연속강화로 학습된 반응보다 강하게 파지(把持, retention)되어서 소거(消去, extinction)에 대한 저항이 높다. 이를 Bass와 Vaughan(1966, 20쪽)은 "정확한 반응에 대하여 부분적으로만 보상해 주게 되면 학습은 더욱 영구적으로 된다"고 표현했다. 학습된 태도, 가치 혹은 규범이 다른 자료의 학습보다 변화에 대한 저항이 크다는 사실은 이 요인들이 부분강화에 의해서 형성되었기 때문이라고 볼 수 있다.

그런데 Ferster와 Skinner(1957)의 분류에 따르면 부분강화계획에는 ㉠ 고정간격계획(固定間隔計劃), ㉡ 변동간격계획(變動間隔計劃), ㉢ 고정비율계획(固定比率計劃) 및 ㉣ 변동비율계획(變動比率計劃)의 네 가지 기본 유형이 있다. 이들 각각에 대해서 설명하면 다음과 같다.

㉠ 고정간격계획(fixed interval schedule): 이 계획에서는 먼저 바라는 행동이 나타났을 때 보상을 준 후 일정하게 정해진 시간이 경과한 다음에 다시 그 행동이 나타나면 보상을 제공하게 된다. 이 때 일정한 시간 간격 사이에 바라는 행동이 얼마만큼 일어났는지는 문제삼지 않는다. 이 강화계획의 예를 들면 대부분의 조직에서 활용하는 월급제도를 들 수 있다. 월급을 보면 조직에서 인정할 만한 행동을 정해놓은 수준 이상으로만 수행하면 매달 한번씩 봉급을 준다.

이 계획에서는 요구하는 행동이 최소한으로 나타나거나 매우 많이 나타난 경우에 모두 같은 보상을 받게 되어 있다. 고정간격계획을 사용하는 경우에는 대체로 보상이 주어진 후에 수행이 낮아지다가 다음 보상이 주어질 무렵이 되면 최고 수행수준에 이르게 된다. 실제로 보상이 제공하는 이 두 시점 사이에 바라는 행동의 비율이 점차 증가되는 현상이 보고되었다(Hamner, 1974).

㉡ 변동간격계획(variable interval schedule): 이 계획은 보상의 총량을 평균으로 계산하면 결국 일정한 시간 간격마다 보상을 준 값이 되지만, 각 보상이 주어

지는 시간 간격은 서로 다르도록 하여 변화되게 하는 방법이다. 행동하는 사람의 입장에서 보면 이 강화계획에서는 보상이 예기치 않게 주어지기 때문에 변동계획은 높은 반응률을 낳게 되어서 안정되고 일관되는 행동을 형성할 수 있다(Bandura, 1969).

㉢ 고정비율계획(fixed ratio schedule): 이 계획에서는 바라고 있는 반응이 미리 정해진 수만큼 나타났을 때만 보상을 제공하게 된다. 다만 바라는 행동이 일정한 비율이 되면 보상한다. 이 때 정해진 수만큼 바람직한 행동이 나타나는 데 소요되는 시간은 고려하지 않는다. 이 방법은 임금제도로 보면 수행 수준에 따라서 부정기적으로 높은 업적의 횟수대로 제공하는 능률급(能率給)에 해당한다. 이 강화계획으로 얻을 수 있는 반응수준은 간격계획을 사용할 때보다 높다.

㉣ 변동비율계획(variable ratio schedule): 이 계획에서는 보상을 제공하고 그 다음 보상을 다시 제공하는 사이에 바라는 반응의 수가 서로 다르게 정하도록 되어 있다. 그러나 전체적으로 보면 바라는 행동을 하여 보상을 받은 비율의 평균에서는 일정한 수준을 유지하도록 한다. 예를 들자면 15 : 1의 변동비율계획으로 수행하는 경우, 어떤 때는 바라는 행동을 10번 보인 때 보상을 받기도 하고 다른 때는 20번에 한번씩 보상을 제공하지만 전체 평균으로 보면 바라는 행동이 15번 일어났을 때 한번의 보상을 받도록 한다.

Jablonsky와 De Vries(1972)에 의하면 여러 강화계획들 가운데 변동비율계획이 행동을 지속시키는 데 가장 효과적인 방법이다. 그러나 대부분 이 강화계획만을 사용하기가 어렵다. 그래서 변동비율계획을 다른 계획과 함께 사용하는 경우가 많다.

지금까지 정적강화의 효과와 여러 강화계획들을 살펴보았다. 그런데 행동의 변화에 단독으로 사용하면 여러 강화계획들을 살펴보았다. 그런데 행동의 변화에서 정적강화와 같은 큰 효과를 기대하기는 어렵지만 단독으로 사용하면 부분적으로 효과를 기대할 수 있는 강화배열의 방법들도 있다. 이 방법들은 특히 정적강화와 함께 사용하면 유용한 기법이 되는데, 다음에는 이 강화배열방법들을 살펴보자.

2. 회피학습(avoidance learning)과 도피학습(escape learning)

또 다른 강화상황을 배열하는 유형으로 도피조건형성(逃避條件形成, escape

conditioning)과 회피조건형성(廻避條件形成, avoidance conditioning)도 들 수 있다. 개인의 행동에 의해서 자신에게 혐오감을 일으켜서 해가 되는 자극을 중단시킬 수 있는 강화상황을 도피학습이라고 부른다. 한편 행동을 통해서 해로운 자극의 발생을 미리 막을 수 있도록 되어 있으면 이 절차를 회피학습이라고 부른다.

정적강화와 비교하면 도피학습이나 회피학습도 역시 바라는 조작적 행동을 개발하고 유지하려는 점에서 모두 같다(Michael & Meyerson, 1962). 회피학습에 해당하는 통제방법은 여러 조직에서 흔히 볼 수 있다. 예를 들면 학생이 시간을 지키도록 하기 위하여 회피학습의 절차가 흔히 쓰인다. 이 경우에는 지각을 관리하는 교사의 비난이 해로운 자극이 되므로 비난을 피하기 위해서 학생은 정해진 시각에 출석하려고 노력하게 된다.

앞에서 바라는 행동을 강화하는 과정에서 정적강화와 회피학습의 유사점을 지적했지만 이 둘이 차이가 있는 데도 주목해야 한다. 정적강화의 경우에는 인간이 일을 잘 수행함으로써 환경에서 일정한 보상을 얻기 위해서 노력하게 되는데, 회피학습에서는 일을 잘못했을 때 환경에서 오는 해로운 결과를 피하기 위해서 노력하게 된다. 이 두 가지 모두 바라는 행동을 강화시키려는 목적에서 같다. 그러나 Skinner(1953)는 바라는 행동을 형성하기 위해서 회피학습기법을 사용할 수 있음을 인정하지만 이 방법의 사용을 추천하지 않는다. Skinner학파의 접근방법은 조작적 조건형성에서 일차적으로 정적강화의 원리에 기반을 둔다.

3. 소거(extinction)

바람직하지 않은 행동을 감소시키거나 없애기 위해서 소거(消去, extinction)나 처벌(處罰, punishment)을 사용할 수도 있다. 학습되었거나 조건화된 반응들은 정적강화가 철회되더라도 그 후 일정한 기간 동안 지속된다. 그러나 정적강화가 오랜 동안 제공되지 않게 되면 행동이 감소되다가 마침내 나타나지 않게 된다. 이처럼 보상받지 못한 채 실행이 반복됨으로써 나타나는 반응률의 감소를 소거라고 정의한다.

정적강화와 함께 이 소거를 조합해서 쓰면 Skinner(1938)가 추천하는 행동수정(behavior modification)의 절차가 된다. 이 소거방법은 적용하는 데 따르는 부작용이 가장 적기 때문에 정적강화와 함께 조합해서 사용하면 바라는 행동에는 보상을 제공하고 바라지 않는 행동은 제거할 수 있기 때문에 유용하다.

4. 처벌(處罰, punishment)

처벌도 바람직하지 못한 행동의 발생빈도를 경감시키는 방법이다. 처벌이란 일정한 반응의 발생빈도를 감소시키는 혐오적이거나 불쾌한 자극이라고 정의된다. 따라서 반응과 연결되어 있는 긍정적 결과를 제거하는 소거와 구별된다. 효과의 법칙에 따르면 처벌은 행동을 약화시킨다.

처벌은 행동수정이론에서 가장 논쟁의 여지가 많은 방법이다. 조작적 조건형성을 사용하는 행동의 통제방법이 지니는 윤리 문제에 관한 비판이 제기된 바 있는데 이 비판은 대부분 처벌기법과 관련된다. Bandura(1969, 292쪽)도 지적한 바와 같이 혐오자극을 사용하는 행동의 통제법에 대한 비판의 핵심은 개인이 지니는 내부 힘이 행동의 중요한 결정요인인데 혐오자극을 사용하면서 이 요인을 무시한다는 데 있다. 이 견해로 보면 처벌은 밖으로 드러난 행동을 일시 억제할 수 있다. 그러나 인간의 내부에 존재하는 충동들은 변함 없이 그 강도를 유지하기 때문에 다른 활동을 통해서 이 충동이 방출되도록 계속 압력을 가하게 된다. 따라서 개인 내부의 인지나 동기요인을 무시하고 처벌을 통해서 행동을 통제하는 방향은 바라지 않는 행동을 일시 정지시키는 데 불과하다고 본다.

Skinner(1938)는 인간의 내부과정을 다루지 않기 때문에 이 비판을 묵살한다. 그리고 특정한 행동이 발생할 확률을 떨어뜨리지만 부작용이 있는 처벌은 피하고 대신에 소거를 사용하도록 추천한다. 현재 특수한 경우를 제외하고 혐오자극을 사용해서 바람직하지 못한 행동을 제거하는 처벌방법은 그 자체로도 소극적 방법일 뿐만 아니라, 기대하지 않던 부작용을 낳을 수 있어서 큰 주목을 받지 못하고 있다.

한편, 앞에서 지적한 바와 같이 처벌은 행동을 소거시키는 데 한정되지 않고 여러 부작용을 낳기도 한다. 처벌로 초래되는 부작용을 Hilgard & Bower(1975)는 대체로 다음 세 가지로 정리했다.

첫째, 처벌로 인해서 자존심을 손상당한 사람이 자신을 방어하기 위해서 보복해야 한다고 생각할 수 있다. 이렇게 되면 실질적으로는 바람직하지 못한 행동을 증가시킨 결과가 된다.

둘째, 다른 사람들이 동료가 처벌받게 된 이유를 오해하면 회피학습(廻避學習)을 통해서 의도하지 않았던 행동의 변화를 보일 수 있다.

셋째, 처벌을 받는 일이 대체로 불안을 유발하는 사건이기 때문에 동료가 처벌받는 상황을 보면 관찰자도 처벌받은 효과를 보일 수 있다.

그러나 Bandura(1969, 294쪽)는 상황요인, 강화를 관리하는 사람, 그리고 행위자의 과거 강화의 역사 등을 고려해서 처벌이나 소거를 선택하여 사용하면 부작용을 막을 수 있다고 주장한다. 다시 말해서 행동을 통제하기 위해서 처벌을 사용하는 데 따르는 부작용은 처벌 자체에서 초래되지 않고 대부분 이 처벌을 사용하는 방법이 잘못된 데 원인이 있다고 보았다. 따라서 Bandura는 사람이나 사회상황에 따라서 혐오적인 처벌을 적절히 활용하기만 한다면 별다른 문제를 일으키지 않고 바람직하지 못한 행동을 제거하는 데 유용하게 쓸 수 있다고 주장한다. 그러나 처벌을 적절하게 사용하려면 개인이나 환경의 여러 변인들에 대한 지식과 이해가 필수인데 현실에서 이 요구를 충족시키기 어려우므로 실제로 행동수정에서 처벌을 자주 사용하지 않는다.

5. 자기강화(self-reinforcement)

행동주의에서 강화는 타인에 의해서 보상이 제공되는 현상에 초점을 맞추었다. 그러나 Skinner도 자기강화의 중요성에 착안하여 개인이 자기의 바람직한 행동을 보상하는 사회환경의 조성에 관하여 언급한 바 있다. 그러나 Bandura는 자기조절과정에서 자기행동에 대해서 스스로 정적강화나 처벌을 시행하는 자기강화의 과정이 중요함을 강조했다. 사실 자기강화는 일상생활에서 흔히 볼 수 있다. 예를 들면 자신이 하루에 책을 100쪽 읽기로 한 경우를 생각해 보자. 자신이 스스로 이 목표를 달성한 경우에 테니스를 하거나 극장에 가기로 하고 실제로 100쪽을 읽은 후에 극장에 갔다면 목표로 정한 독서행동을 실행하고 긍정적 자기강화를 실행한 경우에 해당한다. 그러므로 이 경우에는 다음에 다시 100쪽을 읽는 독서행동이 강화되어서 나타날 확률이 높아진다. 그러나 30쪽을 읽고도 테니스를 하러 갔다면 100쪽 읽는 독서행동이 아니라 30쪽 읽은 독서행동을 자기강화한 경우가 된다. 그러므로 이 경우에는 다음에 100쪽 읽는 행동이 나타날 확률은 낮아진다.

Bandura는 자기강화에서 앞에서 제시한 외부강화를 사용하는 이외에도 인간이 여러 방식으로 내부강화를 시행한다고 보았다. 이 내부강화는 여러 형태의 자기반응(self-reaction)으로 나타난다. 예를 들면 바람직한 자기행동이 이루어진 후에 기준에 도달한 이 행동으로 인해서 자기만족을 경험하기도 한다. 이 자기만족은 자기강화의 효과를 지닌다. 그러므로 이 행동이 학습되어서 지속해서 나타날 확률이 높아진다. 한편 자기가 세운 기준에 도달하지 못한 행동에 대해서 자기불만을 경험하기도 한다. 이 경우는 자기처벌을 사용한 예가 된다. Bandura의 사회인지이론에서는 이와 같이 자기 자신이 자기에게 자기강화와 자기처벌을 사용하여 행동을 학습하고 계속해서 시행하는 자기조절의 과정이 중요하다고 보았다.

6. 대리강화(vicarious reinforcement)

Bandura의 사회인지이론에서는 개인이 실행한 행동에 대해서 직접 강화를 받지 않은 경우에도 타인이 어떤 행동으로 보상을 받은 상황을 관찰하게 되면 학습이 이루어질 수 있다고 주장했다. 이 학습과정은 앞서 살펴본 대리과정을 통해서 강화받는 상황을 관찰하여 행동이 학습된다고 보았다. 그러므로 타인이 어떤 행동으로 외부에서 보상이나 처벌을 받는 상황을 관찰하게 되면 관찰한 사람에

[표 6-1] 조작적 조건형성의 효과

강화상황 연계성 배열	강화계획	개인에게 적용될 때 행동에 미치는 효과	개인에게 적용되지 않고 철회시켰을 때 행동에 미치는 효과
정적강화	연속강화	새로운 행동확립에 가장 빠른 방법	새로운 행동을 소거하는 가장 빠른 방법
	부분강화	새로운 행동의 확립에 가장 느린 방법	새로운 행동을 소거하는 가장 느린 방법
	변동부분강화	더 일관된 반응빈도 보임	느린 소거율(消去率)
	고정부분강화	덜 일관된 반응빈도 보임	빠른 소거율
정적강화 및 회피학습		조건형성 전 수준보다 빈도 증가	조건형성 전 수준으로 복귀
처벌 및 소거		조건형성 전 수준보다 빈도 감소	조건형성 전 수준으로 복귀
자기반응		대리강화 대리처벌	
관찰학습		자기강화 자기처벌	

게도 그 행동의 학습이나 소거가 일어난다.

Bandura는 이 관점에서 여러 사람들에게 모형이 되는 인물의 바람직한 행동에 대해서 정적강화를 제공하면 여러 관찰자들에게서 행동의 학습효과가 나타난다고 보았다. 특히 그는 TV와 같이 여러 사람들이 시청하는 대중매체를 통해서 바람직한 사회행동을 보상하는 장면을 관찰할 수 있도록 하면 행동학습의 파급효과가 크게 나타난다고 보았다. 인간은 이처럼 상징과정을 통해서 행동을 학습할 수 있는 인지능력을 지닌 존재이다.

지금까지 행동과 강화의 여러 연관성을 살펴보고 행동을 학습시키기 위하여 사용하는 강화상황의 조성기법들을 알아보았다. 이 가운데 효과 있는 강화계획을 수립하려면 바라는 행동과 강화의 제시기법들을 선택하여 이 두 가지가 연결되도록 연계성을 구체적으로 정해야 한다. 앞에서 설명한 내용들을 정리해서 여러 종류의 강화계획과 강화의 연계성 배열방법이 행동에 미치는 영향을 도표로 작성하면 대체로 [표 6-1]과 같다(Behling et al., 1974).

이 장에서 지금까지는 행동수정의 핵심을 다루었는데 다음에는 행동수정을 적용하는 과정에 대해서 살펴보기로 하자.

행동수정의 도입 절차

행동수정의 실행단계

행동수정의 기법을 도입하는 절차에 대해서는 여러 학자의 주장이 서로 다르다. 그러나 여러 학자들이 제안한 각 과정의 내용을 분석해 보면 서로 공통되는 점이 현저하게 발견된다. 이 공통점에 근거를 두고 이제부터 정적 강화계획의 도입단계를 정리한 Luthans와 Kreitner(1975)의 5단계 모형을 제시하기로 한다. 먼저, 다섯 단계를 차례대로 정리하면 다음과 같다.

제1단계: 행동수정하려는 중요한 행동들을 알아내려는 단계

제2단계: 행동수정하려는 중요한 행동들의 발생빈도를 기저선으로 측정하는 단계

제3단계: 행동수정하려는 중요한 행동들에 대한 기능적 분석단계

제4단계: 행동수정하려는 강화계획의 도입전략 개발단계

제5단계: 행동수정하려는 행동의 개선점 평가단계

이5단계 과정을 그림으로 나타내면 [그림 6-6]과 같다. 이 그림에 표시된 도입과정을 각 단계별로 설명하면 다음과 같다.

제 1 단계: 행동수정을 하려는 중요한 행동들을 찾아낸다

첫 단계에서는 생활에 큰 영향을 미치는 중요한 행동들을 밝혀낸다. 그리고 중요한 행동에 영향을 미치거나 상관이 있는 행동들도 선정한다. 이 행동분석을 시행하는 과정에서 전문가가 주변의 중요한 인물들에게 묻는 방법도 사용할 수 있다.

중요한 행동을 밝히는 지침: 중요한 행동을 가려내는 과정에서 다음 유의사항을 지켜야 한다. 첫째 중요한 행동은 관찰할 수 있고, 측정할 수 있고, 셀 수 있는 행동에 한정한다. 태도, 동기, 지각 혹은 감정 등은 관찰이 불가능하므로 제외한다. 누구나 관찰할 수 있는 행동이어야 한다. 즉, ① 관찰할 수 있는가, ② 측정할 수 있는가를 기준으로 행동을 가려내야 한다.

또한 이 첫 단계에서 행동수정을 통해서 개선이 가능한 행동 문제를 찾아내는 일이 매우 중요하다. 다른 문제해결과정과 마찬가지로 중요하고 개선할 수 있는 행동을 제대로 찾아내지 못하면 행동수정의 다음 단계들은 무의미하게 된다.

제 2 단계: 제 1 단계에서 알아낸 중요한 행동들의 발생빈도를 측정한다

새로운 변화의 기법이 도입되기 이전에 행동빈도를 관찰하여 현재 조건에서 문제행동들이 발생하는 횟수나 수준을 각각 측정한다. 기초선으로 측정치를 만드는 목적은 중요한 문제행동의 발생빈도에 관한 객관적 자료를 마련하는 데 있다. 그러므로 이 기초선에서 측정한 중요한 행동의 빈도는 현재 조건에서 문제의 심각성과 중요도를 조작적으로 정의한 값에 해당한다. 대개의 경우 이 값은 기초선(baseline)으로 사용하게 되는데 여러 행동빈도의 시사점만으로도 얻는 바가 크다. 이 기준선으로 측정한 빈도를 검토하여 문제라고 선정한 행동이 심각하지 않을 정도의 수준이라면 이 행동들을 다시 제외하게 된다.

이렇게 객관적이고 정밀한 행동측정치를 얻는 과정이 다른 관점과 구별되는 행동수정의 특징이다. 또한 행동수정을 실시하고 난 다음 최종적으로 다시 행동을 측정하여 행동수정의 도입 효과를 평가하게 된다.

행동관찰자와 행동기록자의 역할: 수정할 행동의 측정에서 행동관찰자와 행

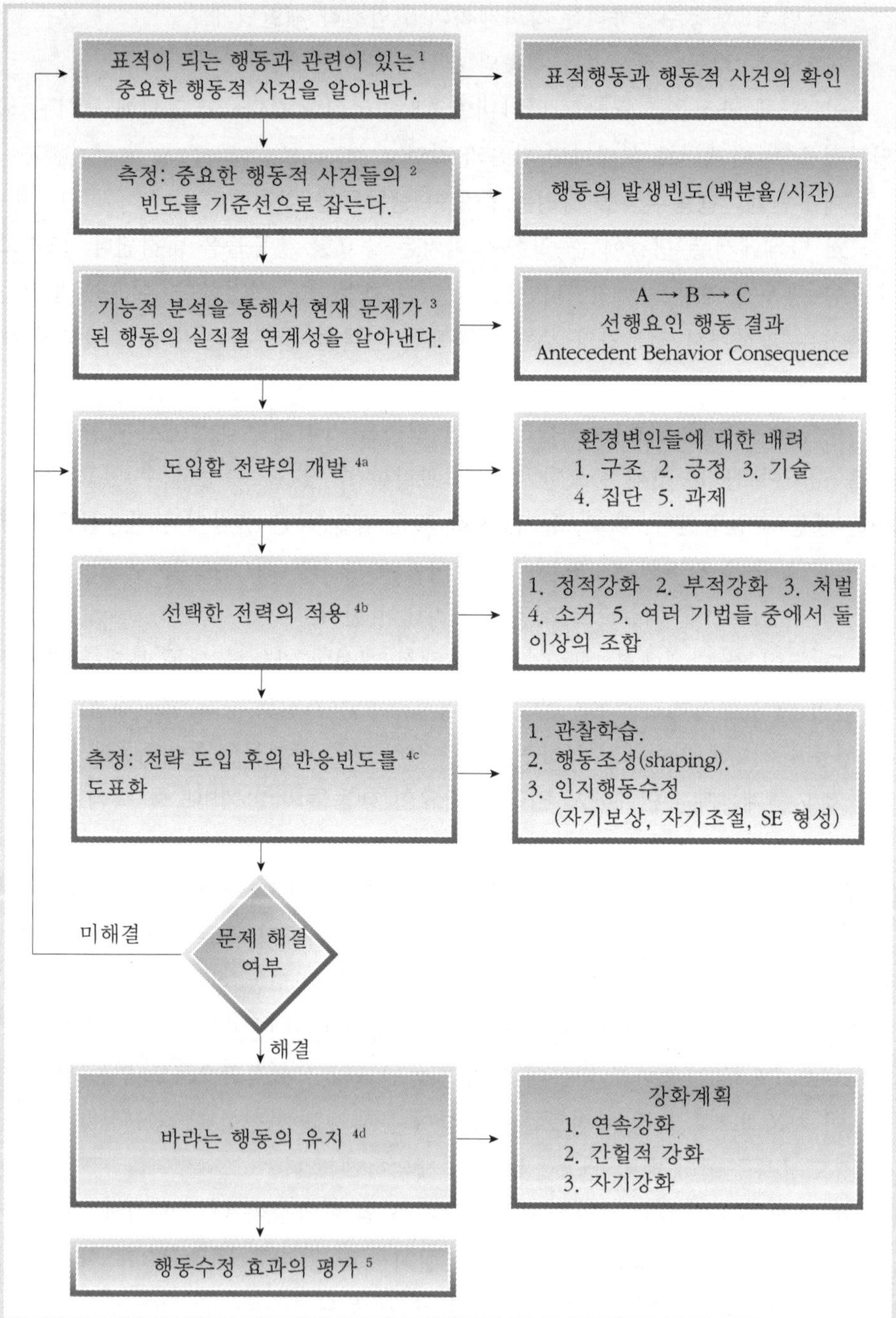

[그림 6-6] 행동수정의 도입단계(Luthans & Kreitner, 1975, 13쪽)

동기록자는 행동을 측정하면서 행동수정기법의 전체 신빙성을 좌우하며 타인을 평가한다는 윤리문제도 있기 때문에 주의를 기울여야 한다. 또한 행동을 측정하기 위하여 질문지법이나 면접법을 질문에 대한 반응으로 대답을 얻는 방법이기 때문에 행동의 측정기법으로 사용하면 좋은 방법이 아니다. 따라서 행동의 측정은 가능한 대로 사회상황에서 자연스럽게 나타나는 행동들을 방해하지 않고 관찰하는 방법들(Webb, Campbell, Schwartz, & Sechrest, 1966)을 사용하면 좋다.

그러나 관찰자가 시청각 장비를 사용해서 관찰받는 사람이 모르게 숨어서 행동을 측정할 필요는 없다. 이 방법은 사생활을 침해하는 일이기 때문에 피해야 한다.

제 3 단계: 중요한 행동들에 대한 기능적 분석을 한다

행동수정을 도입할 행동을 알아내고, 각 행동들에 대한 기초선 측정이 끝나면 세 번째 단계에서는 행동을 일으켰거나 행동이 나타나기 이전에 있었던 선행요인들(antecedent cues, A, stimulus를 뜻한다)과 아울러 행동으로 인해서 초래된 결과(consequent environment, C)의 연결관계를 분석하게 된다. 따라서 행동 이전의 자극상황(A), 이 상황에서 발생한 행동(B), 그리고 이 행동의 결과(C) 사이의 관계를 기능에 따라서 분석하게 된다. 다시 말하면 어떤 상황요인이 있는 조건에서 어떤 행동이 발생하여 결국 어떤 결과가 초래되었는지 연결시켜서 행동의 실제 기능을 분석한다. 물론 여기서 행동들(B)은 앞서 제2단계에서 이미 측정했던 중요한 행동들을 말한다.

[표 6-2] 결근행동의 기능적 분석(예)(Luthans & Martinko, 1976, 15쪽)

행동의 원인적 단서들(A)	행동들(B)	행동의 결과들(C)
질병/사고	늦은 기상	• 처벌 계획
숙취	계속 취침	① 구두 견책
차편 없음	집에 머물기	② 시말서 제출
교통마비	음　　주	③ 감 봉
주간탁아소 없음	낚시/사냥	④ 일시해고(휴직)
가족문제	집에서 작업	⑤ 해고(파면)
회사정책	방　　문	• 회사동료로부터 받는 결과
집단/개인의 규범	병든 자녀 간호	• 작업으로부터 도피나 회피
근무연한/연령		• 결과가 없는 경우
다른 행동 결과의 인지 혹은 관찰		• 친구의 반응

이 때 정적강화의 원칙만을 존중하는 행동수정의 기법에서는 자극(*S*)-유기체(*O*)-반응(*R*)-결과(*C*) 가운데 유기체의 인지과정을 다루지 않는다. 물론 유기체 요인으로 인지의 매개과정을 제외하면 관찰학습(觀察學習)이나 자기조절행동(自己調節行動)을 설명하지 못하게 되므로 행동을 포괄적으로 이해하는 데 제약을 받는다. 그러나 실용적인 정적강화계획에는 A-B-C의 분석만으로도 충분하다고 본다. 이해를 돕기 위해서 회사에서 결근행동을 기능적 분석에 의해서 보기로 제시하면 다음 [표 6-2]와 같다.

이 기능적 행동분석은 효과 있는 행동수정의 전략을 수립하는 기초 자료로서 특히 중요한 의미를 지닌다. 또한 기능적 분석을 통해서 장차 변화시키려고 하는 가장 중요한 행동을 실질적으로 가려내는 데도 유용하다. 다시 말해서, 보상과 실제로 연결되는 행동들만 다음 행동에 영향을 미치기 때문에 기능적 분석과정을 통해서 어떤 행동들이 어떤 결과들과 연결되어 있는지 알아낼 수 있게 된다. 행동에 대한 기능적 분석 결과를 보면 각 행동들에 대해서 상호 공존하기 어려운 여러 가지 강화의 연계성들이 실제로 존재함을 알게 되는 경우가 흔하다.

예를 들어, 교사가 학생의 좋지 못한 행동에 대해서 처벌이 필요하다고 믿고 처벌한 경우를 생각해 보자. 실제로는 처벌받은 학생의 친구들이 좋지 못한 바로 그 행동에 대해서 잘 했다고 칭찬했다면 처벌받은 학생의 입장에서는 그 행동에 대해서 친구들의 정적보상을 받은 경우이다. 교사보다 친구의 영향이 더 중요하면 이 경우에는 교사의 처벌이 학생의 좋지 못한 행동과 효과적으로 연결되지 못했으므로 다음에 학생이 보일 행동에 아무런 영향도 미칠 수 없게 된다.

그러므로 기능적 분석을 통해서 행동에 실제로 연결된 결과들이 무엇인지 알아낼 수 있기 때문에 표면으로만 중요한 행동에 영향을 미친다고 생각하는 결과들에 현혹되지 않고 실제 연관성을 파악할 수 있다.

제 4 단계: 강화계획의 도입전략을 개발한다

앞의 세 단계는 강화계획을 도입하기 위한 예비단계이다. 강화계획을 도입하는 목적은 바람직한 중요한 행동을 강화해서 촉진시키고 동시에 바람직하지 못한 행동들을 약화시키거나 저하시키는 데 있다. 이 단계에서는 이 목적을 효과 있게 달성할 수 있는 방법을 모색하게 된다. 그런데 어떤 경우에는 바람직한 행동을 촉진시키거나 그렇지 않으면 바람직하지 못한 행동을 줄이는 두 가지 목표 가운데 하나를 선택해야 하는 경우도 있다.

행동수정에서는 이 목표를 달성하기 위해서 여러 전략을 사용한다. 이 가운데 중요한 전략으로는 정적강화(正的强化), 처벌과 강화계획을 조합하여 사용하는 방법(處罰 · 正的强化), 그리고 소거와 정적강화를 조합해서 사용하는 방법(消去 · 正的强化) 등이다. 이 전략들 각각의 성질에 대해서는 이 장의 앞 절에서 이미 설명했으므로 여기서는 정적강화를 사용하는 전략에서 실제로 사용할 정적강화원(正的强化源)을 찾아내는 방법에 대해서만 언급하기로 한다.

대체로 여러 상황에서 보상으로 사용하는 물질이나 칭찬이 정적강화원이 되지만, 그 가운데 상황에 따라서 실제로 정적강화원의 기능을 하지 못하는 요인도 있다. 보상이 정적강화원의 기능을 제대로 하는지는 앞의 제2단계 행동측정과 제3단계 행동의 기능적 분석과정에서 어느 정도 알 수 있다. 그리고 강화계획의 도입 후에도 다시 행동수정의 도입 효과를 예비로 알아내기 위하여 행동을 반복측정하게 되면 강화원의 기능을 평가할 수 있다. 그러나 이보다 적극적 탐색방법으로 보상으로 사용하는 강화원들이 실제로 정적강화원으로 제 기능을 하는지 알아내고 새로운 강화원을 찾아내는 기법이 몇 가지 있다.

① 이상적인 방법은 개인별로 강화의 역사를 알아내는 방법이다. 그러나 이 방법은 모든 사람마다 서로 다른 개인사를 다루게 되므로 실제로 사용하는 데 어려움이 따른다. 그렇지만 이 방법이 개인행동의 수정에는 유용하다.

② 몇 가지 자기보고의 기법이 사용된다. 이 기법은 개인의 적합한 강화원을 알 수 있기 때문에 가장 직접적인 방법이다.

③ 자기보고의 기법보다 더 공식적인 방법은 검사 도구를 사용하여 중요한 강화원들을 조사하는 기법이다. 이 경우에는 행동의 범주별로 제공하는 강화원들의 상대적 중요성을 알아낼 수도 있고, 행동과 이에 따른 강화의 연계성을 알아내는 질문지 조사방법도 쓸 수 있다.

이상의 방법으로 여러 사람에게 효과가 있는 강화원들을 정리해서 공통으로 지적된 강화원들을 가려낸다. 이러한 연구결과에 따르면 여러 사람들에게서 얻은 정적강화원들이 서로 차이가 많아서 일치되는 내용이 적다고 생각하기 쉽지만 실제로는 공통으로 지적된 강화원들이 많았다. 예를 들어서 미국에서 가장 많이 지적된 두 가지 강화원을 보면 여러 종류의 보상과 수행결과에 대한 환류(feedback)였다. 그 가운데 사회적 보상으로 자주 나타난 강화원들을 보면, ① 주의를 기울여 주기(관심을 가져주거나 타인의 욕구에 민감하게 대응반응을 하기), ②

칭찬(타인에 대한 칭찬의 표시로 고개짓이나 미소), ③ 애정(애정의 시각적 · 언어적 및 신체적 표현), ④ 토큰(token, 2차적 강화물로서 사용되는 돈의 대용물인데 다른 물건이나 혜택과 교환이 가능한 여러 유형의 상품권) 등이다.

그런데 행동수정을 도입하는 제4단계는 비교적 복잡한 과정이므로 다시 4가지 하위단계로 나눌 수 있다. 또한 제4단계가 종결되기 이전에 행동수정의 전략을 도입한 성과에 따라서 필요하면 그 이전의 단계로 되돌아가서 새로운 대책을 마련하게 된다. 이를 [그림 6-5]를 통해서 하위단계별로 살펴보자.

4-a 단계에서는 환경요인을 배려하게 된다. 여기에는 행동수정을 받는 사람이 속해 있는 조직의 구조와 과정, 집단 그리고 개인의 과제 등 주로 환경요인들이 포함된다. 학교나 회사처럼 각 조직마다 이 요인이 서로 다르므로 각 조직 특성에 알맞게 행동과 강화의 연계성을 전략적으로 개발해야 한다.

4-b 단계에서는 알맞은 행동과 강화의 연계성을 실제로 도입할 때 정적강화, 부적강화, 처벌, 소거, 그리고 이들 가운데 둘 이상의 방법을 조합해서 사용하는 전략 이외에도 사회인지행동이론에 기반을 두는 모형형성(模型形成, 혹은 본뜨기, modeling)의 대리과정 방법이나 행동조성(行動造成, shaping) 방법들 가운데서 선택해서 쓸 수 있다. 여기서 모형형성이나 행동조성이 포함된 것은 정적강화를 사용하는 조작적 조건형성의 원리뿐만 아니라 사회인지행동에서 제안된 학습의 원리들이 행동변화를 위한 전략으로서 유용하기 때문이다.

4-c 단계에서는 강화계획을 도입한 결과를 잠정적으로 평가해서 만약 결과가 나쁠 경우에는 그 원인을 찾아내서 새로운 문제해결 방안을 모색하게 된다. 예를 들어서 강화전략의 선택으로 인한 문제가 발견되면 4-a 단계에서 다시 새로운 대안을 마련하게 된다. 그러나 더 근본적으로 수정할 행동을 선정하는 단계에서 문제가 발견되면 행동수정은 처음 단계부터 새로 시작해야 한다.

4-d 단계에서는 강화전략의 도입 후 효과를 보아서 행동의 수정이 기대하는 방향으로 진행되는 경우 이 효과를 지속시키는 단계이다. 따라서 이 단계에서는 바라는 행동이 계속해서 일어나도록 유지시키게 된다.

제 5 단계: 행동의 개선점을 평가한다

대부분의 동기유발 기법들을 적용했을 때 대체로 체계적이고 짜임새 있는 평가가 결여되어 있어서 중요한 단점으로 지적된다. 행동수정에서는 행동의 변화가 최종적으로 추구하는 목표이다. 그리고 이 목표에 관련되는 학습의 효과나 최종결과를 부가적으로 평가한다. 그러나 다른 변화의 연구들은 더 나쁘지만 행동수정을 도입한 효과를 평가하는 경우에도 대체로 동기의 유발훈련에 대한 태도 반응만 측정하는 경우가 많다. 다시 말해서 학습, 행동 및 최종 결과들을 평가하지 않는 경우가 대부분이다.

그러므로 행동수정에서는 ① 이 기법의 도입에 대한 반응, ② 이 기법의 도입과정에서 획득한 학습 수준, ③ 행동의 변화, 그리고 ④ 부가적으로 행동의 변화에서 초래된 동기와 행동 수행의 개선 효과 등을 내용으로 평가한다. 여기서 이 네 가지는 각각 다음과 같은 뜻을 지닌다.

① 반　　응: 행동수정의 기법을 사용하는 사람이나 행동수정을 받는 사람들이 이 기법을 좋아하는 정도를 다룬다. 만약 이 사람들 가운데 이 방법에 대해서 좋아하는 사람이 많으면 이 방법이 효과를 거둘 확률은 커진다.

② 학　　습: 행동수정의 이론적 배경과 기본 가정, 그리고 행동수정을 적용하는 도입단계들의 의의와 적용하는 이유를 이해하는 수준을 다룬다. 이 요소는 행동수정을 처음 도입하는 조직에서 특히 중요하다. 만약 행동수정에 관련 있는 사람들이 이 기법을 잘 이해하면 이 기법의 도입 효과는 좋아질 수 있다.

③ 행동변화: 목표로 설정한 행동들이 행동수정을 통해서 실제로 변화되었는지 평가한다. 이 기준이 행동수정에서 가장 중요한데 수량화된 객관적 행동의 측정을 통해서 행동수정이 도입되기 이전에 측정한 기저선을 기준으로 행동이 변화되었는지 평가한다.

전체적으로 행동수정이 행동에 미친 영향을 평가하려면 체계적 기법을 사용하여 실험의 효과를 검증하는 경우에 사용하는 기법과 유사한 방법을 사용해야 한다. 그러므로 행동을 수정하는 과정에서 강화의 전략을 독립변인으로 설정하고 행동을 최종 종속변인으로 삼아서 강화전략이 행동에 미친 효과를 알아내야 한다. 실험정신을 살리는 경향은 비단 행동수정만 아니라 동기를 과학적으로 연구하려면 반드시 필요한 과정이라고 이해해야 한다.

결론 및 평가

행동수정의 원리는 행동주의 학습이론을 토대로 형성되었다. 행동수정이라

부르는 행동변화 계획은 미국에서는 이미 50년대부터 사용되기 시작하여 조직에서도 직무 동기와 행동을 변화시키는 데 활용되고 있다. 그러나 이 이론도 나름대로 한계를 지니고 있기 때문에 행동수정이 어떤 점에서 긍정적 평가나 비판을 받는지 정리하기로 한다.

(1) 행동수정은 인간의 내부과정보다 관찰할 수 있는 행동을 변화시키려고 하는데 이 기법에 대해서는 실제 적용에 따르는 도덕적 비판부터 적용 효과에 이르기까지 많은 논쟁점을 유발했다. 이 이론에 대한 비판들 가운데 행동수정을 지지하는 사람들의 주장처럼 이 이론에 대한 이해가 부족하여 오해 때문에 나온 감정적 반응들도 있다.

(2) 먼저 행동수정의 역사적 변모 과정을 살펴보자. 초기에 행동수정의 기반이 되었던 조작적 조건형성과 고전적 조건형성의 원리들이 최근에 행동수정에서 차지하는 비중은 현저하게 낮아졌다. 이 현상이 인간 행동의 통제에서 조작적 조건형성의 유용성이 부정되었음을 의미하지는 않는다. 1970년대 이후 고전적 조건형성과 조작적 조건형성에 의존하던 급진적 행동주의 이론은 점차 쇠퇴하고 인간의 인지요인을 강조하는 인지행동주의이론이 새로운 면모를 보였다(Patterson, 1980, 640쪽). 행위자의 인지요인을 강조하는 행동주의이론으로서 Bandura(1974, 1977)가 사회학습이론을 계승하여 발전시킨 사회인지행동이론을 들 수 있다.

(3) 행동주의 학습원리를 기초로 형성된 강화이론에서는 엄격한 의미에서 동기의 기본 속성을 모두 지니지 못하기 때문에 동기이론으로 보기 어렵다. 정적 강화이론의 배경을 제안한 Skinner나 극단의 행동주의자들은 동기과정을 가정하지 않는다.

Skinner와 달리 외부자극과 행동 사이에 인간의 인지가 매개과정으로 중요하다고 보는 행동주의자들도 궁극적으로 해명하려는 목표는 인간의 동기가 아니라 행동이 연구의 대상이 된다. 다시 말해서 행동주의에서 동기의 속성으로 한 행동의 방향과 지속성을 다루므로 동기의 측면이 포함되지만 최종 관심으로 보면 행동에 관한 이론이지 동기이론이 아니다.

행동수정의 원리가 비록 동기이론은 아니지만 행동을 관리하고 변화시키는 데 유용하게 사용할 수 있다. 이 이론에서는 실제 행동의 변화를 다루기 때문에 변화의 목표로 보면 동기보다 행동 자체를 다루기에 이 기법이 효과 있는 방법이라고 평가할 수도 있다.

(4) 행동의 학습을 설명하는 기본 원리들 가운데 고전적 조건형성이나 조작적 조건형성의 원리는 대체로 쥐, 비둘기, 개와 같은 하등동물을 대상으로 연구해서 얻었다. 이 사실과 관련해서 다음 두 종류의 비판이 제기되었다. 먼저 다분히 감정적 반응으로서 하등동물을 연구하여 얻은 학습원리를 인간에게 적용하게 되면 인간을 쥐나 개와 같이 취급하는 처사라는 비난이다. 다시 말할 필요도 없이 행동주의자라도 인간이 쥐나 개와 같은 수준의 동물이라고 주장하지는 않는다. 행동주의자들은 쥐나 개의 행동을 결정하는 학습의 원리들이 인간행동의 학습에서도 발견된다고 주장한다. 그러므로 행동의 학습에서 나타나는 기제 혹은 원리가 모든 동물에서 동일하다고 주장한다.

다음으로 행동주의자의 주장에 대해서 비판하는 사람들은 이 관점을 비판한다. 이들은 하등동물에서 나타나는 행동 학습기제와 인간행동의 학습기제가 동일하다고 주장할 근거가 지금까지 이루어진 연구로 보면 마련되지 않았다고 비판한다. 또한 인간행동의 학습을 설명하는 기제가 아직 충분히 연구되지 못했으므로 동물의 행동에서 발견된 학습원리를 사용하여 인간행동을 통제하는 데 사용할 수 없다고 주장한다.

(5) 정적강화를 사용하는 조작적 조건형성의 원리가 개인의 자유 개성을 무시하는 통제의 수단이며 특히 집단에 적용될 경우에는 모든 사람에게 획일화되고 개성이 없는 행동을 강요한다는 비판도 있다.

또한 개인은 과거 경험을 토대로 성인이 되면 일정한 동기의 성향을 지니기 때문에 새로운 동기전략이나 정적강화가 개인에게 적절한지 유의하여야 한다. 예를 들면, 어떤 사람에게 강화원으로 작용하는 보상이 다른 사람에게는 의미가 없는 경우도 많으므로 특정한 강화원을 여러 사람에게 동일하게 사용하면 효과가 의문이라는 비판도 있다.

강화원이 개인마다 다르다는 관점에서는 흥미롭게도 Skinner 역시 동일한 입장을 취한다. Skinner는 과거 개인의 강화 역사를 토대로 개인화된 행동수정의 기법을 적용하는 방법이 중요하다고 본다. 이 관점에서 보면 문제는 행동수정에서 강화원을 사용할 때 개인차를 고려하지 못하는 데 있다. 그러므로 개인차를 고려해서 개인에 맞는 강화원을 사용하여 개인의 개성에 모순되는 부작용을 최소한으로 줄일 필요가 있다.

(6) 강화이론을 핵심으로 삼는 행동수정이 행동하는 주체의 요구와 상관없이

타인에 의해서 타율로 조장된 행동을 학습시킴으로써 인간이 자유의지에 의해서 행동을 선택하는 자유를 제약하기 때문에 인간의 존엄성을 무시한다는 비판도 있다.

Rogers(1956)는 Skinner와 논쟁에서 개인이 지니는 선택의 자유가 인간이 지니는 가장 중요한 가치인데 이는 자연과학의 접근법으로는 해명할 수 없는 영역이라고 주장했다. 다시 말해서 조작적 행동조절방법이 과학이라는 이름 아래 인간이 지니는 행동의 자유를 구속해서는 안 된다고 비판하였다.

그러나 Skinner는 행동수정의 원리가 행동의 자유를 제약한다는 비판이 근거 없는 오해라고 주장한다. 그는 정적강화의 기법이 오히려 개인이 바라는 좋은 행동을 선택하여 형성하는 데 효과 있게 행동을 사용할 수 있으므로 이 비판은 이 원리를 이해하지 못한 데서 나온 오해라고 주장한다. 또한 Bandura(1974)도 다양한 행동수정의 기법을 사용하면 개인의 자유가 침해된다는 비판에 대해서 다음과 같이 해명한다. 실제로 인간이 고안한 행동이 강화의 연계성에 의해서 조절되지만 강화의 연계성 자체는 인간이 스스로 만든 산물이다. 그러므로 인간은 자신에게 영향을 미치는 강화의 연계성을 창조하는 데 있어서 능동적 역할을 담당한다. 따라서 행동수정에서 인간의 자율성을 무시한다는 비판은 오해에 기인한다고 본다(Bandura, 1974).

(7) 행동수정에서 타인에 의해서 인간의 행동이 작위적으로 통제되면 부작용을 낳는다는 비판도 받는다. 이 비판은 두 방향에서 생각해 볼 수 있다. 첫째로, 부작용 가운데 타인의 행동을 통제하는 입장에 있는 사람이 자신의 이기적 목적을 위해서 정적강화를 악용할 수 있다. 행동수정을 정당하게 활용하여 사회는 물론 실제로 수익자가 된다면 이 방법의 정당성에 관한 작위성 비판은 논리의 근거가 없게 된다.

행동수정의 작위성에 대한 비판 가운데 다른 하나는 인간에 관한 불충분한 심리학 지식을 기반으로 인간행동을 통제하는 데 반대하는 견해이다. 그러나 정적강화 이론가들이 지적하는 대로 어떤 동기나 행동의 변화계획도 정도의 차이가 있을 뿐이지 실제로 인간이 고안한 작위적 전략을 사용하는 점에서는 같다.

그뿐만 아니라 정적강화 이론가들의 주장에 의하면 어떠한 형태의 동기나 행동의 변화계획도 이 작위성의 비판에서 자유로울 수 없다. 왜냐하면 개인이나 조직에서 동기나 행동을 변화시키기 위하여 전혀 계획을 수립하여 변화를 시도하지 않았더라도, 단지 강화의 효과에 대해서 인식하고 있는 정도에서만 차이가 있을 뿐이고 누가 의도에 따라서 강화조건을 설계했던 아니던 간에 실제로는 일정한 형태의 강화상황연계성에 따라서 동기와 행동이 유발되고 있다. 그러므로 행동수정에서는 철저히 계획하여 강화상황의 연계성을 고안해야 한다고 주장하는 점만 다르다. 그러므로 단지 작위적이라는 사실만으로 행동수정을 비판할 수 없다고 본다. 더구나 행동수정에서 정적강화에 근거한 작위적 방법을 사용하므로 오히려 인간을 인간답게 대우하는 면에서 윤리적으로 좋은 효과를 낳을 수 있다고 주장한다.

(8) 정적강화에서 자주 사용하는 외부보상체제를 사용하게 되면 개인이 스스로 선택해서 동기가 유발되는 내부보상의 중요성이 무시된다는 비판도 있다. 이러한 비판적 견해를 보인 학자들(de Charms, 1968; Deci, 1971, 1972b, 1975b; Calder & Staw, 1975a, b; Lawler & Porter, 1967; Likert, 1967; Vroom & Deci, 1970) 가운데 Deci(1972, 1975)는 외부보상을 행동과 연결시키면 개인이 자율적으로 행동해서 얻는 내적 성과를 떨어뜨림으로써 내적동기를 저하시킨다는 연구결과를 얻었다. 이 경우에는 행동이 보상을 얻는 수단이라고 지각하기 때문에 자신이 내부보상보다는 단지 외부보상 때문에 행동했다고 귀인(歸因, attribution)하게 되어서 그 행동에 대한 내적동기가 낮아진다고 설명하였다.

그러나 이 결과는 외부강화 자체에서 초래된 효과가 아닐 수 있다. Deci와 Porac(1978)의 연구에 의하면 정적강화를 통해서 자신의 유능감을 느낄 수 있도록 하여 내적동기와 관련지으면 외부에서 금전보상을 받는 데 따르는 부작용은 작을 수도 있다고 주장한다. 따라서 외부강화 자체보다 어떤 과정으로 외부강화를 제공하는가 하는 사용방법이 더 중요하다. 이 주제에 관해서는 이 책의 제9장 내적동기이론에서 다루고 있다.

(9) 행동수정은 특히 행위에 대한 동기가 매우 낮은 조건에서 바라는 행동이 나타났을 때 정적강화를 제공하여 직접 동기와 행동을 유발하거나 혹은 타인들이 보상받는 장면을 관찰하도록 하여 대리적으로 동기를 유발하고 행동을 학습시키는 데 효과가 있을 수 있다. 그러므로 내적동기와 외적동기가 모두 낮은 조건에서 정적강화를 직접 제공하거나 대리적으로 제공하는 기법을 사용하면 외부보상에 따르는 부작용이 적다고 볼 수 있다. 그러나 이와 달리 내적동기가 높은 조건에서 정적강화를 사용하게 되면 외적동기는 유지될 수는 있으나 자발성이

낮아져서 외부의 유인이나 통제가 철회되는 경우에 내적동기가 낮아질 수 있다. 그러므로 특히 내적동기가 높은 조건에서는 외부강화의 사용에 한계가 있다고 볼 수 있다.

제7장
기대×가치이론

개 관

기대×가치이론(期待×價値理論, expectancy×value theory)은 동기이론들 가운데 가장 광범하게 관심을 받은 이론이다. 또한 이 이론은 여러 영역에서 동기를 연구하는 데 활용되고 있다. 이 이론은 특히 조직에서 작업동기를 설명하고 연구하는 데 크게 기여했다. 이 이론은 또한 의사결정의 과정을 설명하는 데 중요한 이론으로 평가되고 리더십이나 소비행동을 설명하는 데도 유용하게 사용되었다. 이 이론의 뿌리가 되는 기대×가치이론(期待×價値理論)은 동기이론으로 역사가 깊은 이론이어서 이 이론의 기반을 정립하고 연구하는 데 많은 학자들이 기여했다. 그 가운데 Lewin(1938, 1944), Tolman(1955, 1959), Edwards(1954), Rotter(1954), Vroom(1964), Atkinson(1958, Atkinson & Feather, 1966) 및 Porter와 Lawler(1968, Lawler, 1973) 등이 특히 이 이론의 발전에 큰 공헌을 했다. 이 이론들에서 공통되는 기반은 기대와 가치인데, 이에 따라서 기대×가치이론이라는 명칭이 붙게 되었다. 따라서 기대×가치이론들에는 기본 개념이 유사한 여러 이론들이 포함되어 있다.

이 이론은 기대이론(期待理論, expectancy theory), 도구이론(道具理論, instrumental theory), 통로-목표이론(通路-目標理論, path-goal theory), 혹은 유인가-도구성-기대이론(誘引價-道具性-期待理論, valence-instrumentality-expectancy theory; VIE) 이라고 부르기도 한다.

이 이론에 따르면 인간의 동기는 개인이 추구하는 대상이 지니는 가치에 그 성과를 얻을 수 있다고 믿는 기대를 곱한 값에 의해서 결정된다. 여기서 가치는 개인이 어떤 대상에 대해서 부여한 값 혹은 선호도를 의미한다. 그리고 그 기대란 그 대상을 얻을 수 있다고 주관적으로 믿는 확률을 말한다. 이 이론으로 보면 인간은 생활에서 가치가 높은 대상을 얻을 확률이 높다고 생각하면 그 대상을 얻으려고 노력을 많이 투입하는 합리적 존재이다. 그러므로 어떤 대상에서 얻을 수 있는 여러 성과에 대하여 각각 기대×가치를 곱한 값들을 모두 더한 값이 클수록 그 대상을 추구하는 동기수준도 높다고 가정한다.

이 이론을 요약해 보면 다음과 같다: 인간은 장차 자기 생활에서 일어날 사건들의 결과에 대해서 자기 나름대로 예견을 지닌다. 인간은 환경과 상호작용을 토대로 미래에 개인이 바라는 좋은 결과를 어느 정도 확률로 얻을 수 있는지 예견할 수 있으므로 이 예견을 근거로, 장차 좋은 결과들을 얻을 확률이 높다고 지각하면 동기수준이 높아지는 방향으로 동기과정에 영향을 미친다고 주장한다.

기대×가치이론들

기대×가치이론의 역사적 흐름

기대×가치이론에 포함되는 이론들은 매우 다양하다. 여기서는 먼저 이 이론이 형성된 초기부터 최근까지 어떤 관점들이 제안되었는지 살펴보기로 한다. 초기에 Lewin(1938, 1944), Rotter(1954), Peak(1955), Davidson, Suppes 및 Siegel(1957), Atkinson(1958) 그리고 Tolman(1955, 1959) 등이 제안한 모형들은 기대×가치이론의 기본틀을 구성하는 데 기여했다. 이 중에서 Vroom 모형 이후 최근까지 기대×가치 요소를 포함해서 행동의 동기이론을 제안한 중요한 모형들만 골라서 제시하면 [표 7-1]과 같다.

이 표에 정리한 이론들을 각각 구성하는 요소들을 보면 기대×가치, 혹은 기대×유인가, 그리고 기대×가치 요소 이외에도 다른 요소들을 포함시켜서 동기를 설명하기 때문에 학자에 따라서 관점이 서로 다름을 알 수 있다. 그러나 이 이론들에는 공통으로 기대, 그리고 가치 혹은 유인가가 중요한 요소를 구성한다. 여기서 기대란 개인이 어떤 성과를 얻을 수 있다고 주관적으로 믿는 확률을 의미한다. 그리고 가치란 현재 개인이 어떤 성과에 대해서 지니는 중요도를 말한다. 그리고 유인가란 장차 얻을 수 있는 어떤 성과가 개인에게 중요하다고 평가되어서 선호 혹은 매력을 느끼는 수준을 말한다. 그러므로 가치나 유인가는 긍정적 값(+1)부터 부정적 값(−1)에 이르는 범위에서 어떤 값으로 나타낼 수 있다.

기대×유인가이론은 Atkinson의 성취동기나 Vroom의 작업동기이론으로 널리 알려졌다. 기대×가치이론들은 여러 유형인데 Vroom(1964)은 산업조직에서 작업동기를 설명하기 위한 이론을 최초로 제안하였다. 이 이론은 여러 유형의 동

[표 7-1] 기대이론의 기본 모형들

이 론 가	결정요인	결 과	연구의 배경
Lewin et al.(1944)	주관적 확률×유인가	힘(force)	포부수준, 의사결정
Tolman(1955)	기대×성과의 요구수준×성과수준(목표에 대한 기대, 목표에 대한 요구)	수행벡터(performance vector)	동물의 학습
Rotter(1954)	기대, 보강가	행동잠재력(behavior, potential)	사회학습과 행동
Edwards(1954)	주관적 확률×유용성	주관적으로 기대하는 유용성	경제적 의사결정
Atkinson(1958)	기대×(동기×유인가수준)	최종행동경향	성취지향 행동
Vroom(1964)	성과성취의 기대×유인가	힘(force)	산업장면에서 행동
Porter & Lawler (1968)	기대×유인가×도구성	노력(effort)	산업장면에서 행동
Fishbein & Ajzen (1975)	태도(기대×가치)×주관적 규범	행동의도	합리적 행위
Ajzen(1985, 1988, 1991)	태도(기대×가치)×주관적 규범×행동통제력지각	행동의도	계획된 행동

Vroom(1964, 14~18쪽), Korman(1974, 107쪽), Ajzen & Fishbein(1980), Ajzen(1988)에서 정리.

기를 설명하는 데 적용할 수 있기 때문에 이 장에서 다루기로 한다. 이 이론의 기본 가설을 단순한 형태로 제시하면 다음과 같다: 과제를 수행하려는 동기적 힘(혹은 노력)이란 개인이 장래 얻을 수 있다고 믿는 성과들 각각에 대해서 지니고 있는 기대들에 이 성과들 각각에 부여하고 있는 가치를 곱한 값들의 총계와 일차함수관계를 이룬다. 여기서 "기대"란 "활동과 성과의 연합(action-outcome association)"이라고 정의된다. 즉, 어떤 활동으로 어떤 성과를 얻을 수 있다고 개인이 믿고 있는 주관적 확률을 말한다. 기대치는 확률로 나타내는데 어떤 성과를 절대로 얻을 수 없다고 믿는 경우에는 0의 값을 갖는다. 그리고 어떤 활동으로 일정한 성과를 얻을 수 있다고 확신하면 +1의 가장 큰 값을 갖는다. 그러므로 기대치는

0부터 +1 사이의 어떤 값으로 나타낼 수 있다.

한편 Lawler(1973)의 기대×유인가이론에서는 Vroom과 달리 기대를 두 가지 하위개념으로 구분하여 수정한 기대×유인가이론을 제안했다. 즉, 일정한 활동에 의해서 바라는 성과를 얻을 수 있다고 믿는 일반적 기대는, ① 노력해서 바라는 행동이나 수행을 이룰 수 있다고 믿는 노력 → 수행 기대($E \rightarrow P$ 기대, effort-performance expectancy)와, ② 바라던 수준으로 행동이나 수행을 했을 때 바라는 성과를 얻을 수 있다고 믿는 수행 → 성과 기대($P \rightarrow O$ 기대, performance-outcome expectancy)로 구분된다(Campbell et al., 1970; Lawler, 1973).

이 가운데 $E \rightarrow P$ 기대란 노력을 통해서 바라는 행동을 실행할 수 있다고 믿는 신념을 말한다. $E \rightarrow P$ 기대치가 높을수록 동기가 높아진다고 볼 수 있다. 이 $E \rightarrow P$ 기대는 Bandura가 말하는 자기효능성(Self-efficacy)과 유사하다. 한편, $P \rightarrow O$ 기대란 어떤 행동이나 수행으로 인해서 장차 성과들을 얻을 수 있다고 믿는 주관적 기대를 말한다. 이 $P \rightarrow O$ 기대는 Bandura가 말하는 결과기대(outcome expectancy)에 해당한다.

지금까지 기대×유인가이론에서 기대를 두 가지 유형으로 구별하여 노력 → 수행의 기대와 수행 → 결과의 기대로 구분하여 설명하고 있음을 살펴보았다. 그러므로 이 수정모형에 따르면 개인의 동기적 힘은 다음 등식으로 산출할 수 있다(Lawler, 1973, 52쪽).

$$M = \Sigma[(E \rightarrow P) \times \Sigma(P \rightarrow O) \times (V)]$$

이 공식에 의해서 설명되는 기대×유인가 모형은 직무동기와 관련해서 가장 관심을 끌고 있는데 다른 분야의 동기 연구들에도 응용할 수 있다. 이 장에서는 먼저 기대×유인가이론을 처음으로 조직에서 직무수행의 동기에 적용한 Vroom(1964)의 이론을 살펴보고, 그 다음에 이 이론을 수정한 Porter와 Lawler(1968; Lawler, 1973)의 모형에 관해서 살펴본다. 끝으로 이 이론을 적용한 최근 연구의 동향과 한계들을 살펴보기로 한다.

Vroom(1964)의 기대×유인가이론

1. 유인가와 노력모형

Vroom(1960, 1964)의 동기모형은 Herzberg(1959)의 동기-위생이론(혹은 두 요인설) 다음으로 산업조직에서 동기를 다룬 초기 이론이다. Vroom은 동기이론의 배경을 먼저 구축한 다음에 이 이론의 기초 위에서 조직행동의 여러 측면을 설명했다. 그러나 이 이론은 예를 들어서 소비행동에서 상품에 대한 선호도나 구매동기 등을 설명하는 데에도 적용할 수 있다. 이 이론에서는 기대와 유인가에 의해서 선호도와 동기적 힘을 설명할 수 있다고 보았다. 먼저 이 모형의 기초를 이루는 유인가(誘引價, valence), 기대(期待 expectancy) 및 힘(force)의 세 가지 개념들을 설명하고 이 개념들을 토대로 기대모형의 기본 명제들을 설명하기로 한다.

(1) 유인가(誘引價, valecne)의 개념

사람은 일정한 시점에서 여러 대상들에 대해서 서로 다른 선호도를 지닌다. 예를 들어 사과와 배라는 두 대상들이 있는 경우에 사과보다 배를 더 좋아할 수 있다. 이 경우 사과보다 배가 지니는 유인가가 더 높다고 말한다. 이 유인가란 어떤 특정한 성과에 대한 선호도라고 볼 수 있는데 어떤 대상에 대한 욕망이나 매력의 강도를 말한다.

심리학자들은 선호에 해당하는 개념을 여러 용어들을 사용하여 표현한다. 예를 들면, 유인가(Lewin, 1938; Tolman, 1959), 유인자극(incentive, Atkinson, 1958), 태도(Peak, 1955), 기대된 유용도(expected utility, Edwards, 1954; Thrall, Coombs, & Davis, 1954; Davidson, Suppes, & Siegel, 1957) 등이 이에 해당된다. 이 학자들은 모두 어떤 대상에 대한 감정적 지향성을 나타내기 위한 용어로서 이 개념들을 사용한다. Vroom(1964, 15쪽)은 특정한 성과들에 대한 감정적 지향성을 나타내는 개념으로 유인가(誘引價)란 용어를 사용한다. 어떤 사람이 어떤 성과를 획득하려고 할 경우에는 이 성과가 긍정적인 유인가를 지닌다고 말한다. 그리고 개인이 얻고 싶지 않아서 도피나 회피하고 싶은 성과는 부정적 유인가를 지닌다고 한다.

Vroom의 동기이론에서 유인가는 동기와 직접 관련되기 때문에 유인가가 차지하는 비중이 매우 크다. 일정한 성과가 정적인 유인가를 지니고 있어서 선호도가 높으면 그 성과를 얻으려는 동기가 높아진다고 설명할 수 있다. 다시 말해서 접근하려는 동기란 장차 얻을 성과들이 높은 긍정적 유인가를 지님을 의미하며,

회피하려는 동기란 장차 행동의 결과로 얻게 되는 성과들이 부정적 유인가를 지닌다고 보는 경우이다.

여기서 유인가와 가치의 의미를 구분하여 이해할 필요가 있다. 유인가란 장차 행동의 결과로 얻게 된다고 예견하는 만족을 나타내는 개념이다. 가치란 유인가와 달리 개인이 성과로부터 실제로 얻은 만족의 수준을 의미한다. 그러므로 어떤 경우에는 개인이 일정한 대상이나 성과가 높은 유인가를 지닌다고 보고 갈망하지만, 이를 실제로 얻고 나서 경험하는 만족의 수준은 낮은 때도 있다. 이와 반대로 처음에는 매력이 없다고 생각해서 회피하려고 했지만 이 성과를 얻고 난 후에는 상당히 만족하는 때도 있다. 따라서 예견된 유인가와 실제로 얻은 가치가 차이를 보이는 경우도 많다.

Vroom은 앞에서 설명한 유인가가 결정되는 과정을 다음 제1명제로 제시하였다(1964, 17쪽, 278쪽).

제 1 명제—유인가: 어떤 사람에게 하나의 성과가 지니고 있는 유인가란, 이 성과에 관련되는 모든 성과들이 각각 지니는 유인가와 바로 그 하나의 성과로 다른 성과들을 획득하는 도구가 된다고 생각하는 정도를 하나씩 곱한 값들의 산술적 총화와 일차함수관계를 이룬다. 이를 등식으로 나타내면 다음과 같다(1964, 17쪽).

$$V_j = f_j\left[\sum_{k=1}^{n}(V_k \cdot I_k)\right] \qquad (j=1\cdots\cdots n)$$

여기서 $V_j = j$번째 성과가 지니는 유인가

$I_{jk} = j$번째 성과가 k번째의 성과를 가져온다고 지각하는 도구성의 확률

Vroom은 이 등식에서 도구성 역시 기대와 마찬가지로 주관적 확률이므로 $-1 \leq I_{jk} \leq 1$의 값을 지닌다고 설명한다(17쪽). 그런데 뒤에 살펴볼 Porter와 Lawler (1968; Lawler, 1973) 등의 수정모형에서는 이 값을 Vroom과 다른 방식으로 계산한다. 이 차이에 대해서는 다음으로 기대개념을 설명하면서 분명히 제시하기로 한다.

(2) 기대의 개념

개인이 장차 얻게 되는 성과들은 자신의 선택뿐만 아니라 자신이 통제할 수 없는 외부사건들에 의해서도 영향을 받게 된다. 그러므로 개인이 선택에 의해서

바라는 성과를 얻으려고 시도하더라도 자신의 의지 이외에 다른 요인들도 영향을 미친다는 사실을 고려해야 한다.

여러 선택 대안들 가운데 하나를 선택하는 경우에 여러 대안들 각각에 대한 선호도뿐만 아니라 자신이 이 대안들을 각각 획득할 수 있다고 믿는 가능성도 함께 고려하게 된다. 여러 심리학자들은 개인이 바라는 어떤 성과를 획득할 수 있다고 믿고 있는 신념의 강도를 기대(期待, Rotter, 1954; Tolman, 1955, 1959; Atkinson, 1958; Heider, 1958)라고 부르거나 주관적 확률(主觀的 確率, Edwards 1954; Davidson, Suppes, & Siegel, 1957)이라고 불렀다. 이 가운데 Vroom은 기대라는 용어를 사용했다. Vroom에 의하면 기대란 개인이 일정한 순간에 지니고 있는 신념인데, 어떤 활동이 특정한 성과를 가져올 수 있다고 믿는 가능성에 관한 신념이다. 그런데 이 기대의 크기는 강도로서 나타낼 수 있다. 기대가 최고의 강도를 지니는 경우는 일정한 활동에 의해서 바라는 성과를 반드시 얻을 수 있다고 주관적으로 확신하는 때이다. 또한 최소의 기대 강도 혹은 강도가 없는 기대 수준이란 어떤 활동으로 바라는 성과를 전혀 얻을 수 없다고 확신하는 경우에 해당된다.

여기서 유인가를 설명하면서 앞에서 살펴본 도구성과 여기서 말하는 기대의 차이도 구별할 필요가 있다. 기대란 활동과 성과의 연결 강도이다. 한편, 도구성이란 성과와 성과의 연결 강도이다. Vroom은 독특하게 도구성이 −1부터 +1까지 값을 갖는다고 주장했다. 여기서 +1이란 첫번째 성과가 이 성과와 관련있는 두 번째 다른 성과를 얻는데 필요하고도 충분한 조건이 된다고 확신하는 경우를 나타낸다. 이와 반대로 도구성이 −1이란 첫번째 성과를 얻지 못한 경우에만 두번째 성과를 획득할 수 있다고 주관적으로 확신하거나, 그렇지 않으면 첫번째 성과를 얻은 경우에는 이와 관련이 있는 두 번째 성과를 얻을 수 없다고 주관적으로 확신을 하는 경우이다.

(3) 힘 또는 노력의 개념

Vroom의 모형에서 동기적 힘이란 용어를 소개했는데 이 용어는 동기가 지니는 추동, 방향, 지속의 세 속성들 가운데 방향을 나타내는 개념으로서, Lewin의 힘의 개념에 해당한다. 이미 여러 학자들이 이와 유사한 개념들을 사용한 적이 있는데 수행벡터(performance vector, Tolman, 1955), 촉발된 동기(aroused motivation, Atkinson, 1958), 주관적 기대효용성(subjective expected utility, Edwards, 1954; Luce, 1962), 행동잠재력(behavior potential, Rotter, 1954) 등이 있다.

동기적 힘이란 앞에서 말한대로 여러 유인가들과 기대들을 곱한 값들을 모두 더해서 계산된다. 만약 일에서 어느 정도 노력해야 할지 결정하려고 한다면 노력수준을 선택하는 과정에서 사용하는 기본 원칙이 있다. Vroom의 이론에서는 행동을 선택할 때 주관적 합리성의 법칙에 따른다고 주장했다. 여기서 주관적 합리성이란 각 선택 대안들마다 얻을 수 있는 유인가들과 기대들을 곱하여 총화한 값들 가운데 가장 큰 값을 지니는 대안을 선택함을 말한다. 그러므로 일정한 활동을 수행할 힘의 강도는 기대와 유인가를 곱한 값들의 총화가 클수록 높아진다. 동기에 관한 이 명제를 Vroom(1964, 18쪽, 282쪽)은 다음 제 2 명제로 정리했다.

제 2 명제—힘 또는 노력: 어떤 사람이 일정한 활동을 수행하는 힘은 모든 성과들이 지니는 유인가들에 노력에 의해서 이 성과들을 얻을 수 있다고 보는 기대 강도를 곱한 값들의 총화와 일차함수관계를 이룬다.

이를 수식으로 나타내면 다음과 같다(1964, 18쪽).

$$F_i = f_i \left[\sum_{j=0}^{n} (E_{ij} \cdot V_{ij}) \right]$$

여기서, F_i = 활동 i를 수행하도록 하는 힘

E_{ij} = 활동 i가 성과 j를 가져온다고 지각하는 기대의 강도($0 \leq E_{ij} \leq 1$)

V_j = 성과 j의 유인가

위에서 등식으로 제시한 힘의 모형은 일정한 활동을 하려는 힘의 크기를 나타낸다. 여러 가지 선택 가능한 활동들이 있는 경우에는 이 가운데 어느 하나의 활동을 선택하게 된다. 이 때 하나의 활동을 선택하는 기준으로는 긍정적 힘이 가장 큰 활동이 선택된다. 만약 긍정적 값을 지니는 활동이 없어서 모두 부정적 값들을 지니는 상황에서 선택하는 경우에는 부정적 힘이 가장 작은 활동을 선택하게 된다.

여기서 활동 i와 성과 j의 의미를 설명해 두기로 한다. 활동이란 용어는 개인이 지니는 행동목록들 가운데 포함되어 있어서 실제로 나타날 수 있는 행동을 말한다. 그리고 성과란 환경에 존재하면서 개인이 직접 행동으로 조절을 할 수 없어서 자신과 비교적 동떨어져 있는 대상을 말한다. 사람이나 상품을 선택하는 행동을 예로 들어보자. 한 사람이나 상품을 선택하기 위한 행동이 활동에 해당된다. 그리고 한 사람이나 상품을 선택한 결과로 장차 얻을 가치 수준이 성과가 지

니는 유인가가 된다.

(4) 유인가, 기대 및 힘의 관계

앞에서는 이 이론의 기본 요소들로 유인가, 기대 및 활동하는 힘에 관해서 살펴보았다. Vroom(1964, 27쪽)은 이 세 요소들 각각에 영향을 미치는 요인들을 제시하였는데, 이를 다음 [그림 7-1]로 나타냈다. 이 그림을 통해서 기대×유인가 모형의 세 요소들에 각각 영향을 미치는 요인들을 간략히 설명하면 다음과 같다.

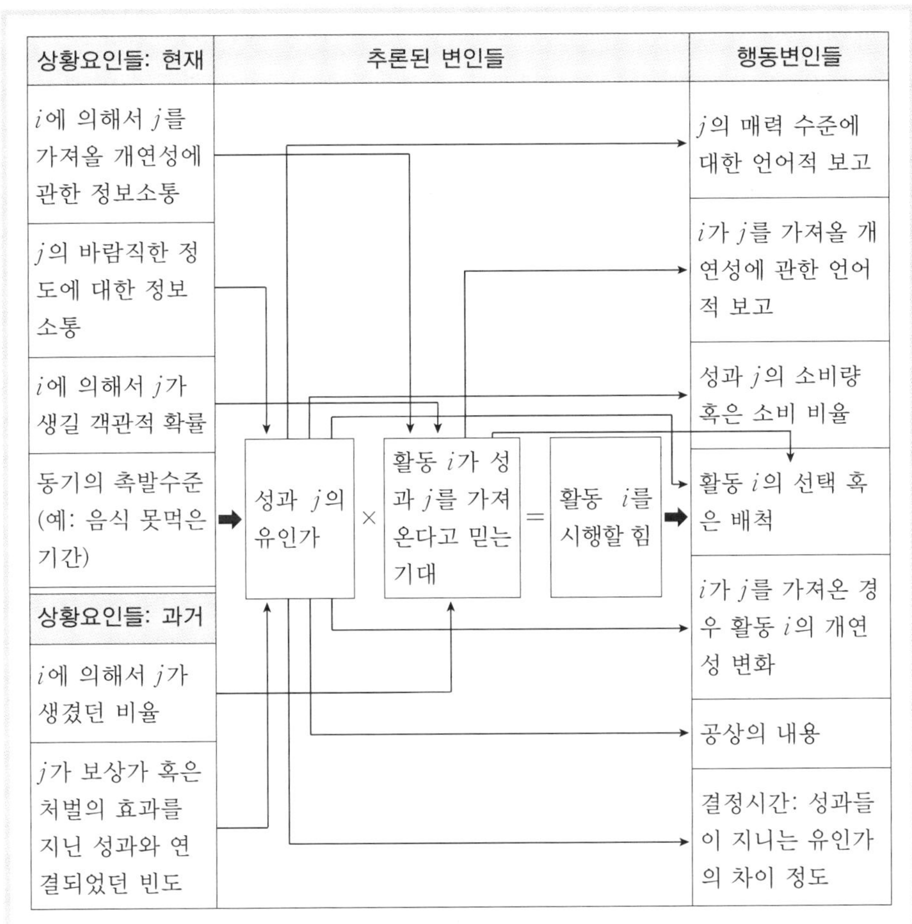

[그림 7-1] Vroom모형의 결정요인들(1964, 27쪽)

먼저 일정한 성과 j가 지니는 유인가에 대해서 살펴보자. 이 유인가에 영향을 미치는 요인들 가운데 개인이 현재 당면하고 있는 상황요인으로 다른 사람과 j가 바람직스런 정도에 관해서 정보소통한 내용이 포함된다. 만약 타인과 정보소통할 수 없는 상황이면 자신의 경험에만 의존하여 일정한 성과가 지니는 유인가를 판단하게 된다. 이 경우 유인가에 관한 자신의 경험은 다음 두 요인들에 의해서 결정된다: 하나는 개인이 지니고 있는 욕구이고, 다른 하나는 그 성과가 과거에 처벌이나 보상과 연결되었던 빈도이다. 다시 말해서 일정한 성과의 유인가를 결정짓는 요인들 가운데 개인요인으로는 동기와 과거 강화의 경험을 들 수 있으며, 타인으로부터 받는 영향으로는 타인과 정보소통한 정도를 들 수 있다.

다음으로 i라는 활동이 j라는 성과를 가져온다고 지각하는 기대에 대해서 살펴보자. 이 기대 요소에 영향을 미치는 요인들은 다음 세 가지이다: 활동 i가 j를 가져오는 객관적 확률, i에 의해서 j를 가져올 개연성에 관해서 타인들과 정보소통한 수준, 그리고 개인의 이전 경험에서 i에 의해서 j를 얻었던 성공의 비율이 영향을 미친다.

그러므로 성과 j가 지니는 유인가에 영향을 미치는 세 요인들과 기대에 영향을 미치는 세 요인들이 동기를 결정하게 된다. 이와 같이 성과에 대한 기대와 유인가를 곱한 값들을 모두 더하면 활동 i를 수행하려는 힘의 크기를 알 수 있다. 따라서 자신이 바라는 성과로는 유인가가 매우 크다고 하더라도 이를 얻을 확률이 없다고 지각하면 기대값이 0(零)이 되므로 노력을 하지 않게 된다. 이와 마찬가지로 어떤 성과를 얻을 확률이 매우 높아서 기대가 높더라도 매력이 없는 성과라면 노력의 양은 극히 낮게 된다.

2. Vroom의 선택, 만족 및 수행에 관한 가설

앞에서 Vroom이론의 기본 요소들을 설명하고 유인가와 힘을 예측하는 명제들을 제시했다. 그런데 Vroom은 유인가와 힘에 관한 이 기본 명제들을 사용하여 직업선택, 직무만족 및 직무수행에 관한 가설들을 제시했다. Vroom의 이론은 이처럼 산업분야에 적용되었지만 그의 기본 가설들은 일반이론으로 다시 정리할 수 있어서 여러 분야에서 선택, 만족 및 수행을 설명하는 데 활용할 수 있다. 그러나 여기서는 Vroom이 제안한 바와 같이 유인가와 힘에 관한 명제들을 직업선택, 직무만족 및 직무수행에 적용한 가설들을 각각 정리하기로 한다.

(1) 가설 1-1; 직업선택의 유인가

일정한 직업이 지니는 유인가란 그 직업과 관련해서 얻을 수 있는 모든 성과들이 각각 지니는 유인가와 그 직업을 통해서 그 성과들 각각을 얻을 수 있다고 지각하는 도구성들을 곱한 값들의 산술적 총화와 일차함수관계를 이룬다(1964, 278쪽).

여기서 직업선택이란 직업에 대한 선호도(occupational preference)나 개인이 선택해서 실제로 획득한 직업과는 구별된다. 이 가운데 직업에 대한 선호도란 개인이 각 직업에 대해서 지니고 있는 가치 혹은 매력의 수준을 말한다. 그러므로 개인에게 선호도가 가장 높은 직업이란 긍정적인 유인가의 총화치가 가장 큰 직업을 말한다. 한편, 실제로 획득한 직업이란 이미 개인이 한 사람의 성원으로 소속되어 있는 직업을 말한다. 이 두 가지와 구별되는 직업선택이란 여러 직업들 가운데 개인이 선택하려는 긍정적인 힘이 가장 강하게 작용하고 있는 직업을 말한다. 다시 말하면 유인가가 가장 큰 직업에 대해서 선택의 선호도가 가장 높다. 직업을 선택하려는 유인가에 관한 가설 1-1은 직업에 대한 선호도를 예측하는 모형이다.

(2) 가설 1-2; 직무만족의 유인가

개인에게 일정한 직무가 지니는 유인가란 이 직무를 수행함으로써 얻을 수 있는 성과들이 지니는 유인가와 직무를 통해서 그 성과들 각각을 얻는데 그 직무가 지닌 도구성들을 곱한 값들의 산술적 총화와 일차함수관계를 이룬다(1964, 279쪽).

여기서 Vroom이 말하는 직무만족이란 직무태도와 유사한 개념으로 현재 직업에서 맡고 있는 역할에 대해서 지니고 있는 정서적 방향감이라고 보았다(99쪽). 직무만족을 다룬 연구들 가운데 자신의 직업을 통해서 일반적으로 매력 있는 성과를 획득할 수 있다고 믿는 도구성이 높으면 직무만족의 수준이 높다는 연구결과가 많다(Thompson, 1939; Miller, 1941; Barnett, Handelsman, Stewart, & Super, 1952). 예를 들면 직무를 통해서 봉급, 감독자로부터 받는 배려, 승진 가능성, 작업동료들과 상호교류, 의사결정에 참여할 수 있는 정도 등 각 성과들이 지니는 유인가가 크고, 또한 이 성과들을 얻기 위한 도구성 수준이 높으면 직무만족 수준이 높았다(Fleishman et al., 1955; Haplin & Winer, 1957; Seeman, 1957; Likert, 1961).

한편 개인이 맡고 있는 직무에서 수행을 통해서 얻을 수 있는 유인가는 다음 명제로 정리되었다.

(3) 가설 1-3; 직무수행의 유인가

어떤 과제나 직무의 효과적 수행이 지니는 유인가란 모든 성과들이 지니는 유인가와 이 성과들을 획득하기 위해서 효과적 수행이 지니는 도구성들을 곱한 값들의 산술적 총화와 일차함수관계를 이룬다(1964, 280쪽).

예를 들어서 어떤 사람의 경우에 공부해서 얻을 수 있는 성취감이나 좋은 학점이 긍정적인 유인가를 지닌다면 A학점을 수단으로 성취감과 좋은 학점을 받을 가능성이 높다고 믿을 때 좋은 학점을 받는 데 대해서 높은 매력을 느끼게 된다. 다시 말해서 좋은 성적이 성취감과 좋은 학점을 얻는 도구가 된다고 볼수록 좋은 수행이 지니는 유인가는 더 크다.

지금까지 Vroom의 유인가모형이 직업선택, 직무만족 및 직무수행의 유인가를 예언하는 데 어떻게 적용되는지 살펴보았다. 다음에는 동기에 관한 힘 혹은 노력모형을 사용하여 직업선택, 직무만족 및 직무수행을 위한 동기를 어떻게 설명하는지 가설들로 제시하기로 한다.

지금부터 다루는 가설들은 동기의 영역에 알맞게 조금만 수정하면 여러 분야에서 동기를 다루는 데 적용할 수 있다. 먼저 Vroom이 제안한대로 사람들이 어떤 직업을 선택하기 위해서 노력하게 되는지 취업동기를 예측하는 가설을 살펴보자.

(4) 가설 2-1; 직업선택을 위한 노력

어떤 직업에 종사하려고 시도하게 만드는 힘은 그 직업이 지니는 유인가에 그 직업에 종사하려는 시도가 성공할 수 있다고 보는 기대를 곱한 값과 일차함수관계를 이룬다(1964, 282쪽).

다음으로 직무만족을 근거로 이직하지 않고 현재 직업에 머물려는 동기들에 관한 가설을 살펴보자.

(5) 가설 2-2; 직무만족을 위한 노력

현재 일하고 있는 직업에 머무르게 만드는 힘은 그 직업이 지니는 유인가와 장차 개인이 그 직업에 머물 수 있다고 보는 기대 강도를 곱한 값과 일차함수관계를 이룬다(1964, 283쪽).

다음으로 Vroom의 힘 또는 노력모형을 직무에서 작업동기를 설명하는 데 적용한 가설을 정리해 보자.

⑹ 가설 2-3; 직무수행을 위한 노력

자신의 직무를 수행하는 데 일정한 양의 노력을 쏟게 하는 힘은 여러 수행수준들이 지니는 유인가들과 일정한 노력량에 의해서 그 유인가를 얻을 수 있다는 기대들을 곱한 값들의 총화와 일차함수관계를 이룬다(1964, 284쪽).

이 가설이 Vroom의 동기모형 가운데 직무를 수행하려는 동기를 예측하는 가설이다. 따라서 Vroom 이후 Porter와 Lawler(1968)나 Lawler(1973)가 제안한 작업동기의 수정모형도 이 모형을 토대로 이루어졌다. 이 모형이 지니는 특징은 다음과 같이 정리할 수 있다: 직무수행을 높이기 위해서 노력이 더 필요한 경우가 많다. 그런데 기대×유인가이론으로 보면 높은 수준으로 수행하게 되었을 때 유인가가 큰 성과들을 얻을 가능성이 높다고 지각해야 열심히 노력하려는 동기가 높게 된다.

독자의 이해를 돕기 위해서 개인이 선택할 수 있는 세 과목들 가운데 자신이 어떤 과목들을 선택하여 각각 어느 정도 공부에 노력하는지 이 모형에 의해서 측정한 예를 들어보면 다음 [표 7-2]와 같다. 여기서는 높은 노력수준 a와 낮은 노력수준 b 가운데 어떤 노력수준을 선택하게 되는지 알아보기 위해서 세 가지 과목들을 제시하여 예언해 보았다. 이 표에서는 이해하기 좋도록 노력수준과 기대수준 모두 1.00이나 0.00의 값을 갖는 경우로 한정하여 예로서 제시했다.

[표 7-2]에서 보는 현대예술 강좌에서는 많은 노력이든지 혹은 적은 노력이든지 모두 높은 성적을 성과로서 얻을 수 있는 경우가 제시되어 있다. 이 때는 기대가 1.00이며 유인가가 +1이므로 많은 노력이나 혹은 적은 노력을 들이려는 힘들은 모두 1×1=1.00으로 예언된다. 이 경우에는 많은 노력이나 혹은 적은 노력을 들이려는 두 방향의 노력들이 지니는 힘의 크기가 같다. 다시 말해서 이 두 노력수준들에 따라서 동기심리 과목을 공부하는 실제 행동으로 나타날 강도가 모두 같다고 예언된다. 그러므로 현대예술 과목에서는 높은 노력(노력수준 a)을 들이려는 동기가 낮은 노력(노력수준 b)을 들이려는 동기보다 높다고 말할 수 없다. 따라서 이 경우에는 낮은 노력 수준만으로도 높은 노력과 동일하게 좋은 성적을 얻을 수 있다고 보기 때문에 낮은 노력을 선택하여 공부를 안한다고 생각할 수 있다.

그러나 동기심리 강좌에서는 노력을 많이 들여야만 좋은 성적을 얻을 수 있는 경우도 있다. 노력을 적게 들이게 되면 낮은 성적밖에 얻을 수 없다. 따라서

[표 7-2] Vroom의 기대모형에 의해서 세 상품들 가운데 구매동기가 높은 상품을 알아내려고 계산한 예

과 목	결정요인	성과 X(높은 수행)의 유인가=+1	성과 Y(높은 수행)의 유인가=+0	힘 (유인가×기대)	예 측
현대예술	높은 노력수준으로 좋은 성적을 얻을 수 있다는 기대	1.00	.00	1.00 (=+1×1.00)	낮은 노력
	낮은 노력수준으로 좋은 성적을 얻을 수 있다는 기대	1.00	.00	1.00 (=+1×1.00)	
동기심리	높은 노력수준으로 좋은 성적을 얻을 수 있다는 기대	1.00	.00	1.00 (=+1×1.00)	높은 노력
	낮은 노력수준으로 좋은 성적을 얻을 수 있다는 기대	.00	1.00	.00 (=+1×.00)	
고급실용영어	높은 노력수준으로 좋은 성적을 얻을 수 있다는 기대	.00	1.00	.00 (=+1×.00)	낮은 노력
	낮은 노력수준으로 좋은 성적을 얻을 수 있다는 기대	.00	1.00	.00 (=+1×.00)	

이 경우에는 많은 노력을 들여서 열심히 공부한다고 예언된다.

실용영어에서는 영어의 기본 실력이 낮은 경우에 보는 바와 같이 공부에 노력을 많게 들이든지 혹은 적게 들이든지 좋은 성적은 기대할 수 없고 낮은 성적밖에 기대할 수 없는 경우이다. 따라서 어떤 노력수준을 선택하더라도 우수한 성적은 얻을 수가 없다. 이 고급실용영어 과목에서는 노력을 많이 하든지 혹은 노력하지 않든지 높은 유인가를 지니는 우수한 성적과 연결되지 않으므로 노력하지 않게 되는 절망적 상황이다.

이 모형에 따라서 계산한 예에서 보는 바와 같이 이 모형은 개인이 일정한 상황에서 선택할 수 있는 여러 노력 수준들 가운데 어떤 수준을 선택하는지 예언하는 데 초점을 둔다. 다시 말해서 이 모형에서는 개인마다 선택할 수 있는 노력의 수준이 다르고, 각 노력 수준에 대해서도 서로 다른 유인가를 부여한다고 주장한다. 그러므로 이 모형은 원칙적으로 개인이 여러 노력수준들 가운데 일정한 노력수준을 선택하는 결정과정을 다루는 개인내 모형(within-subject model)이다. 따라서 여러 사람들의 힘이나 노력의 크기를 서로 비교해서 예언하는 개인간 모형(between-subject model)이 아니다. 그럼에도 불구하고 기대×유인가이론을 검증한 실증연구들 가운데 이 이론의 성질에 적합하게 피험자내 설계를 사용한 연구보다 피험자간 설계를 사용한 연구들이 많았다.

Lawler(1973; Nadler & Lawler, 1977)의 수정모형

Lawler의 수정모형 역시 Vroom의 기대×유인가이론이 지니는 기본 가정들을 기반으로 하고 있다. 이 기본 가정들을 Nadler와 Lawler(1977, 27쪽, 34쪽)가 제시한대로 정리해 보면 [그림 7-2]로 나타낼 수 있다.

이 그림에서 Lawler가 사용하는 수행이란 개인이 의도하여 노력했거나 의도하지 않았던 활동의 결과를 말하는데 흔히 성공이나 실패로 나타나게 된다. 그리고 성과 A, B, C는 수행에 성공했을 때 얻을 수 있는 결과들로서 유인가가 서로 다른 값을 지니는 성과들을 의미한다. 이 성과들은 그 자체를 목적으로 추구했거나, 다른 성과들을 얻기 위한 선행조건으로 추구했거나, 혹은 노력해서 의도했던 수행을 달성했는지에 따라서 얻을 수 있는 가능성이 서로 달라진다.

그리고 성과들 가운데 D와 E는 일차수준의 성과들을 수단으로 해서 다시 획득할 수 있는 이차수준의 성과들을 의미한다. 이차수준의 성과들이 동기에 미치는 영향도 역시 일차수준의 성과들을 수단으로 해서 도구적으로 2차수준의 성과들을 얻을 수 있는 기대(도구성)와 2차수준의 성과들이 지니는 유인가를 곱한 값들을 총화하여 산출한다. 이차수준의 성과에 해당하는 예를 들면 일차수준의 성과로서 얻은 높은 봉급이 수단이 되어서 다시 타인들의 인정을 받거나 물건을 구매하는 성과를 얻는 경우가 이에 해당된다.

전체로 보면 [그림 7-2]의 모형은 다음과 같이 요약할 수 있다. 개인이 일정한 수준으로 노력하여 직무를 수행하려는 동기는, 그 방식으로 수행하려는 시도가 성공할 확률에 대한 기대($E \rightarrow P$)와, 일정한 수준의 성과가 수단이 되어서 어

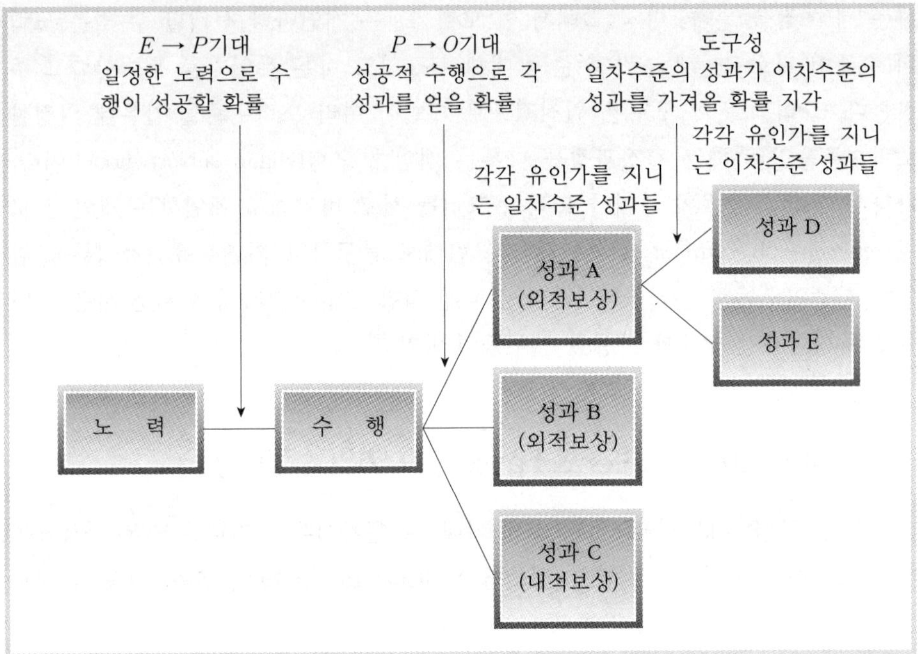

[그림 7-2] 기대이론의 동기모형(Nadler & Lawer, 1977, 34쪽)

떤 성과들을 가져온다고 믿는 기대($P \rightarrow O$), 그리고 수행에 따라서 얻게 될 성과들이 지니는 매력 수준이라는 세 요인들을 곱한 값에 의해서 결정된다. 이를 공식으로 나타내면 다음과 같다(Lawler, 1973, 52쪽; Nadler & Lawler, 1977, 24쪽).

$$M = \boldsymbol{\Sigma}[(E \rightarrow P) \times \boldsymbol{\Sigma}\{(P \rightarrow O) \cdot (V)\}]$$

이 등식을 쉽게 이해하기 위해서 Nadler와 Lawler(1977)가 제시한 그림으로 간략하게 나타내면 [그림 7-3]과 같다.

이 그림을 통해서, ① 노력과 능력에 의해서 수행이 결정되며, ② 노력에 의해서 바라는 수행을 얻을 확률은 한편으로 동기에 의해서 영향을 받으며, 또한 동기에도 영향을 미침으로써 양방향으로 상호영향을 미치며, ③ 수행에 의해서 성과들을 얻을 수 있다고 보는 확률의 기대가 모두 동기에 영향을 미침을 알 수 있다.

앞에서는 수정된 기대이론의 기본 요소들과 이 요소들이 어떤 경로로 동기에

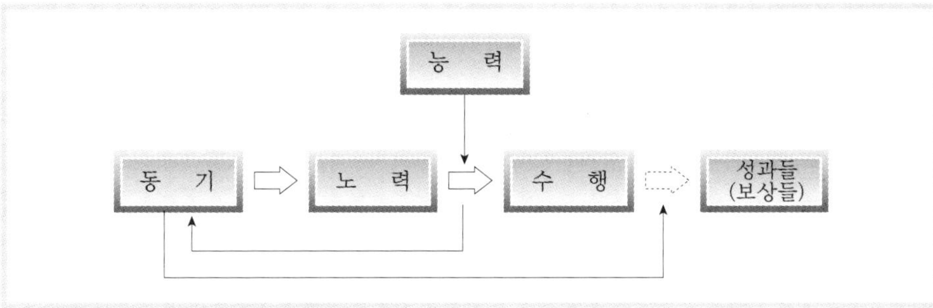

[그림 7-3] 동기와 행동의 관계(Nadler & Lawer, 1977, 29쪽)

영향을 미치는지 살펴보았다. 이제부터 기대이론의 동기모형에서 각 요소들이 지니는 의미와 각 요소들의 형성과정에 관해서 살펴보기로 한다.

1. 기대이론의 각 요소들이 형성된 과정

(1) 노력 → 수행기대(努力 → 遂行期待, $E \rightarrow P$ expectancy)

$E \rightarrow P$ 기대란 개인이 주관적으로 지니는 성공에 대한 기대 혹은 확률을 말한다. 기대란 자신의 행동에 따라서 바라는 수행을 이룰 수 있다고 개인적으로 추정한 확률이므로 일정한 수준으로 수행하는 데 따르는 난이도 혹은 성공적으로 성취할 확률에 대한 주관적 지각을 말한다. 예를 들면 A학점을 받는데 성공하기가 얼마나 어려운가 또는 하루 동안 상품 100개를 팔 가능성이 얼마나 되는가 등이다.

이어서 $E \rightarrow P$ 기대를 결정짓는 요인들을 살펴보자. 여기서는 Vroom의 모형을 살펴보면서 Vroom이 지적한 요인들을 포괄하여 정리하기로 한다. 첫째, 개인의 $E \rightarrow P$ 기대를 결정짓는 요인들 가운데 단독 요인으로 객관적 상황이 가장 중요하다. 때로는 객관적 현실보다 현실과 동떨어진 주관적 지각이 영향을 미치기도 하지만 오랜 시간이 경과되는 동안에 대체로 사람들의 $E \rightarrow P$ 지각이 실제 현실과 잘 합치되게 된다.

둘째, 개인이 $E \rightarrow P$ 기대를 형성하는 과정에서 타인들과 정보소통이 중요한 기능을 한다. 타인과 정보소통에 따라서 오히려 잘못된 $E \rightarrow P$ 기대를 형성하는 경우도 있기는 하다. 그러나 대체로 개인이 잘못 지각한 현실을 바로잡는 기회가 된다. 특히 동일하거나 유사한 과제를 경험이 많은 타인들로부터 감정에 치우치지 않은 정보를 제공받으면 이 정보소통이 $E \to P$ 기대 형성에 큰 영향을 미치게 된다.

셋째, 학습이 $E \to P$ 기대의 정확한 추정뿐만 아니라 $E \to P$ 기대 수준을 형성하는 데도 중요한 역할을 한다.

넷째, 성격요인들이 $E \to P$ 기대에 영향을 미친다는 연구결과들도 많다. 인간이 환경에서 경험한 바에 따라서 자기상(自己像, self image)을 지니게 된다. 어릴 때부터 경험을 토대로 자신이 할 수 있는 과제와 할 수 없는 과제를 구별하고, 이에 따라서 자기나름대로 자기개념(自己概念, self-concept)과 유능감(有能感, competence)을 지니게 된다. 이러한 경험을 토대로 자신의 잠재능력과 가치, 그리고 자기행동의 효율성에 대해서 자기나름대로 신념을 지니게 된다. 자기상(self-image)의 핵심 부분인 이 신념이 자존심(自尊心, self-esteem)의 가장 중요한 부분인데, 이 자존심이 $E \to P$ 기대를 결정짓는 데 큰 영향을 미치게 된다(Lawler, 1973, 55쪽).

다섯째, 과제의 난이도에 따라서 이 $E \to P$ 기대가 최종의 노력수준을 결정짓는 데 영향을 미친다. 대체로 능력이나 기술이 크게 요구되지 않는 단순과제보다 복잡하고 어려운 과제에서는 $E \to P$ 기대치가 낮아지므로 최종 노력수준을 낮추는 데 크게 영향을 미치게 된다.

이상에서 다룬 내용을 정리해 보면 $E \to P$ 기대에 영향을 미치는 요인들로서 ① 실제상황, ② 타인들로부터 받은 정보소통의 내용, ③ 과거경험, ④ 자존심, ⑤ 과제의 난이도 등을 들 수 있다.

그런데 이 책의 성취동기이론에서 다룬 바와 같이 성취동기 이론가들은 $E \to P$ 확률이 0.5의 값을 지닐 때 가장 높은 동기를 지닌다고 주장한다. 성취동기이론에 따르면 $E \to P$ 확률이 매우 낮은 경우는 물론이고 매우 높더라도 $E \to P$ 확률이 0.5일 때에 비해서 동기가 낮다고 본다. 그러나 기대×유인가이론에서는 $E \to P$ 기대가 높을수록 높아진다고 주장한다. 이 주장에서 보는 바와 같이 동기에 가장 큰 영향을 미치는 $E \to P$ 기대의 수준에 대해서 성취동기이론과 기대이론의 관점이 서로 다름을 알 수 있다. 기대이론에서는 다른 요소들이 동일하다면 $E \to P$ 기대치가 커질수록 동기가 높아진다고 예언한다. 그러나 성취동기이론에서는 $E \to P$ 기대치가 0.5일 때 동기가 가장 높다고 예언한다. 그런데 기대×유인가 모형에서는 $E \to P$ 확률에 따라서 구체적으로 $P \to O$ 기대치나 동기예언치가 어떻게 달라지는지 해명하지 못했다. 따라서 이 문제에 대해서 어떤 결정적 해답도 찾기 어렵다.

(2) **수행→성과기대**(遂行 → 成果期待, $P \rightarrow O$ expectancy)

$P \rightarrow O$ 기대라고 부르는 이 요소는 성공적으로 수행하면 일정한 성과를 얻는다고 보는 주관적 확률을 의미한다. 성공적 수행에 의해서 얻을 수 있는 성과가 많으면 성과의 수만큼 기대치도 많게 된다. 그런데 이 때 각각의 성과를 얻을 수 있는 기대치는 서로 다른 경우가 많다.

$P \rightarrow O$ 기대치의 형성에 영향을 미치는 요인들을 살펴보기로 한다. $E \rightarrow P$ 기대에 영향을 미치는 요인들 가운데 객관적 상황요인, 유사한 상황에서 과거에 개인이 경험한 내용, 그리고 그 상황에 관해서 다른 사람들과 의사소통한 내용 등의 세 요인들은 $P \rightarrow O$ 기대치를 형성하는 데 있어서도 역시 중요한 영향을 미친다. 이 중에서 객관적 상황요인이 $P \rightarrow O$ 기대 형성에서 중요한 기능을 한다.

$P \rightarrow O$ 기대에 영향을 미치는 앞의 세 요인들 이외에 다른 요인을 살펴보자. 넷째 요인으로 성과의 성질을 들 수 있다. 성과의 매력수준이 $P \rightarrow O$ 기대에 영향을 미친다는 연구결과들이 있다. 사람은 대체로 좋은 성과들이 나쁜 성과들보다 발생할 가능성이 높다고 지각하는 경향이 있다. 또한 매우 좋은 성과에 대해서는 덜 좋은 성과보다 획득할 확률이 낮다고 지각한다는 연구결과들도 있다. 즉, 일반적으로 극히 좋은 일이 일어날 가능성을 과소추정하며, 아울러 자신에게 나쁜 일이 일어날 가능성도 과소추정하는 경향이 있다. 이 사실은 성과 자체의 매력도가 $P \rightarrow O$ 기대에 영향을 미침을 시사하는 좋은 예이다.

지금까지 $P \rightarrow O$ 기대의 형성에 영향을 미치는 요인들을 살펴보았다. 이를 정리해 보면, ① 현 직무와 유사한 상황에서 겪은 과거경험, ② 타인과 정보소통, ③ 객관적 상황요인, ④ 성과들이 지니는 매력수준 등이다.

(3) **유인가**(誘引價, valence)

Lawler는 유인가란 특정한 성과에 대해서 지니는 감정의 방향으로 가치, 매력, 혹은 중요도라고 본다. 따라서 긍정적 유인가를 지니는 성과란 개인이 얻고 싶어하는 좋은 성과를 의미한다. 이 장의 서론에서 살펴본 대로 유인가란 어떤 성과를 얻어서 경험하는 실제 보상이 아니라 장차 얻을 성과가 지니고 있다고 현재 예견하는 보상가를 나타낸다. 성과가 지니는 유인가는 극히 좋아하는 경우 +1.00부터 극히 싫어하는 유인가를 나타낼 때 −1.00까지 값을 갖는다.

그렇다면 성과가 일정한 유인가를 지니는 이유는 무엇 때문인가? Lawler(1973)는 이에 대해서 이론적으로 두 관점에서 설명하고 있다: 성과란 개인이 지니는 욕구를 직접 충족시켜 줄 수 있거나, 그렇지 않으면 하나의 성과를 통해서 다른 욕구를 충족시켜 주는 다른 성과들을 얻을 수 있기 때문에 유인가를 지닌다. 그런데 개인이 수행의 결과로 얻을 수 있는 모든 성과들은 사람에 따라서 서로 다른 유인가를 지닌다. 왜냐하면 유인가란 개인의 욕구와 지각에 따라서 달라지므로 개인마다 생활에서 중요하게 보는 성과들이 서로 다를 수 있기 때문이다. 예를 들면, 어떤 사람은 승진이나 발전의 기회를 중요하게 보지만 다른 이는 동료와 친화를 중시하는 경우도 있다.

(4) **도구성**(道具性, instrumentality)

어떤 성과들은 자체로 지니고 있는 유인가에 의해서 가치가 정해진다. 그러나 어떤 성과들은 또 다른 성과들을 얻는 수단으로 중요하기 때문에 유인가가 높을 수도 있다. 후자의 경우에는 어떤 성과의 획득을 수단으로 삼아서 얻게 되는 성과들의 유인가도 역시 동기에 영향을 미치게 된다. 이처럼 다른 성과를 얻기 위한 수단의 기능을 지니면서 추구되는 성과들을 일차수준 성과(first-level outcomes)라고 부른다. 그리고 일차수준 성과를 얻음으로써 이를 수단으로 얻게 되는 성과를 이차수준 성과(second-level outcomes)라고 부른다. 그리고 일차수준의 성과에 의해서 이차수준 성과를 얻을 수 있다고 지각하는 확률을 성과의 도구성(道具性)이라고 한다. 이 구분은 [그림 7-2]에 명확하게 구별되어 제시하였다.

그런데 앞서 제시한 Vroom의 모형에서는 일차수준 성과와 이차수준 성과가 Lawler 등의 모형과 달리 정의되는 점에 주의해야 한다. Vroom의 모형에서 일차수준 성과란 활동에 의해서 초래된 수행 수준이나 혹은 선택한 직업의 획득 여부 등을 나타내는 개념이다. 그리고 수행에 따라서 초래된 결과로서 유인가를 지니는 성과들이 이차수준 성과에 해당한다. 다시 말해서 Lawler의 일차수준 성과는 Vroom의 이차수준 성과에 해당되며, Lawler의 이차수준 성과는 Vroom의 모형에서 세분하지 않고 포괄해서 다루었다. 따라서 Vroom의 모형과 달리 Lawler는 이 차이를 구별해서 일차수준 성과와 이차수준 성과를 구분한다.

(5) **내적성과와 외적성과**(intrinsic & extrinsic outcomes)

앞에서 도구성을 설명하면서 성과들이 일차수준 성과와 이차수준 성과로 구분될 수 있음을 설명하였다. 그런데 성과를 내적성과(內的成果)와 외적성과(外的

成果)로 구분하기도 한다. 이 구분법은 Lawler가 기대모형을 그림으로 나타낸 [그림 7-2]에서도 볼 수 있다. 이 가운데 내적성과(內的成果)들이란 직무수행 자체의 결과로서 개인이 자신에게 직접 부여하는 성과들이다. 내적성과의 예로는 성취감, 자율성, 자존심 등을 들 수 있다. 한편 자신 이외의 타인이나 환경 등 외부요인들에 의해서 제공되는 성과들도 있다. 이 성과들은 외적성과(外的成果)라고 부른다. 외적성과란 보수, 칭찬, 작업조건 등으로 개인의 외부에서 제공되는 성과를 말한다.

2. Lawler의 수정모형에 따른 동기 측정의 예

앞에서는 Lawler가 제안한 기대×유인가이론의 수정모형을 구성요소별로 설명했다. 이제 이 모형에 의해서 개인이 현재 동기심리 강좌를 공부하면서 어느 정도 열심히 노력하고 있는지 학업동기 수준을 측정하는 예를 설명하여 이 동기모형을 연구에 적용하는 길잡이로 제시하려고 한다.

이제 제시하는 예에서는 동기의 측정 과정에서 $E \rightarrow P$ 기대나 $P \rightarrow O$ 기대들이 최소 0의 값부터 최대 1.00의 값을 갖지 않으며 유인가도 −1부터 +1까지 값을 갖지 않는다. 여기서는 유인가나 기대치를 최소값 1부터 최대값 7의 평정치로 측정하고 있다. 또한 부정적 값의 유인가(−)를 지니는 성과들은 포함되지 않았다. 여기서 제시하는 예는 기대×유인가모형을 실제로 학업동기 수준을 알아내기에 알맞도록 수정해서 간편하게 측정한 값들을 사용하였다. 또한 이 예에서는 $E \rightarrow P$ 기대, $P \rightarrow O$ 기대, 그리고 성과의 유인가 각 요소별로 중요한 내용을 포함하기는 했지만 중요한 내용들이 모두 측정되지 못한 점에도 유의할 필요가 있다. 그러므로 연구에 따라서 중요한 요소들을 가려내어서 학업동기를 측정할 때 사용하기 바란다.

노력 → 수행기대의 측정: $E \rightarrow P$ 기대를 측정하는 예를 제시하면 다음과 같다. 당신이 현재 수강하고 있는 동기심리 강좌에서 다음과 같은 경우가 생길 가능성은 얼마나 된다고 생각합니까?

[표 7-3] $E \rightarrow P$ 기대 측정의 예

	전혀 불가능		다소 가능		대체로 가능		항상 가능
① 공부에 열심히 노력하면 높은 성적을 올릴 수 있는가?	(1)	(2)	(3)	(4)	(5)	(6)	(7)
② 열심히 공부하면 바라는 성적을 받을 수 있는가?	(1)	(2)	(3)	(4)	(5)	(6)	(7)
③ 열심히 노력하면 우수한 성적을 기대할 수 있는가?	(1)	(2)	(3)	(4)	(5)	(6)	(7)

유인가의 측정: 사람마다 동기심리를 공부하여 좋은 성적을 얻게 되었을 때 기대하는 내용이 서로 다를 수 있습니다. 당신이 생각하기에 다음 사항들이 각각 얼마나 중요합니까?

[표 7-4] 여러 성과들이 지니는 유인가 측정의 예

	다소 중요			상당히 중요			극히 중요
① 자존심을 충족시키는 성적을 얻게 된다	(1)	(2)	(3)	(4)	(5)	(6)	(7)
② 자신의 능력을 개발한다	(1)	(2)	(3)	(4)	(5)	(6)	(7)
③ F학점을 받지 않아 졸업에 도움이 된다	(1)	(2)	(3)	(4)	(5)	(6)	(7)
④ 새로운 심리학 지식을 배울 기회가 된다	(1)	(2)	(3)	(4)	(5)	(6)	(7)
⑤ 현재나 장래 사회생활에서 활용할 수 있다	(1)	(2)	(3)	(4)	(5)	(6)	(7)
⑥ 장학금을 받는다	(1)	(2)	(3)	(4)	(5)	(6)	(7)
⑦ 부모와 가족들이 나의 능력을 인정한다	(1)	(2)	(3)	(4)	(5)	(6)	(7)
⑧ 학과친구들로부터 존경을 받게 된다	(1)	(2)	(3)	(4)	(5)	(6)	(7)
⑨ 교수로부터 실력을 인정받는다	(1)	(2)	(3)	(4)	(5)	(6)	(7)
⑩ 장차 졸업 후 취업이나 대학원 진학 등 진로에 도움이 된다	(1)	(2)	(3)	(4)	(5)	(6)	(7)

수행→성과 도구성 측정: 당신이 동기심리 과목에서 우수한 성적을 받게 되면 다음 사항들이 일어날 가능성은 각각 얼마나 된다고 생각합니까?

[표 7-5] $P \rightarrow O$ 기대 측정의 예

	전혀 일어나지 않는다		약간 일어날 것 같다		상당히 일어날 것 같다		틀림없이 일어날 것이다
① 자존심을 충족시키는 성적을 얻게 된다	(1)	(2)	(3)	(4)	(5)	(6)	(7)
② 자신의 능력을 개발한다	(1)	(2)	(3)	(4)	(5)	(6)	(7)
③ F학점을 받지 않아 졸업에 도움이 된다	(1)	(2)	(3)	(4)	(5)	(6)	(7)
④ 새로운 심리학 지식을 배울 기회가 된다	(1)	(2)	(3)	(4)	(5)	(6)	(7)
⑤ 현재나 장래 사회생활에서 활용할 수 있다	(1)	(2)	(3)	(4)	(5)	(6)	(7)
⑥ 장학금을 받는다	(1)	(2)	(3)	(4)	(5)	(6)	(7)
⑦ 부모와 가족들이 나의 능력을 인정한다	(1)	(2)	(3)	(4)	(5)	(6)	(7)
⑧ 학과친구들로부터 존경을 받게 된다	(1)	(2)	(3)	(4)	(5)	(6)	(7)
⑨ 교수로부터 실력을 인정받는다	(1)	(2)	(3)	(4)	(5)	(6)	(7)
⑩ 장차 졸업 후 취업이나 대학원 진학 등 진로에 도움이 된다	(1)	(2)	(3)	(4)	(5)	(6)	(7)

동기측정치의 계산방법: 기대모형에 의하여 개인의 학업동기 수준은 다음 공식으로 계산한다.

$$M = \Sigma[(E \rightarrow P) \times \Sigma\{(P \rightarrow O) \cdot (V)\}]$$

그런데 $E \rightarrow P$ 기대치가 하나의 값으로 측정된 경우에는 Vroom의 주장대로

$$(E \rightarrow P) \times \Sigma[(P \rightarrow O) \cdot (V)]$$

가 된다. 따라서 이 공식에 의해서 개인의 학업동기 수준을 측정하는 절차를 적

으면 다음과 같다.

먼저 $\Sigma(P \to O) \cdot (V)$를 계산하기 위해서 $P \to O$ 기대를 측정하는 한 문항에 반응한 값과 동일한 문항으로 유인가를 측정한 값을 곱한다. 이와 같이 n번째 문항까지 $P \to O$ 기대와 유인가를 곱한 값을 각각 얻은 다음에, 이 득점들을 모두 더한다. 그 다음에 하나의 $E \to P$ 기대치를 계산하기 위해서 $E \to P$ 문항들의 득점을 모두 더한 후 문항수로 나누어서 평균을 구한다. 최종적으로($E \to P$)의 평균값과 아울러 값을 얻어서 이 두 값들을 곱하면 당신의 학업동기 측정치가 된다. 당신이 현재 동기심리에서 어느 정도 공부에 열중하고 있는지 학업동기 수준을 측정할 수 있다. 먼저 앞의 [표 7-3], [표 7-4], 그리고 [표 7-5]에 따라서 당신이 동기심리 강좌에서 경험한대로 반응해 보시오. 그 다음에 이 계산방법에 따라서 학업동기 예측치를 산출해 보시오. 만약 당신이 현재 수강하고 있는 다른 과목들에 비해서 동기심리에 대한 학업동기가 어느 정도인지 알아보려면 이와 같은 방식으로 다른 과목들에서 학업동기 수준을 측정하여 비교하면 된다. 다른 두 과목들을 선정하여 학업동기 수준을 각각 측정하고 각 과목에 대한 학업동기 수준을 비교해 보면 이 이론이 어느 정도 타당성이 있는지 스스로 평가할 수 있다.

이와 같이 계산한 개인의 학업동기 측정치는 다음과 같은 경우에 큰 값을 지니게 된다.

① 활동에 의해서 좋은 성과를 얻을 수 있다고 확신할 때($P \to O$ 기대치가 클 때)

② 활동의 결과를 통해서 얻을 수 있는 성과들이 자신에게 매우 중요하여 긍정적 가치를 지닌다고 믿을 때(유인가가 클 때)

③ 자신의 활동을 통해서 좋은 성과와 연결되어 있는 행동을 달성할 수 있다고 확신할 때($E \to P$ 기대치가 클 때)

이와 같이 기대×가치이론의 예언 방향은 간단하다. 이 방법으로 동기를 측정하게 되면 개인의 학습동기 수준에 영향을 미치는 요인들을 진단할 수 있고, 현재 개인의 학습동기 수준을 높이는 데 기여하거나 장애가 되는 요인들을 알아낼 수도 있다. 또한 장차 각 요인의 값이 높아지도록 대책을 세워서 학습동기를 높이는 방향으로 변화계획을 마련할 수도 있다. 다시 말하자면 진단의 대상이 되는 사람들이 보기에 동기를 높이는 데 중요하다고 보는 기대, 성과들 그리고 도구성의 요소들을 알아낼 수 있으므로 이 요소들을 개선하도록 계획을 마련할 수 있다.

기대×유인가이론의 평가

이 이론이 지배적 영향력을 지녔던 1970년대에 비해서 이 이론에 관한 연구들이 최근 현저하게 줄었다. 그러나 Porter와 Lawler에 의해서 수정된 이론은 산업 및 조직심리학 분야에서 현재도 중요한 작업동기이론 가운데 하나로 간주된다. 또한 이 이론처럼 실증연구들을 통해서 지지하는 결과를 일관성 있게 보고한 이론도 많지 않다(Muchinsky, 1993, 343쪽). 이 이론을 다룬 연구들로부터 다음과 같은 결과와 아울러 몇 가지 한계점이 제시되었다.

(1) 1970년대까지 기대×유인가이론을 다룬 35개 현장조사의 논문을 분석한 결과를 보면 노력 평정치를 동기 측정치로 썼을 때 이 동기 측정치와 이론모형으로 계산하여 얻은 예언치의 최고 상관계수는 r=.30 정도였고, 상관계수들 가운데 가장 자주 보고된 최빈치는 r=.25 정도였다(Campbell & Prichard, 1976). 노력을 객관적으로 평정하지 않고 자기평정하도록 했을 때는 이보다 상관이 다소 높았다. 이 결과는 비록 이 모형을 지지하는 결과가 얻어지기는 했지만 상관이 크게 높지 않음을 의미한다. 그러나 뒤에서 보는 바와 같이 최근에는 이 모형으로 동기를 측정하는 기법이 개선되어서 이보다 높은 상관계수들이 보고되고 있다.

(2) Vroom의 기대×유인가이론은 원래 개인이 선택할 수 있는 여러 동기 수준들 가운데 하나의 노력 수준이 선택되는 과정을 합리적으로 설명하기 때문에 이른바 피험자내 설계(within-subject design)의 이론으로 제안되었다. 다시 말해서 직무를 수행하는 개인이 어느 정도의 노력을 쏟을지 선택하는 과정을 다룬다. 그러나 이 이론을 다룬 연구들은 대부분 여러 사람들이 동기 수준에서 보이는 차이를 다루는 피험자간 설계(between-subject design)로 이루어졌다.

실증연구의 결과들을 보면 Vroom이 제안한 대로 피험자내 설계로 다루었을 때는, 피험자간 설계로 다루었을 때보다, 기대, 유인가, 도구성 측정치의 신뢰도가 높았다. 또한 이 피험자내 설계 모형을 실제로 동기 측정치에 적용했을 때 예측력도 좋아서 높은 상관을 보인다(Muchinsky, 1993, 341쪽). 최근까지 피험자간 설계를 사용한 연구들을 보면 이 모형의 타당도는 r=.30~.40의 상관계수를 보였으나 피험자내 설계일 때는 r=.50~.60의 더 높은 상관계수를 보였다. 이 결과는 피험자내 설계모형의 타당성이 더 높음을 의미한다.

(3) 국내에서도 이 모형을 적용한 연구들이 몇 편 보고된 바 있다. 유인가 모형을 사용하여 조사방법으로 피험자간 설계로 전자산업 생산직 근로자들의 동기를 예측한 연구에서 이 모형으로 측정한 동기의 값이 주관적으로 평정한 만족의 측정치와 r=.32의 유의한 상관을 보였다(한덕웅, 1980, 미발표). 또한 이 이론의 유인가모형으로 피험자간 설계를 사용하여 교사들의 직무만족 수준을 예언했을 때 r=.33의 유의한 상관을 얻었다(김락배, 1981). 이 결과들은 미국에서 피험자간 설계로 얻은 r=.30~.40보다 다소 낮은 결과이다(Prichard & Sanders, 1973). 또한 Vroom의 유인가 모형에 따라서 피험자내 설계로 대학생들의 직업 선호도를 예측했을 때 실제로 선호도가 가장 높은 직업을 예측한 적중률은 74.64%로서 유의하였다(김준곤, 1978).

(4) 이 이론을 다룬 국내 한 실험에서는 기대모형의 기대, 도구성 및 유인가 요소들이 노력평정치에 각각 유의한 영향을 미친다고 보고한 바 있다. 이 실험에서 기대모형의 예언치와 자기노력의 평정치간에 r=.47의 유의한 상관을 얻었다(채문석, 1983). 이 유인가 모형과 관련된 연구 가운데 기업, 은행 및 학교 근로자로서 작업동기가 높은 사람의 경우에는 모형에 의한 동기의 측정치들이 정책과 관리(r=.315), 직무 자체(r=.248), 감독자 요인(r=.249), 작업조건(r=.161), 임금(r=.157)에 대한 만족수준들과 각각 유의한 정적 상관을 보였다고 보고되기도 했다(김덕환, 1984).

(5) 한편 기대이론에서 기대, 유인가 및 도구성을 곱한 모형을 제시했는데 이에 관해서 서로 다른 견해가 제시되었다. Mitchell(1974)은 VIE 세 요소를 곱한 계산법으로 얻은 예언치가 세 요소의 측정치들을 더한 값보다 실제로 동기를 측정한 값을 예언하는 데 다소 좋은 예언력을 지닌다고 보았다. 그러나 국내외에서 이와 다른 연구 결과가 보도되기도 했다. 저자(한덕웅, 1980, 미발표)의 자료에서는 VI값이나 VIE값이 모두 동기 수준을 유의하게 예측했으나 VI값만을 사용했을 때에 비해서 E값을 더 곱한 VIE값에 의해서 동기 수준을 예측하더라도 상관이 더 높아지지는 않았다.

(6) 기대이론은 인간이 합리적으로 사고하며 이를 토대로 행동한다고 가정한다. 그러므로 이 이론에서는 인간이 장차 자신의 행동이 초래할 결과를 체계적으로 추론하여 자신의 소득을 극대화하려 한다고 주장한다. 다시 말해서 인간은 노력을 통해서 자신이 바라고 있는 성과들을 얻을 수 있다고 판단하는 대안을 선택

하여 노력한다고 주장한다. 또한 인간이 자신이 바라는 행동을 자유스럽게 선택한다고 가정한다. 그러나 기대이론을 비판하는 학자들은 인간의 합리적 사고능력에 한계가 있어서 합리적 선택이 이루어지는 조건은 한정된다고 지적한다. 최근에는 인간이 항상 합리적 과정으로 체계있게 추론하지도 않으며 간편한 추론과정에 따라서 불합리한 대안을 선택하는 경우도 있음을 알아내었다. 또한 조직에서 보는대로 환경의 영향 때문에 개인이 행동을 선택하는 데 제약을 받으므로 이 이론을 적용하는 데 제한이 따른다고 주장한다.

(7) 기대×유인가이론은 1960년대에 제안된 이후 가장 오랫동안 작업동기 연구를 자극하고 꾸준히 연구된 이론이라고 말할 수 있다. 최근에도 이 이론은 작업동기이론뿐만 아니라 의사결정과정과 관련해서 자주 연구된다. 특히 기대×유인가이론은 다른 이론들과 통합을 시도하는 여러 연구들에서 가장 자주 활용된다. 예를 들면 목표설정이론이나 제어이론 등에서 목표설정에 대한 몰입 수준이나 제어과정의 몰입을 설명하는 데 기대×유인가이론이 가장 자주 활용되고 있다. 이에 관해서는 이 이론들을 다룰 때 살펴보기로 한다.

제8장
목표설정이론

개 관

사람이 어떤 목표를 설정하는가에 따라서 행동의도나 행동이 달라진다는 연구 결과들이 많다. Locke(1968, 1970, Locke & Latham, 1990)에 의해서 제안된 목표설정이론(goal-setting theory)은 최근까지 특히 작업동기 영역에서 가장 자주 연구되는 이론들 가운데 하나이다. 이 이론에서는 다른 동물과 달리 인간의 경우에는 목적을 지니고 행동하기 때문에 대부분의 인간 행동이 목표(goal)와 의도(intention)에 의해서 결정된다고 가정한다. 그러므로 개인이 의도적으로 설정한 목표의 난이도 수준에 따라서 동기 수준이 달라진다고 주장한다.

이 관점에서 제안된 이 이론의 기본 가설을 정리하면 다음과 같다: 높고 구체적인 목표를 설정할수록, 목표가 없거나, 낮거나, 최선을 다하라는 식의 애매한 목표를 설정할 때보다, 동기는 높아진다. 목표설정이론의 기본 가설은 이처럼 매우 간결하고 명료하다. 높고 구체적인 목표는 일정한 과제의 수행에서 도달해야 될 높은 수준의 양적 목표라고 정의할 수 있다. 예를 들어서 한 과제에서 목표설정 이전에 100개의 수행을 보인 사람에게 130개로 130% 수행 목표를 배당하면 110%의 목표보다 높은 조건이 되므로 동기가 높아지게 된다.

이 이론에서는 목표를 개인이 달성하려고 시도하는 목적이라고 정의한다. 이 개념 정의에 따르면 목표란 목적과 의도(Locke, 1969)라는 개념과 의미가 유사하다. 그렇다면 목표가 무엇이며, 어떤 심리학적 기능을 지녀서 높은 목표를 설정하게 되면 동기가 높아지는가? 높고 구체적 목표가 설정될 때 동기나 수행이 높아지는 심리학적 기제는 다음 네 측면에서 설명된다. 첫째, 목표를 설정하게 되면 주의해야 할 대상과 활동의 방향을 결정짓게 된다. 둘째, 목표를 설정하게 되면 에너지를 쓰도록 하거나 노력을 동원하게 만든다. 셋째, 목표를 설정하게 되면 시간적으로 오랜 동안 노력을 계속 투입하도록 한다. 넷째, 목표를 설정하게 되면 목표를 설정한 사람으로 하여금 목표달성을 위해서 사용할 수 있는 적절한 인지전략을 강구하도록 동기를 유발한다. 목표설정이 이 네 기제들을 지니기 때문에 과제를 수행하는 사람이 지니는 능력 등 다른 조건이 동일하다면, 높은 목표를 설정할수록 목표가 낮을 때보다 동기가 높아지게 된다.

동기이론들이 발전된 역사의 흐름으로 보면 목표설정에 관한 학문 연구는 인지접근에 포함된다. 역사적으로는 Lewin을 거쳐서 Wurzburg학파까지 거슬러 올라갈 수 있다(Locke et al., 1981, 125쪽). 그 후 Lewin(1935, 1938)을 거쳐서 Miller, Galanter, Pribram(1960)에 이어진다. Locke의 목표설정이론은 특히 Cornell대학의 Ryan(1970)의 연구에서 학문의 기반을 찾을 수 있다. 목표설정이론이 여러 학자들 가운데 특히 Lewin(1935, 1938)의 이론으로부터 큰 영향을 받았다는 점은 앞에서 언급한 바가 있다. Lewin은 포부수준(抱負水準, level of aspiration)의 결정요인을 연구하여 이 연구가 후에 Locke(1966)의 이론에 영향을 미치게 되었다. Lewin과 Locke는 모두 목표설정과 수행(遂行)의 관계를 주로 실험실 연구를 통하여 밝히려고 하였지만, 이 두 학자의 연구를 비교하면 서로 다른 차이가 발견된다. Lewin은 목표설정에 해당하는 포부수준의 결정요인에 관해서 관심을 지녀서 목표설정을 종속변인으로 다루었다. 그러나 이와 달리 Locke는 일정한 수준으로 목표를 설정했을 때 이에 따라서 동기와 수행에 어떤 결과가 초래되는지 알아내려고 하였다. 그러므로 독립변인으로 목표설정이 동기에 미치는 영향을 연구했다.

목표설정이론을 대변하는 학자들 가운데 Locke 등(1981)은 동기이론이 행동을 효과적으로 설명하려면 일반화된 동기이론을 벗어나서 적용의 범위가 좁고 한정된 행동을 설명하는 동기이론으로 대치되어야 한다고 주장한다. 그의 목표설정이론도 목표라는 특수한 요인이 동기에 미치는 효과를 설명하기 위해서 제안한 이론이다.

Locke와 공동연구자들(1981)은 학문 연구와 실무라는 두 측면이 합치되는 곳에 위치하는 목표설정의 관점이 Locke(1968), Latham과 Yukl(1975) 등의 견해라고 판단한다. Locke의 주장에 따르면 목표설정 현상을 설명하는 데 기여할 수 있는 이론의 기반이 넓기 때문에 사회학습이론(社會學習理論, Bandura, 1977)의 중요한 요소들뿐만 아니라 조직행동수정(組織行動修正, Luthans & Kreitner, 1975) 역시 대체로 목표설정이론의 배경에서 설명할 수 있다고 본다(Locke, 1977). 그는 이 관점에서 이 이론들에서 중요한 요소들을 추출하여 목표설정 이론에 도입했다.

Locke(1966)의 초기 연구에서는 성취행동의 의도 수준이 실제로 이루어진 수행의 성취 수준과 어떤 관계가 있는지 해명하려고 하였다. 그는 성취행동의 의도 수준이 높을수록 수행의 수준도 높아지게 된다고 가정하였다. 이 가정에 근거를 두고 목표설정이론의 기본 가설을 제안하였다. 이 가설에서는 사람이 구체적 목표나 또는 수행의 기준을 지니고 수행하면 구체적 목표가 없는 경우보다 수행의 효과가 좋다고 예언한다(Locke, 1966).

그는 또한 수행에 관련된 이 가설 이외에 모호한 목표에 비해서 구체적 목표를 설정하면 과제에 대한 흥미도 높아진다고 주장했다. 이 가설에서는 확실한 목표를 설정하면 최선을 다하라는 등으로 추상적 목표를 설정했을 때보다 과제에 대해서 높은 흥미도 유발한다고 예언한다(Locke & Bryan, 1967, 121쪽). 그러므로 비록 달성하기 어렵지만 구체적 목표가 설정되어 있는 과제에서는 과제의 수행에 따르는 싫증이 적게 된다고 보았다.

이 장에서는 Locke의 목표설정 이론의 내용, 연구경향 및 과제 등을 다루고, 끝으로 이 장의 결론과 평가를 다루기로 한다.

Locke(1968, 1970, 1981)의 목표설정이론

초기 목표설정이론

Locke(1968, 1969; Locke, Bryan, & Kendall, 1968)는 목표설정을 기반으로 과제수행의 동기를 설명하는 초기 동기모형을 제안한 바가 있다. Locke와 동료 학자들은 인간이 목표를 설정하고 의도적으로 행동하는 과정이 동기에 중대한 영향을 미친다고 주장한다. 따라서 이들은 개인의 동기에서 의도적이며 의식적 활동의 중요성을 강조하는 점에서 외부환경의 영향이나 무의식 과정을 강조하는 다른 동기이론들과 구별되는 독특한 측면을 지닌다.

이 이론의 기반이 되는 핵심 요소들은 다음과 같이 요약할 수 있다:

(1) 과제수행의 동기에 가장 직접적으로 영향을 미치는 요인은 개인의 목표(目標, goal) 혹은 의도(意圖, intention)이다. 따라서 높은 수준의 목표를 설정하게 되면 과제수행의 동기도 높아진다.

(2) 외부의 유인자극이 행동에 영향을 미치는 이유도 목표설정 과정에 영향을 미쳐서 결과적으로 목표 수준이 높아져 동기가 달라지기 때문이라고 설명한다. 다시 말해서 유인자극이 행동에 직접 영향을 미치지 않고 개인의 목표와 의도에 영향을 미치는 매개과정을 통해서 동기와 행동에 간접으로 영향을 미친다고 본다.

(3) 과제를 수행한 다음 만족과 같은 감정반응들은 평가의 결과로 초래된다. 그런데 이 평가는 현재 당면한 실제 상황의 지각과 개인이 지니는 가치 혹은 가치 기준의 관계를 추정해서 이루어진다. 다시 말해서 가치 기준과 실제 상황이 가까울수록 만족이 높다.

이상에서 설명한 목표설정모형의 골자는 다음 [그림 8-1]로 나타낼 수 있다.

이 [그림 8-1]은 Locke, Cartledge 및 Knerr(1970)가 이보다 앞서 제안했던 목표설정이론(1968)을 보완해서 목표설정이 행동에 영향을 미치는 과정을 그림으로 정리한데 따랐다. Locke(1970)도 이 그림이 목표설정과 과제수행에 관련되는 모든 요인들이나 과정들을 포함하지 못하고 중요한 과정만 나타낸 개요모형이라고 보고 있다. 이 가운데 중요한 요소들이 지니는 특징점을 각각 설명하면 다음과 같다:

① **인지**(認知, cognition): Locke(1968, 1970)에 의하면 인간은 생존하기 위해서 행동해야만 하는데, 행동하려면 자신이 당면한 세계를 알아야 한다. 이 때 인간은 지각과 이성을 사용해서 현재 상황에서 존재하는 사물들의 성질에 관해서 지식을 얻게 된다. 이 모형에서는 인간의 인지가 얼마나 타당성이 있는지는 문제삼지 않는다. 다만 인간은 자신이 당면하고 있는 과제와 아울러 상황의 해석을 토대로 행동한다고 가정한다.

② **평가**(評價, evaluation): 인간은 자신의 욕구를 충족시키려는 행동이 효과적이면 생존할 수 있고 그렇지 못하면 생존할 수 없으므로 욕구충족에 따라서 생존이 좌우된다. 생존하기 위해서는 자신이 지각하는 사물들의 의미를 판단해야 한다. 그뿐만 아니라 인간은 행동할 수 있는 잠재적 능력에 한계가 있기 때문에 선택이 가능한 행동과정들 중에서 선별하는 수단이 필요하다. 따라서 인간은 선택

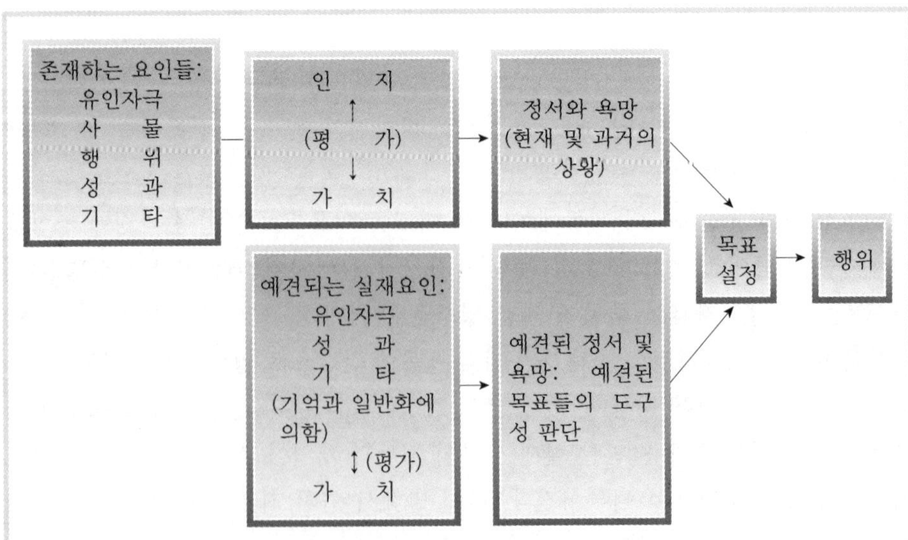

[그림 8-1] Locke의 목표설정이론의 기본 과정(Locke, 1970, 153쪽)

하기 위해서도 가치판단을 해야 한다. 인간은 생활하기 위해서 명시적이거나 혹은 암묵적으로 가치를 선택하여 받아들이는 가치체계를 지닌다. 이 가치체계는 옳음과 그름을 판단하는 기준들의 집합을 말한다.

여기서 말하는 가치란 인간이 획득하거나 혹은 유지시키기 위해서 행동하는 대상이 지니는 중요도를 말한다. 이 가치가 평가과정에서 중요한 이유는 인간이 어떤 평가를 할 때 자신이 지각한 내용과 가치 기준의 관계를 의식하기도 전에 자동과정에 따라서 전의식적으로 추정하기 때문이다. 이처럼 인간은 주위에 실재하는 사물, 상황, 유인자극 혹은 사람들이 자신의 가치 기준으로 볼 때 자신에게 도움이 되는지 적대관계에 있는지 추정하게 된다. 인간이 가치 판단을 경험하는 과정은 인간의 기본 정서인 환희나 고통과 같은 정서 형태로 나타낼 수 있다.

③ **활동조절**(活動調節, regulation of action): Locke와 동료학자들(1968)은 인간 행동은 대부분 목적이 있기 때문에 목표와 의도에 의해서 행위가 조절된다고 주장한다. 정신적 및 신체적 활동에서 목표가 미치는 가장 기본 효과는 활동 방향의 설정에 있다. 즉, 목표는 하나의 목적으로 인간의 사고와 행동을 이끌어가는 기능을 지닌다. 어떤 목표를 추구하려면 일정한 방향으로 활동하려고 에너지의 소비를 효과 있게 조절함으로써 목표에 대해서 정신적으로 집중하고 신체적으로 노력을 더 쏟도록 한다.

최근에 수정된 목표설정이론

Locke가 수정한 목표설정이론에서는 목표설정 이외에 독립된 구성개념들로서 환류, 참여, 유인, 자기효능성 및 만족 등과 연결을 시도한다(Latham & Locke, 1991). Locke와 Latham(1990, 250~268쪽)은 높고 구체적 목표를 설정한 후에 이 목표를 달성하기 위하여 활동하는 과정에서 영향을 미치는 이 요인들과 아울러 과제를 수행한 다음에 다시 목표의 설정이나 만족에 영향을 미치는 경로를 종합하여 이론을 제시한 바가 있다.

[그림 8-2]에 제시된 이 모형은 높은 목표에 의하여 높은 수행이 나타나게 되는 과정을 설명하기 위하여 제시되었다. 이 그림 가운데 목표설정이론에서 가장 중요하게 보는 핵심요인은 높고 구체적인 목표이다. 앞에서 설명한 바와 같이 이 이론에서 높은 수행에 가장 직접 영향을 미치는 요인은 높은 구체적 목표이다.

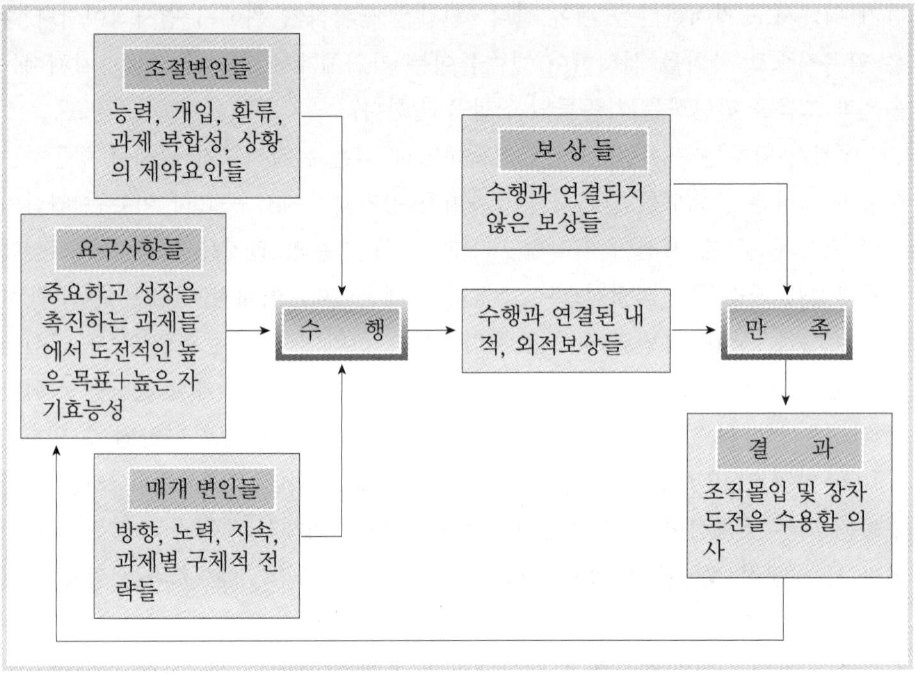

[그림 8-2] 높은 목표설정과 수행의 순환과정(Locke & Latham, 1990, 253쪽)

만약 자신이 중요하다고 가치를 부여하고 자기성장을 촉진하는 과제에서는 높은 목표를 설정하게 되면 높은 수행에 더 큰 영향을 미칠 수 있다. [그림 8-2]에 제시되어 있는 이 모형에 따라서 높고 구체적인 목표와 아울러 다른 조절요인들(moderating variables)이나 매개요인들(mediating variables)이 작용하는 과정을 설명하기로 한다. 또한 각 변인들을 설명하면서 목표설정이론을 다룬 실증연구의 결과들을 함께 살펴보기로 한다.

목표설정이론에 관한 국내외 실증연구

목표의 난이도: 목표설정이론의 기본 가설로 보면 목표의 난도가 높을수록 수행이 높아진다. 즉, 목표의 난도와 수행 수준은 정적 일차함수 관계를 지닌다. Locke(1991)의 보고에 따르면 이 기본 가설은 40,000여명의 피험자를 대상으로 이

루어진 400여 편의 실험과 현장연구를 통해서 지지되었다. 그는 목표설정 효과를 다룬 연구들 가운데 91%가 이 기본 가설을 지지한다고 해석했다. 또한 이 가설은 여러 문화권에서 다양한 수행 과제와 다양한 피험자를 대상으로 이루어졌기 때문에 이 연구 결과가 일반성이 있다고 주장한다. 높은 목표의 설정에 따른 수행의 증진 효과는 목표가 없거나 최선을 다하라는 막연한 목표가 설정된 조건과 비교했을 때도 일관되게 나타났다. 국내에서도 목표설정을 다룬 연구들에서 목표수준이 높을수록 수행이 높아진다는 결과들이 보고되었다(한덕웅, 1984b, 1985; 강현구, 1986; 김정남, 1986, 1993; 강혜원, 1994).

자기효능성: 자기효능성을 선행변인들 가운데 요구사항에 포함시킨 이유는 이 요인이 수행에 직접 영향을 미친다는 연구 결과들이 많았기 때문이다(Bandura, 1982). 이 요인은 Bandura의 이론에서 채택되었는데 Locke의 초기 이론에서는 없었다. Locke의 수정이론에서도 원래는 자기효능성이 높은 목표를 설정하도록 목표개입 수준을 높이는 경로를 통해서 수행에 간접으로 영향을 미친다고 가정되었다(Locke et al., 1990, 255쪽). 그러나 최종 수정이론에서는 자기효능성이 직접 경로로도 수행에 영향을 미친다고 보았다. 그러므로 자기효능성은 이 간접경로와 직접경로를 모두 지닌다고 볼 수 있다. 높고 구체적 목표를 설정함으로써 초래되는 심리기제들은 매개변인들로서 설명된다. 다시 말해서 목표는 동기의 세 기본 속성대로 과제수행을 지향하고, 노력을 경주하고, 지속적으로 활동하며 그 외에도 과제별로 구체적 수행전략을 개발하는 매개기능도 지니게 된다.

목표설정이 수행에 미치는 영향을 조절하는 변인들

(1) **능력변인**: 높은 목표가 수행에 미치는 영향을 촉진하거나 저해하는 중요한 변인들은 조절변인들로서 설명된다. 이 조절변인들 가운데 능력(ability)은 예전부터 여러 이론에서 동기와 함께 수행을 결정짓는 가장 중요한 요인으로 간주되었다. 그러므로 높은 목표 조건에서 능력이 높은 개인의 경우에는 능력이 수행을 높이는 촉진요인으로 작용한다. 반면에 능력이 매우 낮은 경우에는 높은 목표를 설정한 경우에도 수행을 높이는 데 큰 영향을 미치지 못하거나 오히려 저해요인으로 작용할 수 있다. 실제로 목표가 높더라도 능력의 한계를 넘어서면 수행이 저하되어서 능력이 낮은 경우 수행이 저하된다는 곡선함수관계가 보고된 바 있다(Locke, Frederick, Lee, & Bobko, 1984). 국내에서 이루어진 한덕웅(1985)의 실험연구에서도 능력이 중간이거나 높은 사람들과 달리 능력이 낮은 사람들의 경우

에 목표가 높을수록 오답이 높아져서 수행의 질을 저하시켰다. 이 결과들은 능력이 낮은 사람들에게는 높고 구체적인 목표의 설정을 적용하는 데 한계가 있음을 시사한다.

(2) **목표개입**: 높은 목표의 설정이 수행에 영향을 미칠 때 조절변인으로 작용한다고 가정한 두 번째 요인은 목표에 대한 개입(介入, commitment) 수준이다. 높은 목표의 설정에 의해서 높은 수행이 나타나려면 최소한의 목표개입 수준을 가정하여야 한다. 만약 목표의 난도가 높아진 데 대한 반응으로 과제를 수행하는 사람이 목표에 대한 관심이 떨어져서 목표개입 수준을 낮추게 되면 수행이 낮아지는 결과가 나타나기도 한다(Erez & Zidon, 1984). 목표개입에 영향을 미치는 요인들은 다양하다. 목표개입에 영향을 미치는 요인들의 영향과정을 설명할 때 Locke 등(1990, 257쪽)은 기대이론(期待理論, expectancy theory)을 도입하여 목표개입을 설명하는 데 적용할 수 있다고 본다.

기대이론을 적용하면 목표에 대한 개입 수준에 영향을 미치는 요소들은 다음 세 가지가 된다: 노력에 의해서 목표에 도달할 확률에 대한 주관적 지각으로 정의되는 기대, 유인가 그리고 수행 후 유인을 얻을 확률로 정의되는 도구성(道具性, instrumentality)이 각각 높으면 개입수준은 높아진다. 기대이론에서는 유인가와 도구성이 일정한 조건이라면 기대에 따라서 수행수준이 정적 일차함수 관계로 달라진다고 주장한다. 따라서 기대와 수행의 관계에 대해서 두 이론은 상반된 가설을 제안한다. 다시 말해서 기대이론에서는 과제를 수행하여 일정한 목표에 도달할 수 있다는 기대가 높을수록 동기와 수행이 높아진다고 주장한다.

반면에 목표설정에서는 목표의 난도가 높아서 목표에 도달할 수 있다는 기대가 오히려 낮은 조건에서 이 목표를 달성하려는 동기가 높아지기 때문에 결국 수행도 좋아진다고 본다. 두 이론들에서 제안한 이 상반된 가설에 대한 해결 방안의 하나로 Locke 등(1990, 256쪽)은 일정한 목표수준을 설정함으로써 모든 피험자들이 이 목표수준으로 말미암아 동일하게 기대 준거를 지니는 조건에서만 개인이 지니는 기대 수준에 따라서 수행이 달라진다고 제안했다. 그리고 Locke는 높은 목표와 낮은 기대를 지니게 되면, 낮은 목표와 높은 기대를 지닌 조건보다, 높은 수행을 보인다고 주장했다. Locke는 Garland(1982)의 연구를 자신의 예언들을 지지하는 결과라고 해석했다.

국내에서도 목표수준과 기대수준을 별도로 독립되게 조작하여 Locke의 주장 가운데 일부를 지지하는 실험연구의 결과가 한덕웅(1984b)에 의해서 보고되었다. 개인의 사전 수행에 비해서 130%의 높은 목표가 설정된 조건에서 목표에 도달할 수 있는 확률이 10%라고 알려줌으로써 기대를 낮게 조작했을 때, 기대가 90%라고 조작했을 때보다, 수행의 증가가 유의하게 높았다. 다시 말해서 높은 목표를 설정한 조건에서 기대가 낮으면 수행이 높아서 목표설정이론이 일부 지지되었다. 그러나 110%나 90%의 낮은 목표설정 조건에서는 기대 수준에 따라서 수행의 증가량에서 유의한 차이가 없었다. 이 연구에서 목표와 기대의 주효과만을 분석한 결과를 보면, 기대에 따른 주효과는 유의하지 않았으나, 목표수준이 높을수록 수행이 유의하게 증가하였다.

(3) **금전보상**: 한편, Locke는 목표에 도달하는 수행이 이루어진 후에 제공되는 금전보상 등 유인이 큰 경우거나 목표달성 후 보상받을 확률이 높다고 지각하면, 높은 목표에 대한 개입수준을 높여 주기 때문에, 높은 목표개입 수준을 매개하여 간접경로를 통해서 수행이 높아진다고 설명한다. 국내에서 한덕웅(1984b)은 목표설정 조건에서 보상획득의 확률인 도구성이 수행에 미치는 효과를 다룬 바 있다. 이 실험에서는 90%, 110% 및 130%의 목표설정 조건들에서 보상을 획득할 수 있는 도구성을 각각 10%, 50%, 90%로 조작하였다. 이 연구의 결과를 보면 목표가 높아질수록 수행이 증가한다는 가설이 반복해서 지지되었다.

또한 보상기대인 도구성에 따라서도 유의한 차이가 발견되었는데, 50%의 확률로 보상받은 조건에 비해서 10%의 낮은 도구성 조건에서 오히려 수행증가가 높았다. 이 결과는 목표 난도가 함께 설정된 조건에서 기대이론의 가설이 지지되지 않았음을 시사한다. 그러나 이 실험에서는 Locke가 주장한 바와 상반되게, 높은 목표 조건에서 도구성이 낮게 조작되면, 낮은 목표에서 도구성이 높게 조작된 조건과 비교해서, 수행의 증가량이 유의하게 높았다. 이 결과는 도구성이 목표개입의 수준을 높임으로써 수행을 높인다는 Locke의 가설을 지지하지 않는다.

(4) **타인이 배정하여 설정한 목표**: Locke의 주장에 따르면 실험자나 혹은 조직에서 권위있는 인물처럼 규범적 요소와 도구적 요소를 모두 지닌 사람들이 개인이 수행할 과제의 목표를 설정해 주게 되면 이 요인들이 목표개입에 큰 영향을 미친다. 특히 합법적 세력을 지닌 인물이 목표의 개입에 좋은 방향으로 영향을 미치는 사실은 목표설정 연구에서 거듭 확인되었다. 그러므로 Locke는 권위있는 인물에 의해서 높은 목표가 배당된 경우에도 목표개입을 높여서 수행수준을 높

일 수 있다고 본다.

(5) **목표설정 과정의 참여**: 목표개입을 높이는 다른 중요한 요인으로 목표설정 과정의 참여를 들 수 있다. 실제로 장차 개인이 수행할 과제에서 목표를 설정하는 과정에 참여하면 개입수준을 높임으로써 배당된 목표설정 조건보다 수행이 높았다는 연구 결과도 있다(Erez, Earley, & Hulin, 1985; Erez, 1986; Erez & Arad, 1986). 국내에서도 참여도가 높은 목표설정 방식을 도입했을 때 참여도가 낮을 때보다 수행이 높다는 결과가 보고되었다(김정남, 1985, 1993). 이 연구에서는 목표설정 과정에 참여하게 되면 내적동기가 높다는 결과도 보고되었다. 그러나 참여적 목표설정 방식이 권위 있는 인물에 의해서 목표를 배당하는 방식보다 더 높은 수행을 초래하지 않았다는 연구결과도 있다(Latham & Lee, 1986; Wagner & Gooding, 1987). 이 다소 불일치되는 결과들을 설명하기 위해서 Latham과 Winters(1989)는 참여가 동기를 높여 주지 않고 과제의 수행방법 등에 관해서 더 많이 생각하도록 만드는 인지적 이점이 있다는 가설을 제안하기도 했다.

(6) **수행 결과의 환류**: Locke도 높은 목표설정이 수행에 미치는 효과에서 수행결과의 환류(還流, feedback)가 중요한 조절변인으로 영향을 미친다고 본다. 그러나 그는 제어이론(control theory)에서 환류의 주효과를 강조하는 데 반대한다. 다시 말해서 Locke는 환류만으로는 동기와 수행이 높아지지 않는다고 비판한다. 그는 높은 목표와 함께 환류가 제시되는 경우에만 수행에 정적으로 영향을 미친다고 주장한다. 달리 말해서 그는 목표의 난도효과가 환류가 없는 조건에서도 나타난다고 주장한다. 그러나 그는 높은 목표의 설정없이 환류만 제공되면 환류가 제공되지 않을 때에 비해서 수행이 증진되는 효과는 유의하지 않다고 주장한다.

(7) **만족과 수행의 관계**: 수행에 의해서 만족수준이 결정된다는 가설은 Porter와 Lawler(1968) 이후 만족이 수행을 결정한다는 가설에 대한 대안으로 제안된 바 있다. Locke 역시 이 가설을 지지한다. Locke 등(1990, 267쪽)은 직무만족과 생산성은 직접 관련이 없다고 주장한다. 직무만족 이외의 다른 요인들과 함께 만족이 작용하는 조건에서만 직무만족이 수행에 간접으로 영향을 미친다고 본다. Locke(1976)가 제안하는 직무만족의 정의를 직접 제시하면 다음과 같다: 직무만족이란 직무를 통해서 경험한 내용을 개인의 가치 기준들에 따라서 인지적으로 평가한 결과이다.

앞에서 제시한 [그림 8-2]에서 보면 직무만족은 수행과 연결된 내부보상이나 외부보상들 모두에 의해서 영향을 받는다. 이는 직무수행과 연결되어서 얻게 되는 여러 보상들이 클 때 직무만족이 높음을 의미한다. 직무만족에는 직무수행과 관련 없이 외부환경에서 제공되는 보상들도 영향을 미친다. 한편, 직무에 대한 만족 수준은 다음 시점에서 목표를 설정하는 데도 영향을 미친다. 또한 만족수준이 극히 낮은 경우에는 이직의도를 높이거나 장기적으로는 생산성의 저하에 영향을 미칠 수 있다.

목표설정이론의 평가

(1) 목표설정이론은 여러 학자들에 의해서 현재까지 작업동기를 설명하고 실제로 다양한 조직에 유용하게 응용할 수 있는 우수한 이론들 가운데 하나로 평가되었다(Miner, 1980; Saal & Knight, 1988; Muchinsky, 1993, 2000). 특히 생산성이 낮고 조직 성원들이 직무에서 높은 노력 수준을 보이지 못하는 경우에 이 목표설정이론이 효과를 거둘 수 있는 기법이다.

(2) 조직 수준에서 적용되는 목표관리(目標管理, MBO, management by objectives)도 높은 목표의 설정과정이 핵심을 이루는 관리기법이다. 다만 목표관리에서는 장단기 목표설정 이외에 대인 정보소통, 참여, 조직구조의 개편, 수행 정보의 환류, 보상 등 여러 요인들을 각 조직에 알맞게 섞어서 적용하게 된다. 이 실무 기법은 목표설정에 관한 실증연구를 토대로 이루어진다.

(3) 목표설정이론이 최근까지 산업 및 조직심리학 분야에서 점차 타당성을 인정받게 되었지만 이 이론도 몇 가지 제한점을 지닌다. 목표설정이론은 특히 목표와 수행의 관계를 해명하는 데 연구가 집중되어서 목표설정에 따라서 동기와 수행이 달라지는 과정에서 영향을 미치는 다른 관련 요인들을 충분히 다루지 못했다. 최근에 다른 이론들과 여러 방식으로 보완과 통합을 시도하면서 이 추세는 다소 달라졌으나 아직도 포괄하여 다루어야 할 요인들이 많다.

(4) 또한 이 이론의 기본 가설들을 다루면서 목표설정이 동기에 미치는 효과를 검증하기 위하여 대체로 수행에서 능력의 영향이 극히 작은 단순과제나 이미 학습된 과제의 수행을 다루는 데 한정되었다. 최근 이 이론을 연구하면서 계획, 자기효능성, 전략사용 및 능력요인들이 큰 영향을 미치는 복잡한 과제나 생활과

제에서 목표설정이 미치는 영향을 이론화하려고 시도하고 있다(Locke & Latham, 1990). 이 과정에서 몇 연구자들은 기대이론을 포함해서 목표이론과 함께 자기조절(自己調節, self-regulation) 과정을 다루는 제어이론(制御理論)이나 고차원 인지접근들(高次元 認知接近, metacognition approaches)과 다양하게 비교하는 연구들을 시도하고 있다.

(5) 초기 목표설정이론에서는 목표가 선택되는 과정, 목표수용 및 목표개입을 결정하는 요인들을 잘 설명하지 못했다. 그러나 최근에는 목표개입의 결정요인과 목표개입이 미치는 영향을 중심으로 기대×유인가이론을 포함해서 다른 이론들과 비교나 통합된 이론을 모색하여 이 과정들을 설명하는 연구가 시도되고 있다.

제9장
내적동기이론

개　관

인간행동을 이해하기 위하여 동기과정을 연구하는 학자들 가운데 내적동기와 외적동기를 구별하려는 사람들도 많다. 학자들 간에 내적동기와 외적동기의 개념 정의가 반드시 일치하지는 않지만 이 두 개념은 행동의 특징에 의해서 다음과 같이 구별되고 있다: 내적으로 동기화된 행동은 활동 자체가 목적이 되는 행동을 말하며, 반면에 외적으로 동기화된 행동은 보상의 획득이나 처벌의 회피와 같이 일정한 목적을 달성하기 위한 수단으로 이루어진 행동을 말한다.

내적동기 이론가들이 내적동기를 중요하게 보는 가장 중요한 이유는 인간이 외부자극에 대해서 단순히 수동으로 반응하는 존재가 아니라 내부과정을 통해서 환경에 자발적이고 능동적으로 대응한다는 데 있다. 그러나 내적동기를 옹호하는 견해는 처음에 내적동기의 이론을 제안하려는 적극적 태도보다 외적동기를 강조하는 관점에 대한 비판을 근거로 부각되었다고 볼 수 있다. 외적동기의 한계는 최소한 다음 네 측면에서 찾을 수 있다.

첫째, 외부보상에 의해서 동기를 유발하게 되면 인간이 능동적으로 환경을 탐색할 수 있는 능력과 권한을 제한하게 된다.

둘째, 외부보상으로 동기를 유발할 수 있다고 하더라도 동기를 지속시키려면 계속해서 보상이 제공되어야 한다. 보상이 중단되는 경우에는 보상과 연결되었던 활동이 중단될 수도 있다. 더구나 보상의 양이 점차 많아지지 않는다면 동일한 수준의 보상효과를 기대하기가 어렵다. 그런데 모든 인간이 사용할 수 있는 외부의 자원은 한정되어 있어서 동일한 수준으로 동기유발의 효과를 얻기 위하여 점차 많은 보상을 공급하기는 현실적으로 어렵다.

셋째, 외부보상은 개인으로 하여금 보상에 의존하게 만들어서 동기를 유발하는 기법이기 때문에 보상을 받는 사람이 활동 자체보다 보상에만 관심을 갖게 만들 수 있다. 이 경우에는 수행을 위하여 노력하지 않고 최소한의 노력으로 최대한의 보상을 얻기 위하여 보상을 제공받는 조건에만 관심을 보이게 된다.

넷째, 외부보상을 사용하면 내적동기가 저하된다는 기대하지 않던 부작용을 낳을 수가 있다. 이 부작용이 발생되는 원인이 외부보상 때문인지 그렇지 않으면 보상을 제공하는 방법 때문인지는 확실하게 해명되지 못했다. 그러나 내적동기를 강조하는 학자들은 외부보상의 사용에 따르는 부작용을 경계한다. 물론 강화이론에서는 외부보상으로 내적동기가 저하되는 현상이 외부보상으로 인한 부작용이 아니라 강화의 원리를 잘못 사용해서 발생한다고 주장한다. 외부보상의 효과에 대해서 회의하거나 비판하는 태도를 취하는 내적동기 이론가들의 관점은 어떤 형태로든 환경주의에 근거하는 행동주의에 대한 비판과 연결된다.

지금까지 이루어진 내적동기의 연구들은 연구의 목적에 따라서 다음 두 범주로 정리해 볼 수 있다:

첫째, 외부 유인자극을 사용했을 때 내적동기가 저하되는 부작용에 관심을 갖는 연구들로서 내적동기에 관한 많은 연구들이 이에 해당된다. 이 연구들에서는 외부 유인자극이 내적동기를 저하시키는 부작용을 초래하는 기제와 아울러 영향을 미치는 여러 요인들을 밝히려고 한다. 이 방향으로 연구하는 학자로는 초기 de Charms(1968), Deci(1971, 1972a), Lepper와 공동연구자들(1973)을 포함해서 다음 절에서 다룰 학자들이 모두 포함된다. 이 방향에서 내적동기에 관한 다양한 이론들이 제안되었지만 이 관점은 내적동기의 촉진 요인들을 규명하는데는 한계를 지닌다.

둘째, 내적동기를 유발하는 요인이나 조건을 알아내고 더 나아가서 이 원리를 실제로 내적동기를 유발하는 데 활용하려는 접근경향이다. 이에 관한 연구들은 지금까지 수도 적고 단편적이어서 일관된 흐름을 형성하지는 못했다. 그러나 내적동기를 증진시키기 위한 원리와 함께 이 원리를 현실에 적응하기 위한 방안도 일부 제안하였다. 이 범주에 해당되는 학자들로는 de Charms(1968, 1976), Deci(1975a, 1980), Hackman과 Oldham(1975) 등을 들 수 있다.

한편 내적동기와 외적동기를 모두 중요하게 보고 상황에 따라서 이 두 요인의 적합성이 결정된다고 주장하는 학자들도 있다. Atkinson은 개인의 성취행동에서 내적동기와 외적동기가 모두 중요하며 이 두 요인이 가산적으로 성취활동의 강도를 결정짓는다고 주장한다. 조직행동의 관리에서 이와 유사한 견해를 제안한 학자로는 제 7 장에서 살펴본 Porter와 Lawler(1968)나 Lawler(1973)를 들 수 있다. 또한 내적동기와 외적동기가 각각 적합한 상황을 구별하여 이 두 요인이 대립된다고 파악하지 않고 통합하려는 Staw(1975)의 관점도 제안되었다. 이 관점에서는 동기가 매우 낮은 조건에서는 외부 유인자극을 사용하여 동기를 일정한 수준으로 유발하고 내적동기가 매우 높은 조건에서는 외부 보상을 사용하는 데 따라서 내적동기가 저하되지 않도록 관리하여야 한다고 주장한다.

이상에서 지금까지 내적동기의 연구들이 어떤 특징을 지니는지 간략하게 살펴보았다. 앞으로 이 장에서 다룰 내용은 다음과 같다: (1) 내적동기이론들 가운데 중요한 이론들만 제시하고 각 이론에 관한 연구와 한계를 다룬다. (2) 최근 내적동기의 연구 경향과 장래 과제를 다룬다. 지금까지의 연구를 통해서 내적동기에 영향을 미친다고 밝혀진 중요한 요인들을 정리하고 내적동기 연구의 과제를 살펴본다. 그리고 (3) 결론 및 평가를 다룬다.

내적동기이론들

Charms의 내외인과성(locus of causality)의 개념

de Charms(1968, 1972, 1976)는 일찍이 내적동기의 중요성을 강조하고 외부보상을 포함해서 외부 자극에 의한 유인체계가 내적동기에 해로운 영향을 미칠 수 있음을 지적한 학자들 가운데 한 사람이다. de Charms(1968)는 Harlow(1950)의 동물실험 가운데 외부보상과 내적동기가 밀접히 관련된다는 연구 결과에 주목하였다. Harlow는 실험을 통해서 과제를 열심히 해결하던 원숭이들이 건포도를 먹이로 얻어먹은 다음에는 과제를 해결하려는 활동이 점차 약해졌다는 연구결과를 보고했다. 이 현상은 보상을 받은 행동이 우세하게 나타난다고 주장하는 강화이론에 배치되는 현상으로 de Charms가 새로운 내적동기이론을 제안하는 데 중요한 시사점을 제공했다.

그가 제안한 이론의 핵심은 원래 내적동기가 높았던 반응에 외부강화물이 제공되면 이 외부강화물의 영향으로 원래 보상을 받지 않았던 그 이전보다 반응의 발생확률을 떨어뜨린다는 데 있다. de Charms가 제안한 이론에 따르면 내적동기에 영향을 미치는 요인들 가운데 자기 자신이 행동의 원인이라는 경험이 가장 중요하다. 그러므로 자신이 자기행동을 일으킨 원인(locus of causality)이라고 스스로 경험하게 되면 언제나 자신이 내적으로 동기화되었다고 여기게 된다. 반면에 자신의 행동을 일으킨 원인이 자기 외부에 있다고 경험하게 되면 인간은 자신이 외부요인 때문에 동기가 유발되었다고 여기게 된다. 이 구분법은 Rotter(1966)의 내외통제(locus of control)의 구분과 유사하지만 행동이 발생한 원인을 귀인과정으로 설명하기 때문에 내외통제의 한계를 넘어선 관점이라고 평가할 수 있다.

de Charms는 행동이 발생한 원인을 두 가지로 구분하는 분류방법을 제안하였다: 자신이 행동을 일으킨 원인이 되어서 개인적 원인(personal causation)으로 인해서 주체적으로 유발된 자발행동(origin behavior)과 이와는 상반되게 외부 원인에 의해서 허수아비처럼 행동이 강요된 타율행동(pawn behavior)을 대조시켜서 명명했다. 자발행동과 타율행동의 구분은 각각 행동이 강요되거나 자유스러움에 달려 있다.

이 구분법은 성격에도 적용되어서 자신이 자기행동의 주체라고 파악하는 사람을 자발행위자(the origin)라고 부르고, 자기 이외의 외부 요인에 의해서 자기행동이 일어났다고 경험하는 사람을 타율행위자(the pawn)라고 불렀다. 자발행위자는 자기행동이 자신의 선택에 의해서 결정됐다고 지각하는 사람이다. 이 경험은 장래 자기행동을 이끌어 가는 강력한 힘이 된다. 따라서 자발행위자로 느끼게 되면 타율행위자라고 느낄 때와 비교해서 강한 동기 효과를 유발한다. 한편 타율행위자란 자기행동이 자신의 통제를 떠나서 외부 힘에 의해서 결정됐다고 지각하는 사람이다. 이 경험은 타율행위자로 하여금 자신이 무력하고 무능하다고 느끼도록 만든다.

그런데 자율행위자와 타율행위자의 구분은 단절된 양극에 위치하지 않고 연속차원에서 정도에 따라서 구분할 수 있다. 또한 어떤 환경에서 자신이 자율행위자로 느끼지만 다른 조건에서는 타율행위자로 느낄 수도 있다. 동기의 측면에서 보면 개인이 행동하는 상황에 실제로 존재하는 객관적 상황이나 사실에 따라서 자율행위자나 혹은 타율행위자가 되지 않고 개인의 지각이 더 중요하다. 그러므로 개인이 자신을 자율행위자라고 느끼면 객관적 상황에서 강압의 요인이 있더라도 이 주관적 지각이 행동을 예언하는 데 중요하다. 반면에 자신이 타율행위자라고 보면 자신이 자유스럽다는 객관적 증거가 있더라도 자기행동이 외부 요인의 영향을 받게 된다.

de Charms가 주장하는 자발행위자의 가장 두드러진 행동 특징은 일정한 목표를 설정할 때 위협을 느끼는 대상으로 보지 않고 하나의 도전으로 보는 데 있다. 특히 어떤 행동이 개인적 원인에 의해서 일어났다고 지각하는 데는 내부통제(internal locus of control)보다 목표나 활동을 스스로 결정하고 실행한다고 느끼는 자결성(self-determination)이 중요하다 이러한 의미에서 내적동기를 결정짓는 자발적 행동은 내부통제와 구별되고 성취동기와도 역시 구별된다. 왜냐하면 성취동기의 목표가 도전할 만한 중간 난도의 목표인 바와 달리 자발적 목표는 어떠한 목표의 수준이나 성질에도 해당되기 때문이다.

de Charms(1976)는 자발행동-타율행동(origin-pawn)을 측정하는 도구도 제작했다. 또한 그는 이 이론을 근거로 교사와 초등학교 학생들의 내적동기를 높이기 위한 훈련계획을 개발하였다. 이 내적동기의 개발계획에서 자발적 동기의 핵심이 되는 개인적 원인(personal causation)의 개념이 중요하다. 다시 말해서 이 훈련에서는 자신의 행동이 개인적 원인에 의해서 일어났다고 지각하도록 만들게 되므로 이 훈련은 자발적 행동의 훈련이라고 부를 수 있다. 이 훈련계획의 기본요소는 네 가지인데, ① 자기연구, ② 내적 목표설정, ③ 계획과 목표지향행동 및 ④ 개인적 책임의 경험으로 나눌 수 있다.

이 네 요소들을 간략히 설명하면 다음과 같다. 첫째 요소는 자기연구인데, 집단에서 다른 사람들이 수용해 주는 따뜻한 분위기에서 개인이 지니는 기본동기들을 주의 깊게 생각해 보도록 고취시킨다. 둘째 요소는 내적 목표설정인데, 훈련받는 상황에서 개인의 동기에 따라서 현실에 맞게 자발적으로 장단기 목표를 설정하도록 도와준다. 셋째 요소인 계획과 목표지향 행동에서는 앞에서 설정한 내적 목표를 달성하기 위해서 현실적이며 구체적인 활동계획을 세우도록 한다. 이 훈련계획은 자기행동이 개인적 원인에 의해서 자발적으로 일어났다는 경험을 하는 데 핵심이 있으므로 스스로 통제할 수 있는 구체적 활동계획을 세우도록 만든다. 이 과정에서 훈련생들이 자신의 활동을 통해서 통제할 수 있는 결과와 통제할 수 없는 결과를 변별하도록 현실성 있게 자각 능력을 키워주는 일이 중요하다. 왜냐하면 이 전제조건이 있어야만 이를 근거로 훈련생이 자신이 보는 성공의 확률에 따라서 현실성 있는 목표를 설정하고, 이 목표를 달성하기 위한 활동을 구체적으로 계획할 수 있기 때문이다. 이 훈련계획의 네 번째 요소는 개인적 책임의 경험이다. 이 요소에 따라서 훈련생이 목표에 도달하려고 시도한 결과로 경험하는 성공이나 실패의 결과뿐만 아니라 자신이 선택한 목표들에 대해서도 스스로 책임감을 느끼도록 훈련시킨다.

de Charms(1976)는 흑인 교사와 아울러 학생들을 대상으로 4년에 걸쳐서 이 훈련계획을 실시했다. 그 기간 동안 교사들은 연구자들과 정기적으로 만나서 자율적 행동을 훈련받았다. 그리고 학생들은 이 훈련을 받은 교사들을 통해서 동일한 훈련을 받았다. 이 훈련의 결과는 대체로 de Charms의 가설을 지지했으나 다소 복잡한 측면도 있었다. 자발적 행동의 훈련을 받은 교사와 학생들은 이 훈련을 받지 않은 교사나 학생들과 비교해서 다음과 같은 차이를 보였다: 훈련을 받은 교사들은 학생들을 더 수용해 주는 행동을 보였다. 또한 훈련받은 교사들을 통해서 동일한 훈련을 받은 학생들은 T.A.T. 반응으로 채점한 자율적 행동의 점수와 아울러 학업성적도 높았다. 이 연구는 학교에서 이루어진 현장실험이므로 다른 변인들이 미친 영향을 통제하지 못한 한계가 있지만 de Charms(1972, 1976)는 자신이 원인이 되는 행동을 경험하도록 함으로써 내적동기를 개발할 수 있음을 보였다.

Deci의 인지평가이론

Deci(1971, 1972a, 1975a; Deci & Ryan, 1980)는 내적동기에 관한 여러 연구를 기반으로 인지평가이론(cognitive evaluation theory)을 제안했다. 이 이론은 내적동기이론들 가운데 현재까지 가장 잘 알려지고 여러 분야에 걸쳐서 계속해서 많이 연구되고 있다.

이 이론에서는 인간이 자기행동을 스스로 결정하고 자신이 유능하다고 느끼고 싶어하는 기본 욕구를 지닌다고 가정한다. 그는 인간이 지니는 이 두 욕구를 자결성(self-determination theory)과 유능성(self-determination & competence)이라고 불렀다. 그는 인간이 이 두 가지 욕구를 충족시킬 수 있으면 어떤 과제를 수행하려는 내적동기가 유발된다고 주장한다. Deci, Edward 및 Ryan(1990)은 인지평가이론을 수정한 자결성이론에서 자결성의 중요성을 더욱 강조하고 이 두 욕구들 이외에 세 번째 요인으로 친밀한 인간관계에서 경험하는 관계성(relatedness)의 욕구도 중요하다고 주장했다. 그러나 최근까지 이 요소에 관한 연구는 드물다.

Deci(1980, 44쪽, 58쪽)의 인지평가이론은 자결성과 유능성의 두 욕구가 중요하다고 강조하기 때문에 내적동기를 설명하면서 기본 욕구의 중요성을 가정하지 않고 귀인과정이 중요하다고 보는 다른 자기지각이론과 구별된다. Deci(1980, 42쪽)는 내적동기에 의한 행동이란 자결성과 유능성의 욕구에 의해서 동기가 유발된 행동이라고 두 욕구를 중심으로 정의한다. 그러나 동기는 관찰할 수 없는 개인의 내부과정이므로 행동의 측면에서 내적동기에 의해서 유발된 행동을 정의하면 분명하게 외부조건과 연계성이 없는데도 실행된 행동이라고 정의할 수 있다.

Deci의 인지적 평가이론은 내적동기에 영향을 미치는 과정을 둘로 나누어서 설명한다: 그 가운데 하나는 자결성의 감정과 지각에 기반을 두는 내외인과지각(perceived locus of causality)의 과정이다(Deci, 1980, 61쪽). 여기서 동기과정이 인지요소와 감정요소를 모두 포함한다고 정의하고 있는 점에 유의할 필요가 있다. Deci는 지각이라는 용어로 지각과 감정을 포괄할 수 있다고 주장한다. 또한 그는 지각과 감정을 포함하는 개념으로 동기란 용어를 사용한다. 그러나 뒤에 살펴보는 여러 자기지각이론들은 귀인이라는 인지요소만을 강조한다.

Deci의 인지평가이론에서 먼저 내외인과의 지각을 알아보기로 한다. 인간이 어떤 활동을 하면 자신이 그 활동을 하게 된 이유를 추리하여 평가하게 된다. 이 때 그 활동 자체가 목적이기 때문에 자신이 그 활동을 했다고 지각하면 그 활동이 내적동기라는 내부원인에 의해서 일어났다고 내외인과를 평가하게 된다. 반면에 어떤 보상을 얻기 위하여 활동했다고 보면 자신의 활동이 외부원인에 의해서 일어났다고 내외인과를 평가하게 된다.

금전적 보상이나 혹은 타인의 강요에 의해서 자신의 활동이 일어난 경우에 활동의 원인이 금전이나 혹은 타인의 강요 때문이라고 평가하게 되면 그 활동에서 외적동기체제가 기능하게 되어서 그 후에는 내적동기가 낮아진다. 이처럼 활동이 외부원인(external locus)에 의해서 일어났다고 지각하면 그 활동을 하려는 내적동기가 감소된다. 높은 내적동기가 낮아지면 내적동기체제가 외적동기체제로 옮겨지는데 이 때 인지적 요소에서는 내외인과지각이 변화된다.

Deci와 Ryan(1985, 62쪽)은 지금까지 설명한 내외인과지각을 인지평가이론의 제1명제로서 다음과 같이 제안했다.

제 1 명제: 행동의 시작이나 조절과 관련되는 외부 사건들은 이 사건들이 행동의 인과성지각에 영향을 미치는 범위 안에서 인간의 내적동기에 영향을 미친다. 외적 인과성지각을 증가시키는 사건들은 내적동기를 저하시키지만 반면에 내적 인과성지각을 증가시키는 사건들은 내적동기를 증진시킨다.

내적동기에 영향을 미치는 두 과정들 가운데 두 번째 과정은 유능성의 감정과 지각에 기반을 둔다(Deci, 1980, 62쪽). 앞에서 설명한 내외인과성 지각의 과정에서 행동의 자결성이 지각되더라도 둘째 과정인 유능성의 지각에 따라서 내적동기에 영향을 받게 된다. 즉, 두 번째 과정에서 활동을 통하여 자신이 유능하다고 지각하지 못하게 되면 그 활동에 대한 내적동기가 저하된다. Deci의 초기이론

(1975)에서는 자결성욕구와 유능성욕구를 제2명제에 함께 포함시키면서도 이 둘 가운데 자결성의 욕구가 더욱 기본욕구라고 가정하였다. 그의 후기이론(1990)에서도 이 관점이 유지된다.

인지평가이론에서 Deci 등(1985, 63쪽)이 유능성에 관하여 제안한 제2명제는 다음과 같다.

제 2 명제: 어느 정도 자결성이 있는 맥락에서는 외부사건들이 인간의 유능성지각에 영향을 미치는 수준에 따라서 최적으로 도전적 활동을 하려는 내적동기에 영향을 미친다. 유능성지각을 증가시키는 사건들은 내적동기를 증진시키지만 반면에 유능성지각을 떨어뜨리는 사건들은 내적동기를 저하시킨다.

위에서 제2명제로 제시한 유능성지각에서 어느 정도 자결성이 있는 상황의 맥락이 전제가 되고 있다. Deci가 이 전제를 제시하는 이유를 설명하기 위하여 예를 들어보자. 어떤 활동에서 자신이 유능하다고 느꼈으나 만약 그 활동이 강요된 상황이었다면 이 강요받은 상황으로 인해서 자결성의 맥락을 이루지 못하므로 유능감은 얻더라도 활동의 자결성이 낮아서 활동을 하려는 내적동기는 높아지지 않는다.

Deci(1971, 1972a)는 초기 연구에서 금전과 같이 실체를 지니는 외부보상이 인간으로 하여금 자신의 생활에서 중요한 사건을 통제할 수 없거나(자결성) 혹은 과제를 수행할 능력이 없다고(유능성) 믿도록 만들기 때문에 내적동기를 저하시킨다고 주장했다. 그러나 그는 후기 이론에서 이 주장을 수정하여 비록 외부보상이라고 하더라도 모두 내적동기를 저하시키지는 않는다고 보았다. 그는 이 수정이론에서 내적동기의 수준이 외부보상이 지니고 있는 다음 세 가지 기능에 따라서 결정된다고 주장했다(Deci, 1975a, 142쪽, 1980, 1985, 64쪽). 세 기능이란 통제기능(controlling function), 정보기능(informational function) 및 비동기기능(amotivational function)을 말한다.

Deci 등(1985, 64쪽)은 인지평가이론에서 보상이 지니고 있는 세 기능적 측면을 제3명제로 다음과 같이 정리했다.

제 3 명제: 행동의 시작과 조절에 관련되는 사건들은 의미가 서로 다른 세 가지 기능적 측면을 지닌다. 정보적 측면은 지각된 내외인과성과 지각된 유능성을 촉진시켜서 내적동기를 증진시킨다. 통제적 측면은 지각된 내외인과성을 촉진시켜서 내적동기를 저하시키며 외적 순종 혹은 반항을 증가시킨다. 비동기적 측면은 지각된 무능성을 증가시켜서 내적동기를 저하시키며 비동기를 증가시킨다. 개인에게 이 세 측면들의 상대적 우세성이 사건의 기능적 의미를 결정짓는다.

이 가운데 통제기능은 행동이 보상을 얻기 위한 도구적 관계에 따라서 조성되는 측면을 말한다. 다시 말해서 보상을 얻기 위한 수단으로 이루어진 행동은 통제기능이 높다고 생각할 수 있다. 그리고 정보기능이란 자기의 유능성 혹은 효능성에 관해서 정보를 제공해 주는 기능을 말한다. 인간의 활동이 이루어지는 상황에서 보상이나 외부요인이 개인의 행동을 통제하는 기능이 우세하게 되면 비록 내적동기가 높은 경우에도 행동의 원인을 외부요인 때문이라고 보게 되어서 내외인과의 변화를 초래하게 된다. 행동의 통제기능을 지니는 통제적 강화물(controlling reinforcers)과 달리 비록 외부에서 제공되더라도 정보적 강화물(informational reinforcers)의 경우에는 외부요인 때문에 행동이 일어났다고 지각하지 않게 된다. 그러므로 수행 수준에 따라서 보상이 달리 제공되어서 개인의 유능성에 관한 정보를 제공하는 경우에는 정보기능을 지니는 강화물이 내적동기를 감소시키는 현상은 나타나지 않게 된다고 본다.

그러나 수행 수준에 맞추어서 금전적 보수를 제공함으로써 통제기능이 강화된 경우에는 비록 과제수행에 대한 내적동기가 높더라도 자신이 금전적 보상을 미리 기대했기 때문에 외부보상 때문에 과제를 수행한다고 재평가하게 된다(Deci, 1971, 107쪽). 따라서 이 경우에는 내적동기가 저하된다. Deci와 Ryan(1985, 107쪽)은 강화가 지니는 통제적 기능과 정보적 기능의 구별을 중요하게 생각해서 심지어 자기 자신이 내적으로 제공하는 보상도 정보기능을 하지 못하고 자기행동을 이끌려는 통제기능을 할 경우에는 역시 내적동기를 저하시킨다고 주장한다.

1. 외부보상에 대한 Deci의 관점

Deci는 초기 연구(Deci, 1971, 1972b)에서 내적동기가 높은 과제를 해결할 때 금전적 보상을 제공하면 내적동기가 저하된다는 가설을 검증하였다. Deci는 SOMA라고 부르는 실험전략을 사용해서 이 가설을 지지하는 결과를 얻었다. Deci(1971)의 실험에서 대학생 피험자들에게 원래 내적동기가 높은 재미 있는 수수께끼 문제를 제시하였다. 제2회째 과제수행 기간에 실험집단의 피험자들은 문제를 해결한 수에 따라서 금전적 보상을 받았다. 다음의 제3회 기간 동안에는 보상이 없이 여러 활동들을 할 수 있는데 이 가운데 앞서 풀어보았던 수수께끼 문제도 포함되었다.

이 연구의 결과를 보면 금전적 보상을 받은 집단의 학생들이 자유시간 동안에 그 과제를 푸는 활동에 소비한 시간이 통제집단보다 짧았다. 이 가설을 검증한 여러 실험들에서(Deci, 1972b) 외부보상이 내적동기를 저하시키는 현상은 반복해서 지지되었다. 그러나 동일하게 외부보상이지만 언어적 보상이 내적동기에 미치는 효과는 명백하게 밝혀지지 못했다. 남녀 피험자 전체로 보면 언어보상이 내적동기를 증가시키지 못했으나, 남자 대학생에게서는 언어보상을 제공하면 통제집단에 비해서 내적동기가 높았다. 그러므로 외부보상의 성질에 따라서도 내적동기에 미치는 효과가 달라지기도 한다.

외부보상의 부작용: Deci는 외부보상이 내적동기를 저하시킬 수 있다고 경고한다. 그는 외부보상으로 항상 행동을 동기화시킬 수 없다고 주장하지는 않는다. 외부보상으로 동기를 증진시키는 경우도 있지만 내적동기가 높은 경우에 외부보상을 제공하게 되면 뜻하기 않게 내적동기를 저하시키는 좋지 못한 결과를 초래할 수 있다는 데 그의 주장의 초점이 있다.

그런데 Deci의 주장과 달리 행동주의 관점을 취하거나 다른 관점을 취하는 여러 학자들은 외부보상으로도 내적동기를 높일 수 있다고 주장한다. 특히 Deci의 이론과 행동주의의 관점은 내적동기와 아울러 창의성을 설명하면서 이론의 대립을 보여서 최근에도 논쟁을 유발하고 있다. 여기서는 먼저 Deci의 관점을 살펴보기로 한다.

Deci는 인간이 어떤 활동에 참가하는 대가로 외부보상을 받게 되면 내적동기는 저하된다고 주장한다. 특히 충분한 수준 이상으로 주어진 외부보상은 내적동기를 저하시킨다. 그러나 Deci는 비록 제한된 조건이기는 하지만 불충분한 보상이 내적동기를 증진시키기도 한다고 본다. 그러므로 외부보상이 내적동기를 증진시킬지 그렇지 않으면 저하시킬지는 이를 제공하는 사람이 기대하는 목적과 아울러 활동하는 사람이 이 목적을 어떻게 지각하는가에 따라서 좌우된다고 볼 수 있다.

만약에 보상을 제공하는 사람이 타인을 단 한 차례 특정한 활동에 참여하도록 동기를 유발하고 그 활동에 대한 내적동기 수준에는 관심이 없다면 외부보상 방법이 가장 적절한 방법이 될 수도 있다. 외부보상에 의한 통제체제는 원칙으로 보면 그 자체로는 근본적이고 유용한 동기의 유발 방안이 될 수 없다. 그러나 통제체제가 효과적으로 유지되거나, 보상이 중단되지 않거나, 혹은 수행의 질을 엄격하게 통제해야 하는 경우에는 외부보상의 제공이 비교적 효과있는 방법이 될 수 있다. 또한 달리 행동할 수 없어서 선택의 여지가 없는 불가피한 활동을 유도해내는 경우에도 외부보상을 효과적으로 사용할 수 있다.

그렇지만 이러한 경우에도 외부통제체제가 계속해서 제대로 기능을 발휘하기 어려운 한계가 있다. Deci(1975a, 208쪽)가 강조하는 비판점에 따르면 외부보상은 보상받는 사람으로 하여금 보상에 의존하게 만들어서 동기를 유발하는 방법이기 때문에 보상받은 사람이 활동보다 보상에만 관심을 갖도록 만들던가, 표적 활동에서 노력은 하지 않고 보상을 제공하는 사람에게만 잘 보이려고 노력할 수도 있다. 더구나 외부보상의 제공이 중단되면 보상과 연결됐던 활동이 중단될 수도 있다. 이 관점에서 Deci는 대체로 장기적으로 내적동기를 개발하고 유지시켜야 하는 경우에는 외부보상의 사용이 적절한 방법이 될 수 없다고 본다.

Deci의 비판에 따르면 교육상황에 적용된 행동수정(行動修正, behavior modification)의 기법도 보상받은 시점이나 상황을 벗어나게 되면 보상을 사용하여 개선했던 행동이 지속되는지 아직 불확실하다. 또한 행동수정에서 행동인정표(token economy)를 제공하는 기법을 사용하여 사회행동이나 학습행동이 일시 개선되더라도 이 행동들이 계속 지속될 만큼 개인의 인지구조나 문제해결 능력이 변화됐는지는 전혀 알 수 없다고 비판한다.

외부보상과 내부보상을 함께 사용하는 문제: 위에서 살펴본 바와 같이 Deci는 외부보상이 전적으로 유해하다고 보지는 않지만 내적동기가 높은 경우에는 외부보상의 사용이 억제되어야 한다고 주장한다. 그런데 지금까지 이 주장과 대립되는 여러 이론들이 제안되었다. 특히 행동주의 관점에서 내적동기를 설명하는 이론들에서는 내적동기를 반영하는 활동을 잘 가려내서 이 표적활동이 발생한 경우에만 다른 경우와 차별하여 외부보상을 제공하면 내적동기도 역시 높아진다고 주장한다. 이 이론에 관해서는 내적동기이론에 대한 비판과 평가를 다루는 끝 부분에서 다루기로 한다. 그리고 여기서는 외부보상과 내부보상을 함께 사용하는 데 따르는 문제들만 다루기로 한다.

Porter와 Lawler(1968)나 Atkinson(1964, 1978)을 비롯해서 여러 학자들은 성취감이나 성장감 등으로 내부보상을 받으면서 외부보상도 더 받게 되면 전체 보상의 크기가 더 커지고 내적동기가 낮아질 이유가 없다고 주장한다. Deci는 내외보상이 모두 높아서 상호작용하는 조건에서 내적동기가 낮아진다고 본다.

그러나 Deci와 달리 상황에 따라서 내외보상이 가산 효과를 보이기도 하고 보상의 효과가 절감된다는 견해도 제시할 수 있다. 이 견해들을 각각 살펴보면 다음과 같다: 먼저 내외보상의 가산성을 주장하는 Porter와 Lawler(1968)의 주장을 살펴보자. 이들은 내부보상과 외부보상의 총계와 함수관계로 만족 수준이 달라진다고 주장한다. Porter와 Lawler는 동기를 유발하기 위하여 외부보상의 효과를 극대화하려면 수행 수준에 따라서 외부보상을 제공하고, 또한 이와 함께 좋은 수행을 보인 사람이 내부보상도 받을 수 있도록 상황을 조성해야 한다고 주장한다. 이 상황에서는 개인이 내부보상과 외부보상을 동시에 얻기 위해서 동기가 높아진다고 본다. 이 견해는 기대이론의 핵심이기도 한다.

Deci는 내부보상과 외부보상이 가산되어서 동기를 더 높게 유발한다는 주장에 반대한다. 그는 외부보상이 내적동기에 영향을 미쳐서 외부보상이 클수록 내적동기의 감소는 커진다고 주장한다. Deci(1975b)는 금전적 보상이 쓸데없고 무익하다고 주장하지는 않는다. 다만 수행이 좋을 때 보상을 많이 받도록 수행 수준에 따라서 보상을 제공하면 외적동기를 높일 수는 있으나 내적동기의 감소를 그 대가로 치루어야 한다고 주장한다.

한편, Staw(1975)도 금전적 보상이 높은 내적동기를 저하시킨다는 원칙에는 찬성한다. 그러나 Staw의 견해에 따르면 내적동기가 높은 조건에서 외부보상으로 내적동기가 저하되는 현상은 상황의 규범에 따라서 영향을 받게 된다. Staw의 주장에 따르면 산업조직은 대부분 외부보상이 제공되더라도 내적동기를 저하시키지 않을 조건을 지닌다. 그 이유는 다음 두 가지로 요약할 수 있다: 첫째, 산업조직에서 수행하는 직무들은 대체로 높은 내적흥미를 지닐 만큼 원래 흥미 있는 내용이 못된다. 그러므로 내적동기가 낮은 직무에서 외부보상으로 내적동기가 더 낮아질 우려는 없다. 둘째, 만일 직무가 원래부터 흥미 있다고 하더라도 산업조직에서는 봉급을 외부보상으로 받아야 한다고 기대하도록 외부보상에 대한 합의된 규범이 형성되어 있다. 그러므로 Staw, Calder 및 Hess(1976)는 합의된 규범에 어긋날 정도로 큰 보상이 아니라면 내적동기를 저하시키지 않게 된다고 보았다.

이 두 번째 해석에 대해서는 Howell과 Dipboye(1982)도 같은 의견을 제시했다. 사람들은 대부분 직업에서 작업을 투자로 하여 그 대가로서 보수를 받고자 기대하는데, 이처럼 외부보상에 대한 기대가 형성된 조건에서는 외부보상이 내적동기를 저하시키지 않게 된다고 본다.

Deci 역시 금전적 보상이 필요한 상황이 있음을 부인하지 않는다. 과제의 수행에 내적 흥미가 없으면서 수행이 요구되는 상황에서는 금전적 보상의 제공이 수행에 도움이 될 수 있다. 그러나 Deci(1972b, 1975b, 225쪽, 1980)는 수행수준에 따라서 금전적 보상을 제공하는 봉급체계는 인간행동을 통제하는 기능을 지니기 때문에 장점보다 해가 더 크다고 주장한다. 따라서 외부보상의 사용에 따르는 문제는 궁극적으로 어떤 상황에서 외부보상을 사용하여 증가시킬 수 있는 외적동기의 크기와 아울러 이로 인해서 발생하는 내적동기의 감소를 비교하여 결정할 수 있다.

외부보상과 동기의 관계: 외부보상에 관한 Deci의 주장 가운데 동기와 만족의 관계에 관한 Deci(1975b, 220쪽)의 견해에도 주목할 필요가 있다. Deci는 Vroom (1964)과 마찬가지로 외부보상을 사용해서 기본 욕구를 충족시키더라도 수행을 잘하려는 동기를 유발한다고 보장하기 어렵다고 본다. 동기와 만족의 관계는 단순한 인과관계로 해석하기 어렵다.

Deci의 이론에서 금전과 같은 외부보상을 사용하여 동기를 유발시킨다고 하더라도 금전 자체가 아니라 금전이 제공되는 방법이 동기 효과를 초래하는 요인이 된다. 만약 기대이론이나 행동수정에서 보는 바와 같이 수행수준에 따라서 금전적 보상을 제공하게 되면 일시 수행을 증진시킬 수는 있지만 활동 자체에 대한 관심보다 수행을 목적으로 보지 않고 단지 도구로 지각하도록 만들 위험이 있다.

결론적으로 Deci는 외부보상만으로는 창조적으로 사고하고, 활동 자체가 수단이 아니라 목적이라는 인지구조를 형성하며, 활동을 통해서 새로운 내용을 학습하려는 내적동기를 유발시킬 수 없다고 본다. 이 관점에서 그는 금전과 같은 외부보상을 사용하는 강화계획은 이 목표들을 간섭하기 때문에 오히려 부적절하다고 비판한다(Deci, 1975b, 219쪽). 따라서 Deci는 외부보상을 사용할 필요가 있는 경우라도 외부보상의 양을 최소한으로 제한하고 외부보상을 제공하는 방식에 주의하여야 한다고 주장한다.

2. 인지평가이론에 대한 평가

(1) 인지평가이론을 검증한 초기 연구들에서 사용한 실험설계에 관해서도 비판이 제기되었다. 그 가운데 중요한 문제로 지적된 점은 다음과 같다: 첫째, 과제

에 대해서 흥미를 덜 보인 이유가 보상이 제공된 다음에 보상이 철회되어서 경험한 좌절감 때문인지 밝히지 못했다(Staw, 1975). 그러나 전-후실험설계에 대한 비판을 받아들여 후에 사후실험설계로 변경한 연구에서도 외부보상으로 내적동기가 저하된다는 가설이 지지되었다(Deci, 1975b). 둘째, 실험집단과 달리 통제집단에는 보상이 제공되지 않았기 때문에 실험집단의 피험자들이 보상을 받아서 경험한 충족감이나 과제수행으로 피로를 느껴서 흥미를 덜 느낀 때문인지 밝힐 수 없었다(Staw, 1975). 셋째, 두 집단에서 나타난 내적동기의 차이만 다루고 실제 수행의 차이는 다루지 않았기 때문에 자유시간에 소비한 시간이 내적동기 때문인지 그렇지 않으면 통제집단에서 수행이 미달했기 때문에 더 수행을 보인 때문인지 알 수 없다(Calder & Staw, 1975b).

넷째, 정확한 문제해결 수준에 따라서 보상을 해 주었기 때문에 각 조건에서 실제로 받은 보상량이 동일한지 불분명하다. 만약 개인마다 수행에 따라서 받은 보상이 서로 달랐다면 이 효과를 제거하고 보상을 받은 조건과 받지 않은 조건에서 내적동기에 차이가 있는지 알아보아야 한다. 다섯째, 피험자가 보상을 기대했으나 실제로는 실험이 끝나기 전까지는 보상해 주지 않았어도 내적동기가 저하되었다. 그러므로 실제로 보상을 받은 조건과 보상이 예고된 조건을 구분하여 연구할 필요가 있다. Deci(1972b)의 한 연구에서 과제의 수행이 끝나고 자유시간 이전에 수행에 따라서 보상을 주었을 때는 내적동기가 오히려 증가되었다. 따라서 보상을 받은 시점과 보상에 대한 사전기대의 효과가 문제로 남는다. 여섯째, Deci(1975a, 1980)는 외부보상이 자결성의 지각을 저하시키고, 이 지각이 실제로 내적동기를 저하시킨다고 주장했다. 그러나 내적동기가 단지 지각이 아니라면 지각 이외에 다른 심리과정과 내적동기가 어떻게 연결되는지 해명해야 하는데, 이 점이 불분명하다.

(2) 전체로 볼 때 Deci(1971, 1972a)의 인지평가이론과 수정이론으로 제안된 자결성이론(self-determination theory)은 내적동기에 관한 연구를 촉진시키는 촉매제의 구실을 했다고 평가할 수 있다. 이러한 평가는 Deci 이후 발표된 내적동기이론들은 Deci의 이론이 지니는 여러 한계점들을 비판하거나 보완하여 이론을 제안하는 데서도 밑받침된다. 또한 Deci의 연구는 그 후 여러 내적동기이론들에서 내적동기가 유발되는 조건보다 내적동기가 저하되는 과정을 해명하는 방향으로 연구하는 데 영향을 미쳤다고 볼 수 있다.

(3) 인지평가이론은 창의성이나 조직혁신 등 내적동기에 의해서 영향을 받는 여러 주제들을 연구하고 응용하는 데 활용되었다. Amabile(1983, 1996)가 주도하는 조직창의성의 연구에서도 이 이론을 확장하여 응용하고 있다.

(4) Deci 등(1985, 310쪽)은 산업조직에서 수행을 높이기 위하여 흔히 수행 수준에 따라서 보상을 경쟁적으로 제공하는 방법을 사용하게 되면 보상이 통제기능을 함으로써 작업에 대한 내적동기를 저하시킨다고 주장한다. 전체적으로 그는 산업조직에서 근로자의 참여와 과제의 재설계를 통해서 자율성을 지원해 주는 방법을 추천한다.

(5) Deci의 기본 명제들 가운데 제1명제인 자결성에서는 내외인과성 지각을 강조하는데 제3명제인 기능성 명제에서는 외부요인이더라도 통제기능이 아니라 정보기능인 경우에는 내적동기가 저하되지 않는다고 주장하여 논리의 모순이 나타난다. 이 논리적 비일관성은 Deci의 이론을 확장하여 창의성에 적용한 Amabile의 이론에서도 발견된다.

(6) Deci 등(1990)이 자결성이론으로 수정하면서 도입한 관계욕구에 관해서 실증연구가 이루어지지 못했는데 한국과 같은 집합주의 문화에서는 이 요인이 중요할 수도 있다. 장차 이에 관한 연구도 필요하다.

(7) Nisbett(2000)은 동양문화에서 미국과 달리 어린이들의 경우에 친밀한 관계를 형성하는 어머니가 언어보상을 제공하면 내적동기가 저하되지 않는다는 결과를 보고했다. 또한 어머니가 어린이들에게 수행의 목표를 배당한 경우에도 문화에 따라서 어린이의 내적동기가 달리 나타난다는 연구 결과도 보고되었다. 이 연구에서 미국 어린이들과 달리 동양 어린이들은 어머니가 목표를 배당한 경우에도 부모의 강요라고 이해하는 수준이 낮아서 내적동기가 크게 저하되지 않았다. 장차 여러 측면에서 내적동기에 관한 문화비교 연구도 많이 수행되어야 한다.

Lepper, Greene 및 Nisbett(1973)의 과정당화가설

Lepper, Greene 및 Nisbett(1973, 130쪽)은 내적동기와 외적동기에 영향을 미치는 요인들이 모두 존재하는 조건에서 내적동기가 저하되는 현상을 설명하기 위하여 과정당화가설(過正當化假說, overjustification hypothesis)을 제안했다. 이 가설은 다음과 같이 요약된다:

"어떤 외부 목표에 도달하기 위한 명백한 수단으로 일정한 활동에 종사시키게 되면 이 활동에 대한 내적 흥미가 저하될 수 있다. 만약 그 활동에 종사시키기 위하여 마련한 외적 정당화가 불필요할 만큼 크고 심리적으로 지나치게 충분하다면, 그 활동에 참가한 사람은 자신의 행위가 그 활동 자체에 대한 내적 관심보다 상황의 외부 여건에 의해서 동기가 유발되었다고 추론하게 된다. 요점을 정리하면 원래 바라던 활동이지만 다른 어떤 숨겨진 목적을 달성하기 위한 수단으로 수행하도록 유도하게 되면 그 활동 자체를 목표라고 보지 않게 된다."

원래 내적동기가 높았던 활동도 외부에서 제공되는 보상이나 제약이 뚜렷한 상황에서는 과정당화 현상이 나타나게 된다. 따라서 이 경우에는 행동의 원인을 추론하는 과정에서 외부보상의 특출성에 주목하는 반면에 내부원인은 절감시키는 절감원리(discounting principle)가 적용되어서 결과적으로 지각된 내적동기는 외부보상이 주어지기 이전보다 저하된다.

Lepper, Greene 및 Nisbett(1973)은 학령 전 아동들을 대상으로 과정당화가설을 검증하였다. 이 실험에서는 어린이에게 여러 색의 매직 · 펜으로 그림을 그리는 재미 있는 과제를 수행하도록 하였다. 이 때 다음 세 가지 실험조건을 조작했다: 첫째, 그림을 그리는 활동을 하는 데 대한 보상으로 자기 이름을 써 넣을 수 있도록 만든 금박과 리본이 달린 우수상을 보여주고, 이 보상을 받기 위해서 그림을 그리는 데 동의하도록 함으로써 보상을 예견시키고, 그림을 그린 후에는 실제로 보상을 준 조건. 둘째, 그림을 그리기 전에는 보상을 기대하지 않았다가 그림을 그린 뒤에 실제로 보상을 받은 조건. 셋째, 보상을 주겠다는 약속도 하지 않고 실제로 보상을 해 주지 않은 조건이었다.

종속변인인 내적 흥미는 실험이 실시된 지 1~2주 지난 후에 자유스럽게 놀이시간을 제공하고 여러 활동들 중에서 매직 · 펜이 놓인 의자에 앉아 있거나 매직 · 펜을 잡고 있는 시간으로 측정하였다. 이 실험의 결과를 보면 보상을 기대했던 조건에서 어린이들이 다른 조건의 어린이들보다 매직 · 펜을 갖고 노는 시간이 짧았다.

Lepper와 공동연구자들은 이 결과를 보상을 예견했던 어린이들은 그림을 그리는 활동이 보상과 연결된다고 알기 때문에 자신이 그림을 그린 활동의 원인을 내적동기보다 외부보상 때문이라고 귀인시킴으로써 내적동기가 낮아져서 자유스런 놀이기간 동안에도 그 놀이를 지속한 시간이 짧았다고 해석했다. 그러나 보상을 기대하지 않았다가 그림을 그린 후에 뜻밖에 외부보상을 받은 조건에서는 보상 때문에 그림을 그리는 활동을 했다고 볼 수가 없으므로 내적 흥미에는 영향을 미치지 않았다고 보았다. 이들은 이처럼 보상을 기대했던 조건에서 내적동기가 저하된 현상은 과정당화가설을 지지하는 결과라고 해석했다.

과정당화가설을 지지하는 연구 결과는 그 후에도 Greene과 Lepper(1974), Lepper와 Greene(1975), Greene, Sternberg 및 Lepper(1976) 등에 의해서 발표되었다. 이 연구들에서도 모두 외부요인을 강조하게 되면 높은 내적동기를 저하시킨다는 결과를 보고했다. 이 연구들에서 외부보상 이외에 연구에 사용되어서 높은 내적동기를 저하시킨 외부요인들로 TV를 통해서 감독했거나(Lepper & Greene, 1975), 혹은 일정하게 수행의 마감시간을 정했을 때(Amabile, De Jong, & Lepper, 1976)도 수행의 수준이 떨어진다는 결과를 얻었다.

Staw(1975)의 절충이론

Staw(1975)는 내적동기와 외적동기를 연결지어서 생각할 수 있는 개념체계를 마련했기 때문에 지금까지 다룬 내적동기에 관한 연구결과들을 종합하고 비판적으로 논의하는 데 도움이 된다.

행동을 일으킨 원인을 추론할 때 내적동기나 외적동기가 원인이라고 추론하기 용이한 조건에는 두 종류가 있다. 내부보상이 없이 외부보상이나 외부 압력이 강하면 인간은 자신이 외부요인들 때문에 동기가 유발되었다고 추론할 수 있다. 반면에 내부보상이 크며 외부요인의 영향이 작은 경우에는 자신의 행동이 내적으로 동기화되었다고 지각한다.

그러나 내부보상과 외부보상이 모두 낮거나 혹은 모두 높은 두 조건에서 행동의 원인을 추론하려면 위에서 살펴본 두 조건들처럼 간단하지 않다. 내부보상과 외부보상이 모두 낮은 조건에서 이루어진 행동은 그 행동이 일어난 원인을 추론할 만한 근거가 작아서 충분하지 못하기 때문에 이 조건을 불충분정당화(insufficient justification)조건이라고 부른다. 반면에 내부보상과 외부보상이 모두 높은 조건에서 이루어진 행동의 원인을 추론하는 경우에는 추론에 필요한 단서들이 충분하기는 하지만 어떤 단서들을 선택하여 사용할지 역시 그 행동의 원인들을 변별하여 추론하기가 어렵다. 이 경우는 원인을 추론할 만한 단서들이 지나치게

		외부보상 수준	
		낮 음	높 음
내부보상수준	낮음	불충분 정당화조건 (불안정한 지각)	외적으로 동기유발된 행동으로 지각
	높음	내적으로 동기유발된 행동으로 지각	과정당화조건 (불안정한 지각)

[그림 9-1] 보상조건에 따른 내외동기 귀인

많다는 의미에서 과정당화(過正當化, oversufficient justification)조건이라고 부른다.

앞에서 설명한 조건들은 [그림 9-1]에 네 조건들로 나누어서 제시하였다. 이 가운데 Staw의 이론이 특히 중요한 의미를 지니는 조건들은 불충분정당화조건과 과정당화 조건이다. 이 두 조건들 가운데 외부보상 때문에 내적동기가 저하되는 효과를 다룬 연구들은 대부분 과정당화조건을 다루고 있다.

불충분정당화와 과정당화의 두 조건을 각각 다룬 연구 가운데는 인지부조화이론을 지지하는 실험들이 포함된다. Festinger와 Carlsmith(1959)의 초기 실험에서 과제가 재미도 없고 외부보상도 없는 상황에서 과제를 수행한 다음에 실험자의 요구대로 다른 사람들에게 과제가 재미 있다고 발언하는 행동을 한 다음에는 그 과제가 재미 있다고 재평가했다. 인지부조화이론에 따르면 내적동기에 대한 이러한 인지적 재평가는 개인 내부에서 일어난 인지부조화를 경감시키려는 동기 때문에 나타난다.

그러나 동기과정에 따라서 인지가 변화된다고 주장하는 인지부조화이론과는 달리 자기지각이론에서는 외부보상도 작고 재미도 없는 과제를 수행한 자기행동의 원인을 인지적으로 추론하게 된다고 주장한다. 이 실험에서 재미 없는 과제를 재미있다고 말한 행동은 외부환경의 힘이 극히 작은 조건에서 실행되었기 때문에 외부요인 때문이라고 지각하기 어렵고 내적으로 흥미 있는 과제이기 때문에 그 행동이 일어났다고 추론하게 된다.

그런데 내적동기도 낮고 외부요인의 영향도 역시 낮은 불충분정당화조건에서 얻은 연구 결과에 대한 해석에서는 인지부조화이론과 자기지각이론의 두 이론이 상당한 차이를 보인다. 그러나 이 예언을 지지하는 결과는 여러 연구에서 반복해서 발표되었다. 지금까지 불충분정당화 현상이 내적동기연구에서는 여러 학자들에게 충분한 주목을 받지 못했다. 그러나 대체로 자신이 지니는 태도와 상반된 행동이 태도에 미치는 영향을 다룬 인지부조화이론의 연구 결과들을 보면 이 조건에서 본래 낮았던 흥미나 태도가 높아지기 때문에 내적동기의 유발에 중요한 시사점을 제공한다.

불충분정당화조건에서 자신이 내적으로 동기화되었다고 지각하게 만드는 데 영향을 미치는 요인들도 몇 가지 알려져 있다. 이 가운데 내적동기를 높이는 데 특히 주목할 요인들로는 행동의 선택에서 자유스러웠던 정도(Linder, Cooper, & Jones, 1967), 행동적 개입수준 혹은 행동의 철회불가능성(Brehm & Cohen, 1962) 등을 들 수 있다. 이 요인들이 작용한 조건에서는 대체로 자기행동을 정당화하기 위하여 재미가 없던 행동이나 과제에 대해서도 좋게 평가하게 된다.

앞에서 살펴본 불충분정당화조건과 달리 과정당화조건에서는 인지부조화는 문제되지 않고 자기지각이론의 적절성을 검토하기에 좋은 조건이 된다. 외부보상이 내적동기에 미치는 부작용을 다룬 대부분의 연구들은 과정당화조건을 다루고 있다. 내적동기이론으로 제안된 자기지각이론 역시 이 조건을 주로 연구하여 기본 가설을 지지하는 결과들을 제시하고 있다.

한편 과정당화조건에서 외부귀인하게 만드는 요인들을 다룬 연구들도 상당수에 달한다. 보상의 현저성을 다룬 Ross(1975)의 연구를 비롯해서 상황의 규범(Staw, Calder, & Hess, 1976), 시간제약(Amabile, De Jong, & Lepper, 1976), 경쟁상황(Deci et al., 1981), 감독(Lepper & Greene, 1975) 등이 행동의 원인을 내적동기보다 외적동기 때문이라고 자기지각하게 만드는 중요한 요인들로서 보고되었다.

이 연구들 가운데 Staw, Calder 및 Hess(1976)의 연구는 조직상황에서 내적동기와 외적동기를 관리하는 데 중요한 시사점을 제공한다. 이들은 과제수행 상황에서 외부보상을 제공하는 규범에 따라서 외부보상이 내적동기의 지각에 각기 다른 영향을 미친다는 사실을 알아냈다. 이들의 연구에서는 상황에 따라서 돈을 받도록 규범으로 정해져 있는 조건과 그렇지 못한 조건을 조작했다. 이 연구에서 외부보상을 받음으로써 과제수행에 대한 내적 흥미가 저하되는 현상은 과제 수행에 대한 대가로 보상을 받지 않도록 되어 있었던 조건에서만 일어났다. 그러나 과제를 수행하는 대가로 보상을 받게 되어 있는 조건에서는 과제에 대한 흥미가 저하되지 않았다.

그러므로 보상과 규범의 두 요인이 과제수행에 대한 내적 흥미에 상호작용 효과를 보였다. 이 결과에서 규범은 외부보상의 사용이 내적동기에 미치는 영향을 조절하는 중요한 요인임을 알 수 있다. 그러므로 상황에 따라서 외부보상에 의해서 내적동기에 미치는 효과가 달라질 수 있음을 알 수 있다. 이 연구나 내적동기를 다룬 다른 연구에서 사용된 상황들 가운데 내적 흥미가 저하되는 상황을 보면 일상적으로는 보상을 받을 수 없어서 보상이 특출하게 지각되는 조건들이 많았다. 다시 말해서 상황의 규범에 비추어 볼 때 보상을 받기에 부적절한 조건들이기 때문에 외부보상이 행동의 원인이라고 귀인시키기 좋은 조건들이었다.

지금까지 내적동기도 낮고 보상도 낮은 불충분정당화조건이거나 내적동기도 높으며 외부보상도 커서 과정당화되는 조건에서 자기지각이론이 지지됨을 살펴보았다. 그러나 동기가 매우 높거나 혹은 매우 낮지 않아서 중간 수준인 경우에는 외부보상이 내적동기에 어떠한 결과를 초래하게 되는가? Calder와 Staw(1975b)는 내적동기와 외적동기를 각각 두 수준 이상으로 조작해서 과제와 외부보상이 과제수행에 대한 만족과 수행의도에 미치는 영향을 다루었다. 이 연구에서 과제에 대한 흥미가 중간인 내적동기 수준에서는 금전을 보상으로 제공하면 과제수행 활동에 대한 만족과 수행의도가 모두 높아짐을 알아냈다.

Staw(1975)는 선행연구들과 이 연구를 통해서 얻은 시사점들을 토대로 내적보상과 외적보상이 내적동기에 미치는 영향을 종합하여 앞에서 제시한 [그림 9-1]과 같은 모형을 제안했다. 이 모형에 따르면 자기지각이론의 예언이 타당한 경우는 다양한 조건들 가운데 불충분정당화조건과 과정당화조건에 한정된다. 이 두 조건에서 자기지각이론의 예언대로 내적동기에 대한 지각이 변화되는 데 변화되는 방향은 [그림 9-2]처럼 나타낼 수 있다.

그러나 [그림 9-2]의 가운데 위치한 십자가 부분은 내부보상이나 외부보상이 중간 수준인 조건이 된다. 그런데 내적동기에 관한 연구들에서 이 조건에 대해서는 지금까지 소홀히 다루었다. Staw(1975)는 이 조건들에서 강화이론의 예언이 타당해서 외부보상을 받더라도 내적동기를 저하시키지 않고 증가시킨다고 주장한다. 따라서 자기지각이나 외부보상이 각각 내적동기에 영향을 미치는 현상은 내부보상과 외부보상들이 배치된 상황의 맥락에 따라서 결정된다고 보았다(Staw, 1975, 264쪽). 내적동기에 관한 연구를 전체 흐름으로 볼 때 Staw는 외부보상이 내적동기의 증진에 좋은 영향을 미칠 수 있는 조건을 명시하여 제시함으로써 외

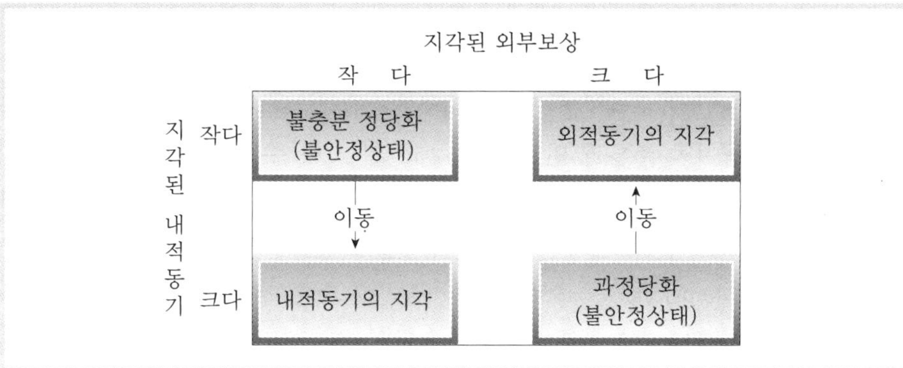

[그림 9-2] 내적동기에서 자기지각이론의 예언과 강화이론이 적절한 경우

부보상이 내적동기에 미치는 부작용이 나타나는 조건에 한계가 있음을 보여 주었다.

Kruglanski(1975)의 내생귀인이론

Kruglanski(1975)는 외부보상을 귀인이론의 관점에서 분석하면서 내외귀인(internal vs. external attribution)으로 구분하는 데 문제가 있다고 보고 이를 대치하여 내생귀인과 외생귀인(內生歸因 對 外生歸因, endogenous vs. exogenous attribution)의 개념을 제안하였다. 이 이론은 귀인이론에 대한 수정이론으로 제안되었지만 그의 연구에서 내적동기에 관한 시사가 구체적으로 이루어졌으므로 여기서 다루기로 한다.

먼저 내생-외생귀인의 개념부터 살펴보기로 한다. 행위의 내생귀인이란 행위 자체가 이유라고 귀인되는 경우를 말한다. 다시 말하면 내생귀인된 행위는 그 자체가 목적이다(1975, 390쪽, 제2정의).

Kruglanski는 이와 아울러 내생-외생귀인에 따라서 행위자가 경험하는 감정도 다르다고 가정했다. 행위가 내생귀인되면 행위자가 목표로 삼은 행위이므로 행위자의 좋은 감정(예: 즐거움, 흐뭇함, 만족)을 의미한다. 반면에 행위가 외생귀인되면 목표를 추구하기 위한 수단으로 이루어진 행위이므로 그 수단을 행위자가 갈망하지 않는 한 행위자에게 나쁜 감정을 의미한다고 본다(1975, 391쪽, 제1 및 제2정의에서 각각 유도된 가정 5와 6). 이 이론에서 감정에 관한 가정들을 귀인과정과 연결지은 사실은 내외귀인과 감정의 관계가 불명료했던 다른 자기지각이론들과 비교하면 주목할 만하다.

내생-외생귀인을 구분하면서 Kruglanski가 주장하는 핵심은 행동에 대한 내생귀인이 내적동기의 추론과 연결된다는 데 있다. 이 주장은 de Charms(1968)나 Deci(1971)가 내외귀인의 양분법으로 내적동기를 설명하는 데 대한 비판을 토대로 삼고 있다. Deci나 그 밖의 내적동기이론들에서는 인간이 내부원인과 외부원인(internal vs. external causes)으로 행동의 원인을 추론한다고 본다. 행위를 일으킨 요인들을 분류하는 이 구분법은 행동원인의 내부성과 외부성을 잘못 판단하게 만드는 한계를 지닌다고 본다. Kruglanski(1975)는 실제로 어떠한 행동도 내적원인이 전혀 없이는 이루어질 수 없다고 본다. 또한 내적 원인과 마찬가지로 외적 원인도 모든 행동에서 추론될 수 있다. 따라서 행동의 원인을 내외귀인으로 양분하는 방법은 부적절하다.

Deci의 연구에서 내외귀인의 구분을 사용함으로써 당면했던 한계를 생각해 보자. 내외귀인의 분석에 따르면 실험에서 보상으로 사용되었던 금전은 행위자가 좋아해서 바라는 물질인데도 불구하고 행위의 원인을 외부귀인하게 만든다고 해석한다. 그렇다면 흥미를 유발하는 과제도 자신이 좋아하기는 하지만 자기 밖에 있는 사물인데 왜 과제수행 행위를 내부귀인하게 만드는가? 또한 Deci(1971)는 타인의 언어보상이 내적동기를 증가시킨다고 가정했다. 그렇다면 언어보상이 자기가 아니라 다른 사람이라는 외부요인에 의해서 주어지는데 어째서 내부귀인과 연결되고 내적동기를 증진시킬 수 있는가? 이 주장은 외부요인이 내적동기를 저하시킨다는 Deci의 기본가설과 모순된다.

Kruglanski(1975)는 이 비판을 배경으로 귀인이론으로 분석하려면 활동의 원인이 과제의 내용에 따라서 생긴 내생적 결과인지 그렇지 않으면 과제수행활동을 수단으로 생긴 외생적 결과인지 구분해야 한다고 주장한다. 내생-외생귀인의 구분법을 사용하게 되면 내적동기와 외적동기도 더 명료하게 구분할 수 있다. 즉, 내적동기란 활동에 대해서 귀인시킨 원인이 활동의 내용에 이미 존재하는 경우를 말한다. 내생귀인은 행위의 내용에 행위자의 목표나 의도가 나타나기 때문에 행위자의 내적동기를 추론할 수 있다. 그리고 외적동기란 활동에 대해서 귀인시킨 원인이 활동의 수행에 따라서 생겨난 결과들에 있는 경우를 말한다(Kruglanski, Riter, Amitai, Margolin, Shabtai, & Zaksh, 1975, 745쪽).

따라서 금전과 같은 외부보상이라고 하더라도 과제의 내용에 의해서 제공된다고 보게 되면 내생귀인을 일으키게 된다. 그러나 외부보상이 과제와 별도로 제공되면 외생귀인을 초래한다. 그러므로 내생-외생귀인에 따라서 내적동기에 미치는 효과가 달라지게 된다.

Krulanski 등(1975)은 외부보상인 금전이 제공되더라도 이 보상이 과제의 내용과 관련되어 있어서 과제수행하는 활동의 원인을 내생귀인하게 되면 내적동기를 증가시킨다는 가설을 검증했다. 이 가설은 de Charms(1968) 이후 Deci 역시 실물로 제공한 외부보상이 내적동기를 저하시킨다는 내외귀인가설과 표면으로는 상반되는 예언이다. 그러나 Kruglanski도 Deci와 유사하게 과제를 수행함으로써 과제와 별개로 실물을 외부보상으로 받게 되면 외생귀인이 일어나기 때문에 내적동기를 저하시키게 된다고 예측했다.

Krulanski 등(1975)의 연구에서는 이 가설들을 검증한 두 실험 결과가 보고되었다. 실험 I 에서는 14~15세 소년들이 참가하였다. 금전이 과제의 수행과정에서 내생적으로 주어진 조건에서는 이들이 실험자와 함께 동전 앞뒷면 맞추기를 하여 맞추게 되면 과제수행에서 돈을 받기로 정하였다. 그러므로 미리 과제를 수행하면서 원래부터 맞추면 돈을 받도록 되어 있는 상황에서 돈을 받는다는 사실을 알려 주고 동전던지기 게임을 하도록 했다. 이 내생보상조건에서 나타나는 외부보상의 효과를 외부보상이 없는 조건과 비교하기 위하여 동전던지기 게임을 하게 되면 돈 대신에 득점을 받도록 되어 있는 조건을 마련했다. 한편 금전이 외생적으로 주어진 조건에서는 처음에 그림에 맞도록 나무토막 쌓기를 하더라도 보상을 제공하지 않다가 후에는 나무토막을 잘 쌓으면 보상으로 돈을 받도록 했다. 역시 외생보상조건의 외부보상 효과를 보상이 없는 조건과 비교하기 위하여 나무토막 쌓기를 잘하면 돈 대신에 득점을 올릴 수 있도록 보상이 없는 조건을 조작했다.

종속변인으로는 흥미 수준과 게임에 대한 선호도를 합해서 개인별 내적동기 측정치를 얻었다. 이 연구의 결과에서 과제를 수행하게 되면 내생적으로 금전이 제공되는 경우에는 금전보상이 없는 경우보다 돈을 받음으로써 내적동기가 높아졌다. 그러나 과제에 외생적으로 금전이 주어진 경우에는 과제수행을 위한 내적동기가 금전보상이 없는 조건보다 낮았다. 이 결과는 행동이 내생귀인될 때 내적동기가 더 높다는 가설을 지지하였다. 따라서 Kruglanski는 이 연구에서 외부보상을 사용하였지만 행동의 원인에 대해서 내생귀인하게 되면 내적동기가 높아졌기 때문에 외부귀인을 하게 되면 내적동기가 항상 낮아진다는 Deci 등의 주장과 대조된다고 주장했다.

Kruglanski 등(1975)의 실험 Ⅱ에서는 15~16세 되는 소년에게 내-외생적으로 금전보상을 받게 된 과제들의 성질이 실험 Ⅰ처럼 크게 다르지 않도록 과제의 유사성을 높인 점이 다르다. 실험 Ⅰ에서는 내생적으로 금전이 주어진 조건과 외생적으로 금전이 주어진 조건에서 각각 동전던지기와 나무토막 쌓기를 수행하도록 하여 과제가 서로 달랐다. 그러므로 이 때문에 연구의 결과가 내-외생귀인조건에 의해서 나타났는지 그렇지 않으면 과제의 차이에 따른 효과인지 구별하기 어렵다. 실험 Ⅱ의 내생귀인조건에서는 증권시장 운영게임을 했고, 외생적 조건에서는 체육관리자 게임을 실시했다.

이 실험의 결과에서도 내생적으로 금전보상을 받은 게임에서는 보상이 없는 조건보다 그 게임에 대한 선호경향이 높았고, 흥미도 역시 높았다. 반면에 금전보상이 외생적인 조건에서는 금전보상을 받지 못했던 피험자들이 외생적으로 보상을 받았던 피험자들보다 그 과제에 대한 내적동기가 높았다. 또한 금전보상이 없는 조건들에서는 금전이 외생적으로 주어지는 과제를 내생적으로 주어지는 과제보다 선호했으며, 또한 이 과제에 대한 흥미 수준도 높았다. 이 결과는 실험 Ⅰ과 마찬가지로 이 연구의 가설을 지지한다.

이 연구에서 실험 Ⅱ는 내생-외생귀인을 조작한 두 조건에서 과제가 유사하도록 고려하였으나 그럼에도 불구하고 실제로는 상당히 달랐다. 이 이론을 적절히 검증하기 위해서는 동일한 과제에서 내부-외부발생 보상의 효과가 내적동기에 어떤 영향을 미치는지 해명할 필요가 있다. 한편, Deci, Porac 및 Shapira(1978)는 Kruglanski의 실험을 반복검증한 결과에서 금전이 내생적으로 제공되는 과제에서는 흥미평정치가 높아짐을 확인했으나, 자유선택에 의해서 내적동기를 측정했을 때는 증가현상을 발견할 수 없었다(Deci & Ryan, 1980에서 재인용). 그러므로 이 반복실험 연구에서는 부분적 지지를 얻는 데 그쳤다.

그러나 Krulganski의 이론을 검증하기 위한 연구는 아니지만 Lepper, Sagotsky, Dafoe 및 Greene(1982)의 연구에서도 이 이론을 밑받침할 만한 결과가 보고되었다. 이들은 행동을 각각 수단 혹은 목적으로 명명하는 데 따라서 내적동기가 달라진다는 결과를 얻었다. 표적활동이 다른 목표를 추구하는 수단이 될 경우를 외생귀인이라고 정의하고 행위 그 자체가 목적인 경우를 내생귀인이라고 정의한 Kruglanski의 설명에 따르면 저자의 이 해석은 근거가 있다.

현재까지 발표된 실증연구만으로 보면 내생-외생귀인을 다룬 연구들이 적기 때문에 보상이 내적동기에 미치는 영향을 내외귀인보다 Kruglanski가 주장하는 내-외생귀인에 의해서 더 잘 설명할 수 있다고 보기는 어렵다. 그러나 내생-외생귀인의 구분법이 논리적으로 설득력이 있어서 장차 연구할 가치가 있는 이론이다.

내적동기의 연구경향과 과제

내적동기이론들은 기본 가정의 성질에 따라서 크게 두 가지로 구분할 수 있다. 첫째, Deci의 인지평가이론이나 자결성이론에서 보는대로 자결성과 유능성 같은 인간의 기본 욕구를 가정하고 내적동기에 영향을 미치는 요인들을 알아내려는 관점이다. 둘째, 과정당화가설이나 자기지각이론에서 보는대로 욕구에 관한 가정 없이 환경에 대처하는 인간의 인지과정에 의해서 내적동기과정을 이해하려고 하는 관점이다. 전자는 인간의 선천적 욕구를 가정하기 때문에 검증할 수 없는 가설을 전제로 하는 점에서 비판받는다. 반면에 후자의 인지접근에서는 인지에 따라서 내적동기가 달라지는 과정을 직접 설명할 수 있는 이론의 근거가 확립되어 있지 못하다.

국내외 연구의 동향

내적동기가 높은 과제의 수행조건에서 외부요인들이 제공되면 내적동기가 저하된다는 내적동기이론의 기본 가설을 지지하는 연구 결과들이 국내외에서 다수 발표되었다. 흥미 있는 과제의 수행중에 기대하지 않던 외적보상이 제공되면 내적동기가 저하된다는 결과도 많다(Deci, 1971, 1972b; Lepper, Green, & Nisbett, 1973; Greene & Lepper, 1974; Lepper & Greene, 1975; Green, Stenberg, & Lepper, 1976). 또한 TV를 통해서 흥미 있는 과제의 수행을 감독했거나(Lepper & Greene, 1975), 혹은 마감시간을 정해 주었을 때에도(Amabile, De Jong, & Lepper, 1976) 내적동기가 저하되었다. 내적동기에 관한 Deci의 이론이나 대안적 가설들과 이 가설들을 다룬 연구 결과는 한덕웅(1984a, 1986)에 의해서 정리된 바가 있다.

국내에서 한덕웅(1986)은 외부보상이 통제기능을 하게 되면 자기행동이 자발적이라고 인식하지 않게 되므로 높은 내적동기가 저하된다고 가정했다. 그는 자발적 행동조건에서는 내적동기가 저하되지 않는다고 주장했다. 또한 그는 유능성 역시 자발성을 침해하지 않는 조건을 마련해 주기 때문에 내적동기를 저하시키지 않는다고 본다. 그는 유능성이 직접 내적동기에 영향을 미치는 경로보다 자결성의 기반을 구축해 주기 때문에 자결성의 경로를 거쳐서 내적동기에 영향을 미친다고 주장했다. 한덕웅(1986)은 실험연구를 통해서 내적동기가 높은 과제에서 보상을 얻기 위하여 과제를 수행했다고 지각하게 되어서 과제수행이 보상을 얻기 위한 수단이라고 보는 정도가 높아질수록 비자발성 수준이 높아져서 내적동기가 저하되었다고 보고했다.

한편 유태용(1985)의 실험연구에서는 보상이 기대되거나 기대되지 않는 조건에서 자기수행 수준에 관한 환류정보를 받게 되면 내적동기가 어떻게 달라지는지 알아보았다. 이 연구에서 보상이 기대된 조건보다 기대되지 않은 조건에서는 숨은그림찾기 과제에 보낸 시간으로 측정한 내적동기가 높았다. 또한 보상이 기대되지 않은 조건에서 자기수행의 수준이 높다는 환류정보를 받으면 내적동기가 높아지는 상호작용 효과를 보였다. 그러나 이와 달리 보상이 기대된 조건에서는 자기수행이 우수하더라도 내적동기는 낮았다.

강현구(1986)의 실험에서는 높은 목표를 행위자가 선택했을 때, 동일한 수준의 목표가 배당된 경우보다, 수행의 증가도 높아지며 내적동기도 높아진다는 결과를 얻었다. 자신의 행위가 목적으로 지각되거나 목표를 스스로 선택한 과제에서 내적동기가 높게 유지된 이 결과들은 자발성이 내적동기에 영향을 미친다는 저자(1986)의 주장과 조화되는 결과라고 볼 수 있다.

한편, 안신호와 이상희(1988)는 타인에 의해서 제공되는 칭찬이 비록 외부보상이기는 하지만 가치를 두는 과제를 수행할 때는 내적동기를 증가시킬 수 있다는 가설을 실험으로 검증했다. 이 가설은 타인의 칭찬조차 특히 여자 대학생의 경우에는 통제적 기능을 지닌다고 지각되므로 자결성을 침해하여 내적동기를 저하시킬 수 있다는 주장과 상반된다. Deci와 Ryan(1985, 100쪽)은 칭찬이 성별에 따라서 내적동기에 서로 다른 영향을 미친다고 주장했다. Deci와 Ryan(1985)은 남성의 경우에는 칭찬이 수행을 잘 했다는 정보를 제공하는 정보적 기능을 하기 때문에 내적동기를 높인다고 주장했다. 반면 그는 여성의 경우에는 타인의 칭찬을 수행을 통제하기 위한 통제적 기능으로 지각하기 때문에 내적동기를 저하시킨다고 주장했다. Deci의 가설이 제안된 후 수행된 연구들을 보면 Deci의 가설은 지지 결과와 아울러 상반된 결과를 모두 보고하여 일관된 경향을 찾기 어려웠다. 안신호와 이상희의 연구에서 얻어진 성별에 따라서 가치를 두는 과제를 수행할 때 여성의 경우도 내적동기를 저하시키지 않는다는 결과는 한국문화에서 장차 내적동기의 성별 차이를 연구하는 데 중요한 시사점을 제공한다.

한편 송정남과 한덕웅(2001)은 내적동기이론과 행동주의 관점을 비교하기 위한 실험연구에서 과제수행의 목표에 따라서 외부보상이 내적동기에 미치는 효과가 달라지는지 알아보았다. 이 연구에서 창의성 과제를 수행하는 과정에서 과제를 성취하여 자기성장을 경험하도록 숙달목표를 설정한 조건에서 과제의 수행 후에 보상을 기대하도록 하면 수행목표나 보상이 기대되지 않은 조건보다 내적동기가 높다는 결과를 얻었다. 다시 말해서 보상기대가 내적동기에 미치는 효과가 성취목표에 따라서 다르게 나타났다. 그러나 과제의 성취에서 목표가 없는 조건에서는 창의성보상이나 수행보상조건보다 무보상조건에서 내적동기가 가장 높았다. 이 결과는 성취목표가 설정되지 않는 조건에서 내적동기이론의 가설이 지지되었음을 뜻한다. 그러나 숙달목표를 설정한 조건에서는 행동주의의 관점과 일관되게 창의성 수준에 따라서 보상이 기대된 조건에서 무보상조건보다 내적동기를 저하시키지 않았음을 의미한다.

또한 이지현과 한덕웅(2002)은 보상을 받게 되는 확률이 높아서 기대 수준이 높으면 자결성의 경험이 높아서 낮은 조건보다 내적동기가 높다는 연구 결과도 보고했다.

Deci가 금전적 외부보상이 내적동기에 미치는 실험결과를 보고한 이래 최근까지 이에 관한 연구들이 많이 수행되었다. 국내에서 구자숙과 장재윤(1998)은 주로 국외에서 이루어진 이 방면의 연구들을 통합분석(meta analysis)한 논문들을 중심으로 중요한 결과들을 비판적으로 논의하였다.

내적동기이론과 행동주의이론에서 중요한 가설들을 검증한 결과들을 Cameron과 Pierce(1994)가 통합분석한 바에 따르면 강화의 유형(외부강화/언어강화), 보상기대(사전기대, 사전무기대), 보상의 제공 방식(과제연결/비과제연결/수행수준연결)

에 따라서 외부보상이 내적동기에 미치는 효과가 달랐다. 그러나 이들은 외부보상이 내적동기이론에서 주장하는 만큼 내적동기를 크게 저하시키지는 않았다고 보고했다. 금전적 보상에 의해서 내적동기가 저하되는 현상은 과제수행 활동에 금전적 보상이 예고되었다가 제공되는 조건들에서 반복해서 나타났다. 그러나 금전적 보상을 받게 되는 수행의 수준이 명확하게 예고되고 실제로 이 조건에서 금전보상을 받은 조건에서는 일관되지 않는 결과들이 보고되었다.

한편, 박영석과 장재윤은 조직상황에서 창의성의 선행요인들을 다루면서 개인 성향요인으로 내적동기가 창의성에 미치는 효과도 알아보았다. 이 연구에서는 내적동기와 창의성의 인과관계를 설명하는 상반된 이론들과 연구의 결과를 논의하고, 조사연구를 수행했다.

국내에서도 Deci의 초기 연구처럼 유아나 어린이들을 대상으로 재미 있는 과제를 수행할 때 외부보상을 제공하면 내적동기를 저하시킨다는 가설을 검증한 연구들이 여러 편 발표된 바 있다. 그러나 이 연구들은 실험 절차에서 여러 종류의 한계들을 보이기 때문에 여기서 자세히 논의하지 않는다.

내적동기이론들은 이 이론이 발표될 당시부터 산업 및 조직심리 분야에 적용될 수 있는지 강한 의구심을 자아내기도 했다(Howell & Dipboye, 1982; Muchinsky, 1993, 353쪽). 이 비판 가운데 생활에 필요한 보수를 얻기 위하여 구성원들이 계약에 의해서 일하게 되는 산업조직의 현실에 이론이 잘 맞지 않는다는 비판도 제기되었다. 현실에서 산업조직들은 직무동기를 높이기 위하여 금전적 보상, 사회적 인정, 승진 등 외적동기를 높이는 기법들을 활용한다. 내적동기를 강조하는 이론으로 볼 때 이 외부보상에 의해서 외적동기를 높이면 내적동기가 저하된다고 추론하기 쉽다. 그러나 내적동기가 높지 못한 산업조직에서는 내적동기가 높은 조건과 달리 외부보상이 내적동기를 저하시키지 않을 수 있다. 조직행동수정이론에 따르면 이 조건에서 외적동기뿐만 아니라 내적동기도 높아질 수 있다. 그러므로 내적동기와 외적동기가 모두 낮은 조건을 다루는 조직행동수정은 조화되게 양립할 수 있는 여지가 있다.

작업동기이론들 가운데, 비록 간접적이지만, 동기를 높이는 기법으로 내적동기의 배경을 강조하는 이론들도 있다. 예를 들면 Herzberg의 동기요인과 그의 직무확충은 외적 보상이 아닌 내적 보상의 중요성을 강조한다. 이 점에서는 Hackman과 Oldham의 직무확충 역시 직무를 재설계함으로써 내적동기 요인들을 높이고자 한다. Deci(1975a) 자신도 조직에서 인지평가이론을 적용할 방도를 모색하면서 내적동기를 높일 수 있는 방법으로 직무확충과 참여를 추천한다. 참여가 내적동기를 높일 수 있다는 실험연구(김정남, 1985, 1993)의 지지 결과와 아울러 산업조직에서 목표설정, 과제선택, 수행의 평가과정에서 참여가 동기에 영향을 미침을 보고한(김정남, 1993) 국내 연구도 발표되었다.

전체적으로 볼 때 내적동기이론들은 여러 외부 요인들로 흔히 내적동기 수준이 낮은 산업조직에서 내적동기 수준을 높일 수 있는 방도를 강구하도록 자극함으로써, 인본주의의 관점을 새로운 방향에서 모색했다고 평가할 수 있다.

내적동기에 관한 연구가 발표되기 시작한 이후 지금까지 내적동기가 저하되는 과정을 설명하고 이 과정에 영향을 미치는 중요한 요인들을 알아내는 데 연구가 집중되었다. 또한 내적동기가 저하되는 과정을 다루는 연구들 가운데 외부보상의 부작용에 초점을 맞춘 연구가 많았다. 외부보상의 부작용에 초점을 맞추어서 이루어진 내적동기연구들에서 여러 한계점들이 지적될 수 있는데 그 가운데 중요한 연구과제들은 다음과 같이 정리할 수 있다:

첫째, 내적동기를 저하시키는 데 영향을 미치는 과제와 보상의 관계가 불분명하다. 일부 학자들은 단순하게 과제의 수행에 참여하더라도 외부보상이 제공되면 내적동기가 저하된다고 주장하기도 한다(Deci, 1972b; Lepper, Greene, & Nisbett, 1973; Calder & Staw, 1973a; Lepper & Greene, 1975; Ross, Karniol, & Rothstein, 1976). 이와 달리 다른 학자들은 과제수행의 수준에 따라서 보상의 양이 달리 정해져 있는 경우에만 내적동기가 저하된다고 주장한다(Deci, 1971; Deci, 1972b; Deci, 1975b; Kruglanski, Riter, Amitai, Margolin, Shabtai, & Zaksh, 1975; Reiss & Sushinsky, 1975). 따라서 장차 과제의 수행활동 자체나 일정한 수행 수준에 따라서 제공되는 외부보상이 각각 내적동기에 어떠한 효과를 초래하는지 구별하여 해명할 필요가 있다.

둘째, 내적동기의 측정치와 관련되는 문제도 있다. 대체로 내적동기를 측정하려고 많이 사용하는 기법들을 살펴보면 선호도가 유사한 과제들 가운데 더 흥미를 느끼는 과제를 단순히 선택하도록 하거나, 선택한 과제를 수행하면서 보낸 시간이나, 연구에 사용된 과제에 대하여 느끼는 흥미 수준을 평정하는 기법을 주로 사용했다. 이 내적동기의 측정치들은 성질이 서로 다른데 이 측정치들이 내적동기의 서로 다른 측면들을 측정한다고 볼 수 있다. 그러므로 이 측정치들의 상호관련성도 문제이지만 이 측정치와 동기의 상관 역시 해명되지 않았다. 이 측정치들 가운데 과제에 주의를 집중하거나 수행하는 데 보낸 시간은 해결되지 못한 과제에 대해서 주의를 다시 집중하게 되는 Zeigarnik 효과를 제거하고 측정하여야 한다.

셋째, 실험에 참가한 사람들이 과제를 수행한 대가로 실제로 외부보상을 받지 않고 단지 과제를 수행하게 되면 장차 보상을 받게 된다고 기대하기만 해도 내적동기가 저하된다는 연구의 결과들이 보고되었다(Deci; 한덕웅, 1986). 그런데 어떤 유형의 외부보상이 기대되면(예: 활동, 보상, 예견, 수행-보상예견) 내적동기가 저하되는지 더 상세하게 연구할 필요가 있다.

넷째, 내적동기의 저하에 충분히 영향을 미치는 외부보상의 강도, 빈도 및 현저성이 상황에 따라서 크게 달라질 수 있다. 이 시사점은 Staw, Calder 및 Hess(1976)나 Kruglanski(1975)에서도 발견할 수 있다. 이 요소들이 어떤 과정을 통해서 내적동기를 저하시키게 되는지를 해명할 수 있어야 내적동기에 영향을 미치는 상황요인들을 이해할 수 있다.

다섯째, 지각과 동기 경험이 어떻게 연결되는지 현재로는 설명이 불분명하다. 이는 귀인이론에 관한 비판과 직결된다(Kelley & Michela, 1980; Harvey & Weary, 1984). 유능성과 자결성의 욕구를 가정하는 이론들까지 포함해서 자기지각이론이나 귀인이론의 접근이 내적동기의 저하를 설명하는 내적동기이론에서 중요한 위치를 차지한다. 그러나 외부보상이 내외귀인을 낳고, 이 지각이 동기의 변화와 일관되게 연결된다는 증거가 불충분하다. Weiner의 귀인적 동기이론에서도 내외귀인이 동기에 미치는 영향은 안정성귀인 차원보다 작다고 주장하기 때문에 내외인과성이 내적동기에 큰 영향을 미치는 근거를 설명할 필요가 있다.

여섯째, 외부보상으로 인한 내적동기의 저하 현상을 다룬 연구들은 몇 가지 한정된 상황만을 다루고 있다. 내부보상과 외부보상이 각각 높거나 낮은 조건을 생각하면 적어도 네 조건이 있는데, 이 네 조건들 가운데 내부보상과 외부보상이 모두 높은 조건에 관해서 연구가 집중되었다. 또한 내부보상과 외부보상이 모두 작은 조건을 다룬 연구도 다소 있다. 그러나 내부보상이나 외부보상 가운데 어느 한 가지만 높거나 모두 중간 수준인 조건에서 내적동기를 다룬 연구 결과가 적다. 이 조건들을 포괄해야 종합하여 내적동기에 관한 논의가 가능하게 한다.

내적동기가 낮은 조건에서 외부보상을 사용한 연구들로는 정적강화를 사용한 행동수정의 연구 결과들이 있다. 그러나 이 방면의 연구들은 원칙으로 행동을 종속변인으로 다루고 동기과정을 문제삼지 않기 때문에 동기연구에 직접 시사점을 제공하지 못한다.

일곱째, 내부보상과 외부보상을 조합했을 때 나타나는 현상의 예언에서 견해가 엇갈리므로 이 역시 장차 해명해야 할 과제이다. 내적 동기이론의 관점을 지니는 학자들은 대체로 이 두 요인이 조합되면 내적동기의 저하현상이 나타난다고 주장한다. 그러나 이 주장은 두 요인이 상호작용하면 전체 동기 수준이 더 높아진다고 가산성을 주장하는 학자들(예: Porter & Lawler, 1968)의 견해와는 대립된다. 또한 두 요인이 상황에 따라서 절감효과나 가산적 상호작용 효과를 보일 가능성도 있다. 두 요인이 상황에 따라서 효과가 달리 나타나는 현상도 앞으로 연구할 필요가 있다.

여덟째, 외부보상에 의한 내적동기의 저하 효과가 사람에 따라서 달리 나타날 수 있다는 시사도 있다. Deci(1971)의 연구에서도 내적동기를 개인별로 측정한 자유선택 반응들이 쌍봉분포를 이루었다. 이 종속변인 반응이 쌍봉분포를 이루는 경향은 Farr, Vance 및 McIntyre(1977)에 의해서도 보고되었다. 그뿐만 아니라 외부보상에 대한 반응에서 개인차가 있다는 더 강력한 증거는 Lonky(1978), 그리고 Baron과 Ganz(1972)가 칭찬을 외부보상으로 사용한 연구에서 볼 수 있다. 이들은 나이 어린 내부통제자들이 스스로 환류정보를 받으면 과제수행을 더 잘하고, 나이 어린 외부통제자들은 타인이 제공하는 환류정보를 받았을 때 과제수행을 더 잘 했다고 보고했다. 이 연구 결과들은 외부보상이나 환류의 정보기능에 대한 반응에 개인차가 있음을 시사한다. 따라서 외부보상에 의해서 내적동기의 저하가 크게 나타나는 사람들의 개인차 요인들을 해명하는 과제도 연구할 필요가 있다.

지금까지 내적동기를 연구하면서 연구의 대상이나 연구에서 다룬 변인들은 매우 다양하다. 이 가운데 중요한 변인들을 간략히 정리해 보자. 먼저 내적동기가 높은 경우에 외부보상이 내적동기를 저하시킨다는 가설은 여러 연령층에서 연구가 이루어졌는데 유아원생(Lepper et al., 1973; Greene & Lepper, 1974; Lepper & Greene, 1975; Ross, 1975; Anderson, Manoogian, & Reznick, 1976; Loveland & Olley, 1979; Boggiano & Ruble, 1979; Wells & Shultz, 1980), 유치원생, 초등학생(Kruglanski, Alon, & Lewis, 1972; Greene, Sternberg, & Lepper, 1976; Ross, Karniol, &

Rothstein, 1976; Sorenson & Maehr, 1976; Karniol & Ross, 1977; Swann & Pittman, 1977; Dollinger & Thelen, 1978; Boggiano & Ruble, 1979; McLoyd, 1979), 고등학생(Kruglanski, Freedman, & Zeevi, 1971; Kruglanski et al., 1975; Harachiewicz, 1979), 대학생(Deci, 1971, 1972b, 1975b; Calder & Staw, 1975b; Pittman et al., 1980; Enzle & Ross, 1978; Folger, Rosenfield, & Hays, 1978; Smith & Pittman, 1978) 등을 대상으로 한 연구를 통해서 지지결과를 얻었다.

이 효과를 일으키는 상황 요인들로서는 금전(Deci, 1971), 상패(Lepper et al., 1973), 과자나 쵸콜렛, 사탕(Ross, 1975)을 포함하는 여러 유형의 외부보상, 외부보상의 특출성(Ross, 1975), 감독과 같은 외부제약(Lepper & Greene, 1975; Pittman, Davey, Alafat, Wetherill, & Wirsul, 1980), 과제수행에서 타인에 의해 설정된 마감시간(Amabile, De Jong, & Lepper, 1976), 평가(Smith, 1974), 경쟁상황(Deci, Betley, Kahle, Abrams, & Porac, 1981), 좋지 않은 수행결과의 환류(Deci, Cascio, & Krusell, 1973), 처벌의 위협(Deci & Cascio, 1972), 보상제공이 상황의 규범에 어긋나는 정도(Staw et al., 1976) 등이 밝혀졌다.

그러나 외부보상이 높은 내적동기를 저하시킨다는 가설을 검증하는 데 실패한 연구들도 있다(Farr, 1976; Finegold & Mahoney, 1975; Hamner & Foster, 1975; Reiss & Sushinsky, 1975). 이 연구들은 대부분 행동주의의 관점에서 수행되었는데 동기가 아니라 수행과 같이 관찰할 수 있는 반응을 종속변인으로 사용한 경우가 많았다.

한편, 내적동기도 낮고 외부보상도 낮은 불충분정당화조건에서 내적동기를 증진시키는 데 관련된다고 알려진 요인들도 있다. 이 가운데는 자유스런 선택조건(Swann & Pittman, 1977; Zuckerman, Porac, Lathin, Smith, & Deci, 1978), 높은 행동개입 수준 혹은 행동의 철회 불가능성(Brehm & Cohen, 1962), 자신에게 불리한 결과를 초래한 행동의 수행(Calder, Ross, & Insko, 1973), 과제수행 결과의 환류(Arnold, 1976; Boggiano & Ruble, 1979; Harachiewicz, 1979), 남성에서 좋은 수행결과의 환류(Deci, 1972b), 불충분한 외부보상(Deci, 1975b) 등이 포함된다.

한편, 산업조직에서 내적동기를 증진시키는 문제에 관심을 보인 학자들 가운데는 내적동기를 증진시키는 기법으로 성원들의 참여수준을 높이거나(Vroom & Deci, 1970; Deci, 1975b) 직무의 특징을 변경시키는 직무재설계를 주장하는 학자들이 있다(Herzberg, 1959, 1968; Lawler & Hackman, 1971; Hackman & Oldham,

1975). Deci(1975a)나 Staw(1975) 역시 산업조직에서는 구체적인 직무특징을 계획적으로 변경시킴으로써 내적동기를 증진시킬 수 있다는 주장에 동조한다.

결론 및 평가

내적동기이론들 가운데 각 이론의 한계나 평가는 본문에서 다루었기 때문에 여기서는 Deci의 인지평가이론을 중심으로 삼고 내적동기이론의 전반적 특징과 평가를 중심으로 다룬다.

(1) 내적동기이론은 인간이 환경에 수동적으로 반응하지 않고 개인의 내부과정을 통해서 환경에 능동적으로 대처한다는 가정에서 발전되었다.

(2) 내적동기이론들은 외부보상이나 외부통제를 사용하면 높은 내적동기가 저하되는 현상을 해명하는 데 관심을 보였다. 이 방향의 연구에 의해서 내적동기 이론의 발전이 촉진되었지만 낮은 내적동기가 증진되는 과정을 다룬 연구가 소수이어서 균형 있는 발전이 이루어지지 못하고 있다. 이 관점에서 보면 현재까지 제안된 이론들은 장차 낮은 내적동기를 증진시키는 데 적용하여 이론으로서 타당성을 다시 평가할 필요가 있다.

(3) 내적동기를 중요하게 보더라도 외부보상을 사용하면 내적동기와 함께 전체 동기를 높은 수준으로 유발할 수 있는 조건도 있다. 외부보상으로 외적동기를 유발시킬 수는 있으나 내적동기가 높은 경우에는 저하되는 대가를 치루게 된다. 따라서 외부보상을 사용할지는 즉각 수행증진을 꾀할지 혹은 높은 내적동기를 유지할지 결정하는 목표의 선택에 따라서 달라진다. 즉각 수행을 증진하려면 외부보상이 필요할 수도 있다. 그러나 이미 어느 정도 내적동기가 유발된 창의적 작업이나 새로운 내용의 학습에서 효과를 높여야 할 경우에는 내적동기의 증진이 중요할 수 있다.

(4) Deci의 주장에 의하면 내적동기를 증진시키려면 자결성과 유능성 경험이 효과적이다. 그는 인간이 선천적으로 지니는 이 두 욕구들이 인간의 자기성장을 촉진하는 배경이라고 주장한다. 자결성과 유능성을 높이는 방법으로 참여접근과 직무확대를 추천한다. Deci의 참여접근은 동기유발보다 외부통제를 배제하고 자율성을 높이는 기법이라고 볼 수 있다. 그러나 그는 참여를 촉진시키기 위한 구

체적 절차나 과정을 마련하지 못했다. 또한 그의 참여접근은 모든 문화권에 일관되게 지지되지 못한다.

(5) 외부보상과 내부보상이 양립하거나 더 높은 동기를 유발하는 데 함께 사용할 수 있는지 해명할 필요가 있다. 내적동기 이론가들은 이 두 요인이 양립할 수 없어서 둘을 모두 사용하면 내적동기가 저하된다고 주장한다. 그러나 Atkinson, Porter와 Lawler, Staw 등은 조건에 따라서 이 두 요인들을 조합하여 사용하면 동기유발은 더욱 효과적이라고 주장한다.

(6) 내적동기이론들은 산업조직에서 실제로 자주 사용되는 금전유인이나 외부통제를 반대한 점에서 여러 조직심리학자들에게 당혹감을 안겨주기도 했다(Hamner, Ross, & Staw, 1983, 64쪽). 그러나 이 상반된 주장의 대립을 해결하는 과정에서 이론이나 실무에 흥미 있는 시사점들을 제공한다고 볼 수 있다. 이 전망은 외부보상의 기능을 통제기능과 정보기능으로 나누어서 분석을 시도한 여러 학자들의 견해들(Deci, 1975), Hamner, Ross 및 Staw(1983), 그리고 Staw, Calder 및 Hess(1976)의 절충적 견해에서도 밑받침된다. Hamner, Ross 및 Staw(1983, 66쪽)는 관리자가 외부보상을 사용함으로써 개인을 위협한다고 지각하는 경우에만 외부보상이 만족과 행동의 저하를 초래한다고 해석했다. 또한 이들은 상황의 규범에 따라서 외부보상의 효과가 달리 나타난다고 주장한다. 이러한 시사점들이 유익한 내용들임에는 틀림없지만 대립된 문제에 대한 대답으로서는 매우 미흡한 수준으로 앞으로 많은 연구가 요구된다.

(7) 내적동기이론에 대해서 여러 비판이 제기되었다. 먼저 행동주의 관점에서는 보상받게 되는 표적행동이 명확하게 정해지고 수행 수순에 따라서 외부보상이 제공되면 외부보상이 내적동기와 아울러 창의성도 높일 수 있다고 주장한다. 또한 산업조직에서 대체로 작업동기가 외부 유인체제에 의해서 유발되기 때문에 내적동기와 외적동기의 구분이 유용한 접근인지 의심하는 비판도 있다(Howell & Dipboye, 1982, 62쪽). 또한 내적동기와 외적동기가 모두 높아서 내적동기가 저하되는 현상은 특수하고 국한된 상황에 한정되므로 특수한 조건에만 한정되어서 사소한 의미만 지닌다는 주장도 있다.

(8) 내적동기에 관한 연구들은 외부보상이나 환경요인들이 동기에 미치는 영향을 다루는데서 벗어나서 행위자 내부의 요인을 다루어서 동기이론의 발전에 공헌을 했다. 또한 이론이나 연구방법에서도 대체로 정교한 형태를 띠어서 인상

적이다. 그러나 연구의 결과를 내적동기를 유발하는 데 적용하려는 현실의 요구에서 본다면 현재까지 연구의 결과로부터 얻을 수 있는 시사점은 소극적인 내용이 대부분이다. 높은 내적동기를 지니고 있는 경우에는 이를 저해하지 않기 위해서 외부보상이나 외부제약 등을 무분별하게 사용해서는 안된다는 점으로 요약된다.

그러므로 지금까지 높은 내적동기를 저해하는 요인을 규명하려는 소극적 접근으로부터 장차 낮은 내적동기를 증진시키는 요인이나 조건을 해명하려는 적극적 접근으로 연구의 방향을 전환할 필요가 있다. 현실에서 내적동기가 문제되는 배경을 보면 외부통제에 의한 동기관리가 자발성, 창의력 및 잠재적 능력을 발휘하기 어렵게 만든다는 데 있다. 그러므로 내적동기가 낮은 조건에서 내적동기를 높이는 연구가 긴요하다. 또한 현재까지 내적동기를 높이는 연구와 연결되지 못한 채 단편적으로 시도되었던 여러 동기의 증진방안들을 내적동기이론이나 연구결과와 연결짓는 일도 장래 과제이다.

제10장
제어이론

개　관

최근 인간이 행동을 자기조절하는 과정을 설명하는 동기이론들이 여러 형태로 제안되었다. 이 가운데 제어이론은 1940년대부터 나타난 초기 이론으로서 최근에는 동기심리 분야에서 가장 많이 연구하는 이론들에 포함된다.

이 장에서는 먼저 여러 이론들 가운데 원형의 제어이론으로 평가되는 Wiener(1948, 1950), Powers(1973), Carver와 Scheier(1981, 1998)의 이론을 살펴보고, 이 이론에 관한 최근 연구 동향과 과제를 간략하게 정리한 후에, 이 제어이론에 대한 평가를 다루기로 한다. 국내에서 지금까지 제어이론에 관한 소개는 적절하게 이루어지지 못했다. 장차 이 이론에 관한 연구가 국내외 동기심리 분야에서 중요한 시사점들을 제공하기 때문에 비교적 상세하게 다루기로 한다.

제어이론의 성질

제어이론(control theory)은 오랜 기간의 변모과정을 거쳐서 최근에 이론으로 재정립되었다. 이 이론에서는 인간이 얻기를 바라는 기준과 비교하면 대체로 실제 얻은 결과는 이 기준에 미치지 못하므로 차이(discrepancy)를 경험하기 때문에 동기가 유발된다고 가정한다. 그러므로 제어이론은 행동결과를 지각하며 이 정보를 환류(feedback)하기 때문에 동기가 유발된다고 주장한다. 초기 제어이론에서는 인간의 경우에 실제로 얻은 결과가 개인이 바라던 기준에 미치지 못하는 상황이 많기 때문에 이와 같은 차이를 경험하게 되면 차이의 크기에 따라서 이 차이를 줄이려는 동기와 강도가 달라진다고 주장했다. 이 과정에서는 개인의 행동 결과가 기준에 도달하지 못해서 차이를 줄이려 하므로 부정적 환류과정(negative feedback loop)이라고 부른다. 그러나 최근 Carver와 Scheier(1998)는 인간이 때에 따라서 이미 지니던 기준을 높게 설정함으로써 오히려 현재보다 차이를 더 크게 만드는 긍정적 환류과정(positive feedback loop)도 인간의 동기에 영향을 미친다고 주장했다.

제어이론은 최근까지 여러 다른 동기이론들로부터 중요한 요소들을 추가하여 새로운 발전을 모색해 왔다. 예를 들면, 제어이론에서는 객관적 자기인식이론, 목표설정이론, 사회인지행동이론 등에서 중요한 요소들을 수용하였다. 그러므로 최근에 이 이론은 초이론(meta-theory)의 성격을 지니게 되어서 이론의 검증에서 어려움을 초래하는 경우가 많다. 그러나 최근에 제어이론은 인간의 동기와 정서 그리고 행동의 자기조절 과정을 다루는 이론으로서 많이 연구되고 있다.

제어이론(制御理論. control theory)은 Wiener(1948, 1950)의 인간두뇌공학(cybernetics) 이론을 발전시켜서 수립되었다. 그 후 이 이론은 Powers(1973)의 연구를 통해서 이론의 기초가 확립되고, Carver와 Scheier(1981, 1998)에 의해서 일반이론으로 확장되고, Hyland(1981)와 Lord(Campion & Lord, 1982; Lord & Hanges, 1987)와 Klein(1989)이 산업조직에도 적용하게 되었다.

초기 제어이론에서는 실내온도가 일정한 수준이 되도록 자동제어하는 일종의 동질정체(homeostasis)의 체계에 비유하여 동기과정을 설명했다. 이와 같이 초기 제어이론에서는 기계체계의 작동과정에 착안하여 행동의 조절이 이루어지는 과정을 다루었다. 이 관점에서 자동제어체계와 마찬가지로 인간도 도달하려고 하는 기준 혹은 목표를 지닌다고 보았다. 이 기준 혹은 목표를 지닌 조건에서 행동이 기준에 도달하지 못하게 되면 이 기준과 행동 결과의 차이(差異, discrepancy)가 환류(feedback)됨으로써 이 차이를 줄이려는 동기가 작동된다고 가정한다. 그러므로 제어이론에서는 환류과정을 거쳐서 차이가 지각되면 동기를 유발하는 근원이 된다(Duval & Hensley, 1976). 그리고 이 차이가 크면 클수록 동기는 높아지게 된다.

한편 Carver와 Scheier(1981)는 Duval과 Wicklund(1972; Duval & Hensley, 1976; Wicklund, 1978)의 객관적 자기인식이론(theory of objective self-awareness)을 도입하여 제어과정에서 자기인식의 중요성을 부각시켰다. 객관적 자기인식이론에서는 인간의 주의가 일정한 순간에 자기 밖의 환경이나 혹은 자기 내부에 집중된다고 가정한다. 이 자기주의는 외부자극들 때문에 시간에 따라서 외부로 쏠리거나 혹은 자기 내부에 집중되도록 빠른 속도로 이동한다고 보았다. 이 외부자극들 가운데 예를 들어서 시끄러운 소리는 주의를 외부에 집중하도록 하지만 거울을 보거나 혹은 자기를 관찰하는 타인을 만나면 주의가 자기 내부로 집중된다. 이와 같이 환경에서 외부자극에 의해서 주의가 자기 내부로 집중되면 개인은 마치 타인을 관찰하는 경우와 비슷하게 자신을 객관적 대상으로 인식하게 된다. 그리고 이 경우에는 개인이 바라던 상태와 현재 상태를 비교하게 된다고 보았다.

이 조건에서 인간은 대체로 개인이 바라던 상태와 비교해서 실제 상태가 이에 이르지 못한다는 사실을 인식하게 된다. 그러므로 이 차이로 인해서 자신에 관한 정서로는 혐오를 경험하게 되고 동기의 측면에서는 차이를 줄여서 바라는 상태에 도달하려는 동기가 유발된다고 주장했다. 이 이론은 기준과 수행의 지각된 차이가 동기를 일으킨다고 가정하기 때문에 차이가 크면서 자기주의가 이 차이에 집중될수록 강한 동기가 유발된다고 주장한다.

제어이론의 핵심 과정을 이해하기 위하여 Carver와 Scheier(1981, 1998, 32쪽)가 제시한 [그림 10-1]을 살펴보기로 하자, 이 그림에서 개인이 지니는 준거가치(reference value)란 개인이 행동을 실제로 수행한 결과로서 산출된 행동을 비교하게 되는 기준(standard) 혹은 목표(goal)를 의미한다. 이 기준 혹은 목표는 수행된 행동의 결과와 함께 비교기(cooperator)에 투입되어서 차이를 지각하게 된다. 그런데 대부분 준거가치에 비해서 실제로 산출된 행동은 이에 미치지 못하여 차이를 보이는 경우가 많으므로 이 차이를 감소시키려는 동기가 유발된다. 이처럼 초기 제어이론에서는 지각된 차이를 줄이는 방향으로 동기가 작동된다고 가정한다.

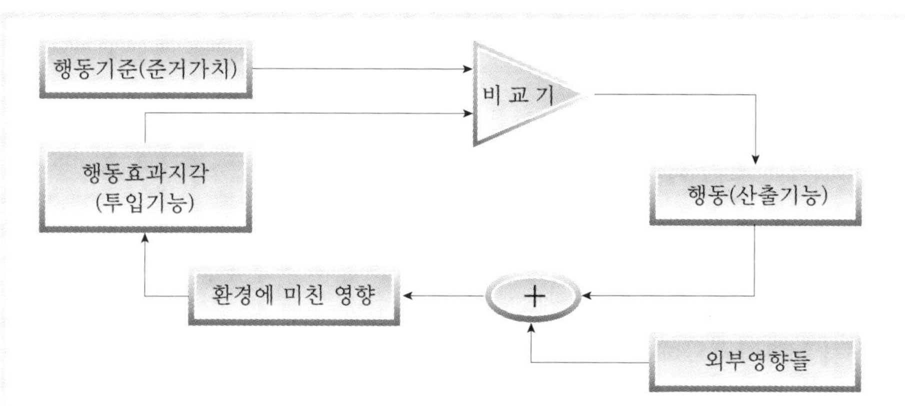

[그림 10-1] Carver와 Scheier의 제어과정(Carver & Scheier, 1998, 32쪽 보완)

Carver와 Scheier는 자기주의가 집중되어서 자기행동의 결과가 환류된 조건에서는 기준과 수행의 비교를 통해서 차이가 증폭되어서 경험되면 제어과정에 미치는 영향이 더욱 커진다고 주장했다. 그리고 차이가 경험되면 다음 세 반응들이 나타날 수 있다고 가정한다. 첫째, 기준을 중요하게 생각하면 이 기준에 맞도록 노력을 더 기울인다. 둘째, 기준을 낮추어서 노력을 계속 기울인다. 셋째, 과제로부터 철회하여 자기조절하는 제어과정을 종결한다. 그런데 이들은 이 세 과정들 가운데 어떤 기제가 어떤 상황에서 나타나는지 설명하기 위하여 개인이 지닌 기준에 도달할 수 있다고 보는 기대에 따라서 달라진다고 주장했다.

최근 Carver와 Scheier(1998)는 제어이론을 자기이론으로 보완하여 자기조절이론(自己調節理論, self-regulation theory)으로 확장하였다. 자기조절이론이란 자기구조와 기능이 동기, 정서 및 행동에 영향을 미친다고 가정하는 이론들로서 이 조절과정에서 이 자기의 구조와 기능이 주도적으로 영향을 미친다고 가정한다.

제어이론이 최근의 발전된 모습을 갖추기까지 여러 학자들이 이 이론의 기반을 구성하는 중요한 요소들을 제안하여 현재 볼 수 있는 골격을 갖추게 되었다. 먼저 제어이론의 발전에 크게 기여한 Powers의 이론과 제어이론들 가운데 최근에 가장 자주 연구되는 Carver와 Scheier의 제어이론을 살펴보기로 한다.

Powers의 제어이론

제어과정

제어이론을 발전시키는 데 공헌한 Powers(1973, 17~18쪽)는 행동주의자들이 행동의 객관적 원리를 알아내기 위하여 외부에서 관찰할 수 있는 행동을 단위로 나누는 접근법을 쓰는 데 반대한다. 그의 주장에 따르면 이 행동주의 접근은 전체 행동을 분할할 수 있는 여러 방식들 가운데 하나에 불과하다. 그리고 이 방식은 항상 실제로 관찰할 수 있는 행동적 사실을 기술한 데 불과하므로 신경체계의 내부에서 이루어지는 과정을 설명하는 데는 무의미하다.

행동주의 접근에 대한 이 비판에 근거해서 Powers는 행동체계의 내부에 존재하는 하위체계를 설명하려면 두뇌의 내부조직을 설명할 수 있는 모형이 필요하다고 주장했다. 다시 말해서 외부로 표출된 행동은 과거에 이루어진 행동을 근거로 추론해서는 설명력이 없으므로 인간의 내부에서 발생한 실체들간의 상호작용을 내부체계와 외부세계의 상호작용으로 이해해야 설명력을 지니게 된다.

이 관점에서 Powers는 행동이 실행되는 과정을 기술한 Miller, Galanter 및 Pribram(1960)의 TOTE(Test-Operate-Test-Exit) 모형에 대해서도 비판한다. 이 모형에서는 인간의 행동을 컴퓨터 모의과정에 비유하여 설명한다. 그러므로 인간의 행동은 목표에 따라서 행동을 실행하고, 이 실행 결과를 관찰하여 목표를 기준으로 평가하고, 다시 이 목표에 도달할 때까지 새로운 행동을 실행하는 일련의 새로운 행동을 실행하는 일련의 과정으로 이해한다. 물론 상대적으로 이 모형이 광범한 행동에 적용될 수 있는 조직의 원리들을 지니기 때문에, 관찰된 행동 자체보다, 두뇌의 내부과정을 설명하는 데 상당한 설명력을 지닌다. 그러나 Powers는 이 역시 인간의 사고에서 뇌가 하는 일을 기술한 데 불과하고 인간의 사고를 가능하게 만드는 뇌의 내부기능을 설명하는 개념들은 아니라고 비판했다.

Powers가 뇌의 내부기능을 설명하기 위하여 뇌의 내부조직으로 제안한 기본요소들은 신경신호들과 신경기능들의 개념이다. 그는 뇌의 기능에서 행동주의 관점처럼 단일 신경원(neuron 혹은 세포)이나 단일 충동이 행동의 중요한 요소라고 가정하지 않는다. 그는 신경망에서 지니고 있는 계산기능들이 뇌 조직화의 최소 단위라고 본다. 그리고 그는 지속적으로 변하는 신경의 흐름이 계산기능에 이르기까지 정보를 운송하거나 계산기능을 거쳐서 정보를 출력하는 운반체의 기능을 한다고 가정했다(Powers, 1973, 39쪽).

여기서 그가 말하는 신경신호들이란 지각신호들을 말하는데, 이는 뇌가 현실을 경험하는 한도 내에서 현실이기도 하다. 그러나 이 신경신호의 기능으로 보면 가상현실에서 보는 바와 같이 현실로 경험하는 바와 달리 나타날 수도 있다. 그러나 대체로 신경신호들은 현실에 의존해서 경험하기 때문에 현실을 반영하는 경우가 많다. 그러므로 지각기능에 관련되는 신경신호들은 신경계의 외부 환경에서 발생한 사건들에 의존해서 나타나는 지속적 기능을 말한다. 그리고 신경기능들이란 신경신호들 가운데 하나나 혹은 그 이상이 서로 연결된 형태로 나타나서 뇌 조직의 하위부분들로 분할되는 계산망들을 말한다.

Powers의 개념으로 보면 신경신호들은 지각을 결정짓는 기능을 지닌다. 여기서 그가 말하는 지각이란 환경에서 나타난 사건이 하나 또는 그 이상의 연속되는 신경신호들로서 감각수용기를 통해서 계속해서 뇌의 내부에 표상된 결과로서 나타나는 산물이다. 그런데 이 지각은 흔히 가정하는 바와 같이 의식된 지각에 한정되는 개념이 아니다. 개인의 의식과정으로 인해서 자각이 포함된 지각만을 생각하면 지각이 의식된다고 말할 수 있다. 그러나 지각에서 주의과정이 따르지 않으면서도 지각될 수도 있으므로 지각이란 의식과 무의식 과정을 포함해서 단지 뇌에서 일어난 현상이라고 정의된다. 지각을 요약해서 정리하면 의식이나 의식이 아닌 다른 경로를 거쳐서 신경신호들이 뇌의 내부에 표상된 결과이다.

Powers는 뇌 조직화에 관한 위의 가정들을 전제로 이미 Wiener(1948) 이후 제어이론에서 제안되어 있는 객관적으로 관찰이 가능한 행동의 환류과정과 아울러 실제행동이 준거가치에 미치지 못하는 경우에 나타나는 부적환류의 가정을 연결하여 설명한다(Powers, 1973, 41~69쪽). 이 두 과정에 관한 가정들은 Powers가 행동주의에 대한 비판에 근거를 두고 뇌 과정을 설명한 이론에서뿐만 아니라 그 후 변형된 여러 제어이론들에서도 유사한 형태로 제안된다.

제어이론으로 보면 환류(feedback)가 모든 관찰된 행동에서 중심 기능을 하게 된다. 다시 말해서 환류된 정보는 준거체계(準據體系, reference system)와 비교되는 과정을 거쳐서 행동을 결정짓게 된다. 그러므로 제어이론에서 제어과정을 작동시키는 요인은 준거나 환류정보 자체가 아니라 행위자의 견지에서 준거와 환류정보로서 제공된 사건의 차이(discrepancy, 오차 error라고도 한다)의 지각이다. 다시 말하면 제어이론에서는 준거체계나 환류 자체는 제어체계를 작동시키는 동기과정이 아니다. 그는 준거와 환류 정보의 차이에 관한 지각으로 인해서 외부로 행동반응을 일으키는 제어체계가 작동된다고 주장한다. 이 때 일반적으로 준거체계의 기준과 비교해서 항상 차이가 작아지는 방향으로 제어체계를 작동시킴으로써 교정이 이루어지도록 한다.

Powers는 이처럼 행동의 결과가 환류과정을 통해서 준거와 차이를 지각하게 만드는 준거조건을 유발하기 때문에 이 특징을 부각시키기 위하여 행동이 지각을 조절한다고 주장했다(Powers, 1973). 달리 말해서 준거와 환류 결과의 차이가 지각되어서 제어과정을 통하여 행동을 작동시킬 만큼 환경에 영향을 미치지 못하게 되면 유기체의 행동에는 아무런 변화도 없게 된다. 또한 그는 이러한 맥락에서 준거조건이 현재 행동의 결과로 나타난 상태의 지각만을 나타내지 않고 장차 있어야 할 목표상태의 지각을 나타내기도 한다고 본다. 그의 말을 빌리자면 준거조건이란 일정한 시점에서 행동의 결과로서 나타난 상태로 인해서 준거와 관련 있는 실제 조건의 지각이 유발되는 경우에 목표의 지각과 유사하다(Powers, 1973, 46쪽).

한편 환류과정에서는 준거체계의 기준과 행동의 결과에 관한 정보를 비교해서 그 기준을 능가하거나 혹은 못 미치는 차이를 환류시킬 수 있다. 그런데 Powers는 인간의 정상적 행동에서는 이 환류과정에서 기준에 못 미치는 차이가 감지되어서 제어과정을 통하여 차이가 감소되는 이른바 부적환류과정(negative feedback loop)만이 중요한 의미를 지닌다고 주장했다. 왜냐하면 일정한 기준이 이미 설정된 후에 그 기준과 비교해서 차이가 더 커지는 행위가 나타나서 이른바 정적환류(positive feedback loop)의 과정을 따르게 되면 제어과정의 작동으로 인해서 기준에 적합하기보다 더 동떨어진 방향으로 행동이 이루어지기 때문에 부적응적으로 된다고 보기 때문이다.

달리 말해서 제어이론의 논리로 보면 정적환류는 기준 자체의 변화를 초래할 수 있을지는 모르지만 제어과정 자체를 작동시키지는 못한다. 왜냐하면 제어이론에서는 기준과 행동 결과의 차이에 의해서 제어과정이 작동한다고 설명하기 때문에 기존의 기준과 변화된 기준의 차이거나 혹은 변화된 기준 자체가 제어과정을 작동시킨다고 주장할 수는 없기 때문이다. 이 모순을 해결하기 위하여 제어이론에서 여러 대안이 제안되었다. 그 가운데 Powers나 이전의 제어이론과 달리 Carver와 Scheier(1998)는 어떤 준거기준 혹은 목표에 도달하기 위하여 차이를 줄이려는 제어과정(discrepancy-reducing loop)만 아니라 이에서 멀어지려고 시도하는 차이확대과정(discrepancy-enlarging loop)도 가정하는 수정된 제어이론을 제안했다.

Powers는 이처럼 부적환류과정만을 강조하는데 Carver와 Scheier처럼 다른 제어이론가들은 차이를 확대시키는 정적환류과정도 중요하다고 본다. 정적환류에 관해서 제어이론 안에도 다른 이론들이 제안되었다. 목표 혹은 기준의 설정에 관한 이 문제는 특히 목표설정이론에서 제어이론을 비판하면서 중요한 논쟁점으로 부각되기도 했다.

제어위계의 조직

Powers의 제어이론에서 제어과정을 작동시키는 중요한 요소들 가운데 목적들의 위계개념이 뇌 과정의 조직화를 이해하는 데 중요하다. 이 개념을 이해하기 위하여 신체활동의 제어과정을 예로 들어보자. 앞에서 살펴본 바와 같이 그는 유기체가 행동을 조절하지 않고 단지 지각을 조절한다고 주장했다. 그리고 기준과 지각의 차이에 의해서 행동이 조절된다고 본다. 그런데 유기체가 지각을 조절한다고 보면 신체활동은 수많은 단위들로 구성되므로 단위로 설명하려면 실행된 활동의 수만큼 조절이 이루어진다고 가정해야 한다. 그러나 Powers는 여러 활동들이 인간의 행동목록에 각각 별개로 존재하지 않고 서로 위계를 이루는 형태로 존재하기 때문에 근육이나 동작 수준의 행위들이 가장 낮은 위계에 놓이고 이보다 상위위계에는 동작 수준 이외의 여러 위계들이 연결되는 형태로 조직되어 있다고 가정했다.

이와 마찬가지로 지각, 제어과정 및 목표-목적들도 위계로 조직화되어 있다. 달리 말해서 인간 행위들은 하위위계부터 점차 상위위계에 이르기까지 차례대로 행동의 조절위계, 조절된 지각들의 위계, 그리고 적응이 가능한 목표-지각-목적들의 위계가 존재한다. 그는 뇌가 이처럼 위계를 이루는 제어체계로 조직화되어 있다고 주장했다. Powers가 제안한 제어위계의 관점에서 위계란 투입된 내용의 처리단계와 아울러 처리단위도 동시에 고려한 개념이라고 볼 수 있다.

이 제어체계의 위계개념은 제어이론에서 매우 중요하다. 예를 들어서 신체활동을 통해서 다트를 표적에 맞추려고 하는 경우에 표적에 맞추려는 목표에 따라서 작동하는 높은 위계 수준의 목표지향 행동이 아니라면 고차위계 수준의 제어과정은 작동하지 않는다. 따라서 인간의 행동을 설명하려는 목표지향의 성질을 지니는 고차위계의 작동을 가정해야 하기 때문에 하위위계 체계의 조절과정과 상위위계의 작동이 위계적으로 연결되도록 전체의 조절위계가 조직되어 있다고 볼 수 있다.

Powers의 이론으로 보면 목표지향 행동이란 모든 시점에서 목표상태의 지각들이 유지되는 행동을 말한다. 높은 목표상태의 지각들이 유지되는 행동에서는 하위체계들이 작동하는데 이 때 준거기준과 행동결과의 차이 혹은 오차를 교정하는 활동이 이루어지는 시간은 상위위계 수준일수록 길어진다. 그러나 하위위

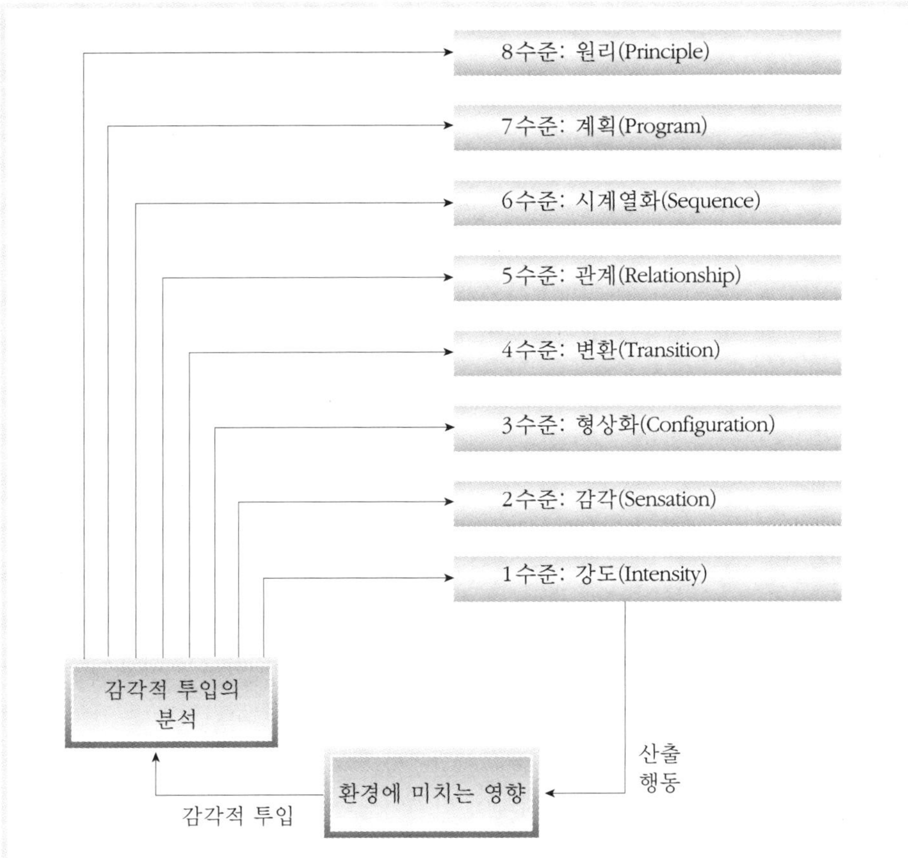

[그림 10-2] Powers(1973)의 제어체계의 위계

계 수준에서 이루어진 신체활동에서 근육의 작용 결과에 대하여 지각을 일으킨 행동을 생각해 보면 행동의 변화란 준거신호들에서 일어난 차이에 상응되는 변화가 생겼음을 의미한다. 따라서 짧은 시간에 준거신호들의 변화가 나타나지 않고 정지되는 상태에 이르면 근육 수준에서 발생하는 행동은 그 시점에서 멈춘다.

앞에서는 Powers의 이론에서 위계화된 체계를 통해 제어과정이 작동되는 과정을 설명했다. 이제는 그가 제안하는 제어이론에서 위계체계의 수준들을 어떻게 설명하는지 알아보자. Powers는 제어위계를 대체로 8개 수준으로 설명한다. Carver와 Scheier(1981, 127~136쪽)가 요약한대로 이 8개 수준들을 그림으로 나타내면 [그림 10-2]와 같다.

[그림 10-2]에서 제1수준 강도(intensity)는 외부로부터 자극을 받았을 때 인간이 경험하는 자극의 강도를 나타낸다. 이 위계는 여러 위계들 가운데 실제로 환경과 직접 교류한다는 의미에서 최하위 위계의 가장 말초수준에 해당된다. 이 제1위계보다 높은 수준에서는 통합과 추상 작용이 일어나서 점차 복잡한 성질을 지니게 된다. 제2수준의 감각(sensation) 위계에서는 자극을 감각한 강도에 따라서 자극의 속성들로 전환되어서 자극의 속성을 감지한다. 제3수준의 형상화(configuration)에서는 자극의 속성들이 사물에서 보는 바와 같이 형상들로서 집합화되어서 경험된다. 제3위계에서 이루어진 형상들로부터 제4수준의 변화감 혹은 변환(transition), 제5수준의 관계(relationship)들의 지각, 그리고 제6수준의 시계열적 순서(sequence)의 감지에 이를수록 감각 재료들로부터 점차 고차적 분석 수준에 도달하여 추상화된다.

Carver와 Scheier(1981, 131쪽)는 그 다음 위계인 제7수준의 계획(program)과 제8수준의 원리(principle)에서는 더욱 고차적인 추상화 수준이 요구된다고 보았다. 특히 인간의 행동을 설명하려는 성격이나 사회심리학자들에게는 이 두 수준들이 중요하다. 제7위계에서는 행동을 통해서 개인이 추구하려는 목표에 도달하기 위하여 전략의 사용에 관한 지각과 아울러 '만약 어떤 조건이라면 결국 어떻게 될 것인가'를 판단하는 과정이 중요하다. 이 판단과 결정 과정에 따라서 시간에 따라서 발생한 사건들에 관한 지각이 이루어진다.

이들은 Powers의 계획 수준이 Schank와 Abelson(1977)이 주장하는 사건도식(事件圖式, script)과 의미가 유사하다고 본다. Abelson(1976)의 정의에 따르면 사건도식이란 사건들이 일관성 있게 시간에 따라서 이루어지는 시계열에 대해서 개인이 지니는 기대를 말한다. 예를 들면 식당에서 식사하는 행동의 경우에 식사를 주문하고 마지막으로 비용을 지불하기까지 전체 과정에 대한 지식 혹은 기대가 사건도식이다. 이 도식은 명명지식과 절차지식을 모두 지칭할 수도 있으며, 단지 사건에 대한 단순한 기술일 수도 있고 마땅히 해야 할 행위들을 포함하기 때문에 규정일 수도 있다.

개인이 달성하려는 행동의 목표설정과 관련지워 볼 때 사건도식이 중요한 이유는 목표지향 행동의 실행에서 이 사건도식이 행동을 실행하는 동안에 발생하는 절차지식이거나 혹은 반응의 지침이 될 수 있기 때문이다. 달리 말해서 Schank와 Abelson은 사건도식이 두 가지 기능들을 지니는 구성개념이라고 본다. 그 가운데 하나는 유사한 사건이 발생하는 시간의 흐름으로 볼 때 유사하다고 볼 수 있는 사건들을 분류하는 범주들을 인식하는 기능이며, 또 한 가지는 해당되는 상황의 범주에 따라서 알맞는 도식을 사용하여 행위자의 행동을 이끄는 기능이다. 즉, 이 도식은 사건의 인식과 행동적 사건의 실행을 나타내기 위하여 사용되는 개념이므로 계획 수준에서는 행동의 기준을 마련하게 된다. 이 계획 혹은 사건도식은 다음에 발생할 사건이 이전에 발생한 사건에 의존되기 때문에 실제로 어떤 사건의 전개과정이 각 상황에 따라서 달라지므로 여러 측면에서 분명하지 않은 복잡한 기준이다. 그러나 계획들은 흔히 모두가 하나처럼 작동되는데, 일단 한번 작동하게 되면 이 계획의 실천이 완료될 때까지 행위자는 이 계획의 작동을 중단하기 어렵게 된다. 이런 의미에서 제어위계에서 제7위계를 구성하는 전체 계획은 하위목표들을 묶는 끈을 구성한다기보다 하위목표들을 포괄하여 하나의 목표로 통합하는 기능을 지닌다고 볼 수 있다.

제어위계에서 가장 높은 원리(principle) 수준은 계획 수준보다 더 추상적 성질을 지닌다. 다시 말해서 원리 수준의 위계는 목표로서 추구하는 원리에만 충실할 수 있다면 비록 다양하게 영향을 미치는 행동의 영역들과 아울러 행동의 표출에서 활용되는 전략들도 역시 모두 다양하게 나타날 수 있도록 허용하기 때문에 구체성이 매우 낮은 개념적, 논리적 혹은 도덕적 원리이다. Schank와 Abelson이 제안한 위계로 보면 이 원리 위계의 수준은 초사건도식(meta-scripts)이라고 볼 수 있는데, 이는 다양한 하위 도식들을 선택할 수 있도록 허용하는 지침이 되기 때문이다. 이 원리 수준의 기준들은 원리 수준에서 최고 목표를 충족시키기 위하여 하위 수준에서 사용할 수 있는 계획의 유형을 정해 주는 방식으로 작동한다고 볼 수 있다. 그런데 최고 원리 수준의 목표가 설정되어서 일단 기준이 마련되면 환류과정의 작용에 의해서 그 이하 위계 수준들에서도 각각 기준들이 설정되어서 행위가 실행되며, 그리고 행동한 후에는 환류과정을 거쳐서 이 기준들이 다시 계속해서 재설정된다. 원리 위계 이하의 위계들에서 이루어지는 이 제어과정들은 개인이 이미 설정한 원리 위계의 목표가 달성되거나 혹은 이 원리 위계의 목표를 변경하기까지 계속해서 작동된다.

Carver와 Scheier의 이론

개 요

제어이론 가운데 Carver와 Scheier(1981, 1990, 1998)가 수정한 이론은 최근에 중요한 이론으로 평가되어서 동기와 정서를 다루는 여러 연구에 활용되고 있다. 이 이론에서 인간이 행동을 자기조절하는 과정에서 환류과정(feedback processes)이 중요하다고 본다. 이 이론에서는 인간의 자기조절과정을 설명하면서 인공두뇌공학(cybernetic)의 관점을 유지하고 있다. 그러나 이 이론은 인간 신체의 내부 균형상태를 조절하기 위하여 환류과정이 중요하다고 주장했던 초기 관점을 떠나서 의식과정을 통해서 행동을 제어하는 과정까지 포괄하여 설명한다. 그러므로 이들의 제어이론에서는 초기이론에서 생물학적 동질정체과정에 초점을 맞춘 바와 달리 컴퓨터의 정보처리과정에서 보는대로 정보의 제어과정을 다룬다고 볼 수 있다.

이 이론에서는 인간이 목표를 추구하기 위하여 행동을 자기조절하는 과정에서 자기행동의 결과에 관한 정보를 사용하여 환류과정을 작동시키기 때문에 동기와 정서가 유발된다고 주장한다. 앞에서 설명한 바와 같이 개인이 자기행동의 결과를 관찰하여 그 정보를 환류하게 되면 개인이 지니는 기준과 이 정보를 비교하여 환류과정을 작동시키기 때문에 동기와 정서가 유발된다고 주장한다. 그리고 개인이 자기행동의 결과를 관찰하여 기준과 이 정보를 비교하게 되어서 차이(discrepancy)를 경험하게 된다고 가정했고 이 차이가 클수록 이 차이를 줄이려는 동기가 강해진다고 가정했다.

이 가정들에서 보는대로 Carver와 Scheier의 제어이론에서는 인간 행동에서 개인행동의 결과에 관한 환류(feedback)가 동기를 유발하는 근원이 된다고 주장한다. 이 주장에 근거를 두고 환류정보가 투입되면 이 정보를 개인이 지니는 목표 혹은 기준과 비교하게 된다고 가정했다. 그리고 이 비교의 목표 혹은 기준은 원래 개인이 지니고 있다고 주장한다. 그러므로 인간의 목표나 기준이 인간의 행동에서 중요하지만 동기는 환류과정을 통해서 유발된다고 주장한다(Carver & Scheier, 1998, 4쪽).

한편 앞서도 설명한 바와 같이 Carver와 Scheier는 제어이론을 확장하면서 Duval과 Wicklund(1972; Duval & Hensley, 1976)가 제안한 객관적 자기인식이론(objective self-awareness theory)을 도입했다. Carver와 Scheier는 객관적 자기인식 이론을 제어이론에 도입하면서 주의가 사회환경에 집중된 경우와 달리 자기에게 집중되면 비교기(comparator)에서 행동기준과 환류정보의 차이에 관한 인식이 증폭되어서 정서와 아울러 이 차이를 줄이려는 동기의 강도가 높아지게 된다고 주장했다. 그는 이 관점에서 개인의 주의가 사적으로 지니는 기준에 집중되는 사적주의(private self-attention) 혹은 타인들이 자기에게 기대하는 기준에 집중되는 공적주의(public self-attention)가 높아지게 되면 행동기준과 행동결과에 비교과정에서 차이의 인식이 증폭되어서 개인이 추구하는 목표를 달성하려는 동기가 높아진다고 주장했다.

Duval과 Hensley는 객관적 자기인식이론을 수정하면서 기준에 미치지 못해서 차이로 인해서 경험하는 부정적 정서를 경감시키려는 동기뿐만 아니라 기준을 초과한 경우에도 차이를 줄이려는 동기과정이 나타난다고 설명했다. 다시 말해서 실제로 행동의 결과가 개인이 설정한 기준을 초과하는 경우에 경험하는 정서와 동기과정도 설명하는 방향으로 이론을 확장했다.

Carver와 Scheier도 초기 이론에서는 인간이 목표를 달성하기 위하여 차이를 줄이는 방향으로 목표를 추구하는 부정적 환류과정(negative feedback loop)을 주로 다루었다. 그러나 수정이론에서는 이 부정적 환류과정뿐만 아니라 목표를 회피하는 방향으로 차이를 확대하는 긍정적 환류과정(posive feedback loop)도 작동한다고 주장했다.

지금까지 Carver와 Scheier 이론의 개요에서는 다른 제어이론들과 어떻게 다른지 살펴보았다. 다음 절에서는 이들이 인간이 제어과정을 통해서 동기와 아울러 정서를 어떻게 자기조절한다고 설명하는지 살펴보기로 한다.

제어과정의 위계조직

Carver와 Scheier(1990, 12~22쪽)는 앞에서 살펴본 Powers(1973)의 제어위계이론을 수용하여 제어과정의 위계조직을 설명하였다. 이들은 인간이 추구하는 목표의 위계 수준들 가운데 최상위의 이상적 자기상(自己像)의 추구부터 그 바로 하

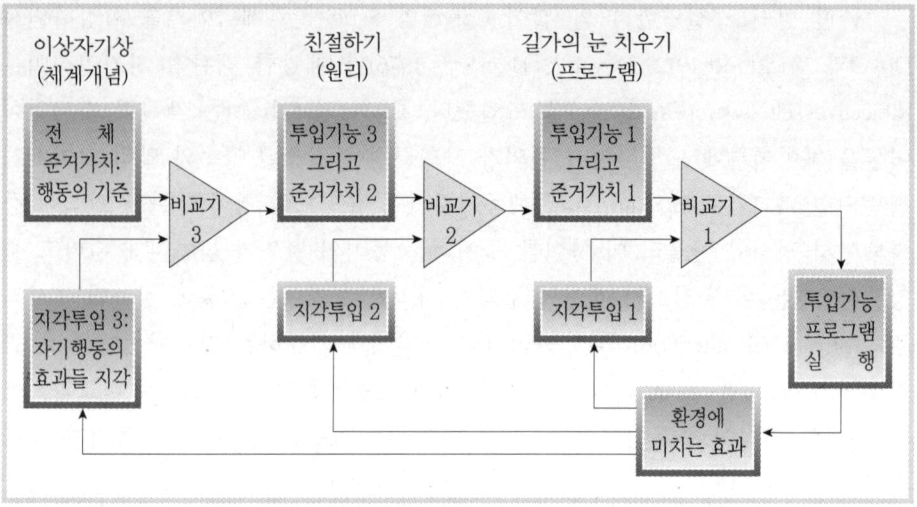

[그림 10-3] 상위 세 위계의 환류체계조직(Carver & Scheier, 1990, 13쪽)

위위계의 원리 수준과 이에 따라서 하위의 행위프로그램이 마련되는 일련의 과정들을 다음 [그림 10-3]처럼 제안하였다. 그러므로 이 그림에는 최상위 세 수준의 위계에서 제어가 이루어지는 과정을 보여 준다.

이 그림에는 개인이 추구하는 최고위 위계에서 이상의 자기상에 따라서 바로 하위위계에서 사용할 준거가치로서 친절함을 실현하려는 원리 수준의 제어위계가 형성된 경우를 보이고 있다. 이 원리 수준에서 친절함을 실현하려는 준거가치에 따라서 이보다 하위위계에서 겨울에 눈이 내리는 날에 보도에 눈이 쌓여서 노인이나 어린이들이 다니기 어려운 길에서 눈을 치우는 행동을 준거가치로 선택할 수 있다. 이 경우에는 행동의 프로그램을 마련하여 보도의 눈을 치워서 노약자들이 다니기 좋은 보도 환경이 조성될 때까지 반복해서 눈을 치우는 자기제어 과정이 작동하게 된다. 그리고 보도에 쌓인 눈을 모두 치우게 되면 눈을 치우려는 행동프로그램의 실행이 종료된다.

사실 이 그림에서는 제어위계의 조직에서 상위의 세 수준만을 보여 준다. 이 그림에는 나와 있지 않지만 이보다 하위의 제어위계에서는 눈을 치우는 장비를 작동하여 눈덩이를 밀어서 보도 밖의 눈무덤에 쌓는 하위위계의 동작이 이루어진다. 그리고 도구가 개인이 의도한 지점으로 쌓인 눈을 옮기도록 움직임을 관리하는 동작 수준의 제어과정이 작동한다. 그리고 이보다 더 하위위계에서는 시각을 조절하여 정확하게 팔의 움직임을 관찰하는 지각의 제어과정으로 연결된다. 그런데 눈을 치우려는 행동프로그램을 실행하는 과정에서 만약 이미 얼어서 치우기 어려운 경우에는 이 장애를 극복하기 위하여 원리나 계획위계보다 동작 수준의 제어과정에 자기주의가 집중된다. 이 경우에 눈을 치우는 행위는 동작과 지각 수준의 행위로 인식하게 된다. Vallacher와 Wegner(1985, 1987)의 이론으로 보면 이 현상은 행위동일시(action identification) 과정으로 설명할 수 있다.

이 행위동일시의 과정으로 보면 Powers(1973)가 제안한 제어위계에서 원리 수준의 제어, 계획 수준의 제어, 그리고 행위에서 동작의 순서에 관한 제어는 위계로 조직되어 있으나 주의가 집중되는 행위동일시에 따라서 자기조절에 초점이 되는 위계가 달라지게 된다.

그러므로 제어위계의 조직에서 상위위계일수록 추상 수준이 높게 개념화되고 최하위위계에서는 구체 수준이 높아진다. 이처럼 제어위계는 추상성-구체성 수준에 따라서 서로 연결되는 일련의 과정들로 조직된다.

동기와 정서를 통한 자기조절과정

Carver와 Scheier는 인간이 추구하는 목표를 달성하려고 행동하는 과정에서 환류과정을 통해서 동기와 정서를 경험한다고 가정했다. 이들은 제어과정을 설명하면서 제어란 개념을 인간이 환류과정을 통해서 감지한 투입의 수준이 준거가치 혹은 기준에 도달하도록 만들려는 과정이라는 뜻으로 사용했다. 이들은 인간이 생활에서 행위를 통해서 목표를 추구하면서 목표를 설정하고, 행동의도를 형성하고, 이 목표와 의도를 실현하려는 일종의 상위위계과정이 중요하다고 보았다(Carver & Scheier, 1998, 8쪽). 다시 말해서 제어과정은 상위위계에서 하위위계로 이어지는(top-down) 과정을 거치게 된다고 가정했다. 그러므로 Power의 제어위계에서 보는대로 상위위계에서 인간이 원리나 혹은 목표를 먼저 설정하게 되면 이에 따라서 다음 위계의 행위도식(Schima)과 아울러 최하 위계에서 신체활동 수준의 과정이 작동한다고 가정했다.

Caver와 Scheier의 제어이론에서는 환경에서 보는 자극들이 다음의 두 기능을 지니기 때문에 제어과정이 작동한다고 보았다. 먼저 이 환경의 자극들은 개인이 지니는 행동준거의 기준이 특출하도록 만드는 기능을 지닌다. 환경에서 제공받은 자극들은 개인이 취해야 할 행동의 적절성을 판단하는 기준을 제공한다. 예를 들어서 개인이 남을 도와야 할 사회상황에 당면하면 그를 돕는 행동이 행동의 준거기준이 된다.

다음으로 환경의 자극들은 또한 자기초점(self-focus)을 높이거나 낮추는데 영향을 미치게 된다. 예를 들어서 개인이 거울을 보거나 타인들이 자기를 보고 있는 사회상황에서는 주의가 자기에게 집중되기 때문에 남을 돕는 행동의 기준에 따르려는 동기가 유발된다. 그러나 타인들이 도와줄 사람들에게 관심을 보이지 않고 소란스럽게 떠드는 사회상황에서는 자기주의의 초점이 외부로 집중되어서 남을 돕는 행동의 기준에 따르지 않을 수 있다.

외부환경의 자극들에 의해서 일정한 수준으로 자기주의의 초점이 결정되면 자기행동에 관해서 인식하는 수준이 달라지게 된다. 그러므로 자기초점이 낮은 경우에는 자기행동을 인식하는 수준이 낮아지게 된다. 이 경우에는 제어과정이 강하게 유발되지 못한다.

만약 환경의 자극으로 자기행동에 관한 자기인식이 높아지면 행동의 기준과 실제 자기행동을 비교하는 과정이 작동된다. 그리고 이 비교과정을 거쳐서 다음과 같은 두 가지 결과가 나타난다:

(1) 우선 자기주의가 높으면 자기행동이 준거기준과 비교하여 어느 정도인지 평가하기 위하여 환경에서 정보를 얻는 데 큰 관심을 갖게 된다. 그러므로 이 경우에는 자기행동이 적절한지 평가하려고 자기행동을 관찰하는 수준이 높아진다고 주장했다.

Scheier와 Carver(1983)는 이 과정을 가설로서 검증한 실험 결과를 보고하였다. 이 연구에서 슬라이드로 복잡한 그림들을 제시하고 복제하는 과제를 수행하도록 했다. 그리고 개인이 원하면 어느 때든지 5초 동안 슬라이드를 다시 볼 수 있도록 했다. 실험조건들 가운데 자기주의의 초점을 조작한 조건들에서는 환경에 거울을 두어서 자신을 볼 수 있도록 하거나 혹은 실험자가 과제의 수행 동안 실험에 참가한 사람을 지켜보도록 했다. 이 연구의 결과를 보면 이 두 자기주의 조건들에서는, 환경에 자기주의의 단서들이 없었던 조건에 비해서, 슬라이드를 보겠다고 반응한 수준이 높았다. 이들은 이 결과가 자기주의를 유발한 외부단서들로 인해서 자기인식이 높아져서 자기수행을 점검하려고 했기 때문에 나타났다고 해석했다.

(2) 자기인식이 높아진 결과로 나타나는 두 번째 효과로는 준거기준에 따르기 위하여 행동을 변화시키려고 노력하게 된다.

상황을 달리하여 실험한 여러 연구에서 외부환경에 거울이 있으면 사회규범에 맞는 행동을 증진시켰다고 보고했다. 예를 들면 Carver(1975)의 연구에서는 체벌에 반대하는 사람들에게 실험이 진행되는 동안 거울을 통해서 자기 모습을 보도록 하면 보지 못한 조건보다 체벌을 덜 사용하는 현상을 보였다. 또한 Scheier와 Carver 및 Gibbons(1981)는 임상심리의 사례로서 뱀공포증을 지닌 사람들에게 거울을 제공하여 자기 모습을 보도록 하면 거울이 없는 조건보다 뱀에 접근하는 행동을 덜 보였다. 이 연구들은 외부자극인 거울을 통해서 자기초점 주의가 높아지면 자기의 준거기준이 되는 규범행동에 따르려는 동기가 높아짐을 보여 주었다.

제어과정의 종사와 이탈

Carver와 Scheier(1998, 171~216쪽)는 준거기준과 실제 상태의 차이가 인식되더라도 제어과정에 종사하거나(engagement) 혹은 이탈하는(disengagement) 경우가 생긴다고 주장했다. 만약 차이를 경감시키려는 시도가 방해를 받지 않게 되면 준거기준에 도달하려는 제어과정이 순조롭게 작동한다고 보았다. 그러나 비록 차이가 인식되더라도 제어과정에서 준거기준에 도달하는 데 어려움을 겪게 되면 제어과정을 중단하고, 상황을 평가하고, 준거기준에 도달할 수 있는 확률을 평가

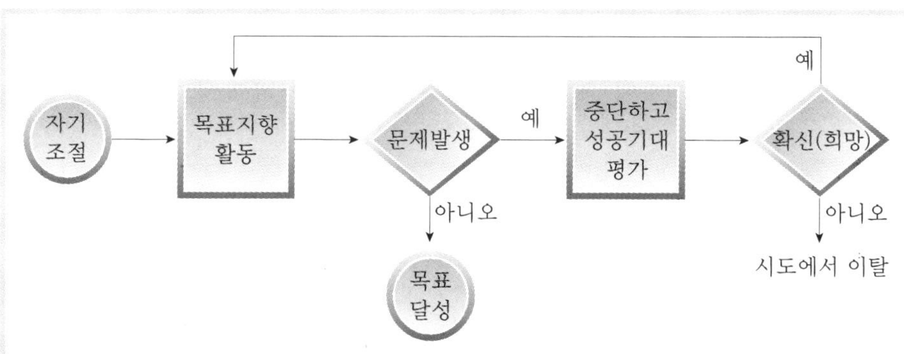

[그림 10-4] 자기조절의 제어과정이 지속되거나 중단되는 과정(Carver & Scheier, 1998, 181쪽)

하게 된다고 보았다. 만약 이 평가의 결과로 준거기준에 도달할 성공의 기대가 매우 낮다고 지각하면 제어과정에서 이탈하여 차이를 줄이려고 시도하지 않게 된다.

Carver와 Scheier(1998, 6~7쪽)는 제어과정에 종사하거나 이탈하는 현상을 준거기준에 도달하는 데 성공할 수 있다고 주관적으로 믿는 기대 수준에 따라서 설명한다. 만약 이 기대가 높아서 준거기준에 도달할 수 있다고 확신하게 되면 제어과정에 종사하여 끈기 있게 차이를 줄이려는 동기가 유발된다. 그러나 이와 달리 준거기준에 도달하는 데 성공할 수 없다고 믿게 되거나 혹은 확신이 없어서

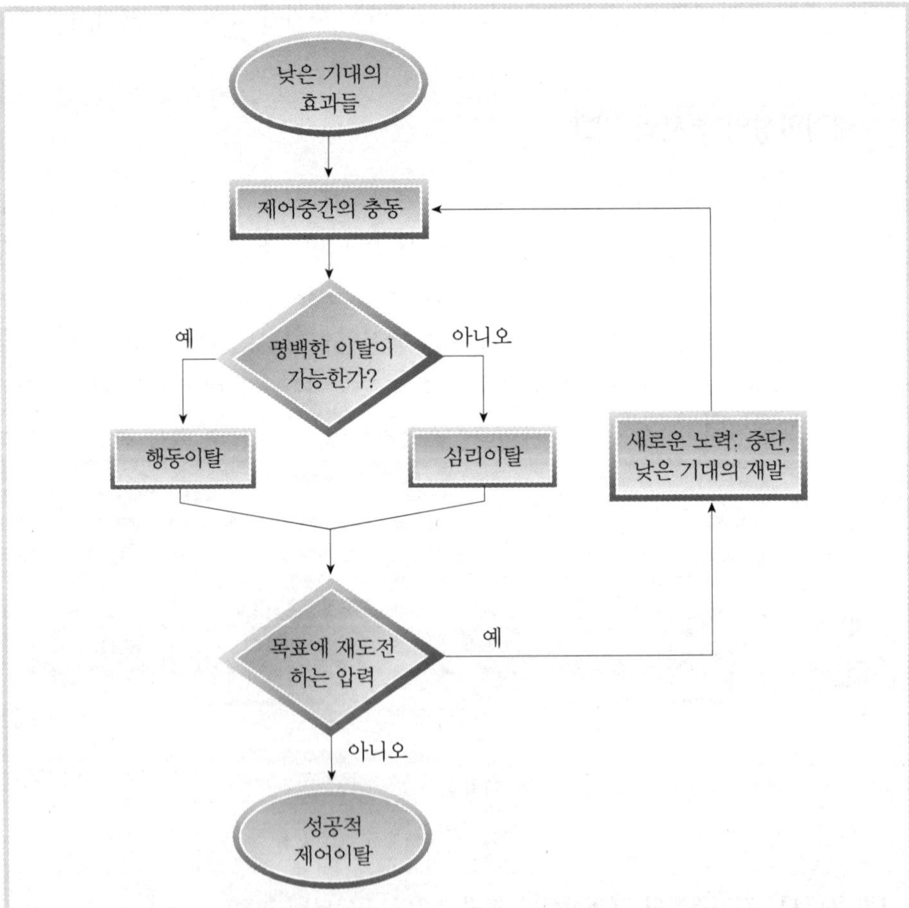

[그림 10-5] 성공기대에 따른 제어과정의 중단과 이탈과정(Carver & Scheier, 1998, 187쪽)

의심을 품게 되면 제어과정을 이탈하여 노력을 기울이지 않게 된다.

여기서 이 과정을 살펴보기로 한다. Carver와 Scheier(1998, 180~186쪽)는 자기조절의 제어과정에 지속해서 종사하여 노력하거나 혹은 종단하여 이탈하는 과정을 다음 [그림 10-4]의 흐름도표로 나타냈다.

이 그림에서 자기조절이 이루어지는 과정에서 목표지향의 활동이 지속되는 조건은 어려운 문제에 당면하지 않고 목표가 달성되는 경우이다. 그러나 목표달성을 위하여 노력하는 과정에서 어려운 문제에 당면하게 되면 제어과정을 중단하고 목표의 도달에 성공할 주관적 확률을 평가하게 된다. 만약 이 과정에서 성공의 기대가 높다고 평가되면 성공에 대한 확신이 높기 때문에 희망을 지니고 목표지향 활동을 다시 지속하게 된다. 그러나 성공의 기대가 낮다고 주관적으로 평가하게 되면 제어과정에서 이탈하여 노력하지 않고 다른 목표나 행위를 선택하게 된다고 가정했다.

Carver와 Scheier(1998, 185~189쪽)는 목표지향의 활동에서 어려운 문제들에 당면하여 성공기대가 낮다고 평가되면 심리적으로 제어과정에서 이탈하거나 혹은 행동적으로 이탈할 수 있다고 보았다. 이 과정은 다음 [그림 10-5]의 흐름도표로 나타낼 수 있다.

[그림 10-5]를 보면 대부분의 자기조절과정에서 목표를 추구하여 성공하려고 노력을 쏟거나 혹은 노력하지 않고 포기하는 두 가지 중에서 하나를 선택하게 된다. Carver와 Scheier는 이 선택과정에서 현재 개인이 추구하는 목표를 위해서 노력하던 행동을 중단해도 좋은 조건에서는 실제 행동을 포기할 수 있다고 보았다. 그러나 개인이 금연하겠다고 타인에게 목표를 공표하거나 혹은 자신이 중요하다고 보아서 노력을 많이 쏟은 경우에는 행동으로 명백히 포기하여 중단하기보다 심리적으로 이탈하는 현상이 나타난다고 주장했다.

한편 Carver와 Scheier는 제어과정의 지속이나 중단이 상황에 따라서 적응적일 수도 있고 부적응적일 수도 있다고 보았다. 다시 말해서 목표에 도달할 수 있다는 확신이 있음에도 불구하고 노력을 계속하지 않고 제어행동을 포기하거나 혹은 목표에 도달할 수 없음이 명백하여 성공기대가 극히 낮은 경우에도 지속해서 노력하게 되면 부적응이 될 수 있다고 주장했다. 이들은 우울한 사람들이 대체로 성공기대가 극히 낮은 경우에도 제어과정을 포기하여 이탈하지 못하기 때문에 우울경험이 지속된다고 설명한다.

Carver와 Scheier는 제어과정에 종사하거나 이탈하는 과정을 이와 같이 설명하였다. 그리고 이들은 이보다 더 나아가서 준거기준에 도달할 수 있다고 주관적으로 믿는 이 기대 수준이 동기에 미치는 효과를 설명하면서 기대와 자기주의가 상호작용하여 제어과정에 영향을 미친다고 주장했다. 다시 말해서 제어과정을 통해서 준거기준에 도달할 수 있다고 믿는 기대가 높은 조건에서 자기인식도 높으면 차이를 줄이려는 동기가 더욱 높아진다고 보았다. 이와 달리 이 기대수준이 낮으면서 자기인식도 낮으면 차이를 줄이려는 노력을 끈기 있게 지속하지 않게 된다고 주장했다. 다시 말해서 이 조건에서는 가능한대로 이 상황을 회피하려고 하고 차이의 환류정보도 회피한다고 보았다. Carver, Blaney와 Scheier(1979)는 실험을 통해서 이 가설을 검증하였다. 처음에 과제수행의 성적이 나쁜 사람들에게 거울을 통해서 자신을 볼 수 있도록 자기인식을 높여주면 다음 과제에서 성공의 가능성이 높다고 기대를 조작한 조건에서 성공의 기대가 낮은 조건보다 풀 수 없는 어려운 과제를 해결하려고 지속해서 노력한 시간이 길었다.

또한 Carver와 Scheier는 차이를 경험하여 제어과정에 종사하게 된 조건에서 행동을 변경하여 준거기준에 도달할 수 있다고 믿을 만한 근거가 제공되면 행동을 바꾸려고 하고, 이 행동의 변화가 효과적인지 주기적으로 점검하게 된다고 주장했다. 그리고 차이를 줄이기 위하여 행동을 변경한 경우에는 이 주기적 점검을 통해서 차이가 경감된 비율(rate of reduction)을 평가한 결과에 따라서 정서경험에 중대한 영향을 미치게 된다. 이들이 제안한 초기 제어이론에서는 인간의 정서가 단지 차이가 경감된 수준에 따라서 결정된다고 보았다. 다시 말해서 이들의 초기 이론에서는 차이가 감소되면 긍정적 정서를 경험하고 차이가 커지거나 변화되지 않으면 부정적 정서를 경험한다고 가정했다. 그러나 수정이론에서는 개인이 달성하려고 기대했던 수준에 비해서 차이가 경감된 비율이 크게 되면 긍정적 정서를 경험한다고 주장했다. 그러므로 이 차이의 경감비율이 기대 수준에 이르지 못하면 부정적 정서를 경험하게 된다. Carver와 Scheier(1990)는 차이의 경감비율을 평가하는 과정이 행동의 결과를 관찰하여 준거기준과 실제상태를 비교하는 경우에 비해서 구체성이 낮기 때문에, 낮은 수준의 환류와 구별하여, 상위점검과정(meta-monitoring)이라고 보았다. 그러므로 상위점검체계에서는 차이가 경감되거나 제거되는 비율을 감지하게 된다.

최근 동기에 적용되는 이론들 가운데 제어이론과 조화될 수 있는 여러 자기조절이론 혹은 고차원인지이론들도 대두되고 있다(Kanfer, 1990). 자기조절이론들은 다양한 형태로 제안되었는데 제어이론과 아울러 이에 관해서는 한덕웅(1994b)과 Kanfer(1990)를 참고하기 바란다.

제어이론의 관점에서 제안된 이 자기조절이론들이 대체로 공통으로 제안하는 내용들 가운데 자기목표의 설정과정, 자기행동을 관찰하여 점검하는(self-monitoring of behavior) 과정, 행동을 기준과 비교하여 평가하고 스스로 보상이나 혹은 처벌하는 자기반응과정 등이 포함된다. 달리 말해서 제어이론의 관점에서 수정된 자기조절이론들은 인지, 동기, 정서 및 행동이 조절되는 과정을 설명하려고 한다. 제어이론과 마찬가지로 이 자기조절이론들은 이 전 과정을 설명하는 데 관심을 갖기 때문에 현재까지 하나의 접근 틀을 제시하는 데 기여하고 있다. 그러나 현재로서는 가설과 예언을 구체적으로 제안한 이론이라고 보기 어려운 측면을 지닌다. 이 점에서는 고차원 인지접근들(meta-cognitive approaches)도 비슷하다. 고차원 인지접근들에서는 지식과 인지과정의 제어가 행동에 미치는 영향을 자기과정을 중심으로 설명하려고 한다(Kanfer, 1990, 138쪽). 달리 말해서 목표지향적 학습조건에서 인지활동들을 자기조절하는 데 관한 지식을 축적하고 사용하는 과정을 설명하려고 한다. 이 접근법은 단일한 이론으로 통합된 바 없기 때문에 다양한 이론들과 연구를 통합하여 학습과정이나 개인차 요인들에 관한 질문들에 대답하려는 새로운 경향을 보인다. 또한 Kuhl(1987)의 행위제어이론에서는 목표가 설정된 이후에도 인간의 의지에 의해서 목표를 달성하기 위한 행위의 제어과정을 설명한다. 이 이론에 관해서는 Carver와 Scheier의 제어이론을 평가한 후에 살펴보기로 한다.

Carver와 Scheier의 제어이론에 대한 평가

(1) Carver와 Scheier가 제안한 제어이론은 제어이론들 가운데 동기와 정서의 심리를 다루는 분야에서 최근에 많이 연구되고 있다. 이 이론에서는 객관적 자기인식이론을 도입하고, 사적자기인식과 공적자기인식을 구별함으로써 인간의 행동이 자기의 준거기준이나 혹은 타인들의 준거기준에 따라서 제어되는 과정을 모두 설명할 수 있게 되었다.

(2) Carver와 Scheier의 이론은 제어과정에 종사하여 동기가 높아지는 과정뿐만 아니라 제어과정에서 이탈하는 과정도 설명할 수 있게 되어서 다양한 사회행동의 동기과정을 설명하는 데 기여하였다. 제어과정에 종사하거나 이탈하는 과정에서 준거기준에 도달할 수 있다는 기대와 자기주의의 영향이 상호작용한다고 보았다. 제어과정의 지속이나 중단과정을 이해하는 개념들을 제공함으로써 인간이 장기적으로 행위를 지속하거나 변경하는 과정을 설명하는 데 중요한 시사점을 제공하였다. 그러나 이 기대나 자기주의의 수준이 어느 수준에 이르면 제어과정을 지속하거나 중단하게 되는지 구체적으로 설명하지 못하였기 때문에 이론에서 모호성을 지닌다.

(3) 이 이론에서는 인간의 부정적 정서와 긍정적 정서의 경험을 차이의 경감비율에 의해서 설명한다. 그런데 차이의 경감비율은 준거기준에 도달할 수 있다고 믿는 기대의 감소와는 다른 요인이다. 그러므로 이 기대와 차이의 경감비율이 어떤 관계를 지니는지 해명하지 못했다. 또한 이들의 정서이론에서는 차이의 경감비율에 따라서 긍정적 정서와 부정적 정서를 차원에 따라서 구별하여 설명하고 있다. 그러므로 동일한 긍정 혹은 부정 차원의 정서들이라도 일상적으로 경험하는 정서의 범주(예: 희망, 기쁨, 낙담, 우울, 불안)에 따라서 서로 다른 정서들이 경험되는 과정을 설명하지 못한다.

(4) Carver와 Scheier의 이론을 검증한 실증연구들에서 이 이론의 기본 가설들을 지지하는 결과들은 주로 이 연구자들에 의해서 보고되었다. 그리고 대체로 이 연구들에서 나타난 결과들은 예를 들면 목표설정이론이나 사회인지이론에 의해서도 설명될 수 있는 경우가 많다. 그러므로 다른 이론으로는 가설이 지지되지 못하지만 이 이론으로만 설명할 수 있는 실증연구의 결과가 드물다. 이와 같은 이유에서 Carver와 Scheier의 제어이론은 실증연구를 통해서 검증할 수 있는 이론이 아니라 인간의 동기와 정서를 설명하는 초이론(meta-theory)이라는 비판을 받기도 한다.

(5) Carver와 Scheier의 제어이론에서 준거기준이 설정되는 과정을 잘 설명하지 못하는 한계를 지닌다. 이 비판은 초기 제어이론에서 온도조절체계나 생물학적 동질정체의 제어과정을 기계론적 관점에서 설명할 때부터 계속되었다. 그러므로 목표설정이론에서 인간의 의도에 의해서 목표를 설정하는 과정을 설명하는 바와 비교하면 준거기준의 설명에서 한계를 지닌다.

제11장
행위 실행의 이론들

개 관

인간의 동기는 행동을 예측하고 설명하는 데 중요하기 때문에 심리학에서 자주 연구된다. 그런데 인간의 행동을 이해하고 설명하려면 지금까지 동기이론들에서 많이 연구하는 행동의도를 벗어나서 의지(volition)와 행동몰입(behavior commitment)의 과정을 포괄하여야 한다는 관점이 여러 학자들에 의해서 제안되었다. 이 장에서는 이 관점에서 제안된 중요한 이론들을 알아보기로 한다.

먼저 Kuhl(1981, 1984, 1985, 1992)의 행위제어이론(action control theory)을 살펴보고, 이어서 그가 행위제어이론을 수정하여 확장한 성격체계상호작용이론(personality systems interaction theory, PSI theory)을 다룬다. 이어서 Hekhausen과 Gollwitzer(1987; Gollwitzer, 1990, 1993)의 의사결정 단계이론을 다루기로 한다.

제1절 행위제어이론

행위제어이론(action control theory)은 Kuhl(1985)에 의해서 제안되었다. 행위제어이론에서는 목표를 선택하여 행동의도를 형성한 후에 자기 의지에 의해서 목표를 달성하려고 행위를 제어하는 과정을 설명하는 데 중점을 둔다. 인간의 의지를 강조하는 심리학설에서는 특히 인간의 행동의도가 결정된 다음에 목표를 달성하기 어려우면 의지가 행위를 제어하는 과정에서 영향을 미친다고 주장한다. 행위제어이론에서는 인간의 의도만으로 행동으로 실행하여 달성하기 어려운 목표에서 인간의 의지에 따라서 목표를 추구하는 행위의 제어과정이 목표의 달성에 중요한 영향을 미친다고 가정한다.

이 책의 다른 장에서 Locke의 목표설정이론, 기대×가치이론, Ajzen의 계획된 행동이론 등을 다룬 바 있다. 이 이론들에서 인간의 행동의도가 행동의 실행과 목표의 달성에 영향을 미친다는 주장을 살펴보았다. 그리고 이 이론들에서 인간의 행동의도가 행동의 실행과 목표의 달성에 영향을 미친다는 주장을 살펴보았다. 그리고 이 이론들에서는 이 관점에서 행동의도가 형성되거나 선택되는 과정에서 중요한 영향을 미치는 예측변인들을 설명하고 있다. 그러나 행위제어이론에서는 어떤 목표를 설정하여 행동의도가 결정된 이후에도 여러 단계에 걸쳐서 행동의도를 행위로 실행하는 과정에서 인간의 의지에 따라서 목표를 달성하는 수준이 달라진다고 주장한다. 다시 말해서 이 이론에서는 의도에 의해서 목표를 선택하는 선택동기와 아울러 목표를 추구하기 위해서 행위를 제어하는 제어동기를 함께 설명한다. 그러므로 이 이론은 어떤 목표를 추구하기 위하여 행동의도가 형성된 이후에 목표를 달성하려고 행위를 제어하는 과정도 함께 설명하는 점에서 앞에서 제시한 이론들과 구별된다.

이 절에서는 먼저 Kuhl(1984, 1985, 1987)의 행위제어이론의 기본 특징을 살펴보고, 이어서 행위의 제어과정을 어떻게 설명하는지 알아보기로 한다. 그리고 개인차나 상황요인에 따라서 목표와 일관되게 동기가 작동하는 과정에서 행위의 제어가 의지에 따라서 어떻게 달라지는지 설명하기로 한다. 다음으로 행위제어이론에 대한 평가를 다루기로 한다. 이 절의 끝 부분에서는 Kuhl의 행위단계모형을 간략히 설명하기로 한다.

행위제어이론의 특징

행위제어이론은 유럽대륙 출신의 Kuhl(1985)이 독일의 현대 의지이론을 토대로 제안하였다. 이 이론은 북미대륙에서 인간의 자유의지의 중요성을 간과하여 동기심리 영역에서 자유의지 요소를 제외시킨 이후에 제안되었다. 이 때문에 이 이론은 상당한 기간 동안 학계의 일부에서 주목을 받았으나 중요한 동기이론으로 평가받지 못하고 영향력도 크지 않았다. 그러나 앞에서 살펴본 Carver와 Scheier의 제어이론과 유사한 측면이 있기 때문에 일찍부터 함께 다루어지는 경우가 많았다. 한국에서는 지금까지 이 이론에 관해서 소개되지 않아서 연구가 이루어지지 못했다. 그러므로 여기서 소개하여 연구를 자극하려고 한다.

Kuhl은 전체 동기과정을 설명하기 위하여 선택동기(choice motivation)와 제어동기(control motivation)가 서로 다른 개념이라고 보고 구분하였다. 그의 관점에서 보면 선택동기란 목표를 설정하는 과정에서 작용하는 동기이다. Atkinson의 성취동기이론이나 Locke의 목표설정이론은 선택동기를 다루는 이론에 해당된다. 그는 이 동기이론들이 목표를 설정한 이후에 목표의 달성을 추구하는 과정을 설명하지 못한다고 보았다. 이 관점에서 그는 목표를 추구하는 행동의 동기를 설명하는 제어이론을 제안했다. 이 책에서는 Kuhl의 제어이론을 다른 제어이론과 구별하기 위하셔 그가 목표추구 행위에 초점을 맞추어서 행위제어란 용어를 사용한 데 근거를 두고 행위제어이론이라고 부르기로 한다.

Kuhl은 Atkinson과 Birch(1970)와 유사하게 여러 동기의 경향성들이 유동적으로 작동한다고 가정했다. 이 가정을 토대로 목표추구의 과정 역시 인간이 서로 경쟁하는 행위의 경향성들을 제어하려고 노력하는 정도에 따라서 행위의 효과가 달라진다고 주장했다. 그러므로 일단 선택한 목표에 따라서 실제로 목표를 추구하면서 진전을 이루는 과정을 이해하려면 목표를 선택하는 동기만 설명해서는 한계가 있다고 보았다. 이 관점에서 목표의 선택이 이루어진 후에 성취에 이르기까지 행위들을 제어하는 수준에 따라서 목표의 달성에 미치는 효과가 달라진다고 주장했다.

행위제어이론은 철학에서 오랜 동안 다루어 온 인간의 자유의지에 관한 현대 관점을 도입하여 계승했다고 볼 수 있다. 다시 말해서 이 관점에서는 인간이 의지에 따라서 자기 행위의 목표를 스스로 선택하고 이 목표를 달성하기 위해서 노력하는 과정이 인간의 동기와 행위를 설명하는 데 중요하다고 본다.

이 이론에서는 인간의 의지에 관해서 세 가지 전제가 되는 가정들을 제안하고 있다. 첫째, 의지란 어떤 목표를 추구하기 위하여 어떤 결정을 하여 몰입한 후에 발생하는 과정들이라고 본다. 이 책의 여러 장에서 성공에 대한 기대, 목표가 지니는 가치, 능력이나 자기효능성의 지각, 행동몰입 등이 목표설정에 영향을 미치는 과정을 다루었다. Kuhl은 이 과정들이 모두 인간이 의지에 찬 행위를 실행하기 위한 예비단계에 해당한다고 보았다. 다시 말해서 이 요소들은 인간의 의지에 근거를 두고 행위를 실행하기 위한 예비단계라고 이해한다. 그러므로 이 요소들만으로는 인간의 의지가 행위에서 어떻게 작용하는지 알 수 없다.

둘째, 인간의 의지는 선택과정을 거쳐서 결정한 목표를 달성하기 위해서 노력해야 할 만큼 어려운 요인이 있는 조건에서만 행위에 영향을 미치게 된다고 가정한다. 다시 말해서 의지는 어떤 목표를 설정한 이후에 목표를 추구하기 위하여 행위를 처음으로 시작하도록 하고 이 목표를 달성하는 데 장애가 되는 어려움에 당면해서도 행위를 지속시키는 원인이 된다.

셋째, 의지에 찬 행위는 목표를 달성할 때까지 행동의도를 포기하지 않고 유지하고 방어하기 위하여 여러 절차들과 전략들을 모색하는 기능도 지닌다고 가정한다. 이 절차나 전략행위들에는 목표의 추구에 도움이 되거나 혹은 방해가 되는 생각이나 사건들을 가려내어서 선택적으로 주의집중하고 부호화하는 행위가 포함된다.

넷째, 행위의 결과로 정서들을 경험하게 되면 이 정서들에 따라서 의도한 행동을 실천하도록 의지를 강화시키기도 하고 혹은 약화시키기도 한다고 가정한다. 예를 들면 인간이 목표의 달성에 실패하여 분노를 경험하게 되면 이 분노의 경험이 당면한 문제를 극복하기 위하여 노력을 기울이도록 만들 수 있다고 주장한다. 이 주장은 행위의 제어과정에서 인간의 의지만이 아니라 정서의 경험 역시 동기에 영향을 미칠 수 있음을 의미한다. 이처럼 행위제어이론에서는 인지과정뿐만 아니라 정서과정 역시 목표를 달성하기 위하여 행위를 제어하여 몰입하는 과정에 영향을 미친다고 주장한다.

행위제어이론에서 의도의 개념

Kuhl(1981, 1985, 1987)의 초기 행위제어이론에서는 동기심리를 정보처리의 관점에서 분석하고 독일에서 Ach(1910)가 제안한 의지심리학(will psychology)을 수용하여 설명하였다. 그러나 후기이론에서는 동기를 인지적 기억과정만으로 환원하여 설명하지 않고 정서기억체계를 포함시켜서 동기유발의 체계와 연결되는 전체 구조로서 설명한다.

한편 그는 동기심리학자들이 대부분 의지(will)라는 용어가 인간의 심리를 설명하는 데 부적절하다고 보고 동기이론에서 기피하던 시기에 이 개념을 동기이론에 도입하였다. 그가 인간의 자유의지를 가정하여 의지의 개념을 동기이론에 도입한 배경은 그 당시 동기이론이 인간의 동기를 설명하는 데 한계가 있다고 보았기 때문이다. 그는 이 관점에서 이 책의 제7장에서 다룬 기대×가치이론에 대해서 비판하였다. 예를 들어서 그는 금연하려는 사람이 흡연을 피하기 위하여 껌을 씹는 행위를 실행하는 과정을 다음과 같이 설명한다: 흡연하려는 동기가 높은 사람도 상위의 제어과정을 통해서 금연하려는 의지가 생겨서 이 의지에 따라서 흡연을 피하고 껌씹기를 실행할 의도가 높아지면 흡연하려는 행위경향의 강도는 낮아지게 된다고 보았다. 다시 말해서 인간이 실행하는 행위는 기대×가치보다 의지에 따른 의도의 몰입에 따라서 더 큰 영향을 받게 된다고 주장했다. 다음 절에서는 그가 의도의 개념을 어떤 의미로 사용하는지 살펴보기로 한다.

독일의 의지심리학자 Ach(1910)는 의도의 구성요소들을 설명하면서 최근 기억구조이론으로 말하면 장기기억 속에 저장된 서술적 지식(declarative knowledge)에 가깝다고 보았다. 다시 말해서 Ach는 의도가 세계에 대한 사실들을 표상하여 행위의 방향과 내용을 지칭한다고 보았다. Kuhl(1984)의 해석에 따르면 Ach가 제안한 의지의 표상이론에서 의도의 기억구조는 다음과 같은 요소들로 구성된다: (1) 의도가 생기는 시간적 · 공간적 조건, (2) 장차 발생하게 될 행위들의 시간계열, (3) 의도된 행위를 실행하는 주체로서 자기에 관한 표상의 내용들이 포함된다. 그러나 (4) Kuhl은 의도기억구조를 가정한 Ach의 이 세 가지 동기의 활성화 요인들 이외에 목표몰입의 질을 제시했다. 이 구성요소는 개인이 의도를 실행하려고 한다는 의미를 지닌다. 이 요소는 계획의 실행 경향으로 Ach가 말한 의도의 현상경험과 유사하다.

다시 말해서 Kuhl(1987)은 의도가 활성화된 후 의지에 따라서 의도를 실행하는 과정을 포괄하여 동기이론을 제안하였다. 그는 의지가 표상으로서 지니는 인지의 구조 측면과 아울러 계획실행의 몰입으로 나타나는 역동의 측면을 함께 지닌다고 가정했다. 그는 이처럼 의도가 구조의 측면과 역동의 측면을 지닌다고 보았다. 이 가운데 의도의 활성화에서 표상구조로 나타나는 인지요소는 장기기억이기 때문에 급속하게 소멸하지 않는다. 그러나 의도 상태의 역동은 계획으로 활성화되어서 몰입하는 수준에 따라서 지속해서 나타날 수도 있지만 해결하기 어려운 장애에 당면해서 역동이 금지될 수도 있다. 이 관점에서 Kuhl은 의도란 행위의 실행을 통해서 목표를 달성하지 못해서 행위자가 스스로 몰입하는 활성화된 계획이라고 정의했다. 여기서 계획(plan)이란 신체운동 프로그램이나 심리의 조작에서 보는 바와 같이 시간에 따라서 배열된 지시의 계열이라고 보았다.

그러므로 의도에 따라서 개인이 활성화된 계획을 수립하고 스스로 계속해서 몰입하게 되면 의도가 되어서 의도를 달성할 때까지 행위의 통제가 유지된다고 주장한다. 요약하면 의도는 어떤 계획이 활성화된 상태와 아울러 몰입상태라는 두 기준들에 의해서 정의된다. Kuhl은 의도가 표상의 인지구조와 역동의 두 하위체계를 지닌다는 이 가정을 토대로 다음 네 가지 기억들로 구성되는 행위통제모

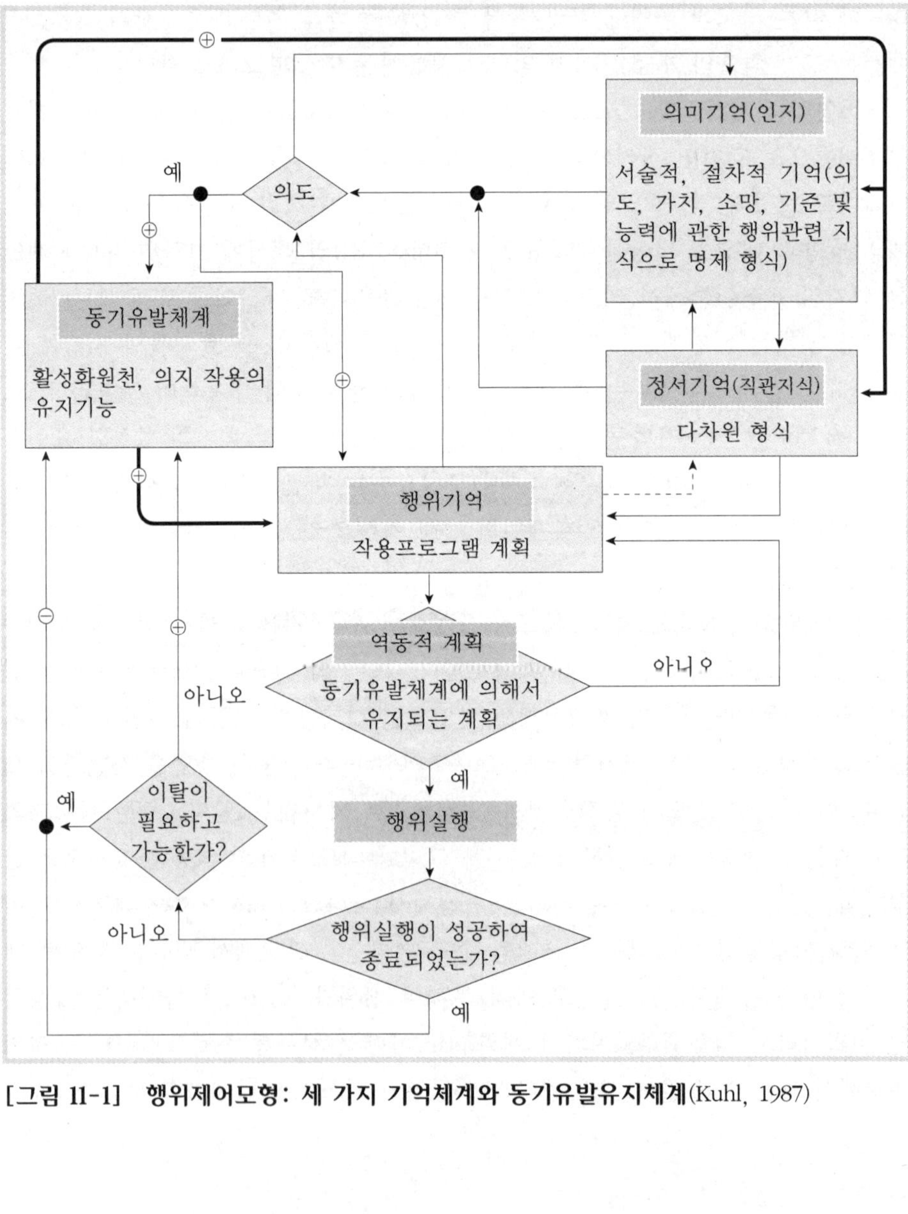

[그림 11-1] 행위제어모형: 세 가지 기억체계와 동기유발유지체계(Kuhl, 1987)

형을 수립했다. 이 모형을 [그림 11-1]로 제시하고 간략히 설명하기로 한다.

[그림 11-1]을 보면 행동제어에서 기억체계와 동기유발체계가 영향을 미침을 알 수 있다. 의도의 역동적이거나 구조적인 기억의 구성요소들은 각각 다른 두 체계에 저장된다. 이 가운데 의도의 내용을 구성하는 계획과 같은 구조적 구성요소들은 의미기억과 정서기억의 경로로 의도에 영향을 미쳐서 서술지식이나 절차지식의 형태로 행위기억에 저장된다. 그리고 서술적이거나 절차적 지식을 포괄하는 의미기억과 달리 의도를 실행하려는 의지에 따라서 동기유발체계로서 작용하는 역동적 요소는 인지적 사실의 표상과 분리되는 하위체계로서 활성화의 기능을 지닌다. 그리고 동기유발체계는 행위의 실행을 위한 행위기억에 영향을 미친다. 그러므로 이 행위기억은 의도기억구조와 동기유발체계의 영향을 받아서 구성된다. 다시 말해서 의도에 따라서 실제로 실행할 행위들을 시간에 따라서 조직하는 작용프로그램이 계획되어서 행위기억이 형성되면 동기유발체계에 의해서 역동적 계획이 유지되면서 행위를 실행할 수 있게 된다. 이 경우에는 의도한대로 계획에 따라서 행위가 실행된다. 그 후 행위를 실행한 결과로서 개인이 의도한대로 목표가 달성되면 행위의 실행이 안정되어서 행위제어가 종결된다.

그러나 행위실행을 통해서 의도한 목표를 계획대로 달성하지 못하게 되면 의지의 영향으로 동기유발체계를 작동시켜서 또다시 계획대로 실행하던 행위를 계속해서 지속하거나 혹은 새로운 작동프로그램을 계획하게 되어서 이전 계획에서 이탈하게 된다. 이 과정은 다시 의도에 관한 기억과 함께 의지에 따른 동기유발체계의 작동에 의해서 결정된다. 그러므로 행위기억에 의해서 역동적 계획이 이루어졌으나 행위실행을 통해서 의도한 목표를 달성하지 못하는 경우에는 인간의지의 영향을 받는 동기유발체계에 의해서 행위의 제어가 계속되거나 혹은 중단된다. Kuhl의 행위제어모형에서는 의도가 형성된 이후에 작동하는 이 순환과정에 의해서 행위의 제어과정을 설명한다.

정서가 행위제어과정에 미치는 영향

[그림 11-1]에서 기억구조 가운데 의미기억과 아울러 정서기억의 중요성을 강조하고 있음을 알 수 있다. Kuhl의 행위제어모형에서도 Carver와 Scheier의 제어이론과 마찬가지로 직관적으로 경험하는 정서 역시 의도의 형성과 아울러 행

위기억을 구성하는 작동프로그램의 계획에 영향을 미친다고 가정한다. 만약 계획을 실행하려는 시도가 실패하게 되면 실망이나 분노부터 슬픔에 이르기까지 여러 정서들을 경험한다. 그런데 우울한 사람들은 목표의 달성에 실패한 경우에도 의도했던 목표를 포기하고 다른 목표를 설정하지 못하는 경향이 높다. 그러므로 실패한 계획을 계속해서 유지하고 실패로 인한 우울 정서 역시 유지하는 경향이 있다. 다시 말해서 우울한 사람들은 의도한 목표의 달성에 실패한 후에도 그 목표나 계획에서 벗어나지 못하고 실패하게 된 원인의 추론에서도 동기유발체계에 결함이 있었다고 귀인하게 된다.

행위통제모형에 의해서 제안된 이 우울이론에서는 우울한 사람들이 목표의 달성에 실패한 후에 무기력 때문에 행동에서 수동성을 보이고 정서에서 우울증을 형성하는 과정을 이처럼 설명한다. Kuhl과 Helle(1986)는 이 가설을 검증한 실증연구의 결과도 보고하였다. 이 연구에서는 병원에 입원한 환자들 가운데 우울한 사람과 우울하지 않은 사람들을 가려내고 이들에게 실제로 달성할 수 없는 비현실적 의도를 형성하도록 하였다. 구체적으로 탁자에 물건들을 어지럽게 흩어 놓고 치울 시간을 주지 않은 채 탁자를 깨끗하게 정리하도록 했다.

이 연구에서는 우울증의 행위제어모형에 따라서 우울증을 지닌 환자들이 달성할 수 없는 목표를 추구하려는 의도를 포기하지 못하고 유지하게 되어서 이 때문에 다른 정보가 제공되더라도 처리하는 데 장애를 보인다고 예언했다. 이 연구의 결과를 보면 탁자를 정리하는 데 실패한 후에 우울증 환자들은 우울하지 않는 환자들보다 단기기억량을 측정하는 기억과제에서 수행이 낮았다. 그러나 비우울증 환자지만 탁자를 치우라는 지시를 듣지 않은 통제조건에서는 우울한 사람들이 우울하지 않은 사람들과 유사한 수준으로 기억했다. 이 결과는 우울한 사람들이 목표의 달성이 불가능한 과제에서 행위제어과정에서 의도에 따라서 계획을 수립하고 행위를 실행하여 실패하더라도 다른 목표나 의도로 이탈하지 못했음을 시사한다. 다시 말해서 우울한 사람의 경우에는 불가능한 목표를 달성하려는 의도에 따라서 행위의 실행이 지속되어서 새로운 정보처리과정에서 결손이 나타나고 우울증 역시 유지되는 현상이 나타났다.

앞에서는 우울이라는 부정적 정서가 행위제어에 미치는 영향을 살펴보았다. 부정적 정서와 달리 긍정적 정서기억은 의도에 따라서 수립한 행위계획을 실행하고 지속하는 행위제어의 과정에서 좋은 영향을 미치게 된다. 다시 말해서 긍정적 정서의 경험을 기억으로 유지하는 능력이 높으면 행위를 실행하고 제어하는 과정에서 상관이 없는 자극, 불안, 장래 목표 등에 의해서 심리의 혼란을 겪지 않고 행위계획을 실행하는 데 몰두할 수 있게 된다.

행위지향성과 상태지향성

Kuhl은 긍정적 정서기억이 유지되어서 행위계획의 실행으로 나타나는 몰입 현상이 Csikszentmihalyi 부부(1988)가 말하는 이른바 무아지경(flow experience)과 유사하다고 보았다. 이 현상은 인간의 내적동기를 설명하는 데 자주 인용되는데 Csikszentmihalyi는 무아지경의 몰입이 창조성 과제의 수행에서 중요하다고 주장했다. Kuhl은 주변자극들에 의해서 주의분산을 일으키지 않고 현재 실행하고 있는 행위에 몰두하는 현상을 행위지향성(action-orientation)이라고 부른다. 그는 이 행위지향성과 아울러 이와 대조되는 상태지향성(state-orientation)을 구분하고 개인이 지니는 두 지향성의 성격성향을 측정하는 척도도 개발하였다. 그리고 이 측정도구를 사용하여 행위지향성과 상태지향성이 높은 사람들이 각각 행위제어과정에서 보이는 특징을 연구하였다.

이에 관한 연구를 살펴보자. Kuhl과 Wassiljew(1985)는 복잡한 전략을 학습하는 과제를 수행하는 동안에 행위지향성이 높으면 상태지향성이 높은 사람들과 비교했을 때 의도를 형성하고 행동을 제어하는 과정에서 과제에 대해서 긍정적 감정을 계속해서 지니고, 행위계획이 성공한다는 기대가 높았으며, 능률이 높은 행위계획을 개발했다고 보고했다.

여기서는 행위지향성과 아울러 이와 대조되는 상태지향성이 어떤 특징을 지니며 어느 조건에서 각각 우세하게 나타나는지 살펴보기로 한다. 먼저 행위지향성(action orientation)의 제어 방식을 알아보자. 행위지향의 제어에서는 의도를 유지하여 행위를 실행하는 과정에서 현실에 적합하게 수립한 행위계획에 주의를 집중하기 때문에 효과있게 행위의 실행이 이루어진다. 그러나 이와 달리 상태지향의 제어방식에서는 주의의 초점이 현재 자신이 경험하는 상태, 과거에 실패한 경험, 비현실적인 목표를 추구하여 초래되는 미래 상태에 맞추어진다. 그러므로 과거에 통제가 불가능했던 실패의 경험, 반복활동, 또는 의도를 퇴색시키는 비현실적 지시들에 주의가 집중되면 상태지향의 수준이 높아진다.

Kuhl(1987)의 여러 연구에서 행위지향성이 높은 사람들은 상태지향성이 높은 사람들과 달리 다음과 같은 특징들을 보였다:

(1) 개인의 의도와 동기에 따라서 행위를 실행하는 비율이 높다.

(2) 무기력을 경험하는 상황에 당면한 후에도 다음 수행에서는 일반화된 수행의 감소가 나타나지 않는다.

(3) 목표에 따라서 선택한 의도에 대해서 동기유발제어를 통해서 동기 수준을 높이기 때문에 의사결정이 촉진된다.

(4) 성공에 대한 기대가 높고, 과제의 참여 수준이 높고, 복잡한 과제에서 수행 수준이 높다.

한편 행위지향성과 상태지향성은 동기유발체계에서 경직성과 융통성을 보이는 수준에서도 차이를 초래하게 된다. 상태지향성이 높으면 일정한 동기유발체계를 지나치게 엄격하게 조작하는 특징을 보인다. 이 때문에 상태지향성이 높으면 여러 대안으로 선택할 수 있는 행위계획들을 사용해서 의도를 달성하는 데 계속해서 실패한 경우에도 목표와 의도의 변경이나 포기가 나타나지 않는다. 그러나 행위지향성이 높은 사람들은 의도한 목표에 도달하는 데 반복해서 실패하게 되면 다른 대안이 되는 목표로 변경한다. 또한 행위지향성이 높은 사람들은 보통 의도를 유지하는 행위계획을 실행하기 위하여 적극적인 전략들을 효과적으로 사용한다. 반면에 목표를 달성하는 데 반복해서 실패한 경우에 행위지향성이 높은 사람들은 필요하다고 판단하면 융통성 있게 목표를 바꾸기도 한다.

그러나 Kuhl은 행위지향성이 높은 사람들 가운데 어떤 사람들은 목표의 변경에서 지나치게 높은 융통성을 지니기 때문에 행위의 실행에서 약간의 압력만 받아도 행위경향을 유지하는 데 장애를 겪는 사람들이 있을 수 있다고 시사했다. 그리고 이 사람들을 가려내는 일이 장래 연구의 과제라고 보았다.

지금까지 행위제어과정에서 나타나는 개인차를 설명하는 행위지향성과 상태지향성에 관해서 살펴보았다. 그런데 Kuhl은 이 지향성이 의도한 행동을 자기조절하는 효능성과는 다른 차원의 개념이라고 보았다. 그의 관점에서 보면 자기조절의 자기효능성이란 의도에 따라서 행위계획을 조직하고 적극적 전략을 사용하여 행위실행의 과정에서 유효성을 높이는 수준을 의미한다. 그러므로 행위지향성이 때로는 적극적 전략을 사용하여 행위를 실행하는 수준과 상관이 있는 경우가 있으나 행위지향성과 자기조절의 효능성은 서로 다른 개념이라고 보았다. 다음 절에서는 행위제어과정에서 자기조절의 효능성에 영향을 미치는 적극적 행위제어의 전략들을 살펴보기로 한다.

적극적 행위제어를 촉진하는 과정

행위제어는 개인이 선택할 수 있는 여러 행위경향성들 가운데 현재 특출하게 우세한 행위에서 작용한다. 다시 말해서 현재 설정한 목표와 행위계획이 여러 대안들 가운데 가장 특출하게 우세하면 이 목표에 따라서 선택된 행동의도를 실행하려는 동기유발 수준이 가장 높아서 그 목표와 행위계획을 유지하여 행위제어가 나타난다. 그러나 과제가 쉬워서 상투적이고, 학습이 잘 되어 있고, 자동으로 실행되는 행위의 경우에는 의도를 달성하는 데 의지의 작용이 필요하지 않다. 어린이의 놀이행위에서 보는 바와 같이 재미를 느끼면 놀이를 계속하지만 재미를 잃으면 그만두게 되는 경우도 있다. 이러한 행위에서는 의식에 의해서 의도적 계획을 요구하는 적극적 제어보다 수동적 제어가 이루어진다.

그러나 성인이 금연하려는 경우처럼 어려운 과제를 수행하거나 의도가 유지되고 행동계획을 계속 실행하여야 비로소 목표를 달성할 수 있는 경우에는 적극적 행위제어가 요구된다. Kuhl(1984, 1985)은 동기가 높은 수준으로 유발되었으나 목표가 어려운 경우거나 혹은 비록 의도의 동기 수준이 낮지만 적극적으로 실행하여야만 목표를 달성할 수 있는 조건에서는 적극적 행위제어과정이 나타난다고 보았다. 그리고 적극적 제어과정들을 작동시키게 되면 의도한 목표가 달성되는 효능성 수준이 높아진다고 가정하였다. Kuhl은 이와 같이 행동제어의 효능성을 높이기 위해서 인간이 자주 사용하는 자기조절의 전략들을 다음 여섯 가지로 제안하였다.

① **능동적 주의의 선택**: 이 전략은 의도에 따라서 행위계획을 마련하고 실행하는 과정에서 의도에 관련되는 정보에 대해서 선택적으로 주의를 집중하는 적극적 전략이다. 다시 말해서 현재 지닌 의도를 지원하는 정보처리를 촉진하기 위하여 경쟁이 되는 의도나 행위계획에 주의집중하지 않도록 하는 전략이다. 이 주의집중의 전략을 사용하게 되면 다른 의도나 행동계획으로 변경되지 않고 목표를 추구하려는 경향이 높아진다.

② **부호화의 제어**: 이 전략은 주의집중에 이어서 이루어지는 부호화 과정에서 현재 개인이 지닌 의도와 관련되는 자극의 특징들만을 선택적으로 부호화하

게 되므로 의지를 방어하는 기능을 촉진시킨다. 다시 말해서 현재 개인이 목표와 관련해서 지니고 있는 기억구조와 일치되는 방향으로 부호화하게 된다.

③ **정서제어**: 이 전략은 의지작용을 지속시키는 데 방해가 되는 정서의 경험을 피하도록 하여 의지의 작용을 지속시킨다. 지금까지 Kuhl은 우울이나 슬픔이 의도의 작용을 유지시켜서 행위의 실행에서 장애로 작용하는 요인들을 피하도록 한다는 정서연구의 결과를 제시하였다.

④ **동기유발제어**: 이는 특히 행위실행의 결과를 평가하여 환류(feedback)함으로써 동기유발체계의 작동 수준을 높이는 전략이다. 이 전략은 현재 개인이 지닌 의도가 약한 행위경향성을 지니는 경우에 의도의 강도를 높이는 기능을 지닌다. 그러므로 적극적 환류에 의해서 현재 지닌 의도에 따라서 동기유발수준을 강화하는 데 의의가 있다. 따라서 이 적극적 전략이 성공하게 되면 현재 추구하는 의도가 여러 의도들 사이에서 차지하는 위계가 높아지는 방향으로 변화가 생긴다. 예를 들어서 동기가 낮아서 과제의 수행에 실패한 경우에 다음에 다시 실패하면 어떤 끔찍한 결과가 초래될지 생각하게 되어서 과제수행의 동기가 높아졌다면 동기유발의 제어전략이 성공을 거둔 경우에 해당한다.

⑤ **외부환경의 제어**: 행위제어를 효과 있게 실행하기 위하여 사용할 수 있는 적극적 전략으로 타인들도 활용할 수 있다. 외부환경을 조성하는 전략은 동기유발이나 혹은 감정을 제어하려는 목적에 따라서 이루어진다. 사회환경을 제어하는 경우에 예를 들면 금연하려는 사람이 주위의 다른 사람들에게 자신의 의도를 알려주어서 이들로부터 사회지원이나 사회압력을 받아서 금연의도에 알맞게 자신의 행위를 제어할 수 있다.

⑥ **정보처리의 절약전략**: 의도 수준이 높은 행위를 선택하는 과정에서 여러 행위들로부터 각각 어떤 결과들이 초래될지 알아보기 위하여 새로운 정보들을 계속해서 정보처리할 수도 있다. 이 경우 현재 선택한 의도를 행위로 실행하기 어렵기 때문에 더 이상의 정보처리를 제한하는 전략을 사용한다. 다시 말해서 현재 의도에 따라서 실행하는 행위제어에 지장을 초래하는 정보의 처리는 절약하여 중단하게 된다.

행위제어이론에 대한 평가

(1) Kuhl의 행위제어모형에서 다른 의도이론들과 구별되는 가장 두드러진 특징은 의도기억의 인지 요인들 이외에 정서기억을 추가하고 인간의 의지에 따라서 형성되어서 동기의 유발과 유지에 관여하는 동기유발체계를 가정한 점이다.

(2) 행위제어이론에서는 전통의 기대-가치이론들(expectancy-value theories)이 비록 의도기억을 형성하는 과정은 설명하지만 인간의 의지에 따라서 목표를 추구하기 위하여 행위를 지속하도록 제어하는 데 영향을 미치는 동기유발체계를 설명하지는 못한다고 비판한다. 그러므로 Kuhl은 동기에 직접 영향을 미치는 근접요인으로 행동의도의 중요성을 강조하는 기대-가치이론, Locke의 목표설정이론, Atkinson의 성취동기이론, Ajzen의 계획된 행위이론에 대해서 비판하는 관점을 지닌다. 이 이론들은 모두 행동의도가 설정되는 과정까지 설명하는 데 그치고 의도를 활성화하여 목표를 추구하기 위하여 행위를 지속해서 유지하고 방어하는 행위제어의 과정은 설명하지 못한다고 본다.

(3) 의도에 따라서 목표를 달성하기 어려운 과제에서 의도한대로 행위를 조절하는데 실패하면 행위제어를 중단하는 경우가 많다. 행위제어이론에서는 이 경우에 의도대로 동기의 유발이 지속되는 조건과 아울러 의도와 목표가 변경되어서 행위제어가 중단되거나 포기되는 조건도 설명한다. 금연이나 어려운 공부를 계속하지 못하고 중단하는 경우가 이에 해당한다. 대체로 이러한 행위들은 인간이 높은 가치를 부여하는 경우가 많기 때문에 행위의 지속적 실행이 매우 중요하다.

(4) Kuhl의 행위제어모형에서는 의도에 따라서 행위제어를 중단하지 않고 지속하는 조건에서 인간이 어떤 적극적 전략들을 사용하는지도 설명하였다. 그러므로 앞에서 설명한 적극적 전략들을 잘 활용하는 수준에 따라서 의도한 목표가 달성되는 정도가 결정된다고 주장한다. Kuhl은 이 과정을 행위제어의 유능성의 관점에서 설명하였다.

(5) 의도한 목표를 행위계획으로 조직하여 행위를 실행하는 과정에서 개인에 따라서 행위지향성과 상태지향성이 다르기 때문에 의도를 달성하는 수준이 달라진다고 주장했다. 그리고 행위지향성과 상태지향성의 개인차를 측정하는 척도들도 개발하였다. 그러나 그가 자기조절의 효능성과 독립되는 별도의 차원이라고 가정한 행위지향성-상태지향성이 어떤 조건에서 자기조절의 효능성과 상호영향

을 미치거나 독립적으로 작용하는지는 설명하지 못했다. 이 관계를 해명하는 일은 장차 연구해야 할 과제로 남아 있다.

(6) Kuhl의 행위제어이론은 행동의도를 설명하는 기대-가치이론의 틀을 벗어나서 행동의도가 효과적으로 실행되거나 그렇지 못하는 과정을 설명한 점에서 독특한 공헌을 하였다. 그러나 이론에 관해서 국내에서는 여기서 처음 소개하고 국외에서도 많이 연구되지 못했기 때문에 장차 이 이론이 독특하게 기여하는 장점을 여러 이론이나 연구의 측면에서 활용하게 되면 동기연구에 공헌할 수 있다.

제 2 절 성격체계상호작용이론

이 이론의 특징

Kuhl(1985)은 행위제어이론(action control theory)을 수정하여 성격체계상호작용이론(personality systems interaction theory, PSI theory)을 제안하였다. 이 이론은 인간의 의지과정과 아울러 정서과정이 동기와 자기조절에서 중요한 기능을 한다는 가정을 근거로 형성되었다. 이 이론은 인간의 인지체계와 성격체계의 연결을 강조하고 이 체계들에서 나타나는 기능들이 여러 수준에서 작용한다고 가정한다. 또한 이 이론에서는 감정이 중요하다고 보고 인간이 감정 상태들을 변화시키는 능력을 지닌다고 가정한다. 이 이론이 다른 동기이론들이나 자기조절이론들과 구별되는 가장 중요한 특징은 인간의 감정체계와 인지체계의 기능적 역동성을 강조하는 데 있다. 그러므로 이 이론에서는 핵심 인지체계들에 연결되는 정서체계가 편파되게 작동되면 인지와 자기조절의 기능에서 유연성을 잃게 된다고 주장한다. 다시 말해서 인간이 감정을 자기조절하는 양식을 바꾸게 되면 인지기제와 자기조절기제들도 달라진다고 가정한다.

이 책에서 다루고 있는 여러 이론들에서 보는대로 지금까지 동기이론들은 대부분 의도와 동기의 유발과정에 초점을 맞추어서 행동에 미치는 영향을 설명하였다. 그러나 Bagozzi(1992), Gollwitzer(1993), Heckhausen(1991)과 아울러 Kuhl (1985, 2000)은 인간의 의지에 근거를 두는 행동을 설명하기 위해서 인간의 의도를 넘어서 의지과정을 포함하는 이론을 제안하였다.

여기서는 먼저 행동의도의 형성에 기여하는 동기변인들을 강조하는 이론들(예: 계획된 행동이론)과 달리 의지행동을 기능적으로 설명하면서 이들이 어떤 관점을 강조하는지 간략하게 살펴보자. 먼저 Bagozzi(1992)는 특히 목표지향행동에서 의도가 형성된 이후 행동에 이르는 과정을 설명하려면 의도와 함께 계획하기(planning), 목표를 달성하는 데 중요한 수단적 행위들의 점검(monitoring)과 제어(control), 그리고 이 행위들을 실행하기 위한 노력(effort)과 몰입(commitment) 현상에도 주목하여야 한다고 주장했다.

이와 유사하게 이 장의 다음 절에서 살펴볼 Heckhausen과 Gollwitzer(Heckhausen, 1991; Gollwitzer, 1993)의 의사결정이론에서는 의사결정단계와 목표지향 행동에서 의지단계를 구분해서 함께 설명한다. 다시 말해서 이들은 의사결정단계에서는 행동에 드는 부담과 아울러 이익을 평가하여 행위를 결정하게 된다고 보았다. 그리고 의사결정단계에 이어서 진행되는 의지단계에서는 의도를 행동으로 실천하기 위해서 어려움을 극복하기 위한 행위계획들을 마련하게 된다고 주장했다.

한편 Kuhl(1996, 2000)은 성격체계상호작용이론에서 의지행동은 목표나 다른 인지표상들만으로는 충분하게 이해할 수 없다고 보았다. 그는 목표이론에서 강조하는 목표나 계획된 행동이론에서 주장하는 태도, 신념, 의도와 같은 인지표상들이 행동에 원인으로 영향을 미칠 수 있다는 데는 동의한다. 그러나 그는 인간의 의지에 의해서 행동의 실행에 영향을 미치는 과정을 의식과정과 아울러 무의식과정으로 확장하여 설명하였다. 이 이론에 따르면 인간이 행동의도를 형성하더라도 행동을 수행하기 위한 의지능력이 중요하다. 이 관점에서 그는 행동에 대한 의지능력을 측정하여 행동에 대한 실제 제어력을 알아내려고 하였다. Baggozzi(1992)나 Gollwitzer(1993)는 의지능력에 대응되는 의식적 전략행위로서 계획을 강조한다. 그러나 Kuhl은 의지의 효율성을 설명하면서 정서, 주의, 흥분유발, 인지과정 등의 의식과정과 무의식과정 상호간의 역동적 상호작용을 가정했다.

이 이론에서 행동을 실행하는 데 있어서 의지가 지니는 역할은 의지가 수행하는 두 가지 과제들로 나누어서 설명할 수 있다. 그 가운데 하나는 자기통제(self-control)의 기제들에 의해서 달성되는 목표유지(goal maintenance)이며, 다른 하나는 자기조절(self-regulation)의 기제에 의해서 성취되는 자기유지(self-maintenance)이다.

이 가운데 자기통제는 Kuhl(1981, 1984, 1985, 1992)의 행위제어이론(action control theory)에서 행위제어에 해당된다. 이 자기통제는 명시적 기억구조에 존재하는 의식적 목표들과 의도들이 유지되고 실행되도록 지원한다. 그리고 이 자기통제는 부정적 기분(mood)에 의해서도 촉진된다. 이처럼 자기통제는 기본적으로 계획하기나 의도의 암송과 같이 의식과정을 나타낸다. 그리고 자기통제의 의식과정을 통해서 다른 의도가 형성되지 않도록 기존 의도를 방어하기 위하여 다른 하위 인지체계와 정서체계를 금지하거나 혹은 억제하게 된다. 의지의 자기통제 양식을 작동시키는 사람은 자기의 여러 단면들과 연결되는 과정들이 억제되기 때문에 자기가 제어의 대상이 되어서 자기를 제어하게 된다. 그러므로 이 경우에는 자기와 조화되지 않거나 타인들이 설정해 준 목표들도 유지할 수 있으며 사고와 감정이 자기와 조화되는지는 점검할 수 없게 된다. Kuhl은 의지의 의식적 자기통제 양식을 일종의 내부 독재라고 보기도 했다.

Kuhl의 성격체계상호작용이론이 앞에서 살펴본 그의 행위제어이론과 다른 또 한 가지는 긍정적 기분에 의해서 활성화가 촉진되는 의지의 양식이 있다고 가정한 점이다. Kuhl은 이 양식으로 자기가 행위주체가 되는 자기조절(self-regulation)을 들었다. 그가 말하는 자기조절이란 개인이 지니는 욕구들, 정서적 선호들, 가치들 그리고 신념들로 규정되는 이른바 자기와 조화되도록 행위들을 유지하는 과정이다. 그러므로 의지가 자기조절양식으로 작동하게 되면 자기가 생산한 행위들과 목표들은 주로 무의식과정들에 의해서 방어되고 유지된다. 그리고 자기조절의 무의식과정들도 의식적 과정들과 마찬가지로 여러 인지체계들과 정서체계들을 통합하여 선택한 행위를 지원할 수 있는 방향으로 정보처리하게 된다. 이 때문에 자기조절양식이 작용하면 행위과정에서 나타난 문제들을 해결하려는 동기자원이 동원되며 새로운 해결책을 찾을 인지자원도 사용할 수 있도록 자기체계가 작동한다. 앞에서 설명한 의식적 자기통제양식과 달리 무의식의 의지과정으로 자기조절양식이 작동하게 되면 자신이 바라지 않는 생각들이나 자신이 선택한 목표지향 활동을 간섭하는 사회적 요구들을 알아내어서 배척할 수 있게 된다.

성격체계상호작용이론이 다른 동기이론들과 구별되는 가장 중요한 특징은 의지와 정서가 행동에 미치는 영향을 강조하는 데 있다. 이 가운데 의지에 의해서 이루어지는 이른바 의지적 행위가 이 이론의 핵심을 이룬다. 다음 절에서는 이에 관해서 알아보기로 한다.

이 이론의 성질

이 이론에서는 다음 네 가지 인지적 거시체계들이 정보처리과정의 다양한 수준에서 작동한다고 가정한다: 이 네 체계들은 (1) 명시적 의도들을 형성하기 위한 분석적 사고와 의도기억(IM), (2) 전반적 감정과 확장된 의미장(意味場, semantic fields)에 대한 확장기억(EM), (3) 직관적 행동제어(IBC), (4) 특정사건이나 대상(objects)에 따라서 기대하는 상태와 현재 상태의 차이를 민감하게 인식하는 전문화된 체계(OR)이다.

이 이론에 따르면 동기와 자기조절의 유효성은 위의 각 체계가 상대적으로 활성화되거나 혹은 작동하는 강도에 의해서 영향을 받는다. 이 이론의 핵심을 이루는 의지과정에 관한 두 개의 가정들은 의도가 형성된 이후 의도들을 행동으로 실행하는 의지과정을 설명한다. 이 이론에서는 성격체계들간의 상호작용을 촉진하거나 혹은 이와 상반되게 억제하는 요소들도 설명하고 있다. 또한 이 이론에서는 동기와 자기조절의 순환과정을 8개 단계들로 설명한다.

여기서는 먼저 이 이론의 핵심이 되는 의지과정에 관한 이론을 살펴보기로 한다. 이 의지과정이론은 다음 [그림 11-2]에서 볼 수 있다.

[그림 11-2]에 나타난 부호들은 각각 다음과 같은 의미를 지닌다. (1) 먼저 실선으로 그려진 화살표(→)는 앞부분 체계의 기능이 활성화되어서 뒤에 나오는 체계의 작동이 활성화되는 촉진현상을 의미한다. 이와 달리 점선으로 그려진 화살표(- -▸)는 체계의 작동이 억제되는 현상을 나타낸다. 그러므로 화살표는 정보의 교환이나 흐름의 방향을 의미하는 부호가 아니라 성격의 하위체계가 촉진되거나 억제되는 활력의 작용을 뜻한다.

(2) 그림의 외곽에서 좌우와 상하에 그려진 네 개 □는 의지과정을 통해서 동기와 행동제어가 이루어지는 과정에서 역동적으로 영향을 미치는 중요한 인지적 거시체계들을 나타냈다. 이 가운데 의도기억(intention memory, IM)은 장래 실행될 행위들에 관한 추상적이고 명시적인 표상들을 부호화하기 위한 의도의 기억구조이다. 이 의도기억은 인지심리학의 작업기억(working memory)과는 다른

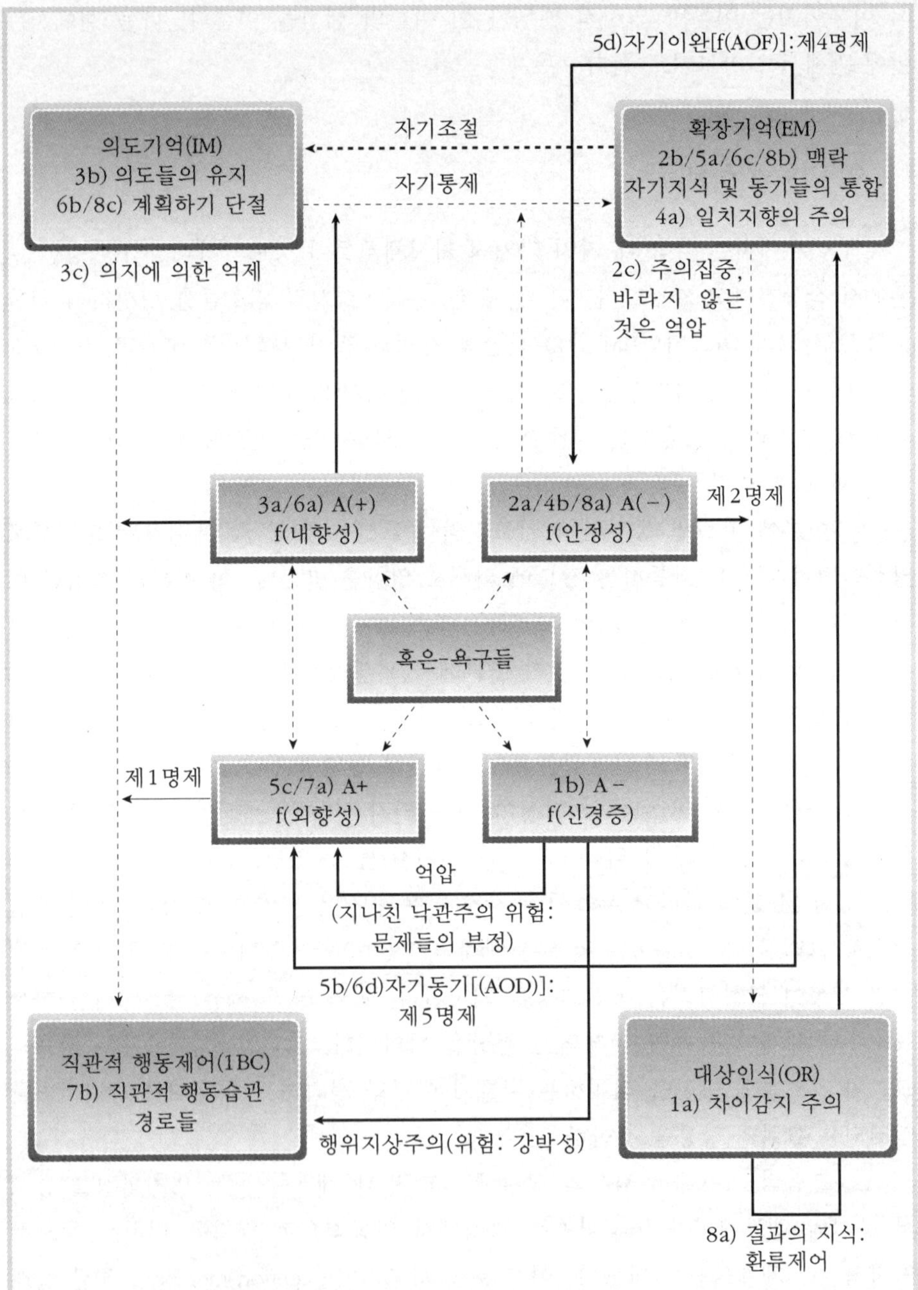

[그림 11-2] 성격체계상호작용이론에서 의지적 행위과정(Kuhl, 2000)

개념으로 행동의도가 형성된 다음에 의도의 내용에 관한 기억이 활성화되는 기능을 나타냈다.

다음으로 확장기억(extention memory, EM)은 개인이 의도된 행동을 실행하는 확장된 상황들에 관해서 지니는 전반적 감정과 기억들을 의미한다. 대상인식(objective recognition, OR)은 자기점검의 대상이 되는 사항들을 말한다. 대상인식에는 자기의 감정, 생각, 목표, 욕구 그리고 다른 내부 사건들처럼 자기와 관련된 내용도 포함되고, 환경에서 볼 수 있는 행동의 결과, 사건, 타인들도 포함된다. Kuhl(2000, 671쪽)은 긍정적 감정에 의해서도 대상의 인식(OR)이 촉진될 수 있지만, 특히 기대하지 않거나 바라지 않았던 대상의 인식은 부정적 정서에 의해서 촉진된다고 주장했다. 이 대상인식은 현재 대상지각과 기대의 차이 혹은 불일치를 감지하는 기능을 지니므로 동기와 자기조절에 영향을 미치게 된다.

직관적 행동제어(intuitive behavior control, IBC)는 의도한 행위를 실행하기 위한 상투적 행동지침을 제공하여 의도를 행동으로 도입하는 과정을 제어한다.

(3) 그림에서 가운데 부분에 A로 표시된 네 개의 네모들은 감정체계의 영향을 나타낸다. 이 네모들 안쪽에 적힌 성격특성들이나 욕구들은 각 정서작용과 연결되어서 자기조절과정에 영향을 미치기 때문에 제시되었다. 네 개의 A 가운데 A+는 긍정적 감정, A−는 부정적 감정을 의미하며, A(+)는 긍정적 감정의 억제를 의미하고, A(−)는 부정적 감정이 감소되거나 혹은 약화되도록 조절함을 뜻한다.

(4) AOF는 행위지향성의 소유자(action-oriented)를 의미하며, SOF는 상태지향성의 소유자(state-oriented)를 의미한다. 이에 관해서는 앞의 행위제어이론을 참고하기 바란다.

(5) [표 11-2]에서 볼 수 있는 숫자와 영문이 함께 제시된 경우는 뒤에 살펴볼 동기와 의지의 자기조절단계를 의미한다.

이 이론에 따르면 의도를 형성하고 행동으로 실행하는 과정에서 이 네 거시구조들의 상대적 활성화나 각체계의 상대적 강도에 따라서 동기와 자기조절의 유효성이 달라지게 된다.

성격체계의 상호작용에 관한 기본명제들

Kuhl(2000, 667쪽, 670쪽)은 인지와 성격체계의 연결을 강조하고 이 체계들이 여러 수준에서 기능적으로 역동성 있게 상호작용한다고 가정했다. 이와 아울러 감정의 중요성을 강조하면서 인간이 감정상태들을 변화시킬 수 있는 자기조절 능력을 지닌다고 보았다.

한편 Kuhl은 이 이론의 핵심이 되는 의지과정을 설명하기 위해서 의도를 행동으로 실천하고 후속되는 상호작용과정을 다음 두 단위명제들로서 제안했다.

제 1 단위명제: 긍정적 감정(A+)은 의도들을 촉진시키고 의도들과 연결되어 있는 억제들은 이완시키지만, 반면에 긍정적 감정을 억제하게 되면 의도기억(IM) 가운데 어려운 의도들의 유지는 촉진되지만 이 의도의 실천은 억제된다.

이 명제는 긍정적 감정을 고양시켜서 인간의 의지를 촉진하는 현상을 설명하고 있다. 이 명제로 보면 이전에 억제되었던 긍정적 정서를 경험하게 되면 의도기억(IM)과 직관적 행동제어(IBC)의 두 인지체계들간의 연결이 활성화된다. 다시 말해서 의도가 명시적으로 형성되고 의도기억으로 계속 유지되는 경우에만 긍정적 감정이 행동을 촉진하고 의지를 촉진하게 된다. 이 과정은 [그림 11-2]에서 제1명제로 나타냈다.

제 2 단위명제: 부정적 감정[A(-)]을 누그러뜨리면 차이를 민감하게 감지하는 대상인식(OR)의 체계와 확장기억(EM)간의 연결을 억제시키지만, 반면에 부정적 감정(A−)을 지속해서 지니게 되면 확장기억(EM, 성실한 자기도 포함)으로 인해서 바라지 않았거나 기대하지 않았던 대상인식(OR)을 금지시키던 영향력이 억제된다.

이 경로는 [그림 11-2]에서 EM과 OR 사이의 점선으로 나타냈다. 이 제2단위명제는 감정에 따라서 바라지 않았거나 기대하지 않았던 결과를 인식하지 않도록 억압하는 과정을 설명하고 있다.

지금까지 살펴본 두 명제들은 성격체계에서 인지, 정서, 동기의 측면이 서로 연결되어서 기능적으로 상호작용하는 현상을 요약하고 있다.

성격체계의 상호작용에 의한 동기와 자기조절의 순환과정

[그림 11-3]에서 문제를 지각하여 의도가 형성된 후 의지적 행위가 실행되기까지 인지체계, 정서체계, 동기체계가 역동적으로 상호작용하는 현상을 8단계로 나누어서 제안하고 있다. 의지의 순환과정을 나타낸 이 그림에서 →표시는 다음 단계를 작동시키는 힘을 의미하는데, 흔히 원인과 결과를 나타내는 바와 달리

Kuhl은 인접한 단계들간의 상호 영향을 가정했다. 이제부터 각 단계마다 어떤 특징을 지니는지 설명하기로 한다.

제 1 단계 **문제지각**(problem perception)은 기초 감각과 목표와 현재 상태의 차이에 민감한 대상인식(object recognition, OR)의 단계이다. 학생이 공부하는 경우라면 의도대로 공부가 안되는 상황처럼 잠재하거나 실제로 존재하는 문제점을 알아내는 단계이다. Kuhl은 이 단계에서 부정적 감정[A−]이 목표와 현재 상태의 차이 지각을 촉진한다고 가정했다. 그뿐만 아니라 [그림 11-2]와 아울러 제 2 단위요소 명제에서 살펴본 바와 같이 부정적 감정(A−)을 만들어내거나 혹은 유지시키는 어떤 조건도 문제의 인식능력을 강화시킨다고 보았다. 예를 들어서 신경증과 같은 성격특성이나 욕구들은 부정적 정서와 연결되기 때문에 문제를 인식하는 데 기여한다고 보았다. 이 과정은 [그림 11-2]에서 가운데 부분의 욕구와 성

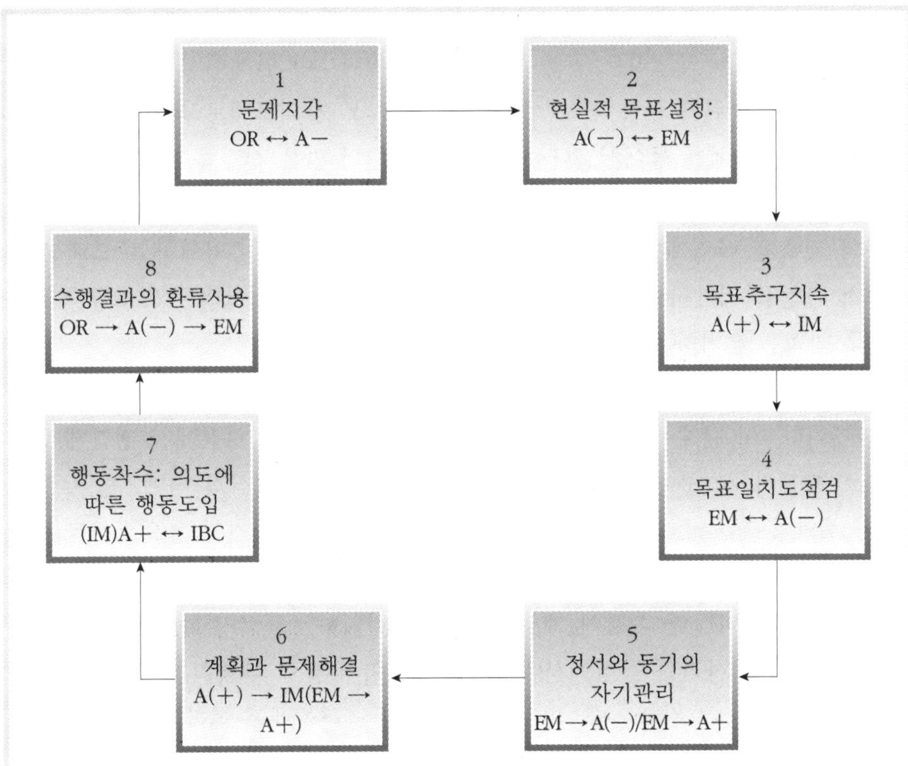

[그림 11-3] 동기와 의지의 단계 및 인지-감정 체계의 작용(Kuhl, 2000)

격특성에서 볼 수 있으며 제2명제로 설명하였다.

제2단계 **현실적 목표설정**(realistic goal-setting, self-compatibility check)에서는 확장기억(extension memory, EM)을 활성화시켜서 경험 가운데 목표달성 행위에 이르는 다양한 경로들을 찾아보고 현실성 있는 목표를 형성하게 된다. 확장기억은 암묵적 기억구조이기 때문에 분석, 언어적 인식, 확장된 목표를 설정하는 과정도 인식되지 않고 암묵적으로 진행되는 경우가 많다. 이 단계에서도 부정적 감정과 확장기억이 상호 영향을 미치게 된다. 또한 통합된 자기를 형성한 경우에는 자기와 조화되는 현실 목표를 설정하기가 이 단계에서는 쉬워진다. 다시 말해서 개인이 설정한 현실 목표가 조화되는지도 점검하게 된다.

제3단계 **목표추구지속**(persistent goal pursuit)에서는 의도기억(intention memory, IM)을 활성화하고, 긍정적 감정[A(+)]을 억제하여 의도대로 목표의 추구를 지속하는 단계이다. 의도란 행위의 표상이고 목표는 바라는 결과의 표상이다. 그러므로 특히 어려운 과제에서 목표추구를 지속하는 단계에서는 의도한 행위를 통해서 바라는 결과를 얻으려는 활동을 지속하게 된다. 이 단계에서 바라는 결과를 얻을 수 있는 행위가 구체적으로 명세화되지 않으면 의도대로 목표를 추구하기가 어려워진다. 예를 들어서 '나는 공부하는 데 더 많은 시간을 써야 한다'는 추상적 의도는 언제 그리고 어떻게 공부하려는지 명세화되지 않았기 때문에 목표추구의 지속을 어렵게 만든다. 이 단계에서 긍정적 감정을 억제하고 오랜 동안 긍정적 감정을 억제하더라도 참을 수 있는 능력이 높으면 어려운 의도를 추구하고 의도기억을 유지하는 데 기여하게 된다.

제4단계 **목표일치점검**(goal congruency monitoring)은 자기조절과정을 점검하는 단계이다. 이 단계에서는 자기가 형성한 의도를 필요한 시점에서 생각해 내야 하므로 확장기억(EM)이 활성화되고 자기점검을 위한 무의식적 경계기능도 작동한다. 주의의 일종인 경계를 통해서 목표와 관련 있는 확장기억의 요소들과 현재 자기상태가 일치되는지 검색하게 된다. 이 자기점검이 내부의 불확실성을 제거하기 위한 활동이라면 환경이 개인의 목표와 일치하는지 점검하는 활동은 외부 불확실성을 제거하려는 목적에서 이루어진다. 이와 같이 목표일치점검은 자기와 환경의 두 측면에서 진행된다. 환경에서 적절한 단서들에 주목하고, 동기를 높이고, 스트레스가 정서 상태에서 벗어나서 느긋하게 되는 등으로 효율성이 좋은 자기조절의 전략들을 사용하더라도 이 전략들을 사용하는 시점이 적절하지 않으면 도움이 되지 못한다. 그러므로 내부와 외부 환경의 자기조절을 효율적으로 이루려면 자기점검이 필요하다. 자기점검이 효율적이려면 목표나 자기와 일치되는 정보에 주의를 집중할 수 있어야 한다.

제5단계 **정서와 동기의 자기관리**(self-management of emotion and motivation)에서는 주의, 동기 및 정서의 자기조절을 수행한다. 이 이론에서는 이 요소들에서 자기조절 기능과 유효성에 영향을 미치는 조건들도 제안했다. 예를 들어서 자기동기는 실천하기 어려운 의도에 관한 의도기억 때문에 긍정적 감정을 상실한 경우에 이 상실감을 상쇄시켜 주는 일종의 자기관리 형식이다. 자기동기는 자기지식의 활성화를 시작으로 작동한다. 예를 들어서 현재와 유사한 상황에서 과거에 자신이 성공한 경험을 기억하고 이 목표를 달성하는 일이 중요함을 생각하면 긍정적 감정(A+)을 회복시켜 주는 자기동기 기제가 작동할 수 있게 된다.

제6단계 **계획과 문제해결**(planning and problem-solving)은 실천하기 어려운 의도의 실행이 착수되지 못하는 경우에 필요하다. 이러한 상황은 문제를 해결하는데 시간과 노력이 많이 필요한 경우에도 나타난다. 이 단계에서는 자기동기를 회복하고, 긍정적 감정을 억제하여 이완하고, 의도기억을 활성화시키는 활동을 하게 된다. 오랜 동안 문제해결이나 계획이 어려우면 낮은 수준에 이른 긍정적 감정이나 심지어 좌절에 대해서도 어느 정도 관용력이 필요하게 된다. 긍정적 감정이 지나치게 낮아지면 계획과 문제해결을 하는데 제4단계부터 제6단계 사이를 오르내릴 수도 있다. 다시 말해서 긍정적 감정이 지나치게 오랜 동안 저하되어서 제4목표일치점검단계로 가거나 후퇴할 역기능의 자기조절이 이루어지는 제5자기동기단계로 후퇴할 수도 있다.

제7단계 **행동착수: 의도의 실천단계**(intiative and implementation of intention)에서는 의도기억(IM)을 활성화시키고 긍정적 감정(A+)에 의해서 직관적 행동제어(IBC)와 연결시키게 된다.

의도를 실행하기로 착수하는 데 어려움을 겪게 되면 자기동기가 오히려 우울한 감정을 일으키는 방향으로 영향을 미친다. 그러므로 어려운 행동의도를 실천하기 위하여 구체적 행동을 시도하려는 사람에게는 긍정적 감정이 필요하다. 다시 말해서 실천하기 어려운 행동의도를 행동으로 실행하려면 이 의도와 연합되어 있는 억제요소를 극복해야 하기 때문에 긍정적 추진력이 요구된다. 이 경우 긍정적 정서가 의식적으로든 아니든 급속하게 높아지면, 의도기억이 활성화되어 있는 한, 의도기억(IM)과 어려운 의도를 실행하는 직관적 행동제어(IBC)의 연결이 촉진된다. 예를 들어서 예전에 성공한 경험으로 얻었던 만족감을 생각하거나 어려운 시험에 성공하게 되는 경우에 보상을 약속하면 좋은 감정을 유발시키므로 어려운 의도를 행동으로 실천하려는 자기동기를 높이는 데 도움이 된다. 이 경로 이외에 어려운 의도를 행동으로 실천하는 데 의지의 촉진 효과도 있다. 어려운 의도를 실행하는 경우라도 행동 실천의 시간, 장소, 세부행동 및 절차를 정해서 구체화할 수만 있으면 제1단계부터 제6단계까지 동기와 자기조절의 순환과정은 필요가 없게 된다.

제8단계 **수행결과의 환류사용**(use of performance feedback)은 행동이 실행된 후에 성공이나 혹은 실패를 느끼는 환류제어(feedback control)과정이다. 수행의 결과는 성격체계로 환류되어야 한다. 이 이론에서 환류과정을 강조하는 점은 Carver와 Scheier(1981, 2000)의 제어이론과 동일하다. 이들도 실패한 경우에 환류를 통해서 새롭게 노력을 더 쏟고 수행전략을 개선하기에 중요한 조건들로서 자기주의와 기대에 관해서 언급한 바 있다.

그런데 성격체계상호작용이론에서는 환류의 사용을 최적화하는 데 필요한 인지 및 감정의 조건들을 제안하였다. 이 이론에서는 환류지각이 사물인식(OR)으로 한정될 수도 있고 확장기억(EM)으로 진전될 수도 있다고 가정한다. 그러나 비록 사물인식이 중요하더라도 확장기억으로 진전되면 개인의 가치와 아울러 대안이 되는 행위에 이르기까지 연결이 이루어질 수 있다. Kuhl은 성공한 후 과정에서 환류확장기억 가운데 개인의 가치와 욕구들과 연결짓게 되면 자기의 다른 단면들에까지 만족감이 확장되기 때문에 중요하다고 주장했다. 반면에 실패한 다음에는 환류를 통해서 다른 대안이 되는 행위에 관한 확장기억과 연결짓는 일이 중요하다고 주장했다.

한편 Carver와 Scheier는 자기주의가 높은 조건에서 자기차이를 줄이기 위해서 제어과정이 증폭된다고 주장했다. 그러나 Kuhl(2000, 689쪽)은 사람에 따라서 자기인식이 높게 되면 자기조절에 나쁜 결과를 초래할 수도 있다고 주장했다. 그는 부정적 감정을 누그러뜨리도록 자기조절할 수 있는 사람은 자기인식으로 인해서 제어과정을 촉진한다고 보았다. 그러나 우울하거나 불안한 사람에서 보는 바와 같이 환류에서 대상인식(OR)이 좁은 범위로 한정되는 경우에는 자기인식이 높을수록 오히려 제어과정에 해가 된다고 주장했다.

성격체계상호작용이론에 관한 실증연구

앞에서 간략하게 살펴본 Kuhl(Kuhl & Fuhrmann, 1998; Kuhl, 2000)의 성격체계 상호작용이론(personality systems interaction theory, PSI theory)에 관해서도 최근에 실증연구들이 보고되고 있다. 여기서는 이 가운데 이 책의 제12장에서 다루는 Ajzen의 계획된 행동이론과 비교하여 이 이론에서 주장하는 의지의 구성요소들이 행동을 예측하는 데 어떻게 기여하는지 실증연구를 통해서 알아보기로 한다.

Kuhl과 Fuhrmann(1998)은 의지에 따라서 실행한 행동을 예측하는 데 기여하는 세 가지 의지요소들로 의식적 주의제어(conscious attention control), 암묵적 주의제어(implicit attention control), 그리고 자결성(self-determination)을 측정하는 세 척도들로 구성되는 의지구성요소검사를 개발한 바 있다. 여기서 의식적 주의제어란 앞서 살펴본 자기통제를 측정하는데 도전해 볼만큼 목표를 달성하는 데 중요한 사항들에 용의주도하게 의식적으로 주의집중하는 의지요소를 말한다. 그리고 암묵적 주의제어란 앞서 말한 목표를 달성하려는 상황에서 의식하지 않더라도 자기행위에 주의를 집중하는 의지 작용이 이루어지는 현상을 의미한다. 또한 자결성이란 자기의 자유의지에 따라서 도전적 목표를 추구하는 행위에 몰입하고 있음을 인식하는 자결성의 느낌을 말한다. 원래 Kuhl과 Fuhrmann(1998)이 독일어로 제작한 의지구성요소검사(Volitional Component Inventory, VCI)는 실행하기 어려운 과제에 당면해서 이를 극복하려는 의지 유능성을 알아보고자 의지를 자기조절하는 양식에서 나타나는 개인 성향을 측정하였다.

Orbell(2003)은 평균 20세인 81명의 영국 대학생들을 대상으로 준거변인인 학업행동 수준을 측정하기 위하여 일주일에 최소한 세 시간 동안 공부한 행동 수준을 측정했다. 즉, 지난 2주 동안 한 주에 평균으로 공부를 전혀 안했다(0)부터, 한 시간 미만 (1), 1～2시간 (2), 2～3시간 (3), 3～4시간 (4), 4시간 (5) 이상에 이르는 5점 척도와 아울러 주당 평균 공부한 시간으로도 측정했다. 이 학업행동을 측정하기 두 주 전에 예측변인들로서 Kuhl과 Fuhrmann(1998)이 제작한 의지구성요소검사와 아울러 Ajzen이 계획된 행위이론에서 주장하는 학업행동에 대한 태도, 주위 사람들의 인식에 관한 주관적 규범, 행동통제력, 행동의도도 측정하였다.

의지구성요소검사 가운데 세 요소들은 각각 다음과 같이 측정했다: 의식적 주의제어(conscious attention control)를 측정하기 위해서 '일주일에 과목당 세 시간씩 공부하는 것이 얼마나 중요한지에만 생각을 집중한다', '현재 공부하는 것이 중요하다는 생각에 주의를 쏟는다', '공부하는 일에만 마음을 쏟는다', '온 정신을 집중해서 공부하기 시작한다' 등 7문항들로 구성되었다.

암묵적 주의제어(implicit attention control)를 측정하기 위한 7개 문항들로는 '내가 세운 공부 목표에 접근하려고 이 일에만 자동으로 주의를 집중한다', '구태여 노력하지 않아도 공부에 초점을 맞추게 된다', '공부 목표에 도달하는 데 중요한 일에만 본능적으로 주의를 쏟게 된다', '내가 공부하는 일에만 주의를 고정하고 있음을 알게 된다' 등이 사용되었다.

한편 자기결정(self-determination)은 '어려운 목표를 이루려고 한 사람이 나라는 사실을 안다', '내가 자유의지에 따라서 행동하고 있음을 알면서 공부한다', '공부는 내가 참으로 바라는 행동이라는 것을 안다', '공부를 원하는 사람이 나 자신임을 느낀다' 등 8문항들로 측정하였다. 의지구성요소를 구성하는 각 문항들에 대해서 '거의 항상 (7)'부터 '거의 전혀 아니다 (1)'까지 7점척도로 반응하도록 하고, 세 척도별 득점들은 평균으로 산출했다.

한편 Ajzen의 계획된 행동이론의 구성요소들은 다음 두 주 동안 한 주에 과목당 세 시간씩 공부하는 행동에 대해서 모두 7점척도로 다음과 같이 측정했다: 먼저 공부에 대한 태도(AB)는 '중요하다-중요하지 않다', '좋다-나쁘다', 그리고 '가치없다-가치있다'로 측정하였다. 주관적규범(SN)은 '나에게 중요한 대부분의 사람들이 내가 과목당 1주일에 적어도 3시간 동안 공부해야 한다고 생각한다'에 매우 찬성부터 매우 반대까지로 반응했다. 또 '친구들은 내가 일주일에 과목당 적어도 3시간 공부해야 한다고 생각한다'에 '매우 그렇다'부터 '매우 아니다'로 응답했다. 행동통제력지각(PBC)은 네 문항들로 측정했다. '나는 다음 두 주 동안 내가 원하면 1주일에 적어도 3시간 동안 공부하는 일을 할 수 있다'고 확신하는 수준, 쉽거나 어려운 수준, 자기조절할 수 있는 수준, 쉬운 수준을 측정했다. 행동의도(BI)를 측정하는 세 문항으로는 공부하려는 의도에 대한 찬성-반대, 의도-무의도와 아울러 시도로 측정했다. 계획된 행동이론에 대해서 보완 기능을 지니는 요소로서 과거행동(past behavior, PB)도 측정하였다. 과거행동은 학습행동을 측정하는 두 문항들을 사용하고 지난 한 주 동안의 과거 시제로 바꾸어서 측정했다. 계획된 행동이론의 구성요소들을 측정하는 내적신뢰도 $\alpha=.79 \sim \alpha=.94$였고 의지구성요소검사의 세 요소들은 .84부터 .94의 신뢰도를 보였다. 이 연구의 결과

[표 11-1] 계획된 행동이론과 의지구성요소의 효과

위 계	넣은 변인들	β	의식적 주의제어 β	암묵적 주의제어 β	자기결정 β
1 계획된 행동이론 요소들	의도	.42*	.42*	.38*	.59**
	태도	−.19	−.19	−.19	−.34*
	주관적 규범	.06	.07	.06	.03
	행동통제력지각	.26*	.17	.16	.02
2 의지구성요소들	의지요소		.32**	.40**	.36**
	의도×의지요소		.24	.25	−.28
	태도×의지요소		−.14	−.16	−.02
	주관적 규범×의지요소		−.29*	−.30*	−.35**
	행동통제력지각×의지요소		.14	.14	.12
전체 설명변량(R^2)		.28	.38	.41	.46
모형의 유의도		7.27**	4.86**	5.57**	6.80**
설명변량의 변화			2.40*	3.33**	4.92**

는 다음 위계적 중다회귀분석표에서 볼 수 있다([표 11-1]). 이 표를 보면 비록 계획된 행동이론이 유의한 모형이지만(F=7.28, $p<.01$, 전체 설명변량 28%), 학습행동의도(β=.42)와 학습행동의 통제력지각(β=.26)만 유의한 예측력을 보였다. 그러나 계획된 행동이론의 4개 구성요소들에 더해서 다음에 의지구성요소들을 각각 더하면 전체설명변량이 10% 이상 증가되었다. 이 가운데 의식적 주의제어(β=.32), 암묵적 주의제어(β=.40), 그리고 자기결정(β=.36) 요소들이 모두 유의하게 설명변량을 증가시켰다. 이 결과로부터 Kuhl이 성격체계상호작용이론에서 제안한 의지 요소들이 계획된 행동이론에서 제안된 요소들의 예측력을 넘어서 설명변량을 각각 10% 이상 증가시킴을 알 수 있다. 이 연구는 Kuhl의 이론에서 주장하는 인간의 의지 요소가 인간의 행동을 예측하고 설명하는 데 중요함을 입증한 데 의의가 있다. 그러나 변인들을 측정하는 타당도에 한계가 있으며, 주관적 규범과 의지요소의 상호작용 효과가 통계적으로 유의하여 두 이론의 통합 가능성도 검토할 필요가 있다. 장차 한국에서 이 이론에 관한 연구도 많이 이루어져야 한다.

성격체계상호작용이론에 관한 논평

(1) 이 이론은 최근 인간의 의지과정을 설명하면서 인지, 동기, 정서체계의 상호작용을 강조하는 형태로 제안되어서 다른 이론들보다 포괄성이 높다.

(2) 이 이론은 성격체계들간에 상호 인과적 영향관계를 가정하고 가설의 진술방식도 명료하지 못해서 중요한 가설들을 검증하는 데 어려움이 따른다.

(3) 이 이론에서는 인간의 의지작용을 통해서 동기와 자기조절이 이루어지는 과정을 8단계로 세분하여 설명하고 있다. 이 이론에서 특히 행동의도가 형성되고 행위가 실천되는 의지과정을 설명하고 있어서 다른 이론들과 잘 구별된다.

(4) 이 이론은 Kuhl의 행위제어이론과 마찬가지로 현재까지 북미대륙보다 주로 유럽지역에서 연구되고 있다. 지금까지 한국에서 북미대륙의 동기심리학이 주로 연구되면서 Kuhl의 행위제어이론이나 성격체계상호작용이론에 관해서는 소개되거나 연구되지 못했다. 이 이론들은 인간의 동기를 설명하면서 인지, 정서, 의지의 상호작용을 강조하는 독특한 특징을 지니므로 국내에서도 연구할 필요가 있다.

제 3 절 Heckhausen과 Gollwitzer(1987; Gollwitzer, 1990, 1993)의 동기의 의사결정단계이론

Heckhausen과 Gollwitzer는 동기과정을 의사결정의 단계에 따라서 설명하는 이론을 제안한 바 있다. 이 이론은 앞에서 살펴본 Kuhl의 행위제어이론과 함께 목표의 선택에 의해서 의도가 형성된 이후에 목표를 추구하기 위해서 행위를 제어하려는 동기가 영향을 미치는 과정을 함께 설명한 이론으로 주목할 필요가 있다. 여기서는 Gollwitzer(1990)의 이론을 간략히 설명하기로 한다. 이들은 의도가 형성되고 행위가 이루어지는 동기과정을 시간의 흐름에 따라서 네 단계로 설명하는 이론을 제안하여 Kuhl의 행동제어이론과 유사한 요소들을 지닌다.

이 이론에서는 각 단계마다 일련의 마음갖춤세(mind-sets)들을 지니게 되면 동기와 행위를 촉진하여 의도하는 목표를 달성하기 쉽게 된다고 주장했다. 이들은 동기에 영향을 미치는 의사결정의 과정을 다음 네 행위단계로 구분했다. ① **의사결정이전단계**(predecisional stage)에서는 의사결정에 도움이 되는 정보에 민감하고 개방적으로 심사숙고하려는 단계(deliberative stage)로서 마음갖춤세가 중요하다. 인간이 지니는 여러 동기에 따라서 개인이 원하는 바를 선택하려고 한다. 선호들 가운데 장차 실현될 수 있고 바람직한 수준이 높을수록 선택될 가능성이 높다. 이 단계에서는 여러 목표들의 달성 가능성, 목표가 지니는 가치, 목표를 달성할 수 있는 개인의 능력 등에 관해서 편파되지 않게 개방적으로 정보처리하여 어떤 목표를 선택하는 의사결정을 하게 된다.

② 목표의 선택에서 의사결정이 이루어지고 실제로 결정한 의도를 실행하기 이전 동기의 **행위이전단계**(preactional stage)에서는 이 목표에 따라서 행위를 실행하려는 마음갖춤세를 지니게 된다. 이 단계에서는 개인의 주의가 여러 목표들에 관해서 정보를 수집하는 데서 벗어나서 선택한 목표를 추구하기 위한 방도와 수단들을 결정하게 된다. 이 단계들 가운데 정보를 수집하는 시점에서는 여러 목표들에 대해서 지니고 있던 개방심성을 버리고 폐쇄심성이 되어서 선택한 목표를 추구하기 위한 활동을 증진하는 데 도움이 되는 정보에만 민감하게 된다. 다시 말해서 이 단계에서는 개인이 결정한 의도를 방어하여 행위로 실천하기 위한 인지활동을 수행한다.

③ 동기의 세 번째 **행위단계**(actional stage)에서는 마음갖춤세 역시 이미 선택한 목표를 추구하기 위하여 행위 중심이 되어서 이 의도를 실행하려는 폐쇄심성이 지속된다. 그러므로 자신이 이미 결정하여 선택한 전략을 다시 생각하도록 만드는 정보들을 처리하는 데 대해서 저항을 보이게 된다. 이 시기에는 자신에 대해서 지니고 있는 느낌처럼 자기에 관해서도 생각하지 않으려고 한다. 단지 목표지향의 활동을 촉진하는 데 필요한 인간요인이나 환경요인들을 알아내는 데 중요한 단서들에만 주의를 집중하게 된다.

④ 목표를 추구하여 결과가 나타나게 되면 행위를 중단하고 마음갖춤세를 평가하는 단계(evaluative stage)에 이르게 된다. 이 단계는 **행위이후동기단계**(postactional motivation phase)라고 한다. 이 단계에 이르면 인간은 다시 개방심성이 되어서 행위의 결과를 평가하는 데 도움이 되는 정보에 민감하게 된다. 이 마지막 단계에서 인간은 다음 두 질문에 대답하려고 한다: 그 가운데 하나는 목표가 달성되었는지 혹은 그렇지 못한지 알아내는 일이다. 다른 하나의 질문은 만약 목표가

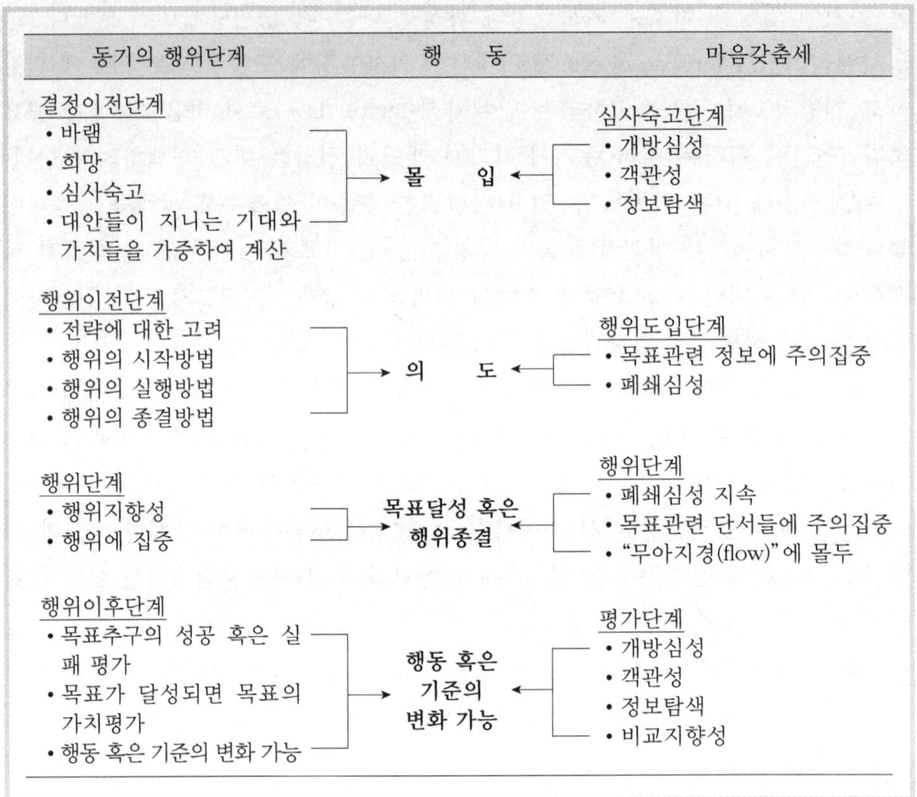

[그림 11-4] Heckhausen과 Gollwitzer(1987)의 동기의 의사결정단계

달성되었다면 노력할 만한 가치가 있었는지 알아내는 일이다. 만약에 목표가 달성되지 못했거나 목표의 달성이 노력할 만한 가치가 없었다고 평가하게 되면 새로운 목표를 설정하기 위하여 최초의 결정단계가 다시 나타나게 된다.

지금까지 Heckhausen과 Gollwitzer(1987; Gollwitzer, 1990)의 동기의 의사결정단계이론을 간략하게 설명하면서 각 단계에서 이루어지는 의사결정의 내용, 행위, 그리고 마음갖춤세의 특징을 살펴보았다. 각 단계에 따라서 중요한 내용을 그림으로 정리하면 [그림 11-4]와 같다.

동기과정의 의사결정단계이론에 대한 평가

(1) 이 이론에서는 행위의 제어가 이루어지기 이전에 목표가 선택되어서 몰입이 이루어지고, 행위를 실행하기 이전에 의도가 형성되고, 이어서 목표를 달성하기 위해서 행위를 실행하고, 행위를 통해서 목표가 달성되거나 달성되지 못하게 되는 경우에 행위가 지속되거나 변화되는 과정을 포괄하여 시간의 흐름에 따라서 설명하고 있다. 이 이론에서는 이 전체 과정을 의사결정의 단계에 따라 일관성 있게 설명하고 있다.

(2) 제어이론에서 환류를 통한 지각과정을 중요하게 보고 행위제어이론에서는 의지와 정서과정을 강조하는 바와 달리 의사결정단계이론에서는 행위를 종결하고 평가하는 시점까지 의사결정이 이루어지는 인지과정의 설명에 초점을 맞추어서 행동의도와 행동의 실행을 설명한다. 이 때문에 행위제어이론에서 제안된 의지와 정서과정이나 제어이론에서 강조하는 동기와 자기조절과정의 영향은 설명에서 제외되었다.

(3) 이 이론은 제어이론에서 강조하는 행동 결과의 환류나 자기주의가 의사결정 과정에 미치는 영향을 설명하지 못한다.

(4) Heckhausen과 Gollwitzer 등은 이 이론을 검증한 실증연구의 결과들도 보고한 바 있다. 이 이론 역시 의도가 형성된 이후 행위가 실행되고 종결되는 동기과정을 의사결정에 초점을 맞추어서 상세하게 설명한 점에서 주목을 받고 있다. 그러나 이 이론은 앞에서 살펴본 제어이론이나 행위제어이론과 구별되는 특징을 지니기 때문에 이 이론을 비교하거나 통합하는 방향에서도 장래 연구가 필요하다.

(5) 지금까지 국내에서 이 이론은 소개되지 않았고 실증연구도 보고된 바 없다. 또한 국내외에서 이 이론에 관한 실증연구가 많은 편이 못되기 때문에 장래 연구를 통해서 평가가 이루어져야 한다. 그러나 이 이론 역시 행위의 제어과정을 의사결정이 이루어지는 동기과정에 의해서 설명하고 있기 때문에 장래 이론이나 실증연구에 많은 시사점을 제공한다.

제12장
자기조절이론들

개 관

누구나 자신이 어떤 사람인지에 관해서 떠오르는 생각들이 있게 마련이다. 개인마다 자신에 관해서 지니고 있는 신념들의 집합을 자기(self)라고 부른다. 동기를 자기이론이나 자기조절이론의 관점에서 설명하는 학자들은 인간이 자신에 관해서 지니는 지식이나 신념에 따라서 동기의 성질이나 강도가 달라진다고 가정한다.

예를 들어서 여러 과제들 가운데 한 과제를 선택해서 수행하는 상황을 생각해 보자. 이 상황에서 예술, 국어, 스포츠, 영어, 수학에 관한 다섯 범주의 문제들 가운데 하나를 선택하도록 하면 개인마다 자신이 유능하다고 생각하는 과제를 선택하게 된다. 이 경우는 자신이 지니는 여러 능력들에 관한 신념들을 토대로 스스로 좋은 성적을 얻을 수 있다고 생각하는 과제를 수행하려는 동기가 유발된 상황이다.

또한 이 상황에서 여러 사람이 예술 문제를 선택했다고 생각해 보자. 여러 예술 문제들을 풀면서 어려운 문제가 자주 나타나는 조건에서 어떤 사람들은 계속해서 열심히 문제를 풀려고 노력하지만 다른 사람은 마음으로 포기하기도 한다. 이 경우에는 여러 사람들이 예술을 공부하려는 동기를 지니고 있지만 사람에 따라서 이 동기의 수준이 서로 다름을 알 수 있다.

인간의 동기를 자기이론의 관점에서 설명하는 이론들이 최근에 많이 제안되었다. 이 가운데 Markus(1977)의 자기도식이론(self-schema theory)과 가능한 자기이론(theory of possible selves, 1986), Higgins 등(1986)의 자기차이이론(self-discrepancy theory)과 조절초점이론(theory of regulatory-focus, 1998, 2000) 등은 현재 많이 연구되고 있다. 이 외에도 Bandura(1982, 1986)의 자기효능성이론(theory of self-efficacy), Duval과 Wicklund(1972)의 객관적 자기인식이론(theory of objective self-awareness), Deci(1980)의 자기결정이론(theory of self-determination) 등이 자기이론에 포함된다. 그러나 이 이론들에 관해서는 이 책의 여러 장에서 적어도 부분적으로 다루고 있으므로 여기서는 이 가운데 Markus의 자기도식이론과 가능한 자기이론, 그리고 Higgins(1998, 2000)의 조

절초점이론에 초점을 맞추어서 다루기로 한다.

Markus의 자기도식이론

Markus(1977)는 그녀의 박사학위 논문에서 자기행동을 조직하고, 요약하고 설명하는 과정에서 자기에 관한 인지구조가 영향을 미친다고 주장했다. 그녀는 이 인지구조를 **자기도식**(self-schemata)라고 불렀다. 자기도식들이란 과거 경험을 통해서 형성되는데, 개인의 사회생활에서 경험하는 자기에 관련된 정보처리들을 조직하고 이끌어 가는 자기에 관한 일반화된 인지라고 정의할 수 있다(Markus, 1977, 64쪽). 그러므로 자기에 관한 인지적 일반화로서 정의된 자기도식은 자기에 관한 정보처리과정에 영향을 미친다. 다시 말해서 자기에 관한 정보처리를 촉진하여 자기에 관한 판단과 결정을 돕고, 자기에 관해서 지니는 도식과 일관되는 행동사건들의 파지를 용이하게 하며, 자기도식과 상반되는 정보에 대해서 저항하도록 영향을 미친다.

Markus(1977)는 이 관점에서 독립심-상호의존의 차원에서 자기도식을 지닌 사람들이 도식을 지니지 않은 사람들과 비교해서 판단에서 자기도식과 일관되는 정보를 처리하고, 의사결정하고, 행위를 실행하는 데 기여하게 된다. 그녀는 이 이론을 검증하기 위해서 자기도식이 자기에 관한 정보를 선택하고 처리하는 데 영향을 미친다는 가설을 검증했다. 구체적으로 말해서 자기도식이 자기판단들의 유형을 결정하고 자기도식에 관한 정보가 있는 경우에는 이 판단들이 신속하게 이루어진다는 가설을 검증했다. 또한 이 자기도식 차원에서 이루어진 행동의 예측이 용이하고 이 예측에 대한 확신 수준도 높다는 가설을 검증했다.

이 연구에서 독립성과 의존성의 차원에서 자기도식을 지니는 사람들과 자기도식이 없는 사람들을 가려냈다. 다시 말해서 자기를 기술하도록 평정시켜서 독립적-의존적 자기도식을 지닌 사람들을 가려냈다. 독립적 자기도식을 지니는 사람들은 개인주의적, 독립적, 야심찬, 모험적, 자신감, 지배적, 따지기 좋아하는, 초연한, 거만한, 이기적, 비간섭적, 솔직한, 공격적, 주장적, 비억제적에서 11점 척도로 평정하여 8-11까지 높게 평정한 사람들을 가려냈다. 한편 의존적 자기도식을 지닌 사람들은 의존적, 협동적, 재치 있는, 관용적, 비이기적, 감수성이 강한, 동조적, 신임할 수 있는, 소심한, 복종적, 관습적, 절제 있는, 친절한, 자기부정적, 주의깊은에서 1부터 4까지 평정한 사람들을 가려냈다.

그리고 11점 척도에서 5-7까지 평정치를 보인 사람들을 비자기도식을 지닌 사람들로 가려냈다. 그리고 의존, 독립, 비도식에 포함되는 69개 형용사들을 고르게 섞어서 각각 2초씩 제시해 주고, 각 형용사가 자기를 나타낸다고 생각하면 me 버튼을 누르고 자기를 기술하지 않는 용어들에는 not me를 누르도록 했다. 이 반응으로부터 자기를 기술한다고 판단한 특성들이 의존적, 독립적, 비도식적인 자기도식에 부합한 빈도와 아울러 반응에 걸린 시간을 측정했다. 이 연구의 결과를 보면 의존적인 자기도식을 지닌 사람들은 자기를 기술하는 단어들로 의존성의 의미를 지니는 형용사들을 평균 13개, 비도식적 형용사는 11개, 그리고 독립적 형용사는 9개 지적했다. 반면에 독립적 자기도식을 지닌 사람들은 독립성의 의미를 지닌 형용사를 평균 4개, 비도식 형용사 7개, 그리고 독립적 형용사는 9개를 지적했다. 이 결과는 자기도식과 일치되는 정보의 처리가 많이 이루어졌음을 의미한다.

한편, [그림 12-1]에서 보는 바와 같이 의존적 자기도식을 지닌 사람이 의존적 형용사들이 자기를 나타낸다고 반응하는 데 걸린 평균 시간은 2.2초였으며 독립적 의미를 지니는 형용사들이 자기를 기술하는지 정보처리하는 데는 2.3초가 소요되었다. 특히 독립적 자기도식을 지닌 사람들이 독립적 의미를 지니는 형용

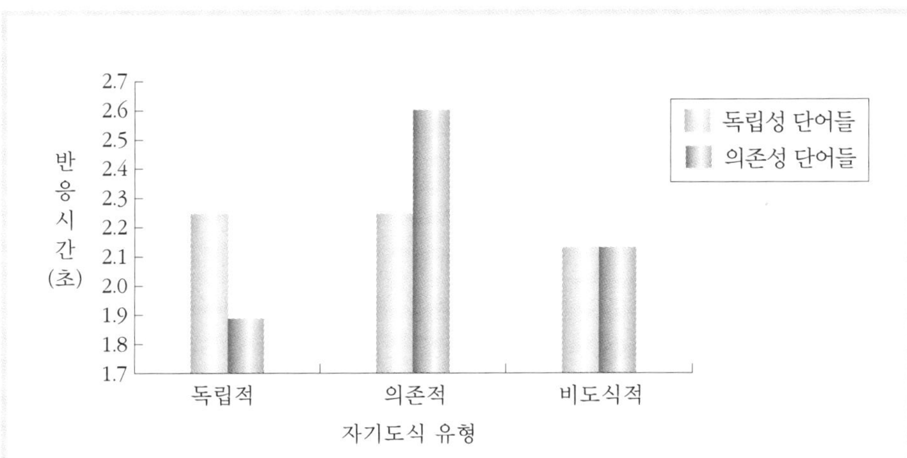

[그림 12-1] 자기도식의 유형에 따른 반응시간(Markus, 1977, 68쪽)

사들이 자기를 기술한다고 반응하는 데 평균 1.0초로서 의존적 형용사가 자기를 기술하는데 적합한지 반응하는 데는 평균 2.6초가 걸려서 현저한 차이를 보였다. 이 결과 역시 자기도식과 일치하는 정보의 처리가 빠르게 이루어졌음을 의미한다.

또한 각 형용사에 해당하는 행동의 증거들을 생각나는 대로 적게 했을 때 의존적이거나 독립적 자기도식을 지닌 사람들이 적은 증거의 수가 비도식적인 사람들의 평균보다 높았다. 그뿐만 아니라 자기기술에 적합하여 me 반응을 한 형용사의 수를 두 시점에서 얻어서 단순상관을 구했을 때 독립적 자기도식을 지닌 사람들은 $r=.64(p<.01)$, 의존적 자기도식을 지닌 사람들은 $r=.56(p<.05)$로서 일관성이 높았다. 그러나 비도식의 사람들은 $r=.20$(n.s)으로서 일관성이 낮았다.

이 연구 결과는 연구 2에서도 반복검증되었다. 그러므로 자기도식과 일관되는 정보의 처리가 자기도식과 무관한 정보의 처리보다 우세하고 신속하게 이루어진다고 결론지을 수 있다.

Markus의 가능한 자기이론

Markus와 Nurius(1986)는 자기도식이론을 확장하여 현재의 자기에 관한 지식에 한정되지 않고 장래 자기에 관한 지식도 역시 인지와 동기에 영향을 미친다는 **가능한 자기이론**(theory of possible selves)을 제안하였다. 여기서 가능한 자기(possible self)란 장래 자기의 표상을 의미한다. 다시 말해서 장차 자기가 어떤 사람이 되리라고 생각하고, 어떻게 되고 싶어하고, 어떻게 되기를 두려워하는지 미래 시점의 자기개념에 관한 현재의 생각들을 말한다. 이처럼 가능한 자기들은 장래 자기에 관한 희망들, 두려움들, 목표들, 그리고 위협들에 관한 인지요소들로 구성된다. 가능한 자기이론에서는 이 인지요소들이 구체적 자기도식의 형태로, 의미, 조직을 지니고 미래 지향의 역동성에서 방향을 제시하게 된다고 보았다.

가능한 자기들은 다음 두 가지 기능들을 지니기 때문에 동기에서 중요하다. 우선 미래 행동에서 접근하거나 회피하도록 유인의 기능을 하게 된다. 이 기능에 따라서 가능한 자기를 성취하기 위하여 개인에 적합한 형태로 새로운 행동에 관해서 목적과 수단을 연결지어서 동기화시키게 된다. 다음으로 가능한 자기는 현재 자기에 대해서 평가하고 해석하는 맥락을 제공하게 된다. 그러므로 미래의 가능한 자기에 맞추어서 현재 자기를 평가하고 해석하게 된다. 예를 들어서 심리학 강좌에서 A학점을 받은 경우라도 장래의 가능한 자기가 심리학자인 경우에는 자기에 대해서 매우 만족스럽게 평가하지만 장래 희망이 물리학자인 사람에게는 앞의 경우보다 만족한 수준이 낮을 수 있다.

한편 현재의 자기개념이 최근까지 실제로 사회상황에서 이루어진 경험을 토대로 형성되기 때문에 쉽게 변경되지 않고 일관성을 지니지만 가능한 자기는 사회환경에서 경험한 변화에 의해서 달라질 개연성이 크다. 예를 들어서 한두 과목의 성적이 나쁘더라도 오랫동안 지녀온대로 자신이 지적이고 근면하다는 자기개념은 크게 달라지지 않을 수 있다. 그러나 이 경우에도 가능한 자기는 몇 달 후에 학사경고를 받거나 학업에 실패한 자기 모습으로 비쳐질 수 있다. 이와 같이 가능한 자기는 사회환경에서 경험한 변화에 따라서 민감하게 달라져서 현재 자기의 평가에 영향을 미치게 된다.

자기도식으로서 가능한 자기는 개인의 과거 경험들로부터 창조적이고 선택적으로 형성된다. 그러나 한번 형성된 가능한 자기는 인지요소로서 동기와 구체적 행동을 직접 연결시키는 역할을 하게 된다. Markus는 암에 걸린 사람들이 장차 이 질병을 극복하는 가능한 자기를 형성하게 되면 실제로 이 질병에 잘 대처했다는 Taylor(1983)의 연구 결과도 가능한 자기의 영향 때문이라고 해석했다. 이와 마찬가지로 Bandura(1982)의 연구에서 어떤 행동을 실행할 수 있다는 자기효능성이 높은 사람들이 수행이 좋았다는 결과들을 Markus는 가능한 자기이론의 관점에서 해석했다. 다시 말해서 Markus는 수행에 성공한 미래의 자기모습을 가능한 자기로 형성할 수 있었기 때문에 자기효능성이 높은 사람들이 열심히 노력하는 동기가 높아서 성공했다고 해석했다.

Markus와 Ruvolo(1989)는 가능한 자기이론에서 자기에 관련된 사고와 감정이 특히 장래 자기의 바라는 상태에 대한 심상과 개념을 형성하는 데 기여한다고 가정했다. 이들은 긍정적 가능한 자기가 형성되면 개인의 활동에 초점을 맞추도록 하고 조직한다고 보았다. 이들은 조직화의 결과로 정보처리과정에서 가능한 자기와 일관되는 방향으로 자극들을 편파되게 처리한다고 주장했다. 더구나 가능한 자기를 심상으로 형성하면 이 궁극의 상태와 연결된 감정을 예견하고 실제로 경험할 수 있다고 가정했다. 다시 말해서 장래 자기의 바람직한 모습을 떠올리게 되면 좋은 감정을 경험하고 이 가능한 자기상태를 이루기 위해서 자신이 사용할 수 있는 절차지식들을 활용하여 활발하게 활동하게 된다. 이와 달리 이들은 장래 자기의 바람직하지 못한 모습을 형성하게 되면 나쁜 감정을 경험하고 활동이 위축된다고 주장했다. 특히 이들은 가능한 자기심상을 형성하면 장래 자기에 관해서 시각, 청각, 운동감각 혹은 내장의 표상들을 사용할 수 있게 된다고 가정했다.

지금까지 Markus가 가능한 자기이론에서 자기개념의 일부로서 현재 자기에 관한 도식만이 아니라 미래의 자기모습에 관한 자기도식도 지닌다고 주장하고 있음을 살펴보았다. 그녀가 주장하는 핵심을 정리해 보면 현재의 자기도식과 마찬가지로 장차 가능한 자기에 관한 자기도식 역시 현재 시점에서 작업자기개념(working self-concept)으로서 우세하게 형성되어 있으면 동기, 정서, 행동에 영향을 미친다고 요약할 수 있다.

Markus, Cross와 Wurf(1990)는 장래 자기의 바람직한 상태를 자극하게 되면 긍정적 감정과 흥분이 유발되고, 이 장래상태를 달성하기 위하여 계획들과 전략들의 수립을 촉진하고 선택적으로 정보처리도 촉진한다고 가정했다. Ruvolo와 Markus(1992)의 연구에서는 이 가정에 근거를 두고 가능한 자기에 관한 심상을 형성하도록 유도하면 과제의 수행이 높아지는지 검증하였다. 이 연구에서는 장차 성공한 가능한 자기의 심상을 형성한 사람들이 실패의 심상을 형성한 사람들보다 노력을 지속한 동기 수준이 높아져서 과제 수행이 높아진다는 가설을 제시했다. 또한 성공의 심상에 따라서 수행이 높아지는 효과가 주로 이 심상으로 수반되어서 나타난 좋은 감정에 기인하는지 그렇지 않으면 긍정적 심상들이 구체적으로 활성화되어서 나타나는지도 검토하였다. 이 연구에서는 장래 가능한 자기에 관해서 바라는 심상을 유도하면 가능한 자기의 심상이 없이 긍정적 정서만을 유도한 조건보다 동기가 높아서 수행도 좋아진다고 가정했다.

연구 가운데 실험 1에서는 (1) 장래 매우 성공한 가능한 자기로 심상을 형성한 조건에서는 모든 일이 생각대로 매우 잘 진행되고 자신이 열심히 일해서 장차 목표를 달성한 상황을 생각하도록 하였다. 또한 심상의 내용을 생각해서 적도록 하였다. (2) 장래 매우 실패한 조건에서는 모든 일이 생각대로 진행되지 않아서 열심히 일해도 자기행동에 의해서 장차 목표를 달성하지 못한 상황을 생각하도록 하였다. 또한 심상의 내용을 적도록 하였다. (3) 긍정적 정서를 경험한 통제조건에서는 해와 별에 관한 중립적 진술문을 읽도록 하고 이 이야기의 내용을 적도록 하였다. 또한 이 조건에서는 긍정적 정서를 유도하기 위하여 Isen과 Simmonds

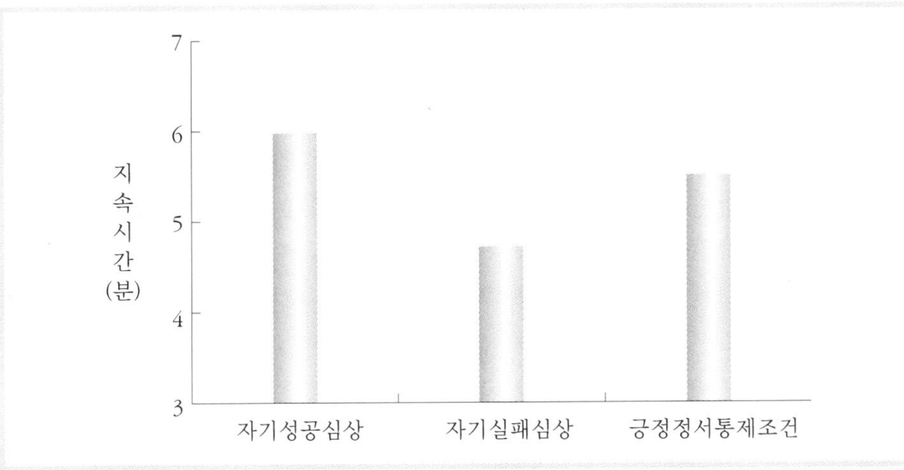

[그림 12-2] 자기도식의 유형에 따른 수행의 지속시간(Ruvolo & Markus, 1992, 115쪽)

(1978)의 실험처럼 작은 사탕과자 봉지를 제공했다.

세 조건들에서 조작에는 동일하게 4분씩 사용하였다. 종속변인으로는 동기를 노력 수준으로 측정하였는데 여러 문장들에서 e자를 찾아서 자기가 주로 사용하지 않는 손으로 원을 그리도록 하였다. 다시 말해서 대부분의 학생들이 7분 동안 왼손으로 e자들에 ○표를 하도록 했다. 이 과제에서 동기를 측정하는 7분 동안 지속시간과 아울러 수행으로 4분 동안의 다음 정답수를 계산했다. 이 실험 1에서 얻은 지속시간은 [그림 12-2]와 같다.

이 그림에서 보는 바와 같이 세 집단에서 지속시간은 서로 달랐다. 다시 말해서 장래 자기가 성공한 상황을 심상으로 형성한 사람들은 장래 자기가 실패한 심상을 형성한 사람들보다 지속한 시간이 긴 추세를 보였으며, 긍정적 감정만 경험한 사람들보다는 과제의 수행을 지속한 시간이 길었다. 또한 긍정적 감정을 경험한 사람들은 장래 자기가 실패한 상황을 생각한 사람들보다 과제의 수행을 지속한 시간이 길었다.

한편 과제의 수행에서 정답의 백분율을 산출한 결과에서는 장래 자기가 성공한 상황을 심상으로 형성한 사람들이 부정적 심상을 형성하거나 긍정적 정서만을 경험한 사람들보다 수행이 좋았다. 그리고 장래 자기의 실패를 떠올린 부정적 자기심상 조건과 긍정적 정서만을 경험한 통제조건 내에서는 정답률의 차이가 없었다. 이 연구 결과에서 긍정적 정서를 경험한 경우에 부정적 장래 자기심상을 경험한 조건보다 과제수행을 지속한 시간이 긴 추세를 보였으나 정답수에서는 이 추세가 나타나지 않았다.

이 연구의 실험 2에서는 실험 1에서 얻은 중요한 결과가 장래 가능한 자기에 관한 심상이 형성된 데 근거를 두고 나타나는지 알아보았다. 실험 2에서는 가능한 자기의 성공 조건에서 가능한 자기의 특출성이 높아지는지 잠재반응의 시간을 측정하여 알아보았다. 대개 반응시간이 짧아지면 특출성이 높다고 해석하게 된다. 실험 1의 세 조건들을 동일하게 조작하고 자기성공의 긍정적 가능자기를 조작한 조건에서 자기기술의 반응시간이 다른 조건들보다 빨라지는지 측정하였다. 그리고 긍정적 자기상의 점화에 따른 반응시간의 단축 효과와 구별되는지 알아내기 위하여 장차 타인이 성공하는 상황을 떠올린 조건에서 자기기술에 반응한 시간보다도 빨라지는지 알아보았다.

실험 2의 결과를 보면 장래 자기가 성공한 자기심상을 형성한 사람들이 자기가 실패하거나 혹은 긍정적 정서만을 경험한 사람들보다 자기기술에 반응한 시간이 짧았다. 이 결과는 장래 긍정적 자기상을 형성한 조건에서 긍정적 자기를 작업자기로 우세하게 지니게 됨을 시사한다. 따라서 실험 2의 결과를 실험 1과 연결지어 보면 장래 긍정적 자기상이나 좋은 감정을 경험한 사람들이 부정적 가능한 자기심상을 형성한 사람들보다 자기도식이 활성화되어서 동기에서 과제의 수행시간이 길어졌다고 추론할 수 있다. 이 가운데 긍정적 가능한 자기상을 점화하게 되면 부정적 가능한 자기상을 형성한 조건보다 과제의 정답 백분율이나 과제수행의 지속시간이 높다는 결과는 실험 3과 실험 4에서도 일관되게 지지되었다.

이 장에서는 자기이론이나 자기조절이론으로 제안되어서 최근에 동기를 설명하는 데 영향력이 크고 실증연구들도 많이 발표되고 있는 이론들을 다루기로 한다. 먼저 초기의 자기이론으로서 인간의 동기와 정서를 설명한 Markus 등(1986)의 가능한 자기이론(theory of possibile selves)을 살펴보고, 최근에 영향력이 큰 자기조절이론들로서 Higgins의 자기조절이론을 다룬 후에 Ajzen의 계획된 행동이론을 살펴보기로 한다. 이 이론들을 다루면서 각 이론의 개요와 성질, 이론을 다루는 최근 연구의 동향, 그리고 각 이론에 대한 논평의 순서로 다루기로 한다.

자기주의이론

자기이론 가운데 자기주의(self-focused attention) 과정에 따라서 정보처리와 동기가 달라진다는 이론이 여러 학자들에 의해서 제안되었다.

이 이론은 초기에 Duval과 Wicklund(1972, Wicklund, 1975)에 의해서 **객관적 자기인식이론**(objective self-awareness theory)으로 제안되었다. 이 이론에 따르면 인간의 의식은 자기나 환경 가운데 어느 하나에 초점을 맞추게 된다. 만약 인간의 의식이 자기에 집중되면 개인이 지니는 행동의 기준에 도달하려는 방향으로 인간의 심리와 행동에 영향을 미친다고 가정한다. 그러므로 도덕행동의 경우에도 의식이 자기에 집중되면 개인이 바라는 이상과 객관적 자기의 차이로 인해서 혐오를 경험하기 때문에 이 차이를 경감시키려는 동기가 유발된다. 따라서 자기행동에 관한 환류정보(feedback)를 얻게 되면 이 차이를 경감시켜서 이상으로 추구하는 기준에 가까워지는 행동이 나타난다.

그러나 주의가 자기에게 집중되는 경우와 달리 환경에서 외부자극의 영향으로 주의가 외부환경에 집중되면 자기에 관한 자각 수준이 낮아져서 개인의 이상을 지향하여 이상의 자기와 자기의 차이를 줄이려는 동기가 유발되지 못한다. 예를 들어서 폭도화된 군중 속에서는 개인의 주의가 외부환경에 쏠리기 때문에 자기인식 수준이 낮아져서 자기의 이상을 지향하여 이성적으로 낮아지게 된다. 그러므로 자기주의이론에 따르면 폭도화된 군중 속에서 개인은 자기주의가 낮아지기 때문에 의식 없이 폭력행동에 가담하기 쉽다.

자기주의이론은 앞에서 설명한 집단행동뿐만 아니라 개인의 행동을 설명하고 예측하는 데도 적용된다. 개인이 체중을 줄이기 위하여 음식의 섭취를 절제하는 경우를 예로 들어서 이 현상을 설명해 보자. 자기주의가 자기의 음식섭취에 집중되어 있는 경우에는 음식의 섭취를 절제하려는 동기가 강하게 유지되어서 적은 양의 음식만을 섭취한다. 그러나 여러 사람이 함께 음식을 먹거나 영화를 보는 경우에는 자기주의가 타인이나 영화에 집중된다. 이 경우에는 음식을 절제해야 한다는 자기의 기준에 의식이 집중되지 못하기 때문에 자기주의과정이 작동하지 못하고 많은 양의 음식을 먹게 된다. 일찍이 섭식행동을 연구한 Schachter(1971)는 비만경향이 있는 사람들이 정상 체중을 유지하는 사람들과 달리 음식의 질, 음식의 매력도, 식사시간 등 음식의 섭취를 촉진하는 외부단서들에 민감하게 반응한다고 주장했다. 다시 말해서 비만경향이 높은 사람들은 배고픔을 느끼게 하는 내부의 생리적 장기의 단서들에 따라서 음식을 섭취하는 경향이 정상 체중의 사람들보다 낮다고 생각했다. 그러므로 비만경향이 높은 사람들은 비록 배가 고프지 않더라도 점심시간이 되거나 맛있어 보이는 음식을 보면 섭식의도를 보인다고 주장했다.

비록 Schachter의 비만경향이론은 잘 지지되지 않았으나 후에 자기주의이론에서는 이 현상을 자기주의과정으로 설명하게 되었다. 이 이론에 따르면 섭식을 억제하려는 경향이 높은 사람들은 평소에 음식의 섭취를 억제하려는 기준이 높고 자기주의 역시 이 행동기준에 집중되어 있다고 볼 수 있다. 그러므로 이 사람들은 아이스크림의 맛을 보고 평가하도록 해도 음식섭취에 자기주의를 집중하도록 하면 적은 양만을 먹고 평가하게 된다. 그러나 자기주의가 사회환경의 문제나 심지어 자기의 성격에 집중된 조건에서는 평소 음식의 억제경향이 높은 사람들은 음식절제의 자기기준에 주의가 집중되지 못해서 음식의 절제가 잘 이루어지지 못했다. 그러나 평소 음식의 억제 수준이 높지 않은 정상인의 경우에는 조건에 따라서 섭취한 아이스크림의 양이 크게 달라지지 않았다. 이 현상은 국내에서 이민규와 한덕웅(2000)이 실시한 실험에서 검증되었다.

자기주의이론은 섭식행동이나 도덕행동은 물론이고 여러 사회행동에도 적용될 수 있다. 이 때문에 자기주의이론은 최근에도 자주 연구되고 있다.

조절초점이론

조절초점이론의 개요

Higgins(1998, 2000)의 **조절초점이론**(regulatory focus theory)은 최근에 인간의 동기와 정서를 설명하는 이론으로 큰 주목을 받고 있다. Higgins(1998, 2000)의 조절초점이론은 이 이론보다 앞서 그가 제안했던 **자기차이이론**(self-discrepancy theory)을 수정하고 보완해서 이루어졌다.

이 이론에서는 인간의 동기와 정서를 각각 두 종류로 나누어서 설명하는 이 중과정이론(dual process theory)을 제안한다. 다시 말해서 인간의 동기를 두 유형으로 나누어 볼 수 있는데, 그 가운데 하나는 쾌락을 추구하여 무엇인가 득(得)을 얻으려는 접근심리이고, 다른 하나는 이와 달리 고통을 미리 막아서 무엇인가 실(失)을 회피하려는 회피심리로 구분된다고 본다. Higgins는 득에 접근하려는 자기조절 유형을 향상초점이라고 부르고 손실을 회피하려는 자기조절 유형을 예방초점이라고 불렀다. 그는 조절초점이 개인차 요인이나 상황요인에 의해서 영향을 받게 된다고 보았다. 그리고 조절초점에 따라서 인간의 동기가 서로 달라지고, 또한 인간이 자기에 대해서 느끼는 정서의 경험도 달라진다고 주장한다. 여기서는 먼저 조절초점이론을 살펴보고 이 이론이 지니는 장단점을 간략하게 살펴보기로 한다.

조절초점이론의 성질

동기를 연구하는 학자들 가운데 인간은 쾌락을 추구하고 고통을 회피하려는 동기를 지닌다고 가정하는 사람들이 많다. 이른바 이 쾌락의 원리는 인간의 동기를 설명하는 초기이론들부터 최근에 이르기까지 여러 동기이론들에서 흔히 볼 수 있다. 그런데 조절초점의 관점에서는 인간의 동기를 설명하려면 쾌락의 원리만으로는 충분하지 않다고 보았다. Higgins는 이 관점에서 쾌락을 추구하고 고통을 회피하려고 자기조절할 때 인간이 서로 구별되는 두 종류의 조절초점(regulatory focus)을 사용하게 된다고 주장한다. 이 두 가지 조절초점이란 **향상초점**(promotion focus)과 **예방초점**(prevention focus)이다.

이 가운데 향상초점이란 쾌락으로 상징되는 좋은 결과를 얻으려고 추구하는 데 초점을 둔다. 그러므로 이상, 희망, 진보, 성취 혹은 포부에서 보는 바와 같이 개인이 얻을 수 있는 긍정적 결과에 조절초점을 두는 경우가 향상초점이다. 이와 달리 예방초점이란 고통으로 상징되는 나쁜 결과를 회피하는 데 초점을 둔다. 따라서 안전, 의무, 당위 혹은 책임에서 보는 바와 같이 개인이 잃을 수 있는 부정적 결과에 조절초점을 두는 경우가 예방초점이다.

Higgins(1998)는 조절초점이론을 제안하면서 향상초점과 예방초점에 영향을 미치는 핵심 요인들과 아울러 이 조절초점들에 의해서 나타나는 심리의 특징들을 설명한 바 있다. 다시 말하면 조절초점에서 영향을 미치는 선행요인들 → 조

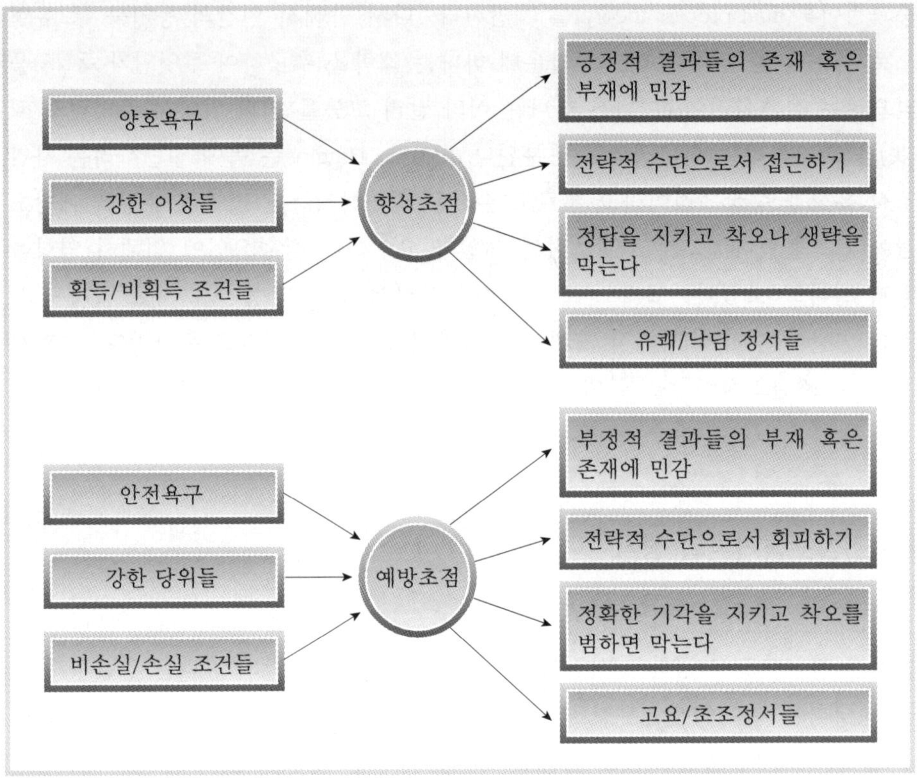

[그림 12-3] 심리변인들과 향상초점 및 예방초점의 상호 연결관계(Higgins, 1998, 17쪽)

절초점 → 동기, 정서, 그리고 전략의 선택으로 나타나는 심리와 행동의 특징을 일련의 과정으로 제시한 바 있다. 그의 설명에 의하면 조절초점에 의해서 나타나는 심리의 특징이 동기와 아울러 자기에 관한 정서에 영향을 미치게 된다. 이 책에서는 이 가운데 조절초점이 동기심리에 미치는 영향이 중요하므로 이에 관해서 알아보기로 한다. 먼저 여기서는 조절초점에 영향을 미치는 중요한 요인들, 조절초점, 그리고 동기심리와 행동의 특징을 차례대로 알아보기 위하여 [그림 12-3]으로 이 과정을 제시하고 살펴보기로 한다.

이 [그림 12-3] 가운데 위 부분에서는 향상초점과 동기의 연결관계를 볼 수 있고, 밑 부분에서는 예방초점과 동기의 관계를 볼 수 있다. 먼저 향상초점의 영향요인들로는 양호욕구, 개인이 추구하는 강한 이상들(ideals), 행동을 실행한 결과로 나타나는 성과의 획득이나 혹은 비획득 조건이 제시되고 있다. 이 가운데

Higgins의 연구들에서는 조절초점이론에 앞서 그가 제안했던 자기차이이론(self-discrepancy theories)의 배경에서 개인이 추구하는 강한 이상(ideal)들과 아울러 강한 당위(ought)들이 과제를 수행하려는 동기나 정서에 미치는 영향을 많이 다루었다. 이 강한 이상(ideal)이나 혹은 당위(ought)를 자기차이이론에서는 두 유형의 자기지침(self-guide)이라고 부른다. 즉, 이상자기지침(ideal self-guide)과 당위자기지침(ought self-guide)으로 구분했다. 그리고 강한 자기지침이라고 표현하여 '강한' 이라는 형용사를 붙인 이유는 개인마다 서로 달리 지니고 있는 자기지침들이나 혹은 상황에 따라서 두 조절초점들 가운데 하나가 상대적으로 특출하게 되어서 접근가능성(accessibility)이 높은 조건에서만 동기와 정서에 미치는 영향력이 크다는 가정을 나타내려는 데 있다.

Higgins의 실증연구들 가운데 조절초점에 영향을 미치는 요인들로는 개인이 지니는 이상이나 혹은 당위의 자기지침의 특출성을 다룬 연구들이 많다. 당위나 이상의 자기지침에 관한 연구들은 조절초점이론이 제안되기 이전에 자기차이이론을 검증하려는 목적에서 이루어졌다. 그리고 이 연구들에서 자기지침이 특출하여 접근가능성이 높은 조건들은 다음에 설명하는 두 가지 방식으로 연구되었다: 그 가운데 하나는 만성적으로 이상자기지침이나 혹은 당위자기지침이 높은 사람들을 가려내어서 각 자기지침의 접근가능성이 높은 사람들이 자기차이이론의 가설에서 예언하는 대로 정서경험 혹은 과제수행의 책략이 달리 나타나는지 검증하는 방식이다. 두 번째로 자기지침의 접근가능성이 높은 조건을 다루는 방식은 실험연구에서 많이 사용되었는데 실험상황에서 이상자기지침이나 혹은 당위자기지침이 특출하도록 점화(priming)시켜서 자기지침의 접근가능성을 높이는 조건을 일시적으로 조성하는 방법이다.

자기차이이론의 기본 가설에 관한 검증에서 이와 같이 만성적 개인차를 측정하는 방법을 적용하거나 혹은 실험상황에서 일시적으로 자기지침을 점화하는 방법을 사용했을 때 모두 자기지침의 유형에 따라서 동기가 달라진다는 결과들을 많이 보고했다. 그리고 이 두 가지 방법으로 조절초점을 유도하면 향상초점과 예방초점이 특출해진 조건들에서 각각 낙담정서와 초조정서의 경험수준이 달라진다는 결과도 대체로 일관되게 보고하였다. 다시 말해서 이 연구들에서 만성적 개인차 요인으로 이상자기지침이 매우 강한 사람이거나 혹은 실험상황에서 이 지침을 강하게 점화시켜서 조작하게 되면 대체로 긍정적 결과를 얻으려고 추구하는 접근의 동기가 높아졌다. 또한 이 조건에서 수행의 결과로 이상자기와 실제자기에서 큰 차이를 경험하면 자기에 관해서 낙담정서(dejection emotion)를 경험하는 수준이 높아졌다. 반면에 만성적 개인차 요인으로 당위자기지침이 매우 높은 사람이거나 혹은 실험상황에서 이 지침을 강하게 점화시켜서 조작하게 되면 대체로 부정적 결과를 막으려는 회피의 동기가 높아졌다. 또한 이 조건에서 수행의 결과로 당위자기와 실제자기에 관해서 큰 차이를 경험하면 초조정서(agitation emotion)가 높아졌다.

한편, [그림 12-3]에서 보는 바와 같이 조절초점에 영향을 미치는 선행요인들 가운데 상황요인으로 행동을 수행한 결과로 일정한 성과를 획득하거나 혹은 손실을 보도록 되어 있는 조건이 포함되어 있다. Higgins가 암묵적으로 가정하고 있는 바에 따르면 인간이 당면한 수행상황을 보상의 획득 기회라고 생각하거나 혹은 처벌을 회피해야 할 상황이라고 인식하는 수준은 개인마다 지니는 자기지침의 유형과 상관이 있다고 볼 수 있다. 다시 말해서 만성적으로 높은 이상자기지침을 지니는 사람들은, 만성적으로 높은 당위자기지침을 지닌 사람들과 달리, 동일한 과제를 수행하는 상황에 당면하더라도 바라는 성과를 얻을 수 있다고 보는 득(得)의 관점에서 상황을 해석하는 경향이 있다. 그러나 실제로 개인차에 의해서 만성적으로나 혹은 상황에 따라서 일시적으로 특정한 자기지침의 접근가능성이 높아져서 강한 경우들도 모두 존재하기 때문에 자기지침의 유형과 아울러 상황에서 일시적으로 유발되는 조절초점이 각각 동기와 정서에 영향을 미치는 경로를 제안하였다.

Higgins와 공동연구자들은 실험상황에서 일시적으로 향상초점이나 혹은 예방초점을 점화시키게 되면 조절초점의 관점과 일관되게 각각 유쾌/낙담(cheerfulness/dejection)정서나 혹은 고요/초조(aquiescence/agitation)정서들을 높게 경험한다는 연구 결과들도 대체로 일관되게 보고했다. 다시 말해서 이상자기지침이 강한 사람이나 상황에서 향상초점이 점화된 후 과제수행에 성공하게 되면 유쾌정서를 경험하고 실패하게 되면 낙담정서를 경험한다는 결과를 얻었다. 다른 한편 강한 당위자기지침을 지니는 사람이거나 상황에서 예방초점이 점화된 조건에서 과제수행에 성공하게 되면 안도하는 고요정서를 경험하고 실패하면 불안하여 초조정서를 경험한다고 보고했다.

앞에서 설명한 내용을 종합해서 정리해 보자. Higgins가 향상초점이나 혹은 예방초점에 영향을 미친다고 주장하는 선행요인들 가운데 개인차에 의해서 만성적으로 이상지침이나 혹은 당위지침을 강한 자기지침으로 지닌 사람을 대상으로 연구했을 때와 마찬가지로 과제를 수행하는 상황에서 득실을 각각 기대하는 향상초점과 예방초점의 조건에서도 역시 동기와 정서를 설명하는 조절초점이론의 가설들이 대체로 지지되었다고 볼 수 있다.

조절초점과 동기심리의 관계

Higgins(1996)는 만성적 개인차 요인들로 나쁜 상황에 처한 타인을 도와 주고 보호하려는 양호욕구가 높거나, 이상자기지침이 강하거나, 그리고 일시적 상황요인으로 획득이 기대되거나 혹은 아무 획득도 기대되지 않는 조건에서는 향상초점의 심리가 형성되어서 접근동기가 형성된다고 주장했다. 이 획득이나 비획득이 기대되는 상황을 예로 들면 과제의 수행에서 30점을 초과하면 예정된 24,000원과 아울러 6,000원의 보너스를 더해서 30,000원을 받을 수 있지만(획득조건) 그렇지 못하면 24,000원만 받도록 되어 있는 상황(비획득조건)이다. 이 과정은 [그림 12-3]의 위 부분에서 볼 수 있다. Higgins는 이 조건들에서 동기와 아울러 과제의 수행전략도 역시 달라진다고 보았는데 동기와 수행전략에 미치는 영향은 이 그림의 우측에 다음 세 요소들로 나타내고 있다. 이 가운데 향상초점이 우세하면 보상의 획득과 같은 긍정적 결과들이 있거나 없는지에 대해서 민감하게 되어서 긍정적 결과를 얻으려는 적극적 방향으로 동기가 작동된다. 그리고 과제를 수행하는 전략으로는 소극적으로 과제를 회피하지 않고 적극적으로 수행하려고 시도하는 접근전략을 선호하게 된다. 그리고 정답을 지키고 착오나 생략은 막으려고 하기 때문에 정답의 수를 늘리려고 시도하는 한편으로 오류와 아울러 수행을 시도하지 않고 포기하는 일도 없게 막으려는 동기가 높아진다. 그러므로 Higgins는 향상초점이 높으면 개인이 바라는 바를 얻을 수 있다는 희망에서 많은 정답을 만들어내기 위하여 과제의 수행에 적극적으로 임하게 된다고 본다.

한편, 예방초점에 영향을 미치는 요인들을 살펴보면, 향상초점에 영향을 미치는 요인들과 대조되게, 만성적 개인요인으로는 모험보다 안전의 욕구가 높거나 혹은 당위자기지침(ought self-guide)이 높아서 나타난다고 본다. 또한 일시적 상황요인으로 보면 이미 약속된 보상을 잃거나 혹은 그렇지 않으면 잃지 않을 수도 있는 조건에서 예방초점이 높아지게 된다. 예를 들면 수행에서 30점을 초과하면 예정대로 30,000원을 받을 수 있지만(비손실조건) 그렇지 못하면 예정된 30,000원 가운데 6,000원을 제외하고 24,000원만 받게 되어 있는 상황(손실조건)을 생각할 수 있다. 여기서 획득이나 손실의 두 조건에서 개인이 성공하거나 혹은 실패를 예방하여 받을 수 있는 최대 액수는 동일하게 30,000원이 된다.

앞에서 살펴본 이 만성적 개인차요인이나 일시적 상황요인들의 영향으로 나타나는 개인의 예방초점은 다음 세 가지 특징들로 나타난다: 먼저 부정적 결과들이 나타나지 않거나 나타나는 데 대해서 민감하게 되어서 부정적 결과가 나타나지 않도록 방어하는 방향으로 행동의 동기가 작동한다. 또한 과제를 수행하는 전략으로는 적극적으로 접근하지 않고 소극적으로 회피하는 전략을 선호하게 된다. 그리고 과제를 수행하면서 잘못된 답을 찾아내고 오류가 생기지 않도록 막으려고 한다. 그러므로 Higgins는 예방초점이 높으면 개인이 바라는 바를 잃지 않고 지키려는 생각에서 틀린 수행을 줄이는 방향으로 과제에 소극적으로 임하게 된다고 주장했다.

지금까지 이 절에서는 향상초점과 예방초점이 각각 높아지게 되면 과제수행의 동기와 아울러 과제수행의 전략이 어떻게 달라지는지 살펴보았다. 이에 관한 내용을 요약해 보면 다음과 같다: 향상초점이 높아지게 되면 긍정적 보상을 얻으려는 심리가 형성되어서 과제의 수행에 적극적으로 임하여 좋은 답을 많이 만들려고 노력하게 된다. 또한 향상초점을 지니면 새로움을 추구하고 모험을 감행하려는 전략을 선호하게 된다. 그러나 예방초점이 높아지면 보상을 잃지 않으려는 심리가 형성되어서 과제의 수행에서 소극적으로 임하여 틀린 답을 줄이려고 노력하게 된다. 또한 예방초점을 지니면 새로움을 피하고 보수의 전략을 선호하게 된다.

조절초점과 자기정서의 관계

Higgins는 자기조절의 관점에서 조절초점이론을 제안하기 이전에 자기차이이론에서 자기지침의 유형에 따라서 자기에 관해서 서로 다른 정서를 경험한다고 주장하였다. 이 주장을 구체적으로 살펴보면 동일하게 실패를 경험한 상황이더라도 목표를 추구할 때 이상자기지침이 우세하면 이상자기와 실제자기의 차이를 우세하게 경험하기 때문에 낙담정서(dejection-related emotion)를 경험한다고 주장했다. 반면에 당위자기지침이 강하면 당위자기와 실제자기의 차이를 우세하게 경험하기 때문에 초조정서(agitation-related emotion)를 경험한다고 제안했다.

자기차이이론에서 제안된 이 가설은 조절초점이론으로 확장되면서 목표를 달성하는 데 실패한 조건에서 경험하는 자기정서들에 한정하지 않고 성공한 조건에서 경험하는 자기정서까지 포괄하여 제안되었다. 앞에서 [그림 12-1]을 통해서 볼 수 있는 바와 같이 조절초점에 영향을 미치는 선행요인들에서도 자기지침 이외에 다른 요인들이 추가되었다. 자기차이이론과 달리 조절초점이론에서 확장된 내용을 살펴보면 조절초점에 영향을 미칠 수 있는 요인들로서 양호/안전 욕구와 아울러 목표를 추구하는 상황에서 득/실이 관련되는 상황들이 추가되었다. 구체적으로 말하자면 좋은 결과를 추구하여 목표의 달성에 성공하여 보상을 얻을 수 있는 경우와 아울러 목표의 달성에 실패하여 보상을 얻을 수 없는 경우도 있다고 보았다. 이와 마찬가지로 나쁜 결과를 회피하려는 목표의 경우에도 역시 성공하여 손실을 막을 수 있는 조건과 아울러 이에 실패해서 손실을 막을 수 없는 조건들도 있다고 보았다. 그러므로 이 조건들을 정리해 보면 모두 네 조건들이 된다.

조절초점이론에서는 이 네 조건들에서 각각 경험하게 되는 자기정서가 서로 다르다고 주장한다. 개인이 바라는 좋은 결과를 얻을 수 있거나 혹은 없는 상황이어서 향상초점을 유발하는 조건이 성립되면 좋은 결과를 얻으려는 방향으로 자기조절이 이루어지게 된다. 이 상황에서 만약 개인이 좋은 결과를 얻으려는 목표를 달성하게 되면 유쾌정서(cheerfulness)를 경험하지만, 만약에 이 목표의 달성에 실패하게 되면 낙담정서(dejection)를 경험하게 된다고 주장했다. 따라서 향상초점이 우세한 조건에서는 목표가 달성되었는지 여부에 따라서 유쾌-낙담의 차원에서 양극단에 해당하는 유쾌나 낙담의 자기정서 경험들이 나타난다.

반면에 나쁜 결과를 피할 수 있거나 혹은 없는 상황에서는 예방초점이 유발된다. 이 심리적 상황에서 나쁜 결과를 회피하려는 목표의 달성에 성공하거나 혹은 실패하게 되면 각각 고요정서(quiescence)와 초조정서(agitation)의 차원에서 양극단에 해당하는 고요나 초조의 자기정서의 경험들이 나타난다고 주장한다.

Higgins(1998)는 이 가설들을 검증한 일련의 연구결과들을 발표한 바 있다. 그는 조절초점의 관점에서 제안한 자기정서의 가설들을 검증한 연구들에서 대체로 이 가설들을 지지하는 결과를 보고하였다. 이 연구들은 조절초점에 영향을 미치는 선행요인들 가운데 만성적 개인차 요인에 해당하는 자기지침을 조사하거나 혹은 실험에서 일시적으로 과제의 수행을 통해서 득실의 결과를 초래할 수 있는 심리적 상황을 독립변인으로 점화시켜서 수행되었다. 앞에서 설명한 바와 같이 자기지침을 독립변인으로 다룬 연구들에서는 다음 두 방법으로 연구했다: 먼저 조사를 통해서 사람들이 만성적으로 지니는 자기지침을 측정하여 개인차에 따라서 이상자기지침이나 당위자기지침이 강한 사람들을 구분하는 방법을 사용했다. 다음으로 실험에서 자기지침을 일시적으로 점화(priming)시키는 기법을 사용하기도 했다. 한편 조절초점을 실험상황에서 일시적으로 조작하는 연구들에서는 과제를 수행한 결과로 각각 득실이 나타날 수 있도록 예고하여 향상초점과 예방초점을 점화시켰다. 또한 종속변인으로 자기정서의 경험을 측정할 때는 낙담-유쾌 차원이나 초조-고요 차원에서 자기정서들의 경험빈도(Higgins et al., 1997, 연구 1, 2, 3), 강도(Higgins et al., 1997, 연구 4; 2000), 강도의 변화 수준(Higgins et al., 1997, 연구 4)을 측정하여 대체로 가설을 지지하는 결과를 보고하였다.

한편, 국내에서 Higgins의 자기차이이론이나 조절초점이론 가운데 자기정서의 가설을 다룬 연구들도 강혜자(1998)에 의해서 이루어졌다. 이 연구에서는 자기차이이론의 관점에서 실험과 조사연구를 통해서 자기정서의 가설을 검증했다. 이 연구의 결과를 보면 이상자기와 실제자기의 차이가 클수록 낙담정서가 높아지는 방향으로 영향을 미쳤다. 또한 당위자기와 실제자기의 차이가 클수록 초조정서가 높아지는 방향으로 영향을 미쳤다. 또한 이 연구에서는 자기차이의 유형 이외에도 자기차이가 나타난 원인에 대한 귀인과 아울러 장차 자기차이가 경감된다고 믿는 기대의 수준 역시 자기정서의 경험에 영향을 미친다는 결과를 보고하였다.

한편 한덕웅과 나영심(2001)의 연구에서는 자기조절초점의 관점을 확장하여 자기지침과 조절초점이 조화되는 조건과 상반되는 조건에서 각각 어떤 자기정서의 경험이 우세하게 나타나는지 연구하였다. 이 실험연구에서 이상자기가 점화된 조건에서 다시 향상조절초점으로 틀지워져서 조절초점에서 일관성이 높아지면 예방조절초점으로 틀지워진 조건보다 낙담수준이 낮았다. 또한 당위자기가 점화된 조건에서는 다시 예방초점으로 틀지워지게 되면 향상초점으로 틀지워졌을 때보다 초조정서가 낮았다. 그러나 당위지침이 점화되고 향상조절초점으로 틀지워져서 조화되지 않는 조건에서 실패를 경험하면 다른 어떤 조건들보다 초조정서가 유의하게 높았다. 이 결과는 자기차이와 조절초점이 서로 조화되지 않는 조건들 가운데 초조정서가 가장 높아지는 조건을 알아낸 데 의미가 있다.

조절초점이론의 논평

(1) Higgins의 조절초점이론이 제안되기 이전에 발표된 자기차이이론도 많은 학자들의 관심을 받았다. 그리고 자기차이이론에 의해서 과제수행의 동기, 인지전략 및 자기정서에 관한 가설을 지지하는 많은 실증연구들이 보고되었다. 이 가운데 동기에 관한 이 이론의 가설을 지지하는 연구들도 많다.

(2) 자기정서에 관한 가설들 가운데 낙담정서와 초조정서는 각각 우울과 불안에 연결되는 정서들로서 여러 연구에서 이 두 정서들이 매우 높은 상관관계를 보였다. 그러므로 이 두 정서들이 비록 잘 구별된다고 하더라도 자기정서에 관한 가설을 검증한 연구들에서 자기차이가 두 정서들에 각각 미치는 효과가 변별되어서 달리 나타나지 않았다는 결과도 많다.

(3) 조절초점이론은 최근에 자기차이이론과 통합되어서 발표된 이후 동기심리 분야에서 가장 자주 연구되는 이론들 가운데 하나가 되었다. 이 이론은 동기의 강도, 방향(선택) 및 지속의 세 차원과 아울러 과제수행의 인지전략 선택도 예언하기 때문에 현재까지 성취과제, 소비행동, 창의성, 정서심리 등에 이르기까지 광범한 영역에서 연구되고 있다.

Ajzen의 계획된 행동이론

계획된 행동이론의 성질

Ajzen(1985, 1988, 1991)이 제안한 계획된 행동이론은 기대×가치의 관점에서 태도를 설명하는 전통을 이어받아서 태도 이외에 행동에 영향을 미치는 요인들을 추가하여 이론을 확장하였다. 이 이론은 태도와 아울러 다른 요소들이 동기요인인 행동의도에 미치는 영향을 설명하는 데 초점을 두고 있다. 이 이론에서는 행동에 대한 태도만으로는 행동의도를 설명할 수 없다고 주장한다. 다시 말해서 행동에 대한 태도가 행동의도나 혹은 실제 행동에 미치는 영향을 설명하려면 다음 세 요소들의 영향을 함께 반영해야 한다고 주장한다: ① **행동에 대한 태도**(attitude toward behavior, A_B), ② 주위 사람들이 행동에 대해서 보이고 있는 압력이나 기대에 대한 동조동기를 의미하는 **주관적 규범**(subjective norm, SN), 그리고 ③ 자신이 행동을 수행할 수 있다고 믿고 있는 **행동통제력지각**(perceived behavioral control, PBC)이 함께 행동에 영향을 미친다고 주장한다.

계획된 행동이론으로 이론을 확장하여 발표하기 이전에는 Fishbein과 Ajzen(1975)이 이 이론의 모체가 되는 합리적 행위이론을 제안하였다. 합리적 행위이론(theory of reasoned action, TRA)은 Ajzen(1985, 1988, 1991)의 계획된 행동이론(theory of planned behavior, TPB)이 제안되기 이전까지 태도와 행동의 관계를 설명하는 이론들 가운데 다양한 영역에서 가장 자주 연구되었다(참조: Ajzen & Fishbein, 1980; Eagly & Chaiken, 1993; 나은영, 1994; 한덕웅, 1997). 이 합리적 행위이론은 태도와 행동의 관계를 다루는 기존 연구들에 대한 비판을 근거로 제안되었다. 이 이론에서는 행동에 대한 태도와 주관적 규범이 행동의도에 영향을 미친다고 가정하고, 이 행동의도에 의해서 행동을 근접된 거리에서 예언한다.

이 합리적 행위이론에 따르면 의도적 행동의 근접된 결정요인은 행동에 대한 태도가 아니라 행동을 수행하려는 **행동의도**(behavioral intention, BI)이다. 이 행동의도 요인은 행동을 실행하려는 동기와 직접 관련된다. 그러므로 계획된 행동이론을 동기이론으로 다루는 근거가 마련된다. 이 이론에서 행동의도는 태도와 주관적 규범이라는 두 요인들에 의해서 결정된다고 가정한다. 그러므로 태도와 주관적 규범은 행동의도에 영향을 미치는 경로를 통해서 간접경로로 행동에 영향을 미친다고 가정했다. 행동에 대한 태도와 주관적 규범은 각각 두 가지 신념들에 토대를 두고 있다. 이 가운데 행동에 대한 태도(attitude toward behavior)는 행동에 대한 전반적 평가라고 볼 수 있다. 행동에 대한 태도는 행동으로 인해서 초래된다고 지각하는 결과들이 지니는 가치에 행동에 의해서 각 결과들이 초래된다고 믿는 기대치들을 각각 곱한 값들을 모두 더해서 결정된다. 그러므로 행동에 대한 태도는 행동에 관한 기대×가치 모형에 따라서 결정된다. 한편 주관적 규범(subjective norm)은 개인에게 중요한 인물들이 행위자에게 그 행동을 하거나 혹은 하지 말라고 요구하는 사회적 압력의 지각과 아울러 이에 대한 개인의 동조동기에 의해서 결정된다.

합리적 행위이론은 개인의 의지로 이루어지는 의도적 행동을 예언하려고 제안되었다. 그러나 현실에서 완전히 개인의 의지에 따라서 이루어지는 행동들은 한정된다. 그러므로 행동의 선택에서는 개인의 의지를 넘어서는 타율성이나 불확실성이 어느 정도는 영향을 미치게 마련이다. Ajzen(1985, 1988, 1991)은 개인의 의지에 따라서 결정되는 행동뿐만 아니라 의지의 한계를 벗어나는 비의지적 행동의 예언에도 적용하려고 합리적 행위이론을 확장하여 계획된 행동이론(theory of planned behavior, TPB)을 제안하였다. 이 이론은 행동의도에 영향을 미치는 요소들로 행동에 대한 태도와 주관적 규범에 관한 신념 이외에 세 번째 요인으로 행동통제력지각(perceived behavior control)을 추가하였다. 그리고 이 행동통제력지각은 행동의도에 영향을 미쳐서 행동에 이르는 간접경로 이외에 행동에 직접경로로도 영향을 미친다고 가정하였다.

여기서 행동통제력지각이란 이론이 발표된 초기에는 행동을 수행하기가 쉽거나 어렵다고 지각하는 수준으로 정의되었다. 그러나 최근에 Ajzen(2002)은 이 관점을 수정하여 행동통제력지각이란 행동의 실행이 용이하고 자기 의지의 통제하에 있다고 믿는 정도라고 정의한다. 이 가운데 행동의 실행이 용이하다고 믿는 수준은 Bandura가 말하는 자기효능성(self-efficacy)과 유사하다. 그리고 자기의지의 통제하에 있다고 믿는 통제신념(control belief)은 자신이 행동하기에 필요한 자원과 기회를 지니고 있어서 행동을 방해하는 장애물을 넘어서 행동을 실행할 수 있다고 믿는 확률에 대한 신념이다. 그러므로 장애물이나 방해요인들이 없으면

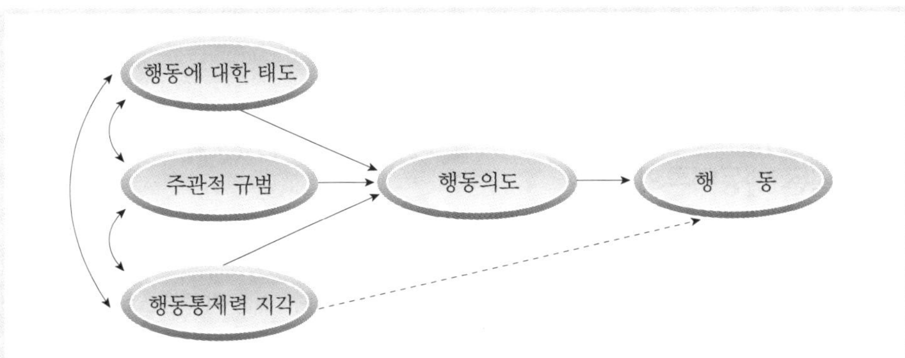

[그림 12-4] 계획된 행동이론(Ajzen, 1985)

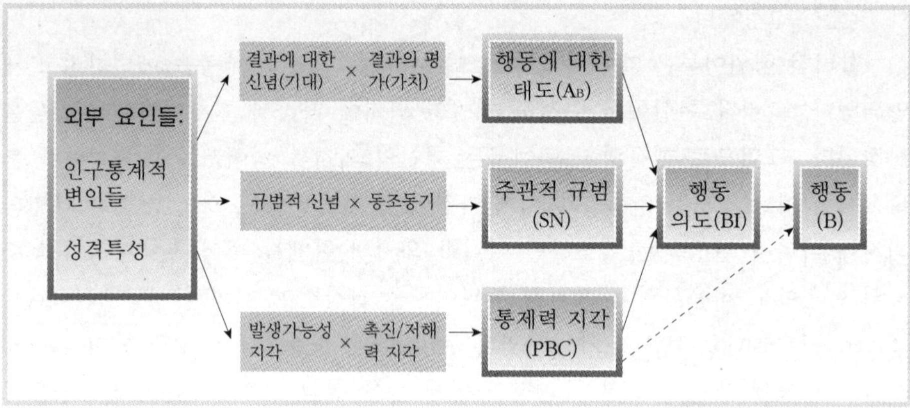

[그림 12-5] 계획된 행동이론에서 세부 결정요인들의 영향경로(Ajzen, 1988)

서 자원이나 기회가 많다고 지각하면 행동의도가 높아지며, 또한 행동의 실행에 직접 영향을 미친다. 따라서 행동에 대한 통제력이 높다는 신념을 지니고 있으면, 행동통제력이 낮다고 지각할 때보다, 행동의도가 높아서 실제로 행동을 실행할 확률이 높아지게 된다. 특히 Ajzen은 행동에서 자원, 기회 및 기술들이 필요하다고 지각할수록 행동통제력지각이 행동의 의도와 아울러 행동의 실행에 미치는 영향력은 더 커진다고 보았다.

행동통제력지각을 포함하여 지금까지 설명한 계획된 행동이론의 모형을 간략하게 정리하여 [그림 12-4]에 제시하였다. 그리고 이 그림에 나타난 행동에 대한 태도, 주관적 규범, 그리고 행동통제력지각의 세 요소들을 각각 결정하는 데 중요한 영향을 미치는 요인들에 관해서는 앞에서 설명한 바가 있다. 이 요인들을 모두 포함해서 계획된 행동이론을 구성하는 요소들을 다시 정리하면 [그림 12-5]로 나타낼 수 있다.

계획된 행동이론의 응용

계획된 행동이론은 여러 사회행동을 설명하는 일반이론으로 제안된 후 현재까지 타당성과 유용성이 입증되어서 다양한 분야에서 행동의도와 실제 행동을 연구하고 응용하는 데 활발하게 사용되고 있다. 그러므로 이 이론이 실제로 적용되고 있는 주제들은 매우 광범하다. 그 가운데 몇 가지만 살펴보더라도 건강행동

(건강행동에 이 이론을 적용한 연구들의 국내 개관으로는 한덕웅, 1997 참조), 학습행동, 소비자행동, 교통행동(교통행동에 이 이론을 적용한 국내외 연구들의 국내 개관으로는 한덕웅, 2002 참조), 환경친화 행동 등 개인의 일상생활과 사회에서 중요한 주제들을 다룬 연구들이 매우 많다.

여러 연구들에서 행동의 예측에 행동통제력지각의 측정치를 포함시키면 합리적 행위이론보다 행동이 더 잘 예측된다는 계획된 행동이론의 가설이 지지되었다(참조 Ajzen, 1991; 한덕웅, 1997). 여기서는 합리적 행위이론이나 계획된 행동이론을 적용한 연구들 가운데 건강행동과 교통행동을 다룬 연구들을 간략하게 살펴보기로 한다.

건강행동의 예측: 먼저 건강행동을 다룬 연구들을 정리해 보자. 건강이나 질병과 관련된 행동을 설명하는데 이 이론이나 합리적 행위이론이 자주 사용되고 있다. 합리적 행위이론을 흡연행동에 적용한 연구로는 청소년 흡연의 시작(Sutton, 1989), 흡연의 빈도(Babrow, Black, & Tiffany, 1990; Godin, Valois, Lepage, & Desharnais, 1992), 금연(De Vries & Kok, 1986; Marin, Marin, Perez-Stable, Otero-Sabogal, & Sabogal, 1990) 등을 들 수 있다.

최근 계획된 행동이론을 흡연에 적용한 연구로는 Babrow 등(1990)의 연구와 Godin 등(1992)의 연구가 있다. 이 가운데 Godin의 연구에서는 일반인이 6개월 동안 흡연한 빈도를 예언했는데 흡연행동에 대한 태도와 주관적 규범에 의해서 흡연행동의도의 15%가 설명되었다. 행동통제력지각을 추가했을 때 행동의도의 27%가 설명되었으며, 실제 흡연행동은 주로 행동통제력지각에 의해서 설명되었다.

음주행동에 합리적 행위이론과 계획된 행동이론을 적용한 연구 결과도 보고되었다. 음주와 관련된 문제를 지닌 사람들을 대상으로 다루거나(Fishbein, Ajzen, & McArdle, 1980), 음주와 관련된 문제를 지니지 않은 사람들을 대상으로(Lodon, 1982) 음주행동의 빈도를 조사했다. 계획된 행동이론을 사용해서 음주행동을 다룬 Schlegel, D'Aernas, Zanna 및 DeCourville(1992)의 최근 연구에서는 행동통제력지각이 음주행동의도의 예언에 유의하게 기여했으나, 음주 문제를 지닌 사람들에서만 유의했고, 음주 문제가 없는 사람들의 음주 빈도를 예언하는 데는 유의하지 않았다.

한편 한덕웅과 이민규(2001)는 국내에서 계획된 행동이론과 아울러 대안모형들을 사용하여 음주운전 행동을 연구하였다. 음주운전 행동의 경우에도 운전자들은 자신이 음주운전을 하지 않는 행동이 쉽거나 어렵다고 서로 달리 지각하므로 행동통제력지각이 서로 다를 수 있다. 이 연구에서 계획된 행동이론에 의해서 음주운전 행동의 58%가 설명되었다. 또한 음주운전의 행동의도를 설명하는 요인으로는 음주운전 행동에 대한 태도, 주관적 규범 및 행동통제력지각이 모두 유의하였다. 한국사회에서 음주운전의 의도에는 계획된 행동이론의 세 요소들 이외에도 음주운전의 습관과 아울러 음주운전을 하지 말아야 한다고 생각하는 당위의 지각 역시 중요하게 영향을 미쳤다.

성행동에 합리적 행위이론이나 계획된 행동이론을 적용한 연구에서는 피임약이나 콘돔의 사용을 다루었다. 피임약의 복용행동에 합리적 행위이론을 적용한 연구도 있으며(Doll & Orth, 1993), 그 외의 피임 방법의 선택에 관한 연구도 있다(Pagel & Davidson, 1984). AIDS 위협과 관련해서 이성관계에서 콘돔을 사용하는 행동이나(Chan & Fishbein, 1993; Terry, Galligan, & Conway, 1993; Terry, Gallois, & McCamish, 1993), 동성애자가 콘돔을 사용하는 행동(Fishbein, Chan, O'Reilly, Schnell, Wood, Beeker, & Cohn, 1992)에도 합리적 행위이론이 응용되었다.

한편, 성행동과 관련해서 계획된 행위이론을 적용한 최근 연구들로는 콘돔사용(Boldero, Moore, & Rosenthal, 1992; Wilson, Zenda, McMaster, & Lavelle, 1992; Nucifora, Gallois, & Kashima, 1993; Terry, Galligan, & Conway, 1993; Terry, Gallois, & McCamish, 1993; Conner & Graham, 1994)을 다룬 연구가 있다. 이 가운데 Nucifora 등의 연구에서는 대학생의 콘돔사용을 다루었는데 사용의도와 사용행동의 예언에서 행동통제력지각이 비록 작지만 유의한 변량을 보였다. 이 연구의 결과에서 콘돔을 사용할 의도는 오히려 행동에 대한 태도와 주관적 규범에 의해서 주로 설명되었고, 콘돔을 사용하는 행동은 주로 행동의도에 의해서 설명되었다.

건강검진을 받는 행동에 관해서도 최근 계획된 행동이론이 적용된 바 있다(De Vellis, Blalock, & Sandler, 1990; Norman & Conner, 1993). 이 가운데 Norman과 Conner의 연구에서는 행동통제력지각에 의해서 건강검진을 받으려는 의도와 행동이 유의하게 예언되지 않았으며, 의도에 의해서 행동을 예언한 수준도 역시 낮았다. 국내에서는 한덕웅(1996)의 연구에서 행동통제력지각이 건강검진을 받는 행동을 예언하는 데 유의하게 기여하였다. 유방암의 자기검진 행동에 합리적 행위이론이나(Lauver & Chang, 1991) 계획된 행동이론을 적용한 연구도 있다(Young, Lierman, Powell-Cope, Kasprzyk, & Benoliel, 1991; McCaul, Sandgren, O'Neill, &

Hinsz, 1993). McCaul 등의 연구에서 태도와 주관적 규범에 의해서 유방암 자기검진 의도와 행동이 유의하게 예언되었고, 행동통제력지각을 추가했을 때 의도는 예언되었지만 행동은 유의하게 예언되지 않았다.

운동행동에 대해서도 합리적 행위이론이 적용되거나(Theodorakis, Doganis, Bagiatis, & Gouthas, 1991), 계획된 행동이론이 응용되었다(Dzewaltowski, Noble, & Shaw, 1990; Kimiecik, 1992; Theodorakis, 1992, 1994; Godin, Valois, & Lepage, 1993; Yordy & Lent, 1993; Norman & Smith, 1995). 이 가운데 Dzewaltowski(1990) 등의 연구에서 태도와 행동통제력지각에 의해서 운동의도가 유의하게 예언되었고, 운동행동은 의도에 의해서 주로 유의하게 예언되었다.

다이어트와 관련되는 음식의 선택을 합리적 행위이론으로 다룬 연구들(Brinberg & Durand, 1983; Manstead, Plevin, & Smart, 1984)과 계획된 행동이론으로 다룬 연구들(Beale & Manstead, 1991; Sparks & Shepherd, 1992; Towler & Shepherd, 1992; Conner & Sparks, 1996)도 보고되었다. 이 연구들 가운데 Towler와 Shepherd(1992)는 감자튀김을 먹는 행동을 다루었는데, 의도는 태도에 의해서 주로 예언되었으나, 행동통제력지각은 의도를 예언하는 데 유의하지 않았다. 그러나 이 연구에서 행동통제력지각을 단일 문항으로 측정했기 때문에 결과의 해석에 주의할 필요가 있다.

한편, Conner와 Sparks(1996)는 건강식품을 섭취하는 행동을 다루었다. 이들의 연구에서 6개월 동안 건강식품을 섭취할 행동의도를 중다예언했을 때 태도(β=.13), 주관적 규범(β=.23) 및 행동통제력지각(β=.53)이 모두 유의했으며, 이 세 요소들에 의해서 행동의도를 예언한 변량은 41%에 이르렀다. 또한 실제로 6개월 동안 섭취한 음식의 열량 저하를 행동의도와 행동통제력지각으로 중다예언했을 때 행동의도(β=.16)와 행동통제력지각(β=.27)이 모두 유의했다. 그러나 이 두 요소들에 의해서 낮은 열량을 지닌 음식을 섭취하는 행동이 예언된 변량은 5%에 불과했다.

앞에서 설명한 연구들 이외에 건강행동에 두 이론을 적용한 다른 연구들로는 체중의 감량(Schifter & Ajzen, 1985; Netemeyer, Burton, & Johnston, 1991), 신장기증(Borgida, Conner, & Manteufel, 1992), 약물사용(Conner & Sherlock, 1994), 의사의 약물사용 지시에 대한 환자의 복종(Hounsa, Godin, Alihonou, & Valois, 1993) 및 통증평가(Nash, Edwards, & Nebauer, 1993) 등에 관해서도 연구가 보고된 바 있다.

교통행동의 연구: 앞에서 계획된 행동이론을 건강행동에 적용한 연구들을 일부 살펴보았다. 여기서는 이 이론을 운전자의 교통행동에 적용한 연구들을 간략히 살펴본다. 먼저 국외에서 운전자의 교통법규 위반행동에 계획된 행동이론을 응용하여 검증한 Parker, Manstead, Stradling, Reason 및 Baxter(1992)의 연구에서 행동통제력지각을 덧붙이면 합리적 행위이론의 두 요소들만 사용한 경우보다 의도의 설명변량을 유의하게 증가시킨다는 결과를 보고했다. 이 연구에서 교통법규를 위반하지 않는 행동에 대해서 자신의 행동통제력을 낮게 지각한 운전자들은 교통법규를 위반한 행동을 더 많이 하였다. 계획된 행동이론은 합리적 행위이론보다 운전법규를 위반할 의도를 설명하는 변량을 유의한 정도로 크게 증가시켰다. 또한 합리적 행위이론을 계획된 행동이론으로 확장하여 추가된 행동통제력지각 역시 행동의도의 설명력을 증가시켰다. 이 연구에서는 주관적 규범이 행동에 대한 태도보다 운전자의 교통법규 위반의도를 설명하는 변량이 상대적으로 더 크다는 결과도 보고되었다.

한편, Parker, Manstead 및 Stradling(1995)은 운전법규의 위반의도를 예언하는 신념들을 알아내기 위하여 수행한 이전 연구들(Parker et al., 1992; Parker, Manstead & Stradling, 1995)의 결과를 근거로 운전자가 운전에 대해서 지니는 나쁜 신념들을 변화시키는 교육훈련을 실시한 바 있다. 이 연구에서 계획된 행동이론에 포함되는 핵심 신념들과 운전행동에 대한 태도를 수정시키는 비디오 교정프로그램을 실시하였다. 이 연구에서 이 프로그램이 운전법규를 위반하려는 행동에 관한 신념과 운전행동에 대한 태도를 유의하게 변화시켰다고 보고하였다.

앞에서 건강행동 가운데 음주행동에 관한 연구들을 다루면서 국내에서 음주운전에 대한 한덕웅과 이민규(2001)의 연구 결과를 살펴본 바 있다. 또한 국내에서 한덕웅과 한인순(2001)은 과속운전 행동에 계획된 행동이론과 대안모형들을 적용한 바 있다. 이 연구에서 합리적 행위이론이 행동의도의 39.3%를 설명했으며 행동통제력지각이 이 가운데 7.8%를 설명했다. 이 연구에서 과속운전의 습관 역시 추가로 8.6%의 설명력을 보였다. 한덕웅(2003a)은 이 연구들의 결과를 근거로 한국사회에서 교통안전의 기반을 구축하기 위해서 한국상황에 알맞도록 계획된 행동이론 이외에 여러 심리학 이론들을 활용하면 정부, 시민단체, 운전자, 언론 등 여러 분야에서 심리학자들이 운전자의 교통행동들을 진단하고 변화시키는데 기여할 수 있음을 논의하였다.

계획된 행동이론에 대한 대안이론들

계획된 행동이론이 제안되기 이전에도 합리적 행위이론에 대해서 비판하는 관점을 취한 학자들이 있었다. 이들은 이 이론에서 제안한 요소들 이외에도 다른 요소들이 행동의도나 행동을 설명하는 데 중요하다고 주장하였다. 여기서는 이 주장들에서 중요한 변인으로 어떤 요소들을 주장하는지 간략하게 살펴보기로 한다.

합리적 행위이론을 비판하는 학자들 가운데 Bentler와 Speckart(1979)는 다른 대안모형을 제안한 바 있다. 또한 다른 연구자들에 의해서 행동의도와 행동에 각각 영향을 미칠 수 있는 대안 요인들로서 태도강도 혹은 특출성(접근가능성), 정서, 당위 또는 의무, 습관 혹은 과거행동, 자기정체성 등이 제안되었다. 여기서는 이 요인들 가운데 습관 혹은 과거행동과 아울러 도덕적 당위 혹은 의무 요인들이 중요하다고 설명하는 논리적 근거들을 살펴보기로 한다.

습관 또는 과거행동: 어떤 사람은 음주운전하지 않는 일이 그다지 어렵지 않다고 지각하면서도 상황에 따라서 음주운전하게 되는 조건들이 있다. 또한 음주운전을 하지 않으려고 하지만 자신의 운전행동통제력이 높다고 생각하여 음주운전하게 되는 경우가 있다. 따라서 모든 운전행동이 반드시 개인의 의도와 일치되게 수행된다고 보기는 어렵다. 운전행동의 경우에도 다른 행동과 마찬가지로 일정한 기간 동안 경험을 통해서 운전기술이 숙련된 경우에 음주운전이 습관이 되면 도식화되어서 동기가 작동하는 경우에는 절차기억과 실행기억의 기제를 통하여 거의 자동으로 행동으로 실행될 수 있다. 이처럼 운전자들이 음주운전하는 데는 의도 요소뿐 아니라 습관의 요소도 상당한 영향을 미칠 수 있다.

합리적 행위이론이나 계획된 행동이론은 의도적으로 계획된 행동을 설명하는 데 초점이 맞추어져 있기 때문에 이와 같은 습관적 행동 또는 중독된 행동을 설명하는 데는 미비한 점이 있다. 이 이론에서는 행동의도가 행동의 근접변인들인 태도, 주관적 규범, 행동통제력지각만으로 충분한 설명을 제공한다고 가정한다. 그러므로 이 세 변인들 이외에 수많은 외생적 원격변인들은 모두 세 변인들에 영향을 미침으로써 간접경로로 행동의도와 행동에 영향을 미친다고 가정하고 있다.

그러나 이에 대한 비판들이 여러 관점에서 제기되었다. 특히 Bentler와 Speckart(1979)의 연구에서는 합리적 행위이론과 달리 태도가 행동에 직접 영향을

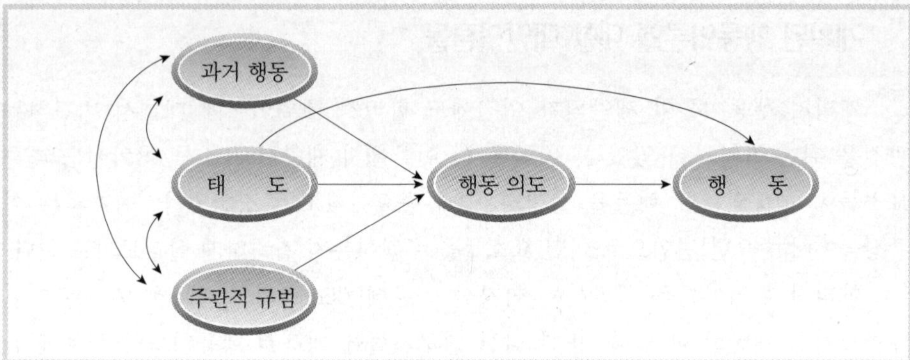

[그림 12-6] Bentler와 Speckart의 태도-행동모형(1979)

미치는 인과경로를 추가하고 과거행동 변인을 포함시킨 대안모형을 제안하였다. 이 모형에서 과거행동은 의도에 직접 및 간접 경로로 영향을 미칠 뿐만 아니라 후속되는 행동에도 직접 영향을 미친다고 주장하였다. 이 대안모형이 [그림 12-6]에 제시되어 있다.

이 대안모형에서 과거행동을 포함시킨 근거는 Triandis(1977)가 태도-행동 관계에서 습관변인을 포함시킨 제안에서 찾을 수 있다. Triandis(1980, 204쪽)는 습관을 개념적으로 "자동적이어서 자기 지시가 없이 일어나서 상황에 따르는 특수한 결과"라고 정의하였으며, 조작적으로는 과거에 그 행동을 수행하였던 횟수로 측정하였다. 습관이란 수많은 반복을 통하여 자동화되어서 의례적으로 행해지는 일상행동을 말한다. 운전행동의 경우에 초보운전 시절을 지나고 나면 대부분의 운전행동은 반드시 의식의 통제과성을 거치지 않고도 거의 자동으로 행해지는 익숙한 습관행동이 되는 경향이 있다.

비록 음주운전에 반대하는 태도나 규범을 신념으로 지니고 있는 사람의 경우에도, 음주운전을 하면서 단속에 적발된 적이 없거나 음주운전으로 사고를 경험하지 않았던 과거경험이 많다면, 이 경험에 때문에 음주운전이 습관으로 행해질 수 있다. 습관이 음주운전에 미치는 영향을 다룬 실증연구도 보고된 바 있다. 앞에서 살펴본 한덕웅과 이민규(2001)의 국내 연구 이외에도 Aberg(1993)는 Fishbein과 Ajzen(1980)의 합리적 행위이론과 Triandis(1977)의 습관변인에 기초해서 음주운전의 행동의도에 영향을 미치는 요인을 알아보았다. 이 연구에서 18세에서 54세까지 남자 음주자 1,085명을 대상으로 질문지 조사를 하였다. LISREL분석을 한 결과를 보면 음주운전의 의도는 태도, 사회규범, 음주운전에 대한 사회적 제재의 평가, 그리고 음주습관에 의해서 영향을 받았다. Fishbein과 Ajzen의 이론과 달리 사회규범은 제재의 평가와 관련되었는데 이 제재의 평가는 사회규범과는 독립되는 요인이었다. 따라서 그는 이 연구에서 사회규범이 행동에 대한 태도와 제재의 평가에 선행하는 변인들이라고 보았다. 음주습관 또한 이 연구에서 사용한 모형에 포함된 다른 변인들 모두에 영향을 미쳤다.

당위 또는 도덕적 의무: 합리적 행위이론을 비판하는 연구자들은 행동의도가 태도나 주관적 규범 이외에도 다른 많은 변인들에 의해서 결정된다고 주장하였다. 그 변인들 가운데 하나가 지각된 도덕적 의무, 즉 당위이다. 이 변인은 당위적 옳고 그름에 대한 개인의 신념을 말한다. 이 신념은 어떤 행동을 반드시 해야 된다거나 하지 않아야 된다고 주장하는 다른 사람들의 압력과는 개념이 다르다. 다시 말해서 당위는 사회압력의 지각과 이에 대한 동조의도를 의미하는 주관적 규범과는 다른 개념이다. 당위란 이미 개인에게 내면화되어 있는 도덕적 규칙을 의미한다. 이와 같은 개인의 도덕적 의무를 추가하면 행동의 예언력이 높아진다고 보고한 연구들(Schwartz & Tessler, 1972; Pomazal & Jaccard, 1976; Zuckerman & Reis, 1978; Gorsuch & Ortberg, 1983)도 있다.

특히 음주운전은 극단의 경우에 자신을 포함하여 수많은 타인들의 인명을 일시에 빼앗거나 혹은 영구적으로 신체의 손상을 초래할 수 있으므로 사회의 성원으로서 운전자의 책임이 매우 큰 행동이라고 볼 수 있다. 한덕웅과 이민규(2001)는 다른 나라보다 한국에서 음주운전에 따르는 교통사고로 인해서 초래되는 사망률이 높다는 사실을 고려하여 운전자들이 마땅히 갖추어야 할 안전운전에 대한 도덕적 의무가 음주운전에 미치는 효과를 알아보았다. 이 연구에서 음주운전의 행동의도를 설명하는데 이 당위 요인이 유의하게 영향을 미쳤다.

계획된 행동이론의 평가

(1) 계획된 행동이론은 합리적 행위이론을 확장하여 제안되었다. 현재까지 합리적 행위이론에 관해서는 연구가 활발하게 수행되어서 타당성이 검증되었다. 그러므로 계획된 행동이론을 구성하는 요소들 가운데 행동에 대한 태도, 주관적 규범, 그리고 행동통제력지각 중에서 행동통제력지각을 제외하면 연구의 기반을

잘 갖추고 있다고 볼 수 있다.

(2) 계획된 행동이론에서는 합리적 행위이론에서 제안한 행동에 대한 태도와 주관적 규범 이외에 행동통제력지각이 추가되었다. 이 요소가 행동의도와 행동에 미치는 영향은 여러 연구들에서 지지되었다. 그러나 일종의 자기효능성과 아울러 통제력에 관한 신념에 근거를 두는 행동통제력 지각 요인이 각각 행동의도나 행동에 미치는 영향은 여러 연구에서 지지되었으며 특히 행위자의 유능성이 크게 영향을 미치는 행동에서 유의했다. 그러나 행동통제력지각을 구성하는 이 두 요소들이 상호작용하여 행동의도나 행동에 미치는 효과에 관해서는 연구가 이루어지지 못했다.

(3) 계획된 행동이론 역시 기대×유인가이론과 마찬가지로 인간이 합리적 의사결정과정을 거쳐서 이성에 따라서 행동의도를 형성한다고 가정한다. 그러므로 이 이론도 기대×유인가이론과 유사하게 인간의 행동이 합리적 근거에서 계획되지 않는 경우를 잘 설명하지 못하는 한계를 지닌다.

(4) 이 이론에서 행동의도는 행동의 방향과 활성화를 포함하므로 동기이론에 포함시킬 수 있으나 행동의도가 행동에 미치는 영향에 관해서는 최근 반론이 제시되었다. Baggozi나 Gollwitzer는 행동의도만으로는 행동을 설명할 수 없다고 비판한다. 그는 행동의도가 형성된 이후에도 다음 단계에서 행동의 시도(trying)가 중요하다는 이론을 제안하였다. 또한 합리적 행위이론이나 계획된 행동이론을 다룬 연구들에서 과거행동이 추가 요인으로 자주 나타났는데 과거행동 요인 가운데 시도의 반복이 미치는 영향도 연구할 필요가 있다.

(5) 계획된 행동이론에서 제안하는 세 요소들 이외에 여러 대안이론이나 연구들에서 과거행동, 습관, 당위, 정서, 태도의 특출성, 시도, 체면, 인상관리, 집합주의, 자기정체성 등 여러 요소들이 제안되었다. 장래 연구에서는 이 요소들 이외에도 한국사회에서 중요한 요소들을 보완하여 한국문화에 맞도록 새로운 이론을 수립할 필요가 있다.

(6) 계획된 행동이론은 인간이 계획에 따라서 의도한 행동을 설명하는 데 유용하기 때문에 현재 정치, 경제, 건강, 교통, 환경 등 다양한 분야에서 매우 활발하게 연구하는 심리학 이론들 가운데 하나이다. 국내에서도 최근 교통, 건강 및 소비 행동 분야에서 이 이론의 타당성과 한계에 관해서 연구하기 시작하였다.

제13장
집단수행과 조직창의성의 동기이론

개　관

집단이나 조직에서 여러 사람들이 함께 과제를 수행하게 되면 개인수행과 달리 집단의 다른 성원들이 조직이 지니는 특징들이 큰 영향을 미치게 된다. 그러므로 집단이나 조직에서 수행이나 창의성을 이해하려면 이 특징들이 무엇인지 알아볼 필요가 있다. 이 장에서는 먼저 집단으로 과제를 수행하는 과정에서 성원들의 동기는 어떤 요인들의 영향을 받아서 어떤 형태로 나타나는지 중요한 현상들을 통해서 알아보려고 한다. 이어서 집단이나 조직에서 창의성 과제를 수행하는 과정에서 어떤 요인들이 영향을 미치고 어떤 현상들이 나타나는지 다루기로 한다.

집단수행과 동기

사람들은 개인으로 과제를 수행하는 경우와 달리 집단으로 수행하게 되면 과제를 수행하려는 동기에서 여러 가지 독특한 현상을 보이게 된다. 그러므로 집단으로 수행하면서 개인에게 나타나는 동기의 손실이나 증가에 따라서 집단수행의 수준도 달라지게 된다. 이 현상은 집단이나 혹은 집단이 소속되어 있는 조직의 생산성에 직결되므로 중요하게 다루어진다. 이 장에서는 이 집단수행 현상을 동기과정에 의해서 설명하는 이론들 가운데 중요한 몇 가지를 다루기로 한다. 특히 집단으로 과제를 수행하게 되면 개인으로 수행하는 경우와 비교해서 때에 따라서 개인이 노력을 낮추거나, 높일 수도 있으며, 심지어는 집단에서 다른 사람들이 노력을 하지 않는 경우에 그 사람의 몫을 자신이 맡아서 개인이 노력을 더 높이는 현상이 나타나기도 한다. 이 장에서는 이 현상을 중심으로 집단수행에서 개인의 동기가 어떻게 달라지는지 알아본다.

사회태만에 관한 이론

Steiner(1972)는 집단수행에서 항상 집단과정에 따르는 손실이 초래되기 때문에 성원들이 지니는 잠재생산성보다 실제생산성이 항상 낮아지게 된다고 주장했다. Steiner는 집단과정에서 나타나는 손실의 원인요인들을 여러 가지 지적하였다. 그 가운데 동기의 영향으로 나타나는 사회태만이 포함된다. 사회태만이란 집단에서 집합으로 과제를 수행하는 조건에서 성원들이 노력 수준을 낮추는 현상을 말한다. 여기서는 먼저 집단수행에서 나타나는 사회태만 현상을 동기과정으로 설명하는 이론들을 다루기로 한다.

사회태만이 발생하는 원인들 가운데 집단성원들 각자의 수행 수준을 알아볼 수 없는 확인불가능성(Harkins & Petty, 1982)과 사회충격(Latané, 1981; Williams, Harkins, & Latané 1981)이 개인의 과제수행 동기에 영향을 미친다는 설명이 제안되었다. 또한 사회태만의 제거나 감소에 영향을 미치는 요인들로는 사회정체성과 성원별 기여의 독특성 증가(Harkins & Petty, 1982; Kerr & Bruun, 1982), 성원의 기여도를 평가하는 정도(Harkins & Szymanski, 1987), 성원이 과제가 가치 있다고 보는 관여와 작업에 대한 책임감당(Brickner, Harkins, & Ostrom, 1986; Weldon & Gargano, 1998), 과제의 매력수준(Zaccaro, 1984) 등이 지적되었다.

사회태만을 설명하는 여러 이론들 가운데 Latané 등이 제안한 사회충격이론(social impact theory)에서는 집단의 규모가 증가되는 데 따라서 개인수행이 저하되는 수준과 아울러 증가되는 수준도 예측하는 모형을 제시했다. 이 모형은 다음 등식으로 나타낼 수 있다: $SI=f(SIN)$. 이 등식에서 *SI*(social impact)는 과제를 수행하는 사람을 제외하고 집단의 나머지 성원들이 개인에게 미치는 사회충격의 크기를 의미한다. 이 충격의 크기는 집단에서 집합으로 과제를 수행하는 개인 이외에 나머지 성원들의 수(*N*, number), 이 성원들이 집단수행에 미치는 세력 혹은 영향력의 강도(*S*, strength), 그리고 이 성원들이 개인에게 근접해 있는 수준(*I*, immediacy)을 말한다. 이 모형에 따르면 이 세 요소를 곱한 값이 작을수록 개인에게 미치는 사회충격은 작아져서 집합으로 과제를 수행하는 조건에서 타인들로부터 받는 영향이 작으므로 개인의 수행 수준은 낮아지게 된다.

이 모형은 집단수행에서 사회충격이 유발되는 심리과정이나 동기과정에 대한 설명이 결여되어 있기 때문에 이론이라고 보기는 어렵다는 한계를 지닌다.

한편 Harkins와 Jackson(1985)은 사회충격이론의 배경에서 사회태만을 경감시킬 수 있는 요인으로 타인과 사회비교하는 과정을 통해서 개인의 기여도를 평가받게 된다고 예상시키는 조건을 제시했다. 이보다 일반화해서 말하자면 집단에서 성원들 개인별 수행의 수준을 알 수 있도록 확인가능성을 증가시키거나 혹은 과제의 복잡도를 증가시키는 방법으로 성원들의 동기를 관리하면 사회태만을 감소시킬 수 있다고 주장했다. 그러나 집단수행에서 성원들의 사회태만이 불가피하다고 보는 이론들에서는, Steiner의 주장과 마찬가지로, 집단수행에서는 성원들의 개인수행을 총화한 값과 비교해서 수행의 결손이 생긴다고 주장한다.

사회촉진에 관한 이론

Steiner(1972)가 집단과정에 따라서 집단의 생산성이 낮아지는 데 영향을 미친다고 주장한 요인들 가운데 집단협응, 집단역동성, 집단성원들의 성분, 그리고 집단성원들의 동기 등은 대부분 집단과정에 따라서 수행을 증가시키는 데도 기여할 수 있는 요인들이다. 이 가운데 집단성원의 동기에 영향을 미치는 과제요인은 Hackman의 집단유효성이론에서도 중요성이 강조되었다. 또한 사회촉진 현상을 설명하는 이론들에서 보는 바와 같이 다음 요인들도 집단의 생산성을 높이는 데 기여한다: ① 타인의 단순존재가 수행을 극대화하는 수준으로 흥분을 유발시키거나(단순존재이론, Zajonc, 1965), ② 타인의 평가가 있으리라고 우려하거나(평가우려이론, Cottrell, Wack, Sekerak, & Rittle, 1968), ③ 과제난이도가 높지 않아서 자신이 수행을 잘해서 타인들에게 좋은 인상을 남길 수 있다고 생각하여 자기제시의 동기가 높아지기 때문에(자기제시이론, Snyder 1974, 1987) 개인수행 조건보다 집단에서 수행할 때 개인의 수행 수준이 높았다.

이 가운데 추동이론에 근거한 단순존재이론, 평가우려이론, 그리고 자기제시이론을 간략히 살펴보기로 한다. 사회상황에서 발생된 추동에 근거해서 사회촉진 현상을 설명하는 이론들은 개인수행과 비교해서 집단수행의 우수성을 이해하는 데 좋은 시사점을 제공한다. 그 가운데 Zajonc의 추동이론에서는 타인의 단순존재에 의해서 개인의 추동이 유발된 조건에서 과제가 쉽거나 학습이 잘 된 경우에는 타인이 없는 조건보다 수행이 증가된다고 주장했다. 한편, 평가우려이론에서는 관찰자의 역할을 하는 타인이 있을 경우에는 개인이 타인으로부터 평가를 받게 된다는 우려가 생기기 때문에 이 걱정을 없애려고 쉬운 과제나 잘 학습된 과제에서 우세반응을 활성화시킨다고 보았다. 그러므로 정답이 우세반응이 되는 쉬운 과제에서는 수행을 촉진시키지만, 타인이 관찰할 수 없도록 눈을 가린 조건이나 오답이 우세반응이 되는 어려운 과제의 수행에서는 사회촉진이 일어나지 않았다(Cottrell, 1972). 이는 평가우려이론을 지지하는 연구의 결과로서 자주 인용된다. 그러나 Henchy와 Glass(1968)의 연구에서 보는 바와 같이 사회상황에서 발생하는 추동은 타인의 단순존재에 의해서 항상 유사하게 유발되지 않고 상황에 따라서 성질이 달라진다. 예를 들면 관찰자의 지위에 따라서도 유발되는 추동의 성질이 달라져서 높은 지위의 타인이 동기에 미치는 효과가 크다.

Cottrell(1972)은 평가우려이론의 관점에서 타인들이 있어서 자신이 평가받는다고 보면 동기가 유발된다고 보았다. 그런데 이 가설을 다룬 연구들을 보면 타인으로부터 좋거나 혹은 나쁜 평가가 예견되는 조건들을 포함하지만 한 연구에서 이 두 조건들을 모두 다루어서 지지하는 연구 결과는 부분적으로만 보고되었다(Geen & Gange, 1977). 대부분의 연구에서 수행에서 좋지 않은 결과가 기대되면 평가우려에 의해서 사회촉진이 나타났고(Geen & Gange, 1977), 좋은 결과가 기대된 조건에서는 대체로 평가우려가 수행을 촉진시키지 않았다(Weisse & Miller, 1971; Geen, 1979; Seta & Hassan, 1980).

무임편승과 사회보상의 이론

한편 집단수행의 연구에서는 최근 사회촉신이나 사회태만 현상과 함께 무임편승(free riding)과 사회보상(social compensation) 현상에 관한 연구가 많이 이루어지고 있다. 이 현상들은 집단수행을 이해하는 데 중요하므로 여기서 간략하게 다루기로 한다.

무임편승: 이 가운데 무임편승이란 사회태만과 마찬가지로 집단수행에서 개인이 노력을 감소시킨다는 점에서는 유사하다. 그러나 무임편승자효과(free-rider effect)라는 용어를 처음 사용한 Kerr(1983; Kerr & Bruun, 1982)의 정의에 의하면 이 두 용어는 서로 다른 현상을 의미한다. 그는 사회태만과 무임편승이 모두 다른 사람들과 동일한 과제를 수행하면서 개인별로 수행하지 않고 집합으로 수행할 때 개인의 노력이 감소되는 효과를 다룬다는 점에서 공통된다고 보았다.

그러나 이 두 현상은 집단에서 함께 수행하는 사람들이 각자 어느 정도 수행하는지 서로 알고 있는 수준과 개인이 의식해서 노력을 감소시키는 수준에서 서로 차이가 있다. 이 기준들로 보면 사회태만은 대체로 개인이 집단에서 집합으로 과제를 수행하면서 누가 어느 정도로 수행하는지 알 수 없으면서 또한 자신이 노력을 감소시켰다는 사실도 모르는 경우가 많다. 그러나 무임편승에서는 집단에서 수행하는 사람들이 누구이며 각자 어느 정도 수행하는지 서로 알 수 있는 경우에도 대부분 개인의 의도에 따라서 의식과정을 통해서 노력을 덜 하기 때문에 나타난다.

Kerr(1983)는 이 관점에서 사회태만이란 집단성원들 각자의 수행을 성원들이 서로 알 수 없어서 초래되는 개인 동기의 저하라고 정의한다. 그러나 사회태만 현상을 다룬 연구들을 보면 집단수행에서 개인의 기여도가 낮다고 지각하거나(Harkins & Petty, 1982) 개인의 책임이 낮아져도(Petty, Harkins, Williams, & Latané, 1977) 이 현상이 나타났다. 더구나 Kerr가 사회태만을 정의하면서 핵심으로 주장한 집단에서 성원들의 수행 수준을 확인할 수 없는 요인에 대해서도 반론이 제기될 수 있다. Williams(1977)의 연구에서 집단의 성원들이 누가 어느 정도 수행을 잘 하는지 확인할 수 있는 조건에서도 사회태만 효과가 나타났다.

그러므로 Kerr가 사회태만의 핵심 요소라고 주장하는 집단 성원들의 수행을 확인할 수 없는 요인은 사회태만과 무임편승의 효과를 구별하는 기준으로 반드시 적절하다고 보기는 어렵다. 이 비판의 관점에서 Williams, Karau 및 Bourgeois(1993, 141쪽)는 이 두 현상을 구분하는 기준으로 집단에서 집합으로 수행할 때 개인이 노력을 덜 들이게 되는 원인을 제시했다. 다시 말해서 개인이 노력하지 않는 이유는 개인이 열심히 노력하게 되면 집단에서 자기노력 때문에 노력을 안 하고도 대가를 받는 다른 성원이 생길 수 있기 때문이다. 이 경우에 개인은 이 현상을 막으려는 전술로서 자기노력을 덜 하게 된다고 주장했다. 다시 말해서 무임편승은 집단에서 개인이 노력을 많이 하더라도 자신에게 더 이상 이득이 없는 조건에서 자신이 노력하지 않더라도 보상을 받을 수 있으므로 자기의 노력 수준을 낮추기 때문에 나타난다고 보았다.

이 조건의 극단이 되는 경우는 개인이 노력을 많이 하게 되면 집단의 성원들 가운데 노력하지 않고도 이득을 얻을 사람이 생기는 경우이다. Kerr는 이 행동을 취하여 스스로는 노력하지 않고 혜택을 받으려는 집단의 성원을 무임수혜자라는 의미에서 'sucker'라고 불렀다. 그러므로 무임편승의 효과는 집단에 무임수혜자가 있는 조건에서 자신의 노력으로 무임수혜자가 노력하지 않고도 이득을 얻는 결과를 피하기 위한 전술로서 노력 수준을 저하시켜서 나타나게 된다.

지금까지 사회태만과 무임편승의 현상을 설명하는 중요한 기준을 살펴보았다. 저자가 보기에 이 두 현상을 구분하는 기준을 요약해 보면 다음과 같다; 집단수행에서 사회태만은 대체로 자신의 노력을 저하시키는 데 대해서 의식하지 않고 전술로서 사용하지 않더라도 개인의 노력이 저하되기 때문에 나타난다. 반면에 무임편승은 개인의 노력으로 집단의 수행이 높아지더라도 자신이 바라는 성과를 얻는 수단이 되지 않는다고 의식해서 개인이 이 상황을 피하기 위하여 전술로서 노력을 저하시키기 때문에 나타난다.

사회보상: 한편 집단수행에서 나타나는 현상들 가운데 최근 사회보상(social compensation)에 관한 연구 결과들이 보고되었다. 이 현상은 사회태만과 상반되는 현상으로 주목을 받았다. 사회보상이란 집단의 성원들이 과제를 수행하는 조건에서 다른 성원들의 낮은 수행을 보상하기 위하여 개인으로 수행할 때보다 노력을 증가시키는 현상을 말한다(Karau & Wiiliams, 1991; Williams & Karau, 1991). Williams와 Karau는 이 현상을 유발하는 요인으로 집단의 다른 성원들이 충분하게 높은 수행을 보이지 못한다고 인식하여 타인들의 좋은 수행을 기대하기 어려운 조건을 들었다(Williams, Karau, & Bourgeois, 1993, 137쪽). 이들은 집단에서 타인들이 충분한 수준으로 수행하지 못한다고 기대하게 되면 이를 인식한 성원이 집단의 수행 목표에 더 기여하도록 압박감을 느끼게 된다고 제안했다. 이 조건에서 공동 작업자들이 제대로 기여하지 못하여 나타나게 될 수행의 결손을 개인이 더 노력하여 사회보상하게 되면 집단에서 자신에 대한 좋은 평가를 획득하거나 유지할 수 있게 된다고 보았다.

그리고 집단수행에서 공동작업자의 기여가 기대에 못 미친다고 지각하는 데 영향을 미치는 요인들로는 다음 세 가지를 들었다: ① 집단성원들의 수행을 총화하게 될 때 타인들이 잘 수행하리라고 믿을 만한 신뢰가 없는 조건, ② 공동작업자가 수행에 노력을 충분히 쏟지 않는다는 사실, 혹은 ③ 공동작업자가 무능하다는 사실을 직접 알게 되는 조건이다. 이들은 사회정체성이론(social identity theory)의 관점과 비슷하게 집단을 좋게 평가하면 이 조건에서 집단수행을 통해서 긍정적 사회정체성을 얻기 위하여 다른 사람의 결손을 보상하려고 열심히 노력하는 사회보상이 나타난다고 설명하기도 한다(Williams, Karau, & Bourgeois, 1993, 144쪽).

문화와 집단수행

지금까지 집단수행에서 나타나는 사회태만과 사회촉진 등에 관한 연구들은 대부분 북미대륙을 중심으로 이루어졌다. 국내에서 지금까지 집단수행을 다룬 연구의 결과가 사회심리학 전문학술지에 보고된 바가 없다. 이 사실은 집단수행의 연구가 한국사회의 여러 조직이나 집단에서 중요한 만큼 장차 국내에서 많은 연구가 필요함을 시사한다. 이 주제와 관련해서 지금까지 문화와 집단수행의 관계를 비교문화의 관점에서 다룬 연구들이 중요한 연구의 방향을 시사하므로 여기서 간략히 다루기로 한다.

Williams, Williams, Karau 및 Latane(1984)는 이른바 개인주의 사회인 미국에서는 개인의 노력과 성취를 가치 있다고 보기 때문에 심한 경우 사회공동체의 선(善)을 희생하더라도 협동보다는 개인의 이익을 위해서 경쟁이 우세하게 나타난다고 가정했다. 그러므로 미국문화에서는 집단수행에서 개인의 기여도를 확인할 수 없는 상황이라면 집단수행을 통해서 개인이 당연히 누려야 할 혜택을 얻을 수 없기 때문에 사회태만 현상이 나타난다고 추론했다. 이 추론에 근거를 두고 이들은 공동체의 규범들을 강조하는 문화에서는 사회태만이 나타나지 않을 수 있다는 가설을 설정했다.

이 가설을 검증하기 위하여 이들은 미국과 일본에서 실험을 실시하여 결과를 비교했다. 이 연구의 결과를 보면 미국인들과 마찬가지로 일본인들도 사회태만 현상을 보였다. 그러나 일본인들은 미국인들에 비해서 사회태만의 수준이 낮았다. 이들은 이 결과에 대해서 일본이 비록 공동체 규범을 강조하는 사회이지만 동양에서 가장 서구화된 국가이기 때문에 이 현상이 나타났다고 해석했다.

이 연구보다 앞서 Williams와 Williams(1981)는 미국과 일본에서 어린이와 성인을 대상으로 문화를 비교하여 발달에 따른 사회태만 현상을 보고한 바 있다. 이 연구에서 미국 초등학교 6학년과 일본 중학교 1학년 학생들을 대상으로 연구했다. 이 연구의 결과를 보면 두 나라의 어린이들이 유사하게 개인수행 조건을 기준으로 집합수행에서 약 90%의 수행을 보여서 모두 사회태만 현상을 보였다. 그러나 대학교 신입생을 대상으로 비교했을 때는 사회태만 수준이 문화에 따라서 달리 나타났다: 미국 대학생들은 집합조건에서 개인수행의 약 70%만 수행하여서 심한 사회태만을 보였지만 일본 대학생들은 약 95% 수행을 보여서 사회태만의 수준이 미국 대학생들보다 현저하게 낮았다. 이 연구의 결과로부터 이들은 두 문화에서 모두 어린 나이에는 사회태만을 보이지만 각 문화에 적응하는 청년기 이후 연령에서는 문화의 영향을 받아서 사회태만의 수준이 크게 달라진다고 해석했다.

이들의 연구와 유사한 결과는 대만과 중국에서 수행된 연구에서도 보고된 바 있다. Gabrenya, Latané 및 Wang(1983; Gabrenya, Wang, & Latané, 1985)는 이 지역 사람들이 사회태만을 보이지만 그 수준이 낮다는 결과를 발표했다.

한편 Karau와 Williams(1991)는 사회태만에 관한 문화비교 연구들을 종합하여 통합분석(meta-analysis)을 실시한 바 있다. 이 결과를 보면 사회태만이 미국은 물론이고 동양의 일본, 중국, 대만에서도 모두 나타나지만, 동양에서는 그 수준이 낮았다. 이들은 이 통합분석 결과를 근거로 사회태만이 문화에 상관없이 보편적으로 나타나지만 문화에 따라서 수준이 달라진다는 주장을 제시했다. 그러나 이 통합분석의 결과는 단지 몇 개 연구를 분석하여 얻었기 때문에 여러 문화에서 다양한 연구가 이루어지기 이전에는 결론을 내리기가 이르다.

지금까지 앞에서는 미국과 동양문화권에서 사회태만을 다룬 연구들이 문화에 따라서 어떤 차이를 보고했는지 간략하게 살펴보았다. 장래 연구에서 문화에 따른 사회태만 현상을 깊이 있게 연구하려면 각 문화마다 어떤 요인들이 사회태만에 영향을 미치는지 설명하는 이론들을 제시할 필요가 있다. 이에 관해서 Williams와 공동연구자들은 동양문화에서는 집단수행에 관한 문화의 규범이 서양문화와 다르기 때문에 사회태만의 수준이 문화에 따라서 달라진다고 주장했다. 다시 말해서 이들은 미국과 같은 개인주의 문화에서는 개인수행의 성취를 강조하는 규범이 강하므로 사회태만이 사회적응의 순기능을 지닌다고 주장한다. 이와 달리 공동사회 지향의 동양문화에서는 집단의 규범이 강조되고 개인의 성취보다 집단의 성취가 보상을 받기 때문에 집단에서 사회태만을 보이지 않도록 사회화 과정에서 학습이 이루어진다고 주장했다. 이 주장에 근거를 두고 이들은 공동사회 지향의 문화에서는 집합과제의 수행에서 집단과정에 따르는 동기이득 현상을 발견할 수도 있다고 전망했다(Williams, Karau, & Bourgeois, 1993, 145~146쪽).

장차 한국의 집단심리학자들은 한국문화에서 집단으로 과제를 수행하는 어떤 조건에서 사회태만과 달리 사회촉진이나 사회보상 현상에서 보는 동기의 증가가 나타나는지 연구할 필요가 있다. 집단수행에서 문화에 따른 차이가 나타날 수 있다고 가정하는 서구의 학자들은 Williams 이외에도 많다. 그 가운데 Kerr(2002,

Kerr가 이끄는 집단연구 팀과 저자의 개인 통신) 역시 집단수행에서 성원들의 친밀도, 태도의 유사성, 집단의 목표, 그리고 인상관리 요인들에 따라서 한국과 미국에서 동기의 증가가 달리 나타날 수 있다는 견해를 보였다. 이에 관한 연구도 현재 진행되고 있다.

팀구축(team building)이론에서 동기의 영향

Hackman(Hackman & Morris, 1978, 48쪽; Hackman, 1987, 334~339쪽, 1990)은 소집단의 수행을 높이기 위해서 실무자들이 자주 사용하는 팀구축(team building) 기법을 중심으로 변화계획을 마련하여 현장에 도입한 효과를 검토한 바 있다. 이들은 집단수행의 유효성이론을 근거로 마련한 팀구축 기법이 집단에 현존하는 대인관계와 사회풍토를 바꿈으로써 집단성원들이 과제에 관해서 지니고 있는 지식, 기술, 전략들을 활용하는 능력을 개발하고, 동기를 높이는 데 유용하다고 보았다. 여기서는 이 기법이 집단성원들의 동기를 높이는 과정에 초점을 맞추어서 살펴보기로 한다. 팀구축의 도입 기법은 비록 집단과제의 수행에서 또 다른 효과를 가져올 수도 있겠지만 주로 구성원들 사이에서 이루어지는 행동의 상호작용 과정을 변화시킴으로써 집단수행의 유효성에 기여할 수 있다고 가정했다.

Hackman(1990)은 그 후 조직에서 집단수행을 높이려고 도입하는 팀구축의 기법이 동기에 미치는 효과를 설명하기 위하여 집단의 과제수행이론을 제안한 바 있다. 이 이론은 여러 측면에서 자신의 이전 이론(Hackman & Morris, 1978; Hackman, 1987)을 산업조직의 팀구축에 초점을 맞추어서 확장했다고 볼 수 있다.

Hackman(1987, 322쪽, 1990)이 제안한 이 이론은 특히 산업조직에 속한 다양한 집단들 가운데 팀구축을 통해서 형성된 작업집단에 초점을 맞춘다. 그러므로 그가 다룬 작업집단은 다음과 같은 속성들을 지니는 특수한 집단이다. 첫째, 조직의 작업집단은 실체를 지닌다. 작업집단들은 온전한 사회체제들로서 경계가 분명하고, 성원들이 상호의존하며, 성원들이 실행해야 할 역할들이 분화되어 있다. 또한 성원들은 상호의존성에 근거를 두고 집단에서 함께 추구해야 할 공동의 목표를 공유한다. 둘째, 작업집단들은 수행해야 할 하나 이상의 과제들을 지닌다. 달리 말해서 집단의 과제수행을 통해서 높은 생산성을 추구한다. 셋째, 조직에서 작업집단은 조직의 맥락 안에서 집합으로서 기능을 수행한다.

팀구축이론의 개요: Hackman은 앞에서 제시한 집단유효성의 규범모형을 확장하여 실제로 조직 속의 작업집단 혹은 팀구축에 적용한 이론을 제안한 바 있다. 이 수정이론은 집단유효성의 규범이론을 보완해서 이루어진 만큼 집단유효성을 설명하는 세 과정준거들을 중심으로 정리할 수 있다. 이 과정준거들이란 동기를 나타내는 충분한 노력, 충분한 지식과 기술, 그리고 과제에 적합한 수행의 전략이다. Hackman(1990, 7쪽)은 그의 이전 관점과 일관되게(Hackman & Morris, 1978; Hackman, 1987) 집단유효성을 결정하는 세 준거들의 상대적 중요성이 상황에 따라서 달라진다고 주장한다. Hackman이 작업집단의 유효성에 영향을 미친다고 가정한 과정준거들을 보면 다음 [표 13-1]에 요약된 요인들이 작업집단의 수행을 높이는 조건을 조성하는 데 기여한다고 보았다.

이 표에는 집단수행의 유효성에 기여하는 조건들을 세 과정준거에 따라서 정리하고, 각 준거별로 집단구조 요인, 조직의 맥락요인 그리고 지도와 자문 요인들을 각각 제시하였다. 이 요인들 가운데 전문가의 지도와 자문요인만 집단유효성의 규범이론과 다르다. 여기서는 이 표에 따라서 각 요소별 특징을 차례대로 간략히 정리하기로 한다.

Hackman은 집단수행의 유효성을 결정하는 데 중요한 집단의 구조요인들로서 (1) 집단의 구조, (2) 조직의 맥락 및 (3) 팀 중심의 전문 리더십과 집단과정에서

[표 13-1] 집단의 과제수행을 증진하는 조건들의 조성(Hackman, 1990, 13쪽)

집단수행 유효성의 과정준거들	수행 증진 조건별 핵심 요인들		
	집단구조	조직의 맥락	지도와 자문
충분한 노력	집단 과제의 동기구조	조직의 보상체계	성원들의 협응을 교정하고 집단 몰입을 구축
충분한 지식과 기술	집단의 구성 성분	조직의 교육체계	성원들의 투입 가중치들이 부적절한 점을 교정하고 훈련을 촉진
과제에 적합한 수행전략들	성원들의 행동을 조절하고 검색과 기획을 촉진하는 규범	조직의 정보체계	변화계획의 도입에 따른 문제들을 교정하고 전략개발에서 창의성 촉진

나타나는 도움을 들었다. 먼저 집단구조 요인들은, Hackman의 수정 이전모형(Hackman & Morris, 1978; Hackman, 1987)과 동일하게, 다음 세 요인들로 구성된다고 보았다. ① 성원들이 개인적으로 책임을 느끼고 새로운 내용을 학습할 수 있도록 동기화시키는 과제구조 혹은 과제의 설계요인, ② 집단성원들의 규모, 성원들이 지니는 전문성, 그리고 대인기술 등의 측면에서 집단이 적절히 구성되어 있는지 가늠하는 집단구성 요인, ③ 집단성원들에게 역할을 배정하여 수행에서 유효성을 보이는 방향으로 행동하도록 영향을 미치는 핵심 집단규범 요인의 세 가지이다. 이 요인들 가운데 직무설계 요인은 Hackman이 일관되게 주장하는 직무재설계이론을 반영하고 있다.

집단의 유효성을 결정짓는 데 중요한 영향을 미치는 조직의 맥락요인들도 상세하게 제안되었다. 집단유효성을 높이는 조직의 맥락요인들로는 다음 세 요인들이 지적되었다. 첫째는 조직의 보상체계이다. 이 요인에서는 수행 수준과 연결된 인정과 보상의 차별 실시, 개인 혹은 집단의 수행 수준에 따른 보상제도, 유인의 크기 등이 중요하다. 두 번째는 성원들의 지식, 기술 혹은 경험을 증진시킬 수 있는 훈련 혹은 기술적 도움 등을 포괄하는 교육체계이다. 이 교육체계 요인에서 교육체계의 존재 유무만이 아니라 작업집단의 요구에 따라서 실행되는가 그렇지 않으면 회사에 의해서 주도되는가도 중요하다고 본다. 다음으로 조직의 맥락요인들 가운데 세 번째 요인은 정보체계이다. 이 요인은 집단이 과제의 수행에 사용할 적절한 전략을 개발하거나 선택할 때 필요한 자료를 얻을 수 있는 수준을 결정한다.

비록 Hackman이 조직의 맥락요인들을 명세화한 점에서는 수정이론에서 개선이 이루어졌지만 이 이론 역시 조직의 맥락요인들이 각각 상대적으로 중요시되는 조건을 밝히지 못해서 한계를 지닌다.

다음으로 Hackman(1990)의 최근 이론에서 새로 추가된 지도와 자문 요인들을 살펴보기로 한다. 작업집단에서 서로 협력해서 일해 본 경험이 없거나 상호협력이 안 되어서 나쁜 경험을 하게 된 경우 리더나 자문 전문가가 상호의존적으로 일하는 방법을 배우도록 도와줄 수 있다. 그러나 이 방법은 조직의 맥락에서 지원이 제공되지 않거나 조직의 구조가 나쁜 경우에는 도움이 되지 못한다. 리더나 자문전문가는 협력을 강요하지 않고, 집단수행 과정에서 나타나는 과정손실(Steiner, 1972)을 최소화하여 과정이득을 극대화하도록 돕게 된다. 리더와 자문전문가가 이 목적을 이루기 위해서 도와줄 수 있는 일은 과정준거 요인들을 개선하는 기법들인데 다음 세 가지이다; (1) 성원들이 협응과 동기의 저하(노력을 낭비할 수 있는 과정손실)를 최소화하고, 집단과 과제에 대한 몰입을 구축하도록(노력을 높일 수 있는 과정이득) 도와주기, (2) 구성원들의 다양한 착상들과 공헌점들을 부적절하게 가중하여 사용하지 않고(과정손실), 집단 전체로 지니고 있는 기술목록을 작성하여 성원들이 공유하도록(과정이득) 학습을 도와주기, (3) 집단수행을 높이기 위한 계획들을 잘못 도입하지(과정손실) 않도록 하고, 일을 진행할 때 창조성 있는 새 방법들을 개발할 수 있도록 도와주기(과정이득)이다.

이 연구의 배경이론을 설명하면서 제시한 바와 같이 팀구축의 실천을 통해서 집단수행을 높이는 구조를 형성하려면 다음 세 요인들이 중요하다; 첫째, 팀의 성원들의 작업동기를 유발하고 유지할 수 있도록 수행과제를 잘 설계하여야 한다. 이 요인에서 작업의 중요성, 자율성 및 수행결과의 직접 환류가 중요하다.

두 번째 요인은 집단성원들을 잘 구성하는 일이다. 이 요인은 팀이 작업을 수행하는 데 적합한 규모가 되도록 집단의 크기를 정하되 가능한 한 집단규모를 작게 구성하여야 한다. 작업의 경계를 분명히 하고, 과제 및 대인기술이 적합한 성원들로 팀을 조직하고, 성원들의 동질성과 이질성을 알맞게 고려하여야 한다.

세 번째 요인은 팀에서 성원의 권한과 책임의 한계를 명시하여 구체화하는 일이다. 이 요인으로는 집단의 권리와 의무를 성원들이 받아들이기 전에 반복해서 설명하고 설득하며, 지속해서 환경을 점검하고, 집단이 대응해야 할 변화를 예측하고, 팀의 수행전략들을 창의성 있게 기획하고 수정하도록 하여야 한다. 그 때문에 실제로 모든 팀에서는 구조적 지원이 필요하다.

팀구축이론의 평가: 이 팀구축이론은 개인주의 문화를 지닌 서구의 조직에서 개인정체성을 벗어나서 집합으로 사회정체성을 획득함으로써 집단의 유효성을 확보하는 과정을 다룬다고 볼 수 있다. 그러므로 이른바 개인주의 문화와 달리 한국과 같은 집합주의 문화에서 이 이론이 어느 정도의 타당성을 지니는지 장차 실증연구를 통해서 검증할 필요가 있다. 한국의 조직에서는 서구와 달리 성원들이 동일시하는 내집단의 규범에 동조하는 경향이 강하다. 그러므로 한국의 집합적 조직문화를 고려할 때 조직의 사회화과정을 통해서 집단성원들이 집단동일시와 내집단정체화를 형성한 조직에서는 사회정체성이 높은 성원들이 집단수행에서 높은 동기를 보일 수 있다. 다시 말해서 집단의 상호작용을 요구하는 과제에서 사회정체성을 획득하거나 유지하기 위하여 성원들이 열심히 일하려고 하므

로 동기가 높아져서 집단수행이 높아지는 이른바 집단과정의 이득을 얻을 수 있다.

그러나 최근 한국사회는 집합주의 문화와 개인주의가 혼재하는 방향으로 가치관의 변모를 겪고 있다(예: 차재호, 정지원, 1993; 한덕웅, 이경성, 2002, 2003; 한덕웅, 2003b). 한국인의 이러한 가치관 변화는 고등교육을 받은 계층에서 더욱 두드러지게 나타난다. 따라서 한국의 전통으로 볼 때 조직사회화 과정을 통해서 습득되는 조직동일시나 조직정체화가 교육 수준이 높은 성원들에게는 이전과 달리 쉽게 형성되지 않을 수 있다. 이들의 경우 서구의 개인주의와 한국의 전통 집합주의 가치관이 대립해서 나타나는 갈등 때문에 집단수행에서 성원들의 상호작용으로 얻을 수 있는 동기 효과의 장점이 쉽게 나타나지 않을 수도 있다. 그러므로 장차 한국조직에서 팀구축과 같은 집단의 개발 기법이 성원의 동기를 높이는 데 좋은 효과를 보인다고 가정할 수 있는 조건을 해명하여 새로운 이론의 개발과 아울러 실증연구가 필요하다.

조직창의성과 동기

창의성은 개인마다 추구하는 삶을 이루는 데 중요한 요인이다. 개인의 과제수행에서 질을 높여서 다른 사람들과 달리 독특하고 우수한 업적을 쌓는 일이 개인의 성장에 매우 중요하다. 또한 집단이나 조직에서도 역시 경쟁력을 높이려면 창의성이 매우 중요하기 때문에 조직의 성원들이 지니고 있는 창의성을 높이기 위하여 조직혁신 등을 통해서 조직 수준에서 조직구조를 변경하기도 하고 새로 팀을 구축하여 변화계획을 도입하기도 한다. 그뿐만 아니라 국가의 경쟁력이라는 측면에서 보더라도 창의성이 국가발전에서 중요한 요인이 된다.

이 절에서는 개인이나 조직의 창의성에서 동기가 어떤 기능을 하게 되는지 알아보는 데 초점을 두기로 한다. 이 목적에 따라서 이 장에서는 먼저 창의성이 무엇인지 알아보기 위하여 창의성을 평가하는 기준들을 살펴본다. 다음으로 창의성의 중요한 결정요인들을 살펴본다. 그리고 창의성의 결정요인들 가운데 동기요인으로서 내적동기와 외적동기가 어떤 방식으로 창의성에 영향을 미치는지 알아본다. 이어서 사회나 조직상황에서 창의성에 영향을 미치는 상황의 맥락요인들을 간략하게 살펴본다. 끝으로 요약과 결론에서는 조직창의성에 관한 체계접근의 관점에서 최근 이루어지고 있는 창의성의 연구와 동향을 알아보고 평가하기로 한다.

창의성이란 무엇인가

과제를 수행하여 어떤 특징이 나타나면 창의성이 높다고 평가할 수 있는가? 창의성을 평가하는 기준들은 다양해서 학자마다 선호하는 기준들이 다르다. 그러나 이 기준들 가운데 많은 사람들이 동의하는 기준들로는 (1) 새로움(신기성, novelty), (2) 독특성(distinctiveness), 그리고 (3) 유용성(혹은 적합성, appropriateness, usefulness)을 드는 경우가 많다. 이 가운데 새로움은 창의성을 평가하는 사람들이 주관적으로 판단할 수도 있고 실제로 이전까지 볼 수 없었는지 객관적으로 판단할 수도 있다. 그러므로 새로움의 기준은 해당 분야에서 전문가들의 인정이 어느 정도는 필요하다고 볼 수 있다. 창의성을 판단하는 두 번째 독특성은 새로움과 중복되기도 한다. 그러나 예술의 창작에서 보는대로 단지 새로움만으로는 개성 있는 독특한 산물인지 평가하여 창의성을 인정하기 어려운 경우도 있다. 그러므로 새로움 이외에 각 분야의 전문성을 근거로 독특성의 기준을 포함시킬 수 있다. 창의성의 기준들 가운데 세 번째 기준으로 유용성은 적합성(appropriateness)이라고도 하는데 사람들이 실제로 사용하기에 좋은지를 평가한다. 창의성을 평가하는 기준은 예술, 과학, 공학을 포함해서 전문영역에 따라서도 달라지는데 앞에서 설명한 세 기준들 이외에 진실성(authenticity), 경험에 대한 개방성(openness), 유창성(fluency) 등을 영역에 따라서 중요하게 다루기도 한다.

앞에서는 창의성을 판단하는 데 자주 사용되는 세 기준들을 살펴보았다. 그러나 조금 주의해서 생각해 보면 분야나 과제의 성질에 따라서 이 가운데 중요한 기준들이 달라짐을 알 수 있다. 예를 들면 예술분야들 가운데 회화나 음악에서 보는대로 새로움이나 독특성이 매우 중요하지만 유용성은 중요하지 않을 수 있다. 반면에 산업조직에서는 새로움이나 독특성에서 좋은 평가를 받지 못한다고 하더라도 유용성이 좋아서 쓸모가 많다면 상품으로 중요하다. 그러므로 여러 분야들을 포괄하여 말한다면 앞에서 제시한 창의성의 세 기준들은 전문영역, 과제, 그리고 상황에 따라서 중요성이 달라지지만 종합해 보면 모두 중요하다고 볼 수 있다.

앞에서는 창의성을 평가하는 기준들을 살펴보았다. 다음에는 창의성이 높은 사람들이 그렇지 않은 사람들과 비교해서 어떤 특징들을 지니는지 연구한 결과들을 간략하게 정리하기로 한다. 창의성을 연구하는 심리학자들은 일찍부터 창의성이 높은 사람들이 인지능력, 성격, 동기, 정서경험, 질병 등에서 어떤 특징을 지니는지 관심을 갖고 연구해 왔다.

그러나 저자가 보기에는 이와 같이 창의성이 높은 사람들이 지니는 개인차 요인을 알아내려는 접근법을 취한 연구들은 대체로 처음에 기대하던 바에 미치지 못하는 결과들을 보고하였다. 예를 들면 여러 분야에서 천재라고 평가될 만큼 창의성이 높았던 사람들을 대상으로 수행된 연구조차 조사의 대상이 되는 사람들을 잘 표집하게 되면 정신장애나 신체질병과 창의성의 상관관계는 유의하지 않거나 매우 낮은 경우가 많았다.

그렇다면 많은 사람들이 창의성이 건강과 상관이 있다고 믿는 이유는 무엇일까? 이에 관해서 한 가지 생각할 수 있는 사실은 사람들이 보통 소수의 특출한 천재들을 관찰해서 얻은 결과를 지나치게 일반화하는 경향이다. 예를 들면 잭슨 폴록이나 반 고호의 경우를 보고 대체로 정신장애와 창의성이 상관이 높다고 생각하는 경우가 좋은 예이다. 최근까지도 창의성에 관해서는 고정관념들에 근거를 두고 생기는 신화나 이와 유사한 오해와 아울러 과학적 연구에 근거를 두는 올바른 이해가 공존한다. 다음 절에서는 심리학 연구를 통해서 창의성에 기여한다고 알려진 개인차 요인들을 간략하게 살펴본다.

창의성에 기여하는 개인차 요인들

지능요인: 창의성에 기여하는 개인차 요인들 가운데 지능이나 사고과정에 관한 내용이 많다. 이 가운데 창의성을 지능의 관점에서 접근하는 사람들은 다음의 두 입장을 취한다고 볼 수 있다. 먼저 초기 연구에서는 지능검사에 의해서 측정되는 지능지수와 창의적 수행의 관계를 많이 연구했다. 이 방향의 연구에서는 대체로 지능지수가 120 이상이 되어야 창의성을 실현할 수 있다는 결과들을 보고했다(최인수, 1998). 그러나 그 이상의 지능지수를 지닌다고 하더라도 지능 이외에 성취동기, 과제에 대한 흥미와 내적동기, 정서조절의 능력, 사회적응능력, 창의적 사고능력, 사회환경의 지원 등 여러 요인들이 영향을 미치기 때문에 이 요인들이 지능과 상호작용 효과를 보인다고 생각할 수 있다.

창의성을 지능의 관점에서 접근하는 데 대한 대안으로는 문제해결과정으로 보는 접근이 최근에 많이 연구되고 있다. 다시 말해서 문제해결에서 나타나는 개인차나 문제해결의 전략을 선택하는 데 영향을 미치는 사회환경의 요인들이 창의성에 중요하다고 보는 연구들이 수행되고 있다. 특히 창의적 문제해결 과정을 설명하면서 준비(preparation), 부화(incubation), 통찰(illumination), 그리고 확증(verification)의 단계들로 나누어서 접근하기도 한다.

한편 지능과 달리 창의성의 개인차를 직접 측정하기 위한 척도들도 개발되었다. 그 가운데 Torrance(1981)는 확산적 사고의 관점에서 창의성이 사고의 유연성, 다산성, 독특성과 관련된다고 보고 창의성척도를 개발한 바 있다. 그러나 이 척도도 창의성을 예측하는 예언타당도와 아울러 문화의 차이에 따르는 영향 요인을 잘 반영하지 못했다는 이유로 비판을 받았다.

성격요인: 창의성이 높은 사람들에 관한 신화들 가운데 성격에 관한 내용이 많다. 학술 분야에서도 이 성격요인과 창의성의 관계를 다루는 연구들이 일찍부터 지속되었다. Barron과 Harrington(1981)은 여러 분야에서 이루어진 선행연구들을 개관하면서 창의성에 기여하는 성격특성들을 조심스럽게 정리한 바 있다. 이 연구에서 다양한 호기심 혹은 흥미, 어려운 과제를 해결하려는 집념, 정열적 활동, 독자성, 자율성, 통찰력, 심미적 경향, 새로운 경험에 대한 개방성, 자신감 등이 중요하다고 보았다.

한편 Csikszentmihalyi(1996)은 노벨상 수상자를 포함하여 창의성이 높은 사람들 100명을 인터뷰하여 다음 요인들이 중요하다고 정리했다(최인수, 1998에서 인용): 좋은 인간관계, 좋은 가족관계, 높은 내적동기, 사회적 관심, 독자성, 교육, 탁월성, 균형감각, 책임감, 호기심, 높은 지식, 다양한 흥미, 경험에 대한 개방성, 용기, 혼자만의 시간, 성실성. 또한 Sternberg과 Lubart(1991)도 창의적 특성들로 모호함에 대한 참을성, 인내, 새로운 경험에 대한 개방성, 모험을 즐기는 정신, 그리고 자신에 대한 확신을 들었다.

이 가운데 상당한 부분이 앞서 살펴본 Barron과 Harrington의 개관과 유사함을 알 수 있다. 특히 높은 내적동기, 다양한 흥미, 정력적 활동, 자율성, 자신감, 자기확신, 인내 등은 동기와 관련되는 개인차 요인들이어서 창의성에서 동기가 중요함을 짐작할 수 있다.

한편 한덕웅, 이경성 그리고 이정모(2003)는 한국인들이 대학과 회사에서 창의성이 높다고 인정하는 사람들을 가려내도록 하고 이들이 지니는 성격특성들을 평정하도록 하였다. 이 연구에서 끈기, 강인성, 인간성, 활동성 및 총명성의 네 요인들을 추출했다. 이 연구에서 창의성의 중요한 성격특성으로 얻은 네 성격요인들은 여러 문화에서 공통으로 추출되는 다섯 요인들(Big Five) 가운데 한덕웅, 이기범, Ashton(1999)이 한국인에서 얻은 외향성, 호감성, 성실성 및 지성의 네 요인들과 각각 높은 상관을 보였다.

동기요인: 앞에서는 창의성에서 동기가 중요한 요인임을 간략히 살펴보았다. 이 동기의 관점에서 보면 내적동기나 외적동기에 영향을 미치는 수많은 요인들이 창의성을 추구하려는 동기에 영향을 미친다. 이 가운데 내적동기에 영향을 미치는 중요한 요인들에 관해서는 이 책의 제9장 내적 동기이론에서 자세하게 볼 수 있으므로 여기서 다시 다루지 않는다.

창의성을 연구하는 많은 학자들이 내적동기가 창의성에 미치는 영향을 강조하고 있다. 이들은 특히 창의적으로 수행하려는 과제 자체가 흥미 있고 호기심을 유발해서 스스로 몰입해서 몰두하는 높은 내적동기 수준이 중요하다고 본다. Amabile(1988, 1996)이 말하는 '일의 사랑'이나 Csikszentmihalyi(1996)의 '무아의 삼매경'(flow)이 이에 해당한다.

한편 외적동기가 창의성에 미치는 영향에 대해서는 학자마다 주장이 다르다. 이에 관해서도 내적동기 이론가, 행동주의자, 그리고 절충주의자들이 어떤 관점을 취하는지 이 책의 제9장 내적동기이론에서 다룬 바가 있다. 그러나 이와 관련해서 내적동기가 매우 높은 상태에서는 실제로 외적동기에 의해서 창의성이 낮아졌다는 연구의 결과는 많지 않다.

정서요인: 한편 최근에 Averill(1992)는 창의성이 인간의 정서와 밀접하게 관련된다는 관점에서 창의성을 촉진하는 조건들로서 친밀성, 자율성, 자유, 상상에 의해서 초래되는 정서 경험이 중요하다고 보고 이 경험의 개인차를 측정하는 척도도 개발하였다.

조직창의성에 영향을 미치는 요인들

지금까지 앞에서는 창의성에 영향을 미치는 중요한 개인차 변인들을 몇 가지 살펴보았다. 그런데 창의성 과제를 수행하는 사람들은 대부분 조직이나 집단에서 다른 사람들이 형성하는 조직환경의 영향을 받는 경우가 많다. 그러므로 이 사회환경의 요인들이 창의성을 발휘하기 좋은 방향으로 작용하게 되면 창의성을 높이는 데 촉진요인으로 작용하게 된다. 그러나 조직이나 집단에서 성원들이 창의성이 높은 산물을 산출한 경우에도 집단에서 인정받지 못해서 채택되지 못한다면 창의적 잠재력은 이 저해요인들 때문에 제대로 발휘되기 어렵게 된다. 그러므로 창의성을 발휘하는 데 집단의 인정과 지원도 중요하다. 특히 전문분야에서는 개인이 인식하지 못하는 사이에 다른 전문가들의 아이디어나 의견으로부터 영향을 많이 받게 된다는 사실이 최근에 보고되었다.

창의성을 연구하는 접근법들 가운데 최근에는 이와 유사한 관점에서 앞에서 살펴본 창의성의 결정요인들 이외에 사회환경 요인들을 포함하여 체계접근을 선호하는 학자들이 많다(Csikszentmihalyi, 1988, 1996; Amabile, 1983; Amabile et al., 1996). 이 가운데 Csikszentmihalyi는 개인(person), 집단이 속한 분야(field), 지식과 창의성의 내용에 따라서 특정한 문화를 구성하는 영역(domain)의 세 꼭지점으로 연결되는 창의성의 체계모형(systems' model)을 제안하였다. 그리고 Amabile 등(1996, 94쪽)은 이와 유사한 관점에서 다음 세 요소들이 중요하다고 주장했다: ① 창의적 산물이 창조되는 과정을 시작하고 유지하도록 하는 과제동기(task motivation), ② 창의성의 산출과정에서 문제해결의 방도나 산출의 평가 기준 등에 사용되는 재료로 이루어지는 영역기술(domain-relevant skills), 그리고 ③ 창의성을 산출하는 과정을 전담하여 조절하게 되는 창의성기술(creativity-relevant skils)의 세 요소들로 구성되는 체계를 제안했다. Amabile은 이 세 요소들 가운데 창의성 과제를 수행하려는 과제동기에 영향을 미치는 요인들을 설명하면서 Deci의 인지평가이론과 유사한 관점을 제시했다. 다시 말해서 창의성 과제를 수행하려는 내적동기가 높은 경우에도 외부통제나 외부보상이 통제기능을 하지 않고 정보기능을 지니게 되면 내적동기가 저하되지 않고 유지될 수 있다고 보았다. 한편, Amabile은 조직창의성을 높이기 위하여 창의성에 영향을 미치는 조직요인들과 개인의 내적동기를 측정하는 척도를 개발한 바 있다. 앞에서 제시한 두 모형들이 다소 다른 요소들을 강조하지만 저자는 창의성에 영향을 미치는 요인들을 정리하면 다음 [그림 13-1]처럼 구성할 수 있다고 본다.

이 가운데 ① 창의적 사고는 개인이 지니는 개인차 요인들을 말한다. 특히 문제를 발견하고, 아이디어를 개발하고, 문제를 해결하는 데 필요한 개인의 능력이 핵심이 된다. 이 요인에서 문제해결의 단계에서는 확산적 사고와 아울러 비판

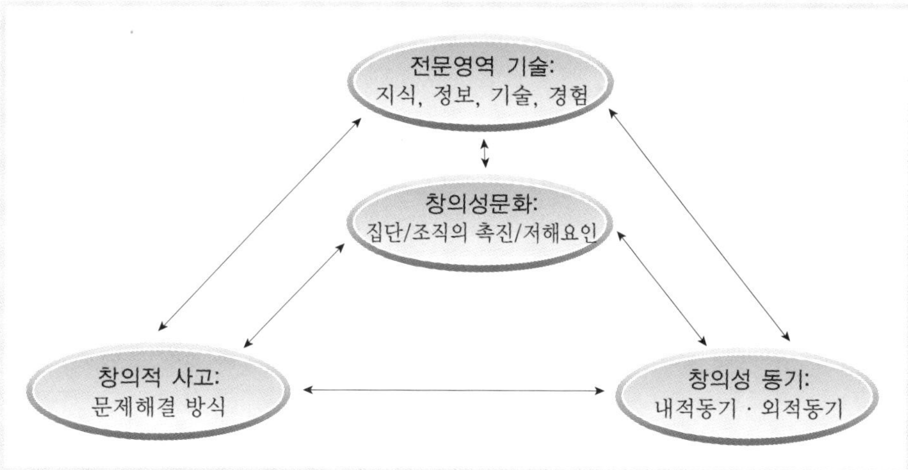

[그림 13-1] 조직에서 창의성에 영향을 미치는 요인들

적 사고의 중요성이 자주 지적되었다. 그리고 ② 창의성 동기는 창의성 과제에 대한 내적동기와 외적동기로 구성된다. ③ 전문영역기술은 창의성의 내용에 관련되는 지식, 정보, 기술, 경험들에 의해서 형성된다. 이 그림 가운데 ④ 창의성 문화는 창의적 과제를 수행하는 사회상황의 특징을 말하는데, 특히 집단에나 조직의 문화에서 창의적 수행을 촉진하거나 저해하는데 영향을 미치는 요인들로 구성된다. 그리고 이 그림에서 이 ④ 창의성 문화요인이 ① 개인의 창의적 사고, ② 창의성 동기 및 ③ 전문영역기술을 지원하거나 저해하는 방향으로 영향을 미친다고 보기 때문에 세 →표로 그려 넣었다.

[그림 13-1]에 제시된 이 창의성 모형은 체계접근의 관점에서 개인, 집단, 혹은 조직이 창의적으로 과제를 수행하는 데 상대적으로 취약한 요소들을 진단하는 데도 활용할 수 있다. 또한 이 관점에서 취약점을 개선하고 장점은 더욱 보완하는 방향에서 개인, 집단, 조직의 창의성을 높이는 데도 시사점을 제공할 수 있다.

한국사회에서 심리학자들이 개인이나 조직의 창의성에 관심을 갖고 연구하기 시작한 지는 오래되지 않았다. 특히 한국의 공교육, 사교육, 그리고 가정교육에서도 창의성에 관한 교육과 훈련은 물론이고 관심조차도 낮다. 장차 한국에서 동기에 관한 연구에서 창의성을 촉진하거나 저하시키는 동기요인들에 관해서도 활발하게 연구할 필요가 있다. 그리고 이 연구의 성과들을 여러 창의성 개발계획으로 연결시켜서 실제로 개인, 집단, 조직의 창의성을 높이는 데 활용하여야 한다.

동기이론들의 개요와 평가

이 론	개 요	지지 증거	응용도/평가
욕구위계이론(Maslow)	선천적이고 무의식적인 5개 욕구들의 위계를 가정. 충족된 동기는 동기화 기능이 없다.	욕구위계나 작용과정에 관한 지지 증거가 적다.	문화와 개인차 무시. 이론이 모호하지만 동기 이해의 중요성 인식시킴.
생존 · 관계 · 성장이론 (Alderfer)	의식되는 3개 욕구위계 가정. 충족되면 진전되고 좌절되면 퇴행하는 과정 제안.	욕구위계나 작동과정의 지지 증거 작고, 수정이론이 덜 연구됨.	Maslow욕구이론보다 설득력 높으나 응용에 제한점.
성취동기이론(McClelland)	성취동기는 과거 성취에서 체험한 유쾌한 경험을 통해서 학습된다.	국가발전과 국민의 성취동기의 관계에 관해서 일부 지지 증거.	수정된 여러 성취동기훈련 방법이 응용된다.
성취동기이론(Atkinson)	개인내 성공성취경향과 실패회피경향의 갈등. 성취욕구×기대×유인가 모형.	실험실 연구에서 지지 증거.	성취동기 측정의 신뢰도와 타당도문제가 있으나 연구 지속됨. 수정모형이 복잡하다.
성취귀인이론(Weiner)	성공이나 실패 상황에서 귀인으로 기대와 정서가 달라져서 성취동기가 결정된다.	성공의 내외귀인과 실패의 안정귀인 가설은 실험실 연구에서 지지 증거.	최근에도 계속 연구되고 귀인의 재훈련 등으로 응용 가능성 다소 높다.
형평이론(Adams, Walster 등)	개인의 투입과 성과를 타인과 비교하여 두 비율이 같지 않으면 동기가 유발된다.	과소지급 불형평조건은 지지되나, 과다지급 불형평조건의 지지 증거 미약.	동기에서 사회과정 이해에 기여. 절차공정성 무시.

사회인지이론(Bandura)	바라는 행동이 차별적으로 정적 강화를 받도록 한다. 인간의 인지과정 설명을 보완.	현장실험에서 강화원리 부분 지지. 실험실 연구 지지.	수행수준과 연결된 외부보상으로 윤리 문제 지적됨. 최근 수정 이론 평가는 좋은 편.
기대×유인가이론 (Vroom, Porter, & Lawler)	수행을 통해서 좋은 결과를 얻을 가능성이 높다고 지각하면 동기가 높다.	다소 높은 지지받음. 피험자간 설계보다 피험자내설계에서 지지도 높다.	평가는 좋으나 인간의 합리적 결정과정에 한계가 있다. 다른 이론들에 응용.
목표설정이론(Locke)	목표가 행동을 일으키므로 높고 구체적 목표가 동기를 높인다.	현장실험과 실험실 연구로 광범한 지지.	좋은 편. 직무나 개인차에 상관없이 적용 가능하지만 목표의 강요가 문제.
인지적 평가이론(Deci)	외적 · 통제적으로 지각된 행동의 원인이 내적동기를 저하시킨다.	실험실 지지 증거. 외부보상의 제공 방식에 따라서 내적동기가 저하되지 않을 수 있다.	응용에 제한. 다양한 외부제약의 부작용을 일깨워 줌.
제어이론(Carver & Scheier)	기준과 행동간 차이의 환류가 차이를 경감시키려는 동기를 일으킨다.	조사연구에서 일부 지지 증거, 실증연구 부족.	응용에 제한. 여러 이론을 연결한 초이론으로 최근 동기의 설명에 사용된다.
조절초점이론(Higgins)	바라는 성과를 얻으려는 향상초점과 손실을 피하려는 예방초점이 다른 동기와 정서를 유발한다.	광범한 실험실 및 조사연구에서 지지.	임상, 건강, 발달, 소비자 등 여러 분야에 응용. 최근 많이 연구된다.
계획된 행동이론(Ajzen)	행동의 근접요인은 행동의도인데, 행동에 대한 태도, 사회규범 지각, 행동 통제력이 결정한다.	여러 행동을 다룬 조사연구에서 광범하게 지지.	여러 분야에서 행동을 예측하는데 사용.

참고문헌

강방현(1980). **대우의 공정성에 대한 지각과 직무만족에 관한 일 연구**. 성균관대학교 대학원 석사학위 청구논문.

강현구(1986). **목표설정권에 따른 수행 및 내적동기 효과**. 성균관대학교 대학원 석사학위 청구논문.

강혜원(1994). **목표설정과 환류가 수행 및 동기에 미치는 효과**. 숙명여자대학교 대학원 박사학위 청구논문.

강혜자(1998). **자기차이, 차이감소기대 및 귀인이 정서에 미치는 영향**. 성균관대학교 대학원 박사학위 청구논문.

구자숙, 장재윤(1998). 보상이 내재적 동기 및 창의성에 미치는 효과: 개관과 적용. **한국심리학회지: 사회 및 성격, 12**, 39-77.

김경동(1990). 한국인의 근로의식. **노사관계연구, 1**, 63-85. 서울대학교 경영대학 노사관계연구소.

김덕환(1984). **조직구성원의 동기부여와 직무만족에 관한 실증적 연구: 기대이론을 중심으로**. 연세대학교 경영대학원 석사학위 청구논문.

김락배(1981). **교사의 직무동기부여와 직무만족에 관한 실증적 연구: 서울시내 중등교사를 중심으로**. 경희대학교 교육대학원 석사학위 청구논문.

김정남(1985). 참여가 동기, 만족 그리고 수행에 미치는 효과. **학생생활연구, 6**, 63-84. 성균관대학교 학생생활연구소.

김정남(1986). **조직풍토와 개인특성이 조직행동에 미치는 영향**. 성균관대학교 대학원 석사학위 청구논문.

김정남(1993). **의사결정 참여가 산업 조직 유효성에 영향을 미치는 심리적 과정**. 성균관대학교 대학원 박사학위 청구논문.

김준곤(1978). **기대성 모형에 의한 직업선택 행동의 예언**. 성균관대학교 대학원 석사학위 청구논문.

나은영(1994). 태도 및 태도변화 연구의 최근 동향: 1985-1994. **한국심리학회지: 사회, 8**, 3-33.

박세영(1982). **불형평의 출처와 의도성이 형평분배에 미치는 영향**. 성균관대학교 대학원 박사학위 청구논문.

박세영(1988). 분배자, 계산의 복잡성 및 분배자의 투입양이 보상 분배에 미치는 영향. 한국심리학회지: 산업 및 조직, 1, 91-106.

박세영(1993). 종업원의 분배원칙 선호와 직무만족. 한국심리학회지: 산업 및 조직, 6, 55-91.

박세영, Harrison, W.(1998). 형평이론에서 투입과 성과요인의 가중치와 분배원칙 선호: 한국과 미국의 비교문화연구. 한국심리학회지: 산업 및 조직, 11, 155-177.

박희랑, 박세영(1985). 형평 보상에서 투입과 성과의 크기가 수행과 보상 재배분에 미치는 영향. 사회과학연구, 1-14. 전북대학교 사회과학연구소.

박희랑, 박세영(1989). 형평과 불형평에 따른 정서의 차이 및 불형평 해소 책략. 한국심리학회지: 산업 및 조직, 15, 67-78.

서용원(1985). 귀인정보에 따른 감독행동 효과. 성균관대학교 대학원 석사학위 청구논문.

송정남, 한덕웅(2001). 보상연계성과 성취목표가 내적동기에 미치는 영향. 한국심리학회 연차학술대회 발표논문집, 199-204.

안신호, 김진, 이상희(1991). 한국에서의 성취동기와 경제 성장 간의 관계. 한국심리학회 연차학술대회 발표논문집, 391-397.

안신호, 이상희(1988). 칭찬, 과제의 가치 및 내재적 동기. 한국심리학회지: 사회 및 성격, 4, 263-287.

유태용(1985). 보상기대와 수행평가 정보가 내적동기에 미치는 영향. 성균관대학교 대학원 석사학위 청구논문.

이경성, 한덕웅(2000). 부부관계에서 배우자 행동의 귀인 차원. 한국심리학회지: 사회 및 성격, 14, 113-138.

이경성, 한덕웅, 강혜자(1995). 사적 대인관계에서 행동의 원인과 이유의 설명. 한국심리학회지: 사회 및 성격, 9, 65-84.

이민규, 한덕웅(2000). 섭식억제, 사전음식섭취 및 사적자기주의에 따른 음식섭취 행동. 한국심리학회지: 건강, 5, 265-286.

이지현, 한덕웅(2002). 보상확률과 수행결과 환류가 내적동기에 미치는 영향. 한국심리학회 연차학술대회 발표논문집, 713-718.

이희자(1976). 경영자 사고에 관한 비교 연구. 이화여자대학교 대학원 석사학위 청구논문.

장성수(1984). 분배정의와 절차정의가 보상의 불만족에 미치는 효과. 사회심리학연구, 2, 261-297.

장재윤(2001). 연봉제 도입이 조직분위기, 조직구성원들의 내재적 동기 및 창의적인 행동에 미치는 효과. 한국심리학회지: 산업 및 조직, 14, 25-55.

차재호, 정지원(1993). 현대 한국 사회에서의 집합주의. 한국심리학회지: 사회 및 성격, 7, 150-163.

채문석(1983). 기대×유인가모형에 관한 실증적 검증. 성균관대학교 대학원 석사학위 청구논문.

최인수(1998). 창의성을 이해하기 위한 여섯 가지 질문. 한국심리학회지: 일반, 17, 25-47.

한덕웅(1980). 전자 산업체에서의 기대×유인가 모형 검증. 미발표.

한덕웅(1984a). 내적동기 이론의 연구 경향과 과제. 사회심리학연구, 2, 54-93.

한덕웅(1984b). 목표설정이 동기와 수행에 미치는 효과. 한국경제, 2, 33-55. 성균관대학교 한국산업연구소.

한덕웅(1985). 기대와 능력수준에 따른 목표설정효과. 한국경제, 3, 43-62. 성균관대학교 한국산업연구소.

한덕웅(1986). 수단으로서의 행동이 내적동기에 미치는 영향. 한국심리학회 연차학술대회 발표논문집, 216-225.

한덕웅(1994a). 생산직과 서비스직에서 직무동기 예언. 한국심리학회지: 산업 및 조직, 4, 95-109.

한덕웅(1994b). 퇴계심리학: 성격 및 사회 심리학적 접근. 서울: 성균관대학교 출판부.

한덕웅(1996). 건강과 질병에 관한 한국인의 표상. 한국심리학회 창립 50주년 춘계심포지움 한국인의 건강에 관한 종합학문적 접근, pp. 1-57. 서울.

한덕웅(1997). 건강행동을 설명하는 사회인지이론들의 비판적 개관. 한국심리학회지: 건강, 2, 21-45.

한덕웅(2002). 집단행동이론. 서울: 시그마프레스.

한덕웅(2003a). 한국사회에서 안전에 관한 심리학 연구의 과제. 한국심리학회지: 사회문제, 9, 35-55.

한덕웅(2003b). 한국유학심리학. 서울: 시그마프레스.

한덕웅, 나영심(2001). 자기차이와 조절초점이 자기정서에 미치는 영향. 한국 사회 및 성격심리학회 춘계학술대회 발표논문집, 25-34.

한덕웅, 서용원(1985). 성공과 실패 상황에서의 귀인요인들에 관한 연구. 미발표.

한덕웅, 이경성(2002). Rokeach척도로 측정한 지난 20년 동안 한국대학생의 가치관 변화. 학생지도연구, 13, 135-149. 성균관대학교 학생생활연구소.

한덕웅, 이경성(2003). 한국인의 인생관으로 본 가치관 변화: 30년간 비교. 한국심리학회지: 사회 및 성격, 17, 49-67.

한덕웅, 이경성, 이정모(2003). 사람들은 창의성이 높은 사람들이 어떤 성격을 지닌다고 생각하는가? 한국심리학회 연차학술대회 발표논문집, 177-178.

한덕웅, 이기범, Ashton, J. W.(1999). A factor analysis of the most frequently used korean personality trait adjectives. *European Journal of Personality*, *13*, 261-282.

한덕웅, 이민규(2001). 계획된 행동이론에 의한 음주운전 행동의 설명. 한국심리학회지: 사회 및 성격, 15, 141-158.

한덕웅, 이상욱(1988). 우정관계의 진전과정에 관한 다면-인과적 접근. 사회심리학연구, 4, 111-153.

한덕웅, 한인순(2001). 과속운전 행동에 영향을 미치는 심리요인들. **한국심리학회지: 건강, 6**, 39-62.

한상진, 김경동(1985). **생산직근로자의 근로실태와 의식에 관한 연구: 7개 공단지역을 중심으로.** 서울: 현대사회연구소.

허남영(1974). **직무수준에 따른 욕구만족의 변화에 관한 연구.** 고려대학교 대학원 석사학위 청구논문.

Abelson, R. P.(1976). Script processing in attitude formation and decision making. In J. S. Carroll & J. W. Payne(Eds.), *Cognition and social behavior*(pp. 33-46). Hillsdale, NJ: Erlbaum.

Abelson, R. P., & Rosenberg, M. J.(1958). Symbolic psycho-logic: A model of attitudinal cognition. *Behavioral Science, 3,* 1-13.

Aberg, L.(1993). Drinking and driving: intentions, attitudes and social norms of Swedish male drivers. *Accident analysis and prevention, 25,* 289-296.

Ach, N.(1910). *Ueber den Willensakt und das Temperament.* Leipzig, East Germany: Quelle & Meyer.

Adam, E. E., & Scott, W. E.(1971). The application of behavioral conditioning to the problems of quality control. *Academy of Management Journal, June,* 175-193.

Adams, J. S.(1963a). Toward an understanding of inequity. *Journal of Abnormal and Social Psychology, 67,* 422-436.

Adams, J. S.(1963b). Wage inequities, productivity and work quality. *Industrial Relations, 3,* 9-16.

Adams, J. S.(1965). Inequity in social exchange. In L. Berkowitz(Ed.), *Advances in experimental* social *psychology*(Vol. 2, pp. 267-299). NY: Academic Press.

Adams, J. S., & Freedman, S.(1976). Equity theory revisited: Comments and annotated bibliography. In L. Berkowitz & E. Walster(Eds.), *Advances in experimental social psychology* (Vol. 9, pp. 43-90). NY: Academic Press.

Adams, J. S., & Jacobsen, P. R.(1964). Effects of wage inequities on work quality. *Journal of Abnormal and Social Psychology, 69,* 19-25.

Adams, J. S., & Rosenbaum, W. B.(1962). The relationship of worker productivity to cognitive dissonance about wage inequities. *Journal of Applied Psychology, 46,* 161-164.

Ajzen, I.(1985). From intentions to actions: A theory of planned behavior. In J. Kuhl & J. Beckmann(Eds.), *Action control: From cognition to behavior*(pp. 11-39). NY: Springer-Verlag.

Ajzen, I.(1988). *Attitudes, personality, and behavior.* Chicago, Ill.: The Dorsey Press.

Ajzen, I.(1991). The theory of planned behavior. *Organizational Behavior and Human Decision Processes, 50,* 179-211.

Ajzen, I.(2002). Perceived behavioral control, self-efficacy, locus of control, and the theory of planned behavior. *Journal of Applied Social Psychology, 32,* 665-683.

Ajzen, I., & Fishbein, M.(1980). *Understanding attitudes and predicting social behaviour.* Englewood Cliffs, NJ: Prentic-Hall.

Alderfer, C. P.(1969). An empirical test of a new theory of human needs. *Organizational Behavior and Human Performance, 4,* 142-175.

Alderfer, C. P.(1972). *Existence, relatedness, and growth: Human needs in organizational settings.* NY: The Free Press.

Alderfer, C. P., Kaplan, R. E., & Smith, K. K.(1974). The effect of variations on relatedness desires. *Administrative Science Quarterly, 19,* 507-532.

Allport, G. W.(1954). The historical background of modern social psychology. In G. Lindzey(Ed.), *Handbook of social psychology* (pp. 3-56). Cambridge, Mass: Addison-Wesley.

Amabile, T. M.(1983). *The social psychology of creativity.* Berlin: Springer-Verlag.

Amabile, T. M.(1988). A model of creativity and innovation in organizations. In B. M. Staw & L. L. Cummings(Eds.), *Research in organizational behavior*(Vol. 10, pp. 123-167). Greenwich, CT: JAI Press.

Amabile, T. M., Collins, M. A., Conti, R., Phillips, E., Picariello, M., Ruscio, J., & Whitney, D.(1996). *Creativity in context: Update to the psychology of creativity.* Westview Press.

Amabile, T. M., De Jong W., & Lepper, M. R.(1976). Effect of externally imposed deadlines on subsequent intrinsic motivation. *Journal of Personality and Social Psychology, 34,* 92-98.

Anderson, N. H.(1976). Equity judgments as information integration. *Journal of Personality and Social Psychology, 33,* 291-299.

Anderson, N. H., & Butzin, C. A.(1978). Integration theory applied to children's judgments of equity. *Developmental Psychology, 14,* 593-606.

Anderson, R., Manoogian, S. T., & Reznick, J. S.(1976). The understanding and enhancing of intrinsic motivation in preschool children. *Journal of Personality and Social Psychology, 34,* 915-922.

Arnold. H. J.(1976). Effects of performance feedback and extrinsic reward upon high intrinsic motivation. *Organizational Behavior and Human Performance, 17,* 275-288.

Atkinson, J. J., & Belcher, D. W.(1971). Equity, rewards and compensation administration. *Personnel Administration, 34,* 32-36.

Atkinson, J. W.(1957). Motivational determinants of risk taking behavior. *Psychology Review, 64,* 359-372.

Atkinson, J. W.(1958). Thematic apperceptive measurement of motives within the context of a theory of motivation. In J. W. Atkinson(Ed.), *Motives in fantasy, action, and society.* NY: Nostrand.

Atkinson, J. W.(1964). *An introduction to motivation.* NY: Nostrand.

Atkinson, J. W., & Birch, D.(1970). *The dynamics of action.* NY: Wiley.

Atkinson, J. W., & Birch, D.(1978). *Introduction to motivation*(rev. ed.). NY: Nostrand.

Atkinson, J. W., & Feather, N. T.(1966). *A theory of achievement motivation*. NY: Wiley.

Atkinson, J. W., & Raynor, J. O.(Eds.)(1974). *Motivation and achievement*. NY: Wiley.

Averill, J. R.(1992). The structural bases of emotional behavior: A metatheoretical analysis. In M. S. Clark(Ed.), *Emotionality*(pp. 1-24). Newburg Park: Sage.

Babrow, A. S., Black, D. R., & Tiffany, S. T.(1990). Beliefs, attitudes, intentions, and a smoking-cessation program: A planned behavior analysis of communication campaign development. *Health Communication, 2,* 145-163.

Bagozzi, R. P.(1992). The self-regulation of attitude, intention and behavior: A test of some key hypothesis. *Social Psychology Quarterly, 55,* 178-204.

Bandura, A.(1969). *Principles of behavior modification*. NY: Holt.

Bandura, A.(1974). A behavior theory and the models of man. *American Psychologist, 29,* 859-869.

Bandura, A.(1977). *Social learning theory*. Englewood Cliffs, NJ: Prentice-Hall.

Bandura, A.(1982). Self-efficacy mechanism in human agency. *American Psychologist, 37,* 122-147.

Bandura, A.(1986). *Social foundations of thought and action: A social cognitive theory. Englewood Cliffs,* NJ: Prentice-Hall.

Bandura, A.(1992). Exercise of personal agency through the self-efficacy mechanism. In R. Schwarzer(Ed.), *Self-efficacy: Thought control of action*(pp. 3-38). Washington, DC: Hemisphere.

Bandura, A.(1999). **자기효능감과 인간행동: 이론적 기초와 발달적 분석**[*Self-efficacy: The exercise of control. I - V*].(김의철, 박영신, 양계민 역). 서울: 교육과학사.(원전은 1997년에 출판)

Bandura, A.(2001). **자기효능감과 삶의 질: 교육 · 건강 · 운동 · 조직에서의 성취**[*Self-efficacy: The exercise of control. VI-XI*].(박영신, 김의철 역). 서울: 교육과학사.(원전은 1997년에 출판)

Barnett, G. J., Handelsman, I., Stewart, L. H., & Super, D. E.(1952). The occupational level scale as a measure of drive. *Psychological Monograph, 10*(Whole No. 342).

Baron, R. M., & Ganz, R. L.(1972). Effects of locus of control and type of feedback on the task performance of lower-class, black children. *Journal of Personality and Social Psychology, 21,* 124-130.

Barron, F., & Harrington, D. M.(1981). Creativity, intelligence, and personality. *Annual Review of Psychology, 32,* 439-476.

Bass, B. M., & Vaughan, J. A.(1966). *Training in industry: The management of learning*. Belmont, CA: Wadsworth.

Beale, D., & Manstead, A.(1991). Predicting mothers' intentions to limit frequency of infants' sugar intake: Testing the theory of planned behavior. *Journal of Applied Social Psychology, 21,* 409-431.

Bedell, J., & Sistrunk, F.(1973). Power, opportunity costs, and sex on a mixed motive game. *Journal of Personality and Social Psychology, 25,* 219-226.

Beer, M.(1966). *Leadership, employee needs and motivation.* Columbus: Bureau of Business Research, Ohio State University.

Behling, O., Schriesheim, C., & Tolliver, J.(1974). Present theories and new directions in theories of work effort. *Journal Supplement Abstract Service of the American Psychological Corporation.*

Bentler, P. M., & Speckart, G.(1979). Models of attitude-behavior relations. *Psychological Review, 86,* 452-464.

Benton, A.(1973). Reactions to demands to win from an opposite sex opponent. *Journal of Personality, 41,* 430-442.

Berkowitz, L., & Walster, E.(Eds.)(1976). *Advances in experimental social psychology*(Vol. 9). NY: Academic Press.

Blackler, F., & Brown, C. A.(1978). Organizational psychology: Good intentions and false promises. *Human Relations, 31,* 333-351.

Boggiano, A. K., & Ruble, D. N.(1979). Competence and the overjustification effect: A developmental study. *Journal of Personality and Social Psychology, 37,* 1462-1468.

Boldero, J., Moore, S., & Rosenthal, D.(1992). Intention, context and safe sex: Australian adolescents' responses to AIDS. *Journal of Applied Social Psychology, 22,* 1374-1398.

Borgida, E., Conner, C., & Manteufel, L.(1992). Understanding living kidney donation: A behavioral decision making perspective. In S. Spacapan & S. Oskamp(Eds.), *The social psychology of helping and being helped in the real world*(pp. 183-211). Beverly Hills, CA: Sage.

Boring, E.(1950). *A history of experimental psychology.* NY: Appleton-Century-Crofts.

Brehm, J. W., & Cohen, A. R.(1962). Explorations in cognitive dissonance. NY: Wiley.

Brickner, M. A., Harkins, S. G., & Ostrom, T. M.(1986). Effects of personal involvement: Thought-provoking implications for social loafing. *Journal of Personality and Social Psychology, 51,* 763-770.

Brinberg, D., & Durand, J.(1983). Eating at fast food restaurants: An analysis using two behavioral intention models. *Journal of Applied Psychology, 13,* 459-472.

Bryan, J. F., & Locke, E. A.(1967). Goal setting as a means of increasing motivation. *Journal of Applied Psychology, 51,* 274-277.

Calder, B. J., Ross, M., & Insko, C. A.(1973). Attitude change and attitude attribution: Effects of incentive, choice, and consequences. *Journal of Personality and Social Psychology, 25,* 84-99.

Calder, B. J., & Staw, B. M.(1975a). Self-perception of intrinsic and extrinsic motivation. *Journal of Personality and Social Psychology, 31,* 599-605.

Calder, B. J., & Staw, B. M.(1975b). The interaction of intrinsic and extrinsic motivation: Some methodological notes. *Journal of Personality and Social Psychology, 31,* 76-80.

Cameron, J., & Pierce, W. D.(1994). Reinforcement, reward, and intrinsic motivation: A meta-analysis. *Review of Educational Research, 64,* 364-423.

Campbell, J. P., Dunnette, M., Lawler, E. E. Ⅲ., & Weick, K. E.(1970). *Managerial behavior, performance, and effectiveness.* NY: McGraw-Hill.

Campbell, J. P., & Pritchard, R. D.(1976). Motivation theory in industrial and organizational psychology. In M. D. Dunnette(Ed.), *Handbook of industrial and organizational psychology*(pp. 63-130). Chicago: Rand McNally.

Campion, M. A., & Lord, R. G.(1982). A control system conceptualization of the goal-setting and changing process. *Organizational Behavior and Human Performance, 30,* 265-287.

Canavan-Gumpert, D., Garner, K., & Gumpert, P.(1978). *The success-fearing personality theory and research with implications for the social psychology of achievement.* Lexington, MA: Lexington Books.

Cannon, W. B.(1939). *The wisdom of the body.* NY: Norton.

Carver, C. S.(1975). Physical aggression as a function of objective self-awareness and attitudes toward punishment. *Journal of Experimental Social Psychology, 11,* 510-519.

Carver, C. S., Blaney, P. H., & Scheier, M. F.(1979). Reassertion and giving up: The interactive role of self-directed attention and outcome expectancy. *Journal of Personality and Social Psychology, 37,* 1859-1870.

Carver, C. S., & Scheier, M. F.(1981). *Attention and self-regulation: A control theory approach to human behavior.* NY: Springer-Verlag.

Carver, C. S., & Scheier, M. F.(1990). Principles of self-regulation: Action and emotion. In E. T. Higgings & R. M. Sorrention(Eds.), *Handbook of motivation and cognition: Foundation of social behavior*(Vol. 2, pp. 3-52). NY: Guilford.

Carver, C. S., & Scheier, M. F.(1998). *On the self-regulation of behavior.* NY: Cambridge University Press.

Carver, C. S., & Scheier, M. F.(2000). Scaling back goals and recalibration of the affect system are processes in normal adaptive self-regulation: Understanding response shift phenomena. *Social Science and Medicine, 50,* 1715-1722.

Chan, D. K. S., '& Fishbein, M.(1993). Determinants of college women intentions to tell their partners to use condoms. *Journal of Applied Social Psychology, 23,* 1455-1470.

Conner, M., & Armitage, C. J.(1998). Extending the theory of planned behavior: A review and avenues for further research. *Journal of Applied Social Psychology, 28,* 1429-1464.

Conner, M., & Graham, S.(1994). Situational and attitudinal influences upon students' intentions to use condoms. In H. Schroder, K. Reschke, M. Johnston, & S. Maes(Eds.), *Health psychology: Potential in diversity*(pp. 91-100). Regensberg: Verlag.

Conner, M., & Sherlock, K.(1994). Attitudes and ecstasy use. *Multidisciplinary Association for Psychedelic Studies, 4,* 18-19.

Conner, M., & Sparks, P.(1996). The theory of planned behavior and health behaviors. In M. Conner & P. Norman(Eds.), *Predicting health behavior*(pp. 121-162). Buckingham, UK: Open University Press.

Cook, K. S.(1975). Expectations, evaluations and equity. *American Sociological Review, 40,* 372-388.

Cottrell, N. B.(1972). Social facilitation. In C. G. McClintock(Ed.), *Experimental social psychology.* NY: Holt, Rinehart, & Winston.

Cottrell, N. B., Wack, D. L., Sekerak, G. J., & Rittle, R. H.(1968). Social facilitation of dominant responses by the presence of an audience and the mere presence of others. *Journal of Personality and Social Psychology, 9,* 245-250.

Covington, M. V., & Omelich, C. L.(1979). Are causal attributions causal? A path analysis of the cognitive model of achievement motivation. *Journal of Personality and Social Psychology, 37,* 1487-1504.

Crozier, M.(1960). *Personal communication to the author.*

Csikszentmihalyi, M.(1988). Society, culture and person: A systems view of creativity. In R. J. Sternberg(Ed.), *The nature of creativity*(pp. 325-339). NY: Cambridge University Press.

Csikszentmihalyi, M.(1996). *Creativity: Flow and the psychology of discovery and invention.* NY: Harper Collins.

Cummin, P. C.(1967). T.A.T. correlates of executive performance. *Journal of Applied Psychology, 51,* 78-81.

Darwin, C.(1985). *Origin of species*(1936 ed.). NY: Modern Library.

Davidson, D., Suppes, P., & Siegel, S.(1957). *Decision making: An experimental approach. Stanford:* Stanford University Press.

Deaux, K.(1976). Sex: A perspective on the attribution process. In J. H. Harvey, W. Ickes, & R. F. Kidd(Eds.), *New directions in attribution research*(Vol. 1). NY: Wiley.

de Charms, R.(1968). *Personal causation: The internal affective determinants of behavior.* NY: Academic Press.

de Charms, R.(1972). Personal causation training in the schools. *Journal of Applied Social Psychology, 2,* 95-113.

de Charms, R.(1976). *Enhancing motivation: Change in the classroom.* NY: Irvington.

de Charms, R., & Muir, M. S.(1978). Motivation: Social approaches. *Annual Review of Psychology, 29,* 91-113.

Deci, E. L.(1971). Effects of externally mediated rewards on intrinsic motivation. *Journal of*

Personality and Social Psychology, 18, 105-115.

Deci, E. L.(1972a). Intrinsic motivation, extrinsic reinforcement and inequity. *Journal of Personality and Social Psychology, 22,* 113-120.

Deci, E. L.(1972b). The Effects of contingent and noncontingent rewards and control on intrinsic motivation. *Organizational Behavior and Human Performance, 8,* 217-229.

Deci, E. L.(1975a). *Intrinsic motivation.* NY: Prenim Press.

Deci, E. L.(1975b). Notes on the theory and meta-theory of intrinsic motivation. *Organizational Behavior and Human Performance, 15,* 130-145.

Deci, E. L.(1980). *The psychology of self-determination. Lexington,* MA: Lexington Books.

Deci, E. L., Betley, G., Kahle, J., Abrams, L., & Porac, J.(1981). When trying to win: Competition and intrinsic motivation. *Personality and Social Psychology Bulletin, 7,* 79-83.

Deci, E. L., & Cascio, W. F.(1972). Changes in intrinsic motivation as a function negative feedback and threats. *Paper presented at the meeting of the Eastern Psychological Association,* Boston.

Deci, E. L., Cascio, W. F., & Krusell, J.(1973). Sex differences, positive feedback and intrinsic motivation. *Paper presented at the meeting of the Eastern Psychological Association,* Washington, DC: May.

Deci, E. L., Edward, L., & Ryan, R. M.(1990): A motivational approach to self: Integration in personality. *Nebraska Symposium on Motivation,* 237-288.

Deci, E. L., & Porac, J. F.(1978). Cognitive evaluation theory and the study of human motivation. In M. R. Lepper & D. Green(Eds.), *The hidden costs of reward*(pp. 149-176). Hillsdale, NJ: Erlbaum.

Deci, E. L., Porac, J., & Shapira, Z.(1978). *Effects of rewards on interest and intrinsic motivation for an extrinsic activity.* Unpublished manuscript, University of Rochester.

Deci, E. L., & Ryan, R. M.(1980). The empirical exploration of intrinsic motivational processes. In L. Berkowitz(Ed.), *Advances in experimental social psychology*(Vol. 13, pp. 39-80). NY: Academic Press.

Deci, E. L., & Ryan, R. M.(1985). *Intrinsic motivation and self-determination in human behavior.* NY, London: Plenum Press.

Deci, E. L., & Ryan, R. M.(1990). A motivational approach to self. *Nebraska Symposium on Motivation 1990.*

De Vellis, B. M., Blalock, S. J., & Sandler, R. S.(1990). Predicting participation in cancer screening: The role of perceived behavioral control. *Journal of Applied Social Psychology, 20,* 639-660.

De Vries, H., & Kok, G. J.(1986). From determinants of smoking behaviour to the implications for a prevention programme. *Health Education Research, 1,* 82-94.

Doll, J., & Orth, B.(1993). The Fishbein and Ajzen theory of reasoned action applied to contraceptive behavior: Model variants and meaningfulness. *Journal of Applied Social Psychology, 23,* 395-415.

Dollinger, S. J., & Thelen, M. H.(1978). Overjustification and children's intrinsic motivation: Comparative effects of four rewards. *Journal of Personality and Social Psychology, 36,* 1259-1269.

Drucker, P. F.(1954). *The practice of management.* NY: Harper.

Duval, S., & Hensley, V.(1976). Extension of self-awareness theory: The focus of attention-causal attribution hypothesis. In J. H. Harvey, J. Ickes, & R. F. Kidd(Eds.), *New directions in attribution research*(Vol 1, pp. 165-198). NJ: Erlbaum.

Duval, S., & Wicklund, R. A.(1972). *Theory of objective self-awareness.* NY: Academic Press.

Dzewaltowski, D. A.(1989). Toward a model of exercise motivation. *Journal of Sport and Exercise Psychology, 11,* 251-269.

Dzewaltowski, D. A., Noble, J. M., & Shaw, J. M.(1990). Physical activity participation: Social cognitive theory versus the theories of reasoned action and planned behavior. *Journal of Sport and Exercise Psychology, 12,* 388-405.

Eagly, A. H., & Chaiken, S.(1993). *The psychology of attitudes.* NY: Harcourt, Brace Jovanovich.

Edwards, W.(1954). The theory of decision making. *Psychological Bulletin, 51,* 380-417.

Enzle, M. A., & Ross, J. M.(1978). Increasing and decreasing intrinsic interest with contingent rewards: A test of cognitive evaluation theory. *Journal of Experimental Social Psychology, 14,* 588-597.

Erez, M.(1986). The congruence of goal setting strategies with social-culture values and its effect on performance. *Journal of Management, 12,* 585-597.

Erez, M., & Arad, R.(1986). Participative goal setting: Social, motivational and cognitive factors. *Journal of Applied Psychology, 71,* 591-597.

Erez, M., Earley, P. C., & Hulin, C. L.(1985). The impact of participation on goal acceptance and performance: A two step model. *Academy of Management Journal, 28,* 50-66.

Erez, M., & Zidon, I.(1984). Effects of goal acceptance on the relationship of goal difficulty to performance. *Journal of Applied Psychology, 69,* 69-78.

Falbo, T., & Beck, R. C.(1979). Naive psychology and the attributional model of achievement. *Journal of Personality, 47,* 187-195.

Farkas, A. J., & Anderson, N. H.(1979). Multidimensional input in equity theory. *Journal of Personality and Social Psychology, 37,* 879-896.

Farr, J. L.(1976). Task characteristic, reward contingency, and intrinsic motivation. *Organizational Behavior and Human Performance, 16,* 294-307.

Farr, J. L., Vance, R. J., & McIntyre, R. M.(1977). Further examination of the relationship between reward contingency and intrinsic motivation. *Organizational Behavior and Human Performance, 20,* 31-53.

Feather, N. T.(1959). Subjective probability and decision under uncertainty. *Psychological Review, 66,* 150-164.

Feather, N. T.(1969). Attribution of responsibility and valence of success and failure in relation to initial confidence and task performance. *Journal of Personality and Social Psychology, 13,* 129-144.

Feather, N. T., & Simon, J. G.(1971). Causal attributions for success and failure in relation to expectations of success based upon selective or manipulative control. *Journal of Personality, 39,* 527-554.

Ferster, C. B., & Skinner, B. F.(1957). *Schedules of reinforcement.* NY: Appliton-Century-Crofts.

Festinger, L.(1954). A theory of social comparison processes. *Human Relations, 7,* 117-140.

Festinger, L.(1957). *A theory of cognitive dissonance.* Evanston, Ill.: Row, Peterson.

Festinger, L., & Carlsmith, J. M.(1959). Cognitive consequences of forced compliance. *Journal of Abnormal and Social Psychology, 58,* 203-211.

Finegold, B. D., & Mahoney, M. J.(1975). Reinforcement effects on intrinsic interest: Undermining the overjustification hypothesis. *Behavior Therapy, 6,* 367-377.

Fishbein, M., & Ajzen, I.(1975). Belief, *Attitude, Intention, and Behavior.* NY: Wiley.

Fishbein, M., Ajzen, I., & McArdle, J.(1980). Changing the behavior of alcoholics: Effects of persuasive communication. In I. Ajzen & M. Fishbein(Eds.), *Understanding attitudes and predicting social behavior.* Englewood Cliffs, NJ: Prentice-Hall.

Fishbein, M., Chan, D. K., O Reilly, K., Schnell, D., Wood, R., Beeker, C., & Cohn, D.(1992). Attitudinal and normative factors as determinants of gay men's intentions to perform AIDS-related sexual behaviors: A multisite analysis. *Journal of Applied Social Psychology, 22,* 999-1011.

Fleishman, E. A., Harris, E. F., & Burtt, H. E.(1955). *Leadership and supervision in industry.* Columbus: Bureau of Business Research, Ohio State University.

Fleming, J.(1974). *Approach and avoidance motivation in interpersonal competition: A study of black male and female college students.* Unpublished doctoral dissertation, Harvard University.

Folger, R., Rosenfield, D., & Hays, R. P.(1978). Equity and intrinsic motivation: The sole of choice. *Journal of Personality and Social Psychology, 36,* 557-564.

Freud, S.(1915/1949). Instincts and their vicissitudes. *In Collected papers of Sigmund Freud*(J. Reviere, Trans.), *4,* 60-83. London: Hogarth Press.

Frieze, I. H.(1976). Causal attributions and information seeking to explain success and failure. *Journal of Research in Personality, 10,* 293-305.

Frieze, I. H., & Weiner, B.(1971). Cue utilization and attributional judgments for success and failure. *Journal of Personality, 39,* 591-606.

Gabrenya, W. K., LatanÈ, B., & Wang, Y. E.(1983). Social loafing in cross-cultural perspective:

Chinese in Taiwan. *Journal of Cross-Cultural Psychology, 14,* 368-384.

Gabrenya, W. K., Wang, Y. E., & LatanÈ, B.(1985). Social loafing on an optimizing task. *Journal of Cross-Cultural Psychology, 16,* 223-242.

Garland, H.(1982). Goal levels and task performance: A compelling replication of some compelling results. *Journal of Applied Psychology, 67,* 245-248.

Geen, R. G.(1979). Effects of being observed on learning following success and failure experiences. *Motivation and Emotion, 3,* 355-371.

Geen, R. G., & Gange, J. J.(1977). Drive theory of social facilitation: Twelve years of theory and research. *Psychological Bulletin, 84,* 1267-1288.

Gergen, K. J., Morse, S. J., & Bode, K. A.(1974). Over paid or over worked? Cognitive and behavioral reactions to inequitable rewards. *Journal of Applied Social Psychology, 4,* 259-274.

Godin, G., Valois, P., & Lepage, L.(1993). The pattern of influence of perceived behavioral control upon exercise behavior: An application of Ajzen's theory of planned behavior. *Journal of Behavioral Medicine, 16,* 81-102.

Godin, G., Valois, P., Lepage, L., & Desharnais, R.(1992). Predictors of smoking behaviour: An application of Ajzen's theory of planned behavior. *British Journal of Addiction, 87,* 1335-1343.

Gollwitzer, P. M.(1990). Action phases and mind-sets. In E. T. Higgins & R. M. Sorrentino(Eds.), *Handbook of motivation and cognition*(Vol. 2, pp. 53-92). NY: Guilford.

Gollwitzer, P. M.(1993). Goal achievement: The role of intentions. In W. Stroebe & M. Hewstone(Eds.), *European Review of Social Psychology, 4,* 141-185.

Goodman, P. S.(1974). An examination of referents used in the evaluation of pay. *Organizational Behavior and Human Performance, 12,* 170-195.

Goodman, P. S.(1977). Social comparison processes in organizations. In B. Staw & G. Salancik(Eds.), *New directions in organizational behavior*(pp. 97-132). Chicago: St. Clair.

Gorsuch, R. L., & Ortberg, J. C.(1983). Moral obligation and attitudes: Their relation to behavioral intentions. *Journal of Personality and Social Psychology, 44,* 1025-1028.

Gouldner, A. W.(1960). The norm of reciprocity: A preliminary statement. *American Sociological Review, 25,* 161-178.

Green, S. G., & Mitchell, T. R.(1979). Attributional processes of leaders in leader-member interactions. *Organizational Behavior and Human Performance, 23,* 429-458.

Greene, D., & Lepper, M. R.(1974). Effects of extrinsic rewards on children's subsequent intrinsic interest. *Child Development, 45,* 1141-1145.

Greene, D., Sternberg, B., & Lepper, M. R.(1976). Over justification in a token economy. *Journal of Personality and Social Psychology, 34,* 1219-1234.

Hackman, J. R.(1987). The design of work teams. In J. W. Lorsch(Ed.), *Handbook of organizational behavior*(pp. 315-342). Englewood cliffs, NJ: Prentice-Hall.

Hackman, J. R.(1990). *Groups that work(and those that doesn't).* San Francisco: Jossey-Bass.

Hackman, J. R., & Lawler, E. E. Ⅲ.(1971). Employee reactions to job's characteristics. *Journal of Applied Psychology Monograph, 55,* 259-286.

Hackman, J. R., & Morris, C. G.(1978). Group process and group effectiveness: A reappraisal. In L. Berkowitz(Ed.), *Group processes.* NY: Academic Press.

Hackman, J. R., & Oldham, G. R.(1975). Development of the job diagnostic survey. *Journal of Applied Psychology, 60,* 159-170.

Hall, D. T., & Nougaim, K. E.(1968). An examination of Maslow's need hierarchy in an organizational setting. *Organizational Behavior and Human Performance, 3,* 12-35.

Hall, J., & Williams, M.(1967). *Work motivation theory.* Texas: Telemetrics International.

Hamner, W. C.(1974). Reinforcement theory and contingency management in organizational settings. In H. L. Tosi & W. C. Hamner(Eds.), *Organizational behavior and management: A contingency approach*(pp. 86-112). Chicago: St. Clair.

Hamner, W. C., & Foster, L. W.(1975). Are intrinsic and extrinsic rewards additive: A test of Deci's cognitive evaluation theory of task motivation. *Organizational Behavior and Human Performance, 14,* 398-415.

Hamner, W. C., Ross, J., & Staw, B. M.(1978). Motivation in organizations: The need for a new direction. In D. W. Organ(Ed.), *Applied psychology of work behavior: A book of readings*(pp. 224-249). Ill.: Irwin Press.

Hamner, W. C., Ross, J., & Staw, B. M.(1983). Motivation in organizations: The need for a new direction. In R. M. Steers & L. W. Porter(Eds.), *Motivation and work behavior*(pp. 1-150). NY: McGraw Hill.

Haplin, A. W., & Winer, B. J.(1957). A factorial study of the leader behavior descriptions. In R. M. Stogdill & A. E. Coons(Eds.), *Leader behavior: It's description and measurement*(Vol. 88, pp. 39-51). Columbus: Bureau of Business Research, Ohio State University.

Harachiewicz, J. M.(1979). The effects of reward contingency and performance feedback on intrinsic motivation. *Journal of Personality and Social Psychology, 37,* 1352-1363.

Harkins, S. G., & Jackson, J. M.(1985). The role of evaluation in eliminating social loafing. *Personality and Social Psychology Bulletin, 11,* 457-465.

Harkins, S. G., & Petty, R.(1982). The effects of source magnification of cognitive effort on attitudes: An information-processing view. *Journal of Personality and Social Psychology, 40,* 401-413.

Harkins, S. G., & Szymanski, K.(1987). Social loafing and social facilitation: New wine in old bottles. *Review of Personality and Social Psychology, 9,* 167-188.

Harlow, H. F.(1950). Learning and satiation of response in intrinsically motivated complex puzzle performance by monkeys. *Journal of Comparative and Physiological Psychology, 43,* 289-294.

Harvey, J. H., & Weary, G.(1984). Current issues in attribution theory and research. *Annual Review of Psychology, 35,* 427-459.

Heckhausen, H.(1991). *Motivation and action.* NY: Springer.

Heckhausen, H., & Gollwitzer, P. M.(1987). Thought contents and cognitive functioning in motivational versus volitional states of mind. *Motivation and Emotion, 11,* 101-120.

Heider, F.(1944). Social perception and phenomenal causality. *Psychological Review, 51,* 358-374.

Heider, F.(1958). *The psychology of interpersonal relations.* NY: Wiley.

Henchy, R., & Glass, D. C.(1968). Evaluation apprehension and the social facilitation of dominant and subordinate response. *Journal of Personality and Social Psychology, 10,* 446-454.

Herzberg, F.(1966). *Work and the nature of man.* NY: The Mentor Executive Library.

Herzberg, F.(1968). One more time: How do you motivate employee? *Harvard Business Review, 46,* 53-62.

Herzberg, F., Mausner, B., & Snyderman, B. B.(1959). *The motivation to work*(2nd ed.). NY: Wiley.

Higgins, E. T.(1996). Ideals, oughts, and regulatory focus: Affect and motivation from distinct pains and pleasures. In P. M. Gollwitzer & J. A. Bargh(Eds.), *The psychology of action: Linking cognition and motivation to behavior*(pp. 91-114). NY: Guilford.

Higgins, E. T.(1997). Beyond pleasure and pain. *American Psychologist, 52,* 1280-1300.

Higgins, E. T.(1998). Promotion and prevention: Regulatory focus as a motivational principle. In M. Zanna(Ed.), *Advances in experimental social psychology*(Vol. 30, pp. 1-46.). NY: Academic Press.

Higgins, E. T.(2000). Making a good decision: Value from fit. *American Psychologist, 55,* 1217-1230.

Higgins, E. T., Bond, R. N., Klein, R., & Strauman, T.(1986). Self-discrepancies and emotional vulnerability: How magnitude, accessibility and type of discrepancy influence affect. *Journal of Personality and Social Psychology, 51,* 1-15.

Higgins, E. T., & Kruglanski, A. W.(Eds.)(2000). *Motivational science: Social and personality perspectives.* MI: An Arbor.

Higgins, E. T., Roney, C. J., Crowe, E., & Hymes, C.(1994). Ideal versus ought predilections for approach and avoidance distinct self-regulatory systems. *Journal of Personality and Social Psychology, 66,* 276-286.

Higgins, E. T., Shah, J., & Friedman, R.(1997). Emotional responses to goal attainment: Strength of regulatory focus as moderator. *Journal of Personality and Social Psychology, 72,* 515-525.

Hilgard, E. R., & Atkinson, R. C.(1967). *Introduction to psychology.* NY: Harcourt, Brace & World.

Hilgard, E. R., & Bower, G. H.(1975). *Theory of learning*(Century Psychology Series). NJ: Prentice-Hall.

Homans, G. C.(1961). *Social behavior: Its elementary forms*. NY: Harcourt, Brace & World.

Hoover-Dempsey, K. V., Bassler, O. C., & Brissie, J. S.(1992). Explorations in parent school relations. *Journal of Educational Research, 85,* 287-294.

Horner, M. S.(1968). *Sex differences in achievement motivation and performance in competitive and noncompetitive situations*. Unpublished doctoral dissertation, University of Michigan.

Horner, M. S.(1972). Toward an understanding of achievement-related conflict in woman. *Journal of Social Issues, 28,* 157-175.

Horner, M. S.(1974). Performance of men in noncompetitive and interpersonal competitive achievement-oriented situations. In J. W. Atkinson & J. O. Raynor(Eds.), *Motivation and achievement*. Washington, DC: Hemisphere.

Horner, M. S.(1978). The measurement and behavioral implications of fear of success in woman. In J. W. Atkinson & J. O. Raynor(Eds.), *Personality, motivation and achievement*. NY: Wiley.

Hottes, J., & Kahn, A.(1974). Sex differences in a mixed motive conflict situation. *Journal of Personality, 42,* 260-275.

Hounsa, A. M., Godin, G., Alihonou, E., & Valois, P.(1993). An application of Ajzenn's theory of planned behaviour to predict mothers' intention to use oral rehydration therapy in a rural area of Benin. *Social Science and Medicine, 37,* 253-261.

Howell, W. C., & Dipboye, R. L.(1982). *Essentials of industrial and organizational psychology*. Homewood, Ill.: The Dorsey Press.

Huizinga, G.(1970). *Maslow's need hierarchy in the work situation*. Groningen, Netherlands: Wolters-Noordhoff.

Hull, C. L.(1943). *Principles of behavior*. NY: Appleton-Century-Crofts.

Hull, C. L.(1952). *A behavior system*. New Haven, CT: Yale University Press.

Hundal, P. S.(1971). A study of entrepreneurial motivation: Comparison of fast-and slow-progressing small-scale industrial entrepreneurs in Punjab, India. *Journal of Applied Psychology, 55,* 317-323.

Hyland, M. E.(1981). Motivational control theory: An integrative framework. *Journal of Personality and Social Psychology, 55,* 642-651.

Isen, A., & Simmonds, S.(1978). The effect of feeling good on a task that is incompatible with good mood. *Social Psychology Quarterly, 41,* 346-349.

Jablonsky, S. F., & DeVries, D. L.(1972). Operant conditioning principles extrapolated to the theory of management. *Organizational Behavior and Human Performance, 7,* 340-358.

James, W.(1890). *The principles of psychology*. NY: Holt.

Jaques, E.(1961). *Equitable payment*. NY: Wiley.

Jones, E. E.(1964). *Ingratiation*. NY: Appleton-Century-Crofts.

Jones, E. E., & Davis, K. E.(1965). From acts to dispositions: The attribution process in person perception. In L. Berkowitz(Ed.), *Advances in experimental social psychology*(Vol. 2). NY: Academic Press.

Jones, E. E., Rock, L., Shaver, K. G., Goethals, G. R., & Ward, L. M.(1968). Pattern of performance and ability attribution: An unexpected primacy effect. *Journal of Personality and Social Psychology, 10,* 317-340.

Kahn, A., Hottes, J., & Davis, H. L.(1971). Cooperation and optimal responding in the prisoner's dilemma game: Effects of sex and physical attractiveness. *Journal of Personality and Social Psychology, 17,* 267-279.

Kanfer, F. H., & Phillips, J. S.(1970). *Learning foundations of behavior therapy*. NY: Wiley.

Kanfer, R.(1990). Motivation and individual and individual differences in learning: An integration of developmental, differential, and cognitive perspectives. *Learning and Individual Differences, 2,* 219-237.

Karau, S. J., & Williams, K. D.(1991). Social loafing: A meta-analytic review and theoretical integration. *Journal of Personality and Social Psychology, 65,* 681-706.

Karniol, R., & Ross, M.(1977). The effect of performance-relevant and performance-irrelevant rewards on children's intrinsic motivation. *Child Development, 48,* 482-487.

Kelley, H. H.(1967). Attribution theory in social psychology. In D. Levine(Ed.), *Nebraska Symposium on Motivation*(Vol. 15). Lincoln: University of Nebraska Press.

Kelley, H. H.(1971). *Attribution in social interaction*. Morristown, NJ: General Learning Press.

Kelley, H. H.(1972). Casual schemata and the attribution process. In E. E. Jones, D. E. Kanouse, H. H. Kelley, R. E. Nisbett, S. Valins, & B. Weiner(Eds.), *Attribution: Perceiving the causes of behavior*. Morristown, NJ: General Learning Press.

Kelley, H. H., & Michela, J. L.(1980). Attribution theory and research. *Annual Review of Psychology, 31,* 457-502.

Kerr, N. L.(1983). Motivation losses in small groups: A social dilemma analysis. *Journal of Personality and Social Psychology, 45,* 819-818.

Kerr, N. L.(2002). When is a minority a minority?: Active versus passive minority advocacy and social influence. *European Journal of Social Psychology, 32,* 471-483.

Kerr, N. L., & Bruun, S. E.(1982). The dispensability of member effort and group motivation losses: Free-rider effects. *Journal of Personality and Social Psychology, 44,* 78-94.

Kimble, G. A., & Garmezy, N.(1963). *Principles of general psychology*. NY: Ronald Press.

Kimiecik, J.(1992). Predicting vigorous activity of corporate employees: Comparing the theories of reasoned action and planned behavior. *Journal of Sport and Exercise Psychology, 14,* 192-206.

Klein, H. J.(1989). An integrated control theory model of work motivation. *Academy of*

Management Review, 14, 150-172.

Korman, A. K.(1974). *The psychology of motivation.* NJ: Prentice-Hall.

Kruglanski, A. W.(1975). The endogenous-exogenous partition in attribution theory. *Psychological Review, 82,* 387-406.

Kruglanski, A. W., Alon, S., & Lewis, T.(1972). Retrospective misattribution and task enjoyment. *Journal of Experimental Social Psychology, 8,* 493-501.

Kruglanski, A. W., Freedman, I., & Zeevi, G.(1971). The effects of extrinsic incentives on some qualitative aspects of task performance. *Journal of Personality, 39,* 606-617.

Kruglanski, A. W., Riter, A., Amitai, A., Margolin, B., Shabtai, L., & Zaksh, D.(1975). Can money enhance intrinsic motivation?: A test of the content-consequence hypothesis. *Journal of Personality and Social Psychology, 31,* 744-750.

Kuhl, J.(1981). Motivational and functional helplessness: The moderating effects of state versus action orientation. *Journal of Personality and Social Psychology, 40,* 155-170.

Kuhl, J.(1984). Volitional aspects of achievement and learned helplessness: Toward a comprehensive theory of action control. In B. A. Maher(Ed.), *Progress in experimental personality research*(Vol. 13, pp. 99-171). NY: Academic Press.

Kuhl, J.(1985). Volitional mediators of cognition-behavior consistency: Self-regulatory precesses and action versus state orientation. In J. Kuhl & J. Beckman(Eds.), *Action control: From cognition to behavior*(pp. 101-128). Berlin, Heidelberg, NY, Tokyo: Springer-Verlag.

Kuhl, J.(1987). Action control: The maintenance of motivational states. In F. Halisch & J. Kuhl(Eds.), *Motivation, intention, and volition*(pp. 279-291). NY: Springer.

Kuhl, J.(1992). A theory of self-regulation: Action versus state orientation, self-discrimination, and some applications. *Applied Psychology: An International Review, 41,* 97-120.

Kuhl, J.(1996). Who controls whom when I control myself? *Psychological Inquiry, 7,* 61-68.

Kuhl, J.(2000). The volitional basis of personality systems interaction theory: Application in learning and treatment contexts. *International Journal of Educational Research, 33,* 665-703.

Kuhl, J., & Beckman, J.(Eds.)(1985). *Action control: From cognition to behavior*(pp. 101-128). Berlin, Heidelberg, NY, Tokyo: Springer-Verlag.

Kuhl, J., & Fuhrmann, A.(1998). Decomposing self-regulation and self-control: The volitional components checklist. In J. Heckhausen & C. Dweck(Eds.), *Life span perspectives on motivation and control*(pp. 15-49). Mahwah, NJ: Erlbaum.

Kuhl, J., & Helle, L.(1986). Motivational and volitional determinants of depression: The degenerated-intention hypothesis. *Journal of Abnormal Psychology, 95,* 247-251.

Kuhl, J., & Wassiljew, I.(1985). An information-processing perspective on intrinsic task involvement problem solving and the complexity of action plans. In G. D. Ydewalle(Ed.), *Cognition, information processing, and motivation*(pp. 505-522). Amsterdam: North Holland Publication Corporation for the International Union of Psychological Science.

Kukla, A.(1972). Foundation of an attributional theory of performance. *Psychological Review, 79,* 454-470.

LatanÈ, B.(1981). The psychology of the social impact. *American Psychologist, 36,* 343-356.

Latham, G. P., & Lee, T. W.(1986). Goal setting. In E. A. Locke(Ed.), *Generalizing from laboratory to field setting*(pp. 101-118). Lexington, MA: Lexington Books.

Latham, G. P., & Locke, E. A.(1991). Self-regulation through goal setting. *Organizational Behavior and Human Decision Processes, 50,* 212-247.

Latham, G. P., & Winters, D. W.(1989). *Separating the cognitive and motivational effects of participation on performance.* Unpublished manuscript, Graduate School of Business, University of Washington.

Latham, G. P., & Yukl, G. A.(1975). A review of research on the application of goal setting in organizations. *Academy of Management Journal, 18,* 824-845.

Lauver, D., & Chang, A.(1991). Testing theoretical explanations of intentions to seek care for a breast cancer symptom. *Journal of Applied Social Psychology, 21,* 1440-1458.

Lawler, E. E. Ⅲ.(1968). Equity theory as a predictor of productivity and work Quality. *Psychological Bulletin, 70,* 596-610.

Lawler, E. E. Ⅲ.(1973). *Motivation in work organizations.* Monterey, Calif: Brooks/Cole.

Lawler, E. E. Ⅲ., & Hackman, J. R.(1971). Corporate profits and employee satisfaction: Must they be in conflict? *California Management Review, 14,* 46-55.

Lawler, E. E. Ⅲ., & Porter, L. W.(1967). The effect of performance on job satisfaction. *Industrial Relations, 7,* 20-28.

Lawler, E. E. Ⅲ., & Suttle, J. L.(1972). A casual correlational test of the need hierarchy concept. *Organizational Behavior and Human Performance, 7,* 265-287.

Lepper, M. R., & Greene, D.(1975). Turning play into work: Effects of adult surveillance and extrinsic rewards on children's intrinsic motivation. *Journal of Personality and Social Psychology, 31,* 479-486.

Lepper, M. R., Greene, D., & Nisbett, R. E.(1973). Undermining children's intrinsic interest with extrinsic rewards: A test of the 'overjustification' hypotheses. *Journal of Personality and Social Psychology, 28,* 129-137.

Lepper, M. R., Sagotsky, G., Dafoe, J. L., & Greene, D.(1982). Consequences of superfluous social constraints: Effects on young children's social inference and subsequent intrinsic interest. *Journal of Personality and Social Psychology, 42,* 51-65.

Lesser, G. S., Krawitz, R. N., & Packard, R.(1993). Experimental arousal of achievement motivation in adolescent girls. *Journal of Abnormal and Social Psychology, 66,* 59-66.

Leventhal, G. S.(1976). Fairness in social relationships. In J. Thibaut, J. Spence, & R. Carson(Eds.), *Contemporary topics in social psychology.* NJ: General Learning Press.

Leventhal, G. S., Reilly, E., & Lehrer, P.(1964). Change in reward as a determinant of satisfaction and reward expectancy. *Paper read at the meeting of the Western Psychological Association,* Portland, Oregon.

Leventhal, G. S., Weiss, T., & Long, G.(1969). Equity, reciprocity and reallocating rewards in the dyad. *Journal of Personality and Social Psychology, 13,* 300–305.

Lewin, K.(1935). *A dynamic theory of personality.* NY: McGraw-Hill.

Lewin, K.(1938). The conceptual representation and the measurement of psychological forces. Contr. psychol. *Theory. Durham, 1,* 4. NC: Duke University Press.

Lewin, K.(1944). The dynamics of group action. *Educational Leadership, 1,* 195–200.

Lewin, K.(1951). *Field theory in social science.* NY: Harper.

Lewin, K., Dembo, T., Festinger, L., & Sears, P. S.(1944). Level of aspiration. In J. McV. Hunt(Ed.), *Personality and the behavior disorders*(pp. 333–378). NY: Ronald Press.

Lewin, K., & Lippitt, R.(1938). An experimental approach to the study of autocracy and democracy: *A preliminary note. Sociometry, 1,* 292–300.

Lewis, C. C.(1972). *Role perceptions in two groups of women: An analysis of Japanese and American fantasy stories.* Unpublished honors thesis, Radcliff College.

Lewis, V., & Kashima, Y.(1993). Applying the theory of reasoned action to the prediction of safe sex behaviour. In D. J. Terry, C. Gallois, & M. M. McCamish(Eds.), *The theory of reasoned action: Its application to safe sex behaviour*(pp. 29–46). UK: Pergamon.

Likert, R.(1961). *New patterns of management.* NY: McGraw-Hill.

Likert, R.(1967). *The human organization.* NY: McGraw-Hill.

Linder, D., Cooper, J., & Jones, E.(1967). Decision freedom as a determinant of the role of incentive magnitude change. *Journal of Personality and Social Psychology, 6,* 245–254.

Locke, E. A.(1966). The relationship of intentions to level of performance. *Journal of Applied Psychology, 50,* 60–66.

Locke, E. A.(1968). Toward a theory of task motivation and incentives. *Organizational Behavior and Human Performance, 3,* 157–189.

Locke, E. A.(1969). What is job satisfaction? *Organizational Behavior and Human Performance, 4,* 309–336.

Locke, E. A.(1970). The supervisor as "motivator": His influence in employee performance and satisfaction. In B. M. Bass, R. Cooper, & J. A. Hass(Eds.), *Managing for accomplishment*(pp. 57–67). Washington, DC: Heath and Company.

Locke, E. A.(1976). The nature and cause of job satisfaction. In M. D. Dunnette(Ed.), *Handbook of industrial and organizational psychology.* Chicago: Rand McNally.

Locke, E. A.(1977). The myths of behavior mod in organizations. *Academy of Management Review, 2,* 543–553.

Locke, E. A.(1991). Goal theory versus control theory: Contrasting approach to understanding work motivation. *Motivation and Emotion, 15,* 9–28.

Locke, E. A., & Bryan, J. F.(1967). Performance goals as determinants of level of performance and boredom. *Journal of Applied Psychology, 51,* 120-130.

Locke, E. A., Bryan, J. F., & Kendall, L. M.(1968). Goals and intentions as mediators of the effects of monetary incentives on behavior. *Journal of Applied Psychology, 52,* 104-121.

Locke, E. A., Cartledge, N., & Knerr, C. S.(1970). Studies of the relationship between satisfaction, goal setting, and performance. *Organizational Behavior and Human Performance, 5,* 135-138.

Locke, E. A., Frederick, E., Lee, C., & Bobko, P.(1984). Effect of self-efficacy, goal, and task strategies on task performance. *Journal of Applied Psychology, 69,* 241-251.

Locke, E. A., & Latham, G. P.(1990). *A theory of goal setting and task performance.* NJ: Prentice-Hall.

Locke, E. A., Shaw, K. N., Saari, L. M., & Latham, G. P.(1981). Goal setting and task performance: 1969-1980. *Psychological Bulletin, 90,* 125-152.

Lodon, F. B.(1982). Attitudinal and social normative factors as predictors of intended alcohol abuse among fifth- and seventh grade students. *Journal of School Health, 52,* 244-249.

Lonky, E. I.(1978). *The effects of extrinsic rewards and praise on intrinsic motivation: A cognitive developmental perspective.* Unpublished doctoral dissertation, University of Wisconsin-Madison.

Lord, R. G., & Hanges, P. J.(1987). A control systems model of organizational motivation: Theoretical development and applied implications. *Behavioral Science, 32,* 161-178.

Lorenz, K.(1958). The evolution of behavior. *Scientific American, 199,* 67-78.

Lorenz, K.(1966). *On aggression.* NY: Harcourt, Brace & World.

Lorenz, K.(1973). *Die acht todsunden der zivilisierten menschenheit.* Munchen: Verlag.

Loveland, K. K., & Olley, J. G.(1979). The effect of external reward on interest and quality of task performance in children of high and low intrinsic motivation. *Child Development, 50,* 1207-1210.

Luce, R. D.(1962). Psychological studies of risky decision making. In G. B. Strother(Ed.), *Social science approaches to business behavior*(pp. 141-161). Homewood, Ill.: The Dorsey Press.

Luthans, F.(1977). *Organizational behavior.* NY: McGraw-Hill.

Luthans, F., & Kreitner, R.(1975). *Organizational behavior modification.* Glenview, Ill.: Scott Foresman.

Luthans, F., & Martinko, M. J.(1976). An organizational behavior modification analysis of absenteeism. *Human Resources Management, Fall.*

Luthans, F., & Martinko, M. J.(1979). *The practice of supervision and management.* NY: McGraw-Hill.

Mann, L.(1974). On being a sore loser: How fans react to their team's failure. *Australian Journal of Psychology, 26,* 37-47.

Manstead, A. S. R., Plevin, C. E., & Smart, J. L.(1984). Predicting mothers' choice of infant feeding method. *British Journal of Social Psychology, 23,* 223-231.

Marin, G., Marin, B. V., Perez-Stable, E. J., Sabogal, F., & Otero-Sabogal, R.(1990). Changes in information as a function of a culturally appropriate smoking cessation community intervention for Hispanics. *American Journal of Community Psychology, 18,* 847-864.

Markus, H.(1977). Self-schemata and processing information about the self. *Journal of Personality and Social Psychology, 35,* 63-78.

Markus, H., Cross, S., & Wurf, E.(1990). The role of the self-system in competence. In R. J. Sternberg & J. Kolligian, Jr.(Eds.), *Competence considered*(pp. 205-225). New Haven, CT: Yale University Press.

Markus, H., & Kitayama, S.(1991). Culture and the self: Implications for cognition, emotion, and motivation. *Psychological Review, 98,* 224-253.

Markus, H., & Nurius, P.(1986). Possible selves. *American Psychologist, 41,* 954-969.

Markus, H., & Ruvolo, A.(1989). Possible selves: Personalized representations of goals. In L. A. Pervin(Ed.), *Goal concepts in personality and social psychology*(pp. 211-242). Hillsdale, NJ: Erlbaum.

Maslow, A. H.(1943). A theory of human motivation. *Psychological Review, 50,* 370-396.

Maslow, A. H.(1954). *Motivation and personality.* NY: Harper.

Maslow, A. H.(1965). *Eupsychian management.* Homewood, Ill.: Irwin Press.

Maslow, A. H.(1970). *Motivation and personality*(2nd ed.). NY: Harper & Row.

McCaul, K. D., Sandgren, A. K., O'Neill, H. K., & Hinsz, V. B.(1993). The value of the theory of planned behavior, perceived control, and self efficacy expectations for predicting health-protective behaviors. *Basic and Applied Social Psychology, 14,* 231-252.

McClelland, D. C.(1961). *The achieving society.* NJ: Nostrand.

McClelland, D. C.(1962). Business drive and national achievement. *Harvard Business Review, 40,* 99-112.

McClelland, D. C.(1975). Money as a motivator: Some research insights. In R. M. Streers & L. W. Porter(Eds.), *Motivation and work behavior*(pp. 523-534). NY: McGraw-Hill.

McClelland, D. C., Atkinson, J. W., Clark, R. A., & Lowell, E. L.(1953). *The achievement motive.* NY: Appleton-Century-Crofts.

McCormick, E. J., & Ilgen, D. R.(1980). *Industrial psychology.* NJ: Prentice-Hall.

McDougall, W.(1908). *An introduction to social psychology.* London: Methuen and Company.

McGregor, D.(1957). An Uneasy, look at performance appraisal. *Harvard Business Review, 35,* 89-94.

McGregor, D.(1960). *The human side of enterprise.* NY: McGraw-Hill.

McLoyd, V. C.(1979). The effects of extrinsic rewards of differential value on high and low intrinsic interest. *Child Development, 50,* 101-1019.

Mead, G. H.(1934). *Mind, self, and society*. Chicago: University of Chicago Press.

Michael, J., & Meyerson, L.(1962). A behavior approach to counseling and guidance. *Harvard Educational Review, 32,* 382-402.

Miller, D. C.(1941). Economics factors in the morale of college-trained adults. *American Journal of Sociology, 47,* 139-156.

Miller, D. T.(1976). Ego involvement and attributions for success and failure. *Journal of Personality and Social Psychology, 34,* 901-906.

Miller, G. A., Galanter, E., & Pribram, K. H.(1960). *Plans and the structure of behavior*. NY: Holt.

Miller, N. E.(1951). Learnable drives and rewards. In S. S. Stevens(Ed.), *Handbook of experimental psychology*. NY: Wiley.

Miner, J. B.(1980). *Theories of organizational behavior*. Hillsdale, Ill.: The Dryden Press.

Miner, J. B., & Dachler, H. P.(1973). Personnel attitudes and motivation. *Annual Review of Psychology, 24,* 379-402.

Mitchell, T. R.(1974). Expectancy models of job satisfaction, occupational preference and effort: A theoretical, methodological and empirical appraisal. *Psychological Bulletin, 81,* 1053-1077.

Mitchell, T. R.(1979). Organizational behavior. *Annual Review of Psychology, 30,* 243-281.

Mitchell, V. F.(1970). Need satisfactions of military commanders and staff. *Journal of Applied Psychology, 54,* 282-287.

Mitchell, V. F., & Moudgill, P.(1976). Measurement of Maslow's need hierarchy. *Organizational Behavior and Human Performance, 16,* 334-349.

Morgan, C. D., & Murray, H. A.(1935). A method for investigating fantasy: The thematic apperceptive test. *Archives of Neurology and Psychiatry, 34,* 289-306.

Morgan, C. T., & King, R. A.(1966). *Introduction to psychology*(3rd ed.). NY: McGraw-Hill.

Morgan, S. W., & Mausner, B.(1973). Behavioral and fantasied indications of fear of success in men and woman. *Journal of Personality, 41,* 457-470.

Mowday, R. T.(1979). Equity theory predictions of behavior in organizations. In R. M. Steers & L. W. Porter(Eds.), *Motivation and work behavior*(pp. 124-146). NY: McGraw-Hill.

Muchinsky, P. M.(1993). *Psychology applied to work*(4th ed.). Monterey, CA: Brooks/Cole.

Muchinsky, P. M.(2000). *Psychology applied to work*(6th ed.). Belmont, CA: Wadsworth.

Murray, H. A.(1938). *Explorations in personality*. NY: Oxford University Press.

Murray, H. A., & Kluckholn, C.(1953). Outline of a conception of personality. In C. Kluckhohn, H. A. Murray, & D. Schneider(Eds.), *Personality in nature, society and culture*(pp. 3-52). NY: Knopf.

Nadler, D. A., & Lawler, E. E. Ⅲ.(1977). Motivation: A diagnostic approach. In J. R. Hackman, E. E. Lawler, Ⅲ, & L. W. Porter(Eds.), *Perspectives on behavior in organizations*(pp. 26-36). NY: McGraw-Hill.

Nash, R., Edwards, H., & Nebauer, M.(1993). Effect of attitudes, subjective norms and perceived control on nurses' intention to assess patient's pain. *Journal of Advanced Nursing 18,* 941-947.

Netemeyer, R G., Burton, S., & Johnston, M. W.(1991). A comparison of two models for the prediction of volitional and non-volitional behaviors: A confirmatory analysis approach. *Social Psychology Quarterly, 54,* 87-100.

Nisbett, R. E., & Wilson, T. D.(1977). Telling more than we can know: Verbal reports on mental processes. *Psychological Review, 84,* 231-259.

Norenzayan, A. & Nisbett, R. E.(2000). Culture and causal cognition. *Current Directions in Psychological Science, 9,* 132-135.

Norman, P., & Conner, M.(1993). The role of social cognition models in predicting attendance at health checks. *Psychology and Health, 8,* 447-462.

Norman, P., & Smith, L.(1995). The theory of planned behavior and exercise: An investigation into the role of prior behavior, behavioral intentions and attitude variability. *European Journal of Social Psychology, 25,* 403-415.

Nucifora, J., Gallois, C., & Kashima, Y.(1993). Predicting AIDS-preventive behaviour among adolescents. In D. J. Terry, C. Gallois, & M. M. McCamish(Eds.), *The theory of reasoned action: Its application to safe sex behaviour*(pp. 65-80). UK: Pergamon.

Opsahl, R. L., & Dunnette, M. D.(1966). The role of financial compensation in industrial motivation. *Psychological Bulletin, 66,* 94-118.

Orbell, S.(2003). Personality systems interactions theory and the theory of planned behaviour: Evidence that self-regulatory volitional components enhance enactment of studying behaviour. *British Journal of Social Psychology, 42,* 95-112.

Osgood, C. E., & Tannenbaum, P. H.(1955). The principle of congruity in the prediction of attitude change. *Psychological Review, 62,* 42-55.

Pagel, M. D., & Davidson, A. R.(1984). A comparison of three social psychological models of attitude and behavioral plan: Prediction of contraceptive behavior. *Journal of Personality and Social Psychology, 47,* 517-533.

Park, Y. S., & Kim, U.(1999). The educational challenge of Korea in the global era: The role of family, school, and government. Chinese University of Hong-Kong, *Education Journal, 27,* 91-120. Special issue: Conference on restructuring the knowledge base of education in Asia.

Parker, D., Manstead, A. S. R., & Stradling, S. G.(1995). Extending the theory of planned behaviour: The role of personal norm. *British Journal of Social Psychology, 34,* 127-137.

Parker, D., Manstead, A. S. R., Stradling, S. G., Reason, J. T., & Baxter, J. S.(1992). Intention to commit driving violations: An application of the theory of planned behaviour. *Journal of Applied Psychology, 77,* 94-101.

Parker, D., Stradling, S. G., & Manstead, A. S. R.(1996). Modifying beliefs and attitudes to exceeding the speed limit: An intervention study based on the theory of planned behaviour. *Journal of Applied Social Psychology, 26,* 1-19.

Patchen, M.(1961). *The choice of wage comparisons.* NJ: Prentice-Hall.

Patten, R. L., & White, L. A.(1977). Independent effects of achievement motivation and overt attribution on achievement behavior. *Motivation and Emotion, 1,* 39-59.

Patterson, C. H.(1980). *Theories of counseling and psychotherapy.* NY: Harper & Row.

Pavlov, I. P.(1902). *The work of the digestive glands*(W. H. Thompson, Trans.). London: Charles Griffin.

Peak, H.(1955). Attitude and motivation. In M. R. Jones(Ed.), *Nebraska Symposium on Motivation*(pp. 149-188). Lincoln: University of Nebraska Press.

Petty, R. E., Harkins, S. G., Williams, K. D., & LatanÈ, B.(1977). The effects of group size on cognitive effort and evaluation. *Personality and Social Psychology Bulletin, 3,* 579-582.

Pittman, T. S., Davey, M. E., Alafat, K. A., Wetherill, K. V., & Wirsul, N. A.(1980). Informational versus controlling rewards, levels of surveillance and intrinsic motivation. *Personality and Social Psychology Bulletin, 6,* 228-233.

Plutchik, P.(1977). Cognitions in service of emotions: An evolutionary perspective. In D. K. Candland, J. P. Fell, E. Kenn, A. I. Leshner, R. Plutchik, & R. M. Tarpy(Eds.), *Emotion. Monterey,* Calif: Brooks/Cole.

Pomazal, R. J., & Jaccard, J. J.(1976). An informational approach to altruistic behavior. *Journal of Personality and Social Psychology, 33,* 317-326.

Porter, L. W.(1961). A study of perceived need satisfaction in bottom and middle management jobs. *Journal of Applied Psychology, 45,* 1-10.

Porter, L. W.(1964). *Organizational patterns of managerial job attitudes.* NY: American Foundation for Management Research.

Porter, L. W., & Lawler, E. E. Ⅲ.(1968). *Managerial attitudes and performance.* Homewood, Ill.: The Dorsey Press.

Porter, L. W., Lawler, E. E. Ⅲ., & Hackman, J. R.(1975). *Behavior in organizations.* NY: McGraw-Hill.

Powers, W. T.(1973). Behavior: *The control of perception. Science, 179,* 351-356.

Pritchard, R. D., Dunnette, M. D., & Jorgenson, D. O.(1972). Effects of perceptions of equity and inequity on worker performance and satisfaction. *Journal of Applied Psychology Monograph, 56,* 75-94.

Pritchard, R. D., & Sanders, M. S.(1973). The influence of valence, instrumentality and expectancy on effort and performance. *Journal of Applied Psychology, 57,* 55-60.

Ramirez, M., & Price-Williams, D. R.(1976). Achievement motivation in children of three ethnic groups in the United States. *Journal of Cross-Cultural Psychology, 7,* 49-60.

Reiss, S., & Sushinsky, L. W.(1975). Overjustification, competing responses and the acquisition of intrinsic interest. *Journal of Personality and Social Psychology, 31,* 1116-1125.

Roberts, K. H., Walter, G. H., & Miles, R. E.(1971). A factor analytic study of job satisfaction items designed to measure Maslow need categories. *Personnel Psychology, 24,* 205-220.

Roethlisberger, F. J., & Dickson, W. J.(1939). *Management and the worker*(1st ed.). Cambridge: Harvard University Press.

Rogers, C. R., & Skinner, B. F.(1956). Some issues concerning the control of human behavior: A symposium. *Science, 124,* 1057-1066.

Rosenbaum, R. M.(1971). *The effects of peak performance on estimates of ability.* Unpublished manuscript, University of California, Los Angeles.

Rosenbaum, R. M.(1972). *A dimensional analysis of the perceived causes of success and failure.* Unpublished doctoral dissertation, University of California, Log Angeles.

Ross, M.(1975). Salience of reward and intrinsic motivation. *Journal of Personality and Social Psychology, 32,* 245-254.

Ross, M., Karniol, R., & Rothstein, M.(1976). Reward contingency and intrinsic motivation in children: A test of the delay of gratification hypothesis. *Journal of Personality and Social Psychology, 33,* 442-447.

Ross, M., Thibaut, J., & Evenbeck, S.(1971). Some determination of the intensity of social protest. *Journal of Experimental Social Psychology, 7,* 401-418.

Rotter, J. B.(1954). *Social learning and clinical psychology.* NJ: Prentice-Hall.

Rotter, J. B.(1966). Generalized expectancies for internal versus external control of reinforcement. *Psychological Monograph, 80*(Whole No. 609).

Ruvolo, A. P., & Markus, H. R.(1992). Possible selves and performance: The power of self relevant imagery. *Social Cognition, 10,* 95-124.

Ryan, R. M.(1982). Control and information in the intrapersonal sphere: An extension of cognitive evaluation theory. *Journal of Personality and Social Psychology, 43,* 450-461.

Ryan, T. A.(1970). *Intentional behavior: An approach to human motivation.* NY: Ronal.

Saal, F., & Knight, P.(1988). *Industrial/organizational psychology: Theory and practice.* Pacific Grove, CA: Brooks/Cole.

Sadd, S., Lenauer, M., Shaver, P., & Dunivant, N.(1978). Objective measurement of fear of success and fear of failure: A factor analytic approach. *Journal of Consulting and Clinical Psychology, 46,* 405-416.

Schachter, S.(1971). *Emotion, obesity and crime.* NY: Academic Press.

Schachter, S., & Singer, J. E.(1962). Cognitive, social and physiological determinants of emotional state. *Psychological Review, 69,* 379-399.

Schaller, L. E.(1972). *The change agent.* Abingdon Press.

Schank, R. C., & Abelson, R. P.(1977). *Scripts, plans, goals, and understanding: An inquiry into human knowledge structure.* Hillsdale, NJ: Erlbaum.

Scheier, M. F., & Carver, C. S.(1983). Self-directed attention and the comparison of self with standards. *Journal of Experimental Social Psychology, 19,* 205-222.

Scheier, M. F., Carver, C. S., & Gibbons, F. X.(1981). Self-focused attention and reactions to fear. *Journal of Research in Personality, 15,* 1-15.

Schifter, D., & Ajzen, I.(1985). Intention, perceived control and weight loss: An application of the theory of planned behavior. *Journal of Personality and Social Psychology, 49,* 843-851.

Schlegel, R. P., D'Aernas, J. R., Zanna, M. P., & DeCourville, N. H.(1992). Problem drinking: A problem for the theory of reasoned action? *Journal of Applied Social Psychology, 22,* 358-385.

Schneider, B., & Alderfer, C. P.(1973). Three studies of need satisfaction in organizations. *Administrative Science Quarterly, 18,* 489-505.

Schwartz, S. A., & Tessler, R. C.(1972). A test of a model for reducing attitude-behaviour inconsistencies. *Journal of Personality and Social Psychology, 24,* 255-236.

Scott, W. E., & Mitchell, T. R.(1976). *Organizational theory: A structural and behavioral analysis.* Ill.: Irwin Press.

Seeman, M.(1957). A comparison of general and specific leader behavior descriptions. In R. M. Stogdill & A. E. Coons(Eds.), *Leader behavior: Its description and measurement*(Vol. 88, pp. 86-102). Columbus: Bureau of Business Research, Ohio State University.

Seta, J. J., & Hassan, R. K.(1980). Awareness of prior success and failure: A critical factor in task performance. *Journal of Personality and Social Psychology, 39,* 70-76.

Shikanai, K.(1978). Effects of self-esteem on attribution of success-failure. *Japanese Journal of Experimental Social Psychology, 18,* 47-55.

Skinner, B. F.(1938). *The behavior of organisms.* NY: Appleton-Century-Crofts.

Skinner, B. F.(1953). *Science and human behavior.* NY: Macmillian.

Skinner, B. F.(1966). Contingencies of reinforcement in the design of a culture. *Behavioral Science,* 159-166.

Skinner, B. F.(1969). *Contingencies of reinforcement.* NY: Appleton-Century-Crofts.

Slocum, J. W. Jr., Topichak, P. M., & Kuhn, D. G.(1971). A cross-cultural study of need satisfaction and need importance for operative employee. *Personnel Psychology, 24,* 442.

Smith, H. C.(1947). Music in relation to employee attitudes, piece-work production and industrial accidents. *Journal of Applied Psychology Monographs, No. 14.*

Smith, R. W., & Pittman, T. S.(1978). Reward, distraction and the overjustification effect. *Journal of Personality and Social Psychology, 36,* 565-572.

Smith, W. E.(1974). *The effects of social and monetary rewards on intrinsic motivation.* Unpublished doctorial dissertation, Cornell University.

Snyder, M.(1974). The self-monitoring of expressive behavior. *Journal of Personality and Social Psychology, 30,* 526-537.

Snyder, M.(1987). *Public appearance, private realities: The psychology of self-monitoring.* NY:

WH Freeman.

Sorenson, R. L., & Maehr, M. L.(1976). Toward the experimental analysis of "continuing motivation." *Journal of Educational Research, 69,* 319-332.

Sparks, P., & Shepherd, R.(1992). Self-identity and the theory of planned behaviour: Assessing the role of identification with 'green consumerism'. *Social Psychology Quarterly, 55,* 388-399.

Spence, J. T.(1985). Achievement American style: The reward and cost of individuation. *American Psychologist, 40,* 1285-1295.

Spence, K. W.(1956). *Behavior theory and conditioning.* New Haven: Yale University Press.

Staw, B. M.(1975). *Intrinsic and extrinsic motivation.* Morristown, NJ: General Learning Press.

Staw, B. M., Calder, B., & Hess, R.(1976). *Intrinsic motivation and norms of payment.* Working paper, Northwestern University Press.

Steers, R. M.(1973). *Task goals, individual need strengths and supervisory performance.* Unpublished doctoral dissertation, Graduate School of Administration, University of California.

Steiner, I. D.(1972). *Group process and productivity.* NY: Academic Press.

Sternberg, R. J., & Lubart, T. I.(1991). An investment theory of creativity and its development. *Human Development, 34,* 1-31.

Sutton, S.(1989). Smoking attitudes and behavior: An application of Fishbein and Ajzen's theory of reasoned action to predicting and understanding smoking decisions. In T. Ney & A. Gale(Eds.), *Smoking and human behavior*(pp. 289-312). Chichester: Wiley.

Swann, W. B., & Pittman, T. S.(1977). Initiating play activity of children: The moderating influence of verbal cues on intrinsic motivation. *Child Development, 48,* 1128-1132.

Takata, T.(1987). Self-deprecative tendencies in self-evaluation through social comparison. *Japanese Journal of Experimental Social Psychology, 27,* 27-36.

Taylor, S. E.(1983). Adjustment to threatening events: A theory of cognitive adaptation. *American Psychologist, 38,* 1161-1173.

Terry, D. A., Galligan, R. F., & Conway, V. J.(1993). The prediction of safe sex behavior: The role of intention, attitudes, norms and control beliefs. *Psychology and Health, 8,* 355-368.

Terry, D. J., Gallois, C., & McCamish, M.(1993). *The theory of reasoned action: Its application to AIDS-preventive behavior.* Oxford: Pergamon.

Theodorakis, Y.(1992). Prediction of athletic participation: A test on planned behavior theory. *Perceptual and Motor Skills, 74,* 371-379.

Theodorakis, Y.(1994). Planned behavior, attitude strength, role identity, and the prediction of exercise behavior. *Sport Psychologist, 8,* 149-165.

Theodorakis, Y., Doganis, G., Bagiatis, K., & Gouthas, M.(1991). Preliminary study of the ability of reasoned action model in predicting exercise behavior of young children. *Perceptual and Motor Skills, 72,* 51-58.

Thibaut, J. W.(1950). An experimental study of the cohesiveness of underprivileged groups. *Human Relations, 3,* 251-278.

Thompson, W. A.(1939). Eleven years after graduation. *Occupations, 17,* 709-714.

Thorndike, E. L.(1911). *Animal intelligence: Experimental studies.* NY: Macmillan.

Thrall, R. M., Coombs, C. H., & Davis, R. L.(Ed.)(1954). *Decision processes.* NY: Wiley.

Tinbergen, N.(1951). *The Study of instinct.* Oxford: Oxford University Press.

Tolman, E. C.(1932). *Purposive behavior in animals and men.* NY: Century.

Tolman, E. C.(1938). The determiners of behavior at a choice point. *Psychological Review, 45,* 1-41.

Tolman, E. C.(1951). *Behavior and psychological man.* Berkeley: California University Press.

Tolman, E. C.(1955). Principles of performance. *Psychological Review, 62,* 315-326.

Tolman, E. C.(1959). Principles of purposive behavior. In S. Koch(Ed.), *Psychology: A study of a science*(Vol. 2, pp. 92-157). NY: McGraw-Hill.

Tornow, W. W.(1971). The development and application of an input-outcome moderator test on the perception and reduction of inequity. *Organizational Behavior and Human Performance, 6,* 614-638.

Torrance, J. B.(1981). *The vicarious humanity of Christ appearing in the incarnation.* Edinburgh: Handsel Press.

Towler, G., & Shepherd, R.(1992). Application of Fishbein and Ajzen's expectancy-value model to understanding fat intake. *Appetite, 18,* 15-27.

Tresemer, D.(1974). Fear of success: Popular but unproven. *Psychology Today, 7,* 82-85.

Triandis, H. C.(1972). *The analysis of subjective culture.* NY: Wiley.

Triandis, H. C.(1977). *Attitude and Attitude Change.* NY: Wiley.

Triandis, H. C.(1980). Value, attitudes and interpersonal behavior. In M. M. Page(Ed.), *Nebraska symposium on motivation, beliefs, attitudes and values*(Vol. 27). Lincoln: University of Nebraska.

Troland, L. T.(1928). *The Fundamentals of human motivation.* NY: Nostrand.

Valins, S.(1966). Cognitive effects of false heart-rate feedback. *Journal of Personality and Social Psychology, 4,* 400-408.

Vallacher, R. R., & Wegner, D. M.(1985). *A theory of action identification.* Hillsdale, NJ: Erlbaum.

Vallacher, R. R., & Wegner, D. M.(1987). What do people think they're doing? Action identification and human behavior. *Psychological review, 94,* 3-15.

Vroom, V. H.(1960). *Some personality determinants of the effects of participation.* NJ: Prentice-Hall.

Vroom, V. H.(1964). *Work and motivation.* NY: Wiley.

Vroom, V. H., & Deci, E. L.(1970). *Management and motivation.* Baltimore: Penguin Press.

Wagner, J. A. Ⅲ., & Gooding, R. Z.(1987). Shared influence and organizational behavior: A meta-analysis of situational variables expected to moderate participation outcome relationships. *Academy of Management Journal, 30,* 527-541.

Wahba, M. A., & Bridwell, L.(1976). Maslow reconsidered: A review of research on the need hierarchy theory. *Organizational Behavior and Human Performance, 15,* 212-240.

Walster, E., Berscheid, E., & Walster, G. W.(1970). The exploited: Justice or justification? In J. Macaulay & L. Berkowitz(Eds.), *Altruism and helping behavior*(pp. 179-204). NY: Academic Press.

Walster, E., Berscheid, E., & Walster, G. W.(1973). New directions in equity research. *Journal of Personality and Social Psychology, 25,* 151-176.

Walster, E., Berscheid, E., & Walster, G. W.(1976). New directions in equity research. In L. Berkowitz & E. Walster(Eds.), *Advances in experimental social psychology*(Vol. 9, pp. 1-42). NY: Academic Press.

Webb, E. J., Campbell, D. T., Schwartz, R. D., & Sechrest, L.(1966). *Unobtrusive measure: Nonreactive research in the social sciences.* Chicago: Rand McNally.

Weber, M.(1904). *The protestant ethic and the spirit of capitalism*(T. Parsons, Trans.). NY: Scribner.

Weick, K. E., Bougon, M. G., & Maruyama, G.(1976). The equity context. *Organizational Behavior and Human Performance, 15,* 32-65.

Weiner, B.(1972). *Theories of motivation: From mechanism to cognition.* Chicago: Markham.

Weiner, B.(1978). Achievement strivings. In H. London & J. E. Exner, Jr.(Eds.), *Dimensions of personality.* NY: Wiley.

Weiner, B.(1980). *Human motivation.* NY: Holt.

Weiner, B., & Kukla, A.(1970). An attributional analysis of achievement motivation. *Journal of Personality and Social Psychology, 15,* 1-20.

Weiner, B., Russell, D., & Lerman, D.(1978). Affective consequences of causal ascriptions. In J. H. Harvey, W. Ickes, & R. F. Kidd(Eds.), *New directions in attribution research*(Vol. 2). Hillsdale, NJ: Erlbaum.

Weisse, E., & Miller, F. G.(1971). The drive theory of social facilitation. *Psychological Review, 78,* 44-57.

Weldon, E., & Gargano, G. M.(1998). Cognitive loafing: The effects of accountability and shared responsibility on cognitive effort. *Personality and Social Psychology Bulletin, 14,* 159-171.

Wells, D., & Shultz, T. R.(1980). Development distinctions between behavior and judgement in the operation of the discounting principle. *Child Development, 51,* 1307-1310.

Wiard, H.(1972). Why manage behavior? A case for positive reinforcement. *Human Resource Management, Summer,* 15-20.

Wicklund, R. A.(1975). Objectives self-awareness. In L. Berkowitz(Ed.), *Advances in experimental social psychology*(Vol. 8, pp. 223-275). NY: Academic Press.

Wicklund, R. A.(1978). Three years later. In L. Berkowitz(Ed.), *Cognitive theories in social psychology*(pp. 509-521). NY: Academic Press.

Wicklund, R. A., & Brehm, J. W.(1976). *Perspectives on cognitive dissonance.* Hillsdale, NJ: Erlbaum.

Wicklund, R. A., & Duval, S.(1971). Opinion change and performance facilitation as a result of objective self-awareness. *Journal of Experimental Social Psychology, 7,* 319-342.

Wiener, N.(1948). *Cybernetics.* NY: Wiley.

Wiener, N.(1950). *The Human Use of Human Beings: Cybernetics and society.* Oxford, England: Houghton Mifflin.

Williams, K. D.(1977). *The loss of control as a determinant of social loafing.* Unpublished master's thesis. Columbia: OH.

Williams, K. D., Harkins, S., & LatanÈ, B.(1981). Identifiability as a deterrent to social loafing: Two cheering experiments. *Journal of Personality and Social Psychology, 40,* 303-311.

Williams, K. D., & Karau, S. J.(1991). Social loafing and social compensation: The effects of expectations of co-worker performance. *Journal of Personality and Social Psychology, 61,* 570-581.

Williams, K. D., Karau, S. J., & Bourgeois, M.(1993). Working on collective tasks: Social loafing and social compensation. In M. A. Hogg & D. Abrams(Eds.), *Group motivation: Social psychological perspectives.* London: Harvester Wheatsheaf.

Williams, K. D., & Williams, K. B.(1981). The development of social loafing in America. *Paper presented at the Asian Conference of the International Association for Cross-Cultural Psychology,* Taipei, Taiwan.

Williams, K. D., Williams, S. J., Karau, Y. B., & LatanÈ, B.(1984). Collective efforts in small group in the United States and Japan. *Paper presented at annual Meeting of the Midwestern Psychological Association,* Chicago.

Wilson, D., Zenda, A., McMaster, J., & Lavelle, S.(1992). Factors predicting Zimbabwean student' intentions to use condoms. *Psychology and Health, 7,* 99-114.

Wilson, T. D., & Linville. P. W.(1982). Improving the academic performance of college freshmen: Attributional therapy revisited. *Journal of Personality and Social Psychology, 42,* 367-376.

Winterbottom, M. R.(1953). *The relation of childhood training in independence to achievement motivation.* Unpublished doctoral dissertation, University of Michigan, Ann Arbor.

Winterbottom, M. R.(1958). The relation of need for achievement to learning experiences in independence and mastery. In J. W. Atkinson(Ed.), *Motives in fantasy, action, and society.* Princeton, NJ: Nostrand.

Wood, R. E., & Bandura, A.(1989). Effect of perceived controllability and performance standards on self-regulation of complex decision-making. *Journal of Personality and Social Psychology, 56,* 805-814.

Woodworth, R. S.(1918). *Dynamic psychology.* NY: Columbia University Press.

Yinon, Y., Bizman, A., & Goldberg, M.(1976). Effect of relative magnitude of reward and type of need on satisfaction. *Journal of Applied Psychology, 61,* 325-328.

Yordy, G. A., & Lent, R. W.(1993). Predicting aerobic exercise participation: Social cognitive, reasoned action, and planned behavior models. *Journal of Sport and Exercise Psychology, 15,* 363-374.

Young, H. M., Lierman, L., Powell-Cope, G., Kasprzyk, D., & Benoliel, J. Q.(1991). Operationalizing the theory of planned behavior. *Research in Nursing and Health, 14,* 137-144.

Zaccaro, S. J.(1984). Social loafing: The role of task attractiveness. *Personality and Social Psychology Bulletin, 10,* 99-106.

Zajonc, R. B.(1965). *Social facilitation. Science, 149,* 269-274.

Zaleznik, A., Christensen, C. R., & Roethlisberger, F. J.(1958). *The motivation productivity and satisfaction of workers.* Boston: Graduate School of Business Administration, Division of Research, Harvard University.

Zimmerman, B. J., & Bandura, A.(1994). Impact of self-regulatory influences on writing course attainment. *American Educational Research Journal, 31,* 845-862.

Zuckerman, M., Porac, J., Lathin, D., Smith, R., & Deci, E. L.(1978). On the importance of self-determination for intrinsically motivated behavior. *Personality and Social Psychology Bulletin, 4,* 443-446.

Zuckerman, M., & Reis, H. T.(1978). A comparison of three models for predicting altruistic behavior. *Journal of Personality and Social Psychology, 36,* 498-510.

Zuckerman, M., & Wheeler, L.(1975). To dispel fantasies about the fantasy based measure of fear of success. *Psychological Bulletin, 82,* 932-946.

인명 찾아보기

E

F

G

H

I

J

K

L

주제어 찾아보기

ㄹ

ㅁ

ㅂ

ㅊ

著者紹介

1978년 성균관대학교 심리학과에서 박사학위를 받은 이후 1979년부터 같은 대학교 사회과학부 심리학과와 경영학부 산업심리학과 교수로 재직했으며, 현재는 성균관대학교 명예교수로 역임되어 있다. 매사추세츠대학교 심리학과 객원교수, 한국심리학회지 편집장, 한국심리학회 학술위원장, 한국 사회 및 성격심리학회장, 한국사회문제심리학회장, 한국건강심리학회장, 사단법인 한국심리학회장을 역임하였다.

한교수는 학술분야에서 지금까지 「한국유학심리학」(시그마프레스), 「퇴계심리학」(성균관대 출판부), 「집단행동이론」(시그마프레스), 「조직행동의 동기이론」(법문사), 「인간의 마음과 행동」(공저, 박영사) 등을 저술하고 한국인의 가치관, 대인매력과 친밀관계심리, 건강심리와 행동, 교통안전행동, 사회비교 등에 관한 논문을 포함해서 약 300편을 발표하였다. 이 가운데 퇴계심리학 연구로 국제퇴계학회와 도산서원이 공동으로 수여하는 퇴계학국제학술상을 받았으며, 한국조직에서 근로자의 동기와 수행을 다룬 논문으로 한국과학기술총연합회가 수여하는 과학기술우수논문상을 받은 바 있다.

또한 한국유학 사상과 사회비교 과정에 관한 심리학 연구의 업적으로 최근에 사단법인 한국심리학회에서 수여하는 학술상을 받았다.

ABI에서 Albert Einstein학술상을 받고, IBC에서는 최고성취인상을 수상하고 종신석학회원에도 추대되었다.

인간의 동기심리

2004년 3월 10일 초판발행
2020년 8월 10일 중판발행

저 자 한 덕 웅
발행인 안 종 만 · 안 상 준
발행처 (주)박영사
서울특별시 종로구 새문안로3길 36, 1601
전화 (733)6771 FAX (736)4818
등록 1959. 3. 11. 제300-1959-1호(倫)

www.pybook.co.kr e-mail: pys@pybook.co.kr

정 가 25,000원 ISBN 89-7189-372-9